韓國 所藏 中國通俗小說의 版本目錄과 解題

* 이 책은 2010년 정부의 재원으로 한국연구재단의 지원을 받아 연구되었음
(NRF-2010-322-A00128)

경희대학교 비교문화연구소 비교문화총서 08

韓國 所藏 中國通俗小說의 版本目錄과 解題

閔寬東 · 張守連 · 金明信 共著

學古房

연구제목	한국에 소장된 중국고전소설 및 희곡판본의 수집정리와 해제
연구기간	2010년 09월 01일 - 2013년 08월 31일

프로젝트 전반기 연구진(2010.09.01-2012.02.29)

책임연구원 : 민관동
공동연구원 : 정영호 / 이영월 / 정선경 / 박계화
전임연구원 : 김명신 / 장수연 / 유희준 / 유승현
연구보조원 : 이숙화 / 심지연 / 김보근 / 유형래 / 홍민정

프로젝트 후반기 연구진(2012.03.01-2013.08.31)

책임연구원 : 민관동
공동연구원 : 정영호 / 이영월 / 박계화
전임연구원 : 김명신 / 장수연 / 유희준 / 유승현
연구보조원 : 배우정 / 옥주 / 최정윤 / 윤소라

머 리 말

本書는 한국연구재단 토대연구 과제인 ≪한국에 소장된 중국고전소설과 희곡판본의 수집정리와 해제≫(2010년 9월 - 2013년 8월 / 3년 과제)의 일환으로 나온 책이다. 본 연구팀에서는 국내 유입된 ≪韓國 所藏 中國通俗小說의 版本目錄과 解題≫라는 제목으로 중국통속소설의 판본을 수집 정리하여 목록화하고 이에 따른 解題를 하였다.

國內에 流入된 中國通俗小說은 지금까지 收集 整理한 바에 의하면 대략 240여 종에 달한다. 作品 數로는 明代以前 및 明代 作品이 70여 종, 淸代 作品이 160여 종으로 淸代 作品이 明代 作品의 두 배 이상 流入되었다. 그러나 국내 유입된 판본 가운데 四大奇書가 전체 판본의 1/2 가량을 차지한다. 이는 朝鮮時代 士大夫와 문인층 및 독자층에게 四大奇書가 얼마나 인기 있는 독서물인지를 보여주는 것이라 생각된다. 한편 淸代 作品으로는 紅樓夢과 亞流 作品들의 版本이 단연 압도적인 분량을 차지한다.

또 版本은 남아 있지 않지만 流入記錄만 확인할 수 있는 作品도 明代 16편, 淸代 49편이나 된다. 이중에는 中國에서도 이미 失傳된 作品들이 있어 그 전모를 알 수는 없으나 주로 애정이야기를 다룬 작품들이 대부분을 이룬다. 儒敎社會였던 朝鮮 時代에 이런 음란한 내용을 담고 있는 小說들은 版本이 流入되었다 하더라도 保存되기 그리 쉽지는 않았을 것으로 사료된다.

현재까지 남아 있는 전체 판본을 살펴보면 朝鮮 時代의 讀者들은 주로 歷史演義類, 公案類, 愛情類 小說들을 愛讀한 것으로 분석된다. 이렇게 국내 유입 판본의 경향을 살펴보는 것은 朝鮮 時代 讀者層의 嗜好를 가름하는 중요한 척도가 될 것이다.

本書에서는 조선시대 유입된 중국통속소설의 전체 판본을 작품별로 분류하고 정리하여 目錄化하는데 심혈을 기울여 왔다. 그러나 아직도 부족한 면이 눈에 보여 부끄럽지만 그래도 국내 소장된 중국통속소설을 최초로 총괄하여 정리하였다는 데에 그 의미를 찾고자 한다.

本書는 총 3부으로 구성하였다.

제1부 : 제1부에서는 국내 소장된 중국통속소설 판본 가운데 명대이전 및 명대작품 70여 종을 작품별로 목록화하고 이에 따른 해제를 하였다.

제2부 : 제2부에서는 국내 소장된 중국통속소설 판본 가운데 청대작품 160여 종을 작품별로 목록화하고 이에 따른 해제를 하였다.

제3부 : 제3부는 부록으로 國內 流入된 中國通俗小說의 綜合目錄과 중국에서 정리된 中國通俗小說 綜合目錄을 첨부하여 연구자의 편리함을 도모하였다.

本書는 조선시대 국내에 유입된 중국통속소설에 대한 판본의 목록과 기타 關聯資料들을 종망라하여 소개 및 해제를 하는데 역점을 누었다. 그러나 다소 미흡한 부분과 보충해야 할 부분은 추후에 지속적으로 보완해 나갈 예정이다.

어려운 상황에서도 흔쾌히 출간에 응해주신 학고방 하운근 사장님을 비롯한 전 직원 여러분께 감사의 뜻을 전하고 또 성실하게 편집과 교정에 도움을 준 연구보조원 이숙화, 심지연, 김보근, 유형래, 홍민정, 배우정, 옥주, 최정윤, 윤소라 등 대학원생들에게도 고마움을 표한다.

2013년 02월 12일

민관동 · 장수연 · 김명신

* 본서에 수집정리의 대상은 국립도서관 및 박물관 · 대학도서관 및 박물관 · 서원 · 향교 · 사찰 · 기업체 도서관 · 각종 연구소 · 각 종가집(문중) · 개인소장자 등을 대상으로 하였다. 조사대상의 명단은 다음과 같다.

古書目錄 收集現況

1. [國立圖書館 및 大學圖書館(大學博物館 包含)]

所藏處名	古書目錄	細部 分類	刊行年度	番號
國立中央圖書館	國立中央圖書館 外國 古書目錄Ⅰ 中國本篇		1976年	1-1
	國立中央圖書館 外國 古書目錄Ⅱ 韓國本篇		1977年	1-2
	國立中央圖書館 古書目錄1	文學(詞曲, 小說)	1970年	1-3
	國立中央圖書館 古書目錄2	小說類: 無(經學/史學)		
	國立中央圖書館 古書目錄3		1972年	1-4
	國立中央圖書館 古書目錄4		1980年	1-5
	國立中央圖書館 古書目錄5		1993年	1-6
	國立中央圖書館 古書目錄6		1994年	1-7
	韓國古典籍綜合目錄시스템 http://www.nl.go.kr/korcis/			1-8
韓國學中央研究院(舊韓國精神文化研究院)	藏書閣圖書中國版總目錄 (藏書閣貴重本叢書第7輯)	詞曲類, 小說類	1974年	2-1
	韓國古小說目錄		1983年	2-2
	藏書閣圖書 韓國版總目錄	小說類	1984年	2-3
	藏書目錄 古書篇1	小說類 國文/小說類 漢文	1991年	2-4
	韓國古典籍綜合目錄시스템 http://www.nl.go.kr/korcis/			2-5
國史編纂委員會	國史編纂委員會古書目錄	集部 小說類(國文, 漢文)	1983年	3
國立中央博物館圖書館	韓國古典籍綜合目錄시스템 http://www.nl.go.kr/korcis/			4
韓國國學振興院	韓國古典籍綜合目錄시스템 http://www.nl.go.kr/korcis/			5

<table>
<tr><th>所藏處名</th><th colspan="2">古書目錄</th><th>細部 分類</th><th>刊行年度</th><th>番號</th></tr>
<tr><td rowspan="3">國會圖書館</td><td colspan="2">國會圖書館 古書目錄</td><td></td><td>1995年</td><td>6-1</td></tr>
<tr><td colspan="2">韓國古書綜合目錄</td><td>所藏處一覽表</td><td>1968年</td><td>6-2</td></tr>
<tr><td colspan="2">韓國古典籍綜合目錄시스템
http://www.nl.go.kr/korcis/</td><td></td><td></td><td>6-3</td></tr>
<tr><td rowspan="5">서울大</td><td colspan="2">奎章閣圖書 中國本 綜合 目錄</td><td>小說類</td><td>1982年</td><td>7-1</td></tr>
<tr><td colspan="2">奎章閣圖書 韓國本 綜合 目錄</td><td>小說類(國文, 漢文, 隨筆, 雜著)</td><td>1994年
(修訂版)</td><td>7-2</td></tr>
<tr><td colspan="2">奎章閣 寄贈古圖書古文書 目錄</td><td>小說類(漢文, 隨筆, 雜著) :
1995年-2004年</td><td>2005年</td><td>7-3</td></tr>
<tr><td colspan="2">서울大學校 中央圖書館 古書目錄</td><td>國文學, 中國文學</td><td>未詳</td><td>7-4</td></tr>
<tr><td colspan="2">韓國古典籍綜合目錄시스템
http://www.nl.go.kr/korcis/</td><td></td><td></td><td>7-5</td></tr>
<tr><td rowspan="7">高麗大</td><td rowspan="2">高麗大學校
漢籍綜合目錄(上)</td><td>晩松文庫</td><td>小說類</td><td>1979年</td><td>8-1</td></tr>
<tr><td>高麗大學校
藏書目錄 第8輯
漢籍目錄(舊藏)</td><td>子部 小說</td><td>1984年</td><td>8-2</td></tr>
<tr><td rowspan="2">高麗大學校
漢籍綜合目錄(下)</td><td>薪菴文庫
漢籍目錄</td><td>子部 小說</td><td>1974年</td><td>8-3</td></tr>
<tr><td>華山文庫</td><td></td><td>1976年</td><td>8-4</td></tr>
<tr><td colspan="2">高麗大學校 藏書目錄 第9輯 石洲文庫</td><td>小說類</td><td>1973年</td><td>8-5</td></tr>
<tr><td colspan="2">高麗大學校 藏書目錄 第15輯
貴重圖書目錄</td><td></td><td>1980年</td><td>8-6</td></tr>
<tr><td colspan="2">韓國古典籍綜合目錄시스템
http://www.nl.go.kr/korcis/</td><td></td><td></td><td>8-7</td></tr>
<tr><td rowspan="3">延世大</td><td colspan="2">延世大學校 中央圖書館 古書目錄 第1輯</td><td>文學 全體
文庫目錄(黙容室文庫, 綏堂文庫, 庸齊文庫, 元氏文庫, 李源喆文庫, 張起元文庫, 佐翁文庫, 濯斯文庫, 韓相億文庫, 海觀文庫)</td><td>1977年</td><td>9-1</td></tr>
<tr><td colspan="2">延世大學校 中央圖書館
古書目錄 第2輯</td><td>한글小說 / 漢文小說
中國戲曲 / 中國小說
中國史文, 稗說, 中國諷刺, 笑話, 雜文, 貴重圖書書架目錄
庸齊文庫古書追加目錄
鷺山文庫古書追加目錄</td><td>1987年</td><td>9-2</td></tr>
<tr><td colspan="2">韓國古典籍綜合目錄시스템
http://www.nl.go.kr/korcis/</td><td></td><td></td><td>9-3</td></tr>
<tr><td>成均館大</td><td colspan="2">古書目錄</td><td>集部: 小說類(國文, 漢文)</td><td>1979年</td><td>10-1</td></tr>
</table>

所藏處名	古書目錄	細部 分類	刊行年度	番號
	古書目錄 第2輯	集部: 小說類(國文, 漢文)	1981年	10-2
	古書目錄 第3輯 (成均館大學校 東亞細亞學術院 尊經閣)	小說類(國文, 漢文)	2002年	10-3
	韓國古典籍綜合目錄시스템 http://www.nl.go.kr/korcis/			10-4
慶熙大	韓國古典籍綜合目錄시스템 http://www.nl.go.kr/korcis/			11
漢陽大	韓國古典籍綜合目錄시스템 http://www.nl.go.kr/korcis/			12
西江大	西江大 中央圖書館 電算資料			13
梨花女大	梨花女子大學校 圖書館 古書目錄	集部 全體	1981年	14-1
	韓國古典籍綜合目錄시스템 http://www.nl.go.kr/korcis/			14-2
建國大	藏書目錄(漢籍綜合編)		1984年	15-1
	韓國古典籍綜合目錄시스템 http://www.nl.go.kr/korcis/			15-2
東國大	古書目錄	中國文學(小說, 其他)	1981年	16-1
	東國大學校 建學 100週年 紀念 古書目錄	韓國文學(戲曲, 小說) 中國文學(戲曲, 小說)	2006年	16-2
	韓國古典籍綜合目錄시스템 http://www.nl.go.kr/korcis/	慶州캠퍼스 出版本 古書目錄은 없음		16-3
檀國大	檀國大學校 栗谷紀念圖書館 漢籍目錄(天安캠퍼스)	羅孫文庫[金東旭], 秋汀文庫(天安캠퍼스)	1994年	17-1
	韓國古典籍綜合目錄시스템 http://www.nl.go.kr/korcis/	竹田캠퍼스 出版本 古書目錄은 없음		17-2
中央大	韓國古典籍綜合目錄시스템 http://www.nl.go.kr/korcis/			18
淑明女大	韓國古典籍綜合目錄시스템 http://www.nl.go.kr/korcis/			19
國民大	省谷圖書館 古書目錄	文學 全體	2008年	20-1
	韓國古典籍綜合目錄시스템 http://www.nl.go.kr/korcis/			20-2
崇實大	崇實大學校 韓國基督教博物館 古文獻 目錄	韓國學, 其他	2005年	21-1
	韓國古典籍綜合目錄시스템 http://www.nl.go.kr/korcis/			21-2
明知大	明知大學校 中央圖書館	인터넷(古書: 請求番號812)		22

所藏處名	古書目錄	細部 分類	刊行年度	番號
가톨릭大	韓國古典籍綜合目錄시스템 http://www.nl.go.kr/korcis/			23
京畿大	韓國古典籍綜合目錄시스템 http://www.nl.go.kr/korcis/			24
龍仁大	龍仁大學校 傳統文化硏究所 古書目錄	集部(詞曲類, 小說類, 안동오 先生 寄贈 圖書)	2000年	25-1
	韓國古典籍綜合目錄시스템 http://www.nl.go.kr/korcis/			25-2
仁荷大	韓國古典籍綜合目錄시스템 http://www.nl.go.kr/korcis/			26
江原大	韓國典籍綜合調査目錄 第3輯 江原道		1989年	27
忠南大	忠南大學校圖書館 古書目錄	集部(韓國, 中國)	1993年	28-1
	忠南大學校 中央圖書館 鶴山文庫目錄		1997年	28-2
	韓國古典籍綜合目錄시스템 http://www.nl.go.kr/korcis/			28-3
大田 가톨릭大	韓國古典籍綜合目錄시스템 http://www.nl.go.kr/korcis/			29
忠北大 (中原文化 硏究所)	韓國典籍綜合調査目錄 第9輯 忠淸北道 / 濟州道		1996年	30-1
	韓國古典籍綜合目錄시스템 http://www.nl.go.kr/korcis/			30-2
淸州大	韓國典籍綜合調査目錄 第9輯 忠淸北道 / 濟州道		1996年	31
全南大	全南大學校 圖書館 所藏古書目錄 I	小說類	1990年	32-1
	韓國古典籍綜合目錄시스템 http://www.nl.go.kr/korcis/			32-2
	韓國典籍綜合調査目錄 第6輯 全羅南道		1992年	32-3
朝鮮大	韓國古典籍綜合目錄시스템 http://www.nl.go.kr/korcis/			33
順天大	中央圖書館 電算資料			34
全北大 圖書館/ 博物館	韓國典籍綜合調査目錄 第4輯 全羅北道		1990年	35-1
	韓國古典籍綜合目錄시스템 http://www.nl.go.kr/korcis/			35-2
圓光大	圓光大學校 古書目錄	文學 全體	1994年	36-1
	韓國典籍綜合調査目錄 第4輯 全羅北道		1990年	36-2
	韓國古典籍綜合目錄시스템			36-3

所藏處名	古書目錄	細部 分類	刊行年度	番號
	http://www.nl.go.kr/korcis/			
全州大	韓國古典籍綜合目錄시스템 http://www.nl.go.kr/korcis/			37
釜山市立圖書館	釜山廣域市 市立圖書館 古書目錄		1995年	38-1
	韓國古典籍綜合目錄시스템 http://www.nl.go.kr/korcis/			38-2
釜山大	釜山大學校圖書館 古書目錄	海蒼文庫, 東麓文庫, 直齊文庫, 夢漢文庫, 芝田文庫, 小訥文庫, 설뫼文庫, 蒼原文庫, 于溪文庫	2010年	39-1
	韓國古典籍綜合目錄시스템 http://www.nl.go.kr/korcis/			39-2
釜慶大	中央圖書館 電算資料			40
東亞大	韓國古典籍綜合目錄시스템 http://www.nl.go.kr/korcis/	石堂文庫(鄭在煥)		41
慶星大 博物館, 鄉土文化 研究所	韓國典籍綜合調査目錄 第7輯 釜山直轄市		1993年	42
釜山教育大 圖書館	韓國典籍綜合調査目錄 第7輯 釜山直轄市		1993年	43
釜山女大 伽倻文化 研究所	韓國典籍綜合調査目錄 第7輯 釜山直轄市		1993年	44
蔚山大	韓國古典籍綜合目錄시스템 http://www.nl.go.kr/korcis/			45
慶尙大	慶尙大學校圖書館 漢籍室 所藏 漢籍目錄	小說部	1996年	46-1
	慶尙大學校圖書館 漢籍目錄	儒家類, 小說部	1996年	46-2
	韓國古典籍綜合目錄시스템 http://www.nl.go.kr/korcis/			46-3
慶南大	慶南大學校 中央圖書館			47
慶州市立 圖書館	慶州地方 古書調査目錄(慶州文化院刊行)		1992年	48
大邱市中央 圖書館	韓國古典籍綜合目錄시스템 http://www.nl.go.kr/korcis/			49
慶北大	慶北大學校 中央圖書館 資料			30
啓明大	啓明大學校 古書目錄	中國文學(小說)	1987年	51-1
	啓明大學校 開校50周年 紀念 古書綜合目錄	文學	2004年	51-2

所藏處名	古書目錄	細部 分類	刊行年度	番號
	韓國古典籍綜合目錄시스템 http://www.nl.go.kr/korcis/			51-3
嶺南大 圖書館/博物館	嶺南大學校 中央圖書館 藏書目錄 漢古籍篇	文學 全體 東濱文庫	1973年	52-1
	嶺南大學校 圖書館 所藏 古書古文書目錄(味山文庫)	文學 全體	2000年	52-2
	嶺南大學校 圖書館 所藏 古書古文書目錄(南齊文庫)	文學 全體	2001年	52-3
	嶺南大學校 圖書館 所藏 古書古文書目錄(陶山文庫) 陶南誕生100周年紀念	文學	2004年	52-4
	韓國典籍綜合調査目錄 第1輯 大邱直轄市・慶尙北道		1986年	52-5
	韓國古典籍綜合目錄시스템 http://www.nl.go.kr/korcis/			52-6
	汶波文庫			52-7
大邱大	大邱大學校 中央圖書館 資料			53
大邱 가톨릭大	韓國古典籍綜合目錄시스템 http://www.nl.go.kr/korcis/			54
安東大	安東大學校 圖書館 所藏古書目錄1	明谷文庫	1994年	55-1
	安東大學校 圖書館 所藏 古書目錄2	一般古書/西坡/東山文庫/小極文庫	2003年	55-2
	韓國典籍綜合調査目錄 第5輯 安東市郡		1991年	55-3
	韓國古典籍綜合目錄시스템 http://www.nl.go.kr/korcis/			55-4
濟州大 民俗博物館	韓國典籍綜合調査目錄第9輯 忠清北道 / 濟州道		1996年	56
西原大/ 博物館	忠淸北道의 古書(10), 청주시편	충청북도 청주시 (사)충북향토문화연구소	2004年	57
陸軍士官 學校	中央圖書館 資料			58
海軍士官 學校	漢籍目錄	子部	1977年	59-1
	韓國典籍綜合調査目錄 第8輯 慶尙南道		1994年	59-2
鐘路圖書館	藏書目錄 古書解題編		1983年	60

2. [書院/鄕校/寺刹/硏究院(所)/博物館/企業體圖書館]

所藏處名	古書目錄	細部 分類	刊行年度	番號
玉山書院 尙州 東學敎堂	2004年 一般動産文化財 多量所藏處 實態調査 學術用役報告書	嶺南大 民族文化硏究所 (文化財廳 慶尙北道)	2004年	101-1
高敞郡 玄谷書院	韓國典籍綜合調査目錄 第4輯 全羅北道		1990年	102
長城郡 筆巖書院	韓國典籍綜合調査目錄 第6輯 光州直轄市.全羅南道		1992年	103
山淸郡 道川書院	韓國典籍綜合調査目錄 第8輯 慶尙南道		1994年	104
洪川郡 洪川鄕校	韓國典籍綜合調査目錄 第3輯 江原道		1989年	105
기림사(慶州) 直指寺(金泉)	韓國의 寺刹文化財(大邱/慶尙北道) *文化財廳(大韓佛敎曹溪宗 文化遺産發掘調査團)	*京畿道/서울은 未出版 *忠南[2004], 忠北[2006] 江原道[2002]版에서는 未確認	2007年	106
범어사(釜山) 石南寺(蔚山) 은하사(金海市)	韓國의 寺刹文化財 (釜山/蔚山/慶尙南道)		2010年	107
대흥사 (海南)	韓國의 寺刹文化財 (光州/全羅南道)		2006年	108
향산사 (부안)	韓國의 寺刹文化財(全羅北道)		2003年	109
개암사(부안)	韓國의 寺刹文化財(全羅北道)		2003年	110
光明寺 (濟州道)	韓國의 寺刹文化財(全羅北道/濟州道)		2003年	111
松廣寺	韓國古典籍綜合目錄시스템 http://www.nl.go.kr/korcis/			112
三陟郡 영은사	韓國典籍綜合調査目錄 第3輯 江原道		1989年	113
韓國民族美術 硏究所 (澗松文庫)	澗松文庫漢籍目錄	集部(易學, 小說家類)	1968年	114
普門精舍	慶州地方 古書調査目錄(慶州文化院 刊行)		1992年	115
慶州市 독악당	慶州地方 古書調査目錄(慶州文化院 刊行)		1992年	116
慶州市 운음정	慶州地方 古書調査目錄(慶州文化院 刊行)		1992年	117
誠庵古書 博物館	誠庵文庫典籍目錄	小說類(國文, 漢文)	1975年	118-1
	韓國古典籍綜合目錄시스템 http://www.nl.go.kr/korcis/			118-2

所藏處名	古書目錄	細部 分類	刊行年度	番號
國立淸州 博物館	송인택·이광자 寄贈 古書 옛책 古書	集部 小說類	2008年	119
國立民俗 博物館	韓國古典籍綜合目錄시스템 http://www.nl.go.kr/korcis/			120
溫陽市 溫陽民俗 博物館	韓國典籍綜合調査目錄 第2輯 忠清南道		1988年	121
釜山市立 博物館	韓國典籍綜合調査目錄 第7輯 釜山直轄市		1993年	122
韓國銀行	韓國銀行古書解題	韓國銀行2	2001年	123
雅丹文庫(韓火 [株式會社])	雅丹文庫 藏書目錄(2)	韓國小說 中國小說	1996年	124
慕德祠	韓國古典的綜合目錄시스템 htttp://www.nl.go.kr/koris			125
大田市 文忠祠	韓國典籍綜合調査目錄 第2輯 忠清南道		1988年	126
忠烈祠	韓國典籍綜合調査目錄 第7輯 釜山直轄市		1993年	127
靈巖郡 大同稧祠文見善	韓國典籍綜合調査目錄 第6輯 光州直轄市.全羅南道		1992年	128
春川市 崇德祠	韓國典籍綜合調査目錄 第3輯 江原道		1989年	129
江陵市 船橋莊	韓國典籍綜合調査目錄 第3輯 江原道		1989年	130
大田 燕亭國樂院	韓國典籍綜合調査目錄 第2輯 忠清南道		1988年	131
東萊女子 高等學校	韓國典籍綜合調査目錄 第7輯 釜山直轄市		1993年	132
南海郡 南海郡廳	韓國典籍綜合調査目錄 第8輯 慶尚南道		1994年	133
淸州古印刷 博物館	忠淸北道의 古書(10) 청주시편	충북향토문화연구소	2004年	134
堤川義兵 展示館	忠淸北道의 古書(8) 제천시편	충북향토문화연구소	2003年	135
沃川管城會館	忠淸北道의 古書(5) 옥천군편	충북향토문화연구소	2001年	136
沃川鄕土 展示館	忠淸北道의 古書(5) 옥천군편	충북향토문화연구소	2001年	137

3. [個人所藏家]

所藏處名	古書目錄	細部 分類	刊行年度/其他	番號
鮮文大 朴在淵	古書展示目錄(第49回 韓國中國小說學會 定期學術發表會 紀念)		2001年 12月 1日, 鮮文大	201
慶山郡 崔在石	韓國典籍綜合調査目錄 第1輯-大邱直轄市・慶尙北道		1986年	202
達城郡 成埈濟				
奉化郡 權寧甲				
奉化郡 權廷羽				
奉化郡 金斗淳				
尙州郡 趙誠德				
英陽郡 趙觀鎬				
榮豊郡 金用基				
醴泉郡 李虎柱				
蔚珍郡 南斗烈 南汶烈				
蔚珍郡 張甫均				
蔚珍郡 崔震箕				
青松郡 逸野亭				
漆谷郡 李敦柱				
公州市 李鍾宣	韓國典籍綜合調査目錄 第2輯 忠淸南道		1988年	203
大田市 尹炳泰				
大田市 趙鍾業				
論山郡 尹寶重				
唐津郡 宋基華				
扶餘郡 劉世鍾				
扶餘郡 黃寅直				
燕岐郡 洪鐘檍				
江陵市 權純顯	韓國典籍綜合調査目錄 第3輯 江原道		1989年	204
江陵市 崔鍾瑚				
旌善郡 趙廷鳳				
春城郡 朴宜東				
春城郡 柳然五				
春城郡 洪在昭				
洪川郡 李英九				
裡里市 柳在泳	韓國典籍綜合調査目錄 第4輯 全羅北道		1990年	205
全州市 金大經				

所藏處名	古書目錄	細部 分類	刊行年度/其他	番號
全州市 宋俊浩				
高敞郡 金璟植				
高敞郡 裵聖洙				
高敞郡 林鍾秀				
高敞郡 黃炳寬				
豊山郡 金直鉉	韓國典籍綜合調查目錄 第5輯 安東市·郡 (上)		1991年	206-1
吉安面 卓世光				
祿轉面 金台正				
臥龍面 金俊植				
臨東面 金源宅	韓國典籍綜合調查目錄 第5輯 安東市·郡 (下)			206-2
臨東面 柳海鍾				
豊川面 柳寧夏				
靈巖郡 文昶集	韓國典籍綜合調查目錄 第6輯 光州直轄市·全羅南道		1992年	207
長城郡 邊時淵				
長城郡 奉祥九				
金茂祚	韓國典籍綜合調查目錄 第7輯 釜山直轄市		1993年	208
蔚山市 李秉稷	韓國典籍綜合調查目錄 第8輯 慶尙南道		1994年	209
晉州市 金相朝				
晉州市 崔載浩				
居昌郡 林基福·林永文				
固城郡 裵學烈				
固城郡 諸鳳模				
南海郡 金宇烘				
密陽郡 申柄澈				
密陽郡 李佑成				
山淸郡 吳珪煥				
陜川郡 李鍾奭				
尹秉俊	韓國典籍綜合調查目錄第9輯 忠淸北道·濟州道		1996年	210
韓益洙				
梁龍哲				
金敏榮	金敏榮 所藏 古書目錄	集部(詞曲類, 小說類, 筆類, 雜著類)	2007年	211

所藏處名	古書目錄	細部 分類	刊行年度/其他	番號
閔寬東(慶熙大)		三國志演義/西遊記		212
慶州市 金상택	慶州地方 古書調査目錄 (慶州文化院 刊行)		1992年	213
慶州市 李종환				
慶州市 張대현				
慶州市 張돈				
慶州市 정병모				
慶州市 崔병희				
慶州市 黃재현				
山氣文庫	韓國典籍綜合目錄 (社團法人國學資料保存會)	第1輯	1974年	214
尙熊文庫		第2輯	1974年	
玩樹文庫 誠巖文庫		第3輯	1974年	
仁壽文庫		第5輯	1975年	
陶南文庫 元堂文庫 惪愚文庫		第6輯	1976年	
眞城李氏 響山古宅 古典籍	韓國國學振興院所藏 國學資料 目錄集 1		2003年	215
永川李氏 聾巖宗宅 古典籍	韓國國學振興院所藏 國學資料目錄集 3		2004年	216
豊山柳氏 河回마을 화경당(北村)	韓國國學振興院所藏 國學資料目錄集 4		2005年	217
義城金氏 천전파 門中	韓國國學振興院所藏 國學資料目錄集 5		2006年	218
五美洞 豊山金氏 虛白堂門中	韓國國學振興院所藏 國學資料目錄集 7		2007年	219
豊山柳氏 忠孝堂	韓國國學振興院所藏 國學資料目錄集 8		2009年	220
安東權氏 가은 後孫	2002 韓國國學振興院 受託 國學資料 目錄集		2002年	221
安東權氏 花山 宗家				
禮安李氏上里宗宅				
固城李氏 팔회당 宗宅				
인동張氏 南山派 회당宗宅	2003 韓國國學振興院 受託 國學資料 目錄集		2004年	222
全州柳氏 정재 宗宅	2004 韓國國學振興院 受託 國學資料 目錄集(上)		2005年	223-1
全州柳氏 好古窩 宗宅				
全州姜氏 起軒古宅				

所藏處名	古書目錄	細部 分類	刊行年度/其他	番號
達成徐氏 낙동정사	2004 韓國國學振興院 受託 國學資料 目錄集(下)		2006年	223-2
영양南氏 영해 난고宗宅				
漢陽趙氏 하담古宅				
재령李氏 존재파 면운재門中				
永川李氏 오천宗中 읍춘公派				
아주신씨 인재파 전암後孫家	2005 韓國國學振興院 受託 國學資料 目錄集(上)		2006年	224-1
진성이씨 하계파 근재文庫				
의성김씨 개암공파 남호古宅	2005 韓國國學振興院 受託 國學資料 目錄集(下)		2006年	224-2
용궁 울진장씨 연파文庫				
開城高氏 月峰宗宅	2006 韓國國學振興院 受託 國學資料 目錄集		2007年	225
青松/중평 평산신씨 사남古宅				
영양남씨 연해 시암古宅				
潭陽전씨 후당 덕현파				
安東金氏 해헌古宅				
永州 야성송씨 송고古宅	2007 韓國國學振興院 受託 國學資料 目錄集(上)		2008年	226-1
平山申氏 判事公派 宗宅				
영해 대흥백씨 성안공파 인량종택				
青松沈氏 칠회당고택				
진주강씨 해은공파 博士宅	2007 韓國國學振興院 受託 國學資料 目錄集(下)		2008年	226-2
密陽朴氏 경헌고택				
의성김씨 문충공파 一派 門中				
반남박씨 낙한정 宗家				
반남박씨 판관공파 청하재				
의성김씨 귀미파 門中	2008 韓國國學振興院 受託 國學資料 目錄集		2009年	227
原州변씨 거촌 門中				
장헌구 家	2009 韓國國學振興院 受託 國學資料 目錄集		2010年	228
풍천임씨 청암가				

所藏處名	古書目錄	細部 分類	刊行年度/其他	番號
安東權氏 정암문고				
安東金氏 부사공파				
光山金氏 낙음재				
永川李氏 간산문고				
固城李氏 간산문중				
남응시(영덕)	2004年 一般動産文化財 多量所藏處 實態調查 學術用役報告書2	嶺南大 嶺南文化 研究院	2004年	229
충효당(안동)				
김기태(성주)				
榮州 嘯皐祠堂	一般動産文化財 多量所藏處 實態調查 報告書	嶺南大 嶺南文化研究院(榮州市廳)	2005年	230
榮州 黃春一				
榮州 李守恒				
聞慶 高原東	2005年 一般動産文化財 多量所藏處 實態調查 報告書(1)	嶺南大 民族文化研究所(文化財廳 慶尙北道)	2006年	231-1
聞慶 永慕齋				
尙州 修巖宗宅	2005年 一般動産文化財 多量所藏處 實態調查 報告書(2)	嶺南大 民族文化研究所(文化財廳 慶尙北道)	2006年	231-2
尙州 李采河				
李亮載				232
鎭川 김세경	忠淸北道의 古書(1) 총괄 · 진천편	충북향토 문화연구소	1997年	233
報恩 김동기	忠淸北道의 古書(2) 보은군편	충북향토 문화연구소	1999年	234
報恩 김석중				
報恩 최의웅				
沃川 선새구	忠淸北道의 古書(5) 옥천군편	충북향노 문화연구소	2001年	235
沃川 전대하				
陰城 신영휘	忠淸北道의 古書(6) 음성군편	충북향토 문화연구소	2002年	236
槐山 김문기	忠淸北道의 古書(7) 괴산군편	충북향토 문화연구소	2003年	237
槐山 이구범				
丹陽郡 김현길	忠淸北道의 古書(9) 단양군편	충북향토 문화연구소	2003年	238
丹陽郡 이봉우				
淸原郡 송천근	忠淸北道의 古書(11) 청원군편	충북향토 문화연구소	2004年	239

目 次

第二部　清代 作品目錄과 解題 ········· 313

第一部

明代 作品目錄과 解題

1. 三國演義：(後三國演義[兩晉演義], 後三國石珠演義)

1-1. 三國演義

≪三國志演義≫는 120회본으로 편찬자가 羅貫中으로 알려져 있는 長篇 歷史小說이다. ≪三國志演義≫의 가장 이른 판본은 明代 嘉靖 任午(1522) 간행본으로 서두에 '庸愚子 弘治 7年(1494) 序'와 '修髯子嘉靖元年引'이 있으며 전 24권 240則으로 되어있다. 또 題에는 '晉平陽侯陳壽史傳, 後學羅貫中編次'라고 되어있다. 嘉靖 以後 明淸代에 걸쳐 10여 종의 版本이 있으며 모두가 서로 다른 版種을 이루고 있다. 그 중 李卓吾(1527~1602)가 編輯한 ≪李卓吾先生批評三國志≫(全120回)의 출현 이후 淸初에 毛綸, 毛宗崗 父子가 거듭 修訂한 通行本 ≪三國演義≫가 淸代 이래로 주종을 이루게 되었다. 이때가 대략 淸 康熙 18年(1679) 前後이다.

편찬자 羅貫中(1330?~1400)은 元末明初의 통속소설가로 고향에 대한 사적은 크게 山東省 東原說과 山西省 太原說로 양분되고 있다. 만년에 浙江省 杭州에서 죽었다고 전한다. 출생에 대한 기록이 명확하지 않아 아직도 이론이 분분하다.

正史 ≪三國志≫가 국내에 유입되었다는 記錄은 ≪後漢書≫〈東夷傳, 高句麗條〉[1]에서 최초로 찾아 볼 수 있다. 이는 삼국시대에 이미 국내에 유입되었다는 것을 증명하는 것으로 書誌學的인 관점에서 상당한 의미를 지닌다.

반면 소설 ≪三國演義≫가 韓國에 전입되었다는 기록은 얼마 전까지 ≪朝鮮王朝實錄≫ 宣祖 卷3(1569)의 기록에 의존하여 대략 1569년 이전으로 추정을 하였다. 그러나 최근 발굴된 자료에 의하면 고려 말기로 추정하고 있다.[2] 즉 고려 말기에 편찬된 것으로 추정되는 ≪老乞大≫의 末尾部分에 고려 상인이 책을 사는 장면이 있는데, 그가

---

1) "高句麗書籍, 有五經三史, 三國志晉陽秋". ≪後漢書≫.

2) 최근 이은봉의 논문에 의하면 고려시대 말기에 편찬하였을 것으로 추정되는 중국어 교과서 ≪老乞大≫에 ≪三國志平話≫가 언급된 기록을 들어 "이 책은 고려말기에 만들어진 것인지는 확실치 않으나 ≪조선왕조실록≫ 세종 5년(1423) 6월 23일 기사를 보면 '≪노걸대≫ 등의 서적을 주자소에서 인출케 했다'라는 기록을 찾아볼 수 있으니, 적어도 세종 5년 이전에는 ≪노걸대≫가 만들어졌음은 짐작할 수 있다."라고 언급하고 있다. 〈〈三國志演義〉의 수용 양상 연구〉, 인전대 국문과 박사학위논문, 2006, 12. 23쪽 참조.

구입한 서적 목록 중에 ≪三國志平話≫가 언급되어 있다. 이에 관련된 ≪老乞大≫의 기록을 살펴보면 다음과 같다.

> 更買些文書一部, 四書都是晦庵集註, 又買一部, 毛詩, 尙書, 周易, 禮記, 五子書, 韓文, 柳文, 東坡詩, 詩學, 大成押韻, 君臣故事, 自治通鑑, 翰院新書, 標題小學, 貞觀政要, 三國志平話. 這些貨物都買了也.[3)]

이상의 기록을 근거로 보면 나관중의 ≪삼국연의≫가 나오기 전에 유통되었던 ≪三國志平話≫本의 국내유입은 고려 말이 확실해 보인다. 이는 이전까지 일반적으로 定論化되었던 ≪삼국연의≫의 유입기록을 상당히 앞당기는 귀중한 자료가 된다. 그 후의 ≪삼국연의≫에 대한 유입기록으로는 ≪朝鮮王朝實錄≫(宣祖 卷3)에서 발견된다.[4)]

현재 한국의 각 도서관에 소장된 ≪三國志演義≫의 版本은 대개 金聖歎原評, 毛宗崗評點의 版本이고 이외에 國內版 ≪四大奇書第一種≫ 版本이 광범위하게 분포되어 있다.

≪三國志演義≫는 조선에 유입되어 독자들에게 상당한 歡迎을 반았으며 이로 인헤 國內版(漢文本)과 飜譯本이 출현하였다. 최근 박재연에 의하여 새로 발굴된 조선 활자본 ≪三國志通俗演義≫(1책[零本] 권8(上下), 이양재 소장본)은 대략 1560년대 초 중반 사이에 인출된 것으로, 우리나라에서 현존하는 ≪三國志演義≫간행본 중 가장 오래된 것이며, 韓中日 삼국을 통틀어 첫 번째 금속활자본으로 상당한 의의가 있다. 조선시대에 간행된 많은 중국소설들은 대부분 문언소설인데, 백화소설의 간행은 ≪三國志通俗演義≫가 처음이다.[5)] 그러기에 나관중본 ≪삼국지연의≫의 국내유입은 1560년대 초·중기 이전으로 추정된다.

그 후 ≪新刊校正古本大字音釋三國志≫(1627년[1627년 이후로 보는 시각도 있음], 13행24자, 耽羅開刊)가 출간되었고, 肅宗 年間(1674~1720년) 이후에는 ≪四大奇書第一種≫(20권 20책)이 출간되었다.[6)] 이후에도 여러 차례가 後印이 있었으며, 번역된

---

3) ≪老乞大≫, 한국학중앙연구원(C138), 47a-47b쪽.

4) 민관동, ≪중국고전소설의 전파와 수용≫, 아세아문화사, 2007. 156-157쪽.

5) 박재연·김영교주, 〈새로 발굴된 조선 활자본 ≪三國志通俗演義≫에 대하여〉, ≪三國志通俗演義≫, 학고방, 2010. 12-23쪽 참조.

방각본(京本, 安城本)도 다수가 있다. 이처럼 ≪三國演義≫는 조선에 유입되어 讀者들에게 상당한 歡迎을 받았다.

그리고 ≪三國演義≫의 分量이 너무 많아 그 중 재미있는 부분만 截取하여 編輯하였거나 또는 部分 飜譯 혹은 飜案한 것이 여러 가지 있는데, 예를 들면 ≪關雲長實記≫·≪張飛馬超實記大戰≫·≪趙子龍實記≫·≪大膽姜維實記≫·≪華容道實記≫·≪赤壁大戰≫·≪三國大戰≫·≪山陽大戰≫ 等 十餘 種이 있다. 이는 모두가 ≪三國演義≫의 副産物로 당시 ≪三國演義≫가 讀者에게 얼마나 인기 있는 소설이었는지를 알 수 있는 지표가 되고 있다. 또 ≪三國演義≫의 유입은 韓國 古典 小說界에 상당한 영향을 끼쳤으며, 특히 軍談類小說의 出現에 至大한 영향을 주었다.7)

≪삼국연의≫의 번역상황은 대략 〈完全飜譯〉·〈部分飜譯〉·〈飜案(改作)〉·〈再創作〉으로 분류할 수 있다. 대표적인 작품을 살펴보면 다음과 같다.

--- 完全飜譯 ---

* 三國誌通俗演義 : 39권 39책(藏書閣), 27권 27책(奎章閣).
* 三國誌 : 38권 38책(高麗大), 30권 30책(奎章閣), 17권 17책(中央圖書館), 20책(梨花女大), 19권 19책(선문대 중한번역문헌연구소 소장본) 外 數種.(기타 번역본은 아래 목록 참고)

--- 部分飜譯 ---

* 赤壁大戰 : ≪三國演義≫ 第43-50回 飜譯. 總8回.
* 大膽姜維實記 : ≪三國演義≫ 第105-120回 飜譯(1922년 刊行). 總16回.
* 華容道實記 : ≪三國演義≫ 第37-50回 拔取飜譯. 總16回. 제1회-5회는 ≪黃夫人傳≫과 類似하다.
* 三國大戰 : ≪三國演義≫ 第36-50回 拔取飜譯. 제1회-7회는 ≪山陽大戰≫과 類似하다.

6) ≪四大奇書第一種≫은 바로 ≪貫華堂第一才子書≫를 저본으로 국내에서 여러 차례 출판되었다.

7) 민관동, 〈三國演義의 國內 流入과 版本 硏究〉, ≪중국소설논총≫ 제4집, 1995.3. 397-412쪽 참조.

--- 飜案(改作) ---

* 關雲長實記 : 部分改作.
* 赤壁歌(판소리) : 部分改作.
* 山陽大戰(趙子龍實記, 同種異本) : 全面改作.
* 張飛·馬超實記 : ≪三國演義≫ 第27-73回 添削.

--- 再創作 ---

* 黃夫人傳(黃夫人은 諸葛亮의 妻) : ≪三國演義≫ 第36-39回 類似.
* 夢決楚漢訟 :
* 五虎大將軍記 :
* 夢見諸葛亮 :
* 諸葛亮傳 : 總15章. (廣益書局, 1917年).[8)]

≪삼국연의≫는 ≪삼국지≫라는 이름으로 상당수의 한글 필사본이 존재하는데 완역 계열에 속하는 필사본만 해도 약 10여 종에 달하는 것으로 알려져 있다. 대표적인 번역본으로 낙선재본(39권 39책)이 있는데 박재연에 의하면 嘉靖本 ≪三國志通俗演義≫를 저본으로 번역한 것이며, 서울대 규장각 27권본은 낙선재본을 전사한 것이라고 한다.[9)]

또 국립중앙도서관에 소장되어 있는 17권 17책본은 淸代 毛宗崗評本을 번역한 것인데 기록에 따르면 1868년에서 1871년에 걸쳐 필사했으며 필사자는 50대의 李氏 성을 가진 여성으로 알려져 있다. 그 번역양상을 살펴보면 전반부는 축자직역에 가깝게 되어 있고 중반 이후부터는 축약이 많이 이루어지고 있지만 내용의 흐름에는 전혀 이상이 없

8) 李慶善, 〈韓國文學作品에 끼친 三國志演義 影響〉(≪漢陽大論文集≫, 제5집, 1971), 49쪽. 李慶善은 5가지로 分類하였다.
   1. 部分的 飜譯 : 赤壁大戰. 大膽姜維實記.
   2. 部分的 飜譯 및 異說 添加 : 華容道實記. 三國大戰.
   3. 完全改作 : 山陽大戰. 趙子龍傳.
   4. 部分改作 : 關雲長實記. 赤壁歌(판소리).
   5. 影響을받고 創作 : 黃夫人傳. 夢決楚漢訟. 五虎大將軍記. 夢見諸葛亮.

9) 박재연, 〈조선시대 중국통속소설 번역본 연구〉, 한국외대 박사학위논문, 1994. 2. 90쪽 참조.

는 편이다.[10)]

그 외 중한 번역 문헌연구소 소장 ≪삼국지≫는 19권 19책의 한글 필사본으로, 淸나라 康熙 年間에 나온 毛宗崗本 ≪三國演義≫를 저본으로 하여 제1회부터 제120회까지를 완역한 것이다. 필사 시기는 기록으로 보아 19세기 후반부터 20세기 초에 걸쳐 필사가 이루어진 것으로 보인다. 번역양상을 살펴보면 원문에 비교적 충실하게 번역되었지만 서사의 진행에 영향을 주지 않는 부분은 생략하는 축약 현상이 나타나고 있고 여러 사람이 번역에 참여하고 있으며 이야기를 요약문처럼 전개하고 있는 면도 드러난다.[11)]

국내에는 朝鮮出版本과 중국목판본이 奎章閣, 국립중앙도서관 등 전국적으로 소장되어 있고, 中國石印本도 延世大, 京畿大, 全北 高敞郡 玄谷書院 등에 다양하게 소장되어 있다. 또 한글 필사본은 成均館大, 奎章閣, 國立中央圖書館 등에 소장되어 있으며 ≪華龍道≫처럼 작품의 일부를 번역한 작품도 西江大, 檀國大, 嶺南大 등 많은 지역에 광범위하게 소장되어 있다. ≪삼국연의≫와 그 계열 소설들은 판본과 판식이 매우 다양한 양상으로 출판되어 국내에 널리 분포되어 있다.

書名	出版事項	版式狀況	一般事項	所藏處/所藏番號
貫華堂第一才子書	金聖歎(淸)原評, 毛宗崗(淸)評	合20冊(卷首, 19卷), 中國木版本, 有圖, 30.4×20.4cm, 四周單邊, 半郭:20×13.8cm, 有界, 8行15字, 上花紋魚尾	表紙書名:三國志, 卷頭書名:四大奇書第一種, 序:順治歲次甲申(1644)…金聖歎, 印:帝室圖書之章	奎章閣 [奎중]2087~2089
		3冊(零本, 卷6, 11, 12) 中國木版本, 有圖, 30.4×20.4cm, 四周單邊, 半郭:20×13.8cm, 有界, 8行15字, 上花紋魚尾	表紙書名:三國志, 卷頭書名:四大奇書第一種, 序:順治歲次甲申(1644)…金聖歎	奎章閣 [奎중]2090
	金聖歎(淸)原評, 刊年未詳	1冊(零本), 中國木版本, 有圖, 29.5×19cm, 四周單邊, 半郭:21.3×14.2cm, 無界, 12行26字, 上黑魚尾	表紙書名:鼎峙志, 序:順治歲次甲申(1644)…金聖歎	奎章閣 (想白) [古]895.13-G425g
	金聖歎(淸)原評, 毛宗崗(淸)評,	20冊(19卷, 目錄), 木版本, 有圖, 27.7×18.2cm, 四周單邊,	序:順治歲次甲申(1644)…金人瑞, 卷首書名:四大奇書第一種,	啓明大學校 [고]812.35-

10) 박재연·정재영·장유희·황선엽·김규선·김영 교주, ≪광주이씨 필사본 삼국지≫上, 학고방, 2009. 머리말 참조.

11) 정민경·정재영·황문환 교주, ≪청 모종강본 삼국지≫ 상, 학고방, 2007. 머리말 참조.

書名	出版事項	版式狀況	一般事項	所藏處/所藏番號
	刊年未詳	半郭:20.5×14.4cm, 無界, 12行26字, 註雙行, 上二葉花紋魚尾.	表紙書名:三國志	김성탄사
	金聖歎(清)編, 毛聲山(清)批點, 刊年未詳	1卷1册(卷首), 朝鮮木版本, 有圖, 25.6×18.4cm, 四周單邊, 半郭:20.8×14.2cm, 無界, 12行26字, 上下向黑魚尾, 紙質:楮紙.	表題:三國志, 版心題:第一才子書, 序:順治歲次甲申(1644)嘉平朔日 金人瑞聖歎氏題	忠淸南道 大田市 尹炳泰
	金聖歎(清)編, 毛聲山(清)批點, 刊年未詳, 朝鮮後期	1册, 朝鮮木版本, 21.3×14.2cm, 四周單邊, 12行26字, 註雙行, 上下向黑魚尾, 楮紙	版心題:第一才子書卷之六	韓國寺刹文化財 김해 銀河寺, 수장고 531
	金聖歎(清)編, 毛聲山(清)批點, 刊年未詳	20卷20册, 朝鮮木版本, 紙質:楮紙		대구가톨릭대
鼎峙誌	朝鮮翻刻本	19卷19册, 朝鮮木版本	又名:貫華堂第一才子書	鮮文大 朴在淵
第一才子書三國志	金聖歎(清)輯註, 毛宗崗(清)評, 光緒庚寅(1890)季冬, 上海書局石印	共12册(首卷1册, 60卷11册), 中國石印本, 有圖, 20cm, 四周雙邊, 15.1×10cm, 25行40字, 註小字雙行, 上黑魚尾	內題:繡像三國演義, 外題:增像三國全圖演義, 原序:峕順治歲次甲申(1644)嘉平朔日 金人瑞題, 重刊序:光緒十四年(1888) 孟夏, 吳飛雲書	延世大學校 812.36/19
	金聖嘆(清)輯註, 毛宗崗(清)評, 上海廣益書局印行	16卷16册, 中國鉛活字本, 有圖, 20cm, 四周單邊, 半郭:17.5×11.6cm, 界線, 勾吳淸溪局士書, 15行31字, 註小字雙行, 上黑魚尾	內書名:足本鉛印三國志演義, 外書名:精校全圖繡像三國志演義, 原序:順治歲次甲申(1644)嘉平朔日, 金人瑞 重刊序:咸豐三年(1853)孟夏, 藏書記:錦城丁氏寓局谷城, 藏印記:黙容室藏 外4種	延世大學校 812.36/20
	金聖嘆(清)輯註, 毛宗崗(清)評, 刊寫地未詳, 刊寫者未詳, 刊寫年未詳	16卷8册(卷1~16), 中國石印本, 有圖, 20.1×13.4cm, 四周雙邊, 半郭:17.4×11.8cm, 無界, 26行字數不定, 註雙行, 上下向黑魚尾	表題:三國志, 卷首題:增像全圖三國志演義, 版心題:繪圖三國志演義	京畿大學校 경기-k120315-1
四大奇書第一種	金聖歎(清)原評, 毛宗崗(清)批點, 清順治1年(1644)序	8册, 中國木版本, 24.6×15.6cm, 四周單邊, 半郭:19.7×13.5cm, 有界, 12行28字, 註雙行, 上下向黑魚尾, 紙質:竹紙	表題:三國志, 序:順治甲申(1644)嘉平朔日金人瑞聖歎(清)氏題	釜山大學校

書名	出版事項	版式狀況	一般事項	所藏處/所藏番號
	毛宗崗(淸)評, 順治1年(1644)序	19卷20册, 朝鮮木版本, 有圖, 29.2×18.7cm, 四周單邊, 半郭:21.3×14.1cm, 無界, 12行26字, 上下向二葉花紋魚尾, 紙質:楮紙	表題:三國誌, 版心題:第一才子書, 序:順治甲申(1644)金人瑞題	慶北 英陽郡 趙觀鎬
	羅貫中(明)撰, 金聖歎(淸)原評, 毛宗崗(淸)評, 鄒梧岡參訂, 成文信, 順治1年(1644)序	51卷16册, 中國木版本, 有圖, 25×15.5cm	版心書名:第一才子書, 標題紙:繡像第一才子書, 印:繼承松湖古家遺風餘慶守成, 內容은 三國誌임, 內容:序, 凡例, 讀法, 圖像, 目錄, 1-15, 卷之一~五十一	高麗大學校 (華山文庫) C14-B1
	羅貫中(明)著, 金聖歎(淸)原評, 毛宗崗(淸)批點, 仁祖22(1644)序	零本1册(卷首1册以外缺), 中國木版本, 28.9×18.8cm, 四周單邊, 半郭:21.1×14.4cm, 無界, 12行26字, 上黑魚尾, 下白口	標題紙:貫華堂第一才子書, 表紙書名:三國志, 序:順治歲次甲申(1644)嘉平朔日人瑞聖歎氏題	高麗大學校 (薪菴文庫) C14-A36
	毛宗崗(淸)評, 仁祖22年(1644)序後刷	10卷11册(卷1~4, 8, 15~19, 目錄1册포함), 木版本, 有圖, 27.5×18.7cm, 四周單邊, 半郭:19.7×14cm, 無界, 12行26字, 註雙行, 上下向黑魚尾, 紙質:楮紙	表題:四大奇書, 版心題:第一才子書, 序:順治歲次甲申(1644)嘉平朔日金人瑞聖歎(淸)氏題	全北大學校
	羅貫中(明)撰, 毛宗崗(淸)評, 刊寫地未詳, 經國堂, 仁祖22(1644)序	19卷19册, 目錄1册, 共20册2匣, 中國木版本, 有圖, 24.9×15.7cm, 四周單邊, 半郭:20.5×13.3cm, 無界, 12行26字, 註雙行, 上下向無葉花紋魚尾	標題:繡像第一才子書, 版心題:第一才子書, 表題:三國志, 序:順治歲次甲申(1644)嘉平朔日金人瑞聖歎氏題, 刊記:經國堂發兌	京畿大學校 소장번호미기재
	金聖歎(淸)原評, 毛宗崗(淸)評, 上海掃葉山房, 1888	全20卷20册中18册存(零本, 卷1, 3~19), 中國木版本, 有圖, 23.9×16cm, 四周單邊, 半郭:19.7×13.8cm, 無界, 12行26字, 註雙行, 上下向黑魚尾	卷頭:挿圖:繡像, 重刊三國志演義序:光緖十四年(1888)…醒悔道人, 版心題:第一才子書, 印出記(重刊序末):上洋掃葉山房藏板校刊, 表紙書名:三國志	嶺南大學校 823.5 김성탄ㅈ
	金聖歎(淸)原評, 毛宗崗(淸)評, 1888年, 上洋掃葉山房藏	10册(零本, 首卷, 卷1~卷9), 中國木版本, 有圖, 23.5×15.5cm, 四周單邊, 半郭:18.5×13.5cm, 無界,	表題:三國志, 版心題:第一才子書, 卷首序:順治歲次甲中(1644)嘉平朔日金人瑞聖嘆凡例,	奎章閣 [奎古]151

書名	出版事項	版式狀況	一般事項	所藏處/所藏番號
	板校刊	12行26字, 注雙行, 上下向黑魚尾	讀三國志法, 目錄, 刊記:上洋掃葉山房藏板校刊, 重刊序:光緒十四年(1888)孟秋醒悔道人	
	毛宗岡(淸)評, 上海, 掃葉山房, 光緒14(1888)序	目錄1冊, 16卷16冊, 共17冊(全19卷, 卷1～16), 24.4×15.9cm, 有圖, 上下單邊, 左右雙邊, 半郭:19.6×14.3cm, 無界, 12行26字, 註雙行, 上下向黑魚尾	包匣題:三國志, 標題:第一才子書, 序:順治歲次甲申(1644)嘉平朔日金人瑞聖歎氏題, 重刊序:光緒十四年(1888)孟秋醒悔道人書上洋掃葉山房藏板校刊	東亞大學校 (3):12:2-79
	毛宗崗(淸)評, 上洋, 掃葉山房刊行, 1888年	20冊(首卷, 卷一~十九), 23.5×15.5cm, 四周單邊, 半郭:19.6×14.5cm, 有界, 10行21字, 註雙行, 上內黑魚尾	表紙書名:三國志, 序:光緒四年(1888)…醒悔道人	國立中央圖書館 [古]3636-79
	著者未詳, 上洋掃葉山房校刊, 光緒14(1888年)	19卷2匣20冊, 中國木版本, 24×15.8cm, 上下單邊, 左右雙邊, 半郭:14×19.9cm, 無界, 12行26字, 白口黑魚尾上	表紙書名:三國志, 版心書名:第一才子書, 序:金人瑞(1644), 醒悔道人(1888), 毛宗崗(淸)評	澗松文庫
	金聖歎(淸)編註, 毛聖山(淸)原評, 中國, 掃葉山房, 光緒14年(1888)	2函19卷20冊(目錄1冊), 24.5×15.8cm, 四周單邊, 半郭:14×19.8cm, 無界, 12行26字, 注小字雙行, 上黑魚尾	外題:三國志, 版心題:第一才子書, 序:順治歲次甲申(1644)嘉平朔日金人瑞聖歎氏題, 評:毛宗岡	朝鮮大學校 895.13-ㄱ781ㅅ
	金聖歎(淸)原評, 毛宗崗(淸)評, 1888年	1冊(卷2, 零本), 中國木版本, 有圖, 30.5×19cm, 四周單邊, 半郭:21.5×14.5cm, 無界, 12行26字, 註雙行, 上下向黑魚尾	表題:三國演義 二, 版心題:第一才子書	奎章閣 [奎古]295
	羅貫中(明)撰, 金聖歎(淸)編, 毛宗崗(淸)評, 上海掃葉山房, 光緒14年(1888)	19卷首卷合20冊, 中國木版本, 有圖, 23.5×15.3cm		高麗大學校 (華山文庫)C14-B1D
		卷首19卷合20冊, 中國木版本, 有圖, 24.4×15.7cm	標題·版心題:第一才子書, 表題:三國誌, 序:順治歲次甲申(1644)…金人瑞聖歎氏題, 重刊三國志演義序:光緒十四年(1888)孟秋醒悔道人書	高麗大學校 (晩松文庫)C14-B1J
		19卷20冊(首卷-十七卷), 中國木版本, 有圖, 23.6×16.7cm, 四周單邊,	表題:三國志, 版心題:第一才子書, 序文:順治歲次甲申(1644)嘉平朔	忠南大學校 학산고서 集·小說類2036

書名	出版事項	版式狀況	一般事項	所藏處/所藏番號
		半郭:19.6×14cm, 無界, 12行26字, 註雙行, 上下向黑魚尾, 紙質:竹紙	日金人瑞聖嘆氏題	
		20卷20冊, 中國木版本, 有圖, 23.6×16.7cm, 上下單邊, 左右雙邊, 半郭:19.6×14cm, 無界, 12行26字, 註雙行, 上下向黑魚尾, 紙質:竹紙	表題:三國志, 版心題:第一才子書, 裏題:繡像三國志演義, 重刊序:光緖十四年(1888)孟秋醒悔道人書, 順治歲次甲申(1644)嘉平朔日金人瑞聖歎氏題	忠南 大田市 趙鍾業
	羅貫中(明)著, 毛宗岡(淸)評, 上海, 掃葉山房, 1895	19卷20冊(目錄, 卷1~19), 木版本, 24.5×16cm	表題紙:聖嘆外書第一才子書(三國誌), 蜀漢誌	檀國大學校 죽전 퇴계기념도서관 古823.5-나128ㅅ
	毛宗崗(淸)評, 編者未詳, 上海, 江左書林, 光緖23年(1897)	19卷20冊, 木版本, 有圖, 23.2×15.4cm, 四周雙邊, 半郭:19×14.3cm, 12行26字, 註雙字, 上黑魚尾		順天大學校 823.5 삼17ㅅ
		19卷20冊, 中國木版本, 有圖, 23.9×15.1cm, 四周單邊, 半郭:18.3×13.3cm, 無界, 12行26字, 註雙行, 上內向黑魚尾, 紙質:綿紙	表題:三國志, 裏題:第一才子書, 序:順治歲次甲申(1644)嘉平朔日金人瑞聖嘆(淸)氏題, 刊記:光緖丁酉(1897)春鐫江左書林藏板	東國大學校 D819.34 삼17ㅅㄷ
		12冊		朴在淵
	金聖歎(淸)纂集, 毛宗崗(淸)評, 刊年未詳, 淸板覆刻本	16冊, 有圖, 29×19cm, 四周單邊, 半郭:20.5×14.2cm, 無界, 12行26字, 註雙行, 下內黑魚尾	表紙書名:三國誌, 標題紙:毛聲山先生批點貫華堂第一才子書, 序:峕順治歲次甲申(1644)…(淸)金人瑞	國立中央圖書館 [무구재古]3736-21
		1冊, 28×17.6cm, 四周單邊, 半郭:20.5×14.2cm, 無界, 12行26字, 註雙行, 下向黑魚尾		國立中央圖書館 [무구재古]3736-22
		17冊, 有圖, 29×19cm, 四周單邊, 半郭:20.5×14.2cm, 無界, 12行26字, 註雙行, 下向黑魚尾	表紙書名:三國志, 裏題紙:毛聲山先生批點貫華堂第一才子書, 序:峕順治歲次甲申(1644)…(淸)金人瑞	國立中央圖書館 [무구재古]3736-23
	著者未詳, 掃葉山房藏板, 中國淸板本	19卷2匣20冊, 中國木版本, 23.5×15.8cm, 四周單邊, 半郭:14×20cm, 無界, 12行26字, 白口黑魚尾上	表紙書名:三國志, 版心書名:第一才子書, 序:金人瑞(1644), 毛宗崗(淸)評, 印:梅東, 全鍾源章	澗松文庫
	羅貫中(明)撰, 金聖歎(淸)編,	10卷10冊(卷10~19), 中國木版本, 23.6×15.3cm,	表題:三國志	釜山市 慶星大學校

書名	出版事項	版式狀況	一般事項	所藏處/所藏番號
		四周單邊, 半郭:18.9×13.9cm, 無界, 12行26字, 註雙行, 上下向黑魚尾, 紙質:竹紙		博物館
	毛宗崗(淸)評	19卷20冊, 朝鮮木版本, 有圖, 28.6×18.8cm, 四周單邊, 半郭:21.6×14.6cm, 無界, 12行26字, 註雙行, 上下向黑魚尾, 紙質:楮紙	表題:三國誌, 版心題:第一才子書, 序:順治歲次甲申(1644)嘉平朔日金人瑞聖歎(淸)氏題, 所藏印:玄谷精舍萬卷樓圖書之印	全羅北道 高敞郡 玄谷書院
	羅貫中(明)撰, 金聖歎(淸)編, 毛宗崗(淸)評, 淸代刊	9卷1冊, 中國木版本, 有圖, 23.6×15.4cm, 四周單邊, 無界, 12行26字, 註雙行, 上下向黑魚尾, 紙質:竹紙	表題:三國志, 版心題:第一才子書, 序:順治歲次甲申(1644)嘉平朔日金人瑞聖歎(淸)氏題	釜山慶星大 鄕土文化硏究所
	羅貫中(明)撰, 金聖歎(淸)原評, 毛宗崗(淸)評, 淸代刊	1卷1冊(卷10), 中國木版本, 24.9×16.6cm, 四周單邊, 半郭:22×14.1cm, 無界, 12行字數不定, 註雙行, 上下向黑魚尾, 紙質:綿紙		洪川郡洪川鄕校
	金聖歎(淸)原評, 毛宗崗(淸)批點.	1冊, 朝鮮木版本, 有圖, 29.4×18.8cm, 四周單邊, 半郭:21.5×14.1cm, 有界, 行字數不定, 紙質:楮紙	裏題:貫華堂第一才子書, 序:順治歲次甲申(1644)嘉平朔日金人瑞聖歎氏題	忠南 溫陽民俗博物館
	羅貫中(明)撰, 金聖歎(淸)編, 淸代刊	14卷14冊(卷3~5, 7~12, 15~19), 中國木版本, 25.8×15.5cm, 四周單邊, 半郭:21.7×14cm, 有界, 12行20字, 紙質:竹紙	表題:三國志	安東市豊川面 柳寧夏
	毛宗崗(淸)評, 淸末刊	8卷8冊(卷3~7, 9~10, 19), 中國木版本, 半郭:21×14.5cm, 12行26字, 上黑魚尾	表題:三國志	雅丹文庫 823.5-모75ㅅ
	金聖歎(淸)編, 毛宗崗(淸)評, 淸版覆刻本, 發行事項不明	全19卷, 卷首, 合20冊(卷1~2, 5, 8~11, 13~14, 16), 中國木版本, 有圖, 25×17.4cm, 四周單邊, 半郭:21.3×14.3cm, 無界, 12行26字, 註雙行, 上下向黑魚尾	版心題:第一才子書, 標題:貫華堂第一才子書, 表題:三國誌, 序:金聖歎	安東大學校 [古]823.5-김51ㅅ
		20冊(卷首, 19卷), 有圖, 28.2×18.8cm, 四周單邊, 半郭:20.5×14.2cm, 無界, 12行26字, 註雙行, 上下向黑魚尾	版心題:第一才子書, 標題:貫華堂第一才子書, 表紙書名:三國誌, 序:…順治歲次甲申(1644)…金人瑞聖歎	安東大學校 823.5-김51ㅅ모

書名	出版事項	版式狀況	一般事項	所藏處/所藏番號
	毛宗崗(淸)評, 純祖~哲宗間(1801~1863)	目錄1卷, 本集19卷, 合20冊, 朝鮮木版本, 30.3×19.7㎝, 四周單邊, 半郭:20.3×14.5㎝, 無界, 12行26字, 註雙行, 上黑, 上二葉混入花紋魚尾, 紙質:楮紙	表題:三國誌, 裏題:三國誌裏題貫華堂第一手子書, 序:順治歲次甲申(1644)嘉平朔日 金人瑞聖歎氏題, 印:閔泳晩印, 忠孝傳家 李王家圖書之章, 墨印:金人瑞印, 歎氏	韓國學中央硏究院 4-6882
	毛宗崗(淸)評, 朝鮮朝末期刊	1冊, 朝鮮木版本, 有圖, 28.9×19.9㎝, 四周單邊, 半郭:20.9×14.3㎝, 無界, 12行20字, 註雙行, 上下向黑魚尾, 紙質:楮紙	表題:三國志, 版心題:第一才子書, 序:順治歲次甲申(1644)嘉平朔日 金人瑞聖歎(淸)氏題	釜山市 東萊女子高等學校
	毛宗崗(淸)評, 朝鮮朝末期刊	10卷10冊(卷10~19), 木版本, 26.8×17㎝, 四周單邊, 半郭:21.5×14.6㎝, 無界, 12行26字, 註雙行, 上下向黑魚尾, 紙質:楮紙	表題:三國誌, 版心題:第一才子書	釜山大學校
	陳壽(晉)撰, 毛宗崗(淸)評, 杭永年(淸)定, 朝鮮朝後期~末期刊	19卷21冊(目錄1冊包含), 朝鮮木版本, 有圖, 26.5×18㎝, 四周單邊, 半郭:22.6×14.4㎝, 無界, 12行26字, 註雙行, 上下向黑魚尾, 紙質:楮紙	表題:三國誌, 版心題:第一才子書, 序:順治歲次甲申(1644)嘉平朔日 金人瑞聖歎(淸)氏題	全北大學校
	羅貫中(明)撰, 金聖歎(淸)編, 毛宗崗(淸)評, 朝鮮朝後期刊	18冊, 朝鮮木版本, 有圖, 29.3×19.2㎝, 四周單邊, 半郭:21.4×14.3㎝, 無界, 12行26字, 註雙行, 上黑魚尾, 紙質:楮紙	版心題:第一才子書, 標題:貫華堂第一才子書, 表題:三國志, 序:順治歲次甲申(1644)… 金人瑞聖歎氏題	全南大學校 3Q-사222ㄴ-v.1-4, 6-15, 17-20
	羅貫中(明)撰, 金聖歎(淸)編, 毛宗崗(淸)評, 朝鮮朝後期刊	2卷2冊(卷9, 18), 朝鮮木版本, 28.4×18㎝, 四周單邊, 半郭:21.9×15㎝, 無界, 12行26字, 註雙行, 上下向黑魚尾, 紙質:楮紙	表題:奇書, 版心題:第一才子書	江陵市 船橋莊
	羅貫中(明)撰, 金聖歎(淸)編, 毛宗崗(淸)評, 朝鮮朝後期刊	19卷20冊, 朝鮮木版本, 26.2×16㎝, 四周單邊, 半郭:25×15.2㎝, 有界, 12行26字, 註雙行, 上下向二葉花紋魚尾, 紙質:楮紙	表題:三國志	江陵市 船橋莊
	羅貫中(明)撰, 金聖歎(淸)編, 毛宗崗(淸)評, 朝鮮朝後期刊	2卷2冊(卷15, 16), 朝鮮木版本, 26.5×17.6㎝, 四周單邊, 半郭:21.5×14.4㎝, 無界, 12行26字, 註雙行, 上下向黑魚尾, 紙質:楮紙	表題:三國志, 版心題:第一才子書	江陵市 船橋莊

書名	出版事項	版式狀況	一般事項	所藏處/所藏番號
	金聖歎(淸)原評, 毛宗崗(淸)批點, 朝鮮朝末期刊	16卷16冊(目錄, 卷1~2, 7~19), 朝鮮木版本, 有圖, 29×18.8㎝, 四周單邊, 半郭:21.7×14.4㎝, 無界, 12行26字, 註雙行, 上下向黑魚尾, 紙質:楮紙	表題:三國志, 版心題:第一才子書, 表題:貫華堂第一才子書, 序:順治歲次甲申(1644)… 金聖歎(淸)序	慶尙南道 鎭海市 海軍士官學校
		7卷7冊(卷3, 6~7, 10, 12, 14, 16), 朝鮮木版本, 30.8×20.7㎝, 四周單邊, 半郭:22×14.4㎝, 無界, 12行26字, 註雙行, 上下向黑魚尾, 紙質:楮紙	表題:三國志, 版心題:第一才子書, 所藏印:集玉齋	慶尙南道 鎭海市 海軍士官學校
	金聖歎(淸)原評, 毛宗崗(淸)批點, 朝鮮時代	1冊(卷之十), 活字本, 全郭:28.5×18.5㎝, 紙質:楮紙		韓國寺刹文化財 전북香山寺대웅전 1698
	毛宗崗(淸)評, 上洋, 掃葉山房藏板	7卷7冊(19卷19冊中卷1~7), 中國木版本, 半郭:20×13.8㎝, 12行26字, 上黑魚尾	重刊序:昔陳承祚有良史才所撰魏蜀吳三國志凡六十五篇己入正史…演義之作濫觴於元人以供村老談說故事然悉本陳志裵注絶不架空…不興一切小說等量而齊觀矣光緖十四年(1888)孟秋醒悔道人書, 內容:三國誌演義, 刊記:掃葉山房藏板校刊	雅丹文庫 823.5-모75ㅅ
	羅貫中(明) 撰, 金聖歎 (淸)原評, 毛宗崗(淸)批點, 貫華堂(16--)	1冊(零本), 中國木版本, 28.5×18.5㎝	標題:毛聲山先生 批點, 貫華堂第一才子書, 版心題:第一才子書, 表題:三國志	高麗大學校 (晩松文庫) C14-B1L
	金聖歎(淸)原評, 毛宗崗(淸)評, 刊地未詳, 致和堂, 刊年未詳	全21冊中1冊存(零本, 卷1), 中國木版本, 25.4×15.7㎝, 四周單邊, 半郭:21.7×14.3㎝, 無界, 11行24字, 註雙行, 上下向黑魚尾	版心題:三國志, 版心下端記錄:致和堂, 表紙書名:三國志	嶺南大學校 823.5 김성탄ㅈㄱ
	金聖歎(淸)原評, 毛宗崗(淸)評, 刊地未詳, 九思堂, 刊年未詳	1冊(零本, 卷28～30), 中國木版本, 25.4×16㎝, 四周單邊, 半郭:20.8×13.8㎝, 無界, 10行23字, 註雙行, 上下向黑魚尾	版心題:奇書第一種, 版心下端記錄:九思堂, 表紙書名:三國誌	嶺南大學校 823.5 김성탄ㅈㄴ
	羅貫中(明)撰, 毛宗崗(淸)評, 宏道堂, 刊寫地未詳, 刊寫年未詳	3卷1冊(全51卷20冊), 中國木版本, 有圖, 23.3×15.6㎝, 四周單邊, 半郭:21.3×13.2㎝, 無界, 12行28字, 註雙行, 上內向黑魚尾	表紙書名:三國志, 版心書名:第一才子, 序:順治歲次甲申(1644)…金聖歎, 刊記:金聖歎先生原本毛聲山先生評定繡像第一才子書宏道堂藏板	漢陽大學校 812.35-나2412ㅅ- 꾕1-20

書名	出版事項	版式狀況	一般事項	所藏處/所藏番號
	羅貫中(明)撰, 毛宗崗(淸)評, 貫華堂, 刊寫地未詳, 刊寫年未詳	全19卷20冊(卷1～19), 中國木版本, 有圖, 26.7×18.3cm, 四周單邊, 半郭:20.5×14.2cm, 無界, 12行26字, 註雙行, 上內向2葉花紋魚尾	表紙書名:三國誌, 版心書名:第一才子書, 序:順治甲申(1644)…金聖歎, 內容:序文--讀法--凡例--總目--圖像, 刊記:聖歎原評毛聲山先生批點貫華堂第一才子書	漢陽大學校 812.35-나2412ㅅ-관(1~20)
	羅貫中(明)撰, 毛宗崗(淸)評, 掃葉山房藏板, 刊寫地未詳, 刊寫年未詳	全19卷20冊(卷1～19), 中國木版本, 有圖, 24×15.5cm, 四周單邊, 半郭:19.8×13.8cm, 無界, 12行26字, 註雙行, 上內向黑魚尾	表紙書名:三國誌, 版心書名:第一才子書, 序:順治甲申(1644)…金聖歎, 刊記:聖歎外書毛聲山先生評點三國誌第一才子書掃葉山房藏板	漢陽大學校 812.35-나2412ㅅ-소(1, 3, 5, 6, 7, 10, 13, 14, 15, 17, 18, 19, 20)
	羅貫中(明)撰, 金聖歎(淸)編, 毛宗崗(淸)評	8卷8冊(卷1~2, 4, 6, 16~19), 朝鮮木版本, 27×18cm, 四周單邊, 半郭:20.4×14.5cm, 無界, 12行26字, 註雙行, 上下向二葉花紋魚尾, 紙質:楮紙	表題:三國志, 版心題:第一才子書	忠南 大田市 燕亭國樂院
		5卷5冊(卷5·7·9·10·16), 中國木版本, 半郭:20.9×14.2cm, 12行26字, 上黑魚尾		雅丹文庫 823.5-나15ㅅ
		19卷首卷合20冊, 中國木版本, 有圖, 27.6×18.4cm, 四周雙邊, 20.6×14.4cm, 12行26字, 小字雙行, 上黑魚尾	標題:貫華堂第一才子書, 版心題:六才子書, 表題:三國誌, 序:順治歲次甲申(1644)…金人瑞聖歎氏題 印:全義李鳳鎬章	高麗大學校 C14-A36A
	金聖歎(淸)原評, 毛宗崗(淸)批點	19卷20冊(卷首全19卷19冊), 中國木版本, 半郭:20.5×14.5cm, 12行26字, 上2葉魚尾	表題:三國志	雅丹文庫 823.5-김54ㅅ
	毛宗崗(淸)評	6卷7冊(目錄1冊, 卷1~5, 13), 中國木版本, 半郭:22.1×14.5cm, 12行26字, 上黑魚尾	本題:三國志演義	雅丹文庫 823.5-모75ㅅ
	金聖歎(淸)原評, 毛宗崗(淸)評	零本1冊(所藏:卷1), 中國木版本, 24.5×15.8cm, 四周單邊, 半郭:20×14.5cm, 無界, 12行26字, 上黑魚尾	重刊三國志演義序:光緖十四年[戊子, 1888]…醒悔道人	龍仁大學校 D7-6
		全20冊中1冊存(零本, 卷12), 中國木版本, 25.9×16cm, 四周單邊, 半郭:20.6×13.5cm, 無界, 10行22字, 註雙行, 上下向黑魚尾	版心題:三國志	嶺南大學校 823.5 김성탄ㅈㄷ

書名	出版事項	版式狀況	一般事項	所藏處/所藏番號
		全20册中 6册存(卷首1册, 卷1, 2, 13~15), 中國木版本, 有圖, 28.3×18cm, 四周單邊, 半郭:20.7×14.4cm, 無界, 12行26字, 註雙行, 上下向黑魚尾(一部分 上下向四瓣黑魚尾)	卷首:序:順治甲申(1644)…金聖歎, 凡例, 書目, 讀三國志法, 圖像(20張), 標題紙:貫華堂第一才子書, 聖歎原評, 毛聲山先生批點, 版心題:第一才子書	嶺南大學校 823.5 김성탄
		1册(零本, 卷15), 中國木版本, 28.2×18.3cm, 四周單邊, 半郭:22×14.4cm, 無界, 12行26字, 註雙行, 上下向黑魚尾(一部分 上下向四瓣黑魚尾)	版心題:第一才子書, 表紙書名:四大奇書	嶺南大學校 823.5 김성탄-2
		全20册(殘本19册, 缺本:卷5), 中國木版本, 有圖, 29.3×18.5cm, 四周單邊, 半郭:22.5×15cm, 無界, 12行26字, 上黑魚尾	表紙書名:三國志, 卷頭書名:貫華堂第一才子書, 序:旹順治歲次甲申(1644)… 金聖歎	龍仁大學校 D7-7
		殘本11册(所藏:卷1~10, 卷15), 中國木版本, 25.8×18cm, 四周單邊, 半郭:21×14.8cm, 無界, 12行26字, 上黑魚尾		龍仁大學校 D7-8
		15卷16册(卷1~6, 11~19, 目錄1册), 朝鮮木版本, 有圖, 29.8×19.4cm, 四周單邊, 半郭:20.3×14.5cm, 無界, 12行26字, 註雙行, 上下向二葉花紋魚尾, 紙質:楮紙	表題:三國誌, 版心題:才子書	忠南大學校 集787
	羅貫中(明)撰, 金聖歎(淸)批點, 毛宗崗(淸)評, 刊年未詳	全60卷23册(第1~18, 20, 22, 23册缺), 中國木版本, 17×10.6cm, 四周單邊, 半郭:20.6×14.4cm, 12行26字, 上黑魚尾	表紙書名:三國誌, 版心書名:第一才子書	韓國學中央研究院 D7C-3
		卷首目錄包含, 全19卷20册(第1~11, 13~20册缺), 中國木版本, 25.5×17.2cm, 四周單邊, 半郭:20.2×13.9cm, 12行26字, 上黑魚尾	表紙書名:四大奇書, 版心書名:第一才子書	韓國學中央研究院 D7C-3A
		全19卷20册, 中國木版本, 有圖, 29×19cm, 四周單邊, 半郭:20.2×13.9cm, 12行26字, 上黑魚尾	表紙書名:三國誌, 標題紙書名:貫華堂第一才子書, 版心書名:第一才子書, 序:旹順治歲決甲申(1644)… 金人聖歎氏題	韓國學中央研究院 D7C-3B

<table>
<tr><th>書 名</th><th>出版事項</th><th>版式狀況</th><th>一般事項</th><th>所藏處/所藏番號</th></tr>
<tr><td rowspan="10"></td><td>毛宗崗(淸)評, 刊年未詳</td><td>20卷20冊, 中國木版本, 有圖, 27.3×18.4cm</td><td>表紙書名:三國志, 序:岂順治歲次甲申(1644)… 金人瑞(聖歎)</td><td>國立中央圖書館 [古]3736-53</td></tr>
<tr><td>羅貫中(明)撰,手宗崗(淸) 評, 19世紀末</td><td>零本7冊, 朝鮮木版本, 27.3×18.3cm, 四周單邊, 半郭:21.8×14.2cm, 有界, 12行26字, 上下白口上下向黑魚尾, 線裝, 紙質:楮紙</td><td>表題:四大奇書, 卷6, 8, 10~15</td><td>金基大(성주) 14-3331~3337</td></tr>
<tr><td rowspan="3">羅貫中(明)撰, 金聖歎(淸)批點, 毛宗崗(淸)評, 著者未詳</td><td>19卷20冊(卷4, 卷9~10, 卷12~13, 卷17, 卷19, 7冊缺), 中國木版本, 30.5×20.5cm, 四周單邊, 半郭:14.5×22cm, 無界, 12行26字, 白口黑魚尾上</td><td>表紙書名:三國志, 版心書名:第一才子書, 序:金人瑞(1644), 毛宗崗(淸)評, 印:賜號善寶齋, 閔丙承印</td><td>澗松文庫</td></tr>
<tr><td>19卷20冊(卷14, 卷16, 卷18, 3冊缺), 中國木版本, 20.3×30.6cm, 四周單邊, 半郭:20.7×14.8cm, 無界, 12行26字, 白口黑魚尾上</td><td>表紙書名:三國志, 版心書名:第一才子書, 序:金人瑞(1644), 毛宗崗(淸)評, 印:趙致夏印(圓印), 趙致夏信(方印)</td><td>澗松文庫</td></tr>
<tr><td>19卷20冊, 中國木版本, 29×19cm, 四周單邊, 半郭:14.3×21cm, 無界, 12行26字, 細註雙行, 白口黑魚尾上</td><td>表紙書名:三國志, 版心書名:第一才子書, 序:金人瑞(1644), 毛宗崗(淸)評</td><td>澗松文庫</td></tr>
<tr><td>毛宗崗(淸)評定, 鄒梧岡 參訂, 刊年未詳</td><td>10冊(1~49卷), 中國木版本, 24×15.8cm</td><td>標題紙:毛聲山先生評定 繡像第一才子書 宏道堂藏版, 序:順治歲次甲申(1644), (淸)金人瑞, 三國誌評定</td><td>國立中央圖書館 [의산古]3736-13</td></tr>
<tr><td rowspan="2">毛宗崗(淸)評定, 年紀未詳</td><td>1冊(13卷), 筆寫本, 32×19cm</td><td rowspan="2">三國誌評定</td><td>國立中央圖書館 [의산古]3736-50</td></tr>
<tr><td>2冊(4, 10卷), 筆寫本, 29×18.5cm</td><td>國立中央圖書館 [의산古]3736-51</td></tr>
<tr><td rowspan="2">羅貫中(明)撰, 金聖歎(淸)批點, 毛宗崗(淸)評</td><td>1卷1冊(零本), 木版本, 28.3×19.3cm, 四周單邊, 半郭:21×14.3cm, 12行26字, 註雙行, 白口, 上下向黑魚尾</td><td>漢文, 楷書</td><td>韓國國學振興院 受託원주변씨거촌문중KS0355-1-03-00016</td></tr>
<tr><td>16卷16冊(共20冊中1, 2, 3, 15冊缺), 木版本, 25.5×15.7cm, 四周單邊, 半廓:21.8×14.5cm, 12行26字, 註雙行, 白口, 上下向黑魚尾</td><td>漢文, 楷書, 表題:三國志</td><td>韓國國學振興院 풍산류씨 충효당 고전적KS0187-1-02-00050</td></tr>
</table>

書名	出版事項	版式狀況	一般事項	所藏處/所藏番號
		2卷2冊(零本), 木版本, 26.5×17.5cm, 四周單邊, 半郭:21.2×14.2cm, 有界, 12行26字, 註雙行, 白口, 上下向黑魚尾	漢文, 楷書, 表題:才子書	韓國國學振興院 受託원주변씨 거촌문중 KS0355-1-03-00017
		4卷3冊(零本), 木版本, 26.8×17.3cm, 四周單邊, 半郭:21.8×14.5cm, 12行26字, 註雙行, 白口, 上下向黑魚尾	漢文, 楷書, 表題:三國志	韓國國學振興院 受託영양남씨 영해 시암고택 KS0356-1-03-00009
		4卷4冊(零本), 木版本, 28.5×18.2cm, 四周單邊, 半郭:22×14.4cm, 無界, 12行26字, 註雙行, 白口, 上下向黑魚尾	漢文, 楷書, 表題:三國志	韓國國學振興院 受託안동김씨 부사공파 KS0563-1-03-00001
		6卷6冊(零本), 木版本, 27.3×18.2cm, 四周單邊, 半郭:20.8×14.2cm, 12行26字, 註雙行, 白口, 上下向黑魚尾	漢文, 楷書, 表題:三國志	韓國國學振興院 受託진주강씨 해은공파 박사댁 KS0438-1-03-00003
	羅貫中(明)撰, 金聖嘆(淸)批點, 毛宗崗(淸)評	19卷20冊, 木版本, 有圖, 26.8×18cm, 四周單邊, 半郭:21×14.3cm, 12行26字, 註雙行, 白口, 上下向黑魚尾	漢文, 楷書, 表題:三國志, 序:金聖嘆(1644)	韓國國學振興院 受託의성김씨 귀미파문중KS0449-1-03-00011
	羅貫中(明)撰, 金聖歎(淸)編, 毛宗崗(淸)評	卷首19卷合20冊, 中國木版本, 有圖, 27.6×18.4cm, 四周雙邊, 20.6×14.4cm, 無界, 12行26字, 小字雙行, 上黑魚尾	標題:貫華堂第一才子書, 版心題:六才子書, 表題:三國誌, 序:順治歲次甲申(1644)…金人瑞聖歎氏題, 印:全義李鳳鎬章	高麗大學校 (晩松文庫) C14-A36
		6冊(卷之二, 六, 十五~十七, 零本), 中國木版本, 25.8×15.9cm	版心·表題:三國志	高麗大學校 (晩松文庫) C14-B1K
	金聖歎(淸)書, 毛宗崗(淸)評, 杭永年(淸)定	19卷20冊, 朝鮮木版本, 有圖, 32.3×20.7cm, 四周單邊, 半郭:20.4×14.5cm, 無界, 12行26字, 註雙行, 上下向二葉花紋魚尾, 紙質:楮紙	表題:三國誌, 版心題:第一才子書,裏題:貫華堂第一才子書	忠南大學校 集1199
	金聖歎(淸)原評, 毛宗崗(淸)評, 毛聲山(淸)批點	20冊(本集19卷19冊, 卷首1冊), 中國木版本, 有圖(圖像20張), 28.2×18.3cm, 四周單邊, 半郭:20.5×14.3cm, 無界, 12行26字, 註雙行, 上有紋黑魚尾	卷首:序文, 讀法, 凡例, 總目, 圖像20張, 序:順治甲申(1644)…金聖歎, 標題紙:貫華堂第一才子書, 表紙書名:三國志	嶺南大學校 味山文庫 823.5 김성탄

書名	出版事項	版式狀況	一般事項	所藏處/所藏番號
	金聖歎(淸)	2冊(零本), 木版本, 26×19cm		嶺南大學校 823.5
	羅貫中(明)撰, 毛宗崗(淸)評, 刊寫事項不明	19卷目錄1(合20冊), 木版本, 有圖, 26.8×18.5cm, 四周單邊, 半郭:20.4×14.4cm, 無界, 12行26字, 上下向二瓣花紋魚尾	表題:三國誌, 版心題:第一才子書, 序: 順治歲次甲申(1644) 嘉平朔日金人瑞聖嘆氏題	慶北大學校 [古] 812.3 나16ㅅ
		19卷目錄1(合20冊), 木版本, 有圖, 28.5×18.4cm, 四周單邊, 半郭:20.4×14.4cm, 無界, 12行26字, 上下向二瓣花紋魚尾	表題:三國誌, 版心題:第一才子書, 序: 順治歲次甲申(1644) 嘉平朔日金人瑞聖嘆氏題	慶北大學校 [古] 812.3 나16ㅅ(2)
		零本17冊(所藏:目錄, 卷 1~5, 8~11, 13~19), 木版本, 有圖, 31×19.6cm, 四周單邊, 半郭:21×14.1cm, 無界, 12行26字, 上下向二瓣花紋魚尾	版心題:第一才子書, 序: 順治歲次甲申(1644) 嘉平朔日金人瑞聖嘆氏題	慶北大學校 [古] 812.3 나16ㅅ(3)
		零本16冊(所藏:卷3~8, 10~19), 木版本, 26.7×17.5cm, 四周單邊, 半郭:21.6×14.2cm, 無界, 12行26字, 上下向二瓣花紋魚尾	版心題:第一才子書	慶北大學校 [古] 812.3 나16ㅅ(4)
		零本8冊(所藏:卷3~4, 11~15, 19), 木版本, 26.7×17.3cm, 四周單邊, 半郭:22×14.5cm, 無界, 12行26字, 上下向黑魚尾	表題:三國誌, 版心題:第一才子書	慶北大學校 [古] 812.3 나16ㅅ(5)
		零本7冊(所藏:卷2~5, 7~9), 木版本, 26.6×17.3cm, 四周單邊, 半郭:22.2×14.4cm, 無界, 12行26字, 上下向黑魚尾	表題:三國誌, 版心題:第一才子書	慶北大學校 [古] 812.3 나16ㅅ(7)
		零本7冊(所藏:卷3~9), 木版本, 26.5×17.7cm, 四周單邊, 半郭:21×14.3cm, 無界, 12行26字, 上下向黑魚尾	表題:三國誌, 版心題:第一才子書	慶北大學校 [古] 812.3 나16ㅅ(8)
		零本7冊(所藏:卷9~10, 13, 15~18), 木版本, 28.5×18.6cm, 四周單邊, 半郭:22×14.4cm, 無界, 12行26字, 上下向黑魚尾	表題:三國誌, 版心題:第一才子書	慶北大學校 [古] 812.3 나16ㅅ(9)

書名	出版事項	版式狀況	一般事項	所藏處/所藏番號
		零本5冊(所藏:卷3, 6, 14, 18~19), 木版本, 25.4×17.2cm, 四周單邊, 半郭:22×14.1cm, 無界, 12行26字, 上下向黑魚尾	表題:三國誌, 版心題:第一才子書	慶北大學校 [古] 812.3 나16ㅅ(10)
		零本4冊(所藏:卷9, 14, 16, 19), 木版本, 26.9×17.7cm, 四周單邊, 半郭:21.8×14.3cm, 無界, 12行26字, 上下向黑魚尾	表題:三國誌, 版心題:第一才子書	慶北大學校 [古] 812.3 나16ㅅ(11)
		零本1冊(所藏:卷目錄), 木版本, 26×18.1cm, 四周單邊, 半郭:21.1×14.1cm, 無界, 12行26字, 上下向黑魚尾	表題:三國誌, 版心題:第一才子書	慶北大學校 [古] 812.3 나16ㅅ(13)
		零本1冊(所藏:卷5), 木版本, 26.3×18.4cm, 四周單邊, 半郭:20.3×14.2cm, 無界, 12行26字, 上下向黑魚尾	表題:三國誌, 版心題:第一才子書	慶北大學校 [古] 812.3 나16ㅅ(14)
		零本1冊(所藏:卷8), 木版本, 25.9×18cm, 四周單邊, 半郭:22×14.2cm, 無界, 12行26字, 上下向黑魚尾	表題:三國誌, 版心題:第一才子書	慶北大學校 [古] 812.3 나16ㅅ(15)
		零本1冊(所藏:卷12), 木版本, 29×17.8cm, 四周單邊, 半郭:21.8×14.1cm, 無界, 12行26字, 上下向黑魚尾	版心題:第一才子書	慶北大學校 [古] 812.3 나16ㅅ(16)
		零本1冊(所藏:卷10), 木版本, 28×18.3cm, 四周單邊, 半郭:21.5×14.5cm, 無界, 12行26字, 上下向黑魚尾	表題:四大奇書, 版心題:第一才子書	慶北大學校 [古] 812.3 나16ㅅ(17)
		零本1冊(所藏:卷15), 木版本, 26.5×17.5cm, 四周單邊, 半郭:22.1×14.3cm, 無界, 12行26字, 上下向二瓣花紋魚尾	版心題:第一才子書	慶北大學校 [古] 812.3 나16ㅅ(18)
		零本1冊(所藏:卷10), 木版本, 27.2×18cm, 四周單邊, 半郭:21.4×14.5cm, 無界, 12行26字, 上下向黑魚尾	表題:三國誌, 版心題:第一才子書	慶北大學校 [古] 812.3 나16ㅅ(19)
		零本1冊(所藏:卷13), 木版本, 25.9×17.7cm, 四周單邊, 半郭:21×14.3cm, 無界, 12行26字, 上下向黑魚尾	表題:三國誌, 版心題:第一才子書	慶北大學校 [古] 812.3 나16ㅅ(20)

書名	出版事項	版式狀況	一般事項	所藏處/所藏番號
		零本1冊(所藏:卷目錄) 木版本, 有圖, 28.5×18.4cm, 四周單邊, 半郭:20.4×14.4cm, 無界, 12行26字, 上下向二瓣花紋魚尾	表題:三國誌, 版心題:第一才子書, 序: 順治歲次甲申(1644) 嘉平朔日金 人瑞聖嘆氏題	慶北大學校 [古] 812.3 나16ㅅ(21)
		零本1冊(所藏:卷13), 木版本, 25.8×17.5cm, 四周單邊, 半郭:21.1×14.3cm, 無界, 12行26字, 上下向黑魚尾	表題:三國誌, 版心題:第一才子書	慶北大學校 [古] 812.3 나16ㅅ(22)
	金聖嘆(淸)書, 毛宗崗(淸)評, 刊寫地, 刊寫者, 刊寫年未詳	14卷14冊(卷3~16, 缺帙), 筆寫本, 34.3×22.5cm, 無界, 11行24字, 註雙行, 無魚尾	表題:第一才子書	全北大學校 812.3-사대기 ㅅ
	羅貫中(明)著, 刊寫事項不明	零本1冊(所藏:卷53~54), 石印本, 26.2×15.7cm, 四周單邊, 半郭:21×13.7cm, 有界, 行字數不定, 上下向黑魚尾	版心題:奇書第一種	慶北大學校 [古] 812.3 나16ㅅ(6)
	羅貫中(明)撰, 刊寫事項不明	零本4冊(所藏:卷25~39), 木版本, 25.8×15.7cm, 四周單邊, 半郭:19.4×13.3cm, 無界, 12行28字, 上下向黑魚尾	表題:三國誌, 版心題:第一才子書	慶北大學校 [古] 812.3 나16ㅅ(12)
	毛宗崗(淸)評, 刊寫地未詳, 刊寫者未詳, 刊寫年未詳	8卷8冊(卷1~2, 18~23, 缺帙), 筆寫本, 25.9×17.5cm, 無界, 11行24字, 註雙行, 無魚尾	表題:第一才子書	全北大學校 812.35-사대기
	金聖歎(淸)原評, 毛聲山(淸)批點, 毛宗崗(淸)評, 刊寫地未詳, 刊寫者未詳, 刊寫年未詳	17卷17冊(目錄1冊, 卷1~6, 8, 10~19, 共18冊, 全19卷20冊), 木版本, 有圖, 26.6×18.2cm, 四周單邊, 半郭:20×14.3cm, 無界, 12行26字, 註雙行, 上下向黑魚尾	表題:三國志, 版心題:第一才子書, 標題:貫華堂第一才子書, 序:順治歲次甲申(1644)嘉平朔日 金人瑞氏題, 上下向2葉花紋魚尾混入	全北大學校 812.3-삼국지
		目錄1冊, 10卷10冊(卷1~4, 8, 15~19), 共11冊(全19卷20冊), 木版本, 有圖, 27.8×18.5cm, 四周單邊, 半郭:20.4×14.5cm, 無界, 12行26字, 註雙行, 上下向黑魚尾	版心題:第一才子書, 表題:四大奇書, 標題:貫華堂第一才子書, 聲山은 毛綸의 號임, 卷8은 筆寫本임, 序:順治歲次甲申(1644)嘉平朔日 金人瑞聖歎氏題 上下向混葉花紋魚尾 混入	全北大學校 812.3-사대기
	羅貫中(明)撰, 金聖歎(淸)編, 毛宗崗(淸)評, 刊寫地未詳, 刊寫者未詳,	13冊(冊1-9, 16-19, 缺帙), 朝鮮木版本, 有圖, 28.2×18.6cm, 四周單邊, 半郭:21.1×14.3cm, 有界, 12行26字, 註雙行, 花口, 上下向黑魚尾, 紙質:楮紙	標題:貫華堂第一才子書, 表題:三國志, 版心題:第一才子書, 序:順治歲次甲申(1644)… 金人瑞聖歎氏題	全南大學校 3Q-사222ㄴ

書名	出版事項	版式狀況	一般事項	所藏處/所藏番號
	刊寫年未詳	18冊(冊1-4, 6-15, 17-20, 缺帙), 朝鮮木版本, 有圖, 29.3×19.2cm, 四周單邊, 半郭:21.4×14.3cm, 無界, 12行26字, 註雙行, 花口, 上下向黑魚尾, 紙質:楮紙	標題:貫華堂第一才子書, 表題:三國志, 版心題:第一才子書, 序:順治歲次甲申(1644)…金人瑞聖歎氏題	全南大學校 3Q- 사222ㄴ
		13冊(缺帙), 朝鮮木版本, 有圖, 28.2×18.6cm, 四周單邊, 半郭:21.1×14.3cm, 無界, 12行26字, 註雙行, 上黑魚尾, 紙質:楮紙	版心題:第一才子書, 標題:貫華堂第一才子書, 表題:三國志, 序:順治歲次甲申(1644)…金人瑞聖歎氏題	全南大學校 3Q-사222ㄴ-v.1-9, 16-19
		19冊(冊1-5, 7-20, 缺帙), 朝鮮木版本, 有圖, 29×18.3cm, 四周單邊, 半郭:21.3×14.2cm, 無界, 12行26字, 註雙行, 花口, 上下向黑魚尾, 紙質:楮紙	表題:三國誌, 版心題:第一才子書, 標題:貫華堂第一才子書, 序:順治歲次甲申(1644)嘉平朔金人瑞聖歎氏題	全南大學校 3Q-사22ㄴ
	羅貫中(明)撰, 金聖嘆(淸)編, 毛宗崗 評, 上海, 錦章書局, (1927-?)	19冊(缺帙), 中國木版本, 有圖, 29×18.3cm, 四周單邊, 半郭:21.3×14.2cm, 無界, 12行26字 註雙行, 上黑魚尾, 紙質:竹紙	版心題:第一才子書, 標題:貫華堂第一才子書, 表題:三國誌, 序:順治歲次甲申(1644)嘉平朔金人瑞聖歎氏題	全南大學校 3Q-사22ㄴ-v.1-5,7-20
	金聖嘆(淸)輯註, 毛宗崗(淸)評, 刊寫地未詳, 刊寫者未詳, 刊寫年未詳	2卷2冊(卷3~4, 缺帙), 木版本, 23.7×15.6cm, 四周單邊, 半郭:18.3×13.7cm, 無界, 12行26字, 上下向黑魚尾	表題:三國志, 版心題:第一才子書	가톨릭대학교
		2卷2冊(卷3~4, 缺帙), 23.7×15.6cm, 四周單邊, 半郭:18.3×13.7cm, 無界, 12行26字, 上下向黑魚尾	表題:三國志, 版心題:第一才子書	국립중앙박물관도서관
	羅貫中(明)撰, 金聖歎(淸)批點, 毛宗崗(淸)評, 刊寫地未詳, 刊寫者未詳, 刊寫年未詳	中國木版本, 26.8×17.3cm, 四周單邊, 半郭:21.8×14.7cm, 無界, 12行26字, 上下向黑魚尾	부산대 동일본	경성대학교 향토문화 연구소
		3卷1冊(卷36~39), 15.8×25cm, 四周單邊, 半郭:13.5×20.1cm, 有界, 12行28字, 註雙行, 上下向黑魚尾	題簽題:三國志	明知大學校 812.36 사222
	毛宗崗(淸)評, 刊寫地未詳, 刊寫者未詳, 刊寫年未詳	1卷1冊(卷15, 缺帙), 28.2×18.8cm, 四周單邊, 半郭:22×15cm, 無界, 12行26字, 註雙行, 上下向2葉花紋魚尾	題簽題:三國誌	東亞大學校 (3):12-15

書名	出版事項	版式狀況	一般事項	所藏處/所藏番號
	毛宗岡(淸)評, 鄒梧岡(淸)參訂, 刊寫地未詳, 刊寫者未詳, 刊寫年未詳	1册, 25.1×15.6cm, 有圖, 四周單邊, 半郭:19.1×13.7cm, 有界, 12行28字, 上下向黑魚尾	書名:目錄題, 表題:三國誌目錄, 標題:繡像第一才子書, 序:順治歲次甲申(1644)嘉平朔日 金人瑞聖嘆氏題, 刊記:濰縣成文信梓	東亞大學校 (3):12:2-81
	金聖歎(淸)纂集, 毛宗崗(淸)評, 刊寫地未詳, 刊寫者未詳, 刊寫年未詳	19卷20册(卷1~19), 23.7×15.8cm, 有圖, 上下單邊, 左右雙邊, 半郭:19.6×14.4cm, 12行26字, 註雙行, 上下向黑魚尾	版心題:第一才子書, 包匣題 및 表題:三國志, 標題:繡像三國志演義, 序:順治歲次甲申(1644)嘉平朔日 金人瑞聖歎氏題, 重刊三國志演義序:光緒十四年 (1888)孟秋醒悔道人書上洋掃葉 山房藏板校刊	東亞大學校 (3):12:2-55
	毛宗崗(淸)評, 鄒梧岡(淸)參訂, 刊寫地, 刊寫者, 刊寫年未詳	51卷15册(卷1~51), 25.1×15.6cm, 四周單邊, 半郭:19.5×13.9cm, 有界, 12行28字 註雙行, 上下向黑魚尾	表題:三國誌	東亞大學校 (3):12:2-67
	金聖嘆(淸), 刊寫地未詳, 刊寫者未詳, 庚戌[?]	1册(71張), 筆寫本, 25.2×17.5cm, 四周單邊, 無界, 12行不全字	標題:三國志, 內容:中國小說	檀國大學校 율곡기념도서관 古873.5-김753ㅅ
		1册(34張), 筆寫本, 24.7×22.3cm, 四周單邊, 無界, 12行不全字		檀國大學校 율곡기념도서관 古873.5-김753사
	羅貫中(明)撰, 金聖歎(淸)原評, 毛聲山(淸)批點, 刊寫地, 刊寫者, 刊寫年 未詳	20卷20册, 木版本, 有圖, 26.5×17.9cm, 四周單邊, 半郭:21.3×15cm, 無界, 12行26字, 註雙行, 上下向黑魚尾	板心題:第一才子, 標題:貫華堂第一才子書, 三國志	檀國大學校 율곡기념도서관 古873.5-나128ㅅ
	羅貫中(明)撰, 金聖歎(淸)批點, 毛宗崗(淸)評, 刊寫地, 刊寫者, 刊寫年 未詳	1卷1册, 木版本, 28.7×18.5cm, 四周單邊, 半郭:21.4×14.9cm, 無界, 12行26字, 註雙行, 上下向黑魚尾	版心題:第一才子書, 表題:三國書, 印記:「臣○民印」	檀國大學校 율곡기념도서관 古873.5-나1283사
		10卷10册(零本), 木版本, 28.9×18.5cm, 四周單邊, 半郭:21.7×14.4cm, 無界, 12行26字, 註雙行, 上下向黑魚尾	表題:三國誌	檀國大學校 율곡기념도서관 古873.5-나1282ㅅ
	毛宗崗(淸)手定, 刊寫地, 刊寫者, 刊寫年 未詳	19卷(目錄, 合20册), 木版本, 28.5×19cm	版心書名:第一才子書, 三國志	檀國大學校 퇴계기념도서관 古823.5-모373ㅅ

書名	出版事項	版式狀況	一般事項	所藏處/所藏番號
	羅貫中(明)原著, 毛宗崗(淸)評, 刊寫地, 刊寫者, 刊寫年 未詳	1冊(卷10, 11, 15), 中國石印本, 24×15.5cm, 左右雙邊, 半郭:19.8×13.8cm, 無界, 12行26字, 註雙行, 上內向黑魚尾	版心書名:第一才子書, 3冊만 있으며 앞뒤 落張이 많음	漢陽大學校 812.35-나2412ㅅㄱ-(v.10, v.11, v.15)
	毛宗崗(淸)評, 刊寫地未詳, 刊寫者未詳, 刊寫年未詳	10卷10冊, 29cm, 四周單邊, 半郭:21×14cm, 無界, 12行26字, 註雙行, 上下向黑魚尾		慶熙大學校 812.3-모75ㅅ
		目錄1冊, 本冊50卷15冊, 木版本, 25cm, 四周單邊, 半郭:20×13.5cm, 無界, 12行28字, 註雙行, 上下向黑魚尾	版心題:第一才子書, 表題紙:繡像第一才子書	慶熙大學校 812.3-모75ㅅㄴ
		10冊(全19卷19冊), 23.5cm, 上下單邊, 左右雙邊, 半郭:20×14cm, 無界, 12行26字, 註雙行, 上下向黑魚尾	版心題:第一才子書	慶熙大學校 812.3-모75ㅅㄷ
		2冊(缺帙, 冊1-2), 28cm, 上下單邊, 左右雙邊, 半郭:20×14cm, 無界, 12行26字, 註雙行, 上下向黑魚尾	版心題:第一才子書	慶熙大學校 812.3-모75ㅅㄹ
	羅貫中(明)撰, 毛宗崗(淸)評, 刊寫地未詳, 刊寫者未詳, 刊寫年未詳	1卷1冊(卷13), 中國木版本, 29.3×18.8cm, 四周單邊, 半郭:21.1×14.3cm, 無界, 12行26字, 註雙行, 上下向黑魚尾	表題:三國志, 版心題:第一才子書	京畿大學校 경기-k121998-13
		1卷1冊(卷13, 缺帙), 木版本, 29×18.8cm, 四周單邊, 半郭:21.1×14.3cm, 無界, 12行26字, 註雙行, 上下向黑魚尾	表題:三國志, 版心題:第一才子書	京畿大學校 경기-k121998-13
		1卷1冊(卷11,13), 筆寫本, 25.1×17.4cm, 無界, 12行26字, 註雙行, 無魚尾		京畿大學校 경기-k107160-6
		1卷1冊(卷11,13), 筆寫本, 25.1×17.4cm, 無界, 12行26字, 註雙行, 無魚尾		京畿大學校 경기-k107887-13
		1卷1冊(卷8), 中國木版本, 29.4×18.6cm, 四周單邊, 半郭:21.5×13.9cm, 無界, 12行26字, 註雙行, 上下向黑魚尾	表題:三國志, 版心題:第一才子書	京畿大學校 경기-k122060

書名	出版事項	版式狀況	一般事項	所藏處/所藏番號
		1卷1册(卷5), 中國木版本, 26.3×18.2cm, 四周單邊, 半郭:20.4×13.9cm, 無界, 12行26字, 註雙行, 上下向黑魚尾	表題:三國志, 版心題:第一才子書	京畿大學校 경기-k117945-5
		8卷8册(卷1~3,5~6,8~10), 中國石印本, 23.3×15.5cm, 四周單邊, 半郭:19.6×13.6cm, 無界, 12行26字, 註雙行, 上下向無葉花紋魚尾	版心題:第一才子書	京畿大學校 경기-k101674-1
		2卷2册(卷14,16), 中國木版本, 22.9×15.2cm, 四周單邊, 半郭:19.4×13.4cm, 無界, 12行26字, 註雙行, 上下向黑魚尾	表題:四大奇書, 版心題:第一才子書	京畿大學校 경기-k121903-14
		1册(零本, 卷9), 木版本, 有圖, 26.8×17cm, 四周單邊, 半郭:20.8×14.2cm, 無界, 12行26字, 註雙行, 上黑魚尾	表題:三國志, 版心題:第一才子書	慶尙大學校 D7C나16ㅅ(아천)
	羅貫中(明)撰, 金聖嘆(淸)編, 毛宗崗(淸)評, 刊寫地, 刊寫者, 刊寫年 未詳	19册(册1~5,7~20缺帙), 木版本, 有圖, 29×18.3cm, 四周單邊, 半郭:21.3×14.2cm, 無界, 12行26字, 註雙行, 花口, 上下向黑魚尾, 紙質:楮紙	表題:三國誌, 版心題:第一才子書, 標題:貫華堂第一才子書, 序:順治歲次甲申(1644)嘉平朔金人瑞聖歎氏題	京畿大學校 경기-K103235-1=2
	金聖嘆(淸)原評, 毛聲山(淸)批點, 毛宗崗(淸)評, 刊寫地, 刊寫者, 刊寫年未詳	目錄1册, 17卷17册, 共18册, (全19卷20册中所藏目錄, 卷1~6,8,10~19), 木版本, 有圖, 26.6×18.2cm, 四周單邊, 半郭:20×14.3cm, 無界, 12行26字, 註雙行, 上下向黑魚尾	表題:三國志, 版心題:第一才子書, 標題:貫華堂第一才子書, 序:順治歲次甲申(1644)嘉平朔日金人瑞氏題, 上下向2葉花紋魚尾混入	京畿大學校 경기-K103235-1=2
	羅貫中(明)著, 毛宗崗(淸)評, 刊寫地, 刊寫者, 刊寫年未詳	20册(所藏:0~19), 中國木版本, 28.6×19cm, 四周單邊, 半郭:21.1×14.3cm, 無界, 12行26字, 上下向黑魚尾	表題:三國志, 序:時順治歲次甲申(1644)… 金人瑞聖歎氏題	國民大學校 [고]823.5 나01-1
	金聖歎(淸)原評, 毛宗崗(淸)評	漢文木版本, 59장(卷3, 5, 7 총3점), 26.8×17.4cm, 四周單邊, 半郭:22.2×15.1cm, 12行24字, 上下向黑魚尾	表題:三國志卷之三, 版心題:第一才子書	崇實大學校 4996
	羅貫中(明)撰, 金聖歎(淸)編, 發行地, 發行處, 發行年不明	18册(零本 缺9,18合2册), 木版本, 有圖, 28.7×19.2cm, 四周單邊, 半郭:20.5×14.3cm, 無界, 12行26字, 註雙行, 上黑魚尾	表題:貫華堂第一才子書, 版心題:第一才子書, 表題:三國志, 序:順治歲次甲中(1644)… 金人瑞聖歎	慶尙大學校 D7C나16ㅅ(아천)

書名	出版事項	版式狀況	一般事項	所藏處/所藏番號
		6冊(零本, 卷1, 4, 9, 15-16評), 木版本, 有圖, 29×19cm, 無界, 四周單邊, 半郭:20.5×14.3cm, 無界, 12行26字, 註雙行, 上黑魚尾	表題:貫華堂第一才子書, 版心題:第一才子書, 表題:三國志, 序:順治歲次甲申(1644)…金人瑞聖歎氏題	慶尙大學校 D7C나16ㅅa(아천)
		1冊(零本, 所藏卷18), 木版本, 26.3×17.4cm, 四周單邊, 半郭:21.3×14.5cm, 無界, 12行26字, 註雙行, 上黑魚尾	表題:三國志, 版心題:第一才子書	慶尙大學校 D7C나16ㅅb (아천)
		1冊(零本, 缺卷8), 木版本, 有圖, 28.8×18.5cm, 無界, 四周單邊, 半郭:22.2×14.3cm, 無界, 12行26字, 註雙行, 上黑魚尾	表題:三國志	慶尙大學校 D7C나16ㅅc(아천)
	金聖歎(淸)纂集, 毛宗崗(淸)評定, 發行地, 發行處, 發行年不明	9冊(卷2~4, 6, 9, 10, 12, 17, 19), 木版本, 28.9×18.7cm, 四周單邊, 半郭:22.4× 14.4cm, 無界, 12行26字, 註雙行, 上內向黑魚尾	表題:三國誌	慶尙大學校 D7C김53ㅅ
	毛宗崗(淸)評, 上海, 掃葉山房, 刊寫年未詳	10卷10冊, 中國木版本, 23.2×15.5cm, 上下單邊, 左右雙邊, 半郭:19.8×13.9cm, 無界, 12行26字, 註雙行, 花口, 上下向黑魚尾, 紙質:中國紙	表題:聖歎外書, 標題:繡像三國志演義, 序:順治歲次甲申(1644)…金人瑞聖嘆題	釜山大學校 (直齋文庫)OCC 3-12 29D
	羅貫中(明)著, 毛宗崗(淸)評, 鄒梧岡參訂, 劉鳳藻較對	28卷8冊, 中國木版本, 有圖, 24.6×15.7cm, 四周單邊, 半郭:19.4×13.4cm, 有界, 12行28字, 註雙行, 花口, 上下向黑魚尾, 紙質:노로지	表題:三國志, 標題:繡像第一才子書, 版心題:第一才子, 序:時順治歲次甲申(1644)嘉平朔…金人瑞聖嘆氏題, 刊記:繡像第一才子書成文信梓	釜山大學校 (芝田文庫)OEC 3-12 29
	羅貫中(明)撰, 金聖歎(淸)編	10卷10冊, 朝鮮木版本, 有圖, 26.8×17.6cm, 四周單邊, 半郭:21.5×14.5cm, 無界, 12行26字, 註雙行, 花口, 上下向黑魚尾, 紙質:楮紙	表題:三國志, 版心題:第一才子書	釜山大學校 (芝田文庫) OEC 3-12 29A
		5卷5冊, 朝鮮木版本, 28.5×19.3cm, 四周單邊, 半郭:20.5×14.4cm, 無界, 12行26字, 註雙行, 上下向二葉花紋魚尾, 紙質:楮紙	表題:三國志, 版心題:第一才子書, 序:順治甲申(1644)嘉平朔日金人瑞聖歎(淸)氏題	慶尙南道 晋州市 崔載浩

書名	出版事項	版式狀況	一般事項	所藏處/所藏番號
	羅貫中(明)撰, 金聖歎(淸)編, 毛宗崗(淸)評	6卷3冊(卷14~19), 朝鮮木版本, 29×19cm, 四周單邊, 半郭:20.8×15cm, 無界, 12行26字, 註雙行, 上下向黑魚尾, 紙質:楮紙	表題:三國志, 板首題: 第一才子書, 內容:聖嘆外書(隆遜燒七百里~在受禪依壤書葫盧)	淸州大學校
	羅貫中(明)撰, 金聖歎(淸)編, 著者未詳, 哲宗~高宗間 (1850~1906)	零本7冊(全19卷目錄1卷合20冊中所藏本中卷之三,六,七,十,十二,十四,十六의 7冊存), 木版本, 30.8×20.7cm, 四周單邊, 半郭:22×14.4cm, 無界, 12行26字, 白口上黑魚尾	表紙題:三國誌, 版心題:第一才子書, 印:集玉齊	海軍士官學校 [한]217
	金聖歎(淸)原評, 毛聲山批點, 朝鮮 哲宗~高宗間 (1850~1906) 後刷	零本16冊(所藏本中卷之目錄一, 二, 七, 八, 九, 十, 十一, 十二, 十三, 十四, 十五, 十六, 十七, 十八, 十九의 16冊以外缺, 全19卷目錄1卷合20冊中 한217과 同一板으로 찍었으나 前刷임), 木版本, 有圖, 29×18.8cm, 四周單邊, 半郭:21.7×14.4cm, 無界, 12行26字, 白口上黑魚尾	表紙題:三國誌, 版心題:第一才子書, 序:…順治歲次甲申(1644)… 金聖歎序	海軍士官學校 [한]218
	毛宗崗(淸)評, 朝鮮朝末期刊	2冊, 朝鮮木版本, 26.6×16.8cm, 四周單邊, 半郭:21.2×14.4cm, 無界, 12行26字, 註雙行, 上下向黑魚尾, 紙質:楮紙	版心題:第一才子書	慶尙南道 晋州市 金相朝
	羅貫中(明)撰, 毛宗崗(淸)評, 朝鮮朝末期刊	卷首(卷1~10, 14~19, 合16冊), 朝鮮木版本, 27.5×18cm, 四周單邊, 半郭:21.3×14cm, 無界, 12行26字, 註雙行, 上下向黑魚尾, 紙質:楮紙	表題:三國志, 版心題:第一才子書	慶尙南道 密陽郡 李佑成
四大奇書第一才子書	著者未詳, 刊寫地, 刊寫者, 刊寫年未詳	18卷5冊(缺帙, 冊10~14), 木活字本, 25.2×16.2cm, 四周單邊, 半郭:22×14cm, 無界, 12行26字, 上下向黑魚尾		慶熙大學校 821.9-사23
四大奇書第一種二國志	金聖歎(淸)原評, 毛宗崗評	共20冊(首卷1冊, 19卷19冊), 中國木版本, 有圖, 30cm, 四周單邊, 20.6×14.6cm, 12行26字, 註小字雙行, 上黑魚尾(一部 上花紋魚尾)	內題面:實華堂第一才子書 聖歎, 原評:毛聲山 批點, 外題:四大奇書, 版心題:第一才子書, 序:順治歲次甲申(1644)嘉平朔日金人瑞氏題, 複本1部를 더 所藏	延世大學校 812.36/15

書名	出版事項	版式狀況	一般事項	所藏處/所藏番號
	金聖歎(清)輯註, 毛宗崗評	全19卷20冊中 一部殘存(卷之3-10, 13, 14, 16, 19), 中國木版本, 28cm, 四周單邊, 22.1×14.5cm, 12行26字, 註小字雙行, 上黑魚尾(一部上花紋魚尾)	外題:三國志, 第一才子書	延世大學校 812.36/16
	金聖歎(清)原評, 毛宗崗評	首卷1冊, 19卷19冊, 共20冊中의 零本, 33張), 中國木版本, 有圖, 30cm, 四周單邊, 20.6×14.6cm, 12行26字, 註小字雙行, 上黑魚尾(一部上花紋魚尾)	內題面:實華堂第一才子書 (金)聖歎原評:毛聲山 批點, 外題:第一才子書, 序:順治歲次甲申(1644)嘉平朔日 金人瑞氏題	延世大學校 812.36/17
	毛宗崗(清)評, 刊寫地, 刊寫者, 刊寫年未詳	19卷20冊, 26cm, 四周單邊, 半郭:21×14.5cm, 無界, 12行26字, 註雙行, 上下向黑魚尾		812.3-모75ㅅㄱ
四大奇書	毛宗崗(清)編, 同德堂, 清順治1(1644) 序	19卷20冊(本集19卷19冊,目錄 1冊), 中國木版本, 有圖, 24.5×16.2cm, 四周單邊, 半郭:21.3×14.2cm, 無界, 12行26字, 上下向黑魚尾, 紙質:北黃紙	表題:三國誌, 版心題:三國誌, 序:順治歲次甲申(1644)嘉平朔日 金人瑞聖歎氏題	忠清南道 青陽郡 慕德祠
	毛宗崗(清)評, 憲宗~哲宗年間 (1835~1863)刊	1卷1冊(卷2~?缺), 朝鮮木版本, 26.7×18.5cm, 四周單邊, 半郭:20.2×14.5cm, 12行26字, 註雙行, 上黑魚尾, 紙質:楮紙	表題:三國誌, 版心題:第一才子書, 備考:聖歎外書, 茂苑毛宗崗序始氏評	韓國綜合典籍目錄 (山氣文庫) 李謙魯 4-680
	毛宗崗(清)評, 純祖~哲宗年間 (1801~1863)刊	18卷18冊(首卷1, 卷1~8, 10~15, 17~19), 朝鮮木版本, 28×18.5cm, 四周單邊, 半郭:20.4×14.4cm, 12行26字, 註雙行, 上2葉花紋魚尾, 紙質:楮紙	表題:三國誌, 卷5, 11~12; 同書2部	韓國綜合典籍目錄 (尙熊文庫) 4-155
	羅貫中(明)撰	零本5冊, 中國木版本, 26.6×17.5cm, 四周單邊, 半郭:21.1×14.2cm, 無界, 12行26字, 上下向黑魚尾	表題:三國志, 卷7~10, 18(19卷20冊中)	南應時(영덕) 22-0752~0756
	毛聲山(清) 批點, 19世紀末刊	零本4冊, 木版本, 27.5×18.4cm, 四周單邊, 半郭:21×14.3cm, 有界, 12行26字, 上下向黑魚尾, 線裝, 紙質:楮紙	表題:貫華堂第一木書, 序:順治藏次甲申嘉平朔日金人瑞 聖歎氏題, 木記:貫華堂第一子書, 卷 7, 16, 17	金基大(성주) 14-4277~4280

書名	出版事項	版式狀況	一般事項	所藏處/所藏番號
		零本1冊, 木版本, 29.2×18.6cm, 四周單邊, 半匡:21.1×14.3cm, 無界, 12行26字, 上下白口 上下向黑魚尾, 線裝, 紙質:楮紙	表題:三國志, 版心題:第十才子書, 第1種 三國志 卷之2	金基大(성주) 14-4393
	羅貫中(明)撰, 金聖嘆(淸)編, 毛宗崗(淸)評, 18世紀刊	5冊(零本, 全20冊中, 卷2, 3, 12, 13, 16所藏), 朝鮮木版本, 28.1×18.5cm, 四周單邊, 半郭:21.3×14.4cm, 無界, 12行26字, 上下白口, 上下向黑魚尾, 紙質:楮紙	表題:三國志, 版心題:第一才子書	一般動産文化財 충재종택(봉화) 09-0339
	毛宗崗(淸)評, 朝鮮朝後期刊	18卷18冊(卷9缺), 朝鮮木版本, 27.4×18.6cm, 四周單邊, 半郭:21.1×14.2cm, 12行26字, 註雙行, 上黑魚尾, 紙質:楮紙	表題:三國誌, 版心題:第一才子書, 卷首:聖歎外書, 茂苑毛宗崗序始氏評	韓國綜合典籍目錄 (山氣文庫) 李謙魯 4-681
		18卷18冊(卷10, 20, 2冊缺), 朝鮮木版本, 四周單邊, 12行26字, 註雙行, 上黑混1~2葉花紋魚尾, 紙質:楮紙	表題:三國志, 版心題:第~才子書, 卷首:聖歎外書, 茂苑毛宗崗序始氏評, 印記:林士欽信	韓國綜合典籍目錄 (山氣文庫) 李謙魯 4-682
	金聖歎(淸)原評, 毛聲山(淸)批點, 朝鮮朝後期刊	1冊(首卷), 淸本覆刻版, 有圖, 28×18.2cm, 四周單邊, 半郭:21.3×14cm, 有界, 12行26字, 上黑魚尾, 紙質:楮紙	裏題:貫華堂第一才子書, 版心題:第十才子書, 序:順治歲次甲申(1644)嘉平朔日 金人瑞聖歎氏題, 印記:金雲堂藏	韓國綜合典籍目錄 (誠庵文庫) 趙炳舜 4-1416
	金聖歎(淸)原評, 毛聲山批點, 淸本覆刻版, 朝鮮朝後期刊	1冊(首卷), 淸本覆刻版, 有圖, 28×18.2cm, 四周單邊, 半郭:21.3×14cm, 有界, 12行26字, 上黑魚尾, 紙質:楮紙	裏題:貫華堂第一才子書, 版心題:第十才子書, 序:順治歲次甲申(1644)嘉平朔日 金人瑞聖歎氏題, 印記:金雲堂藏	誠庵文庫 4-1416
	毛宗崗(淸)評, 刊寫地未詳, 刊寫者未詳, 朝鮮朝末期	1冊, 木活字本, 四周單邊, 半郭:20.5×14cm, 無界, 12行26字, 上黑魚尾	版心題:第一才子書	全州大學校 OM823.5 -모756ㅅ
	羅貫中(明)編, 서울, 刊寫者未詳, 19--	2冊(卷之3, 10), 25.5×18.2cm	第一種	大邱 가톨릭 大學校 동823.5-나16ㅅ
	刊寫地, 刊寫者, 刊寫年 未詳, 淸版	1冊		京畿大學校 경기-k122/09

書名	出版事項	版式狀況	一般事項	所藏處/所藏番號
	毛宗崗(清)編, 清代刊	5卷5冊(卷2, 3, 12, 13, 16), 朝鮮木版本, 28.2×18.6cm, 四周單邊, 半郭:21.6×14.2cm, 無界, 12行26字, 上下向二葉花紋魚尾, 紙質:楮紙	表題:三國志, 序:順治歲次甲申(1644)嘉平朔日金人聖瑞歎氏題	(慶北大邱)奉化郡 權廷羽
	羅貫中(明)著, 毛宗崗(清)評, 槐蔭堂, 刊寫年未詳	卷14, 1卷1冊, 中國木版本, 25×15cm, 四周單邊, 半郭:22×15cm, 無界, 11行24字, 註雙行, 花口, 上下向黑魚尾	表題:三國志, 版心題:三國志	淑明女子大學校 CL812.3 나관중-사-가v 14
	羅貫中(明)著, 毛宗崗(清)評, 刊寫地, 刊寫者, 刊寫年未詳	19卷20冊(卷1~19), 中國木版本, 29×19cm, 四周單邊, 半郭:21×15cm, 無界, 12行26字, 註雙行, 花口, 上下向黑魚尾	表題:三國志, 版心題:第一才子書, 序:順治歲次甲申(1644) 嘉平朔日金人瑞聖歎氏題	淑明女子大學校 CL812.3 나관중-사-가v 1-19
	毛宗崗(清)評, 刊寫地, 刊寫者, 刊寫年未詳	19卷20冊, 中國木版本, 四周單邊, 匡郭:20.5×15cm, 無界, 12行26字, 上花紋魚尾	序:順治甲申(1644)金人瑞, 表題:三國志	延世大學校 고서중 812.38
		12冊(第一種 2, 3, 5, 6, 7, 8, 11, 12, 15, 16, 17, 19卷), 中國木版本, 26×17.5cm, 四周單邊, 半郭:21.5×14.3cm, 12行26字, 註雙行, 上黑魚尾	版心書名:第一才子書, 內容은 三國誌衍義	國立中央圖書館 [의산古]3736-15
		首卷19卷20冊, 中國木版本, 四周單邊, 匡郭:20.5×15cm, 無界, 12行26字, 上花紋魚尾	序:順治甲申(1644)金人瑞, 表題:三國志	延世大學校 黙素堂文庫
			表題:三國志	延世大學校 (綏堂文庫)812.38
		3冊(零本, 卷5~10), 朝鮮木版本, 29.5×18cm, 四周單邊, 半郭:22×14.5cm, 無界, 12行26字, 註雙行, 上黑魚尾, 紙質:楮紙.	版心題:第一才子書	圓光大學校 AN823.5-ㅁ566
	著者未詳	殘本1冊(所藏:卷1), 中國鉛活字本, 24.1×15.4cm, 四周單邊, 半郭:20×14.4cm, 無界, 12行26字, 上黑魚尾		龍仁大學校 D7-5
	法聖, 己丑(?)	38卷38冊, 筆寫本(國譯本), 34.5×22.8cm	題簽:三國志, 筆寫記: 己丑(?)自法聖謄書긔츅법셩셔등서, 印: 李在○印	高麗大學校 C15-A35
四大奇書(聖歎外書)	毛宗崗(清)評, 朝鮮朝後期刊	1卷1冊(卷16), 朝鮮木版本, 29.5×19cm, 四周單邊, 半郭:21.5×14.4cm, 12行26字, 註雙行, 上黑魚尾, 紙質:楮紙	版心題:第一才子書	韓國綜合典籍目錄 (仁壽文庫) 文樸 4-433

書名	出版事項	版式狀況	一般事項	所藏處/所藏番號
四大奇書		19卷19冊, 木版本, 18.5×28.5cm		忠北 槐山郡 김문기
	金聖歎(人瑞)纂集, 毛宗崗 評, 刊寫地未詳, 刊寫者未詳, 刊寫年未詳	2卷2冊, 木版本, 28.5×18.2cm, 四周雙邊, 半郭:22.5×15cm, 無界, 12行26字, 註雙行, 白口, 上下向黑魚尾, 線裝, 紙質:楮紙	版心題:才子書	西原大學校博物館
	編著者未詳, 刊寫地未詳, 刊寫者未詳, 刊寫年未詳	1冊, 木版本, 26×17.5cm, 四周單邊, 半郭:21.6×14.8cm, 無界, 12行26字, 註雙行, 白口, 上下向黑魚尾, 線裝, 紙質:楮紙		清州古印刷博物館
第一奇書三國志後集	高敬相編, 京城(서울), 博文書館, 大正6年(1917)	4卷4冊(卷1~4), 新鉛活字本, 有圖, 22×14.6cm, 四周雙邊, 半郭:17.5×11.4cm, 無界, 16行字數不定, 註雙行, 無魚尾	版心題:第一奇書三國志	京畿大學校 경기-k120524-1
三國演義	羅貫中(明)著, 刊寫地, 刊寫者, 刊寫年未詳	9冊(零本, 卷2~10, 外缺), 中國木版本, 33×21.5cm, 四周雙邊, 半郭:21.3×17cm, 有界, 13行24字, 上下內向花紋魚尾		奎章閣 [古]3478-3
		4冊(零本), 石印本, 20cm		嶺南大學校 823.5
		1卷1冊(零本), 活字本, 30×20cm, 四周雙邊, 半廓:21.5×18cm, 有界, 13行24字, 註雙行, 白口, 上下內向一葉花紋魚尾	漢文, 楷書	韓國國學振興院 풍산류씨 충효당 고전적 KS0187-1-01-00034
		1冊(零本), 木版本, 31×22cm, 四周雙邊, 半郭:21.7×17cm, 有界, 13行24字, 內向一葉花紋魚尾		啓明大學校 [고]812.35-나관중사
	刊寫地, 刊寫者, 刊寫年未詳	1卷1冊(卷3, 缺帙), 筆寫本, 25.7×17.3cm, 無界, 行字數不定, 註雙行, 無魚尾		京畿大學校 경기-k120388-3
	金聖歎(清)原評, 毛聲山(清)批點, 17世紀刊	零本2冊(卷1,2), 木版本, 30.2×21.7cm, 四周單邊, 半匡:20.2×17.6cm, 有界, 13行24字, 註雙行, 上下白口, 上下內向二瓣花紋黑魚尾, 線裝, 紙質:楮紙	版心題:三國寅義	東學教堂(상주) 29-0084~0085

書 名	出版事項	版式狀況	一般事項	所藏處/所藏番號
		零本1冊(卷4), 木版本, 30.9×21.9cm, 四周單邊, 半匡:21.3×17cm, 有界, 13行24字, 上下內向魚尾不定, 線裝, 紙質:楮紙		忠孝堂(安東) 20-1557
三國志演義	金聖歎(明)演義, 毛宗崗(淸)評, 翠筠山房, 淸順治1年(1644)序後刷	19卷20冊, 中國木版本, 24.3×16.1cm, 四周單邊, 半郭:20.8×14cm, 無界, 12行26字, 註雙行, 上黑魚尾, 紙質:竹紙	序:順治歲次甲申(1644)嘉平朔日金人瑞聖歎氏題, 刊記:翠筠山房	成均館大學校 D7C-36
	羅貫中(明)撰, 金聖歎(淸)編, 毛宗崗(淸)評, 掃葉山房	合20冊(19卷), 中國木版本, 有圖, 23.7×15.3cm	卷首題:四大奇書第一種, 標題·版心題:第一才子書, 序:旹順治歲次甲申(1644) 金人瑞聖歎氏題	高麗大學校 C14-B1
	金聖歎(明)演義, 毛宗崗(淸)評, 掃葉山房, 淸朝後期刊	19卷20冊, 中國木版本, 24.2×15.5cm, 左右雙邊, 半郭:20×14.5cm, 12行26字, 註雙行, 上黑魚尾, 紙質:竹紙	序:時順治歲次甲申(1644)嘉平朔日金人瑞聖歎氏題, 刊記:掃葉山房藏板	成均館大學校 青岡 D7C-36c
		19卷20冊, 中國木版本, 23.6×15.3cm, 四周單邊, 半郭:18.4×12.3cm, 無界, 12行26字, 註雙行, 上黑魚尾, 紙質:竹紙	序:順治歲次甲申(1644)嘉平朔日金聖歎氏題, 刊記:掃葉山房藏板	成均館大學校 D7C-36a
	羅貫中(明)撰, 金聖歎(淸)編, 毛宗崗(淸)評, 同文書局	零本9冊(卷首, 全60卷15冊, 藏本:卷之一～八, 十七～二十, 四十一～六十) 中國鉛印本, 有圖, 20.2×13.5cm	卷首題:第一才子書, 標題:繪圖三國演義, 題簽:增像全圖三國志演義, 序:旹順治歲次甲申(1644)… 金人瑞聖歎氏題	高麗大學校 C14-B1B
	羅貫中(明)撰, 金聖歎(淸)編, 毛宗崗(淸)評, 民國2(1913), 煙臺誠文信記書局印行	16卷8冊, 中國石印本, 有圖, 20.3×13.5cm	卷首題:增像全圖三國志演義, 版心題:繪圖三國志演義, 標題:繡像全圖三國演義, 序:時順治歲次甲申(1644)… 金人瑞聖歎氏題, 刊記:中華民國二年(1913) 煙臺誠文信記書局印行	高麗大學校 C14-B1D
	鴻文書局, 中新書局	8卷8冊, 鉛印本		鮮文大 朴在淵
	羅貫中(明)撰, 金聖歎(淸)編, 毛宗崗(淸)評, 上海, 錦章書局	4卷1冊(卷21~24), 中國石印本, 有圖 半郭:17×11.5cm, 16行32字, 上黑魚尾	卷首題:第一才子書, 表題:增像全圖三國演義, 刊記:錦章書局印	雅丹文庫 823.5-나15ㅅ

書名	出版事項	版式狀況	一般事項	所藏處/所藏番號
		60卷20冊, 中國石印本, 有圖, 20×13.5cm	卷首題:第一才子書, 標題:繡像全圖三國演義, 表題:增像全圖三國演義, 序:時順治歲次甲申(1644)… 金人瑞聖歎氏題, 刊記:上海錦章圖書局石印	高麗大學校 C14-B1C
	羅貫中(明)撰, 金聖嘆(清)編, 上海, 善成堂, 清朝年間	12冊(缺帙), 中國木版本, 有圖, 23.6×15.6cm, 四周單邊, 半郭:20.6×13.5cm, 有界, 12行28字, 上黑魚尾, 紙質:竹紙	序:順治歲甲申(1644)嘉平朔日金人端聖嘆氏題	全南大學校 3Q-삼17ㄴ-v.1-10, 15-16
		12冊(冊1-10,15-16, 缺帙), 中國木版本, 有圖, 23.6×15.6cm, 四周單邊, 半郭:20.6×13.5cm, 無界, 12行28字, 註雙行, 花口, 上下向黑魚尾, 紙質:竹紙	表題:三國志, 標題:繡像第一才子書, 版心題:第一才子書, 卷頭題:四大奇書第一種, 序:順治歲甲申(1644)嘉平朔日金人端聖嘆氏題, 刊記:善成堂發兌	全南大學校 3Q-삼17ㄴ
	金聖歎(明)演義, 毛宗崗(清)評, 京都, 文興堂, 清朝後期刊	19卷20冊, 木版本, 24.7×15.6cm, 四周單邊, 半郭:18.8×13.6cm, 無界, 12行26字, 註雙行, 上黑魚尾, 紙質:竹紙	裏題:繡像第一才子書, 序:順治歲次甲申(1644)嘉平朔日金聖歎氏題, 刊記:京都, 文興堂藏板	成均館大學校 D7C-36b
	羅貫中(明)著, 서울, 刊寫者未詳	1冊, 卷1~24	序:順治歲甲申(1644)嘉平朔日金人端聖嘆氏題	大邱 가톨릭 大學校, 동823.5 -라16ㅅ김
	羅貫中(明)撰, 金聖歎(清)編, 毛宗崗(清)評	19卷首卷合20冊, 中國木版本, 有圖, 30.7×20cm, 四周單邊, 20.4×14.4cm, 12行26字, 小字雙行上2葉花紋魚尾	卷首題:四大奇書第一種, 標題:貫華堂第一才子書, 版心題:第一才子書, 序:旹順治歲次甲申(1644)… 金人瑞聖歎氏題	高麗大學校 C14-A36
		60卷20冊, 中國木版本, 有圖, 16.4×11cm	卷首題:四大奇書第一種, 版心題:第一才子書, 序:時順治歲次甲申(1644)… 金人瑞聖歎氏題	高麗大學校 C14-B1A
	金聖歎(明)演義, 毛宗崗(清)評	20冊(19卷, 目錄1卷), 木版本, 28×18.3cm, 四周單邊, 半郭:21×15cm, 無界, 12行26字, 註雙行, 上黑魚尾	表題:三國誌, 版心:第一才子書, 序:順治歲次甲申(1644)嘉平朔日金人瑞聖歎氏題, 國內刊行本. 총 20책 중에서 9책만 所藏, 目錄1책과 卷之一부터 卷之十까지 10책 合11冊이 缺本.	서울鐘路圖書館 823.5
	羅貫中(明)撰, 金聖歎(清)編	1冊(第8回~10回), 中國木版本, 半郭:19.9×13.5cm, 10行22字, 上白魚尾	印記:汾厓, 申晸(1628~1687)	雅丹文庫 823.5-나15ㅅ

書名	出版事項	版式狀況	一般事項	所藏處/所藏番號
	羅貫中(明)	1册(零本), 筆寫本, 31×20cm		嶺南大學校 823.5
		1册, 筆寫本, 23×24cm		雅丹文庫 813.5-삼16
三國志通俗演義	羅貫中(明)撰	1卷1册(55張), 筆寫本, 30.7×19.7cm, 左右雙邊, 半郭:23.6×16.3cm, 有界, 11行20字, 黑口, 上下內向二葉花紋魚尾	漢文, 楷書, 背面記錄:南程記等, 晉平陽侯陳壽史傳, 學羅本貫中編次	韓國國學振興院 受託, 개성고씨 월봉종택 KS0327-1-02-00020
		1册(卷8存), 朝鮮活字本, 30.5×19.5cm, 四周雙邊, 半郭:23.2×16.5cm, 有界, 11行20字, 大黑口上下內向二葉花紋魚尾	版心題:三國志	李亮載
		零本3册(卷1, 6, 11, 木版本), 32.5×21.2cm, 四周單邊, 半匡:21.6×17.3cm, 有界, 10行17字, 線裝, 紙質:楮紙		南應時(영덕) 22-0836~0838
	晉平陽侯陳壽史傳, 羅貫中(明)編次, 19世紀寫	1册(零本, 所藏卷6), 筆寫本, 30.6×19.8cm, 上下單邊, 半郭:23.1×15.8cm, 11行20字, 上下白口, 上下內向四瓣花紋魚尾, 紙質:楮紙	表題:三國志演義, 藏書記:泰洞家藏	一般動産文化財 고원동(문경) 21-0353
繪圖三國志演義	金聖嘆(淸)編, 毛宗崗(淸)評, 刊寫地未詳, 鑄記書局, (19--)	16卷15册(卷1~16),中國新鉛活字本, 有圖, 20×13.1cm, 四周單邊, 半郭:17.5×11.6cm, 有界, 15行31字, 註雙行, 花口, 上下向黑魚尾, 紙質:洋紙	版心題:第一才子書	全南大學校 3Q-삼17ㄱ
		16卷15册(卷1~16), 中國新鉛活字本, 20×13.1cm, 四周單邊, 半郭:17.5×11.6cm, 有界, 15行31字, 註雙行, 上黑魚尾, 紙質:洋紙	版心題:第一才子書	全南大學校 3Q-삼17ㄱ-v.1-15
	羅貫中(明)	5册(零本), 石印本, 21cm		嶺南大學校 823.5
繪圖三國志演義第一才子書	金聖嘆(淸)輯註, 毛宗崗(淸)評, 光緒甲午(1894)中春 掃葉山房石印	60卷12册, 中國石印本, 有圖, 20cm	內書名:繪圖三國全圖演義, 布匣書名:三國志, 原序:峕順治歲次甲申(1644)嘉平朔日金聖歎氏題	延世大學校 812.36/21

書名	出版事項	版式狀況	一般事項	所藏處/所藏番號
繡像第一才子書	金聖歎(淸)原評, 毛宗崗(淸)批點, 濰縣, 成文信, 淸順治1年(1644) 刻後刷	卷首1册, 31卷9册(卷1~131), 中國木版本, 26×15.7cm, 四周單邊, 半郭:19.9×13.5cm, 有界, 12行28字, 註雙行, 上黑魚尾, 紙質:竹紙	書名:裹題에 依함, 序:…余序此數言付毛子授剞之日弁簡端…順治歲次甲申(1644)嘉平朔日金人瑞聖嘆氏題, 刊記:濰縣成文信梓	成均館大學校 D7C-147
第一才子書(及)卷首	羅貫中(明)撰, 金聖歎(淸)批點, 毛宗崗(淸)評, 小石山房, 咸豊3(1853), 癸丑(1853)仲夏 常熟顧氏小石山房刊	全60卷24册(卷首1册包含), 中國木版本, 有圖, 17.5×11.7cm, 四周單邊, 半郭:13.8×9.5cm, 10行25字, 上黑魚尾	表紙書名:三國誌, 標題紙書名:繡像三國志演義, 原序:旹順治歲次甲申(1644)… 金人瑞聖嘆氏題, 重刊序:咸豊三年(1853)… 淸溪居士書, 刊記:癸丑(1853) 仲夏常熟顧氏小石山房刊	韓國學中央研究院 D7C-4A
第一才子書	編者未詳, 毛宗崗(淸)評, 上海, 錦章圖書局, 咸豊3年(1853) 序, 中華年間刊	17卷5册(所藏本:卷 1~8, 17~24), 中國石印本, 有圖, 20.1×13.4cm, 四周雙邊, 半郭:16.9×11.3cm, 有界, 16行32字, 註雙行, 上內向黑魚尾, 紙質:竹紙	表題:增像全圖三國演義, 標題:繡像全圖三國演義, 原序:順治歲次甲申(1644)嘉平朔日金人瑞聖嘆(淸)氏題, 重刊序:咸豊三年(1853)孟夏勾吳淸溪(淸)居士書	東國大學校 D819.34 삼17ㅈㄱ
	羅貫中(明)著, 金聖歎(淸)批點, 毛宗崗(淸)評, 上海, 同文晉記書局, 光緒丙午(1906)	48卷13册(卷1~48), 木活字本, 有圖, 20.2×13.4cm, 四周單邊, 半郭:17.3×12.4cm, 有界, 15行30字, 上下向黑魚尾	板本:同文晋記書局藏板, 原序:順治甲申[1644]...金聖歎, 重刊序:咸豊3年[1853]...淸溪居士, 增像全圖三國志演義	檀國大學校 천안 율곡기념도서관 고873.5-나128자
	毛宗崗(淸)評, 上海, 時中書局, 淸光緒33年 (1907)刊	16册, 中國新鉛活字本, 有圖, 20×13.6cm, 四周單邊, 半郭:16.9×11.6cm, 有界, 15行30字, 註雙行, 上下向黑魚尾, 紙質:竹紙	表題:三國誌, 版心題:第一才子書, 序:順治歲次甲申(1644)嘉平朔日金人瑞聖嘆氏題, 咸豊三年(1853)孟夏匋吳淸溪居士書, 刊記:光緒丁未(1907) 上海時中書局鑄版	全羅北道 全州市 金大經
	淸代 掃葉山房 出刊	20卷20册, 木版本		大邱 가톨릭대
	編者未詳, 毛宗崗(淸)評, 上海, 時中書局, 宣統3(1911)刊	60卷16册, 中國新鉛活字本, 有圖, 20×13.5cm, 四周單邊, 半郭:17.3×11.8cm, 有界, 15行30字, 上內向黑魚尾, 紙質:竹紙	表題:校正全圖三國志演義, 序:順治歲次甲申(1644)嘉平朔日金人瑞聖嘆(淸)氏題, 刊記:宣統(1911)上海時中書局印所, 跋:咸豊三年(1853) 孟夏旬吳淸溪居士書	東國大學校 D819.34 삼17ㅈㅁ
	金聖歎(淸)演義, 上海, 上海錦章書局, 1900年頃	20卷5册(卷1~20), 20.5×13.5cm, 四周雙邊, 半郭:17.4×11.5cm, 有界, 16行32字, 註雙行, 上下向黑魚尾	表題:增像全圖三國演義	東亞大學校 (3):12:2-87

書名	出版事項	版式狀況	一般事項	所藏處/所藏番號
	羅貫中(明)著, 金聖歎(淸)演義, 上海, 海錦章書局, 1900年頃	4卷1冊(卷25-28, 缺帙), 20.4×13.5cm, 有圖, 四周雙邊, 半郭:17.9×11.4cm, 有界, 16行32字, 上下向黑魚尾	版心題:增像全圖三國演義	東亞大學校 (3):12:2-85
	毛宗崗(淸)評, 上海, 錦章書局, 淸代~中華初刊	60卷15冊, 中國石印本, 有圖, 20.2×13.5cm, 四周雙邊, 半郭:17.7×12.2cm, 有界, 16行32字, 註雙行, 上下向黑魚尾, 紙質:綿紙	表題:增像全圖三國演義, 刊記:上海錦章書局石印, 內容:第一才子書	淸州大學校
	毛宗崗(淸)評, 上海, 錦章書局, 淸代刊	60卷16冊(卷1~60, 目錄), 中國石印本, 有圖, 20×13.3cm, 四周雙邊, 半郭:17.4×12cm, 有界, 16行32字, 註雙行, 上下向二葉花紋魚尾, 紙質:洋紙	題簽:增像全圖三國演義, 序:咸曹三年(1853) 孟夏旬吳淸溪居士書	江陵市 崔鍾瑚
	金聖歎(淸)原評, 毛宗崗(淸)評, 上海, 錦章書局, 中華初期	10冊(零本), 中國石印本, 20.1×13.5cm, 四周雙邊, 半郭:17.2×11.5cm, 16行32字, 上黑魚尾, 紙質:竹紙	版心題:第一才子書, 題簽:增像全圖三國演義	韓國銀行
	金聖歎(淸)原評, 毛宗崗(淸)評, 上海, 錦章書局, 刊年未詳	8冊(零本, 卷首, 卷1~20, 25~32), 中國石印本, 有圖(圖像13張), 25.4×15.7cm	卷頭:原序:順治甲申(1644)…金聖歎, 重刊三國志演義序:咸豐三年(1853)孟夏旬吳淸溪居士書, 讀三國志法, 凡例, 目錄, 標題紙:繡像全圖三國演義, 印出記(標題紙裏面):上海錦章圖書局石印, 表紙書名:增像全圖三國演義	嶺南大學校 823.5 김성탄ㅈㄹ
	羅貫中(明)撰, 金聖歎(淸)編, 毛宗崗(淸)評, 上海, 錦章圖書局	60卷16冊, 中國石印本, 20×13.5cm, 四周雙邊, 半郭:17.2×11.5cm, 有界, 16行32字, 註雙行, 上下向黑魚尾, 紙質:洋紙	表題:增像全圖三國演義, 序:順治歲次甲申(1644)嘉平朔日 金人瑞聖歎氏題, 重刊序:咸豐三年(1853)孟夏旬吳 淸居士書, 刊記:上海錦章圖書局石印	忠南大學校 集1238
	毛宗崗(淸)評, 上海, 錦章書局, 刊寫年未詳	4卷1冊(卷9~12, 缺帙), 20.2×13.4cm, 有圖, 四周雙邊, 半郭:17.1×12cm, 有界, 16行32字, 上下向黑魚尾	表題:增像全圖三國演義	東亞大學校 (3):12-10
	羅貫中(明)撰, 刊寫地不明, 錦章圖書局, 刊寫年不明	零本9冊(所藏:卷5~12, 19~20, 29~32, 37~48, 57~60), 石印本, 有圖, 20.2×13.4cm, 四周雙邊, 半郭:17.4×11.4cm, 有界, 16行32字, 上下向黑魚尾	表題:增像全圖三國演義, 版心題:第一才子書	慶北大學校 [古] 812.3 나16ㅈ(4)

書名	出版事項	版式狀況	一般事項	所藏處/所藏番號
		零本1册(所藏:卷49~52), 石印本, 有圖, 20.2×13.4cm, 四周雙邊, 半郭:17.4×11.4cm, 有界, 16行32字, 上下向黑魚尾	表題:增像全圖三國演義, 版心題:第一才子書	慶北大學校 [古] 812.3 나16ㅈ(5)
	羅貫中(明)著, 毛宗崗(淸)評, 上海, 錦章書局, 刊寫年未詳	9册(零本, 卷17~52), 中國木版本, 20.1×13.1cm, 四周雙邊, 半郭:17×11.3cm, 有界, 16行32字, 註雙行, 上黑魚尾, 紙質:竹紙	表題:增像全圖三國志演義	圓光大學校 AN823.5-ㄴ23ㄴ
		60卷15册, 中國木版本, 20.3×13.5cm, 四周雙邊, 半郭:17.1×11.5cm, 有界, 16行32字, 註雙行, 上黑魚尾, 紙質:竹紙	表題:增像全圖三國志演義	圓光大學校 AN823.5-ㄴ23ㄷ
		4卷1册(43張), 中國石印本, 有圖, 20.3×13.5cm, 四周雙邊, 半郭:17×11.4cm, 有界, 16行32字, 註雙行, 花口, 上下向黑魚尾, 紙質:노로지		釜山大學校 (小訥文庫) OFC 3-12 13
		24卷6册, 中國石印本, 有圖, 20.6×13.4cm, 四周雙邊, 半郭:17.7×12cm, 有界, 16行32字, 註雙行, 花口, 上下向黑魚尾, 紙質:노로지	表題:增像全圖三國演義	釜山大學校 (小訥文庫) OFC 3-12 13B
	金聖嘆(淸)集註, 毛宗崗(淸)評, 上海, 錦章圖書局, 刊寫年未詳	29卷9册(卷16~18, 29~34, 38~44, 48~60, 缺帙), 中國石印本, 有圖, 20.2×13.3cm, 四周雙邊, 半郭:17.2×11.4cm, 有界, 16行32字, 註雙行, 上下向黑魚尾	表題:增像全圖三國演義, 卷末題:三國志, 刊記:錦章圖書局印行	仁荷大學校 H812.35-김54제-v. 1-9
		60卷20册(卷1~60), 中國石印本, 有圖, 19.8×13.9cm, 四周雙邊, 半郭:17×11.5cm, 有界, 16行32字, 註雙行, 上下向黑魚尾	表題:增像全圖三國演義, 標題:繡像全圖三國演義, 卷末題:三國志, 序:順治歲次甲申(1644)…金聖嘆氏題, 刊記:上海錦章圖書局石印	仁荷大學校 H812.35-김54제일 -v.1-20
	羅貫中(明)撰, 金聖嘆(淸)批點, 毛宗崗(淸)評, 上海, 錦章書局, 刊寫年未詳	44卷11册(卷1~12, 卷17~40, 卷45~48, 卷57~60), 石印本, 20.2×13.4cm, 四周雙邊, 半郭:17.1×11.8cm, 有界, 16行32字, 註雙行, 上下向黑魚尾	表題:(增像全圖)三國演義	檀國大學校 율곡기념도서관 (羅孫文庫)古873.5 -나128ㅈ

書名	出版事項	版式狀況	一般事項	所藏處/所藏番號
	毛宗崗(淸)評, 刊寫地未詳, 錦章書局, 刊寫年未詳	60卷20冊(卷1~60), 石版本, 有圖, 20.5cm, 四周雙邊, 半郭:17×11.4cm, 無界, 26行32字, 註小字雙行, 上下向黑魚尾	增像全圖三國演義	慶熙大學校 812.3-모75ㅈ
	金聖歎(淸), 掃葉山房藏板	19卷20冊, 中國本, 25cm		嶺南大學校 823.5
	羅貫中(明)著, 金聖歎(淸)原評, 毛聲山(淸)批點, 宏道堂藏版, 刊年未詳	51卷20冊, 中國木版本, 24×15.2cm, 四周單邊, 半郭:20.9×13.8cm, 無界, 12行28字, 註雙行, 上黑魚尾, 紙質:竹紙	序:順治歲次甲申(1644)金聖歎, 表題:三國志	圓光大學校 AN823.5-ㄴ23
	羅貫中(明)撰, 毛宗崗(淸)評, 刊寫地未詳, 中冬上海圖書, 刊寫年未詳	全60卷(卷1~60), 中國石印本, 有圖, 20.2×13.4cm	版心題:第一才子書, 繪圖三國志演義, 原序:時在順治歲次甲申(1644)… 金人瑞聖嘆氏題, 刊記:光緖庚寅歲中冬上海圖書集成局印	蔚山大學校 812.3-나관중
	金聖歎(淸)原評, 毛宗崗(淸)評, 刊地未詳, 中新書局, 刊年未詳	2冊(零本, 卷6, 卷10), 中國新式活字本, 有圖, 20.1×13.3cm	版心下端記錄:中新書局藏版, 表紙書名:精校全圖繡像三國演義	嶺南大學校 823.5 김성탄ㅈㅂ
	羅貫中(明)原著, 毛宗崗(淸)評, 中國, 中新書局, 刊寫年未詳	1冊(8卷:49回~56回), 中國石印本, 19.9×13.5cm, 左右單邊, 半郭:17.4×11.5cm, 有界, 15行31字, 註雙行, 上內向黑魚尾		漢陽大學校 812.35-나2412ㅈ-v.8(중)
	金聖歎(淸)原評, 毛宗崗(淸)評, 上海, 鴻文書局, 刊年未詳	1冊(零本, 6冊(卷首, 卷1~5, 17~22, 28~44), 中國石印本, 有圖(圖像72張), 6.5×11.4cm	卷頭:重刊三國志演義序:光緖十四年(1888)孟夏旬吳飛雲館主書, 順治甲申(1644)…金聖歎原序, 讀三國志法, 目錄, 標題紙:增像全圖三國演義, 印出記(標題紙裏面):廣陵味潛齋藏本, 上海鴻文書局石印	嶺南大學校 823.5 김성탄ㅈㅅ
	毛宗崗(淸)評, 同文升記書局藏板	24卷6冊(卷1~12, 17~20, 25~28, 37~40), 中國新活字本, 半郭:17.2×11.6cm, 15行30字, 上黑魚尾	刊記:同文升記書局藏板, 本名:三國志演義	雅丹文庫 823.5-모75ㅈ
	羅貫中(明)著, 刊寫地未詳, 刊寫年未詳, 同女普氣書局	60卷16冊, 中國新鉛活字本, 有圖, 20.3×13.5cm, 四周單邊, 半郭:17.6×12.3cm, 有界, 15行30字, 註雙行, 花口, 上下向黑魚尾, 紙質:노로지	表題:增像全圖三國志演義, 標題:繪圖三國演義, 序:順治歲次甲申(1644)嘉平朔… 金人瑞題, 刊記:同女普氣書局藏板	釜山大學校 (夢漢文庫) ODC 3-12 29C

書名	出版事項	版式狀況	一般事項	所藏處/所藏番號
	羅貫中(明)原著, 金聖歎(淸)編, 刊地未詳, 成文信, 刊年未詳	51卷16冊2匣, 中國木版本, 有圖, 24.7×15.5cm, 四周單邊, 半郭:19.5×13.5cm, 有界, 12行28字, 註雙行, 上下向黑魚尾	卷頭:序:順治歲次甲申(1644)… 金聖歎, 凡例, 讀三國志法(15張), 揷圖:圖像(20張), 四大奇書第一種目錄, 標題紙:繡像第一才子書 金聖歎先生原本 毛聲山批評三國志, 濰縣成文信梓	嶺南大學校 陶南文庫 [古도]823.5 나관중
	羅貫中(明)撰, 金聖嘆(淸)編, 毛宗岡(淸)評, 刊寫地, 刊寫者, 刊寫年未詳	36卷9冊(全60卷16冊, 卷13-28, 33-40, 45-56), 20.3×13.5cm, 有圖, 四周雙邊, 半郭:17×11.9cm, 有界, 16行32字, 註雙行, 上下向黑魚尾	表題:增像全圖三國演義	東亞大學校 (3):12:2-78
	羅貫中(明)撰, 金聖歎(淸)編, 刊寫事項不明	零本12冊(所藏:卷30~60), 木版本, 17.6×11.7cm, 左右雙邊, 半郭:13.6×9.4cm, 無界, 10行25字, 上下向黑魚尾	表題:三國誌, 版心題:第一才子書	慶北大學校 [古] 812.3 나16ㅈ
	羅貫中(明)著, 毛宗崗(淸)評, 刊寫地, 刊寫者, 刊寫年未詳	零本15冊(所藏:卷 2~4, 8~28, 32~41, 45~53, 58~60), 中國石印本, 有圖, 20.2×13.5cm, 四周雙邊, 半郭:17.5×11.7cm, 有界, 17行34字, 上下向黑魚尾	表題:足本繪圖三國演義, 版心題:繪圖三國志演義	慶北大學校 [古] 812.3 나16ㅈ(7)
		全62卷23冊中 11冊~23冊存(卷27~58:53回~120回), 中國木版本, 17.8×11.9cm, 四周單邊, 半郭:14×9.6cm, 無界, 10行25字, 註雙行, 上內向黑魚尾	表紙書名:三國誌, 版心書名:第一才子書, 包甲題:繡像三國誌演義	漢陽大學校 812.35-나2412ㅅ-v.12-v.24
	羅貫中(明)著, 刊寫事項不明	零本4冊(所藏:卷11~18), 新鉛活字本, 有圖, 20.1×13.3cm, 四周單邊, 半郭:17.4×11.7cm, 有界, 17行31字, 上下向黑魚尾	版心題:第一才子書	慶北大學校 [古] 812.3 나16ㅈ(6)
		零本1冊(所藏:卷4), 木版本, 28.4×18cm, 四周單邊, 半郭:21.4×14.1cm, 無界, 12行26字, 上下向黑魚尾	版心題:第一才子書	慶北大學校 [古] 812.3 나16ㅈ(3)
		零本1冊(所藏:卷5~7), 石印本, 有圖, 20.2×13.3cm, 四周雙邊, 半郭:17.3×11.8cm, 有界, 17行24字, 上下向黑魚尾	版心題:繪圖三國志演義	慶北大學校 [古] 812.3 나16ㅈ(8)

書名	出版事項	版式狀況	一般事項	所藏處/所藏番號
		零本2冊(所藏:卷11, 15), 木版本, 25.8×17cm, 四周單邊, 半郭:21.9×14.8cm, 無界, 12行26字, 上下向黑魚尾	版心題:第一才子書	慶北大學校 [古] 812.3 나16ㅈ(9)
	毛宗崗(淸)評, 刊寫地, 刊寫者, 刊寫年未詳	20卷20冊, 朝鮮木版本, 25.7×16.5cm, 四周單邊, 半郭:22.5×14.2cm, 無界, 12行26字, 註雙行, 上黑魚尾, 紙質:楮紙	版心題:第一才子書, 表題:三國志, 序:順治歲次甲申(1644) 金人瑞聖歎氏題	圓光大學校 AN823.5-ㅁ566사
		8卷2冊(卷33~36, 45~48, 缺帙), 20.2×13.3cm, 有圖, 四周雙邊, 半郭:17.6×12.3cm, 有界, 17行34字, 註雙行, 上下向黑魚尾	表題:足本續圖三國志演義	東亞大學校 (3):12:2-72
	金聖嘆(淸)著,刊寫地, 刊寫者, 刊寫年未詳	3卷1冊(45張), 中國石印本, 20×13.3cm, 四周雙邊, 半郭:17.3×11.6cm, 有界, 16行32字, 註雙行, 花口, 上下向黑魚尾, 紙質:노로지	表題:增像全圖三國演義	釜山大學校 (小訥文庫)OFC 3-12 13C
	羅貫中(明)撰, 金聖嘆(淸)輯注, 毛宗崗(淸)評	全60卷24冊(卷首, 卷1~60), 有圖, 中國木版本, 17.9×12cm, 左右雙邊, 半郭:14×9.2cm, 無界, 10行24字, 上內向黑魚尾	裏表紙書名:增像三國志演義, 表紙書名:三國志, 序:順治歲次甲申(1644)嘉平朔日 金人瑞聖嘆氏題, 重刊序:咸豊三年(1853) 孟夏旬吳淸溪居士書, 刊記:癸丑(1853)仲夏 常熟顧氏小石山房刊 江左書林校印	漢陽大學校 812.35-나2412ㅈ-v.1(강)-v.11)(강)
	羅貫中(明)著, 毛宗崗(淸)評, 中國, 刊寫者, 刊寫年未詳	5冊(缺帙)(所藏:2, 4, 6, 8, 19), 中國新鉛活字本, 20.5×13.5cm, 四周雙邊, 半郭:17.4×11.1cm, 有界, 14行28字, 上下向黑魚尾	雜題:聖歎外書, 表題:增像全圖三國演義	國民大學校 [고]823.5 나01-5
	毛聲山(淸)原本, 金聖歎(淸)批評, 序金聖歎, 順治甲辰版	20卷20冊, 中國石印本, 24.1×15.6cm	序金聖歎, 順治甲辰版	慶州汶坡文庫
	羅貫中(明)著, 金聖歎(淸)批點, 毛宗崗(淸)評, 刊年未詳	全20卷20冊(卷首, 第2~20冊缺), 中國木版本, 有圖, 25.5×16cm, 四周單邊, 半郭:21×14cm, 無界, 11行24字, 上黑魚尾	表紙書名:三國志, 序:時順治歲次甲申(1644) 嘉平朔日金人瑞聖歎氏題, 藏板記:懷德堂藏板, 印:俞駿柱印, 懷德堂圖書, 杞溪, 俞駿杜者杞溪人也字聖在	韓國學中央研究院 D7C-4

書名	出版事項	版式狀況	一般事項	所藏處/所藏番號
	金聖歎(淸)原評, 毛宗崗(淸)評, 刊寫地, 刊寫者, 刊寫年未詳	9冊(零本), 中國木版本, 24.2×15.6cm, 四周單邊, 半郭:21.8×14.3cm, 12行26字, 上黑魚尾, 紙質:竹紙	版心題:第一才子書, 卷頭書名:四大奇書第一種, 表題:三國誌	韓國銀行
	羅貫中(明)著, 毛宗崗(淸)評, 刊寫地, 刊寫者, 刊寫年未詳	6冊(缺帙)(所藏:9~13, 15), 中國新鉛活字本, 有圖, 19.7×13.5cm, 四周單邊, 半郭:17.2×11.9cm, 有界, 15行30字, 上下向黑魚尾	雜題:聖歎外書, 題簽:校正全圖三國志演義	國民大學校 [고]823.5 나01-5ㄱ
	鄒梧岡參訂, 劉鳳藻較對	51卷15冊, 中國石印本, 25.1×15.7cm		경주汶坡文庫
	羅貫中(明)著, 毛宗崗(淸)評, 刊寫地, 刊寫者, 刊寫年未詳	1卷1冊(卷9, 缺帙), 木版本, 29.1×19cm, 四周單邊, 半郭:21.5×14.2cm, 無界, 12行26字, 註雙行, 上下向黑魚尾	書名:版心題	京畿大學校 경기-k121812-9
		4卷1冊(卷13~16, 缺帙), 新鉛活字本, 有圖, 19.8×13.7cm, 四周單邊, 半郭:17.2×11.8cm, 有界, 15行30字, 註雙行, 上下向黑魚尾		京畿大學校 경기-k118338-5
		16冊, 中國本, 26×16cm		嶺南大學校 汶823.5
第一才子書繡像三國志演義	金聖歎(淸)原撰, 毛宗崗(淸)評, 上海, 商格印書館, 光緖30(1904)	全60卷8冊, 中國鉛印本, 有圖, 19.7×13.3cm	標題紙書名:繡像三國志演義	韓國學中央研究院 [霞]D7C-39
增像全圖三國志	羅貫中(明)撰, 淸朝末~中華初刊	1冊(51張), 中國石印本, 有圖, 20.1×13.3cm, 四周單邊, 半郭:17.1×11.8cm, 有界, 16行32字, 註雙行, 上下向黑魚尾, 紙質:竹紙	版心題:第一才子書	釜山大學校
繡像全圖三國演義	毛宗崗(淸)評, 上海館章圖書局, 咸豊3(1853)	20冊(120回), 中國石印本, 20.5×14cm	版心書名:第一才子書	檀國大學校 퇴계기념도서관 IOS,고823.5-삼338
	金聖歎(淸)著, 發行地, 發行處不明, 1901	9冊(卷1~4, 卷9~12, 29~32, 37~48缺), 石印本, 有圖, 20.3×13.8cm, 四周雙邊, 半郭:16.9×11.5cm, 有界, 16行32字, 註雙行, 上內向黑魚尾	表題:三國志	慶尙大學校 D7C김53ㅈ(기리)

書名	出版事項	版式狀況	一般事項	所藏處/所藏番號
	羅貫中(本)(明)撰, 金聖歎(人瑞)(清)編, 毛宗崗(清)評, 上海 蔣春記書莊(19--)	零本7冊(全60卷20冊, 藏本:二十九~三十二, 三十七~三十九, 四十一~六十卷), 中國鉛版本, 有圖, 19.8×13.3cm	版心題:繪圖三國演義, 表題:增像全圖三國志演義	高麗大學校 (晩松文庫) C14-B1G
	羅貫中(明)著, 金聖歎(清)演, 毛宗崗(清)評, 刊寫地未詳, 錦章書局, 清朝末-中華初	60卷20冊(卷1~60), 中國石印本, 有圖, 20×13.3cm, 四周雙邊, 半郭:17.1×11.8cm, 有界, 16行32字, 上下向黑魚尾	書名:卷首題, 版心題:第一才子書, 表題:增像全圖三國演義, 評:金聖歎, 演:毛宗崗, 本文이 漢文으로 된 資料	慶州東國大學校 D823.5-나16금, v.8-v.15
	金聖歎(清)編, 上海, 錦章書局, 刊年未詳	60卷3冊, 中國石印本, 20×13.3cm, 四周雙邊, 半郭:17.4×11.5cm, 有界, 16行32字, 註雙行, 上黑魚尾	序:甲申…金人瑞	啓明大學校 들812.35-김성탄ㅅ
增像繪圖三國演義	羅貫中(明)著, 上海, 錦章書局, 刊寫年未詳	28卷7冊(卷11~28), 有圖, 20.1×13.4cm, 四周雙邊, 半郭:17.2×11.8cm, 無界, 行字數不定, 上下向黑魚尾		慶熙大學校 812.31-나 15ㅅ
	毛宗崗(清)評, 上海, 同文書局, 刊寫年未詳	60卷16冊(卷1~60), 有圖, 20.5cm, 四周單邊, 半郭:17×11.8cm, 無界, 15行30字, 註雙行, 上下向黑魚尾	版心題:第一才子書	慶熙大學校 812.3-모75ㅅㅈ
增像三國全圖演義	羅貫中(明)著, 蔡奡(清)評點	1冊(卷6), 中國木版本, 20×13.7cm, 四周單邊, 半郭:17×11.7cm, 無界, 24行50字, 註雙行, 上黑魚尾, 紙質:竹紙		慶北大學校 AN823.5-ㄴ23증
增像全圖三國演義	羅貫中(明)撰, 金聖歎(清)編, 毛宗崗(清)增, 上海, 清咸豊3(1853)序後刷, 上海錦章書局石印	20卷20冊, 中國石印本, 有圖, 20.3×13.5cm, 四周單邊, 半郭:17×11.4cm, 有界, 16行32字, 註雙行, 上下向黑魚尾, 紙質:洋紙	序:順治歲次甲申(1644)嘉平朔日金人瑞聖歎(清)氏題, 咸豊三年(1853)孟夏旬吳清溪居士書, 刊記:上海錦章書局石印	慶尙南道 南海郡 金宇烘
	金聖歎(清)演義, 上海, 錦章書局, 清光緖29年(1903)刊	16卷8冊, 中國石印本, 20.2×13.4cm, 四周雙邊, 半郭:17.3×11.9cm, 25行54字, 註雙行, 上黑魚尾, 紙質:竹紙	刊記:光緖癸卯(1903)仲冬上海錦章書局石印	成均館大學校 (曺元錫) D7C-171

書名	出版事項	版式狀況	一般事項	所藏處/所藏番號
	毛宗崗(淸)評, 天寶書局, 1910年刊	4冊(卷1~2, 3~4(復), 13~14), 中國石印本, 半郭:17.3×11.7cm, 26行51字, 上黑魚尾		雅丹文庫 823.5-모75ㅈ
	羅貫中(明)著, 淸板本	16卷8冊, 有圖, 中國石印本, 20.2×13.4cm	表紙書名:繪圖三國志演義, 序:順治17年(1644)…金人瑞, 印:任訥, 喬治李納	奎章閣 [古]895.135-N11s- v.1-8
		14卷7冊(共8冊中第1卷缺), 中國板本, 有圖, 19.8×13.3cm, 四周雙邊, 半郭:16.4×11.8cm, 25行54字, 註雙行, 白口, 上下向黑魚尾	漢文, 楷書	韓國國學振興院 受託 청송심씨 칠회당고택KS0431 -1-03-00040
	羅貫中(明)著, 上海, 天寶書局, 刊年未詳	16卷8冊, 中國石印本, 20.5×13.5cm, 四周雙邊, 半郭:18×12.3cm, 無界, 行字數不定, 上黑魚尾	序:順治歲次甲申(1644)…金人瑞	啓明大學校 [고]812.35- 김성탄삼
	毛宗崗(淸)評釋, 上海, 錦章書局, 刊記未詳	4冊(零本, 卷29~41, 卷首:聖歎外書 茂苑毛宗崗序始氏評), 中國石印本, 有圖, 20.5×13.5cm, 四周雙邊, 半郭:17.7×11.7cm, 有界, 16行32字, 註雙行, 上下向黑魚尾	表紙:錦章書局印 陽湖汪洵題	奎章閣 [奎古]404
	金聖歎(淸)原評, 毛宗崗(淸)評, 上海, 錦章書局, 刊年未詳	1冊(零本, 卷9~10), 中國石印本, 有圖, 20×13.4cm		嶺南大學校 823.5 김성탄ㅈㅁ
	羅貫中(明)撰, 金聖歎(淸)編, 毛宗崗(淸)評, 上海, 錦章書局, 淸朝末-民國初	10冊(冊2-8,10, 12-13, 缺帙), 中國石印本, 20.2×13.4cm, 四周雙邊, 半郭:17.1×11.2cm, 有界, 15行32字, 註雙行, 花口, 上下向黑魚尾, 紙質:竹紙	卷首名:第一才子書, 版心題:繡像全圖三國演義, 序:順治甲申(1644)…金人瑞聖歎 氏題, 刊記:上海, 錦章書局石印	全南大學校 3Q-삼17ㄴ
	羅貫中(明)撰, 上海, 錦章圖書局, 淸末-民國初	60卷8冊(卷1~60), 中國石印本, 有圖, 20.4×13.6cm, 四周雙邊, 半郭:17×11.5cm, 有界, 16行32字, 註雙行, 上黑魚尾, 紙質:竹紙	序:順治歲次甲申(1644)嘉平朔, 刊記:上海錦章圖書局石印	全南大學校 3Q-삼17ㄴ-v.1-8
		60卷8冊(卷1~60), 中國石印本, 有圖, 20.4×13.6cm, 四周雙邊, 半郭:17×11.5cm, 有界, 16行32字, 註雙行, 花口, 上下向黑魚尾, 紙質:竹紙		全南大學校 3Q-삼17ㄴ

書 名	出版事項	版式狀況	一般事項	所藏處/所藏番號
	羅貫中(明)撰, 金聖歎(淸)編, 毛宗崗(淸)評, 上海, 錦章書局, 刊寫年未詳	10冊, 中國石印本, 20.2×13.4cm, 四周雙邊, 半郭:17.1×11.2cm, 有界, 15行32字, 註雙行, 上黑魚尾, 紙質:竹紙	卷首名:第一才子書, 版心題:繡像全圖三國演義, 序:順治甲申(1644)…金人瑞聖歎氏題, 刊記:上海 錦章書局石印	全南大學校 3Q-삼17ㄴ-v.2-8,10,12-13
	羅貫中(明)撰, 毛宗崗(淸)評, 上海, 錦章書局, 刊寫年未詳	卷5~16(25~120回), 中國石印本, 有圖, 25×13.8cm, 四周單邊, 半郭:17.4×11.2cm, 無界, 21行47字, 註雙行, 頭註, 上內向黑魚尾	版心書名:增像全圖三國志演義	漢陽大學校 812.35-나2412ㅈㄱ-v.5(금)-v.14(금)
	羅貫中(明)著, 上海, 錦章書局, 刊年未詳	7冊, 中國石印本, 20.2×13.5cm, 四周雙邊, 半郭:17.5×11.5cm, 有界, 16行32字, 上內向黑魚尾		建國大學校 [고]923.5
	毛宗崗(淸)評, 錦章書局, 淸代刊	27卷4冊(卷19~31, 38~44, 54~60), 中國石印本, 有圖, 20.8×14.6cm, 四周雙邊, 半郭:17.1×12cm, 有界, 16行32字, 註雙行, 上下向黑魚尾, 紙質:竹紙	版心題:第一才子書	春成郡 洪在昭
	毛宗崗(淸)評, 錦章書局, 淸末~中華初期刊	32卷8冊, 中國石印本, 有圖, 20.2×13.5cm, 四周雙邊, 半郭:17.5×12.2cm, 有界, 16行32字, 白口, 上黑魚尾, 紙質:竹紙	書名:表題에 依함, 版心題:第一才子書, 內容:中國小說, 備考:卷9~12, 17~20, 33~56, 合32卷8冊, 卷45~48, 4卷1冊, 同書2部	韓國綜合典籍目錄(玩樹文庫) 李炳麒 4-199
	羅貫中(明)著, 毛宗崗(淸)評, 上海, 錦章圖書局, 中華初刊	60卷17冊, 中國石印本, 有圖, 20.4×13.1cm, 四周雙邊, 半郭:17.1×11.5cm, 有界, 16行32字, 註雙行, 上下向黑魚尾, 紙質:竹紙	序:順治歲次甲申(1644)嘉平…金人瑞聖歎(淸)氏題	釜山大學校
	羅貫中(明)撰, 金聖歎(淸)編, 上海, 錦章書局, 中華初刊	16卷8冊, 中國石印本, 有圖, 20.5×13.6cm, 四周雙邊, 半郭:17.7×11.9cm, 無界, 28行56字, 註雙行, 上下向黑魚尾, 紙質:洋紙	版心題:繪圖三國志演義, 序:時在順治歲次甲申(1644)嘉平升日金人瑞聖歎(淸)氏題, 刊記:上海錦章圖書局石印	全羅北道 高敞郡 玄谷書院
	羅貫中(明)撰, 毛宗崗(淸)評, 上海, 廣益書局(表紙), 文華書局(版心), 刊寫年未詳	全16卷8冊(卷3~4, 5~6, 7~8, 9~10, 11~12, 13~14, 15~16), 中國木版本, 23×13.2cm, 四周雙邊, 半郭:17.7×11.9cm, 無界, 28行68字, 註雙行, 頭注, 上內向黑魚尾	表紙書名:增像全圖三國志演義, 版心書名:繡圖三國志演義, 上海廣益書局印行(表紙), 上海文華書局印行(版心)	漢陽大學校 812.35-나2412ㅅ-문2-문8

書名	出版事項	版式狀況	一般事項	所藏處/所藏番號
	毛宗崗(淸)評, 刊寫事項不明	零本1冊(所藏:卷12~13), 中國石印本, 20.6×13.4cm, 四周單邊, 半郭:17.8×11.6cm, 無界, 21行47字, 上下向黑魚尾	表題:三國志演義, 版心題:增像全圖三國志演義	慶北大學校 [古] 812.3 모75ㅈ
	羅貫中(明)撰, 金聖歎(淸)評, 中國, 刊寫者未詳, 淸朝末-民國初	4冊(冊4-6, 9, 缺帙), 中國新鉛活字本, 有圖, 19.8×12.6cm, 四周單邊, 半郭:14.8×9.9cm, 無界, 15行40字, 註雙行, 花口, 上下向黑魚尾, 紙質:綿紙	卷首名:第一才子書	全南大學校 3Q-삼17ㄴ
	羅貫中(明)撰, 金聖歎(淸)編, 毛宗崗(淸)評	28卷10冊, 中國石印本, 有圖, 20.2×12.6cm		全南大學校
	羅貫中(明)撰, 金聖歎(淸)評, 刊寫地, 刊寫者未詳, (19--)	4冊(缺帙), 中國新鉛活字本, 有圖, 19.8×12.6cm, 四周單邊, 半郭:14.8×9.9cm, 無界, 15行40字, 註雙行, 上黑魚尾, 紙質:綿紙	卷首名:第一才子書	全南大學校 3Q-삼17ㄴ-v.4-6,9
	金聖歎(明)演義, 淸朝末~ 中華初刊	2冊, 中國石印本, 彩色, 20.6×13.8cm, 四周雙邊, 半郭:17.2×12cm, 無界, 25行34字, 註雙行, 上下向黑魚尾, 紙質:竹紙	表題:三國志	全羅北道 高敞郡 黃秉寬
	羅貫中(明)撰, 毛宗崗(淸)評	3冊, 石印本(錦装)		慶州地方 古書調査目錄 蔣大鉉
增像全圖三國志演義	羅貫中(明)著, 毛宗崗(淸)評, 淸光緖32(1906) 刊	60卷16冊(卷3, 8~11, 14~15缺), 中國新鉛活字本, 有圖, 20.2×13.5cm, 四周單邊, 半郭:17.1×12.3cm, 有界, 15行29字, 註雙行, 上下向黑魚尾, 紙質:竹紙	序:順治歲次甲申(1644)嘉平朔日 金人瑞聖歎(淸)氏題, 刊記:光緖三十二年(1906)刊	釜山大學校
	羅貫中(明)撰, 金聖歎(淸)編, 毛宗崗(淸)評, 上海文華書局, 民國2(1913)	零本4冊(全16卷8冊, 藏本:卷首~卷之六, 十五~十六), 中國石印本, 20.2×13.4cm	標題:繡像全圖三國演義, 版心題:繪圖三國志演義, 序:時在順治歲次甲申(1644)… 金人瑞聖歎氏題, 刊記:中華民國二年(1913) 上海文華書局印行	高麗大學校 (晩松文庫)C14-B1 F
	羅貫中(明)撰, 金聖歎(淸)編, 毛宗崗(淸)評	4卷2冊(零本), 中國板本, 有圖, 20.2×13.5cm, 四周單邊, 半郭:17.1×11.9cm, 有界, 15行30字, 註雙行, 白口, 上下向黑魚尾	漢文, 楷書	韓國國學振興院 受託, 원주변씨 거촌문중 KS0355-1-04-00250

書名	出版事項	版式狀況	一般事項	所藏處/所藏番號
	1913, 煙台誠文信記書 局印行	8冊, 中國板本, 20.5×13.5cm, 四周雙邊, 半郭:17.7×12.3cm, 行字數不定, 白口, 上下向黑魚尾	漢文, 行草書	韓國國學振興院 受託, 진성이씨 하계파 근재문고 KS0125-1-03-00019
	羅貫中(明)著, 刊寫地未詳, 刊寫年未詳, 同女普氣書局	4卷1冊(50張), 中國新鉛活字本, 有圖, 20.3×13.5cm, 四周單邊, 半郭:17.6×12.3cm, 有界, 15行30字, 註雙行, 花口, 上下向黑魚尾, 紙質:노로지	刊記:同女普氣書局藏板	釜山大學校 (芝田文庫) OEC 3-12 29C
	羅貫中(明)編, 서울, 동문서국, 19--	1冊, 20.2×13.5cm		大邱 가톨릭 大學校 동823.5-타16ㅈ
	羅貫中(明)撰, 毛宗崗(淸)評, 刊年未詳	7冊(缺本, 所藏:卷29~48, 53~60), 中國鉛印本, 20×13.3cm		國會圖書館 [古]812.3 ㄴ141ㅈ
增像全 圖第一 才子三 國志演 義	羅貫中(明)著, 毛鍾崗(淸)評, 天寶書局, 刊年未詳	10卷8冊, 中國木版本, 20.4×13.2cm, 四周雙邊, 半郭:17.5×11.9cm, 無界, 25行52字, 註雙行, 上下黑魚尾, 紙質:竹紙	表題:增像全圖三國志演義	圓光大學校 AN823.5-ㄴ23ㄱ
增像全 圖三國 志演義 第一才 子書	羅貫中(明)箸	零本1冊 (所藏:卷6), 中國石印本, 有圖, 20.5×13.5cm, 四周雙邊, 半郭:17.5×12.2cm, 無界, 行字數不同, 上黑魚尾		龍仁大學校 D7-26
	羅貫中(明)撰, 毛宗崗(淸)評, 上海, 天寶書局, 刊寫年未詳	1冊(卷2~8), 中國石印本, 有圖, 20.3×13.5cm, 四周雙邊, 半郭:17.4×11.2cm, 無界, 25行54字, 註雙行, 頭註, 上內向黑魚尾	刊記:天寶書局校印(版心)	漢陽大學校 812.35-나2412ㅈ-(v.2(천),~v. 8(천))
精校繪 圖三國 志演義	羅貫中(明)撰, 毛宗崗(淸)評, 上海, 國光書局, 民國3年(1914)	13冊(第2~6, 9~13冊缺, 所藏:冊1, 7~8, 14~18(全23冊)), 中國鉛印本, 19.9×13.2cm	序:時順治歲次甲申(1644)…金人 瑞聖歎氏題, 咸豐三年(1853)…吳淸溪居士書, 刊記:中華民國三年(1914)發行	國會圖書館 [古]812.3 ㄴ141ㅈ
精校全 圖足本 鉛印三 國志演 義	中國鉛印本, 上海中新書局發 行, 刊行年 未詳	殘本(4冊), 有圖, 15行31字		閔寬東
精校全 圖繡像 三國志 演義	金聖歎(淸)演義, 上海, 中新書局, 中華初期刊	16卷16冊, 中國新鉛活字本, 有圖, 20.2×13.5cm, 四周單邊, 半郭:17.5×11.6cm, 有界, 15行 31字, 註雙行, 上黑魚尾, 紙質:竹紙	書名:裏題에 依함, 刊記:上海中新書局印行	成均館大學校 D7C-38

書名	出版事項	版式狀況	一般事項	所藏處/所藏番號
	毛宗崗(淸)評, 上海, 中新書局, 刊年未詳	8冊, 中國新活字本, 有圖, 19.9×13.3㎝	序:順治歲次甲申(1644)…金人瑞, 重刊序:咸豊三年(1853)… 淸溪居士	國立中央圖書館 [東谷古]3736-59
	羅貫中(明)撰, 毛宗崗(淸)評, 上海, 中新書局, 刊年未詳	1冊(缺本), 中國鉛印本, 20×13.2㎝	書名:表題에 依함, 版心題:第一才子書	國會圖書館 [古]812.3 ㄴ141ㅈ
	毛宗崗(淸)評, 刊年未詳	7冊, 中國新活字本, 有圖, 19.9×13.2㎝	藏版記:中新書局藏版	國立中央圖書館 [東谷古]3736-56
三國志	羅貫中(明)撰, 19世紀寫	不分卷1冊, 筆寫本, 23×15.7㎝, 無界, 行字數不定, 無魚尾, 紙質:楮紙		一般動産文化財 영모재(문경) 20-0360
	羅貫中(明)撰, 朝鮮後期飜譯本	1冊, 朝鮮木版本, 四周單邊, 半郭:21×15.5㎝, 有界, 13行22字, 上下內向黑魚尾, 紙質:楮紙	版心題:三國志三, 三國志四	韓國寺刹文化財 直指寺, 직지 성보박물관 754
	毛聲山(淸)評, 三多齋藏板	20卷20冊(乾坤函), 木版本	第一才子書	鮮文大 朴在淵
	毛宗崗(淸)評, 刊年未詳	19卷20冊, 中國木版本 (冊18:筆寫本), 31.7×20.1㎝, 四周單邊, 半郭:20.2~22.6×14.6~15.1㎝, 無界, 12行26字, 註雙行, 上下向黑魚尾	版心書名:第一才子書, 序:順治甲申(1644)…金人瑞, 印記:龍仁李敎相公厚之印	國立中央圖書館 [古]3736-69
	羅貫中(明)撰	33卷33冊, 筆寫本, 28.9×22.5㎝	表題:三國誌, 印:桑邨聞長, 萬事好意, 萬堂弄鶴閒事	高麗大學校 C15-A103
	羅貫中(明)著, 刊年未詳	20卷20冊, 中國木版本(覆刻), 有圖, 25.8×17.3㎝, 四周單邊, 半郭:22.3×14.4㎝, 無界, 12行26字, 註雙行, 上二葉花紋魚尾	內題:毛聲山先生批點貫華堂第一 才子書	國立中央圖書館 [한]-48-28
	羅貫中(明)撰, 毛宗崗(淸)評, 刊寫地未詳, 刊寫者未詳, 刊寫年未詳	1卷1冊(卷19, 缺帙), 木版本, 27.2×19.2㎝, 四周單邊, 半郭:21.7×14.5㎝, 無界, 12行26字, 註雙行, 上下向黑魚尾	書名:表題, 卷首題:四卷奇書, 版心題:第一才子書	京畿大學校 경기-k119045-9
	刊寫地未詳, 刊寫者未詳, 刊寫年未詳	15冊, 木版本, 26×16.5㎝		韓國國學振興院
	1914年	1卷1冊, 筆寫本, 19.6×30.3㎝		沃川鄕土資料展示 館

書 名	出 版 事 項	版 式 狀 況	一 般 事 項	所藏處/所藏番號
	甲子年	8卷8冊, 筆寫本, 22×16.5㎝,		忠北 端陽郡 이봉우
		12冊(1匣), 23.3×15.7㎝, 中國版本		韓國國學振興院 풍산류씨 하회마을 화경당(북촌)KS03-3038-1 0634-00634
		下函, 8冊(卷8~卷15存), 木版本	又名:第一才子書	鮮文大 朴在淵
		3冊(卷13,14,15存), 木版本	又名:四大奇書第一種	鮮文大 朴在淵
		上函, 13冊, 木版本		鮮文大 朴在淵
		16冊, 木版本, 25.2×15.5㎝, 四周單邊, 半匡:21.9×14.2㎝, 有界, 12行26字, 上下向魚尾, 線裝, 紙質:楮紙	卷3~13, 卷15~19	忠孝堂(安東) 20-1535~1550
		20卷20冊, 木版本, 有圖, 18.9×28㎝		忠北 報恩郡 김동기
三國諺誌 삼국디	羅貫中(明)撰	2冊(卷7, 8, 落帙), 筆寫本	初譯:英正朝 추정, 後譯: 1859년	鮮文大 朴在淵
繪圖三國志演義第一才子書	金聖歎(淸)原評, 毛宗崗(淸)評, 上海, 掃葉山房, 刊年未詳	1冊(零本, 卷44~48), 中國石印本, 有圖, 19.8×13.1㎝	版心下端記錄:掃葉山房石印	嶺南大學校 823.5 김성탄ㅈㅇ
圖像三國志演義第一才子書	羅貫中(明)著, 毛宗崗(淸)評, 刊寫地, 刊寫者, 刊寫年未詳	4冊(缺帙)(所藏:1~2, 9~10), 中國新鉛活字本, 有圖, 20×12.7㎝, 四周雙邊, 半郭:16.3×10.2㎝, 無界, 行字數不定, 上下向黑魚尾		國民大學校 [고]823.5 나01
	羅貫中(明)撰, 金聖歎(淸)編, 毛宗崗(淸)評, 上海, 文盛書局, 刊寫年不明	60卷10冊, 中國石印本, 有圖, 19.7×13㎝, 四周單邊, 半郭:16.7×11.2㎝, 有界, 22行50字, 上下向黑魚尾	序:光緖十四年孟夏句吳飛雲主館書, 刊記:廣陵味潛齊藏本上海文盛書局石印, 表題:增像全圖三國演義, 版心題:圖象三國演義	慶北大學校 [古] 812.3 나16ㄷ
三國志精選	朝鮮朝末期寫	1冊(121張), 朝鮮筆寫本, 20.7×16.5㎝, 無界, 9行字數不定, 註雙行, 紙質:楮紙		慶尙南道 固城郡 諸鳳模
삼국지(三國志)	譯者未詳, 朝鮮朝後期~末期寫	13冊, 朝鮮筆寫本, 25.5×20.9㎝, 12行26字, 紙質:楮紙		成均館大學校 D7B-78
三國誌	朝鮮翻刻本	3冊(卷11, 14, 16存), 朝鮮木版本	四大奇書第一種	鮮文大 朴在淵

書名	出版事項	版式狀況	一般事項	所藏處/所藏番號
	朝鮮翻刻復刷本	卷首(19卷20冊), 朝鮮木版本		鮮文大 朴在淵
	江左書林	29卷12冊, 木版本	又名第一才子書	鮮文大 朴在淵
	金聖嘆(淸)著, 上海, 刊寫者未詳, 1644	19卷10冊(卷1~19, 冊1~10), 24×15.4cm		大邱 가톨릭 大學校 동823.5-김53ㅅ
	羅貫中(明)著, 刊寫地未詳, 刊寫者未詳, 隆熙2年(1908)	13卷13冊(卷2, 卷4, 卷6, 卷8~14, 卷17~19), 筆寫本, 35.4×21.6cm, 無界, 12行30字	寫記:卷8, 戊申三月 -- 卷19, 융희2(1908) … 홍호정사ᄉᆞ의필셔 무신십이월 … 필셔ᄒᆞ노라	檀國大學校 율곡기념도서관 (羅孫文庫)古873.5 -나1281샤
	羅貫中(明)著, 刊寫地, 刊寫者未詳, 戊申2(1908)	2卷2冊(上~下), 筆寫本, 31.7×19.8cm, 無界, 11行27字	寫記:무신육월십칠일필셔, 印記:張鎭道, 貳錢	檀國大學校 율곡기념도서관 (羅孫文庫)古873.5 -나1281슈
	羅貫中(明)著, 仁祖22年刊	13冊, 木版本		晋門精舍雲隱亭
	羅貫中(明)著, 江陵, 刊寫者未詳, 大正4(1915)	1卷1冊(卷3), 筆寫本, 29.8×20cm, 無界, 12行28字	寫記:江陵郡沙川面 盧洞里字後洞里謄書, 寫記:乙卯正月初日後洞里謄書 冊主 李文八	檀國大學校 율곡기념도서관 (羅孫文庫)古873.5 -나1281쇼
	李文八, 大正4(1915)	1冊(3卷), 國文筆寫本	35㎜R[Posi], 54f	(金東旭) R35P-000010-6
	金聖歎(淸)原評, 李柱浣編, 京城, 永豊書館(1918)	全5卷5冊, 中國鉛印本, 20.7×13.7cm		韓國學中央硏究院 [霞]D7A-5
	白斗鏞編, 한남서림, 1921	1冊, 卷1		大邱 가톨릭 大學校 동823.4-백227ㅅ
	서울, 刊寫者未詳, 19--	1冊, 25.2×18cm		大邱 가톨릭 大學校 동823.4-삼17
	著者未詳, (1900)頃刊	卷3, 1冊, 朝鮮木版本(坊刻本), 26.5×18.8cm, 四周單邊, 半郭:19.4×15.7cm, 15行不定字, 上2葉花紋魚尾, 紙質:楮紙		韓國綜合典籍目錄 (山氣文庫) 李謙魯 4-686
	戊申	1冊(42張), 朝鮮筆寫本, 32×21cm, 10行字數不同	諺文, 行書, 刊記:戊申止月初十日	韓國國學振興院受託, 용궁 울진장씨 연파문고, KS03 03-1-03-00004
		13冊(4~19卷), 國文筆寫本	35㎜R[Posi], 174f	(金東旭) R35P-000013

書名	出版事項	版式狀況	一般事項	所藏處/所藏番號
	羅貫中(淸)著, 刊年未詳	2卷, 中國木版本, 29.5×19cm, 四周單邊, 半郭:21.5×14cm, 12行, 註雙行, 上黑魚尾	卷頭書名:四大奇書第一種	國立中央圖書館 [의산古]3736-12
	譯者, 刊寫地, 刊寫者, 刊寫年未詳	1冊, 筆寫本		全州大學校 OM813.5-삼171
	刊寫地, 刊寫者, 刊寫年未詳	1冊, 筆寫本, 37.7×19.7cm, 四周無邊, 無界, 11行字數不定, 無魚尾	書名:表題	啓明大學校 812.35-삼국지ㄱ
	羅貫中(淸)著, 刊年未詳	8冊, 23.3×15.9cm, 中國板本		韓國國學振興院 풍산류씨 하회마을 화경당 (북촌)KS03-3038-10646-00646
		6冊(6~12卷), 國文筆寫本	35㎜R[Posi], 308f	(金東旭) R35P-000011-3
		5冊(9~13卷), 國文筆寫本	35㎜R[Posi], 248f	(金東旭) R35P-000011-2
		2冊(6~7卷), 國文筆寫本	35㎜R[Posi], 75f	(金東旭) R35P-000011-1
		15冊(2~19卷), 國文筆寫本	35㎜R[Posi], 865f	(金東旭)R35P-000012-13-5
		1冊(5卷), 國文筆寫本	35㎜R[Posi], 38f	(金東旭) R35P-000010-9
		1冊(1卷), 國文筆寫本	35㎜R[Posi], 22f	(金東旭) R35P-000010-7
		8冊(朝鮮人), 筆寫本		鮮文大 朴在淵
		1冊, 中國板本, 28.7×19cm		韓國國學振興院受託, 달성서씨 낙동정사 KS04-3055-10086-00086
		5冊, 中國板本, 27×17.7cm		韓國國學振興院受託, 영양남씨 영해난고종택 KS04-3061-10454-00454
		20冊, 木版本, 28.7×19cm		韓國國學振興院受託, 영천이씨 오천종중 춘공파 KS04-3083-10134-00134

書名	出版事項	版式狀況	一般事項	所藏處/所藏番號
		不分卷1册, 木版本, 25×17.5cm, 四周單邊, 半郭:20.8×15.1cm, 13行22字, 白口, 上下內向黑魚尾	國漢文, 楷書	韓國國學振興院受託, 원주변씨 거촌문중, KS0355-1-03-00018
	金聖歎(淸)原評, 刊年未詳	1册(缺本), 中國木版本, 25.5×18cm, 四周單邊, 半郭:21.4×15.6cm, 13行22字, 上下黑魚尾		韓國學中央硏究院 D7B-15
	金聖歎(淸)原評, 毛宗崗(淸)批點, 刊年未詳	1册(缺本), 中國木版本, 有圖, 29.1×19.4cm, 四周單邊, 半郭:20.1×13.9cm, 12行26字, 上黑魚尾	書名:表紙에 依함, 版心書名:第一才子書, 序:旹順治歲次甲申(1644)…金人瑞聖歎氏題	韓國學中央硏究院 D7C-11
	羅貫中(明)著, 刊寫地未詳, 刊寫者未詳, 丁未(?)	1册(101張), 筆寫本, 28×24.5cm, 無界, 12行字數不定		檀國大學校 율곡기념도서관 古873.5-나1282소
	羅貫中(明)著, 刊寫地未詳, 刊寫者未詳, 壬寅(?)	10卷10册(卷4~7, 9~13, 零本), 筆寫本, 33.5×22.2cm, 無界, 12行27字	寫記:님인구월망간북ᄎᆞᆼᄌᆞ의셔 필셔	檀國大學校 율곡기념도서관 (羅孫文庫)古873.5-나1281수
	羅貫中(明)著, 刊寫地未詳, 刊寫者未詳, 壬辰(?)	1卷1册(零本), 筆寫本, 31.4×21.4cm, 無界, 13行29字		檀國大學校 율곡기념도서관 (羅孫文庫)古873.5-나1281스
	羅貫中(明)撰,刊寫地未詳, 刊寫者未詳, 刊寫年未詳	2卷1册(卷3~4), 木版本, 26.1×18.9cm, 四周單邊, 半郭:21.5×16cm, 無界, 13行29字, 註雙行, 上下內向黑魚尾	版心題:삼국지	檀國大學校 율곡기념도서관 고873.5-나128
	羅貫中(明)著, 刊寫地, 刊寫者, 刊寫年未詳	1册(33張), 筆寫本, 25×17.5cm, 無界, 11行字數不定	合綴:歷代歌	檀國大學校 율곡기념도시괸 古873.5-나1282슈
	羅貫中(明)著, 刊寫地, 刊寫者, 刊寫年未詳	1册(53張), 筆寫本, 34.2×21.5cm, 無界, 12行26字		檀國大學校 율곡기념도서관 (羅孫文庫)古873.5-나1281소
	羅貫中(明)著, 刊寫地, 刊寫者, 刊寫年未詳	1册(落張), 筆寫本, 29.4×19.2cm, 無界, 11行字數不定		檀國大學校 율곡기념도서관 (羅孫文庫)古873.5-나1281서
	羅貫中(明)著, 刊年未詳	零本1册, 中國木版本, 23.5×15.5cm, 四周單邊, 半郭:19.8×14cm, 無界, 12行26字, 上內向黑魚尾		建國大學校 [고]923.5

書名	出版事項	版式狀況	一般事項	所藏處/所藏番號
	羅貫中(明)著, 寫者未詳, 譯者未詳, 寫年未詳	筆寫本, 30.5×21.3cm, 四周無邊, 半郭:無郭, 無界, 12行21字, 無魚尾		建國大學校 [고]923.5
	羅貫中(明)著, 金聖嘆(淸)文評, 毛聲山(淸)批點	20卷40册, 中國木版本, 29×19cm, 四周單邊, 匡郭:19×15cm, 12行15字, 上花紋魚尾	序:順治歲次甲申(1644)	建國大學校 [고]923.5
	羅貫中(明)著, 金聖嘆(淸)原評, 年紀未詳	20卷20册, 中國木版本, 27×18.5cm, 四周單邊, 半郭:21.5×14.5cm, 12行26字, 下向黑魚尾	序:順治歲次甲申	建國大學校 [고]923.5
	羅貫中(明)著, 年紀未詳	零本18册, 中國木版本, 26×18cm, 四周單邊, 半郭:22×14.3cm, 12行26字, 上黑魚尾		建國大學校 [고]923.5
	羅貫中(明)著, 毛宗崗(淸)評	零本10册, 中國木版本, 23×15cm, 左右雙邊, 半郭:19.6×13.7cm, 12行26字, 上黑魚尾		建國大學校 [고]923.5
	毛宗崗評	19卷20册, 29.3×19cm, 四周單邊, 半郭:21×14.5cm, 無界, 12行20字, 上黑魚尾	序:順治歲次甲申嘉平朔月(1644) 金人瑞	梨花女子大學校 〔고〕812.3 삼17
	羅貫中(明)著, 毛宗崗(淸)評, 譯者未詳, 刊年未詳	20册, 筆寫本, 24×21cm, 無罫, 14行22字, 版心無		梨花女子大學校 [고] 812.3 삼17J
		卷12-16, 鉛活字本, 75張, 有圖, 19.5×13cm, 四周單邊, 半郭:15.5×11.2cm, 有界, 11行40字, 註雙行, 內向黑魚尾	版心題:第一才子書, 茂苑毛宗崗序, 始評	崇實大學校 3200
	刊寫地未詳, 刊寫者未詳, 刊寫年未詳	1卷1册(卷17, 缺帙), 木版本		京畿大學校 경기-k122600
	羅貫仲(明)著, 朝鮮朝後期 ~末期寫	1册, 한글筆寫本, 30×21.5cm		國史編纂委員會 D7B-3
三國誌 (第一 才子書)	金聖嘆(淸)原評, 서울, 刊寫者未詳	20卷20册(目錄, 卷1~19), 木版本, 27×18cm	序:順治歲次甲申(1644)	大邱가톨릭 大學校 동823.5-김53ㅅ
繡像全 聖歎批 評三國 志	金聖歎(淸), 蘇州, 綠啓堂和記藏板	2匣20册, 24×16cm		嶺南大學校 汶823.5

<table>
<tr><th>書名</th><th>出版事項</th><th>版式狀況</th><th>一般事項</th><th>所藏處/所藏番號</th></tr>
<tr><td rowspan="10">三國志</td><td rowspan="2">羅貫中(明)撰,
毛宗崗(清)評,
刊年未詳</td><td>17冊(第6, 17~18, 20冊缺,
所藏:冊1~5, 7~16, 19(全20卷,
目錄包含 21冊)), 中國木版本,
24.9×18.1cm, 四周單邊,
半郭:27×15cm, 無界,
12行26字, 註雙行, 上黑魚尾</td><td>書名:表題에 依함,
標題:貫華堂第一才子書,
版心題:第一才子書,
序:時順治歲次甲申(1644)…
金人瑞聖歎氏題</td><td>國會圖書館
[古]812.3 ㄴ141ㅅ</td></tr>
<tr><td>15冊, 木版本</td><td></td><td>韓國國學振興院受託, 고성이씨 팔회당종택KS02-3042-10128-00128</td></tr>
<tr><td>金聖歎(清)著,
李柱浣編,
京城(서울),
滙東書館, 1920</td><td>5卷5冊, 新鉛活字本,
20.6×14.2cm, 四周單邊,
半郭:17.5×11.4cm, 無界,
17行36字, 無魚尾</td><td></td><td>啓明大學校
[고]812.35-김성탄ㅅ</td></tr>
<tr><td>博文書館編纂,
京城博文書館,
1928</td><td>5卷5冊, 新鉛活字本,
20.3×14.7cm, 四周無邊, 無界,
19行37字</td><td></td><td>啓明大學校
[고]812.35-박문서ㅅ</td></tr>
<tr><td>羅貫中(明)著,
金聖嘆(清)原評,
毛聲山(清)批點,
同志堂藏版,
刊年未詳</td><td>23卷23冊(卷1~23)
中國木版本, 24.7×15.7cm,
四周單邊, 半郭:21.5×19cm,
無界, 11行24字, 註雙行,
上黑魚尾, 紙質:竹紙</td><td>序:順治歲次甲申(1644)金聖嘆</td><td>圓光大學校
AN823.5-ㄴ23ㅅ</td></tr>
<tr><td>羅貫中(明)著,
刊寫地未詳,
貫華堂,
刊寫年未詳</td><td>20卷20冊, 有圖,
29.2×19.3cm, 四周單邊,
半郭:22.3×14.5cm, 無界,
12行字數不定, 上下向黑魚尾</td><td></td><td>慶熙大學校
812.31-나15ㅅㄱ</td></tr>
<tr><td rowspan="2">羅貫中(明)撰,
朝鮮朝後期寫</td><td>1冊(64張), 朝鮮筆寫本,
29.8×16.1cm, 無界,
25行字數不定, 紙質:楮紙</td><td></td><td>釜山直轄市
金戊祚</td></tr>
<tr><td>1冊(58張), 朝鮮筆寫本,
31.7×20cm, 無界,
10行字數不定, 紙質:楮紙</td><td></td><td>釜山直轄市
金戊祚</td></tr>
<tr><td rowspan="2">羅貫中(明)著,
刊寫地未詳,
刊寫者未詳,
刊寫年未詳</td><td>2卷1冊(零本), 木版本,
26.7×18.7cm, 四周單邊,
半郭:21×16cm, 無界,
13行24字, 上下內向黑魚尾</td><td>版心題:삼국지</td><td>檀國大學校
율곡기념도서관
고873.5-나128서</td></tr>
<tr><td>1冊(47張, 零本), 筆寫本,
34.4×21.5cm, 無界,
9~10行字數不定</td><td></td><td>檀國大學校율곡기념도서관 고873.5-나128ㅅ-卷2</td></tr>
<tr><td>三國志抄</td><td>羅貫中(明)著,
刊寫地未詳,
刊寫者未詳,
刊寫年未詳</td><td>1冊, 筆寫本, 33×21cm, 無界,
12行字數不同, 註雙行</td><td>漢文, 行書</td><td>韓國國學振興院受託, 풍천임씨 청암가, KS0556-1-02-00004</td></tr>
</table>

書名	出版事項	版式狀況	一般事項	所藏處/所藏番號
三國誌抄		1冊, 筆寫本, 15×21.5cm, 烏絲欄, 16行字數不同	漢文, 行書	韓國國學振興院受託, 안동권씨 정암문고, KS0559-1-02-00008
三國志傳通俗演義	羅貫中(淸), 明中期	1冊, 坊刻本, 26cm		嶺南大學校 [古]823.5
繪本通俗三國志	池田東籬校正, 葛飾戴斗畵圖, 大阪, 岡田茂兵衛, 天保7-12年(1836-1841)	75冊(初編-7編 各 卷之1~10, 8編 卷之1~5), 日本石版本, 有圖, 22×15.5cm, 四周單邊, 內邊:18.4×12.8cm, 上一下向黑魚尾, 11行字數不定	序:天保六年(1835)…東籬亭主人, 原敍:元祿己巳(1689)…湖南文山	釜山市民圖書館 古823.5-2
新刊校正古本大字音釋三國志傳通俗演義	陳壽(晋)傳, 貫中(漢)編次, 壬亂以前刊(1621)	卷12, 1冊, 朝鮮木版本, 29.9×21.8cm, 四周雙邊, 半郭:21.1×17cm, 有界, 13行24字, 註雙行, 內向1葉花紋魚尾, 紙質:楮紙	版心題:三國演義, 刊記:歲在丁卯(?)耽羅開刊	韓國綜合典籍目錄 (山氣文庫) 李謙魯 4-702
	羅貫中(明)著, 周日校(明)刊, 濟州, 刊寫者未詳, 丁卯	全12卷12冊10卷10冊(零本), 朝鮮木版本, 30×21.7cm, 四周雙邊, 半郭:21.4×17cm, 有界, 13行24字, 上下內向一葉花紋魚尾	版心題:三國演義, 卷末題:三國志傳通俗演義, 欄上筆寫, 刊記:歲在丁卯眈羅開刊, 卷3第1張~5張, 筆寫本, 所藏本:卷2, 3, 4, 6, 7, 8, 9, 10, 11, 12	國立淸州博物館
	羅貫中(明)編次, 刊年未詳	1冊(零本), 朝鮮木版本(後刷), 31.1×21.3cm, 四周雙邊, 半郭:21.4×17.2cm, 有界, 13行24字, 下花內向花紋魚尾	版心書名:三國演義, 印:震旦學會	奎章閣(想白) [古]895.135-N11s-v.2
		2卷1冊(131張), 朝鮮木版本, 29×21.2cm, 四周雙邊, 半郭:21.4×16.9cm, 有界, 13行24字, 註雙行, 花口, 上下內向2葉花紋魚尾, 紙質:楮紙	版心題:三國演義	釜山大學校 (于溪文庫) OIC 3-12 71
		2卷2冊(零本), 朝鮮木版本, 32.5×21.8cm, 四周雙邊, 半郭:21.4×17.4cm, 有界, 13行24字, 註雙行, 白口, 上下向混入魚尾	漢文, 楷書	韓國國學振興院受託, 영양남씨 영해 시암고택 KS0356-1-02-00023
		1卷1冊(零本), 朝鮮木版本, 31.3×20.5cm, 四周雙邊, 半郭:21.2×16.7cm, 有界, 13行24字, 註雙行, 白口, 上下向混入魚尾	漢文, 楷書	韓國國學振興院受託, 의성김씨 문충공파일파문중 KS0455-1-03-00002

書名	出版事項	版式狀況	一般事項	所藏處/所藏番號
	羅貫中(淸)編, 刊寫地, 刊寫者, 刊寫年未詳	2冊(零本, 卷6, 11), 朝鮮木版本, 28.8×21.3㎝, 四周雙邊, 半郭:21.6×17.1㎝, 有界, 13行24字, 上下內向2瓣黑魚尾(一部分 上下內向黑魚尾)	版心題:三國演義	嶺南大學校 [古南]823.5 삼국지
	刊寫地, 刊寫者, 刊寫年未詳	1冊(卷之1, 卷冊未詳의 零本임), 筆寫本, 31㎝, 11行20字	陳壽, 史傳; 羅本, 編次; 葉才, 音釋, 外題:三國志, 序:弘治甲寅(1494)仲春機望, 庸愚子拜書	延世大學校 812.36/18
		4冊, 木版本, 32.8×22.2㎝		韓國國學振興院 受託, 영양남씨 영해 난고종택 KS04-3061-10632-00632
新刊校正古本大字音譯三國志通俗演義	陳壽(晉)傳, 羅寬中(明)編, 周日校(明), 刊寫者未詳, 朝鮮朝刊	1卷1冊(零本, 所藏本:卷5), 25×19.9㎝, 四周雙邊, 半郭:21.5×17㎝, 有界, 13行24字, 上內1葉(間混2葉)花紋魚尾, 紙質:楮紙	表題:三國志傳通俗演義	東國大學校 D819.34 17ㅅ
新鍥全像大字通俗演義三國志傳	刊地未詳, 喬山堂, 刊年未詳	1冊(零本, 卷1~2), 中國木版本, 有圖, 23.8×13.9㎝, 四周單邊, 半郭:20.4×12.5㎝, 無界, 15行33字, 上下向黑魚尾	卷頭:序三國志傳:李祥, 目錄, 君臣姓氏附錄, 標題紙:鐫圖像三國志, 喬山堂, 劉龍田梓, 版心題:出像三國志傳, 每面의 上段에 揷圖가 있음, 印出記(標題紙):喬山堂, 劉龍田梓, 表紙書名:三國志	嶺南大學校 [古南]823.5 삼국지ㅈ
刪修三國志	朴健會編, 1914	合9冊(前集3卷, 後集5卷, 續集1卷), 鉛印本, 有圖, 22×14.7㎝	異書名:三國志	高麗大學校 C14-A45
	羅貫中(明)撰, 朴健會(朝鮮)編修, 京城書館, 1915	零本2冊(前集下 後集第四), 鉛版本(國譯本), 有圖, 21.6×14.8㎝	刊記:大正四年(1915)發行	高麗大學校 (晩松文庫) C14-A45
刪修三國誌	羅貫中(淸)撰, 朴健會 編, 朝鮮書館, 1913	1冊(零本, 卷3, 後集), 新式活字本, 有圖, 21.9×15.2㎝	諺解本, 揷圖(卷頭):三國志圖象(2面)	嶺南大學校 [古南]823.5 나관중
刪修三國誌後集	朴健會編輯, 京城, 朝鮮書館, 大正2(1913)	1卷1冊(卷1, 缺帙) 新鉛活字本, 有圖, 22.1×15㎝, 無界, 11行35字, 無魚尾	表題:後集三國誌	京畿大學校 경기-k122047
諺吐三國誌	滙東書館, 永豊書館, 李杜浣	5冊(卷1 滙東本, 卷2~5 永豊本), 舊活字本		鮮文大 朴在淵

書名	出版事項	版式狀況	一般事項	所藏處/所藏番號
讀三國志法	金聖歎(淸)編, 掃葉山房, 淸代刊	10冊, 中國木版本, 有圖, 23.1×15.3cm, 上下單邊, 左右雙邊, 半郭:19.9×14.5cm, 無界, 12行16字, 註雙行, 上下向黑魚尾, 紙質:竹紙	表題:聖歎外書, 版心題:第一才子書, 裏題:繡像三國志演義, 序:順治甲申(1644)…金人瑞聖歎(淸)氏題, 刊記:掃葉山房藏板	釜山大學校
修正三國誌		5冊119回, 舊活字本		鮮文大 朴在淵
뎨일긔서삼국지	羅貫中(明)著, 刊寫地未詳, 刊寫者未詳, 19--	1冊(前集2卷), 新鉛活字本, 22×15cm	別名:第一奇書三國志	檀國大學校죽전퇴계기념도서관 고823.5-나128ㅅ
	編者未詳, 刊行者未詳, 1920頃刊	1卷1冊(零本, 所藏本:前集, 卷1), 新活字本, 21.8×14.8cm, 四周雙邊, 全郭:17.3×11.3cm, 無界, 16行23字, 註雙行, 頭註, 紙質:洋紙	序:順治甲申(1644)嘉平朔日金人瑞聖嘆(淸)氏題	東國大學校 D819.34 삼17ㅅㄱ
제일기서 삼국지	著者未詳, 京城, 博文書館, 大正6(1917)	1冊(缺帙, 卷4), 22cm	內容:冊4, 後集(4卷)	慶熙大學校 812.3-삼16
제일긔셔숨국지 第一奇書三國誌	博文書館, 大正6(1917)年	8冊(前集4冊, 後集4冊), 舊活字本		鮮文大 朴在淵
삼국지(三國誌)	金聖歎(淸)原評, 刊寫地, 刊寫者, 刊寫年未詳	2卷1冊(零本), 木版本, 27.5×19cm, 四周單邊, 半郭:20.7×15.6cm, 無界, 13行字數不定, 註雙行, 上下內向黑魚尾		檀國大學校 율곡기념도서관 古873.5-나1282사
		19卷19冊(完帙), 筆寫本	조선말 번역전사된 것으로 大字本 毛宗崗本 번역임	鮮文大 朴在淵
삼국지(三國志)	羅貫中(明)著, 譯者, 年紀未詳	30卷30冊, 宮體筆寫本, 37.8×22.4cm		奎章閣 [古]3350-95
		不分卷, 2冊(1~2卷), 木版本, 23.5×19.2cm, 四周單邊, 半郭:20.7×17.4cm, 無界, 14行24字, 上二葉花紋魚尾		國立中央圖書館 [한]48-33-2
		不分卷1冊(缺本:卷3), 木版本, 24×18cm, 四周單邊, 半郭:20.3×16cm, 無界, 16行29字, 內向黑魚尾	表紙書名:諺三國誌	國立中央圖書館 [한]48-33-3

書名	出版事項	版式狀況	一般事項	所藏處/所藏番號
	羅貫中(明)著, 京城, 白斗鏞家, 1920	3卷 3冊, 木版本, 25.8×20.2cm, 四周單邊, 半郭:21.5×17.7cm, 無界, 14行25字, 上二葉花紋魚尾		國立中央圖書館 [한]48-33
	권지초(淸) 羅貫中(明)著, 年紀未詳	1冊, 筆寫本, 30.5×19.8cm		國立中央圖書館 [의산古]3736-10
	發行地, 發行處, 發行年不明	1冊, 朝鮮木版本, 27×18.5cm, 四周單邊, 半郭:21×15cm, 無界, 13行21字, 下向黑魚尾, 紙質:楮紙	備考:前後毁損(缺張)	忠南大學校 학산고서 集.小說類1964
삼국지	著者未詳, 朝鮮朝末頃 (1852)刊	2卷1冊(卷3~4), 朝鮮木版本, 26×18.5cm, 四周單邊, 半郭:21×16cm, 13行不定字, 內向黑魚尾, 紙質:楮紙	版心題:삼국지, 表紙墨書識記:壬子(1852) 十一月日	韓國綜合典籍目錄 (山氣文庫) 李謙魯 4-685
	著者未詳, 1908刊	不分卷1冊(85張), 朝鮮木版本, 27.1×18.9cm, 四周單邊, 半郭:21.7×16.7cm, 13行22字, 內向黑魚尾, 紙質:楮紙	表題:三國誌, 版心題:삼국지, 刊記:戊申(1908)冬完山梁冊房新刊, 內容:中國小說	韓國綜合典籍目錄 (尙熊文庫) 4-156
	羅貫中(明)著, 卓鐘佶編, 全州, 西溪書鋪, 1911	1冊(86張), 한글木版本, 26.6×18.7cm, 四周單邊, 半郭:21.3×15.5cm, 無界, 13行22-23字內外, 內向黑魚尾, 紙質:楮紙	表題:三國志, 刊記:明治四十四年(1911)八月二十二日發行, 全州 西溪書鋪	全南大學校 3Q-삼17ㄴㅌ
		2卷1冊, 朝鮮木版本, 25.5×16cm, 四周單邊, 半郭:20.4×15.9cm, 有界, 13行22字, 註雙行, 上下內向黑魚尾		檀國大學校 율곡기념도서관 (羅孫文庫)古873.5-나128ㅅ
	羅貫中(明)著, 卓鐘佶編, 公州:○溪書鋪, 明治(1911)	1冊(29張)零本, 筆寫本, 25.5×18.2cm, 四周單邊, 半郭:20.5×6.9cm, 有界, 15行字數不定, 上下內向黑魚尾		檀國大學校 친인 율곡기념도서관 고873.5-나428ㅅ
	譯者未詳, 1912頃刊	1卷1冊(卷3), 朝鮮木版本, 27.5×19.5cm, 四周單邊, 半郭:19.7×15.5cm, 15行字數不定, 上二葉花紋魚尾, 紙質:楮紙	表題:三國誌, 表紙上墨書識記:癸亥(1912) 元月日	韓國綜合典籍目錄 (元堂文庫) 郭英大
	譯者未詳, 1859년	3冊(京本, 홍수동 坊刻本)	이능우/유탁일 논저근거	未詳/東洋語學校(Paris)
	羅貫中(明)著, 刊寫地, 刊寫者未詳, 大正3(1914)	1卷1冊(零本), 筆寫本, 26.5×19.5cm, 無界, 11行字數不定	딕정삼연갑인동지월二十七日	檀國大學校 율곡기념도서관 古873.5-나1282쇼

書名	出版事項	版式狀況	一般事項	所藏處/所藏番號
	羅貫中(明)著, 梁珍泰 編, 全州, 多佳書鋪, 1916刊	4卷1册, 木版本, 26.4×18.7cm, 四周單邊, 半郭:21.7×15.9cm, 無界, 13行字數不定, 上下內向黑魚尾	한글本	嶺南大學校 陶南文庫 [古도]823.5 나관중ㄱ
	著者未詳, 全州, 多佳書舖, 1916刊	2卷1册(卷3, 4), 木版本, 26.4×18.8cm, 四周單邊, 半郭:20.6×15.4cm, 13行字數不定, 內向黑魚尾, 紙質:楮紙	所藏印:陶南書室, 刊記:大正五年(1916) 十月八日發行	韓國綜合典籍目錄 (陶南文庫) 趙潤濟
	羅貫中(明)著, 京城(서울), 翰南書林, 大正6 (1917)	3卷3册(上, 中, 下), 木版本, 25.6×20.4cm, 四周單邊, 半郭:21.6×18.5cm, 無界, 14行25字, 上下向二葉花紋魚尾	卷下末:己未孟夏紅樹洞新刊	檀國大學校 천안율곡도서관 (羅孫文庫) 古873.5-나128서
	白斗鏞 編, 翰南書林, 1918刊	3卷3册, 木版本, 30.7×21.5cm, 四周單邊, 半郭:21.5×17.9cm, 15行28字, 上2葉花紋魚尾, 紙質:楮紙	刊記:己未(1918)孟夏□□洞新刊	韓國綜合典籍目錄 (山氣文庫) 李謙魯 4-687
	著者未詳, 1919刊	3卷3册, 木版本, 31×21.3cm, 四周單邊, 半郭:22×18.3cm, 14行, 上2葉花紋魚尾, 紙質:楮紙	版心題:삼, 刊記:己未(1919)孟夏□□洞新刊	韓國綜合典籍目錄 (山氣文庫)李謙魯 4-689
	白斗鏞 編, 京城翰南書林, 1919刊	3卷3册, 木版本, 30.5×21.5cm, 四周單邊, 半郭:21.3×17.7cm, 15行不定字, 上二葉花紋魚尾, 紙質:楮紙	版心題:삼, 刊記:己未(1919)孟夏□□洞新刊	韓國綜合典籍目錄 (山氣文庫)李謙魯 4-688
	京城翰南書林, 1919年刊	3卷3册, 木版本, 半郭:22×18cm, 15行26字, 上二葉魚尾	刊記:己未(1919)孟夏(由)洞新刊	雅丹文庫 813.5-삼16
	著者未詳, 1920頃刊	2卷1册(卷3~4), 木版本, 26×18.2cm, 四周單邊, 半郭:21.4×16.5cm, 12行24字, 內向黑魚尾, 紙質:楮紙	版心題:삼국지, 內容:삼국지三, 마초동관듸젼하야픽됴ᄒᆞ다. 삼국지四, 유현덕이취셔촉하다.	韓國綜合典籍目錄 (山氣文庫)李謙魯 4-690
	京城, 太華書館(1922), 美洞新板	1卷1册(缺帙), 木版本, 25.5×18.9cm, 四周單邊, 半郭:19.3×15.8cm, 無界, 15行23字內外, 上下向二葉花紋魚尾	表題:原本三國志, 舊刊記:美洞新板	西江大學校 고서 삼17 v.3
	著者未詳, 姜夏馨, 1923刊	卷3, 1册(卷3), 木版本,25.5×19cm, 四周單邊, 半郭:20.7×16.4cm, 15行不定字, 上二葉花紋魚尾, 紙質:楮紙	刊記:大正十二(1923)年十一月十日發行, 備考:美洞新板	韓國綜合典籍目錄 (山氣文庫)李謙魯 4-691

書名	出版事項	版式狀況	一般事項	所藏處/所藏番號
	京城, 太華書館, 大正12(1923)	1冊(3卷), 國文木版本, 25.9×18.5cm, 四周單邊, 上二葉花紋魚尾	刊記:大正十二年(1923)十一月十日發行	韓國學中央硏究院 R16N-001133-20
	京城, 太華書館, 大正12(1923)	1冊(3卷), 國文木版本, 25.8×18.8cm, 四周單邊, 上二葉花紋魚尾	刊記:大正十二年(1923)十一月十日發行	韓國學中央硏究院 R16N-001133-18
	金聖歎(淸)原評, 太華書館, 大正十二年(1923)十一月十日發行	全1冊(缺本), 木版本, 25.8×18.8cm, 四周單邊, 半郭:21×15.2cm, 行字數不定, 上二葉花紋魚尾	刊記:大正十二年(1923) 十一月十日發行	韓國學中央硏究院 D7B-15B
	羅貫中(明)著, 刊寫地, 刊寫者未詳, 辛亥(?)	1冊(卷3), 筆寫本, 28.4×19.2cm, 四周單邊, 半郭:24.8×16.8cm, 無界, 10行字數不定	寫記: 庚戌十二月十七日始 - 辛亥正月十六日終 册主李	檀國大學校 율곡기념도서관 (羅孫文庫)873.5-나1281서
	羅貫中(明)著, 刊寫事項不明	零本2冊(所藏:卷3-4), 木版本, 28.2×19.8cm, 四周單邊, 半郭:21.2×15.3cm, 無界, 行字不定, 上下向黑魚尾	版心題:삼국지	慶北大學校 [古]812.3 6ㅅ(25)
	羅貫中(明)著, 安城, 刊寫者, 刊寫年未詳	1卷1冊(零本), 木版本, 23×19cm, 四周單邊, 半郭:20.3×16.2cm. 無界, 15行28字, 上下向二葉花紋魚尾	表題:諺三國誌, 刊記:안셩동문이신판	檀國大學校 율곡기념도서관 古873.5-나1282수
	金聖歎(淸)原評	1卷1冊(零本), 筆寫本, 28×16.5cm, 無界, 12行字數不定		檀國大學校율곡기념도서관, 古873.5-나1282스
	金聖歎(淸)原評, 刊寫地, 刊寫者, 刊寫年未詳	1卷1冊(零本), 木版本, 25.5×18.5cm, 四周單邊, 半郭:19.9×16.5cm, 無界, 15行字數不定, 註雙行, 上下內向黑魚尾		檀國大學校 율곡기념도서관 古873.5-나1282시
	님진완산신판	삼권(全3卷3冊中 零本), 木版本, 24張, 27cm, 四周單邊, 18.3×15.5cm, 15行25字, 上下內向黑魚尾		延世大學校 811.93/28
	朝鮮朝後期刊	2卷1冊(卷3~4), 木版本, 25.6×17.5cm, 四周單邊, 半郭:20.6×15.4cm, 無界, 13行22字, 註單行, 內向黑魚尾, 紙質:楮紙	表題:三國傳, 版心題:三國志	忠南大學校 集50
	羅貫中(明)撰, 朝鮮朝後期刊	2卷1冊(卷3~4), 木版本, 26.8×18.3cm, 四周單邊, 半郭:20.5×15.2cm, 無界, 13行22字, 內向黑魚尾, 紙質:楮紙		溫陽市 溫陽民俗博物館

書名	出版事項	版式狀況	一般事項	所藏處/所藏番號
	羅貫中(明)	1冊, 國文筆寫本	35㎜R[Posi], 36f	(金東旭) R35P-000010-4
	朝鮮朝後期 (辛亥)	3冊(天,地,人卷), 國文筆寫本	35㎜R[Posi], 129f	(金東旭) R35P-000010-5
	朝鮮朝後期	1冊(4卷), 國文筆寫本	35㎜R[Posi], 41f	(金東旭) R35P-000010-8
	朝鮮朝後期 (壬辰)	1冊(3卷), 國文筆寫本	35㎜R[Posi], 33f	(金東旭) R35P-000012-3
	朝鮮朝後期	1冊(缺本), 國文筆寫本	35㎜R[Posi], 53f	(金東旭) R35P-000012-4
	羅貫中(明)著, 刊寫地, 刊寫者, 刊寫年未詳	2卷2冊(卷1~2), 筆寫本, 26.7×19.4cm, 無界, 12行24字		檀國大學校 율곡기념도서관 (羅孫文庫)古873.5 -나1281시
		零本1冊(所藏:卷3), 筆寫本, 31×21cm, 無界, 行字不定, 無魚尾		慶北大學校 [古] 812.3나16 ㅅ(23)
		零本1冊(所藏:卷3), 筆寫本, 28.4×19.7cm, 無界, 行字不定, 無魚尾		慶北大學校 [古] 812.3 16ㅅ(24)
		零本2冊(所藏:卷3~4), 木版本, 28.2×19.8cm, 四周單邊, 半郭:21.2×15.3cm, 無界, 行字不定, 上下向黑魚尾	版心題:삼국지	慶北大學校 [古] 812.3 16ㅅ(25)
		2卷1冊, 木活字本, 25×17cm, 四周單邊, 半郭:20.8×16.2cm, 無界, 13行22字, 上下內向黑魚尾		檀國大學校 율곡기념도서관 古873.5-나1282서
		6卷6冊(卷1~5, 12), 筆寫本, 24.8×24cm, 無界, 14行18字		檀國大學校 율곡기념도서관 (羅孫文庫)古873.5 -나1281사
		6卷6冊(卷6~11), 筆寫本, 25.2×29cm, 無界, 20行20字		檀國大學校 율곡기념도서관 (羅孫文庫)古873.5 -나1281ㅅ
		1冊, 한글筆寫本, 24.5×22cm	한글본	淑明女子大學校 CL812.3-니관중- 삼v1-16
		1冊, 木版本, 26.5×19cm, 四周單邊, 半郭:21.5×17cm, 有界, 白口, 上下內向黑魚尾	한글본	淑明女子大學校
		零本2冊, 한글筆寫本, 31.8×21.2cm, 四周單邊, 半郭:27.6×16.9cm, 有界, 12行字數不定, 上下白口, 無魚尾	表紙書名:三國志, 韓國飜案版임	高麗大學校 (薪菴文庫)C15- A103A

書名	出版事項	版式狀況	一般事項	所藏處/所藏番號
	發行地, 發行處, 發行年不明	3冊(零本, 卷8, 10, 11), 筆寫本, 24.6×21.5cm, 四周無邊, 無界, 12行22字		啓明大學校 [고]812.35-삼국지
		1冊, 筆寫本, 29×20.2cm, 無界, 13行字不等, 紙質:楮紙		忠南大學校 학산고서 集.小說類1965
		2冊, 木版本, 31×21cm		嶺南大學校 823.5
		14冊(完帙), 筆寫本	조선말 번역전사된 것으로 毛宗崗本 번역임	鮮文大 朴在淵
		2卷1冊(卷3~4同書2冊), 木版本, 半郭:20.8×15.4cm, 13行22字, 內向黑魚尾		雅丹文庫 813.5-삼16
		1卷1冊(卷3), 木版本, 半郭:19×16.2cm, 15行字數不定, 內向黑魚尾	卷尾:님신완산신판이라	雅丹文庫 813.5-삼16
		2卷1冊(卷3~4), 木版本, 半郭:20.5×15.8cm, 13行22字, 內向黑魚尾		雅丹文庫 813.5-삼16
		1冊(缺本), 國文木版本, 26.2×18.7cm, 四周單邊, 上下黑魚尾	16㎜R[Nega], 88f	韓國學中央研究院 R16N-001133-17
국역 삼국지(三國誌)		1冊(36張), 木版本, 半郭:21×15cm, 有界, 13行27字, 內向黑魚尾		雅丹文庫 813.5-국64
슈뎡 삼국지	羅貫中撰, 盧益亨 編, 京城, 博文書館, 1928	1冊(零本, 卷2), 新式活字本(딱지본), 19.8×13.6cm		嶺南大學校 [古南]823.5 관중ㅅ
슈졍 삼국지	朝鮮朝後期	2卷2冊(卷3, 5), 新活字本, 半郭:20.5×13.5cm, 17行35字		雅丹文庫 813.5-슈74
	박문서관, 1904년	5卷, 未詳	유탁일/이능우 著書 根據	未詳
슈령 삼국지	刊寫地, 刊寫者, 刊寫年未詳	1卷1冊, 新鉛活字本		京畿大學校 경기-k122934
언 삼국지	著者未詳, 全州多佳書舖, 刊記:大正五年(1916)十月八日發行	上下, 2卷1冊, 木版本, 25.6×18.6cm, 四周單邊, 半郭:18.3×15cm, 11行17字, 內向黑魚尾, 紙質:楮紙	表題:諺三國誌, 版心題:언三, 所藏印:陶南, 卷上:언삼국지, 卷下:공명션싱실긔	韓國綜合典籍目錄(陶南文庫) 趙潤濟
	梁承坤編, 全北完州, 梁冊房, 1937	2卷1冊, 木版本, 25.2×18.5cm, 四周單邊, 半郭:18.4×15.3cm, 無界, 11行17字, 內向黑魚尾		啓明大學校 [고]812.35-양승곤ㅇ

書名	出版事項	版式狀況	一般事項	所藏處/所藏番號
諺土三國誌	1916年	4冊, 20.7×13.8cm	國漢文 혼용 三國志	忠北鎭川郡 金世經
언문삼국지	永昌書館, 1928年刊	1卷1冊(卷3), 新活字本, 半郭:20.6×13.8cm, 19行37字		雅丹文庫 813.5-언36
언삼국지라	梁珍泰 編, 全州, 多佳書鋪, 1916	上下1冊, 木版本, 25.7×18.5cm, 四周單邊, 半郭:19×15.2cm, 無界, 11行17字, 上下內向黑魚尾	卷頭:ㄱㄴㄷㄹㅁㅂㅅㅇ-언삼국지목녹이라, 版心題:언三, 內容:권상, 언삼국지라(47張), 권하, 공명션생실긔(18張), 한글本	嶺南大學校 陶南文庫 [古도]813.5 언삼국
삼국디초요	羅貫中(明)作, 年紀未詳	18卷18冊, 宮體筆寫本:漢字幷書, 27.7×16.4cm	表紙書名:正本三國誌	奎章閣 [古]3350-76
삼국지요션	羅貫中(明)原著, 隆熙1(1907)	1冊(65張), 國文筆寫本, 29.8×22.9cm	表紙書名:三國傳, 筆寫記:丁未(1907)七月廿三日終, 16㎜R[Nega], 66f	韓國學中央硏究院 D7B-197/R16N-001133-21
삼국지쵸션(三國志抄選)		1冊(62張), 筆寫本, 31×20.5cm		延世大學校 812.36
삼국지 3, 4		1冊, 木版本, 26cm, 四周單邊, 20.8×15.2cm, 13行23字, 上下內向黑魚尾		延世大學校 811.932/9
삼국디	羅貫中(明)著, 李氏書(朝鮮), 1871	17卷17冊, 筆寫本, 33.5×20cm	後識:신미(1871)…광쥬니씨(廣州李氏)	國立中央圖書館 [한]48-148
숨국지	羅貫中(明)著, 己酉(?)	1卷1冊(零本), 筆寫本, 29.5×20cm, 無界, 行字數不定	寫記:긔유 월일 …등셔	檀國大學校古873.5-나1282서
	朝鮮朝後期	5冊(1~5卷), 國文筆寫本	35㎜R[Posi], 375f	(金東旭) R35P-000012-1
	朝鮮朝後期	1冊(12卷), 國文筆寫本	35㎜R[Posi], 53f	(金東旭) R35P-000012-2
삼국지통쇽연의	羅貫中(明)著, 年紀未詳	27卷27冊, 宮體筆寫本, 有圖, 28×19.5cm	別名:三國志通俗演義	奎章閣 [古]3478-5
삼국지연의	近代	1冊, 筆寫本, 26.6×16cm, 紙質:楮紙		韓國寺刹文化財 김해 銀河寺수장고613
삼국지통쇽연의	譯者(朝鮮)未詳, 寫年未詳	39卷39冊, 筆寫本, 25.4×17.4cm, 無郭, 無絲欄, 9行20字, 註雙行, 無魚尾, 紙質:楮紙	表題:三國誌, 印:藏書閣印	韓國學中央硏究院 4-6815
	羅貫中(明)原著, 刊寫地, 刊寫者, 刊寫年未詳	24卷24冊, 筆寫本, 30×22.6cm, 無界, 12行22字內外, 無魚尾	일반동산문화재 한글本, 表題:三國志, 異書名:三國志演義, 寫記:셩품이셔?山鶯?...	西江大學校 고서 삼175

書名	出版事項	版式狀況	一般事項	所藏處/所藏番號
		39冊, 國文筆寫本, 25.4×17.4㎝	別名:三國誌, 35㎜R[Nega], 2633f	韓國學中央硏究院 R35N-000029-32, 4-6815 舊藏書閣本
별삼국지	羅貫中(明)著, 禮山郡, 刊寫者未詳, 隆熙4(1910)	1冊(37張), 筆寫本, 28.7×17㎝, 無界, 行字數不定	寫記:庚戌年십니월初九닐시필니라, 충청남도 예산군 봉산면사셩니 이범익기필적니라, 印記:「德山郡內面海宗里章」	檀國大學校 율곡기념도서관 (羅孫文庫)古873.5-나1285ㅅ
삼국풍진산양대전	著者, 刊寫地, 刊寫者, 刊寫年未詳	1冊(30張,落張), 筆寫本, 27×18㎝, 無界, 14行字數不定	一名:산양대전	檀國大學校 율곡기념도서관 고873.5-삼338
縣吐三國誌	李柱浣()編述, 京城, 永豊書館, 大正4年(1915)	1卷1冊(卷3), 新鉛活字本, 21.8×15㎝, 無界, 17行36字, 無魚尾		京畿大學校 경기-k117076-3
	京城, 發行處, 發行年不明	零本3冊, 15×22㎝, 四周單邊, 半郭:11.5×17.5㎝, 無界, 17行36字, 單行	懸吐三國誌	明知大學校 812.3 -3
	羅貫中(明)原著, 刊寫地, 刊寫者, 刊寫年未詳	1冊(卷2:27回~51回), 中國新鉛活字本, 21.7×14.7㎝, 四周單邊, 半郭:17.2×11.2㎝		漢陽大學校 812.35-나2412ㅅK-v.2
	羅寬中(明)著, 刊寫地, 刊寫者, 刊寫年未詳	5卷5冊, 新鉛活字本, 21.3×15.1㎝		檀國大學校 퇴계기념도서관 고823.5-나128ㅅ
		1冊(缺帙, 冊2), 22㎝	國漢文混用	慶熙大學校 812.31-나15ㅅㅈ
華容道	著者未詳, 龜洞, 刊寫者未詳, 丁未(1907)	2卷1冊, 朝鮮木版本, 25.7×18㎝, 四周單邊, 半郭:21×15.5㎝, 有界, 11行20字, 註雙行, 上下向黑魚尾	華容道傳	檀國大學校 율곡기념도서관 古853.5-화768구
	乙卯	1冊, 國文筆寫本	35㎜R[Posi], 97f	(金東旭) R35P-000045-2
	大正11(1922)	1冊(2卷), 國文筆寫本	35㎜R[Posi], 80f	(金東旭)R35P-000044-10
	隆熙2(1908)	1冊(上,下), 國文筆寫本	35㎜R[Posi], 71f	(金東旭)R35P-000045-1
	著者, 刊寫地, 刊寫者未詳, 大正4年(1915)	1冊(94張), 筆寫本, 24.3×23㎝, 無界, 13行20字		檀國大學校 율곡기념도서관 (羅孫文庫)古853.5-화7684

書名	出版事項	版式狀況	一般事項	所藏處/所藏番號
	著者未詳, 完山, 梁册房, 戊申	2卷1册, 木版本, 28×19cm, 四周單邊, 半郭:21.5×16cm, 無界, 13行23字, 上下內向黑魚尾	異題:당양잠판교적벽대젼, 版心題:화룡도, 奇계妙法可見○放赤壁戰, 刊記:戊申八月完山梁册房開刊	檀國大學校 율곡기념도서관 고853.5-화768그
	龜洞	1册, 國文木版本, 23.4×18.4cm, 四周單邊, 上下黑魚尾	16㎜R[Nega], 85f	韓國學中央研究院 R16N-001151-6
	刊寫地未詳, 刊寫者未詳, 刊寫年未詳	1册, 木版本, 28×19cm, 四周單邊, 半郭:20.7×15.5cm, 無界, 13行22字, 上下內向黑魚尾		京畿大學校 경기-k103664
		2卷1册(卷1~2), 筆寫本, 27.9×19.5cm, 無界, 12行字數不定, 無魚尾		京畿大學校 경기-k112109
		1册(84張), 木版本, 四周單邊, 半郭:21×16.5cm, 有界, 12行23字, 上下黑魚尾		延世大學校 811.36
		不分卷1册, 漢文筆寫本, 28×17.7cm		國立中央圖書館 [한]48-209
三國誌 華容道	陳壽(晋)撰, 朝鮮朝後期寫	2卷1册, 筆寫本, 30×20.6cm, 12行字數不定	內容:국문필사본	아단문고 813.5-삼16
華容道 傳	庚子	1册, 國文筆寫本	35㎜R[Posi], 34f	(金東旭)R35P -000044-11
華龍道 傳	著者, 刊寫地, 刊寫者, 刊寫年未詳	1册(32張), 筆寫本, 31×19.5cm, 無界, 10行字數不定		檀國大學校 율곡기념도서관 (羅孫文庫)古853.5 -화7687
華龍道	1909년추정	1册, 筆寫本, 25.5×21.8cm, 墨書, 紙質:楮紙	刊記:大韓隆熙三年乙酉 陰二月初四日卒篇下三正晕	韓國寺刹文化財 김해銀河寺, 수장고 451
화용도 (華容 道)	著者未詳, 光武5年(1901) 書	1卷1册, 筆寫本, 29.5×21cm, 10行 字數不定, 紙質:楮紙	寫記:신축(1901)양월망일필서… 풍정, 丙戌年七月二十四日兪奇濬書	成均館大學校 D7B-69a
	著者未詳, 龜洞, 隆熙1年(1907) 刊	2卷2册, 木版本, 28×20.5cm, 四周單邊, 半郭:21.5×16cm, 有界, 11行20字, 內向黑魚尾, 紙質:楮紙	刊記:丁未(1907)孟夏龜洞新刊	成均館大學校 D7B-69
	發行地不明, 發行處不明, 戊申(1908?)	2卷1册, 朝鮮木版本, 27×18.5cm, 四周單邊, 半郭:21.5×15cm, 無界, 12行23字, 紙質:楮紙	刊記:戊申(?)春完西溪新刊	忠南大學校 학산고서 集.小說類2018
		1册, 坊刻本	舊活字本小說	鮮文大 朴在淵

書名	出版事項	版式狀況	一般事項	所藏處/所藏番號
화룡도	編者未詳, 全州, 梁珍泰家, 1716	2卷1冊, 朝鮮木版本, 26.2×18.9cm, 四周單邊, 半郭:21.5×15.7cm, 無界, 14行22字, 內向黑魚尾	表紙書名:華容道	國立中央圖書館 [한]48-30
	著者未詳, 光武8年(1904) 寫	1冊(29張), 朝鮮筆寫本, 22×20.5cm, 13行字數不定, 紙質:楮紙	寫記:光武八年甲辰(1904) 三月初八日	誠庵文庫 (誠庵文庫) 趙炳舜 4-1402
	著者未詳, 1907刊	2卷1冊, 朝鮮木版本, 26×18.7cm, 四周單邊, 半郭:21.2×15.6cm, 行字數不定, 內向1, 2葉花紋魚尾, 紙質:楮紙	表題:三國誌演義, 版心題:화룡도, 刊記:丁未(1907)孟秋 龜洞新刊	韓國綜合典籍目錄 (山氣文庫) 李謙魯 4-736
	著者, 刊寫地, 刊寫者未詳, 隆熙2年(1908)	2卷1冊, 朝鮮筆寫本, 31.7×17.2cm, 無界, 10行32字	刊記:隆熙二年 戊申(1908)仲冬 訪仙新刊	檀國大學校 율곡기념도서관 (羅孫文庫)古853.5-화7681
		1冊(46張), 朝鮮筆寫本, 25.7×26cm, 無界, 17行24字	表題:華容道	檀國大學校 율곡기념도서관 (羅孫文庫)古853.5-화7683
		1冊, 國文筆寫本	35㎜R[Posi], 47f	(金東旭) R35P-000044-9
	著者未詳, 龜洞, 刊寫者未詳, 隆熙2年(1908)	2卷1冊, 木版本, 26.5×17.6cm, 四周單邊, 半郭:21.6×15.6cm, 無界, 11行20字, 上下內向黑魚尾	標題:華容道, 刊記:丁未(1907)孟秋龜洞新刊	檀國大學校 율곡기념도서관 (羅孫文庫)古853.5-화7686
	完山[全州]:梁冊房, 隆熙2(1908)	2卷1冊, 木版本, 27×18.5cm, 四周單邊, 半郭:21.5×15.1cm, 無界, 12行22字內外, 上下內向黑魚尾	일반동산문화재 한글本, 表題:華容道, 刊記:戊申(1908)八月 完山梁山房開刊	西江大學校 고서 화236
	著者未詳, 卓鍾佶, 1911刊	2卷1冊, 木版本, 27×19cm, 四周單邊, 半郭:21.4×15.5cm, 11行不定字, 內向黑魚尾, 紙質:楮紙	版心題:화룡도, 刊記:春完西溪新刊, 明治四十四年(1911)八月二十二日發行	韓國綜合典籍目錄 (山氣文庫) 李謙魯 4-738
	卓鍾佶, 全州, 1911	不分卷1冊, 木版本, 26.9×19cm, 四周單邊, 半郭:21.2×15.8cm, 無界, 12行22字, 內向黑魚尾	表紙書名:華容道	國立中央圖書館 [한] 48-30-2
	全州, 多佳書鋪, 1916, 丁未孟秋龜洞新刊	上下1冊, 木版本, 26.2×18.5cm, 四周單邊, 半郭:21.5×15.8cm, 無界, 11行字數不定, 註雙行, 上下內向黑魚尾, 一部分上下內向二瓣下黑魚尾	卷頭:華龍圖目錄, 印出記(卷末):丁未孟秋龜洞新刊	嶺南大學校 陶南文庫 [古도]823.5 화용도

書名	出版事項	版式狀況	一般事項	所藏處/所藏番號
	著者未詳, 全州, 多佳書舖, 1916刊	上下, 2卷1册, 木版本, 26×18.5cm, 四周單邊, 半郭:21×18.5cm, 行字數不定字, 內向黑魚尾, 紙質:楮紙	卷末書名:華容道, 版心題:화룡도, 所藏印:陶南書室, 刊記:丁未孟秋, 龜洞刊, 大正五年(1916)十月八日發行	韓國綜合典籍目錄 (陶南文庫) 趙潤濟
	著者未詳, 刊寫地未詳, 龍德精舍, 丁巳(1917)	2卷1册, 朝鮮筆寫本, 22.4×20.8cm, 無界, 12行22字	表題:華容道	檀國大學校 율곡기념도서관 (羅孫文庫)古853.5-화7688
	刊寫事項不明	1册, 木版本, 26.3×18cm, 四周單邊, 半郭:21.6×15.5cm, 無界, 12行23字, 上下內向黑魚尾	版心題:화룡도	慶北大學校 [古] 811.31 화236
	著者未詳, 西溪, (1900年代)刊	上下, 2卷1册, 石印本, 26.7×18.7cm, 四周單邊, 半郭:21.8×15.5cm, 12行20~24字, 內向黑或1, 2葉花紋魚尾, 紙質:楮紙	表題:華容道, 刊記:仲春完西溪新刊	誠庵文庫 (誠庵文庫) 趙炳舜 4-1401
	著者未詳, 朝鮮朝末(1900頃)刊	2卷1册, 朝鮮木版本, 26.4×18.6cm, 四周單邊, 半郭:26×16.2cm, 12行22字, 內向黑魚尾, 紙質:楮紙	內容:中國小說, 備考:後部若干張落	韓國綜合典籍目錄 (山氣文庫) 李謙魯 4-737
		2卷1册, 朝鮮木版本, 26.7×19.2cm, 四周單邊, 半郭:21.5×16.4cm, 11行20字, 內向黑1葉花紋魚尾, 紙質:楮紙	內容:中國小說, 備考:初張, 尾2張落, 合綴:華容道卷上下合本, 國文小說異版	韓國綜合典籍目錄 (山氣文庫) 李謙魯 4-739
	著者未詳, 全州龜洞, 丁未年	2卷1册, 朝鮮木版本, 25.8×18.5cm, 四周單邊, 半郭:21.3×15.8cm, 無界, 11行21字, 內向黑魚尾		啓明大學校 이811.35
	著者未詳, 朝鮮朝後期刊	上下, 2卷1册(83張), 朝鮮木版本, 27×18.6cm, 四周單邊, 半郭:21.7×16.3cm, 上黑魚尾, 紙質:楮紙	表題:華容道, 版心題:화룡도	韓國綜合典籍目錄 (尙熊文庫) 4-188
		2卷1册(卷1~2), 朝鮮木版本, 25.7×18.7cm, 四周單邊, 半郭:20.3×15.7cm, 有界, 12行字數不定, 內向黑魚尾, 紙質:楮紙	表題:華容道	韓國綜合典籍目錄 (誠庵文庫) 趙炳舜 4-1400
		2卷1册(卷1~2), 木版本, 25.7×18.7cm, 四周單邊, 半郭:20.3×15.7cm, 有界, 12行字數不定, 內向黑魚尾, 紙質:楮紙	表題:華容道	誠庵文庫 4-1400

書名	出版事項	版式狀況	一般事項	所藏處/所藏番號
		2卷1册, 朝鮮木版本, 25.9×18.1cm, 四周單邊, 半郭:21.5×15.6cm, 11行字數不定, 紙質:楮紙	備考:下卷末缺張	忠淸南道 唐津郡 宋基華
	著者, 刊寫地, 刊寫者未詳, 丁未(?)	1册(22張), 朝鮮筆寫本, 25.8×17.4cm, 無界, 12行字數不定	表題:華容道, 表紙:丁未(?)正月…, 印記: 「崔燉浩」	檀國大學校 율곡기념도서관 古853.5-화768고
	完山, 梁册房, 戊申	1册, 國文木版本, 27.2×18.7cm, 四周單邊, 上下黑魚尾	16㎜R[Nega], 88f	韓國學中央硏究院 R16N-001151-10
	完西溪, 戊申	1册, 國文木版本, 27.5×18.4cm, 四周單邊, 上下黑魚尾	16㎜R[Nega], 87f	韓國學中央硏究院 R16N-001151-5
	乙卯	1册, 國文筆寫本, 34×20.8cm	16㎜R[Nega], 40f	韓國學中央硏究院 R16N-001151-4
	丁未孟秋龜洞新刊	1册(同書2部), 朝鮮木版本, 半郭:21.8×15.6cm, 12行字數不定, 內向黑魚尾	刊記:丁未孟秋龜洞新刊, 印記:白淳在藏書	雅丹文庫 813.5-화295
	○○春完西溪新刊	2卷1册, 朝鮮木版本, 半郭:21.4×15.8cm, 12行字數不定, 內向黑魚尾	刊記:○○春完西溪新刊	雅丹文庫 813.5-화295
	著者, 刊寫地, 刊寫者, 刊寫年未詳	2卷1册, 朝鮮木版本, 25.8×18cm, 四周單邊, 半郭:21.3×15.2cm, 無界, 12行22字, 上下內向黑魚尾		檀國大學校 율곡기념도서관 (羅孫文庫)古853.5 -화768
		2卷1册, 木版本, 25.8×18.5cm, 四周單邊, 半郭:22×16.2cm, 無界, 12行22字, 上下內向黑魚尾		檀國大學校 율곡기념도서관 古853.5-화768ㄱ
		2卷1册, 木版本, 26.5×18.5cm, 四周單邊, 半郭:21.3×16.2cm, 無界, 11行20字, 上下內向黑魚尾	表題:華容道, 刊記:春完西溪新刊	檀國大學校 율곡기념도서관 古853.5-화768거
		2卷1册, 筆寫本, 25.9×18.6cm, 四周單邊, 半郭:20.8×15.8cm, 無界, 13行22字, 上下內向黑魚尾		檀國大學校 율곡기념도서관 古853.5-화768가
		1册(79張), 筆寫本, 31×18.2cm, 無界, 12行31字		檀國大學校 율곡기념도서관 古853.5-화768갸
		1册(39張), 筆寫本, 32×21cm, 無界, 12行字數不定		檀國大學校 율곡기념도서관 古853.5-화768겨

書名	出版事項	版式狀況	一般事項	所藏處/所藏番號
		2卷1册(49張), 筆寫本, 29×19.5cm, 無界, 12行字數不定		檀國大學校 율곡기념도서관 古853.5-화768교
		2卷1册(落張), 木版本, 27.2×18.5cm, 四周單邊, 半郭:21.2×15.9cm, 無界, 12行字數不定, 上下內向黑魚尾	表題:華容道	檀國大學校 율곡기념도서관 (羅孫文庫)古853.5-화7682
		2卷1册(卷1~2), 筆寫本, 22.9×16.8cm, 無界, 10行字數不定, 註雙行, 無魚尾		京畿大學校 경기-K119876
		한글필사본, 62張, 32.6×21.1cm, 半葉行字數不定	筆寫記:계축남월일슈의	崇實大學校 0702
		2卷1册, 木版本, 半郭:21×15.5cm, 13行字數不定, 內向黑魚尾		雅丹文庫 813.5-화295
		2卷1册, 木版本, 半郭:21.5×15.2cm, 11行20字, 內向黑魚尾		雅丹文庫 813.5-화295
		2卷1册, 木版本, 半郭:21.9×15.9cm, 10行20字, 內向混葉魚尾		雅丹文庫 813.5-화295
		2卷1册(同書4部), 木版本, 半郭:20.7×15.8cm, 12行22字, 內向黑魚尾		雅丹文庫 813.5-화295
		1册, 木版本, 26×18cm, 四周單邊, 半郭:21×16cm, 無界, 13行22字, 上下向黑魚尾	書名:表紙	淑明女子大學校
		全1册(90張), 筆寫本, 31.8×21cm		韓國學中央研究院 D7B-41D
		全上下卷1册, 木版本, 26×18.2cm, 四周單邊, 半郭:20.7×15.7cm, 13行, 字數不定, 上下黑魚尾		韓國學中央研究院 D7B-41E
		1册, 國文筆寫本, 31.8×21cm	16mmR[Nega], 91f	韓國學中央研究院 R16N-001151-9
		1册, 國文木版本, 26.3×18.5cm, 四周單邊, 上下黑魚尾	16mmR[Nega], 83f	韓國學中央研究院 R16N-001151-7
		1册, 國文木版本, 25.8×18.2cm, 四周單邊, 上下黑魚尾	16mmR[Nega], 83f	韓國學中央研究院 R16N-001151-8

書名	出版事項	版式狀況	一般事項	所藏處/所藏番號
		2卷1冊, 木版本, 四周單邊, 匡郭:22×16.5㎝, 無界, 12行20字, 上下黑魚尾		延世大學校 811.36
		1冊, 國文筆寫本, 29.1×21.8㎝	16㎜R[Posi], 66f	(趙東一) R16N-000504-5
		21卷1冊, 木版本, 24.9×18.2㎝, 四周單邊, 21.5×16㎝, 11行不定字, 內向1～2葉花紋或黑魚尾		高麗大學校 C15-A119
화용도(華容道)	編著者, 刊寫地, 刊寫者, 刊寫年未詳	2卷1冊, 한글木版本, 27×18.5㎝, 四周單邊, 半郭:20.6×15.5㎝, 12行22字, 上下內向黑魚尾(一部有紋魚尾 混入)	순한글본	國立淸州博物館
		1卷1冊, 筆寫本, 18×30㎝		忠北 陰城郡 신영휘
	編著未詳, 西溪, 隆熙2年(1908)刊	上下, 2卷1冊, 木版本, 27×18.3㎝, 四周單邊, 半郭:21.2×15.5㎝, 11行字數不定, 內向黑魚尾, 紙質:楮紙	表紙下墨書識記:明治四十三年, 刊記:戊申(1908)春完西溪新刊, 同書2部	韓國綜合典籍目錄(誠庵文庫) 趙炳舜 4-1399
화용도전	刊寫地, 刊寫者, 刊寫年未詳	2卷1冊, 筆寫本, 半郭:33.5×21.2㎝, 12行字數不定		雅丹文庫 813.5-화295
화용도	著者未詳, 完西溪, 隆熙2(1908)	全上下卷1冊, 木版本, 27.5×18.4㎝, 四周單邊, 半郭:21.7×16.1㎝, 11行字數不定, 上下黑魚尾	刊記:戊申(1908)春完西溪新刊	韓國學中央研究院 D7B-41B
	著者未詳, 完山, 梁冊房, 隆熙2(1908), 戊申(1908)八月完山梁冊房開刊	全上下卷1冊, 木版本, 27.2×18.7㎝, 四周單邊, 半郭:21×16.1㎝, 11行字數不定, 上下黑魚尾	刊記:戊申(1908)八月完山梁冊房開刊	韓國學中央研究院 D7B-41
	著者未詳, 刊年未詳	全上下卷1冊, 木版本, 25.8×18.2㎝, 四周單邊, 半郭:21×16.2㎝, 11行字數不定, 上下黑魚尾		韓國學中央研究院 D7B-41A
		1冊		천안미도박물관
화용도실긔	朴健會編輯	1冊16回, 舊活字本	別名:華容道實記	鮮文大 朴在淵
三國誌語錄	著者, 刊寫地, 刊寫者, 刊寫年未詳	1冊, 筆寫本, 27.7×17.3㎝, 無界, 9行字數不定		檀國大學校 율곡기념도서관 고473.5-삼338

書名	出版事項	版式狀況	一般事項	所藏處/所藏番號
西遊記語錄, 西廂記語錄, 三國志語錄, 吏文語錄	白斗鏞 編 刊年未詳	112張, 木版本, 26.5×18.9㎝, 四周單邊, 半郭:21.3×14.9㎝, 12行28字, 註雙行, 上黑魚尾	印記:李定珪印, 藕堂, 紅杏在林	國立中央圖書館 [우촌古]321-13
四奇語錄	編者未詳, 朝鮮朝後期~末期寫	1冊(48張), 筆寫本, 26×20.8㎝, 10行20字, 註雙行, 紙質:楮紙	內容:西廂記語錄解, 水滸誌語錄解, 西遊記語錄解, 附道家語錄	成均館大學校 D7C-139
語錄	著者, 刊寫地, 刊寫者, 刊寫年未詳	1冊(缺帙), 木版本, 30.7×20㎝, 四周單邊, 半郭:20.8×14.9㎝, 有界, 行字數不定, 註雙行, 花口, 無魚尾	書名:表題, 한글對譯本임, 불완전내용:西遊記語錄, 西廂記語錄, 三國志語錄, 吏文語錄	檀國大學校 퇴계기념도서관 473.5- 어553
註解語錄總覽	白斗鏞編, 大正8(1919)	2冊, 有圖, 30.7×20.1㎝, 行字數不同		梨花女子大學校 ［고］812.03 백317
	白斗鏞編, 京城, 翰南書林, 大正8(1919)	2卷2冊, 27.2×17.7㎝, 四周單邊, 半郭:20.8× 15.5㎝, 有界, 12行字數不同, 上黑魚尾		梨花女子大學校 ［고］812.303 백317ㅈ
	白斗鏞編纂, 尹昌鉉增訂, 京城, 翰南書林(1919)	2冊, 中國木版本, 24.5×18㎝, 四周單邊, 半郭:21.2×15㎝, 有界, 12行字數不定, 註雙行, 上下向黑魚尾	國漢文混用本, 語錄解跋:時龍集己酉(1669)四月日議政府左參贊…宋浚吉奉教敬跋 冊1,2 규격다름, 冊1.朱子語錄, 水滸誌語錄 -- 冊2.西遊記語錄, 西廂記語錄, 三國誌語錄, 吏文語錄	西江大學校 고서 주92
	白斗鏞編纂, 尹昌鉉增訂, 京城, 翰南書林, 1919	2冊, 木版本 26.7×19.8㎝	國文解譯	啓明大學校 401.8-백두용ㅇ
	白斗鏞編纂, 尹昌鉉增訂, 京城, 翰南書林, 大正8(1919)	不分卷1冊(115張), 木版本, 26.5×18.7㎝, 四周單邊, 半郭21.2×14.9㎝, 有界, 12行28字, 註雙行, 花口, 上下內向黑魚尾, 紙質:洋紙		釜山大學校 (于溪文庫) OIC 3-15 7
三國風塵華容道實記	朴健會 輯, 1910以後刊	1冊, 新鉛活字本, 21.8×15㎝, 無界, 13行35字, 紙質:洋紙		釜山廣域市 金戊祚
五虎大將記	著者, 刊寫地, 刊寫者, 刊寫年未詳	2卷1冊(48張), 筆寫本, 29.8×24㎝, 無界, 12行23字		檀國大學校 율곡기념도서관 (羅孫文庫)古853.5-이894

書名	出版事項	版式狀況	一般事項	所藏處/所藏番號
오호ᄃᆡ 장긔	著者, 年紀未詳	全1册(18張), 國文筆寫本, 21×13㎝	卷末:丙戌(?)정반의필교신판, 淸雲, 16㎜R[Nega], 19f	韓國學中央硏究院 D7B-109/R16N-00 1147-3
오호대 쟝긔		1册(11張), 筆寫本, 23.5×21.8㎝, 行字數不定	裏面:高陽郡現金出納文書	雅丹文庫 813.5-오95
夢見諸葛亮	劉元杓著, 廣學書, 隆熙3(1909)	1册, 朝鮮活字本, 21.6×15.3㎝, 四周雙邊, 半郭:17×11.2㎝, 無界, 13行28字, 無魚尾	國漢文混用本, 序:隆熙二年(1908)…申采浩	西江大學校 고서 몽14
죠자룡젼趙子龍傳	刊寫地, 刊寫者, 刊寫年未詳	1册, 筆寫本, 23.2×15.6㎝	한글본, 書名은 表紙書名에 의함	嶺南大學校 [古南]813.5 조자룡
山陽大戰	한성서관, 1916年/ 1917年 등		조자룡실기와 同種異本	한성서관
	유일서관, 1916年/ 1917年 등		조자룡실기와 同種異本	유일서관
張飛馬超實記	광동서국, 1917年/ 1918年 등 다수			광동서국 출간
關雲長實記	광동서국, 1917年 등			광동서국 출간
三國大戰	영창서관. 1918年 등			영창서국 출간

1-2. 後三國演義

≪後三國演義≫는 一名 ≪三國演義續編≫ 혹은 ≪後三國東西晉演義≫라고도 하며 12卷 50回로 이루어진 歷史演義小說이다. 編者는 楊爾曾이라고 하였다. 編者인 楊爾曾(1575-?)은 원래 爾眞이었는데 萬曆 22年(1594)에 爾曾으로 바꾸었다고 한다. 字는 聖魯이고 號는 雉衡山人, 臥遊道人, 雉衡逸史, 六橋三竺主人 등이다. 浙江錢塘(지금의 杭州) 保安坊羊牙蕩 출신이다.[12] 著書로 ≪韓相子全傳≫이 있다.[13]

---

12) 龔敏, 〈明代出版家楊爾曾編撰刊刻考〉, ≪文學新鑰≫, 2009年 12月 第10期, 197쪽 참조.

≪東西兩晉志傳≫에는 "東西兩晉演義序"가 있는데 著者의 이름은 밝히지 않았고, 西晉 4卷, 東晉 8卷으로 되어 있고 모두 114幅의 揷圖가 있다. ≪東西晉演義≫와 ≪東西兩晉志傳≫ 版本의 先後關係에 대해서는 대체로 ≪東西兩晉志傳≫이 먼저 나온 것으로 보고 있다. 世德堂本 등이 유행한 후에 楊爾曾이 萬曆 40年(1612) 이전에 泰和堂主人의 청으로 ≪東西兩晉志傳≫을 재편해서 ≪東西晉演義≫라 하여 간행한 것으로 추정된다. 이것이 바로 현존하는 武林刊本이다. 현재 北京大學에 소장되어 있는 明 武林刊本은 ≪新鐫出像東西晉演義≫이라고 제목을 달았다. 또한 明 武林刊本은 "武林夷白主人重修", "泰和堂主人參訂"이라 되어 있다. 12卷 50回로 "雉衡山人題"와 "東西晉演義序"가 있으며 附圖와 100폭의 揷圖도 있다. 萬曆 40年에 大業堂에서 ≪東西兩晉志傳≫을 간행할 때 ≪東西晉演義≫에 있던 楊爾曾의 序文을 그대로 옮겼다고 볼 수 있다.[14] 또 淸 嘉慶 4年(1799) 敬書堂에서 明本을 다시 간행하였는데 上圖下文의 형식으로 揷圖左右에 표제를 달았다.[15]

이 책의 내용은 晉 武帝 司馬炎의 즉위 초 이야기부터 시작한다. 당시 晉의 동쪽에 있던 吳나라는 아직 멸망하지 않고 있었는데, 晉 武帝는 王渾, 王浚 등을 파견하여 강동정벌에 나선다. 王浚의 군대가 석두성에 도착하자 吳나라 군주 孫皓는 항복하였다. 王渾은 王浚이 자기가 도착하기를 기다리지 않고 먼저 孫皓의 항복을 받은 것을 못마땅하게 여겨 이때부터 王浚과 王渾은 원수지간이 되었다. 王浚은 공로에 비해 벼슬이 낮다고 황제에게 상소를 올렸다. 武帝는 王浚을 大將軍에 봉하고 온종일 淫游를 즐기면서 政事를 돌보지 않았다. 武帝는 지나치게 여색에 빠진 나머지 질병에 감염되어 죽게된다. 이후에 兩晉은 德文까지 156년 동안 지속되었으나 결국 劉裕에 이르러 멸망하였다.

≪後三國志≫가 國內에 流入된 시기는 대략 조선 중기로 추정되며 적어도 1762年 以前에는 유입된 것으로 확인된다. 1762년에 나온 윤덕희의 ≪小說經覽者≫에 이 책의 서명이 언급되어 있어 이러한 사실을 뒷받침해 주고 있다.

---

13) 石昌渝主編, ≪中國古代小說總目 白話卷≫, 太山西教育出版社, 2004년, 52쪽 참조.

14) 龔敏, 〈≪東西晉演義≫ 與 ≪東西兩晉志傳≫ 關係考〉, ≪東華人文學報≫, 東華大學人文社會科學學院, 2008年 1月 第12期, 145-166쪽 참조.

15) 江蘇省社會科學院 明清小說硏究中心 文學硏究所 編, ≪中國通俗小說總目提要≫, 中國文聯出版公司, 1990년, 169-173쪽 참조.

國內에는 慶熙大에 錦章圖書局에서 간행한 乙亥(1875)의 판본 ≪繡像後三國志演義≫이 소장되어 있고, 慶北大와 成均館大에 源記書莊에서 中華 1年(1912)에 간행한 石印本이 소장되어 있으나 모두 淸代 末期의 版本으로 판본적 가치는 그리 높지 않다.

書 名	出 版 事 項	版 式 狀 況	一 般 事 項	所藏處/所藏番號
繡像後三國志演義	著者未詳, 上海, 錦章圖書局, 乙亥(1875)	10卷8冊(卷1~10), 中國石印本, 有圖, 20.5㎝, 四周雙邊, 半郭:17.5×12㎝, 無界, 28行58字, 上下向黑魚尾	內容: 冊1-6(6卷6冊)東晉, 冊7-8(4卷2冊)西晉	慶熙大學校 812.33-후52
繡像後三國演義	陳元評釋, 上海, 源記書莊, 中華1年(1912)刊	6卷4冊, 中國石印本, 有圖, 20.1×13.3㎝, 四周雙邊, 半郭:17.5×11.6㎝, 無界, 23行50字, 上下向黑魚尾	表題:兩晉演義, 版心題:繡像後三國演義, 序:光緖十有九年癸巳(1893)… 廣百宋齋, 刊記:民國元年(1912)上海源記書莊印行	慶北大學校 〔古〕 812.3 진67ㅅ
		10卷8冊, 中國石印本, 20.4×13.6㎝, 四周雙邊, 半郭:17.5×12㎝, 23行50字, 上黑魚尾, 紙質:竹紙	表題:繪圖後三國演義, 刊記:民國元年(1912)上海源記書莊印行	成均館大學校 (曺元錫) D7C-153

1-3. 後三國石珠演義

≪後三國石珠演義≫는 30回로 구성되어 있으며 梅溪遇安氏의 작품으로 알려져 있다. 梅溪遇安氏의 생애에 대해서는 자세히 알려진 바가 없다. ≪後三國石珠演義≫는 12卷 50回로 되어 있는 ≪後三國演義≫와는 다른 책이다. 또 다른 이름으로 ≪三國後傳≫이라고도 한다. 현존하는 판본은 耕書屋刊本으로 글머리에 ≪後三國演義≫라 쓰여 있으나 目錄 및 每回 本文은 卷 끝에 모두 ≪後三國石珠演義≫라 쓰여 있다. 序에 의하면 "庚申 4월 澹園主人이 綠竹專에서 씀"이라 하였는데 연호가 없어 정확한 연대를 추정하기 어려우나 일반적으로 庚申은 乾隆 5年(1740)으로 보고 있다.[16)]

16) 江蘇省社會科學院 明淸小說硏究中心 文學硏究所 編, ≪中國通俗小說總目提要≫, 中國

≪後三國石珠演義≫는 石珠라는 천상의 선녀가 지상에 내려와서 弘祖의 도움으로 왕위에 오르고 다시 수련을 닦아 천상으로 돌아가는 이야기를 담고 있다.

晋武帝 太康 年間에 潞安州 發鳩山 중턱에서 아름다운 여인이 나왔는데 이 여자는 원래 하늘나라의 선녀로 평상시 늘 속세를 동경하는 것을 보고 옥황상제가 속세로 보낸 것이었다. 그녀는 이름을 石珠라 자칭하고 惠女庵에서 도를 닦고 있었는데 어느 날 吳禮라는 노인이 나타나 자신이 암자의 주인이라고 하면서 天書 한권을 石珠에게 주었다. 石珠는 天書를 교본으로 매일 수련을 하였다.

平壤府의 柳員外는 나이 50이 되도록 자식이 없었는데 어느 날 龍門山 아래에서 손바닥에 "神霄子" 라고 쓴 아이를 데려와서 자식으로 삼고 "弘祖"라 이름 지었다. 弘祖는 후에 石珠와 함께 천하를 어지럽히는 무리들과 싸워 승리하였다. 石珠는 왕위에 오르고 국호를 趙라고 칭하며 弘祖를 大元帥에 임명하였다. 그러나 다시 반란이 일어나자 弘祖가 진압하였다. 이때 吳禮가 다시 나타나 石珠가 왕위에 오른 일을 꾸짖었고 왕위를 弘祖에게 이양하니 弘祖가 漢王이 되었다. 石珠는 惠女庵으로 돌아가 3년을 수련하고 천상으로 돌아갔다.

이 책이 언제 國內에 流入이 되었는지는 정확한 기록이 없어 확인하기 어렵다. 대략 朝鮮 中後期에 유입된 것으로 보인다. 國內에 소장된 木版本은 出版年代를 정확히 알 수 없으나 대략 淸末 版本으로 추정되며 澗松文庫에 4冊本이, 國立中央圖書館에 6冊本이 각각 소장되어 있다.

書名	出版事項	版式狀況	一般事項	所藏處/所藏番號
後三國石珠演義	梅溪遇安氏(未詳)著, 武林 大成齋發兌, 中國淸板本	不分卷1匣4册, 中國木版本, 14.4×23cm, 上下單邊, 左右雙邊, 半郭:14.4×22.9cm, 無界, 10行22字, 白口黑魚尾上	表紙書名:三國後傳, 版心書名:後三國演義	澗松文庫
	梅溪遇安氏(淸)著, 刊年未詳	6册, 中國木版本, 22.9×14.2cm	表題紙書名:三國後傳, 序:庚申(?)…澹園主人, 版心書名:後三國演義	國立中央圖書館 [古]5-80-43
後三國石珠演義	刊年未詳	34卷4册, 中國石印本, 24.2×15.1cm	版心題:後三國演義, 表題:三國後傳	嶺南大學校 古凡823-후삼국

文聯出版公司, 1990년, 496쪽 참조.

2. 水滸傳 :(結水滸傳, 後水滸志, 續水滸志, 水滸後傳)

2-1. 水滸傳

≪水滸傳≫은 중국에서 백화체로 쓰인 장회소설로 明代 初期 施耐庵과 羅貫中의 편찬을 비롯하여 후대에 수많은 작가의 增刪潤飾을 걸쳐 이루어진 소설로 판본 역시 매우 복잡한 양상을 보여주고 있다. 그 후 김성탄의 70회본 ≪水滸傳≫이 나오면서 비로소 판본 문제가 일단락되었다. ≪水滸傳≫의 版本은 지극히 복잡하지만 대체로 繁本과 簡本의 두 종류로 나누어진다.

繁本에는 100회본과 120회본, 70회본의 세 가지 종류가 있다. 그 중 100회본으로 중요한 판본은 다음과 같다.

첫째, ≪京本忠義傳≫으로 일부만 현존(제10권 17장부터 36장 뒷면까지)하고 있는데 1957년에 발견되었다. 전체는 2권으로 되었을 것으로 추정되며 대략 明 正德 및 嘉靖 年間에 간행되었다. 그렇지만 책이 완성된 것은 元末明初일 것으로 추정되며 현존하는 100회 繁本 중에서 가장 이른 것이다.

둘째, ≪忠義水滸傳≫으로 殘卷(제 11권의 5회 분량, 즉 제 51회에서 55회)인데, 전체는 20권으로 100회였을 것이다. 작자 書名은 "施耐庵集撰, 羅貫中編修"로 적고 있다.

셋째, ≪忠義水滸傳≫으로 100권 100회이며 署名은 施耐庵이 편찬하고 羅貫中이 纂修했다고 되어 있다. 挿畵와 卷頭에 天都外臣 汪道昆의 序文이 있다. 明 萬曆 17年 己丑(1589년)에 간행되었으며 현존 판본은 淸 康熙 年間에 石渠閣에서 補刊된 것이다.

넷째, ≪李卓吾先生批評忠義水滸傳≫으로 100권 100회이며 明 萬曆 38年(1610) 容與堂에서 刊行했다. 序文이 있는 版本과 서문이 없는 版本의 두 가지가 있는데 北京圖書館 소장본은 "施耐庵集撰, 羅貫中纂修"로 署名하였으나 李贄의 서문이 없어 無序本이라 칭한다. 日本 內閣文庫, 中國社會科學院 文學硏究所 등에 소장된 판본도 北京圖書館本과 동일한 판본이지만 작자서명과 삽화가 없는 대신에 李贄의 序文이 있어 有序本이라 칭한다. 1965년 中華書局 上海編輯所에서 北京圖書館 所藏本을 影印 出版하였고 1973년에 上海人民出版社가 다시 影印해 刊行하였다. 이 판본이 현존하는 가장 완벽한 繁本으로 평가된다.

그 외에 明 芥子園 간행본 ≪李卓吾評忠義水滸傳≫ 100회본이 있다. 刻印한 사람의 이름을 새겨 '黃誠之刻', '新安劉啓先刻' 등으로 써 넣었고 版心에는 '芥子園藏版'이란 다섯 글자가 새겨 있으며 卷頭에는 大滌余人의 서문이 있고 旁批와 眉批가 있다. 李玄伯이 소장한 明代 刊本 ≪忠義水滸傳≫ 100회가 있는데 '黃誠之刻', '新安劉啓先刻' 등의 刻印書名과 권두에 大滌余人의 서문이 있고 眉批와 圈點이 있어 芥子園本과는 동일한 판본으로 보인다. 또 ≪鍾伯敬先生批評忠義水滸傳≫ 100권 100회본이 있는데 권두에 鍾伯敬의 序文과 ≪水滸傳≫의 人物品評이 수록되어 있다. 芥子園本과 李玄伯所藏本은 容與堂本과는 다른 100회 繁本으로 李贄의 평어는 容與堂本과는 다르나 120회본인 袁無涯刊本과 동일한 것으로 보아 원무애 간본을 근거로 하였으나 田虎와 王慶을 정벌하는 대목을 뺀 100회 繁本임을 알 수 있다.

120회로 된 繁本에는 ≪新鐫李氏藏本忠義水滸傳≫ 120회가 있다. 明 袁無涯의 간행본이며 60쪽의 삽화가 있다. 작자 서명은 "施耐庵集撰, 羅貫中纂修"로 쓰고 있으며 권두에 李贄의 序文과 楊定見의 小引이 있고 旁批와 眉批가 있다. 이는 100회본을 수정하여 田虎와 王慶에 관한 대목을 부가한 것으로 보여진다. 이 밖에 郁郁堂, 寶翰樓 간행본이 있는데 내용은 모두 같다.

70회본 번본에는 ≪第五才子書施耐庵水滸傳≫이 있는데, 明 崇禎 年間 貫華堂에서 刊行하였다. 작자는 '東都施耐庵撰'이라 되어 있고 삽화가 없다. 卷一에는 金人瑞의 序文 3편이 있고, 卷二에는 宋史綱, 宋史目을 수록했으며, 卷三에는 讀第五才子書法을 실었고, 卷四에는 金人瑞가 僞作한 施耐庵의 序文이 있다. 卷五 이하가 소설 본문에 속하는데 각 回의 總評과 行間評이 있다. 이는 김성탄이 원무애본과 개자원본을 근거로 하여 줄여 만든 刪節本으로 70회만 취하고 '梁山泊英雄排座次'를 '梁山泊英雄驚噩夢'으로 바꾸어 결말짓고 있다.

簡本에는 다음과 같은 주요한 판본들이 있다.

첫째, ≪新刊京本全像插增田虎王慶忠義水滸傳≫(≪新刊京本全像插增忠義水滸傳≫)으로 殘卷인데, 上欄에 삽화가 있고 下欄에 본문이 있다. 현재 제 25권의 5회와 제 21권의 반쪽이 있는데 王慶의 故事를 서술하고 있다. 이를 통해 볼때 전체는 24권이나 25권으로 되어 115회 또는 120회인 것으로 보이며 明代 刊行本으로 파리 도서관에 소장되어 있다.

둘째, ≪京本增補校正全像忠義水滸志傳評林≫으로 25권이며 書名은 '中原羅貫中道本名卿父編輯', '後學仰止余宗雲登父評校', '書林文台余象斗子高父補梓' 등으로 되어 있다. 明 萬曆 22年(1594) 雙峰堂 간행본으로 上欄에 삽화가 있고 下欄에 본문이 있는데 日本 日光晃山慈眼堂 소장되어 있는 것을 北京古籍出版社에서 影印出版했다.

셋째, ≪鼎鐫全像水滸忠義傳≫ 115회본으로 萬曆 黎光堂 刊行本이며 권두에 溫陵 鄭大郁의 서문이 있다.

넷째, ≪忠義水滸傳≫ 30권으로 寶翰樓 간행본이고 分回하지 않았으며 권두에 五湖老人의 서문이 있다.

다섯째, ≪水滸全傳≫ 30권으로 映雪草堂 간행본이고 分回하지는 않았으며 권두에 역시 五湖老人의 서문이 있다.

여섯째, ≪水滸全傳≫ 12권 124회으로 坊刻本이고 권두에 乾隆 丙辰年(1736년)에 쓴 古杭 陳枚簡侯의 서문이 있다.

그 외에 ≪新刻出像京本忠義水滸傳≫ 10권 115회본으로 淸 聚德堂 간행본, ≪水滸傳≫ 20권 110회본으로 明 雄飛館 合刻 ≪英雄譜≫本, ≪繡像漢宋奇書≫ 115회가 있다.[17)]

이 작품의 작자에 대해서는 많은 논란이 있기는 하지만 일반적인 통설은 施耐庵과 羅貫中의 공동 편찬설이 우세하다. 시내암은 元末明初의 文學家로 本名은 彥端으로 本籍은 泰州 海陵縣 또는 蘇州 吳縣 閶門(지금의 江蘇 蘇州)이고 一說에는 錢塘(지금의 浙江 杭州) 사람이라고 한다.

≪水滸傳≫이 국내에 전래된 시기는 許筠이 언급한 것을 근거로 한다면 16세기 중후반으로 추정된다. 이후 ≪朝鮮王朝實錄≫·≪承政院日記≫·≪중국소설회모본≫ 등에서 그 서명과 독서기록을 확인할 수 있다. 국내에 번역된 ≪水滸傳≫은 주요 판본인 李卓吾本과 金聖嘆本을 근거로 이루어졌다. 국내에 번역된 ≪水滸傳≫의 제목은 ≪슈호뎐≫·≪슈허지≫·≪슈호지≫ 등 다양하다.

---

17) 江蘇省社會科學院 明淸小說研究中心文學研究所 編, ≪中國通俗小說總目提要≫, 中國文聯出版公司, 1991. 32-33쪽 참조.

번역관련 기록을 살펴보면, 조선 孝宗妃인 仁宣王后 張氏가(1616-1714年)딸 淑明公主에 보낸 서찰(1652-1674年)을 보면 다음과 같다.

「녹의인뎐은 고텨 보내려ᄒᆞ니 깃거ᄒᆞ노라.
하븍니쟝군뎐 간다 감역집의 벗긴 ᄎᆡᆨ ᄎᆞ자 드러올제 가져오나라.
슈호뎐으란 ᄂᆡ일 드러와서 네 출혀 보내여라.」[18]

또 洪羲福(1794-1859)은 중국소설 ≪鏡花緣≫을 번역하여(1835-1848年) ≪第一奇諺≫이라 題한 책의 제1권 서두에서 다음과 같이 말하고 있다.

「ᄂᆡ 일즉 실학ᄒᆞ야 과업을 닐우지 못ᄒᆞ고 훤당을 뫼셔 한가ᄒᆞᆫ ᄯᆡ 만흐므로 셰간의 젼파ᄒᆞᄂᆞᆫ 바 언문쇼셜을 거의 다 열람ᄒᆞ니, 대져 삼국지 셔유긔 슈호지 널국지 셔쥬연의로부터 넉대연의에 뉴ᄂᆞᆫ 임의 진셔로 번역ᄒᆞᆫ ᄇᆡ니 말슴을 고쳐 보기의 쉽기를 취ᄒᆞᆯ 쁜이요 그 ᄉᆞ실은 ᄒᆞᆫ ᄀᆞ지여니와……」[19]

이상에서 1600년대 중반에 이미 ≪水滸傳≫의 번역본이 유통되고 있었음이 확인된다. 이러한 상황으로 보아 ≪水滸傳≫의 최초 번역은 대략 1500年代 後期나 1600年代 初期로 추정할 수 있다. 그러나 이들 대부분은 필사본이 주류를 이루고 활판본의 출현은 19세기로 보여 진다.

먼저 번역 출판본으로 坊刻本을 들 수 있는데, 방각본에는 京版과 安城版이 있다.

≪水滸誌≫: 京版本----3冊 1秩(現存 2冊),
「슈호지권지일」 31葉, 刊記(庚申맹츈:*1860년으로 추정됨)
「슈호지권지이」 31葉, 「하회분셕ᄒᆞ라」라는 말로보아 卷之三이 있는 듯(東洋學語校. Paris藏)[20]
: 安城版本----3冊(권1:20張, 권2:20張, 권3:21張本), 김동욱 소장.

그 후에 출판된 판본으로는 1913년 新文館에서 나온 4권 4책본 ≪水滸誌≫가 있고,

18) 김일근, ≪諺簡의 硏究≫ 자료번호 56, 57, 104. 건국대출판부, 1986년.
19) 정규복, 〈제일기언에 대하여〉, ≪중국학논총≫1, 고려대, 1984년.
20) 이능우, ≪고소설연구≫, 반도출판사, 1980년, 252쪽.

同年 조선서관에서 나온 3권 3책본 ≪忠義水滸志≫가 있으며, 1916년에는 唯一書館에서 南宮楔이 발행한 6책본 ≪水滸志≫와 同年 滙東書館에서 高裕相이 발행한 3책본 ≪忠義小說水滸志前集≫이 계속해서 출판되어 나왔다.

번역필사본으로는 다음과 같은 것들이 있다.

1) 김동욱 소장본 : 1책(丙午年: 1846년 혹은 1906년, 筆寫).

2) 이화여대 소장본 : 4책본, 9책본.

3) 이희승 소장본 : 1책본.

4) 박순호 소장본 : 슈허지(3-5회), 슈호지(17-18회), 슈허지 권지(18-19), 슈호지(19-20회 : 슈호지 번역젼말이라, 甲寅(1914年).

5) 중앙도서관본 : 69권 69책(이재수 ≪경북대논문집≫1집의 〈한국소설 발달 단계에 있어서 중국소설의 영향〉 에는 국립중앙도서관에 있다고 하나 확인이 안 됨.

6) 한국학중앙연구원(구 정신문화연구원본) : 후수호전(12권 12책).[21]

≪수호전≫의 번역본은 일반 필사본 · 세책본 · 경판본 · 활판본의 형태로 대략 20여 종이 남아 있는 것으로 확인된다.[22] 현재 확인 가능한 ≪수호지≫ 異本은 필사본 5종, 방각본 3종, 활판본 5종, 신문, 잡지에 연재되었던 윤백남, 박태원의 연재물을 합해 모두 16종이다. 또한 ≪수호전≫을 읽기 위한 ≪수호지어록≫도 상당히 많이 남아 있다.

≪수호전≫의 번역 양상을 살펴보면 여타의 중국소설 번역본과 마찬가지로 원본을 훼손시키지 않는 범위 내에서 축역을 시도하고 있다. 대개 매회의 시작과 끝에 나타나는 開場詩와 散場詩, 詞, 評은 생략되었다. 가끔 중요한 사건에 삽입되거나, 주인공 송강과 관련된 시는 번역하거나 한시의 음만 달아서 제시하는 특징을 보이고 있다.[23]

≪水滸傳≫의 내용은 梁山泊의 영웅들을 중심으로 이야기가 다양하게 전개되고 있

21) 민관동, ≪중국고전소설의 전파와 수용≫, 학고방, 2007년, 207-208쪽.

22) 유춘동·박재연 교주, ≪튱의슈호뎐(忠義水滸傳)≫(영남대본), 선문대학교 중한번역문헌연구소, 2008. 머리말 참조.

23) 이윤석·박재연·유춘동 교주, ≪슈허지≫, 학고방, 2007. 머리말 참조.

다. 林沖 · 魯智深 · 武松 등 영웅호걸들이 약자를 돕고 강자와 싸우며 의협심을 발휘하다가 결국에는 官府와 대결하는 구도로 되어 있는 四大奇書 중의 하나이다. 작품의 구성이 치밀하고 내용이 복잡하며 문체가 생동감이 있어 문학적으로 높이 평가되고 있다.

국내에는 中國木版本이 嶺南大, 誠庵文庫, 啓明大 등에 소장되어 있고 中國石印本(慶州市立圖書館, 國立中央圖書館, 高麗大 등에 소장) · 中國鉛印本(忠南大 소장) · 中國鉛活字本(延世大에 소장) · 中國新活字本(雅丹文庫에 소장) · 中國新鉛活字本(東國大, 釜山大, 京畿大 등에 소장) · 中國活字本(奎章閣 등에 소장) 등 다양한 판본이 소장되어 있다. 筆寫本은 奎章閣, 國立中央圖書館, 檀國大, 韓國學中央硏究院 등에 소장되어 있고 한글 필사본은 成均館大, 선문대 박재연, 西江大 등 다양한 곳에 소장되어 있다. 이 작품은 한글 번역본, 현토본, 語錄 등 다양하게 출현한 것으로 보아 국내 유입과 수용에 대단한 영향을 주었을 것으로 보인다.

書名	出版事項	版式狀況	一般事項	所藏處/所藏番號
貫華堂第五才子書	施耐菴(明)撰, 金聖歎(清)評釋	20卷20冊, 中國木版本, 有圖(圖像40面), 24×15.9cm, 四周單邊, 半郭:20.7×13.7cm, 無界, 11行23字, 註雙行, 上下向黑魚尾	卷首:五才子水滸序:順治丁酉(1657)冬月桐菴老人書, 王望如先生評論出像水滸傳總論, 評論出像水滸傳姓氏, 序:崇禎十四年(1640), 宋史綱, 宋史目, 楔子, 目錄, 標題紙:貫華堂第五才子書 施耐菴先生原本 聖歎外書, 版心題:五才子奇書, 表紙書名:水滸傳	嶺南大學校 陶南文庫 [古도]823.5 시내암ㅁ
評論出像水滸傳	金聖歎(清)編, 清順治2(1645)刊	19卷19冊(卷18, 1冊缺), 中國木版本, 有圖, 24.3×16.1cm, 四周單邊, 半郭:21.6×14cm, 有界, 11行24字, 註雙行, 上黑魚尾, 紙質:綿紙	表題:水滸傳, 裏題:繡像第五才子書, 版心題:五才子奇書, 序:順治丁酉(1645)冬月桐菴老人書於醉畊堂墨室	韓國綜合典籍目錄(誠庵文庫) 趙炳舜 4-1438
		19卷19冊(卷18, 1冊缺), 中國木版本, 有圖, 24.3×16.1cm, 四周單邊, 半郭:21.6×14cm, 有界, 11行24字, 註雙行, 上黑魚尾, 紙質:綿紙	表題:水滸傳, 裏題:繡像第五才子書, 版心題:五才子奇書, 序:順治丁酉(1657)冬月桐菴老人書於醉畊堂墨室	誠庵文庫 4-1438
	施耐菴(明)編, 清板本, 中國, 順治14(1657)	20卷20冊(卷1~20), 中國木版本, 26.1×16.4cm, 四周雙邊, 半郭:22.2×14cm, 無界, 11行24字, 上黑魚尾	序:順治丁酉(1657)…桐菴老人	啓明大學校 이812.35-수호지

書名	出版事項	版式狀況	一般事項	所藏處/所藏番號
	施耐菴(明)著, 刊寫者未詳, 順治14(1657)	20卷20冊, 中國木版本, 有圖, 24.2×16.5cm, 上下單邊, 左右雙邊, 半郭:21×15cm, 無界, 11行24字, 註雙行, 上下向黑魚尾, 紙質:竹紙	表題:水滸誌, 板首題:五才子奇書, 標題:繡像第五才子書, 序:順治丁酉(1657)冬月桐菴老人書於醉耕堂墨室	淸州大學校
		20卷20冊, 中國木版本, 25×15.9cm, 四周單邊, 半郭:21.5×14.6cm, 無界, 11行23字, 上黑魚尾, 紙質:綿紙	表題:水滸傳, 版心題:五才子奇書, 裏題:繡像第五才子書, 序:順治丁酉(1657)冬月桐菴老人書於醉耕堂墨室, 印:小山田, 李王家圖書之章	韓國學中央研究院 4-245
		20冊, 中國木版本, 有圖, 24×17cm, 四周單邊, 半郭:21×15cm, 有界, 11行24字, 註雙行, 花口, 上下向黑魚尾	表題:水滸誌, 版心題:五才子奇書, 序:順治丁酉(1657)冬月桐菴老人書於醉耕堂墨室	淑明女子大學校
	施耐菴(明)撰, 金聖歎(淸)編, 順治14(1657)序	20卷20冊, 中國木版本, 有圖, 24.2×16.3cm		高麗大學校(華山文庫)C14-B4
		20卷20冊, 中國木版本, 有圖, 24.2×16cm		高麗大學校(華山文庫) C14-B4C
	施耐菴(明)著, 王望如(淸)評論, 順治14(1657)後刷	20卷20冊, 中國木版本, 有圖, 24.6×16cm, 四周單邊, 半郭:22×14.1cm, 無界, 11行24字, 註雙行, 上黑魚尾, 紙質:綿紙	表題 :水滸傳, 版心題:五才子奇書, 序:順治丁酉(1657)冬月桐菴老人書於醉耕堂墨室, 印:小山田, 李王家圖書之章	韓國學中央研究院 4-246
	施耐菴(明)著, 金聖歎(淸)評釋, 淸順治14年(1657)序, 後刷	20卷20冊(卷8, 13缺), 中國木版本, 有圖, 24.6×16.6cm, 四周單邊, 半郭:22.1×14.2cm, 無界, 11行24字, 註雙行, 上下向黑魚尾, 紙質:竹紙	版心題:五才子奇書, 序:順治丁酉(1657)冬月桐菴老人書於醉耕堂墨室	釜山女子大學校 伽倻文化硏究所
	王望如評, 1657年以後	20卷20冊, 中國木版本, 有圖(40), 24×16cm, 四周單邊, 半郭:20.5×14cm, 無界, 11行24字, 上下向黑魚尾	版心題:五才子奇書, 表紙裏面:聖歎外書 施耐菴先生原本 貫華堂第五才子書, 卷首序:順治丁酉(1657)冬月桐菴老人, 王望如先生評論出像水滸傳總論, 評論出像水滸傳姓氏	奎章閣 [奎古]156
	施耐菴(明)撰, 金聖歎(淸)評釋, 刊寫地, 刊寫者未詳, 淸朝末刊	18冊, 中國木版本, 有圖, 21.4×14.2cm, 四周單邊, 半郭:24.6×15.8cm, 無界, 11行24字, 上黑魚尾, 紙質:竹紙	表題:水滸誌, 版心題:五才子奇書	全南大學校 3Q-평235ㅅ-v.1-4,6-8,10-20

書名	出版事項	版式狀況	一般事項	所藏處/所藏番號
	施耐菴(明)撰, 金聖歎(淸)增正, 淸朝末期刊	20卷20册, 中國木版本, 有圖, 24.3×16.8cm, 四周單邊, 半郭:21.2×14.2cm, 無界, 11行24字, 上下向黑魚尾, 紙質:竹紙	表題:水滸傳, 同書二部	忠南大學校 集1253
		20卷20册, 中國木版本, 有圖, 23.8×15.7cm, 四周單邊, 半郭:20.5×14cm, 無界, 11行24字, 上黑魚尾, 紙質:竹紙	裏題:貫華堂第五才子書, 序:時順治丁酉(1657)冬月 桐菴老人書於醉耕堂墨室	成均館大學校 D7C-61
		20卷20册, 中國木版本, 有圖, 24×16.4cm, 四周單邊, 半郭:21.5×14.3cm, 無界, 11行24字, 註雙行, 上黑魚尾, 紙質:竹紙	裏題:繡像第五才子書, 版心題:五才子奇書, 序:時順治丁酉(1657) 冬月桐菴老人書於醉耕堂墨室	成均館大學校 D7C-61a
	施耐菴(明)著, 金聖歎(淸)增正, 刊寫地未詳, 刊寫者未詳, 刊寫年未詳	20卷20册(卷1~20), 中國木版本, 有圖, 24.3×16.8cm, 四周單邊, 半郭:21.2×14.2cm, 無界, 11行24字, 上下向黑魚尾, 紙質:竹紙	表題:水滸傳, 版心題:五才子書奇	慶熙大學校 812.33-시193ㅅ, 812.3-시193ㅍ
		19卷19册(卷2~20), 中國木版本, 18.9×15.8cm, 四周單邊, 半郭:20.7×14.1cm, 無界, 11行24字, 註雙行, 上下向黑魚尾, 紙質:竹紙	表題:水滸傳, 版心題:五才子奇書	忠南大學校 集1255
		20卷20册(卷1~20), 中國木版本, 24.5×16cm, 四周單邊, 半郭:22×14.5cm, 無界, 11行24字, 註雙行, 上黑魚尾, 紙質:竹紙	版心題:五才子書, 表題:水滸誌, 序:順治丁酉(1657)桐菴老人,	圓光大學校 AN823.5-ㅅ748평
	施耐菴(明)著, 金聖歎(淸)評釋, 王望如(淸)評論, 貫華堂, 淸代刊	20卷20册, 中國木版本, 有圖, 24.8×16.4cm, 四周單邊, 半郭:20×14.5cm, 無界, 11行24字, 上下向黑魚尾, 紙質:竹紙	表題:水滸誌, 序:順治丁酉(1717)冬月桐菴老人書於醉耕堂墨室, 所藏印:桐菴施耐	江陵市 船橋莊
	施耐菴(明)撰, 金聖歎(淸)評釋, 中國, 刊寫者未詳, 淸朝年間	18册(册1-4, 6-8, 10-20, 缺帙), 中國木版本, 有圖, 24.6×15.8cm, 四周單邊, 半郭:21.4×14.2cm, 無界, 11行24字, 花口, 上下向黑魚尾, 紙質:竹紙	表題:水滸誌 版心題:五才子奇書	全南大學校 3Q-평235ㅅ

書名	出版事項	版式狀況	一般事項	所藏處/所藏番號
		20卷18册, 中國木版本, 有圖, 24.4×16.4cm, 四周單·雙邊, 半郭:20.1×14.1cm, 無界, 11行24字, 上下向黑魚尾, 紙質:竹紙	版心題:五才子奇書	釜山女子大學校 伽倻文化 研究所
	施耐菴(明)原本, 中國淸板本	現存10卷1匣10册(零本), 中國木版本, 15.9×23.9cm, 四周單邊, 半郭:14×21.1cm, 無界, 11行24字, 細註雙行, 白口黑魚尾上	表紙書名:水滸誌, 版心書名:五才子奇書, 序:桐菴老人(1657)	澗松文庫
	施耐菴(明)著, 刊寫地未詳, 刊寫者未詳, 刊寫年未詳	19卷19册(共20册中第9册缺), 中國板本, 有圖, 26×16.1cm, 四周單邊, 半郭:21.4×14.2cm, 有界, 11行24字, 註雙行, 白口, 上下向黑魚尾	漢文, 楷書, 版心題:五才子奇書	韓國國學振興院 (풍산류씨 충효당) 고전적 KS0187-1-04-01216
		1卷1册(卷1, 缺帙), 24.5×16cm, 有圖, 四周單邊, 半郭:20.8×14.8cm, 無界, 11行24字, 註雙行, 上下向黑魚尾	標題:貫華堂第五才子書, 表題:水滸志, 序:順治丁酉(1657)冬月桐菴老人書於醉耕堂墨室	東亞大學校 (3):12:2-82
		20卷20册, 木版本, 有圖, 26.2×15.5cm, 四周單邊, 半郭:21.5×14cm, 無界, 11行24字, 上下向黑魚尾	表題:水滸傳, 版心題:五才子水滸序	慶北大學校 [古] 812.3 시212ㅍ
		19册(卷1~13, 卷15~20), 中國木版本, 24.4×16.2cm, 四周單邊, 半郭:21.3×14.2cm, 無界, 11行22字, 註雙行, 上黑魚尾, 紙質·竹紙		圓光大學校 AN823.5-ㅅ748평ㄱ
		20卷20册(卷1～20), 24.1×15.9cm, 有圖, 四周單邊, 半郭:21.1×14.7cm, 無界, 11行24字, 註雙行, 上下向黑魚尾	包匣題:水滸誌, 標題:繡像第五才子書, 序:順治丁酉(1657)冬月桐菴老人書於醉耕堂墨室	東亞大學校 (3):12:2-34
		20卷20册(卷1～20), 木版本, 23.8×15.3cm, 四周單邊, 半郭:21×14cm, 無界, 11行24字, 上下向黑, 無魚尾	水滸傳	慶熙大學校 812.33-시193ㅅ, 812.3-시193ㅍ
		20卷20册, 有圖(21張), 24.4×15.8cm, 四周單邊, 半郭:21.7×14.7cm, 無界, 11行22字, 上黑魚尾	序:順治丁酉冬月(1657) 桐菴老人書	梨花女子大學校 [고] 812.3 시22ㅍ

書名	出版事項	版式狀況	一般事項	所藏處/所藏番號
		7卷7册(卷13~19, 缺帙), 木版本, 25.5×15.9cm, 四周單邊, 半郭:21×14.3cm, 無界, 11行24字, 註雙行, 上下向黑魚尾	表題:水滸誌, 版心題:五才子奇書	京畿大學校 경기-k116447-17
		1卷1册(46張), 中國木版本, 26.2×17cm, 四周單邊, 半郭:21.5×13.7cm, 無界, 11行24字, 花口 上下向黑魚尾, 紙質:노로지	版心題:五才子奇書	釜山大學校 (小訥文庫) OFC 3-12 30C
		19卷4册(4部), 中國木版本, 有圖, 25.8×16.3cm, 四周單邊, 半郭:21.7×14.5cm, 無界, 11行24字, 花口, 上下向黑魚尾, 紙質:노로지	標題:繡像第五才子序, 表題:水滸傳, 版心題:五才子奇書, 序:順治丁酉(1657)冬月桐菴老人書	釜山大學校 (芝田文庫) OEC 3-12 30
		10卷10册, 中國木版本, 有圖, 24.5×16.5cm, 四周單邊, 半郭:21×15cm, 無界, 11行24字, 白口 上下向黑魚尾, 紙質:노로지	表題:水滸傳, 版心題:五才子奇書	釜山大學校 (芝田文庫) OEC 3-12 30A
		10卷10册, 中國木版本, 有圖, 25.2×15.6cm	序:旹順治丁酉(1657)…(淸) 桐菴老人, 標題紙:施耐菴先生原本	國立中央圖書館 [무구재 古] 3736-18
		20卷20册, 中國木版本, 有圖, 24.3×16cm, 四周單邊, 半郭:21.9×14.3cm, 無界, 11行24字, 上下向黑魚尾	雜題:聖歎外書, 版心題:五才子奇書, 序:順治丁酉(1657)…桐菴老人書於 …	國民大學校 [고]823.5 시01-2
		20卷20册70回, 中國木版本, 四周單邊, 匡郭:21.5×15cm, 無界, 11行24字, 上黑魚尾	版心題:五才子奇書	延世大學校 고서중812. 38/(綏堂文庫)고서중812. 38/李源喆文庫/韓相億文庫
		20卷20册70回, 中國木版本(本衙藏版), 四周單邊, 匡郭:21×15cm, 無界, 11行24字, 上黑魚尾		延世大學校 고서중 812.38
	施耐菴(明)著, 金聖歎(淸)輯註	20卷20册, 中國木版本, 有圖, 25cm, 21×14.2cm, 四周單邊, 界線, 11行24字, 上黑魚尾	內書名:水滸傳, 繡像第五才子書, 外書名:水滸誌, 版心題:五才子書, 序:旹順治丁酉(1657)冬月, 桐菴老人書於醉耕堂墨室, 印記:黙容室藏	延世大學校 812.36/38
	金聖歎(淸)編, 年記未詳	1册(第38回, 零本), 筆寫本, 28×20.2cm		奎章閣 [奎중]2303

書名	出版事項	版式狀況	一般事項	所藏處/所藏番號
	施耐菴(明)撰, 金聖歎(淸) 外書, 刊寫地未詳, 刊寫者未詳, 刊寫年未詳	20卷20冊(卷1-20), 全70卷20冊(卷20), 70回20冊(卷19), 中國木版本, 24.4×16.5cm, 四周單邊, 半郭:25.7×14cm, 無界, 11行24字, 註雙行, 上內向黑魚尾	表紙書名:水滸傳, 版心書名:五才子奇書, 序:時順治丁酉(1657) 冬月桐菴老人書	漢陽大學校 812.35-시218ㅍ- v.1-v.18 ~v.20
	施耐菴(明)撰, 金聖歎(淸)評 釋, 刊寫地未詳, 刊寫者未詳, 刊寫年未詳	19冊(第1冊缺, 所藏:冊2~19), 中國木版本, 24.2×15.5cm, 四周單邊, 半郭:21.2×14cm, 無界, 11行24字, 註雙行, 上黑魚尾	表題:水滸傳, 標題:繡像第五才子書, 版心題:五才子奇書	國會圖書館 [古]812.3 ㅅ479ㅍ
		20卷20冊, 中國木版本, 25×16cm	標題:繡像第五才書, 異書名:水滸志, 序:旹順治丁酉(1657)冬月桐菴老人書…	高麗大學校 C14-B4
		20卷20冊, 中國木版本, 有圖, 23.7×15.8cm	標題:繡像五才子書, 異書名:水滸志, 序:旹順治丁酉(1657)冬月桐菴老人 書於醉耕堂墨室	高麗大學校 C14-B4G
	施耐菴(明)撰, 金聖歎(淸)評, 刊寫地未詳, 刊寫者未詳, 刊寫年未詳	19卷19冊(全20卷20冊, 卷2-20), 24.4×16.1cm, 四周單邊, 半郭:21.2×14.7cm, 無界, 11行24字, 註雙行, 上下向黑魚尾	表題:水滸志	東亞大學校 (3):12:2-73
	施耐菴(明)著, 金聖歎(淸)評 釋, 王望如(淸) 評論	20卷20冊, 中國木版本, 有圖, 24.2×15.7cm	標題:貫華堂第五才子書, 異書名:水滸志, 序:順治丁酉(1657)冬月桐庵老人書 於醉耕堂墨室	高麗大學校 C14-B4B
水滸 傳	著者未詳, 順治14年 (1657)	20卷20冊, 中國木版本, 有圖, 24.2×16.3cm	標題紙:聖歎外書, 施耐菴先生原本, 貫華堂第五才子書, 卷首書名:評論出像水滸傳, 版心書名:五才子奇書, 卷首:順治丁酉(1657)…桐菴老人, 五才子水滸, 序:王望如先生評論出像水滸傳總論	奎章閣 [가람古]895.13 Su36-v.1-20
	順治丁酉(1657) 年, 醉畊堂	20卷20冊, 木版本		鮮文大 朴在淵
		1冊, 活字本		대구가톨릭대
	施耐菴(明)著, 光緖10年刊	20冊, 中國石印本		慶州市立圖書館
		10冊, 中國石印本		慶州市立圖書館
	施耐菴(明)撰, 金人瑞(淸)評 釋, 上海, 光緖24(1898)	35卷, 4冊, 中國石印本, 20×13.5cm	版心書名:五才子奇書, 序:施耐菴, 刊記:光緖24年(1898) 春上海書局石印	國立中央圖書館[승계古]373-1
		20冊, 中國木版本		李佑成

書名	出版事項	版式狀況	一般事項	所藏處/所藏番號
	羅貫中(明)著 刊寫地未詳, 刊寫者未詳, 光武6(1902)	3卷3冊, 木版本, 26.5×18.9㎝, 四周單邊, 半郭:25×17㎝, 無界, 15行22字, 註雙行, 上下向二葉花紋魚尾	表題:水滸志, 刊記:大韓光武六年歲在壬寅, 印記:「兀上」,「○城世家」	檀國大學校 율곡기념도서관 (羅孫文庫)古873. 5-나1282사
	芥子園山房藏板	上函(下函缺), 27卷10冊, 袖珍本		鮮文大 朴在淵
	芥子園山房梓	上函(下函缺), 37卷10冊, 袖珍本		鮮文大 朴在淵
	金聖歎(清)編, 清板本	10冊(零本, 卷38~75), 中國木版本, 18×11.4㎝	卷頭書名:第五才子書… 冠稱:第五才子書…	奎章閣[古] 895.13-Su36jYg- v.11-20
	刊寫地未詳, 刊寫者未詳, 刊寫年未詳, 清版	1卷1冊(卷12, 缺帙)		京畿大學校 경기-k122880
	施耐菴(明)著, 刊寫地未詳, 刊寫者未詳, 刊寫年未詳	不分卷15冊, 筆寫本, 24.5×15.4㎝	表題:水泊聚義	國立中央圖書館[한]48-166
		下函, 9冊(卷42~75存), 袖珍本	又名第五才子書	鮮文大 朴在淵
		下函, 10卷10冊(卷11~20存), 木版本		鮮文大 朴在淵
忠義水滸傳	施耐菴(明)著, 清代刊	19卷19冊(卷2~20), 中國木版本, 25×15.7㎝, 四周單邊, 半郭:21.1×14.3㎝, 無界, 10行22字, 頭註, 上下向黑魚尾, 紙質:竹紙	表題:水滸傳, 所藏印:趙錫命章	清州大學校
	施耐菴(明)著, 發行地不明, 發行處不明,	1冊, 中國木版本, 25.5×16.5㎝, 四周單邊, 半郭:21×14㎝, 無界, 10行22字, 下向黑魚尾, 紙質:竹紙	表題:搢神譜, 版心題:水滸傳, 備考:裏面紙搢神譜	忠南大學校 학산고서 集· 小說類2029
	施耐菴(明)著, 朴健會譯述, 京城, 朝鮮書館, 大正2年(1913)	零2冊(卷二, 三), 中國鉛印本, 有圖, 22×14.5㎝, 無界, 11行35字, 紙質:洋紙	表題:츙의수호지, 備考:國漢文混用	忠南大學校 학산고서 集· 小說類2030
水滸誌	施耐菴(明)編, 順治丁酉 (1657)序	20冊, 中國木版本, 23×16㎝, 四周單邊, 半郭:20.2×14.1㎝, 11行24字, 上黑魚尾	序:順治4年(1657)	建國大學校 [고]923.5
		20卷20冊, 中國木版本, 24×15.6㎝, 四周單邊, 半郭:20.6×14.6㎝, 11行22字, 上黑魚尾		

書名	出版事項	版式狀況	一般事項	所藏處/所藏番號
	施耐菴(明)著, 崔昌善編, 京城, 新文館, 大正2年(1913)	2册(缺帙, 册2,5), 有圖, 21.9×15.3cm, 無界, 行字數不定, 無魚尾		慶熙大學校 811.3-시193ㅅ
	施耐菴(明)著, 刊年未詳	中國木版本, 25×16cm, 四周單邊, 半郭:20.8×14.2cm, 無界, 11行24字, 上內向黑魚尾		建國大學校 [고]923.5
		20册, 金聖歎批評初刻本, 25cm		嶺南大學校 [古]823.5
		20卷20册(內1册缺), 中國木版本, 四周雙邊, 半郭:14.4×21.4cm, 有界, 11行24字, 白口, 上下向黑魚尾		慶北安東屛山書院
	施耐菴(明)撰, 朝鮮朝後期刊	30卷12册, 活字本, 16.3×24.5cm	卷首:五才子水滸序:順治丁酉(1657)冬月桐菴老人書於醉田井堂墨室	忠北 報恩郡 김동기
	譯者未詳, 刊年未詳	68册(缺本, 藏本:第8,17,19,29,32,39,40,41,51,55,56,57,58,68册), 筆寫本, 25.6×20cm, 無罫, 行字數不同		梨花女子大學校 [고] 812.3 수95
		58册(零本, 藏本:第8册, 29册, 57册, 58册), 筆寫本, 無罫, 匡郭無, 11行字數不同, 版心無		梨花女子大學校 [고] 812.3 수68
水滸志	羅貫中(明)著, 刊寫地未詳, 刊寫者未詳, 內午(?)	1册(落張), 筆寫本, 27×21.3cm, 無界, 16行字數不定		檀國大學校 율곡기념도서관 (羅孫文庫)古873.5-나128사
	丙午	1册, 國文筆寫本	35mmR[Posi], 75f	(金東旭)R35P-000046-6 李熙昇
	羅貫中(明)著, 刊寫地未詳, 刊寫者未詳, 刊寫年未詳	2卷2册(卷2~3), 木版本, 23.2×18.2cm, 四周單邊, 半郭:21.6×16.2cm, 無界, 15行字數不定, 註雙行, 上下向二葉花紋魚尾		檀國大學校 율곡기념도서관 (羅孫文庫)古873.5-나128사
水滸誌抄	編著者未詳, 年紀未詳	1册, 筆寫本, 31.6×21cm		韓國學中央研究院
評註圖像水滸傳	施耐菴(明)撰, 金聖歎(淸)編, 上海同文書局, 光緖12(1886)	75卷8册, 中國石印本, 20×13.1cm		高麗大學校 (華山文庫) C14-B4G

書名	出版事項	版式狀況	一般事項	所藏處/所藏番號
	施耐菴(明)撰, 金聖歎(淸)評釋, 隆熙1(1907)	全84卷12冊, 中國石印本, 有圖, 20.5×13.3cm	表紙書名:評註圖像五才子書	韓國學中央硏究院 D7C-92
	施耐菴(明)著, 上海廣益書局, 刊年未詳	35卷8冊, 中國石印本, 21×13.2cm	表紙書名:足本繪圖第五才子書, 標題紙書名:足本繪圖水滸傳	國立中央圖書館[古]3730-17
	施耐菴(明)著, 上海, 中新書局	35卷12冊(1函), 中國新活字本, 半郭:17.4×11.7cm, 15行31字, 上黑魚尾		雅丹文庫 823.5-시193ㅍ
	編者未詳, 金聖歎(淸)評釋, 上海, 中新書局, 中華年間刊	35卷12冊, 中國新鉛活字本, 有圖, 20×13.2cm, 四周單邊, 半郭:17.4×11.5cm, 有界, 15行31字, 註雙行, 上內向黑魚尾, 紙質:綿紙	標題:(足本鉛印)五才子書, 版心題:評註水滸傳	東國大學校 D819.34 수95ㅍ
	施耐菴(明)著, 金聖歎(淸)評釋	5卷1冊(卷9~13), 中國石印本, 有圖, 半郭:17.3×11.5cm, 15行40字, 上黑魚尾	內容:第3~8回	雅丹文庫 823.5-시193ㅍ
	施耐菴(明)撰, 金聖嘆(淸)評釋, 上海, 元昌書局, 清末-民國初	12卷6冊(卷1-12), 中國石印本, 有圖, 20×13.6cm, 四周單邊, 半郭:16.9×12.2cm, 無界, 20行42字, 註雙行, 註頭註, 上黑魚尾, 紙質:竹紙	跋:上海元昌書局	全南大學校 3Q-수95ㅅ-v.1-6
			上欄에 小字註, 跋:上海元昌書局	全南大學校 3Q-수95ㅅ
	施耐菴(明)撰, 金聖歎(淸)評釋, 錦章圖書局印行	35卷12冊, 中國石印本, 有圖, 20.3×13.4cm, 四周雙邊, 半郭:16.9×11.8cm, 無界, 20行42字, 註雙行, 頭註, 上下向黑魚尾, 紙質:洋紙	題簽:第五才子水滸全傳, 裏題:繪圖第五才子書水滸全傳, 刊記:錦章圖書局印行	忠南大學校 藏菴集 1257
	施耐菴(明)撰, 金聖歎(淸)評釋, 上海, 共和書局	12卷12冊, 中國石印本, 有圖, 20×13.3cm	標題:評註圖像五才子書, 異書名:水滸志	高麗大學校 C14-B4D
	施耐菴(明)撰, 王望如評註, 金聖歎(淸)編, 上海共和書局, (19--)	12卷12冊, 中國石印本, 有圖, 24×13.3cm		高麗大學校 (華山文庫) C14-B4B
	施耐菴(明)撰, 金聖歎(淸)編, 錦章圖書局, (19--)	35卷卷首合12冊, 中國石印本, 有圖, 20.4×13.4cm		高麗大學校 (華山文庫) C14-B4D

書名	出版事項	版式狀況	一般事項	所藏處/所藏番號
	施耐菴(明)撰, 王望如評註, 金聖歎(淸)編, 上海廣益書局, (19--)	70回16册, 中國鉛印本, 20×13.3cm		高麗大學校 (華山文庫) C14-B4J
評註繪圖五才子書	施耐菴(明)撰, 金聖歎(淸)評釋, 淸代刊	1卷1册(卷12), 中國石印本, 有圖, 20×13.4cm, 四周雙邊, 半郭:17.5×11.5cm, 20行45字, 註雙行, 上下向黑魚尾, 紙質:洋紙	題簽:繪圖增像五才子書	洪川郡 洪川鄕校
繪圖第五才子書水滸誌全傳	著者未詳, 上海, 錦章圖書局, 刊年未詳	36卷12册, 中國石印本, 有圖(13張), 20×13.5cm, 四周雙邊, 半郭:16.6×11.8cm, 無界, 18行41字, 上黑魚尾		梨花女子大學校 [고] 812.3 회315
繪圖增像第歲子書水滸傳	金聖歎(淸)評釋, 民國1(1912)	8册, 中國石印本, 有圖, 20.2×13.6cm	敍:施耐菴	國立中央圖書館 [東谷古]3736-62
繪圖增像第五才子書水滸傳	施耐菴(明)著, 金聖歎(淸)評釋	1册(第30回~37回), 中國新活字本, 半郭:15.6×10.7cm, 17行32字, 上黑魚尾		雅丹文庫 823.5-시193ㅎ
繪像全圖五才奇書		8册(1匣), 20.2×13.4cm, 中國版本		韓國國學振興院 풍산류씨 하회마을 화경당(북촌) KS03-3038-11702-01702
繡像繪圖第五才子奇書	施耐菴(淸)撰, 金聖歎(淸)評釋, 上海, 進步書局, 刊年未詳	4册(零本, 卷3, 5, 7, 8), 中國石印本, 有圖, 20.3×13.4cm	標題紙:繡像繪圖五才子奇書, 兵事小說, 上海進步書局印行	嶺南大學校 [古南]823.5 시내암ㅈㄱ
繪圖增像五才子書	施耐菴(明), 刊寫地未詳, 刊寫者未詳, 1887	70卷12册(所藏本;册1-12), 有圖, 19.8×13.3cm, 四周雙邊, 有界, 17行30字, 小學註雙行, 上內向黑魚尾	表題:繡像全圖五才子奇書, 內容:册1, 1-2--册2, 3-8--册3, 9-16--册4, 17-22--册5, 23-28--册6, 29-34--册7, 35-40--册8, 41-46--册9, 47-52--册10, 53-58--册11, 59-64--册12, 65-70	中央大學校 812.36-시내암회

書名	出版事項	版式狀況	一般事項	所藏處/所藏番號
第五才子書水滸全傳	施耐菴(明)撰, 金聖歎(?)評, 刊寫地未詳, 刊寫者未詳, 光緖14(1888)序	8冊(冊1-8), 14.5×10.2㎝, 有圖, 四周單邊, 半郭:10.5×7.9㎝, 無界, 16行36字, 註雙行, 無魚尾	版心題:圖繪五才子奇書, 標題:圖繪五才子奇書, 序:光緖十有四年歲在戊子(1888)… 敍:雍正甲寅(1734)二伏日句曲外史	東亞大學校 (3):12:2-101
繪圖增像水滸傳	施耐菴(明)撰, 上海, 同文書局, 光緖13(1887)	46卷8冊(卷1-46), 中國木版本, 有圖, 20×13.4㎝, 四周雙邊, 半郭:15.6×10.6㎝, 有界, 17行32字, 註雙行, 花口, 上下向黑魚尾, 紙質:北黃紙	裡題:繪圖增像五弟子書, 表題:水滸傳, 序:雍正甲寅(1734)上伏日句曲外史, 刊記:光緖丁亥(1887) 上海同文書局校印	全南大學校 3Q-수95ㅅ
				全南大學校 3Q-수95ㅅ-v.1-8
增圖增像第五才子書水滸全傳	施耐菴(明)著, 金聖歎(淸)評釋, 發行地不明, 發行處不明, 發行年不明	1冊(零本, 卷3), 石印本, 20.3×13.2㎝	表題:改良繪圖第五才子書, 版心題:繪圖第五才子書	慶尙大學校 D7C시212ㅎ (아천)
繪圖增像第五才子書水滸全書	施耐菴(明)著, 金聖歎(淸)評釋, 上海書局, 淸宣統3(1911)刊	不分卷8冊, 中國石印本, 20.2×13㎝, 四周單邊, 24行50字, 半郭:17.5×11.7㎝, 註雙行, 頭註, 上黑魚尾, 紙質:竹紙	表題:繪圖增像五才子書, 版心題:繪圖第五才子書, 序:雍正甲寅(1734)上伏日句曲外史, 刊記:宣統三年(1911)仲春上海書局石印	成均館大學校 (曺元錫) D7C-64a
	施耐菴(明)著, 金聖歎(淸)編, 淸末上海錦章國書局刊	1冊, 中國石印本, 有圖, 20.3×13.3㎝, 半郭:17.5×12.1㎝, 無界, 27行43字, 上黑魚尾	表題:改良會圖第五才子書, 版心題:繪圖第五才子奇書	全州市 金大經
	施耐菴(明)著, 金聖歎評釋, 淸朝末~中華初刊	不分卷11冊(第1冊缺), 中國新鉛活字本, 有圖, 19.7×13㎝, 四周雙邊, 半郭:15.6×10.8㎝, 有界, 17行33字, 註雙行, 上黑魚尾, 紙質:竹紙		成均館大學校 D7C-64
		不分卷2冊, 中國石印本, 19.7×12.7㎝, 四周雙邊, 半郭:15.9×10.9㎝, 有界, 17行32字, 註雙行, 上黑魚尾, 紙質:綿紙	備考:初回, 第1~7回	成均館大學校 D7C-64b
繪圖增像第五才子書水滸全傳	施耐菴(明)撰, 金聖嘆(淸)評釋, 上海, 同文書局, 光緖13(1887)	12冊(冊1-12), 20×13.2㎝, 有圖, 四周雙邊, 半郭:15.4×11.8㎝, 有界, 17行32字, 註雙行55字, 上下向黑魚尾	題簽題:繡像全圖五才子奇書, 標題:繪圖增像五才子書, 敍:雍正甲寅(1734)上伏日句曲外史, 施耐菴自敍:東都施耐菴敍, 印記:光緖丁亥(1887)孟夏上海同文書局校印	東亞大學校 (3):12:2-32
		12冊, 中國新鉛活字本, 有圖, 20×13.2㎝, 四周雙邊, 半郭:15.7×10.7㎝, 有界, 17行字數不定, 上下向黑魚尾	版心題:繪圖增像第五才子書, 敍:雍正甲寅(1734)…	國民大學校 [고]823.5 시01-3

書名	出版事項	版式狀況	一般事項	所藏處/所藏番號
		12卷12冊, 中國新活字本, 20×13.3cm, 四周雙邊, 半郭:15.1×10.8cm, 有界, 17行32字, 註雙行, 上黑魚尾, 紙質:楮紙		圓光大學校 AN823.5-ㅅ748수
	施耐菴(明)編, 上海, 廣百宋齋, 光緖17(1891)	9冊, 中國新鉛活字本, 有圖, 19.4×12.3cm, 四周雙邊, 半郭:16×11.3cm, 有界, 17行32字, 註雙行, 花口, 上下向黑魚尾, 紙質:노로지	表題:繪圖增像五才子書, 標題:會圖增像五才子書, 版心題:繪圖增像五才子書, 敍:雍正甲寅(1734)上伏日句曲外史, 刊記:光緖辛卯(1891)上海廣百宋齋校印	釜山大學校 (夢漢文庫) ODC 3-12 34
	金聖嘆(淸)評釋, 上海, 廣百宋齋, 光緖17 (1891)刊	74卷9冊(51張), 中國新鉛活字本, 19.4×12.5cm, 四周雙邊, 半郭:15.8×11.9cm, 有界, 17行30字, 註雙行, 上下向黑魚尾, 紙質:竹紙	題簽:繪圖增像第五才子書, 序:雍正甲寅(1734)上伏日句曲外史, 刊記:光緖辛卯(1891)上海廣百宋齋校印	釜山大學校
	編者未詳, 金聖歎(淸)評釋, 上海, 廣百宋齋, 光緖18(1892)刊	10卷10冊, 中國新鉛活字本, 19.2×13cm, 四周單邊, 半郭:16.5×11.1cm, 有界, 18行43字, 註雙行, 內向黑魚尾, 紙質:綿紙	標題:繪圖增像五才子書, 表題:圖繪五才子奇書, 序:雍正甲寅(1734)上伏日句曲外史, 刊記:光緖壬辰(1892)春月上海廣百宋齋校印	東國大學校 D819.34 수95ㅎ
		10卷10冊, 新鉛活字本, 有圖, 19.7×13.1cm, 四周單邊, 半郭:16.5×13.5cm, 有界, 18行43字, 上下內向黑魚尾	表題:繪圖第五才子書, 版心題:繪圖增像第五才子書, 序: 雍正甲寅(1734)上伏日句曲外史書, 刊記:光緖壬辰(1892)春月上海廣百宋齊校印	慶北大學校 [古] 812.3 시212ㅎ(2)
	施耐菴(明)著, 金聖歎(淸)評釋, 光緖22 (1896)刊	10卷10冊(卷1~10), 中國石印本, 有圖, 19.5×12.8cm, 四周單邊, 半郭:16.3×11.5cm, 有界, 18行43字, 內向黑魚尾, 紙質:綿紙	題簽:繪圖第五才子奇書, 刊記:光緖丙申(1896)秋上海圖書集成局石印	江陵市 崔鍾瑚
	施耐菴(明)撰, 金聖歎(淸)評釋, 海濱敦死好齋, 上章困敦(庚子 1900), 刊寫地未詳	全70回8冊(1~23回), 中國石印本, 有圖, 20.2×13.2cm, 四周花紋, 半郭:16.8×11cm, 無界, 23行48字, 註雙行	裏表紙書名:繪圖第五才子書, 表紙書名:繪圖增像第五才子書水滸傳, 版心書名:五才子書, 序:雍正甲寅(1734)上伏日句曲外史, 施耐菴 自敍:聖歎外書, 刊記:歲在上章困敦(庚子, 1900)清寒之月 新繪全圖增訂評釋用泰西法重石印于海濱敦死好齋	漢陽大學校 812.35-시218ㅎ-v.1(해)

書名	出版事項	版式狀況	一般事項	所藏處/所藏番號
	施耐菴(明)撰, 金聖歎(淸)釋, 刊寫地未詳, 天寶書局, 民國2(1913)	卷首, 7卷7册(全10卷?册, 卷首, 卷1~2, 4~8), 20.6×13.5cm, 有圖, 四周雙邊, 半郭:17.7×12cm, 無界, 26行54字, 註雙行, 上下向黑魚尾	表題:繪圖第五才子書, 上蘭外에 小字頭註, 敍:雍正甲寅(1734)上伏日句曲外史, 自敍:東都施耐菴敍, 刊記:中華民國二年(1913)仲冬上海天寶書局複校印行	東亞大學校 (4):5:5-14
	施耐菴(明)譔, 金聖歎(淸)評釋, 錦章圖書局	8册, 中國石印本, 有圖, 20×13.4cm, 四周雙邊, 半郭:17.5×12cm, 無界, 31行74字, 頭註, 上下向黑魚尾, 紙質:洋紙	裏題:改良第五才子水滸全傳	忠南大學校 崔書勉集 1267
	施耐菴(明)撰, 施耐菴叙, 金人瑞(淸)評釋, 上海錦章圖書局	8卷1匣8册, 中國石印本, 13.6×20cm, 四周雙邊, 半郭:12.3×16.7cm, 無界, 24行52字, 細註雙行, 白口黑魚尾上	表紙書名:改良繪圖第五才子書, 版心書名:繪圖第五才子奇書	澗松文庫
		8卷1匣8册, 中國石印本, 13.5×19.9cm, 四周雙邊, 半郭:12.3×16.7cm, 無界, 24行52字, 白口黑魚尾上		澗松文庫
	施耐菴(明)著, 金聖歎(淸)評釋, 上海, 廣百宋齋	70回10册, 中國石印本, 有圖, 半郭:15.5×10.7cm, 17行32字, 上黑魚尾		雅丹文庫 823.5-시193ㅎ
	施耐菴(明)著, 金聖歎(淸)評釋, 淸朝末期刊	1册(54張), 中國新鉛活字本, 有圖, 19.4×12.4cm, 四周雙邊, 半郭:15.5×11.8cm, 有界, 17行32字, 註雙行, 上下向黑魚尾, 紙質:竹紙		釜山大學校
	施耐菴(明)撰, 金聖歎(淸)評釋, 刊寫地未詳, 刊寫者未詳, 刊寫年未詳	10册(1-70回), 中國新鉛活字本, 有圖, 19.6×12.8cm, 四周雙邊, 半郭:15.5×10.7cm, 有界, 17行32字, 註雙行, 上內向黑魚尾	表紙書名:繪圖增像五才子書, 版心書名:繪圖增像五才子書, 序:雍正甲寅(1734)上伏日句曲外史, 施耐菴自敍:聖歎外書	漢陽大學校 812.35-시218ㅎ-v.2-v10
		1册(54張), 中國新鉛活字本, 有圖, 19.5×12.2cm, 四周雙邊, 半郭:15.6×10.8cm, 有界, 17行32字, 註雙行, 花口, 上下向黑魚尾, 紙質:노로지	版心題:繪圖增像五才子書	釜山大學校 (夢漢文庫) ODC 3-12 30B
		3券(卷4:24~31回, 卷5:32~40回, 卷7:51~60回), 中國新活字本, 有圖, 20.3×13.2cm, 四周單邊, 半郭:16.3×11.1cm, 無界, 23行48字, 註雙行, 無魚尾	版心書名:五才子書, 卷4, 5, 7 3册의 合本임	漢陽大學校 812.35-시218ㅎ

書名	出版事項	版式狀況	一般事項	所藏處/所藏番號
	金聖歎(淸)評釋, 刊寫地未詳, 刊寫者未詳, 刊寫年未詳	6冊(缺帙, 35~70回), 石印本, 有圖, 地圖, 20cm, 無界, 行字數不定, 無魚尾	繡像全圖五才子奇書	慶熙大學校 812.33-김54ㅈㄱ
	施耐菴(明)撰, 刊寫地未詳, 刊寫者未詳, 刊寫年未詳	6卷1冊(卷35~40, 缺帙), 新鉛活字本, 有圖, 19.7×12.9cm, 四周雙邊, 半郭:15.4×10.7cm, 有界, 17行32字, 註雙行, 上下向黑魚尾	版心題:繪圖增像五才子書	京畿大學校 경기-k122039-8
		3卷3冊(卷3, 6~7, 缺帙), 石印本, 20.2×13.3cm, 四周雙邊, 半郭:16.3×11.4cm, 無界, 18行字數不定, 註雙行, 上下向黑魚尾	版心題:第五才子書	京畿大學校 경기-k119360-3=2
繪圖增像第五才子書水滸傳	施耐菴(淸)撰, 金聖嘆(淸)評釋, 上海, 同文書局, 1887	4冊(零本, 卷1~8, 17~22, 29~34)), 中國新式活字本, 有圖, 19.8×13cm	卷頭:敍:雍正甲寅(1734)…句曲外史, 自敍:施耐菴, 讀法, 聖嘆外書, 目錄, 圖像, 引首, 標題紙:繪圖增像五才子書, 印出記(標題紙裏面):光緖丁亥(1887) 孟夏上海同文書局校印	嶺南大學校 [古南]823.5 시내암ㅈ
	施耐菴(明)撰, 金聖嘆(淸)評釋, 刊寫地未詳, 刊寫者未詳, 刊寫年未詳	6冊(第三十五回(冊7)-第七十四回(冊12)), 中國木版本, 20.2×13.2cm, 四周雙邊, 半郭:15.6×10.7cm, 有界, 17行32字, 註雙行, 上黑魚尾, 紙質:竹紙	表題:繡像全圖五才子奇書	圓光大學校 AN823.5-ㅅ748회
第五才子書水滸傳	施耐菴(明)著, 金聖歎(淸)評釋, 緯文堂, 1734年刊	39卷10冊, 中國木版本, 有圖, 半郭:13.3×9cm, 11行24字, 上黑魚尾	序:旹雍正甲寅(1734) 上伏日句曲外史書	雅丹文庫 823.5-시193ㅈ
		卷5, 9(落帙), 中國石印本		大邱가톨릭 大學校
	施耐菴(明)撰, 淸朝末期刊	66卷18冊(卷6~37, 42~75), 中國木版本, 16.2×11.1cm, 四周單邊, 半郭:13.2×9.2cm, 無界, 11行26字, 註雙行, 內向黑魚尾, 紙質:竹紙	表題:水滸傳, 版心題:第五才子	全北大學校
	施耐菴(明)著, 金聖歎(淸)評釋, 淸朝末期刊	26卷7冊(卷8~11, 38~50, 55~63), 中國木版本, 16.7×11.1cm, 四周單邊, 半郭:13.3×9.4cm, 無界, 11行26字, 註雙行, 上下向黑魚尾, 紙質:竹紙	表題:水滸誌, 版心題:第五才子	釜山大學校

書名	出版事項	版式狀況	一般事項	所藏處/所藏番號
	施耐菴(明)撰, 金聖歎(淸)增正, 淸朝末期刊	75卷20冊, 中國木版本, 16.3×11cm, 四周單邊, 半郭:13.5×9cm, 11行26字, 註雙行, 上黑魚尾, 紙質:竹紙	序:時雍正甲寅(1734)上伏日句曲外史書	成均館大學校 D7C-62b
		75卷24冊, 中國木版本, 有圖, 16.2×10.8cm, 左右雙邊, 半郭:12×8.8cm, 無界, 10行23字, 註雙行, 上黑魚尾, 紙質:綿紙	裏題:繡像第五才子書, 版心題:第五才子書, 序:雍正甲寅(1734)上伏日句曲外史書	成均館大學校 D7C-62
	施耐菴(明)撰, 金聖歎(淸)評釋, 淸代刊	75卷20冊(卷1~75), 中國木版本, 有圖, 15.8×10.8cm, 四周單邊, 半郭:13.4×9.5cm, 無界, 11行26字, 註雙行, 上下向黑魚尾, 紙質:竹紙	表題:水滸志, 版心題:第五才子, 裏題:繡像第五才子傳, 序:旹雍正甲寅(1734)上伏日句曲外史書, 刊記:雙門底緯文堂藏板	江陵市 船橋莊
		7卷2冊(卷13~15, 72~75), 中國石印本, 16.7×11.5cm, 四周單邊, 半郭:13.4×9.9cm, 無界, 11行26字, 註雙行, 上下向黑魚尾, 紙質:竹紙	表題:水滸誌(傳)	洪川郡 洪川鄕校
	施耐菴(明)著, 金聖歎(淸)評釋, 刊寫地未詳, 刊寫者未詳, 刊寫年未詳	75卷20冊, 中國木版本, 有圖, 16.8×11.1cm	標題:繡像第五才子書, 異書名:水滸志, 序:旹雍正甲寅(1734)上伏日句曲外史書	高麗大學校 C14-B4C
	施耐菴(明)撰, 金聖歎(淸)增正, 刊寫地未詳, 刊寫者未詳, 刊寫年未詳	75卷20冊(卷1~75), 中國木版本, 17.7×10.6cm, 左右雙邊, 半郭:12.3×9cm, 無界, 10行23字, 註雙行, 上黑魚尾, 紙質:竹紙	表題:水滸傳, 版心題:第五才子書, 序:雍正甲寅(1734)上伏日句曲外史書	圓光大學校 AN823.5-ㅅ748
		全75卷24冊(殘本22冊, 缺本:卷54~56, 卷60~62), 中國木版本, 有圖, 25.5×15.5cm, 四周單邊, 半郭:19.7×14.4cm, 無界, 10行22字, 上黑魚尾	序:雍正甲寅(1734)…句曲外史書	龍仁大學校 D7-23
	施耐菴(明)著, 刊寫地未詳, 刊寫者未詳, 刊寫年未詳	75卷19冊(卷1-75), 木版本, 16.5×10.8cm, 四周單邊, 半郭:13.5×9.3cm, 無界, 11行27字, 上下向黑魚尾	水滸誌	慶熙大學校 812.08-시 193ㅅ
		75卷20冊, 木版本, 有圖, 17.5×10.3cm, 四周單邊, 半郭:13.2×9cm, 無界, 11行26字, 上下向黑魚尾	序:雍正甲寅(1734)上伏日句曲外史書, 表題:水滸傳, 版心題:第五才子	慶北大學校 [古] 812.3 시212ㅈ

書名	出版事項	版式狀況	一般事項	所藏處/所藏番號
	金聖歎(清)評, 刊寫地未詳, 刊寫者未詳, 刊寫年未詳	20冊, 中國木版本, 16.1×11cm	序:雍正甲寅(1734)…句曲外史	國立中央圖書館 [東谷古]3749-60
	施耐菴(明)撰, 刊寫地不明, 福文堂, 刊寫年不明	75卷12冊, 木版本, 有圖, 16.8×11.2cm, 四周單邊, 半郭:13.3×9cm, 無界, 11行26字, 上下向黑魚尾	序: 雍正甲寅(1734) 上伏日句曲外史書, 刊記:城省福文堂藏, 表題:水滸傳, 版心題:第五才子	慶北大學校 [古] 812.3 시212ㅈ(2)
	施耐菴(明)撰, 金聖歎(清)增正, 緯文堂, 清朝末期刊	75卷20冊, 中國木版本, 16×11cm, 四周單邊, 半郭:13.3×9cm, 無界, 11行26字, 上黑魚尾, 紙質:竹紙	序:雍正甲寅(1734)上伏日句曲外史書, 刊記:雙門底緯文堂藏板	成均館大學校 D7C-62a
	施耐菴(明)著, 金聖歎(清)輯註, 緯文堂藏板	全75卷20冊中一部缺(落卷6~8, 26~35, 52~59, 共6冊), 中國木版本, 有圖, 17cm, 四周單邊, 13.4×9.1cm, 11行26字, 上黑魚尾	內書名:繡像第五才子書, 手書刻序:旹雍正甲寅(1734) 上伏日句曲外史書	延世大學校 812.36/37
	施耐菴(明)著, 金聖歎(清)輯註, 中國, 緯文堂, 刊寫年未詳	75卷20冊(卷1~75), 中國木版本, 有圖, 16.2×11.2cm, 四周單邊, 半郭:13.4×9.1cm, 無界, 11行26字, 註雙行, 上下向黑魚尾	版心題:第五才子, 表題:水滸傳, 標題:繡像第五才子書, 緯文堂藏板手書刻序:時雍正甲寅(1734)上伏日句曲外史書	全北大學校 812.3-수호전
	施耐菴(明)著, 金聖歎(清)輯註, 芥子園山房梓	75卷20冊, 中國木版本, 有圖, 18cm, 四周單邊, 13.7×9cm, 11行26字, 上下大黑口, 上黑魚尾	內題:繡像第五才子書,外書名:水滸志, 序:時雍正甲寅(1734)上伏日句曲外史書	延世大學校 812.36/35
	施耐菴(明)著, 金聖歎(清)輯註, 上海申報館仿聖珍版印	8冊, 中國鉛活字本, 18cm, 四周單邊, 13.6×9.5cm, 22行35字, 上下內向黑魚尾	內題:第五才子書, 外題:誌水滸, 敍:旹雍正甲寅(1734)上伏日句曲外史書	延世大學校 812.36/36
評註圖像五才子書	編者未詳, 金聖歎(清)評, 上海, 章福記, 宣統(1910)刊	12卷12冊, 中國石印本, 有圖, 20.2×13.3cm, 四周雙邊, 半郭:17.6×11.7cm, 無界, 20行45字, 註雙行, 上內向黑魚尾, 紙質:竹紙	表題:繡像繪圖第五才子書, 標題:繪圖評註五才子, 刊記:宣統庚戌(1910)仲冬上海章福記石印	東國大學校 D819.34 수95ㅈ
	施耐菴(明)撰, 金聖歎(清)評釋, 上海, 元昌書局, 刊年未詳	11冊2匣(零本, 全12冊12卷), 本館所藏:11冊 (卷1~6, 8~12), 中國石印本, 有圖(圖像16面), 20.1×13.6cm	卷頭:評註圖像水滸傳, 卷首:序, 宋史綱, 宋史目, 讀第五才子書法, 總論, 評註圖像水滸傳姓氏, 讀法, 貫華堂所藏古本水滸傳前自有序, 楔子, 目錄, 各卷頭에 圖像(2面)삽입, 表紙書名:繡像繪圖第五才子書	嶺南大學校 陶南文庫 [古도]823.5 시내안

書名	出版事項	版式狀況	一般事項	所藏處/所藏番號
	施耐菴(明)撰, 金聖歎(清)評釋, 刊寫地未詳, 刊寫者未詳, 刊寫年未詳	1冊(零本, 卷5), 中國石印本, 有圖, 20.1×13.6cm	卷頭:圖像(2面), 表紙書名:繡像繪圖第五才子書	嶺南大學校 [古南]823.5 시내암ㅈㄴ
第五才子書	施耐菴(明)編, 上海, 申報館, 光緒年間	8冊, 中國活字本, 17×11.4cm	卷頭書名:第五才子書水滸傳, 序:雍正甲寅(1734)…句曲外史, 印:集玉齋, 帝室圖書之章	奎章閣 [奎중]6161
	施耐菴(明), 芥子園藏板	2匣20冊, 活字本, 18cm		嶺南大學校 韶823.5
	施耐菴(明), 芥子園山房	75卷20冊, 18cm		嶺南大學校 823.5
	施耐菴(明)	2匣20冊, 中國本, 24×16cm		嶺南大學校 823.5
		20冊, 中國本, 25×18cm		嶺南大學校 汶823.5
俊傑神稻水滸傳	施耐菴(清)撰, 刊地未詳, 寶文堂, 刊年未詳	1冊(零本, 卷51), 日本木版本, 有圖, 21.4×15cm, 四周單邊, 半郭:17.9×13.1cm, 無界, 10行字數不定, 上黑魚尾	版心題:神稻水滸傳, 版心下端記錄(木板):寶文堂藏	嶺南大學校 [古南]823.5 시내암ㅇ
標註訓譯水滸傳	平岡龍城譯, 東京(日本), 近世漢文學會, 大正3年(1914)	2卷2冊(卷1,6), 日本新鉛活字本, 22×14.9cm, 四周單邊, 半郭:18.4×11.3cm, 無界, 10行21字, 註雙行, 無魚尾		京畿大學校 경기-k122034-1
	平岡龍城譯, 東京, 近世漢文學會, 大正5年	14冊, 15×22cm, 四周單邊, 半郭:11.4×18.5cm, 無界, 10行21字, 註雙行	刊記:朝比奈知泉識	明知大學校 812.3 -1
	平岡龍城譯, 刊寫地未詳, 刊寫者未詳, 刊寫年未詳	2卷2冊(卷8, 10), 日本新鉛活字本, 22×15.3cm, 四周單邊, 半郭:18.1×11.3cm, 無界, 10行21字, 無魚尾		京畿大學校 경기-k121766-10
슈호지(水滸志)	崔昌修編修, 京城, 新文館, 1913刊	2冊, 新鉛活字本, 22×15.2cm, 四周雙邊, 半郭:17.5×12cm, 17行35字, 紙質:洋紙	刊記:大正二年(1913)十二月二十七日發行, 京城, 新文館	成均館大學校 D7B-70
슈호지(水滸誌)	崔南善, 新文館, 大正2年(1913)	4卷4冊, 舊活字本		鮮文大 朴在淵
슈호지	刊地未詳, 刊行者未詳, 刊年未詳	1冊, 木版本, 26.8×18.8cm, 四周單邊, 半郭:21.8×16.5cm, 無界, 15行23字內外, 上下向2葉花紋魚尾	일반동산문화재 한글本, 漢文書名:水滸誌	西江大學校 고서 슈95

書名	出版事項	版式狀況	一般事項	所藏處/所藏番號
	施耐庵(明)著, 京城, 新文館, 1913刊	4卷4冊, 新鉛活字本, 有圖, 21.7×15.1cm, 紙質:洋紙	刊記:大正二年(1913) 月日京城府新文館發行	忠道溫陽市溫陽民俗博物館
	施耐菴(明)撰, 京城(서울), 新文館, 大正2(1913)	4卷4冊, 新活字本, 有圖, 22cm	표제지:계축륙월…셔울신문단발행, 卷頭書名:신교슈호지	檀國大學校 죽전퇴계기념도서관(고823.5-시458ㅅ)
	1책(落帙), 번역필사본	전체 81張, 매면16회 25-28자 내외, 9회(36-44회)	병오듕츈회억야의 추필 죵셔(1846추정)	檀國大學校 천안율곡도서관 (김동욱소장본)
	羅貫中(明)著, 劉載洸編, 3卷3冊(卷1-3), 木版本, 淸州, 惟一印刷社, 大正15(1926)	26.5×19.2cm, 四周單邊, 半郭:21.8×16.6cm, 無界, 15行23字, 上下向二葉花紋魚尾		檀國大學校 천안율곡도서관 (고873.5-나1282ㅅ)
	安城板	全3冊(卷1:20張, 卷2:20張, 卷3:21張本)		金東旭
수호지	3책(殘本) 安城坊刻本,	未詳	이능우/유탁일 著書根據	未詳
	2책(京本), 朝鮮末期 推定	未詳	이능우/유탁일 著書根據	未詳/東洋語學校 (Paris)
신교슈호지	施耐菴(明)著, 京城, 新文館(1913)	1冊(缺本), 有圖, 22×15.3cm	表紙書名:신교슈호지	韓國學中央研究院 D7B-49
	施耐菴(明)原著, 崔昌善 編譯, 京城, 新文館, 大正2(1913)	4卷4冊, 新式印刷本, 有圖(圖像4面), 21.7×15.1cm	卷頭:슈호지셜명, 목록, 셜자(楔子), 한글本, 各卷頭目錄, 各卷末 書籍廣告, 標題紙:신교슈호지 계축(1913)륙월 셔울신문단발행	嶺南大學校 陶南文庫 [古도]823.5 시내암ㅇ
		4卷4冊(卷1~4), 新鉛活字本, 有圖, 15.2×21.7cm, 四周雙邊, 全郭:17.5×11.7cm, 無界, 17行35字內外	原標題:水滸誌, 1913년 新文館에서 崔昌善이 순 한글로 번역한 책임, 刊記:大正二年(1913)發行	漢陽大學校 812.35-시218ㅅK ㅊㄴ-v.1-v.4
츙의슈호지	施耐菴(明)撰, 崔昌善 編, 京城, 朝鮮圖書株式會社, 1929	6卷6冊(前集3卷, 後集3卷), 新式印刷本, 21×14.7cm	各卷頭 목록, 後表紙:博文書館 圖書目錄, 한글本	嶺南大學校 陶南文庫 [古도]823.5 시내암ㅇㄱ
츙의슈호뎐	施耐菴(明)撰	1冊(零本, 卷21), 筆寫本, 28.9×20cm	한글本	嶺南大學校 陶南文庫 [古도]823.5 시내암ㅍ
튱의슈호뎐	著者未詳, 寫者未詳, 寫年未詳, 筆寫本	1冊(37張), 28.7× 19.9cm	한글本	서울大學校 일석古 895.13 C4725 v.8

書名	出版事項	版式狀況	一般事項	所藏處/所藏番號
튱의슈호지	3책(零本), 필사본	全 23冊中 3冊 (卷2.3.10 現存),	19세기말 필사(추정)	朴在淵
슈허지·슈호지	著者未詳, 寫者未詳, 寫年未詳, 筆寫本	8冊(落帙)	한글본	朴順浩
슈허지	著者未詳, 寫者未詳, 寫年未詳, 筆寫本	15卷 15冊(落帙)	한글본	梨花女大
후슈호젼(後水滸誌)	12卷12冊, 筆寫本, 作者未詳, 寫年未詳	28.1×20cm, 無郭, 無絲欄, 10行23字, 無版心, 紙質:楮紙	表題:後水滸誌, 表紙에 彩色畵가 있음, 印:藏書閣印	韓國學中央硏究院 R35N-001137-8,4-6876舊藏書閣本
諺漢文忠義水滸誌後集	施耐菴(明)著, 朴健會譯述, 京城, 朝鮮書館, 大正2年(1913)	3卷3冊, 有圖, 22×14.5cm, 無界, 11行35字, 紙質:竹紙	表題:츙의슈호지	忠南大學校 학산고서 集.小說類2031
	刊寫地未詳, 刊寫者未詳, 刊寫年未詳	1卷1冊(卷1, 缺帙), 新鉛活字本, 21.7×14.7cm, 無界, 11行35字, 無魚尾	表題:諺漢文忠義水滸誌	京畿大學校 경기-k119063-1
宣和遺事	宣和年間, 著者未詳	2冊(前, 後集), 中國木版本, 19.3×14.3cm	版心文字:宣和, 跋:學山海尹主人	國立中央圖書館 [古]5-80-15
新刊大宋宣和遺事	上海商務印書館活字版精印	4集4冊, 中國鉛活字本, 21cm, 四周雙邊, 14.5×9.9cm, 10行20字, 上下小黑口, 上黑魚尾	版心題:宣和遺事, 跋:乙卯(1915)八月 孫毓修跋	延世大學校
水滸圖贊	劉晩榮(淸)著, 光緖8年(1882)	1冊(54張), 中國石印本, 20.0×12.5cm	序:光緖壬午(1882)…劉晩榮, 印:集玉齋, 帝室圖書之章	奎章閣 [奎중]5671의1, 5671의2
水滸語錄	施耐菴(明)撰, 刊寫事項不明	1冊, 筆寫本, 18.5×16.5cm, 無界, 行字不定, 無魚尾	表題:水滸語錄	慶北大學校 [古] 812.3 시212ㅅ
	編者未詳, 刊寫地未詳, 刊寫者未詳, 刊寫年未詳	1冊(19張), 22×16.4cm, 四周單邊, 半郭:17.9×14cm, 有界, 8行字數不定, 註雙行, 無魚尾	附錄:西廂語錄	東亞大學校 (1):10:1-8
水滸誌語錄	著者未詳, 哲宗~高宗間 (1850~1863)	1冊, 筆寫本, 25.6×17.6cm, 無罫, 10行19字, 小字雙行	國漢文混用	海軍士官學校 [필]72

書名	出版事項	版式狀況	一般事項	所藏處/所藏番號
	施耐菴(明)著, 年紀未詳	1冊(31張), 筆寫本, 20×13cm, 8行不同		建國大學校 [고]923.5
	編者未詳, 刊寫地未詳, 刊寫者未詳, 辛未	1冊(13張), 筆寫本, 21.2×18cm, 無界, 7行字數不定	表題:水語, 水滸志語錄	檀國大學校 율곡기념도서관/ 고453.1-수236
	編者未詳, 寫年未詳	1冊(21張), 筆寫本, 24.4×19.1cm, 上下單邊, 左右雙邊, 半郭:17.4×12.8cm, 有界, 11行, 字數不同, 黑口, 上黑魚尾		一梨花女子大學 校 [고] 812.03 수95
		1冊(35張), 筆寫本, 23.6×23.6cm	卷頭書名:鐁施耐菴錄, 卷末:辛己仲夏小晦潭雲謄書, 附:西廂記語錄	奎章閣 [古]895.13-Sh92sk
		1冊(7張), 筆寫本, 21.7×18.7cm, 無界, 行字數不定, 註雙行, 紙質:楮紙	表題:梁山泊奇語	釜山女大 伽倻文化研究所
水滸 誌語 錄解	編者未詳, 年紀未詳	1冊, 筆寫本, 33.5×20.3cm, 四周雙邊, 半郭:22.1×15.1cm, 有界, 10行20字, 註雙行, 紙質:楮紙	表題:語錄解	忠南大學校 集1289
		1冊(75張), 筆寫本, 18×16.5cm		奎章閣 [古]3820-5
		25張, 筆寫本, 21.7×16.5cm	丁巳(?)六年月粧纘於蓮谷(卷末)	國立中央圖書館 [위창古]3133-1
	者者未詳, 刊寫地未詳, 刊寫者未詳, 刊寫年未詳	1冊(23張), 20.5×18cm, 無界, 10行字數不定, 無魚尾	國漢文混用	東亞大學校 (3):12-7
		1冊(40張), 筆寫本, 23.1×13cm, 四周單邊, 半郭:19.7×10.3cm, 有界, 6行字數不定, 無魚尾	國漢文混用本임	東亞大學校 (3):12:2-28
水滸 志語 錄解	編者未詳, 年紀未詳	1冊, 筆寫本, 24×16.3cm, 四周白邊, 無界, 10行24字, 註雙行		啓明大學校 이812.35-수호지
		1冊, 筆寫本, 33.5×20.3cm, 四周雙邊, 半郭:22.1×15.1cm, 有界, 10行20字, 註雙行, 紙質:楮紙	表題:語錄解	忠南大學校 集1289
水滸 傳語 錄	哲宗13年 (1862)跋	2冊, 筆寫本, 26×19.5cm, 無界, 10行字數不定, 紙質:楮紙	表題:骨董, 跋:同治元年壬戌(1862) 傳位二百二十年, 備考:國漢文混用	大田市 趙鍾業

書名	出版事項	版式狀況	一般事項	所藏處/所藏番號
	骨董, 發行地不明, 發行處不明, 發行年不明	1冊, 筆寫本, 26×20cm, 無界, 10行字不定, 註雙行, 紙質:楮紙	表題:骨董	忠南大學校 학산고서 子·譯學類9411
	發行地不明, 發行處不明, 發行年不明	1冊, 筆寫本, 21.5×21cm, 無界, 14行字不定, 註雙行, 紙質:楮紙		忠南大學校 학산고서 子·譯學類938
水滸傳語錄諺解	刊寫地未詳, 刊寫者未詳, 刊寫年未詳	1冊, 筆寫本, 24.1×16.8cm, 無界, 8行字數不定, 無魚尾	表題:水滸語錄	京畿大學校 경기-k103844-全
水滸西廂語錄	刊寫地未詳, 刊寫者未詳, 刊寫年未詳	1冊, 筆寫本		鮮文大 朴在淵
漢文水滸志語錄諺解	張志淵著, 京城(서울), 廣學書鋪, 大正6(1917)	1冊, 新鉛活字本, 19.2×13cm, 四周雙邊, 半郭:15.3×9.9cm, 無界, 行字數不定		檀國大學校 율곡기념도서관/고453.1-장236ㅅ
		1冊, 新鉛活字本, 19×12.8cm, 四周雙邊, 半郭:15×9.7cm, 無界, 行字數不定, 無魚尾	題簽題:漢文水滸誌語錄諺解, 版心題:漢文水滸誌語錄諺解, 刊記:大正六年京城府廣學書鋪	慶北大學校 〔古〕812.3 장79ㅎ
		1冊, 鉛印本, 18.5×13cm, 四周雙邊, 半郭:15×10cm, 無界, 半葉字不定, 註雙行, 紙質:洋紙		忠南大學校 학산고서 子·譯學類935
		1冊(120張), 新鉛活字本, 19.1×13cm, 四周雙邊, 半郭:15.2×10.1cm, 10行不定字, 註雙行	刊記:大正六年(1917)六月十五日發行	韓國綜合典籍目錄(山氣文庫) 李謙魯 4-733
	張志淵, 朝鮮廣學書舖	1冊, 活字本, 19cm		嶺南大學校 823.5
水滸傳總論	著者未詳, 年紀未詳	不分卷1冊, 筆寫本, 25.6×16.8cm		國立中央圖書館[한]48-181
註解語錄總攬	白斗鏞 編纂, 尹昌鉉增訂, 京城, 翰南書林, 大正年間	不分卷2冊, 有圖, 30.7×20.1cm	內容:朱子語錄, 西遊記語錄, 水滸誌語錄	國立中央圖書館[위창古]321-10
	白斗鏞編纂, 尹昌鉉增訂, 刊年未詳	1冊, 木版本, 30×20.1cm, 四周單邊, 半郭:20.8×14.9cm, 有界, 10行28字, 註雙行, 上黑口魚尾		國立中央圖書館[東谷古]3117-1

2-2. 結水滸傳(蕩寇志)

≪結水滸傳≫는 70卷 70회로 되어 있고 이외에 '結子' 一回가 있다. 一名 ≪蕩寇志≫라고도 하는데 著者는 兪萬春이며 ≪水滸傳≫의 續書라고 할 수 있다.

≪結水滸傳≫은 兪萬春이 道光 6年(1826)부터 집필을 시작해서 道光 27年(1847)에 끝마쳤다고 하니 총 22년이 걸린 셈이다. 대략 70萬字로 貫華堂 70회본을 이어 다시 70회를 지은 것이다[24)] 兪萬春은 심혈을 기울여 이 책을 지었지만 간행은 兪萬春이 著作을 마치고도 몇 년 후인 咸豊 元年(1851)에 이루어 졌다. 즉 兪萬春의 아들 兪龍光의 修正을 거쳐 비로소 세상에 나온 것이다.

著者 兪萬春(1794-1849)은 字는 仲華, 別號는 忽來道人, 黃牛道人으로 浙江山陽(지금의 紹興)사람이다. 관료지주 출신이었으나 어려서부터 늘 병약하였다고 한다. 그는 20歲 前後에 부친의 임지인 廣東으로 가게 되었는데, 당시 관료들의 핍박을 견디다가 폭발한 농민들의 봉기를 목도하게 된다. 그 후 道光 初年에 부친을 따라서 임지인 桂陽으로 가게 되는데 거기서도 농민들의 반란을 경험하게 되면서 ≪水滸傳≫續書를 구상하게 되었다고 한다.

이 책의 간략하게 살표보면 다음과 같다. 내용은 양산박의 盧俊義가 꿈에 梁山의 백팔 호한들이 모두 처형당하는 꿈을 꾸게 되는데 놀라 깨어나 보니 충의당은 이미 불타서 폐허로 변해버린 상태였다. 宋江이 숙직 중이던 군관을 심문해보니 놀랍게도 盧俊義가 꿈에 본 것과 같았다. 또한 何道士는 宋江에게 다음과 같은 동요를 전해 주었다. "산동에서 36人인 마구 날뛰니, 하늘이 36人을 내려 보냈다. 양쪽의 36人이 서로 치열하게 싸우다 동경의 황제를 만나고서야 八月의 36이 되었다." 이 노래의 뜻을 사람들이 이해하지 못했으나 바로 이것은 수호의 36명의 영웅들의 운명을 나타내는 것이다.

梁山이 토벌된 후에는 또한 다음과 같은 가요가 전해졌다. "하늘이 魔君을 보내 불만을 없애니, 불만을 품은 자가 불만을 품은 자를 죽였다. 불만을 품은 자는 또 불만을 품은 자를 죽이니, 불만을 품은 자를 다 죽이고서 비로소 태평해졌다."[25)]

---

24) 龔維英, 〈簡析 ≪水滸≫兩種續書-≪水滸後傳≫和 ≪湯寇志≫比較硏究〉, ≪貴州社會科學≫, 1998年 第3期, 67쪽 참조.

25) 江蘇省社會科學院 明淸小說硏究中心 文學硏究所 編, ≪中國通俗小說總目提要≫, 中國文聯出版公司, 1990년, 606-607쪽 참조.

이 책의 國內 流入時期에 대한 기록은 찾아보기 어려우나 대략 ≪水滸傳≫이 들어온 비슷한 시기가 될 것으로 추정된다. 國內에는 玩樹文庫에 咸豊 2年(1852)에 刊行된 ≪結水滸全書≫가 소장되어 있고, 刊行年 未詳의 ≪結水滸全傳≫ 木版本이 釜山大와 全南大에 소장되어 있다. 또한 咸豊 7年(1857)에 간행된 重刻文聚堂藏板 ≪繡像蕩寇志≫ 木版本이 奎章閣에 소장되어 있다. 이 외에도 國立中央圖書館 등 여러 곳에서 찾아 볼 수 있는데 대부분 淸末 版本이 주류를 이룬다.

書名	出版事項	版式狀況	一般事項	所藏處/所藏番號
結水滸全書	兪萬春(淸)著, 淸咸豊2年(1852)刊	50卷13冊(卷1~27, 32~55), 中國新鉛活字本, 17.1×11.5cm, 四周雙邊, 半郭:13.3×9cm, 12行27字, 註雙行, 內向黑魚尾, 紙質:唐紙	表題:蕩寇志, 版心題:蕩寇志, 序:水滸一書…其書無人不讀而誤解者甚夥…恐或尤而效之其害有不勝言…金友仲華深嫉邪說之足以惑人忠義盜賊之不容不辨故繼耐菴之傳結成七十卷…名之曰蕩寇志…咸豊二年(1852)…徐佩珂	韓國綜合典籍目錄(玩樹文庫) 李炳麒 4-195
結水滸全傳	兪仲華(淸)篇著, 邵祖恩 評, 上海, 天寶書局, 同治10(1871)序	8卷8冊(卷1-8), 中國石印本, 有圖, 20.2×13.6cm, 四周雙邊, 半郭:17.7×11.7cm, 有界, 29行65字, 註雙行, 花口, 上下向黑魚尾, 紙質:竹紙	表題:繪圖蕩寇志演義, 別題:結水滸全傳, 序:同治辛未(1871)仲夏弟晴湖兪순, 續序:時上辛敦장(庚午, 1870) 臘月桂林半月老人, 識:咸豊元年辛亥(1851)夏五月辛丑望男龍光, 刊記:天寶書局印行	全南大學校 3Q-수95ㅇ
		8卷8冊(卷1-8), 中國石印本, 有圖, 20.2×13.6cm, 四周雙邊, 半郭:17.7×11.7cm, 無界, 29行65字, 註雙行, 上黑魚尾, 紙質:竹紙	別題:結水滸全傳, 表題:繪圖蕩寇志演義, 序:同治辛未(1871)仲夏弟晴湖兪순, 續序:時上辛敦장(庚午, 1870) 臘月桂林半月老人, 識:咸豊元年辛亥(1851)夏五月辛丑望男龍光	全南大學校 3Q-수95ㅇ-v.1-8
	兪萬春(淸)甫著, 范辛來(淸), 邵祖恩(淸)同參評, 上海, 中報館, 光緖9(1883)	70卷18冊(卷1-70), 17.2×11.6cm, 四周雙邊, 半郭:13.3×9.7cm, 無界, 12行27字, 註雙行, 內向黑魚尾	包匣題:蕩冠志, 序:咸豊元年歲次辛亥(1851)春王月古月老人題, 序:咸豊二年歲次壬子孟秋(1852)朔旦武林徐佩珂書, 序:咸豊二年秋七月(1852)長州陳奐拜序, 印記:光緖癸未(1883)夏上海中報館彷추珍版印	東亞大學校 (3):12:2-42

書名	出版事項	版式狀況	一般事項	所藏處/所藏番號
	兪萬春(淸)著, 范辛來(淸), 邵祖恩(淸)同參評, 徐佩珂, 項盛愔同參評, 上海, 申報館, 光緒9(1883)	70卷18册, 中國鉛印本, 17.1×11.3㎝		高麗大學校 (華山文庫) C14-B4F
	兪萬春(淸)著, 淸代刊	6册, 中國木版本, 17.2×11.1㎝, 四周雙邊, 半郭:13.6×10.1㎝, 無界, 12行27字, 註雙行, 上下向黑魚尾, 紙質:綿紙	表題:蕩寇志, 版心題:蕩寇志	釜山大學校
		31卷8册(卷40~70), 中國新鉛活字本, 17.8×11.9㎝, 四周雙邊, 半郭:13.8×9.9㎝, 有界, 12行27字, 註雙行, 內向黑魚尾, 紙質:竹紙	表題:續水滸志, 版心題:蕩寇志	江陵市船橋莊
	兪萬春(淸)著, 中國, 刊寫者未詳, 刊寫年未詳	24卷6册, 中國新鉛活字本, 17.2×11.1㎝, 四周雙邊, 半郭:13.6×10.1㎝, 無界, 12行27字, 註雙行, 花口, 上下向黑魚尾, 紙質:노로지	表題:蕩寇志	釜山大學校 (芝田文庫) OEC 3-12 44
		13册(册12~24, 缺帙), 中國木版本, 17.3×12.1㎝, 上下單邊, 左右雙邊, 半郭:14.2×10㎝, 有界, 8行22字, 花口, 上下向黑魚尾, 紙質:綿紙	表題:結水滸傳, 版心題:蕩寇志	全南大學校 3Q-결57ㅇ
		13册(册12~24, 缺帙), 中國木版本, 17.3×12.1㎝, 上下單邊, 左右雙邊, 半郭:14.2×10㎝, 8行22字, 上黑魚尾, 紙質:綿紙	版心題:蕩寇志, 表題:結水滸傳	全南大學校 3Q-결57ㅇ-v.12-24
結水滸傳:繡像蕩寇志	兪萬春(淸) 著, 重刻文聚堂藏板, 咸豊 7年(1857)	70卷 卷末 合22册(卷3~7缺), 中國木版本, 有圖, 12.2×18.2㎝, 左右雙邊, 半郭:10.5×12.8㎝, 有界, 8行21字, 上黑魚尾	版心書名:蕩寇志, 序:重刻兪仲莘先生蕩寇志叙…… 咸豊七年(1857)仲, 印:帝室圖書之章, 集玉齋	奎章閣 [奎중]6103

書名	出版事項	版式狀況	一般事項	所藏處/所藏番號
繪圖蕩冠誌演義	兪萬春(淸)著, 上海, 天寶書局, 刊年未詳	8卷8册, 中國石印本, 有圖, 20×15cm, 四周雙邊 半郭:17.8×11.8cm, 無界, 29行65字 註雙行, 上黑魚尾	序:同治辛未(1871)…兪灥, 卷首書名:繪像結水滸全傳	啓明大學校 [고]812.35-수호지
繪像結水滸全傳	羅貫中(明)撰, 范辛來(淸), 邵祖恩(淸)參評, 上海書局, 光緖34(1908)	8卷8册, 中國石印本, 有圖, 20.4×13.7cm	標題紙:繪圖蕩寇志全傳	高麗大學校 (新菴文庫) C14-B70
	俞萬春(淸)著, 隆熙2年戊申(1908, 光緖34), 光緖戊申仲夏上海書局石印	8卷1匣8册, 中國石印本, 13.6×20.3cm, 四周雙邊, 半郭:12.4×17.4cm, 無界, 24行50字, 白口黑魚尾上	表紙書名:繪圖蕩寇志全傳, 刊記:光緖戊申仲夏上海書局石印, 序:俞灥(續序 1871), 跋:湖邊老漁	澗松文庫
	兪萬春(淸)著, 上海, 錦章圖書局, 刊寫年不明	8卷8册, 中國石印本, 有圖, 20.3×13.6cm, 四周雙邊, 半郭:17.5×12cm, 無界, 上下向黑魚尾	序:仲夏第晴湖兪灥謹誌, 刊記:上海錦章圖書局石印, 表題:繪圖蕩寇志全傳, 版心題:繡像蕩寇志	慶北大學校 [古] 812.3 유31ㅎ
繪圖蕩寇志演義	兪萬春(淸)著, 上海, 天寶書局, 同治辛未(1871)	8卷8册(卷1-8), 有圖, 20.2×13.2cm, 四周雙邊, 半郭:17.8×11.8cm, 無界, 行字數不定, 上下向黑魚尾		慶熙大學校 812.3-유32ㅌ
	兪萬春(淸)著, 上海, 天寶書局, 淸朝末~中華初刊	不分卷8册, 中國石印本, 20×13.2cm, 四周雙邊, 半郭:18.3×11.8cm, 29行65字, 註雙行, 上黑魚尾, 紙質:竹紙	書名:裏題에 依함, 刊記:上海天寶書局印行	成均館大學校 (曺元錫) D7C-186
蕩寇志	兪萬春(淸)著, 范辛來(淸)等參評, 徐佩珂(淸) 等參閱, 上海, 申報館, 光緖9年(1883)	合18册(70卷, 卷末), 中國活字本(仿聚珍版), 17×11.4cm	卷頭書名:結水滸全傳, 序:咸豊元年(1851)…古月老人, 跋:咸豊元年…兪龍光	奎章閣 [奎중]5851

2-3. 後水滸志

≪後水滸傳≫은 45회본으로 ≪水滸傳≫의 속서 중의 하나이며 靑蓮室主人이 지은 영웅소설이다. 淸初의 간행본이 있는데 素政堂과 天花藏의 인장이 찍혀 있고 施耐

庵이 저술하였다는 부분이 있으나 위탁으로 고증되었다. 작자 靑蓮室主人이 누구인지에 대해서는 명확한 고증이 되어 있지 않다. 다만 素政堂과 天花藏 및 采花橋上客 등과 관련이 있을 것이라는 추정만 할 뿐이다.

이 작품의 창작 연대에 대해서도 뚜렷한 기록이 나타나지 않고 있지만 작자와 서문의 작자가 모두 명말 李自成이 이끄는 농민군에 대해 동정적인 입장을 취하고 있는 까닭에 명나라와 청나라가 함께 존속하고 있던 청나라 順治 初期에 창작된 것으로 추정된다.

원전 ≪後水滸傳≫은 대련도서관에 유일하게 소장되어 있었다가 1981년에 심양 춘풍문예출판사에 의해 교정 출간되었다. 이후 1992년에는 요녕성 민족출판사의 번역본을 국내 박문서관에서 상중하 3편으로 나누어 출판했으나 번역문이 세련되지 못하고 자연스럽지 않아서 널리 유통되지는 못했다.

≪後水滸傳≫의 한글 번역본은 12책으로[26] 본래 낙선재에 소장되어 있었던 것인데 현재 한국학중앙연구원에 소장되어 있다. 이 번역본의 제목은 ≪후슈호뎐≫이라 되어 있으며 다른 낙선재본 번역소설과 함께 낙선재 문고에 소장되어 있는 번역소설 가운데 가장 오래된 것 중의 하나로 보인다. 왜냐하면 원전 자체가 중국 내에도 거의 전하지 않고 있으며 朝鮮 英祖 38年(1762)에 이루어진 思悼世子의 ≪중국소설회모본≫에 그 소설명이 열거되어 있기 때문이다. 따라서 ≪後水滸傳≫의 국내 유입 시기는 늦어도 1762년 이전에는 들어왔을 것이라 보인다.

≪후슈호뎐≫의 번역문은 한글 궁체로 쓰여 있어 해독하기 쉬운 편이다. 다만 전사과정을 거쳤기 때문에 내용의 누락과 잘못된 번역이 가끔 눈에 띄고 있다. 이 작품은 다른 역사 연의소설에 비해 早期 白話의 어휘가 풍부하게 드러나고 있다는 특징을 지니고 있다.[27]

≪後水滸傳≫의 내용은 다음과 같다. 梁山泊의 영웅들이 모두 관부에 의해 죽임을 당하고 나서 다시 인간 세상에 환생한다. 이들은 다시 군대를 일으켜 무창성을 함락시키고 관군을 압박하는 등 기세를 떨친다. 한편 조정에서는 충신 岳飛를 보내어 토벌하

---

26) 20책으로 기록되어 있는 책도 있다. 임치균 외, ≪藏書閣古小說解題≫, 韓國精神文化硏究院(현 한국학중앙연구원), 1999. 613쪽 참조.

27) 박재연, 〈낙선재본 후슈호뎐 연구-古語 資料를 중심으로〉, ≪중국소설논총≫ 제5집, 1996. 3. 231-238쪽.

도록 한다. 그러자 36천강성이 검은 연기로 변하더니 덩어리가 되어 다시는 세상에 나오지 않게 되었다고 한다.

국내에는 中國石印本이 용인대와 江陵市 船橋莊에 소장되어 있고, 한글 필사본은 유일하게 韓國學中央硏究院에 소장되어 있는데 표지에는 '後水滸誌'이라 되어 있으며 채색화가 있는 게 특징이다.

書名	出版事項	版式狀況	一般事項	所藏處/所藏番號
後水滸蕩平四大寇傳	著者未詳, 上海廣益書局	6卷6冊, 中國石印本, 14.7×8.7cm, 四周單邊, 半郭:12.6×7.8cm, 無界, 18行42字		龍仁大學校 D7-32
	上海, 廣益書局, 中華年間刊	6卷6冊(卷1~6), 中國石印本, 有圖, 14.9×8.9cm, 四周單邊, 半郭:12.4×8cm, 無界, 18字44行, 紙質:洋紙	題簽:後五才子征四冦, 版心題:繪圖蕩平四冦傳, 裏題:繪圖蕩平四大冦傳	江陵市 船橋莊
후슈호젼(後水滸誌)	作者未詳, 寫年未詳	12卷12冊, 國文筆寫本, 28.1×20cm, 無郭, 無絲欄, 10行23字, 無版心, 紙質:楮紙	表題:後水滸誌, 表紙에 彩色畵가 있음, 印:藏書閣印 35㎜R[Nega], 585f	韓國學中央硏究院 4-6876/R35N-0011 37-8
후슈호젼		12冊, 國文筆寫本, 有圖, 28.1×20cm	別名:後水滸誌, 35㎜R[Nega], 585f	韓國學中央硏究院 R35N-001137-8,4-6876舊藏書閣本

2-4. 續水滸誌(征四寇傳)

≪續水滸誌≫는 一名 ≪征四寇傳≫이라고도 하며 모두 10卷 39回로 되어 있다. 주요 판본으로는 中勝堂藏板本이 있는데 北京圖書館에 소장되어 있다. 內封正中은 "征四寇傳", 右欄上方은 "續水滸"이라 되어 있고 左欄下方은 "中勝堂藏板"이라고 적혀 있다. 권두에 "新增第五才子書 水滸全傳", "聖歎外書"라고 적혀 있다. 목록 페이지에는 "新增 繡像水滸後傳"이라고 쓰여 있고 版心에는 "第五才子書"로 되어 있다.

序文에 책을 쓴 이유를 다음과 같이 명백히 밝히고 있다. "한가로운 틈에 ≪水滸≫를 읽다가 그 옆에 '第五才子書' 라는 것을 보니 ≪三國志≫등과 같은 계열의 책으로 패관들의 야사와 같이 논할 수 있는 것이 아니다… 마치 개미떼처럼 모여든 무리를 모아 나라를 위해 도적 무리들을 없애고 백성들을 평안하게 하였으니, 비록 그 시작은 바르지 못하였지만 뉘우치고 바른 길로 나아갔다. 그 뜻을 보니 참으로 높고 그 공은 버릴 수 없는 것이다. 책으로 전하여 후세에 알리지 않는다면 영웅의 뜻이 밝혀지지 않을 것이기에 책의 뒤에 이 글을 계속하고자 하니 남과 북을 정벌하여 천하를 평정한 공로가 사람들 눈앞에 분명히 드러나면 영웅들의 뜻을 펼 수 있을 뿐 아니라 이 책 역시 시작과 끝이 있게 되니 어찌 흡족하지 않겠는가?"라고 적고 있다.

또한 끝부분에는 "乾隆 壬子歲(1792) 동짓달에 賞心居士가 滌雲精舍에서 쓰다"라고 적혀 있다. 이 책은 ≪水滸傳≫의 第67回 "柴進簪入禁苑, 李逵元夜鬧東京"에서 시작하여 150回 "宋公明神聚宴兒洼, 徽宗帝夢遊梁山泊"으로 끝난다.[28)]

國內 流入에 관한 기록은 ≪五洲衍文長箋散稿≫第7卷 등에 보이는데 그 내용은 아래와 같다.

> 桃花扇 紅樓夢 續紅樓夢 續水滸傳 列國志 封神演義 東遊記 其他爲小說者不可勝記. 有聊齋志異蒲松齡者, 稗說中最爲可觀. 或有實蹟 文辭雅馴. 與王漁洋 同時 漁洋以千金購之 欲爲己作 而松齡不應 其操可知也. 如此小說 我東人則量淺才短 亦不能領略. 閭巷間流行者 只有九雲夢.
> (≪桃花扇≫·≪紅樓夢≫·≪續紅樓夢≫·≪續水滸傳≫·≪列國志≫·≪封神演義≫·≪東遊記≫ 등등 기타 소설이라고 하는 것들이 이루 말할 수 없이 많다. 그 중 ≪聊齋志異≫는 포송령이 쓴 것인데, 稗說 가운데 가장 볼 만하다. 간혹 사실적인 흔적이 있기도 하고 문사가 미려하고 세련되어 있다. 포송령은 王漁洋과 더불어 동시대에 살았던 사람으로, 왕어양이 천금을 주고 구매하여 자신의 작품으로 삼고자 하였으나 포송령이 이에 응하지 않았으니 그 절조를 알 만하다. 이와 같은 소설은 우리 동방 사람들은 재능과 학식이 미천하여 그 뜻을 잘 이해하기가 어렵다. 항간에서 유행하는 것으로는 오직 ≪九雲夢≫이 있을 따름이다.)[29)]

위에 보이듯이 ≪續水滸傳≫의 제목이 보이고 있다. 따라서 작품의 국내 유입 시기는 적어도 李圭景(1788~1856)이 ≪五洲衍文長箋散稿≫를 쓴 시기 이전에 유입되었

28) 江蘇省社會科學院 明淸小說硏究中心 文學硏究所 編, ≪中國通俗小說總目提要≫, 中國文聯出版公司, 1990년, 561쪽 참조.

29) 閔寬東, ≪中國古典小說史料叢考≫, 아세아문화사, 2001년, 244쪽 재인용. ≪五洲衍文長箋散稿≫ 卷7, 經史篇4, 經史雜類2, 典籍雜說, 古今書籍名目辨證說(고전국역총서 155, 230-231쪽)

음을 짐작할 수 있다. 1800년대 초기에는 국내에 유입되었을 것으로 사료된다.

국내에는 奎章閣에 木版本 ≪續水滸≫ 2冊이 소장되어 있고 延世大學校에 石印本 ≪續水滸征四寇全傳≫2冊이 소장되어 있다. 雅丹文庫에 朴健會 編의 ≪쇽수호지≫(續水滸誌) 3卷 1冊이 소장되어 있다.

書名	出版事項	版式狀況	一般事項	所藏處/所藏番號
續水滸	金聖歎(淸)評, 乾隆57年(1792), 上海, 申報館	2冊, 中國木版本, 17×11.4㎝	序:乾隆壬子(1792)…賞心居士, 印:集玉齋, 帝室圖書之章	奎章閣 [奎중]6102
續水滸征四寇全傳	金聖嘆 編, 上海申報館仿聚珍版印	2冊, 中國石印本, 18㎝, 四周單邊, 13.7×9.4㎝, 22行35字, 上下內向花紋魚尾	內書名:續水滸 外書名:續水滸誌 敍:乾隆壬子歲(1792)臘月 賞心居士敍	延世大學校 812.36/32
쇽수호지(續水滸誌)	朴健會編	3卷1冊(卷1~3), 新活字本, 20.7×13.7㎝, 17行35字		雅丹文庫 813.5-박14ㅅ

2-5. 水滸後傳

≪水滸後傳≫은 ≪水滸傳≫의 續書로 8卷 40回로 되어 있다. 著者는 "古宋遺民著, 雁宕山樵" 라고 되어 있는데 이는 明末淸初 時期를 살았던 明나라 遺民 陳忱(1613～?)이라고 알려져 있다. 陳忱의 字는 遐心, 敬夫이고 號는 雁宕山樵이며 浙江烏程 南潯鎭 사람이다. 作家 陳忱은 明나라가 망하자 관직에 나가지 않고 점을 쳐서 생계를 꾸리다가 결국 굶어 죽었다고 전해진다.[30] ≪水滸後傳≫은 아마도 그의 晩年作品일 것으로 추정된다. 陳忱은 또 ≪雁宕詩集≫二卷 · ≪痴世界樂府≫ · ≪續廿一史彈詞≫ 등의 저서가 있다고 하나 모두 失傳되어 그 면모를 알 길이 없다.[31] 단지 그 제목으로 보아 작가가 소설뿐만 아니라 여러 분야에 다양한 관심을 가지고 있었던

30) ≪光緖烏程縣志≫, 江蘇省社會科學院明淸小說硏究中心, 文學硏究所編, ≪中國通俗小說總目提要≫, 中國文聯出版公司, 1990년, 358쪽 참조.

31) 龔維英, 〈簡析 ≪水滸≫兩種續書-≪水滸後傳≫和 ≪湯寇志≫比較硏究〉, ≪貴州社會科學≫, 1998年 第3期, 66쪽 참조, 노신도 陳忱의 다른 작품들이 모두 실전 된 것을 안타까워했다.(노신, ≪中國小說史略≫, 人民文學出版社, 1973년, 124쪽 참조)

인물임을 미루어 짐작할 수 있다. 康熙 甲辰(1644) 刊本에 매우 긴 분량의 識語가 있는데 그것에 의하면 宋 遺民이 누구인지 확실치 않지만 施耐庵, 羅貫中과 同時代人으로 추정된다.

주요 판본으로는 英國博物館에 소장된 康熙 甲辰(1644) 刊本 8卷 40回가 있다. 또 蔡元放評本 ≪水滸後傳≫舊刊大字本은 卷頭에 乾隆 35年 (1770) 蔡元放의 序文과 讀法이 있다. 蔡元放이 고쳐서 8卷을 10卷으로 만들었는데 南京圖書館과 北京圖書館에 소장 되어 있다.

그 외 紹裕堂刊本은 8卷 40回이며 卷頭에 萬曆 戊申年 늦가을에 쓴 序文이 있으며 插圖는 없고 天津圖書館에 소장되어 있다.[32]

≪水滸後傳≫은 ≪水滸後≫의 續書답게 ≪水滸後≫에 단편적으로 등장하는 李俊 등의 후일담으로 李俊 등이 조정의 부패에 통탄하고 해외로 나가 시암국의 왕이 되어 선정을 베푼다는 이야기이다.

≪水滸後傳≫의 자세한 내용은 다음과 같다. 칩거 중이던 阮小七은 梁山泊에 가서 宋江 등의 망령에게 제사를 지내다가 濟州通判 張干辦에게 체포되었다.

또한 蔡京은 李應과 이별하고서 북경으로 돌아가는 도중에 도인 郭京과 樊瑞가 도술로 싸우는 것을 보게 되었다. 郭京은 林靈素가 추천해 주어 童貫府에 고용되었다. 그 후 樊瑞와 蔡京이 서로 알고 있다는 사실이 발각되어 의심을 받게 되고 결국 樊瑞는 도주하여 蔡京과 같이 飲馬川으로 갔다.

李良嗣가 고발해서 童貫은 郭京을 보내서 公孫勝을 잡았다. 樂和는 尹文和로 이름을 고치고 建康으로 가는 도중에 郭京을 만나 함께 가자고 했다. 安道全과 盧師越은 고려국에 사신으로 갔다 돌아오는 길에 폭풍을 만났는데 李俊의 도움으로 목숨을 구하였다. 蔣敬도 장사를 하러 가다가 속임수에 빠져서 죽을 고비를 넘긴다. 장수 張珏은 송나라에 투항하였는데 童貫은 張珏 부자를 죽이고 금나라에 화친할 것을 요구하였다. 柴進은 高源에 의해 감금되었는데 李應이 구해낸다. 수도가 위급하다는 소식을 듣고 戴宗과 楊林을 파견해서 먼저 정세를 살피도록 하였다.

欽宗은 蔡京, 蔡攸, 高俅, 童貫, 王黼, 楊戩, 梁師成을 모두 귀양 보냈다. 欽宗은

32) 江蘇省社會科學院 明淸小說硏究中心 文學硏究所 編, ≪中國通俗小說總目提要≫, 中國文聯出版公司, 1990년, 358쪽 참조.

郭京이 요술로 적군을 격퇴시키겠다는 말을 믿었는데 결국 수도가 함락되고 두 황제가 잡혀가게 되었다. 또 高宗은 금군에게 포위되었는데 李俊이 군사를 거느리고 황제를 구해냈다. 高宗은 李俊을 暹羅王으로 봉하고 두령들에게 관직을 내렸다. 李俊은 聞煥章의 딸을 왕비로 삼고 다른 두령들도 모두 배필을 맺어 주었다.

國內 流入 時期는 朝鮮 英祖 38年(1762) 思悼世子가 지은 ≪中國小說繪模本≫ 序文에 이 책이 언급된 것으로 보아 적어도 1762년 이전에는 朝鮮에 유입되었음을 알 수 있다. ≪中國小說繪模本≫ 序文의 내용을 살펴보면 다음과 같다.

> 夫四書·六經及綱目·通鑑·宋鑑·明史·綱鑑 諸書, 韓·柳, 白·李·杜, 蘇諸集, 朱子諸書, 二程全書」等諸子百家之外, 又有稗官少史等諸書, 其名不可勝記. 然其中有大少精粗·虛實·警世之, 何則? .....其中又有大中小帙 曰西遊記·曰後西遊記·曰東遊記·曰水滸志·曰後水滸志·曰水滸後傳·曰西洋記(三寶太監西洋記通俗演義)·曰包公演義·曰無冤錄·曰迪吉錄·曰感應篇·曰剪燈新話也.
> (대저 ≪四書≫·≪六經≫, 그리고 ≪綱目≫·≪通鑑≫·≪宋鑑≫·≪明史≫·≪綱鑑≫ 등 여러 책과 한유·유종원, 백거이·이백·두보, 소동파의 여러 문집, 주자의 여러 책, ≪二程全書≫등 제자백가의 책 외에, 패관잡기 등의 책이 있어 그 이름을 이루 다 기록할 수가 없다. 그러나 그 가운데 많고 적음과 정교함과 조잡함, 허와 실이 있어, 세상을 경계 하니 어찌된 것인가?...... 그 중에 대·중·소질에 ≪遊西記≫·≪後西遊記≫·≪東遊記≫·≪水滸志≫·≪後水滸志≫·≪水滸後傳≫·≪西洋記≫·≪包公演義≫·≪無冤錄≫·≪迪吉錄≫·≪感應篇≫·≪剪燈新話≫가 있다)[33]

국내에는 高麗大에 乾隆 35年(1770)에 간행된 木版本 10卷6冊이 소장되어 있는데 1冊에는 評刻水滸後傳敍, 目錄, 人物肖像이 24장이 수록 되어 있다. 卷頭에 "金陵憨客野雲主人外書"라 되어 있고 이어서 讀法이 나온다. 2, 3, 4, 6冊에는 각각 2卷의 내용을 담았는데 5冊만 卷8을 담고 있다. 분량상의 안배는 아닌 듯 하고 표지에 필사로 回目을 적고 있다.[34]

33) 閔寬東·金明信 共著, ≪中國古典小說批評資料叢考≫, 學古房, 2003년, 297-298쪽 참조.
34) ≪水滸後傳≫ 高麗大學校 所藏本 참조.

書 名	出 版 事 項	版 式 狀 況	一 般 事 項	所藏處/所藏番號
水滸後傳	古宋遺民(淸)著, 鴈宕山樵評, 乾隆35(1770)	10卷6冊, 中國木版本, 有圖, 22.9×14.7㎝	標題:繡像水滸後傳, 評刻水滸後傳, 序:大淸乾隆三十五年歲次庚寅(1770) 金陵憨客蔡奡元放甫題于野雲	高麗大學校 C14-B4K

3. 西遊記: (後西遊記, 四遊記, 東遊記, 南遊記, 北方眞武祖師玄天上帝出身全傳)

3-1. 西遊記

≪西遊記≫는 20권 100회본으로 작자는 吳承恩(1510～1582년)이고 神魔小說에 해당한다. ≪西遊記≫는 唐代의 ≪大唐西域記≫와 宋代의 ≪大唐三藏取經詩話≫ 등 수많은 고사들이 축적되어 정리되다가 明代 後半(16세기 중후반) 吳承恩에 의해 완성된 것으로 추정된다.

≪西遊記≫의 판본은 明代 간행본과 淸代 간행본으로 나누어진다. 명대 간행본은 모두 네 가지가 있다. 華陽洞天主人校本은 세 가지가 있는데 ≪新刻出像官板大字西遊記≫ · ≪新鐫全像西遊記傳≫ · ≪唐僧西遊記≫이다. 모두가 총 20권 100회로 되어 있다.

≪新刻出像官板大字西遊記≫는 '華陽洞天主人校', '金陵 世德堂梓'라고 적혀 있고 중간에는 '金陵 榮壽堂梓行', '書林 熊雲濱重鍥'라고 적혀 있다. 머리에는 秣陵 陳元의 '壬辰 夏端 四日'의 序文이 있으며 或者는 初刊本이라고 하지만 이의를 제기하는 사람이 있다. 현재 통용되는 ≪西遊記≫는 바로 이 版本에 의거한 것이다.

≪新鐫全像西遊記傳≫ 권1에는 '華陽洞天主人校', '閩書林楊閩齋梓'라 表題되었고, 중간에는 '淸白堂 楊閩齋梓'라고 적혀 있다. 처음에 秣陵 陳元의 序가 있고, 序文에는 '癸卯夏念一日(癸卯年, 여름, 21日)'이라 서명이 되어 있다. 20권은 '月到天心處, 風來水面時, 一般淸意味, 料得少人知'를 序로 하였는데, 名卷은 5회로 되어 있으며 10책이다.

≪唐僧西遊記≫는 題目과 回目의 表題는 이상의 두 가지 版本과 완전히 같다. 各

卷의 첫 번째 줄에는 '唐僧西遊記'라 적혀 있고, 마지막에는 '全像唐三藏西遊記卷終'이라 적혀 있다. 이외에 ≪李卓吾先生批評西遊記≫는 100회로 題詞는 袁于令(1592~1674)이 지었으며, 本文에는 注와 夾評이 있고, 回末에는 대부분 總評이 있으며 孫楷第는 昌啓 때의 책이라 考證하였다.

清代 간행본으로는 ≪西遊證道書≫ · 文盛堂刻本 · ≪西遊眞詮≫ · 良月校經山房校刻本 · ≪新說西遊記≫ · 上海 味潛齋의 石印本 · 夏復恒志 永湖南 常德府 護國庵의 重刊本 등이 있다.

첫째, ≪西遊證道書≫ 100회본은 작자가 邱長春이라는 學說을 처음으로 제기했는데 目錄의 앞에는 '新鐫出像古本西遊記道書'라 적혀 있고 20책으로 淸初의 原刻本이며 日本內閣文庫에 소장되어 있다.

둘째, 清代 文盛堂刻本은 20책으로 속지에는 위에 橫으로 '聖嘆外書'라 되어 있고 가운데는 '繡像西遊證道書'라 되어 있으며, 卷頭에는 乾陵 15年(1750) 金陵 野雲主人(바로 蔡元放)의 ≪增評證道奇書序≫가 있다. 後尾에는 ≪讀法≫ 62쪽이 있으며 板心 아래에는 '九如堂'이란 세 글자가 있다.

셋째, ≪西遊眞詮≫ 100회본은 淸 陳士斌이 지었는데 版本은 淸의 乾陵 庚子(1780)刊本이다.

넷째, 光緖 甲申年(1884) 良月校經山房校刻本은 책머리에 康熙 丙子年(1696) 西堂老人 尤侗의 序가 있고, 본문의 권두에는 '西遊眞詮', '山陽 悟一子 陳士斌允生甫詮解'라 적혀 있다.

다섯째, ≪新說西遊記≫ 100회본은 淸 張書紳이 지은 것으로 책머리에는 自序와 乾陵 13年 戊辰年(1748)의 總論과 總批가 있고, 回前 · 回後에는 모두 長評이 있으며, 文中에는 夾批가 있다.

여섯째, 上海 味潛齋의 石印本은 王韜의 光緖 14年 戊子年(1888)의 序文이 있다.

일곱째,. 嘉慶 24年(1819) 夏復恒志 永湖南 常德府 護國庵의 重刊本은 瞿家鏊의 序文과 夏復恒 등의 跋文이 있으며 북경도서관에 소장되어 있다.

明代 版本은 陳光蕊가 赴任하여 災難을 당한 故事와 唐玄蕊의 出身에 관한 이야기가 모두 빠져 있다. 이 이야기는 ≪西遊證道書≫에 처음 삽입된 것으로 이후 淸代 100회본 ≪西遊記≫는 모두 ≪西遊證道書≫에 근거하여 판각했다.

≪西遊記≫가 우리나라에 유입된 시기는 대략 고려시대 말기로 추정된다. 1347년(至正 7년)에 간행된 것을 추정되는 역관들의 중국어 교과서인 ≪朴通事≫에 최초로 ≪西遊記評話≫의 한 대목이 실려 있다. 이후 오승은이 집대성한 ≪서유기≫는 조선시대에 들어와 한글로 번역되어 다양한 계층의 사람들에게 애독되었던 것으로 보인다.

≪西遊記≫의 번역 필사 시기는 명확하게 추정할 수 없지만, 1762년 思悼世子가 쓴 ≪中國小說繪模本≫과 1786년에서 1790년에 걸쳐 온양 정씨가 필사한 ≪옥원재합기연≫권15의 표지 안쪽에 적힌 소설목록, 洪羲福(1794～1859)의 ≪第一奇諺≫ 번역본 서문 등을 통해 한글본 ≪서유기≫의 유통 상황을 살펴볼 수 있다. 따라서 한글본 ≪셔유긔≫는 늦어도 18세기 중반 이전에는 이미 유통되어 읽혔을 것으로 짐작된다.

현재 연세대 소장 ≪셔유긔≫는 13권 9책으로 권1, 2, 10, 12의 4책이 缺本인 제15~100회가 남아있고, 계명대 소장 ≪셔유긔≫는 28권 24책으로 제4-30, 제32-100회본이 남아 있다. 연세대본은 1715년에 필사된 것으로 의역에 가깝고 원문과 대역 부분을 찾을 수 없을 정도로 축약된 곳이 많은 편이다. 계명대본은 표기와 어휘 특징으로 보아 대략 19세기 말 20세기 초 민간에서 필사된 것으로 보이는데 그 번역양상은 일부 첨역된 부분이 있고 축약과 개작이 심한 부분도 있지만 전체 이야기의 흐름에 구애받지 않는 범위 내에서 이루어지고 있다.[35)]

≪서유기≫의 방각본은 여러 종이 있으나 현존하는 판본은 朝鮮木版本으로 1856년에 발행된 華山新刊(2책, 四周單邊, 上二葉花紋魚尾)으로 坊刻本(京本)이다. 이 책은 현재 한국학중앙연구원(구 정신문화연구원)에 소장되어 있다. 한편 丙辰 華山新刊京本(방각본)의 丙辰年을 1916년으로 보는 견해도 있으나 筆者가 보기에는 1856년 丙辰年이 더 타당해 보인다.

그리고 1913년에 나온 ≪셔유긔≫가 있는데, 이 책은 3권 3책으로 舊活字本이다. 1913년 제1권과 3권은 博文書館에서 제2권은 朝鮮書館에서 朴健會에 의해 발행된 것이나 완역은 아니다(제1권은 1-10회, 제2권은 11-23회, 제3권은 24-35회가 실려 있다). 대개 조선말기 까지 남아있던 ≪셔유긔≫번역 필사본을 가지고 구활자로 조판한 듯하다.

이 작품의 번역은 意譯에 가깝고 고어와 고문체가 많이 사라져 버렸지만 원문과 대

35) 김영진·박재연·김영·노순점·김민지 교주, ≪셔유긔≫(계명대 동산도서관본), 학고방, 2009. 머리말 참조. 김장환·박재연·김영 교주, ≪셔유긔≫(연세대 중앙도서관본), 학고방, 2009. 머리말 참조.

역부분을 찾기 힘들 정도로 축약되었다. 그러나 ≪西遊記≫의 특성상 일부 번역문에 고어가 많이 남아 있고 중국어 차용어 또한 적지 않게 출현하고 있어 기존 필사본의 형태가 어떠했는지를 유추해 볼 수 있는 좋은 자료이다.[36] 그리고 각각 回目의 경우는 飜譯없이 한글로 音만 달아 놓았다. 또 開場部分과 挿入詩의 대부분은 생략했고, 여기저기에서 축약한 흔적이 많으며, 이야기의 줄거리 위주로 意譯을 하여 어떤 부분에 있어서는 飜譯이라 할 수 없는 부분도 상당히 보인다.

또 ≪서유기≫의 부분번역본으로 ≪唐太宗傳≫이 있는데, 작자와 연대가 未詳이다. ≪당태종전≫은 당태종의 史實에 입각하여 이를 소설화 한 것이 아니라, 단지 ≪西遊記≫10회부터 12회에 걸친 ≪西遊記≫序頭에 삽입된 唐 太宗 이야기를 충실히 엮어 놓은 飜案小說이다.[37]

가장 이른 시기에 나온 것으로 추정되는 ≪唐太宗傳≫(26장본)은 京板坊刻本으로 紅樹洞에서 戊午年(1858년)에 나왔고 현재 김동욱이 소장하고 있다고 전해진다.(김동욱본은 현재 단국대 천안 캠퍼스 율곡기념도서관 羅孫文庫에 소장되어 있음) 그 후 ≪唐太宗傳≫은 東洋書館(1915년, 1917년)·新舊書林(1917년)·翰南書林(白斗鏞. 1920년, 1921년)·匯東書館(1926년)·東洋大學堂(1926년) 등에서 여러 차례 출판되었다.

≪唐太宗傳≫은 번안 소설이기 때문에 원전인 ≪西遊記≫와는 달리 약간의 縮約와 誇張 등 부분적인 개작의 흔적이 보인다. 예를 들면 李春英의 부인 韓氏의 回生過程에 대한 내용은 원전 ≪西遊記≫의 李翠蓮이 回生하는 過程처럼 실감나게 묘사하지 못했다. 그러나 地府의 일부 한국적인 묘사, 원전에서 한씨의 自殺說을 뒤엎고 그럴듯한 病死로 처리한 것, 또 魏徵의 隱退說 설정 등은 한국적인 변형으로 긍정적으로 평가할 수 있다. 다시 말하자면 ≪唐太宗傳≫은 ≪西遊記≫의 짤막한 당태종 고사 부분을 한국 고소설의 체재로 재구성하는데 성공한 작품인 것이다.[38]

---

36) 박재연·이재홍 校註, ≪셔유긔≫, 중국소설희곡자료총서 26, 선문대 중한번역문헌연구소, 2001년 10월, 머리말 참조.

37) 정규복, ≪한국문학과 중국문학≫, 국학자료원, 2001년, 281쪽.
일찍이 ≪당태종전≫이 번역이냐? 번안이냐? 라는 문제가 있었는데 이재수, 정규복, 이상익은 대체로 번안으로 보았고, 이경선[韓國比較文學論考]은 번역도 번안도 아니라고 보았으며, 김기동[李朝時代小說論]은 중국고설의 飜案作品임을 부정하고 있다. 아직까지도 명확한 이론이 정립되지 않은 상태이지만 본인이 살펴본 바로는 飜案에 가깝다고 본다.

38) 정규복, 前揭書, 293쪽.

그 외에도 ≪西遊記≫와 ≪水滸傳≫ 등을 閱讀하기 위해 編纂한 ≪西遊記語錄≫과 ≪水滸傳語錄≫이라는 것이 있다. 이것에 대하여 金台俊은 ≪朝鮮小說史≫에서 언급하길 "朝鮮 顯宗10年(1669)에 ≪수호전≫과 ≪서유기≫속에서 白話, 難句만을 채집하여 ≪小說語錄解≫를 지어 出版하였다."[39]라고 하였는데, 그가 무엇을 가지고 출판근거로 삼았는지 명확히 밝히고 있지 않았고 또 현존하는 기록 및 판본도 없어 명확히 단언할 수 없다. 그러나 조선후기에 간행된 것으로 보이는 ≪西遊記語錄≫ 筆寫本과 1900년대 초에 출판 발행한 것으로 보이는 ≪水滸誌語錄≫(張志淵, 1책, 朝鮮廣學書鋪)과 ≪西遊記語錄≫(白斗鏞, 1책, 京城翰南書局, 1918년) 등의 판본들이 다량으로 발견되는 것으로 보아 가능성을 예상할 수 있다. 또 그가 조선 현종 10년(1669)이라고 구체적인 연도까지 밝히고 있는 것으로 보아 그 당시에는 필히 確信할 만한 자료가 있었으리라 추정된다.

그 외 ≪四奇語錄≫이라는 책이 있는데 이 책은 한국 필사본으로 필사자 및 필사년도는 미상이지만 대략 조선 말기로 추정된다. 1책(48장, 26×20.8, 10행 20자, 註雙行)으로 되어 있으며 ≪西廂記語錄≫·≪水滸志語錄≫·≪西遊記語錄≫과 부록으로 ≪道家語錄≫이 합쳐져 있다. 현재 성균관대 등에 소장되어 있다.[40]

≪西遊記≫의 내용은 크게 3부분으로 나눌 수 있다. 제1회부터 제7회까지는 孫悟空의 탄생과 天宮에서의 난동, 그리고 그가 마력을 얻는 과정을 묘사하고 있다. 그 뒤의 5회에서는 三藏法師 玄奘의 이야기와 그가 西域으로 가는 임무를 받은 연유에 관한 내용을 서술하고 있으며 그 나머지 부분에서는 삼장 법사와 손오공, 猪八戒, 沙悟淨이 81차례의 모험을 거친 후에 결국 불경을 얻는다는 내용을 다루고 있다.

국내에는 中國石印本(國會圖書館, 高麗大, 全北大, 漢陽大 등에 소장)·中國木版本(國立中央圖書館, 忠淸南道 扶餘郡 黃寅直, 慶州市立圖書館 등에 소장)·國漢文混用本(慶熙大에 소장)·諺漢文本(韓國學中央硏究院에 소장)·한글 필사본(延世

39) 김태준, ≪조선소설사≫, 도서출판 예문, 1989년판, 83쪽. 이재수, 〈한국소설발달단계에 있어서 중국소설의 영향〉, ≪경북대 논문집≫제1집, 1956년, 박성의, ≪한국문학 배경연구≫下, 이우출판사 등에서 모두 ≪서유기어록≫의 출판을 현종 10년으로 보고 있다. 그러나 이것에 대해 일본 학자 大谷森繁은 잘못된 것이라며 일본 동양문고 소장본을 근거로 1834년으로 보고 있다.(그의 책 ≪朝鮮後期 小說讀者 硏究≫, 고려대 민족문화연구소간, 1985년, 93-99쪽)

40) 민관동, ≪중국고전소설의 전파와 수용≫, 아세아문화사, 2007.10. 235-240쪽 참조.

大, 檀國大, 江陵市船橋莊 등) 등 다양한 판본들이 전국각지 도서관에 두루 소장되어 있다. 또한 원전을 개작한 ≪당태종전≫은 西江大, 嶺南大, 韓國學中央硏究院, 國立中央圖書館 등에 소장되어 있다. 따라서 이 작품이 국내에 미친 영향력이 지대함을 알 수 있다.

<table>
<tr><th>書名</th><th>出版事項</th><th>版式狀況</th><th>一般事項</th><th>所藏處/所藏番號</th></tr>
<tr><td rowspan="9">繪圖增像西遊記</td><td rowspan="3">陳士斌詮解,
上海,
廣百宋齋,
淸光緖17(1891)
刊</td><td>10冊, 中國新鉛活字, 有圖,
19.8×12.4cm, 四周雙邊,
半郭:15.6×10.7cm, 有界,
17行32字, 註雙行,
上下向黑魚尾, 紙質:竹紙</td><td>題簽:繪圖加批西遊記,
序:康熙丙子(1696)中秋西堂老人尤侗(淸)譔序,
刊記:光緖辛卯(1891)
上海廣百宋齋校印</td><td>釜山大學校</td></tr>
<tr><td>10冊, 中國新鉛活字本, 有圖,
19.7×12.3cm, 四周雙邊,
半郭:15.6×10.7cm, 有界,
17行32字, 花口,
上下向黑魚尾, 紙質:노로지</td><td>標題:繪圖加批西遊記,
序:康熙丙子(1891)中秋…尤侗譔序, 刊記:光緖辛卯(1891)
上海廣百宋齋校印</td><td>釜山大學校
(夢漢文庫)
ODC 3-12 38</td></tr>
<tr><td>12冊, 中國石印本, 20×13.4cm</td><td>序:康熙丙子(1696)…西堂老人尤侗撰序, 刊記:光緖辛卯
(1891)上海廣百宋齋校印</td><td>國會圖書館
[古]812.3 ㅇ296ㅎ</td></tr>
<tr><td rowspan="4">吳承恩(明)著,
陳士斌(淸)詮解,
上海,
煥文書局,
光緖19(1893)</td><td>8冊, 中國石印本, 有圖,
20.1×13cm</td><td>標題:繪圖增批西遊記,
序:康熙丙子(1696)…
西堂老人尤侗譔序</td><td>高麗大學校
C14-B8A</td></tr>
<tr><td rowspan="2">全100回8冊(冊1~8),
中國石印本, 有圖,
19.6×12.4cm, 四周草木紋,
半郭:15.3×10.3cm, 18行41字,
頭注, 上內向黑魚尾</td><td rowspan="3">表紙書名:繪圖加批西遊記,
版心書名:繪圖西遊記,
序:康熙丙子(1696)…西堂老人尤侗撰序, 刊記:光緖癸巳(1893)
上海煥文書局印</td><td>全北大學校
812.35-서유기</td></tr>
<tr><td>漢陽大學校
812.35-오576ㅅ-v.1(환)</td></tr>
<tr><td>全100回8冊(1冊, 11~26回,
37~50回, 73~86回),
中國石印本, 有圖,
19.6×12.4cm, 四周草木紋,
半郭:15.3×10.3cm, 18行41字,
頭注, 上內向黑魚尾</td><td>漢陽大學校
812.35-오576ㅅ-v.2(환), v.4(환),
v.7(환)</td></tr>
<tr><td>吳承恩(明)著,
陳士斌(淸)銓解,
中國煥文書局,
刊寫年未詳</td><td>2卷2冊(缺帙), 中國石印本,
有圖, 19.6×12.9cm, 四周單邊,
半郭:15.3×10.3cm, 無界,
18行32字, 花口, 上下向黑魚尾</td><td>上花口題:繪圖西遊記,
下花口:煥文書局石印</td><td>慶尙大學校
(端磎文庫)
古(단계)D7A오58ㅎ</td></tr>
<tr><td>吳承恩(明)著,
刊年未詳</td><td>8冊(6, 7, 8, 9, 10, 13, 19, 20), 中國木版本, 23.5×16cm</td><td>版心書名:西遊眞詮</td><td>國立中央圖書館
[의산]3736-16</td></tr>
</table>

書名	出版事項	版式狀況	一般事項	所藏處/所藏番號
	吳承恩(明)著, 陳士斌(淸)詮解, 刊寫年未詳	68卷12冊(第6~73), 中國木版本, 24.2×15.3cm, 四周單邊, 半郭:20.9×13.5cm, 無界, 10行22字, 紙質:竹紙		忠南 扶餘郡 黃寅直
		1冊, 草稿本, 29.2×19.1cm, 無界, 12行字數不定, 紙質:楮紙	表題:西遊日記, 內容:自懷鄕至松禾記	大田市 文忠祠
西遊記	吳承恩(明)著, 光緖10年刊	20冊, 中國石印本		慶州市立圖書館
	壬子年	1卷1冊, 筆寫本, 20.2×22.3cm		忠北 報恩郡 최의웅
	吳承恩(明)著, 刊寫地未詳, 刊寫者未詳, 刊寫年未詳	10冊(51~100回, 零本), 中國木版本, 24.6×16cm, 四周單邊, 半郭:20.2×14.1cm, 無界, 11行24字, 上下向黑魚尾		大邱 市立中央圖書館 中古 823.5
		4冊(零本, 4冊(第65回~69回, 75回~84回, 90回~94回), 中國木版本, 23.5×15.7cm, 四周單邊, 半郭:20.3×14.1cm, 無界, 11行24字, 上下向黑魚尾	版心題:西遊眞詮, 書名은 表紙書名에 의함	嶺南大學校 [古南]823.5 오승은ㅈ
	吳承恩(明)著, 刊寫地未詳, 刊寫者未詳, 刊寫年未詳 明代版本으로 推定	15冊(所藏:1~5, 6~13, 14~20, 21~27, 28~33, 34~39, 40~46, 47~53, 54~60, 61~66, 67~72, 73~80, 81~85, 86~92, 93~100), 中國木版本, 四周單邊, 半郭:21×14.5cm, 無界, 10行22字, 無魚尾, 紙質:竹紙	版心題:西遊記	韓國寺刹文化財 直指寺 직지성보박물관, 인법당 907
	吳承恩(明)著, 陳士斌詮解, 刊寫地未詳, 刊寫者未詳, 刊寫年未詳	100卷21冊, 中國木版本, 有圖, 24.5×15.7cm		全南大學校 3Q-서670-V.1-21
	刊寫地未詳, 刊寫者未詳, 刊寫年未詳	5卷1冊(卷61~65, 缺帙) 木活字本, 25.3×15.8cm, 四周單邊, 半郭:21×14.1cm, 無界, 11行24字, 上下向黑魚尾	書名:表題, 版心題:西遊眞詮	京畿大學校 경기-k105058-13/ 경기-k106705-10
		8冊(卷11~20存), 木版本		鮮文大 朴在淵
		7冊(卷2, 7, 9, 10, 11, 12, 13存), 木版本		鮮文大 朴在淵

書名	出版事項	版式狀況	一般事項	所藏處/所藏番號
繪圖加批西遊記	吳承恩(明)著, 上海, 章福記, 宣統2(1910)	10卷10册(卷1-10), 中國石印本, 有圖, 20.3×13.7cm, 四周雙邊, 半郭:17.2×11.9cm, 無界, 20行40字, 註頭行, 上黑魚尾, 紙質:竹紙	刊記:宣統庚戌(1910) 仲冬上海章福記	全南大學校 3Q-서67ㅇ-v.1-10
繪圖加批西遊記	吳承恩(明)著, 上海, 錦章圖書局, 宣統2(1910)	10卷10册(卷1-10), 中國石印本, 有圖, 20.3×13.7cm, 四周雙邊, 半郭:17.2×11.9cm, 有界, 20行40字, 花口, 上下向黑魚尾, 紙質:竹紙	頭註있음, 刊記:宣統庚戌(1910) 仲冬上海錦章圖書局印行	全南大學校 3Q-서67ㅇ
繪圖加批西遊記	吳承恩著, 上海, 刊寫者未詳, 刊寫年未詳	7卷7册(缺帙, 册2-8), 有圖, 20.3×13.5cm, 四周單邊, 半郭:17.5×11.3cm, 無界, 行字數不定, 上下向黑魚尾	國漢文混用	慶熙大學校 812.31-오57ㅅ
繪圖加批西遊記	刊寫地未詳, 刊寫者未詳, 刊寫年未詳	8册(1匣), 20.3×13.3cm, 中國板本		韓國國學振興院 풍산류씨 하회마을 화경당(북촌)KS03-3038-11686-01686
繪圖增像加批西遊記	吳承恩(明)原著	5册, 木版本		慶州地方 古書調査目錄 李宗煥
繪圖增批西遊記	上海, 錦章圖書局, 康熙35(1696)	8卷8册, 有圖(21張), 中國石印本, 21×13.5cm, 四周雙邊, 半郭:15.8×11.6cm, 無界, 18行41字, 上黑魚尾	序:康熙丙子中秋西堂老人尤侗譔	梨花女子大學校 [고] 812.3 서77ㅎ
增像全圖加批西遊記	著者未詳, 上海, 錦章書局, 1909刊	8卷8册(卷1-8), 石版本, 有圖, 20.4×13.2cm, 四周單邊, 半郭:17.3×11.7cm, 無界, 31行76字, 上下向黑魚尾, 紙質:洋紙	表題:改良繪圖加批西遊記, 刊記:宣統元年(1909)上海錦章書局石印, 序: 康熙丙子(1696) 中秋西堂老人尤侗譔序	慶熙大學校 812.31-오57ㅅㄱ
增像全圖加批西遊記	陳士斌(淸)解, 上海, 錦章書局, 淸宣統1年(1909)刊	11卷8册(卷1~3, 5~12), 中國石印本, 有圖, 20.2×13.2cm, 四周雙邊, 半郭:17.4×11.8cm, 無界, 24行48字, 頭註, 上下向黑魚尾, 紙質:洋紙	表題:改良繪圖加批西遊記, 裏題:改良繪圖加批西遊記, 序:康熙丙子(1696) 中秋西堂老人尤侗譔序	忠南大學校 崔書勉集946
增像全圖加批西遊記	陳士斌(淸)詮解, 刊寫地未詳, 刊寫者未詳, 宣統2(1910)	10卷10册(卷1-10), 20.5×13.3cm, 四周雙邊, 半郭:17.1×11.8cm, 無界, 20行40字, 上下向黑魚尾	標題:繪圖加批西遊記, 表題:繪圖增像加批西遊記	東亞大學校 (3):12:2-98

書名	出版事項	版式狀況	一般事項	所藏處/所藏番號
	上海, 宣統二年(1911) 上海天寶書局 石印	8卷8冊, 中國板, 有圖, 20.3×13.5cm, 四周雙邊, 半郭:17.4×11.8cm, 24行50字, 白口, 上下向黑魚尾	漢文, 楷書	韓國國學振興院受託 청송심씨 칠회당고택KS0431 -1-03-00039
	吳承恩(明)作, 陳士斌(淸)詮, 五音書局, 中華元年(1911), 刊寫地未詳	8卷8冊, 卷1(1-10回), 中國石印本, 有圖, 20.2×13.2cm, 四周雙邊, 半郭:16.6×11.3cm, 無界, 24行52字, 上內向黑魚尾	表紙書名:繡像全圖加批西遊記, 版心書名:繪圖加批西遊記, 序:康熙丙子(1696)中秋 西堂老人尤侗撰序, 刊記:中華民國元年五音書局石印	漢陽大學校 812.35-오576ㅈ-v. 1-v.8
	吳承恩(明)著, 錦章圖書局, 中華初刊	5卷2冊(卷4~6, 7~8), 中國石印本, 20.5×13.3cm, 四周雙邊, 半郭:17.7×12cm, 無界, 27行54字, 頭註, 上下向黑魚尾, 紙質:洋紙	題簽:繪圖加批西遊記, 版心題:繪圖加批西遊記	全北大學校
	吳承恩(明)作, 陳士斌(淸)詮, 上海, 天寶書局, 刊寫年未詳	8卷8冊(卷1[1-10回]), 中國石印本, 有圖, 20.2×13.2cm, 四周雙邊, 半郭:17.4×11.8cm, 28行60字, 上內向黑魚尾	表紙書名:繪圖加批西遊記, 版心書名:繪圖加批西遊記, 頭注로 批評을 붙임	漢陽大學校 812.35-오576ㄱ-v. 1-v.8
全圖西 遊記	著者未詳, 上海, 錦章圖書局, 刊寫年未詳	8卷8冊(卷1~8), 中國石印本, 有圖, 20.3×13.4cm, 四周單邊, 半郭:16.3×11cm, 無界, 18行42字, 註雙行, 花口, 上下向黑魚尾	上段에 註있음, 序:康熙丙子(1696)…尤[?]撰序, 刊記:發行所英界棋盤街 上海錦章圖書局石印 印刷所法界白爾路	檀國大學校 죽전 퇴계기념도서관 873.5-전329
繡像西 遊記	吳縣孫著, 中國, 掃葉山房, 1884	49卷10冊(卷1-49), 有圖, 23.2×15.5cm, 四周雙邊, 半郭:17.5×13.5cm, 無界, 8行13字, 上下向黑魚尾		慶熙大學校 812.3-오94ㄱ
	吳承恩(明)著, 陳上烒(淸)著, 掃葉山房, 光緒11年(1885)	100回20冊, 中國木版本, 24×16cm, 四周單邊, 半郭:20.2×14.1cm, 11行24字, 上黑魚尾		建國大學校 [고]923.5
	上海, 掃葉山房	10冊, 25×16cm		嶺南大學校 汶823.5
增像全 圖加批 西遊記	吳承恩(明)著, 陳士斌(淸)詮解, 光緒庚子年 (1900)春 源記書莊石印	8卷8冊, 中國石印本, 有圖, 20cm, 四周單邊, 16.4×11.2cm, 19行43字, 上下內向黑魚尾	內題:繪圖加批西遊記, 版心題:增像加批西遊記, 序:康熙丙子(1696)中秋 尤侗譔序	延世大學校 812.36/25
	吳承恩(明)著, 陳士斌(淸)詮解, 刊寫地未詳, 源記書莊, 光緒26年(1900)	8卷8冊, 中國新鉛活字本, 19.7×13.1cm, 四周單邊, 半郭:16.4×11.6cm, 無界, 行字數不定, 花口, 內向黑魚尾	表題:西遊記, 序:…尤侗讚序	國民大學校 [고]823.5 오01-1

書名	出版事項	版式狀況	一般事項	所藏處/所藏番號
	陳士斌(淸)銓解, 上海, 章福記書局, 1910	10卷5冊(卷1~10), 中國石印本, 20.5×13.5cm, 四周雙邊, 半郭:17×11.9cm, 無界, 20行40字, 上黑魚尾		啓明大學校 [고]812.3-진사빈ㅈ
		10卷10冊(所藏本;卷1-10), 中國石印本, 20.5×13.5cm, 四周雙邊, 半郭:17×11.9cm, 無界, 20行40字, 上黑魚尾	내용:冊1, (卷1)--冊2, (卷2)--冊3, (卷3)--冊4, (卷4)--冊5, (卷5)--冊6, (卷6)--冊7, (卷7)--冊8, (卷8)--冊9, (卷9)--冊10, (卷10)	中央大學校 812.3-진사빈ㅈ
	陳士斌(淸)詮解, 上海, 錦章書局, 中華元年(1912) 刊	不分卷8冊, 中國石印本, 20×13.5cm, 四周雙邊, 半郭:17.5×12cm, 24行48字, 頭註, 上黑魚尾, 紙質:竹紙	題簽:改良繪圖加批西遊記, 序:康熙丙子(1756) 中秋西堂老人尤侗譔序, 刊記:民國元年(1912) 孟春上海錦章書局石印	成均館大學校 (曺元錫) D7C-169
宗敎小說繡像繪圖加批西遊記	中國石印本, 上海錦章圖書局印行, 刊行年未詳	殘本(6冊), 有圖		閔寬東
繪圖西遊記傳	楊志和(淸)編, 上海, 廣益書局, 民國元年(1912)	41回1冊, 中國石印本, 有圖, 17.3×10.2cm, 四周單邊, 半郭:14.7×8.9cm, 無界, 18行42字, 上內向黑魚尾	表紙書名:繪圖東南西北四遊記, 版心書名:繪圖西遊記傳, 四遊記의 한 판본인데 東南西北四遊記로 합집되어 출간되었음, 刊記:中華民國元年(1912) 廣益書局石印	漢陽大學校 812.36-수516-v.3
繡像西遊後傳	吳承恩(明)著, 天花才子(淸) 評點·道德堂, 嘉慶 3年(1798)	8冊, 中國木版本, 23.4×15.8cm	印:集玉齋, 帝室圖書之章	奎章閣 [奎중]5027
繡像西遊記全傳	楊致和(明), 趙毓眞同校, 繡谷, 錦盛堂, 清朝年間刊	4卷2冊, 中國木版本, 22.6×14.4cm, 四周單邊, 半郭:19.2×11.5cm, 12行20字, 上黑魚尾, 紙質:竹紙	書名:裏題에 依함, 所藏印:繡谷錦盛堂梓	成均館大學校 D7C-144
西遊眞詮	陳士斌(淸)詮解, 翠筠山房, 淸康熙35(1695) 序後刷	100回20冊, 中國木版本, 有圖, 24×16.2cm, 四周單邊, 半郭:20.6×14cm, 無界, 11行24字, 上黑魚尾, 紙質:竹紙	裏題:繡像西遊眞詮, 序:康熙丙子(1696)中秋西堂老人尤侗譔, 刊記:翠筠山房藏本, 備考:裏題紙에 丘長春眞人(丘處機)著書의 表示있음	成均館大學校 D7C-41
	陳士斌(淸)著, 刊寫地不明, 致利堂, 康熙丙子(1696)	100卷20冊, 木版本, 有圖, 23.9×17cm, 四周單邊, 半郭:20.8×14.1cm, 無界, 11行24字, 上下向黑魚尾	表題:西遊記, 版心題:西遊眞詮, 序: 康熙丙子(1696) 中秋西堂老人尤侗譔, 刊記:致利堂梓行	慶北大學校 [古] 812.3 진51ㅅ

書名	出版事項	版式狀況	一般事項	所藏處/所藏番號
	陳士斌(淸)詮解, 中國, 致利堂, 康熙35(1696)	51冊(缺帙, 冊50-100), 23.5×15.6㎝, 四周單邊, 半郭:20.8×14.1㎝, 無界, 11行24字, 上下向黑魚尾		慶熙大學校 812.308-진52ㅅ
	吳承恩(明)著, 陳士斌(淸)詮解, 中國, 敬業堂, 康熙35(1696)	100回20冊(冊1~20, 1~10回, 16~55回, 61~100回), 中國木版本, 有圖, 25.4×15.7㎝, 四周單邊, 半郭:20.3×13.5㎝, 無界, 11行24字, 上下向黑魚尾	表題:西遊記(第十一冊, 第四十六-五十一의 1冊은 補寫本임), 標題紙:聖歎外書 繡像西遊眞詮, 敬業堂刊行, 序:康熙丙子(1696) 中秋書堂老人尤侗撰	京畿大學校 경기-K101642-1
		100回20冊(第十一冊第四十六-五十一의 1冊은 補寫本임), 中國木版本, 有圖, 25.4×15.7㎝	序:康熙丙子(1696) 中秋西堂老人尤侗譔	高麗大學校 (華山文庫) C14-A8
	陳士斌(淸)詮解, 淸康熙35年(1696)序	100卷36冊, 中國木版本, 有圖, 25.5×15.6㎝, 上下單邊, 左右雙邊, 半郭:19.8×13.4㎝, 無界, 10行22字, 上下向黑魚尾, 紙質:竹紙	表題:西遊記, 版心題:西遊眞詮, 序:康熙丙子(1696)中秋西堂老人尤侗譔, 所藏印:玄谷精舍萬卷樓圖書之印	全羅北道 高敞郡 玄谷書院
	吳承恩(明)著, 陳士斌(淸)詮解, 淸康熙35(1696)序 後刷	100回20冊, 中國木版本, 有圖, 24.1×16.2㎝, 四周單邊, 半郭:20×14.2㎝, 無界, 11行24字, 上下向黑魚尾, 紙質:綿紙	題簽:西遊記, 裏題:悟一子批點西遊眞詮, 序:康熙丙子(1696) 中秋西堂老人尤侗(淸)譔	釜山女子大學校伽倻文化硏究所
	悟一子(淸), 陳士斌(淸), 允生甫(淸)詮解, 中國, 金閶書業堂, 正祖4(1780)	94卷19冊(卷1~100)中國木版本, 24.5×15.7㎝, 四周單邊, 半郭:21.2×15.3㎝, 有界, 11行24字, 註雙行, 上下向黑魚尾	標題:重鐫繡像西遊眞詮, 表題:西遊記, 刊記:乾隆庚子年(1780) 新刊, 序:康熙丙子(1696)…尤侗	檀國大學校 율곡기념도서관 (羅孫文庫)古873.5-오883ㅅ
	吳承恩(明)著, 陳士斌(淸)詮解, 敦化堂, 乾隆47(1782)	100回20冊, 中國木版本, 24.5×16.2㎝		高麗大學校 (華山文庫) C14-B8G
	吳承恩(明)著, 陳士斌(淸)詮解, 咸豊2(1852)	20卷20冊, 中國木版本, 有圖, 15.8×11㎝	標題:繡像西遊記眞詮, 序:康熙丙子(1696)…西堂老人尤侗譔	高麗大學校 C14-B8B
	吳承恩(明)作, 陳士斌(淸)全解, 上海, 掃葉山房,	20卷20冊(卷1-20), 中國木版本, 15.9×11.2㎝, 四周單邊, 半郭:11.7×8.8㎝, 無界, 10行23字, 上內向黑魚尾	表紙書名:西遊記, 版心書名:西遊眞詮, 序:康熙內子(1696)中秋西堂老人尤侗撰	漢陽大學校 812.35-오576ㅅ-v.1~v.9,v.12,~v.14, v.16

書名	出版事項	版式狀況	一般事項	所藏處/所藏番號
	咸豊2(1852)	20卷20冊, 中國木版本, 有圖, 15.6×11.2cm, 四周單邊, 半郭:11.9×9.5cm, 無界, 10行24字, 上黑魚尾, 紙質:竹紙	序:康熙丙子(1696)中秋西堂老人尤侗譔, 刊記:咸豊二年(1852)新刊, 上海掃葉山房 竹西瑯環書室藏板	成均館大學校 D7C-41a
	陳士斌(淸)詮解, 上海, 掃葉山房, 光緖10(1884)刊	100回20冊, 中國木版本, 23.8×18.1cm, 四周單邊, 半郭:20.7×14cm, 無界, 11行24字, 上黑魚尾, 紙質:竹紙	序:康熙丙子(1696)中秋西堂老人尤侗謹序, 刊記:光緖甲申(1884)良月掃葉山房校刻, 吳縣孫谿逸士槐廬題	成均館大學校 D7C-41b
		100回20冊, 中國木版本, 24×15.5cm, 四周單邊, 半郭:20.7×14cm, 11行24字, 上黑魚尾, 紙質:竹紙	序:康熙丙子(1696)中秋西堂老人尤侗譔序, 刊記:光緖甲申(1884)良月掃葉山房校刻	成均館大學校 D7C-41d
		不分卷20冊, 中國木版本, 有圖, 23.4×16cm	標題:繡像西遊記, 一名:西遊記, 序:康熙丙子(1696)…西堂老人尤侗譔序, 光緖乙酉(1885)…朱記榮槐廬甫書於掃葉山房…, 印:全義李氏世家	高麗大學校 C14-B8
	吳承恩(明)著, 掃葉山房, 光緖10(1884)	20冊, 中國木版本, 有圖, 24×16cm, 四周單邊, 半郭:21×15cm, 11行24字, 註雙行, 花口, 上下向黑魚尾	表題:西遊記, 版心題:西遊眞詮, 序:康熙丙子(1696)中秋西堂老人尤侗讚序, 刊記:光緖甲申(1884)良月展讀西遊記批點全備書肆惜無善本今購得是書重校付于手民鴻工復刊吳縣孫谿逸士槐廬識	淑明女子大學校
	良月掃葉山房重刻 光緖甲申(1884)	19冊100回, 中國木版本, 四周單邊, 匡郭:20.5×14.5cm, 無界, 11行24字, 上黑魚尾	刊記: 光緖甲申(1884)良月掃葉山房重刻	延世大學校 812.38
	吳承恩(明)著, 陳士斌(淸)詮解, 校經山房, 光緖10(1884)	100回20冊, 中國木版本, 20.1×15.2cm		高麗大學校 (華山文庫) C14-B8A
	吳承恩(明)撰, 陳士斌(淸)註解, 校經山房, 光緖10(1884)	19冊(冊第1~19存, 20冊缺), 中國木版本, 23.5×15.7cm, 四周單邊, 半郭:20.8×14.4cm, 無界, 11行24字, 上黑魚尾	標題:繡像西遊記, 序:康熙丙子(1696)…尤侗撰序, 刊記:光緖甲申(1884)良月校經山房校刻	國會圖書館 [古]812.3ㅇ296ㅅ
	悞一子(淸), 陳士斌(淸)解, 光緖10(1884)	10冊, 中國木版本, 23.5×15.6cm	標題紙書名:繡像西遊記, 序:康熙丙子(1696)…西堂老人	國立中央圖書館 [東谷古]3736-61

書名	出版事項	版式狀況	一般事項	所藏處/所藏番號
	陳士斌(淸)解, 淸板本, 上海, 掃葉山房, 光緖11(1885)	20卷, 木版本, 24.3×16cm, 四周單邊, 半郭:20.3×14.1cm, 無界, 11行24字, 上黑魚尾	序:康熙丙子(1696)…尤侗, 序:光緖乙酉(1885)… 朱記榮, 表題紙書名:繡像西遊記	啓明大學校 [고]812.35-서유기
	吳承恩(明)著, 陳士斌(淸)詮解, 掃葉山房, 光緖11(1885)	零本19册(第五十回~五十四回, 1册缺), 中國木版本, 有圖, 24.1×15.8cm	標題紙:悞一子批點眞詮 繡像西遊記 光緖甲申(1884)良月掃葉山房校 刻… 表紙書名:西遊記, 序:康熙丙子(1696)中秋西堂老人 尤侗譔序, 序尾光緖乙酉年 (1885) 夏四月…掃葉山房席氏 三魚書屋客館	高麗大學校 (華山文庫) C14-B8H
	掃葉山房, 光緖 11(1885)	18卷18册, 活字本, 有圖:圖像(20張), 16×24.3cm	序:康熙丙子(1696)…西堂老人尤 侗譔序, 光緖乙酉(1885) 孫谿逸士吳縣朱記榮槐廬甫書於 掃葉山房席氏三魚書屋客館	忠北 報恩郡 김동기
	陳士斌(淸)詮解, 掃葉山房, 光緖30(1904)刊	100卷20册, 中國木版本, 有圖, 23.9×15.4cm, 四周單邊, 半郭:20.2×14.1cm, 無界, 11行24字, 註雙行, 上下向黑魚尾, 紙質:竹紙	表題:西遊記, 裏題:繡像西遊記, 序:康熙丙子(1696) 中秋西堂老人尤侗譔序, 光緖乙酉年(1885)夏四月孫谿逸 士吳縣朱記榮槐廬甫書於掃葉山 房席氏三魚書屋客館	忠南大學校 崔書勉集 778
	悟一子批點, 光緖甲辰版	10册, 中國石印本, 24.2×15.8cm		慶州汶坡文庫
	悟一子批評, 芥子園原本, 康熙丙子版	20册, 中國石印本, 15.3×10.5cm		慶州汶坡文庫
	憺漪了(淸)評, 刊寫地未詳, 忠信堂, 戊辰年	2卷2册, 中國木版本, 有圖, 24×15.2cm, 四周單邊, 半郭:20.8×12.7cm, 有界, 12行28字, 花口, 上下向黑魚尾, 紙質:竹紙	表題:西遊記, 標題:繡像西遊眞詮, 版心題:西遊, 原序:天曆己未(1329)…虞集撰, 刊記:戊辰年秋鐫忠信堂梓行	釜山大學校 (芝田文庫) OEC 3-12 52
	吳承恩(明)著, 陳士斌(淸)詮解, 淸戊辰(?)刊	1册(59張), 中國木版本, 有圖, 24.3×15.3cm, 四周單邊, 半郭:20×11.9cm, 無界, 12行28字, 上下向黑魚尾, 紙質:竹紙	表題:西遊記, 裏題:繡像西遊眞詮, 序:天曆己未(1329)…庵虞集撰, 刊記:戊辰年(?)秋鐫忠信堂梓行	釜山大學校
	陳士斌(淸)撰, 上海, 益州, 古今書籍, 中華年間刊	51回10册(零本, 所藏本:50~ 100回), 中國木版本, 23.5×15.7cm, 四周單邊, 半郭:20×14.1cm, 無界, 11行24字, 上內向黑魚尾, 紙質:竹紙		東國大學校 D819.35 서67ㅈ

書名	出版事項	版式狀況	一般事項	所藏處/所藏番號
	吳承恩(明)著, 陳士斌(淸)詮解, 淸代刊	10卷10冊(卷11~20), 中國木版本, 有圖, 15.5×11cm, 四周單邊, 半郭:11.9×8.7cm, 有界, 10行24字, 上下向黑魚尾, 紙質:竹紙	表題:西遊記	慶星大學校 博物館
		20冊, 中國木版本, 有圖, 25×15.8cm, 半郭:21.2×14.5cm, 有界, 11行24字, 上下向黑魚尾, 紙質:竹紙	表題:西遊記	釜山女子大學 伽倻文化研究所
	陳士斌(淸)撰, 淸版本	9冊(零本, 卷12~20), 中國木版本, 15.7×11cm	表紙書名:西遊記	奎章閣 [古]895.13- J563s-v.12-20
	吳承恩(明)撰, 陳士斌(淸)詮解, 淸後期刊	殘本(20卷中 8冊存), 中國木版本		朴在淵
		殘本7冊, 中國木版本		朴在淵
		殘本94卷19冊, 中國木版本, 24.5×15.7cm		金東旭
	陳士斌(淸)詮解, 金聖歎(淸)加評, 淸朝中期	100回24冊, 中國木版本, 有圖, 17×11.3cm, 左右雙邊, 半廓:12.5×9cm, 9行24字, 上黑魚尾, 紙質:綿紙	表題:西遊記, 裏題:金聖歎加評西遊眞詮, 序:康熙丙子(1696)…西堂老人尤 侗譔, 藏板:芥子園藏板, 印:柳陰齋圖書記, 積齋, 李王家圖書之章	韓國學中央研究院 4-226
	陳士斌(淸)詮解, 淸朝末期刻後 刷	100卷24冊, 中國木版本, 有圖, 24.9×15.8cm, 四周單邊, 半郭:21.3×14.1cm, 無界, 11行24字, 上下向黑魚尾, 紙質:綿紙	序:康熙丙子(1696) 中秋西堂老人尤侗譔	全北大學校
		100回20冊, 中國木版本, 有圖, 24×16cm, 四周單邊, 半郭:21×14.3cm, 無界, 11行24字, 上黑魚尾, 紙質:綿紙	裏題:悟一子批點西遊眞詮, 序:康熙丙子(1696) 中秋西堂老人尤侗譔	成均館大學校 D7C-41c
	陳士斌(淸)解, 刊寫地未詳, 刊寫者未詳, 刊寫年未詳	18冊(全20冊, 冊1-14, 17-20), 24.1×16.1cm, 有圖, 四周單邊, 半郭:20.8×14.6cm, 有界, 11行24字, 上下向黑魚尾	標題:(悟一子批點)西遊眞詮, 序:康熙丙子(1696) 中秋西堂老人尤侗撰	東亞大學校 (3):12:2-69
	陳士斌(淸)詮解, 中國, 刊寫者未詳, 刊寫年未詳	100卷24冊(卷1~100), 中國木版本, 有圖, 24.8×15.6cm, 四周單邊, 半郭:21×14.3cm, 有界, 11行24字, 註雙行, 上下向黑魚尾	標題:悟一子批點西遊眞詮, 批點있음	全北大學校 812.3-서유진
	陳士斌(淸)評, 刊寫地未詳, 刊寫者未詳, 刊寫年未詳	1冊(缺本), 木版本, 25×16cm		檀國大學校 퇴계기념도서관 고823.5-진506ㅅ

書名	出版事項	版式狀況	一般事項	所藏處/所藏番號
	陳士斌(清) 撰, 刊寫地未詳, 刊寫者未詳, 刊寫年未詳	5會1冊(零本), 中國木版本, 25×16cm, 四周單邊, 半郭:22×15cm, 無界, 11行24字, 上下向黑魚尾		檀國大學校 율곡기념도서관 고873.5-진506
	陳士斌(清)詮解, 刊寫事項不明	零本19冊(所藏:第2-100回), 木版本, 16.1×11.8cm, 四周單邊, 半郭:12×9cm, 無界, 10行24字, 上下向黑魚尾	版心題:西遊眞詮	慶北大學校 [古] 812.3 진51ㅅ(2)
	陳士斌(清)詮解, 悟一子(清)批評, 中國, 拾芥園藏版, 刊年未詳	10卷10冊, 中國木版本, 15.8×10.5cm, 左右雙邊, 半郭:12×9cm, 無界, 10行24字, 上黑魚尾, 紙質:竹紙	表題:西遊記, 序:康熙丙子(1696)西堂老人	圓光大學校 AN823.5-ㅈ158ㅅ
	吳承恩(明)原著, 悟一子批點	49卷10冊, 有圖(20張), 24×16cm, 四周單邊, 半郭:20.7×15cm, 無界, 11行24字, 上黑魚尾	序:康熙丙子(1696)… 西堂老人尤侗撰	梨花女子大學校 [고] 812.3 서77ㅈ
	悟一子(清), 陳士斌(清), 允生甫(清)共詮解, 刊寫地未詳, 刊寫者未詳, 刊寫年未詳	20冊(冊1-20), 23.6×16.1cm, 有圖, 四周單邊, 半郭:20.7×15cm, 有界, 11行24字, 上下向黑魚尾	包匣題:西遊記, 標題:悟一子批點西遊眞詮, 序:康熙丙子(1696) 中秋西堂老人尤侗撰	東亞大學校 (3):12:2-26
	吳承恩(明)著, 陳士斌(清)詮解	100回20冊2匣, 中國木版本, 25.1×15.3cm, 四周單邊, 半郭:19.5×13.3cm, 無界, 10行22字, 上下向黑魚尾	表紙書名:西遊記, 第11~12冊은 筆寫本임	嶺南大學校 陶南文庫 [古도]823.5 오승은
		20回4冊(全100回20冊中의 零本임), 中國木版本, 有圖, 25cm, 四周單邊, 20.8×14.3cm, 界線, 11行24字, 上黑魚尾	內題:悟一子批點西遊眞詮, 手書刻序:康熙丙子(1696) 中秋 尤侗譔, 印記:黙容室藏書印外1種	延世大學校 812.36/24
	吳承恩(明), 中國, 刊寫者未詳, 刊寫年未詳	18冊(缺帙)(所藏:2~19), 中國木版本, 24×16cm, 四周單邊, 半郭:20.2×14.3cm, 無界, 11行24字, 上下向黑魚尾	表題:西遊記	國民大學校 [고]823.5 오01
	吳承恩(明)著, 刊寫地未詳, 刊寫者未詳, 刊寫年未詳	9卷9冊(卷10, 12~14, 16~20), 中國木版本, 半郭:11.8×8.7cm, 10行24字, 上黑魚尾		雅丹文庫 823.5-오57ㅅ
	吳承恩(明)撰, 刊寫地未詳, 刊寫者未詳, 刊寫年未詳	零本6冊(四十六回~五十回, 五十六回~六十回, 六十六回~七十回, 七十六回~八十回,	表題:西遊記	高麗大學校 (晩松文庫) C14-B8K

<table>
<tr><th>書名</th><th>出版事項</th><th>版式狀況</th><th>一般事項</th><th>所藏處/所藏番號</th></tr>
<tr><td rowspan="6"></td><td></td><td>八十六回~九十回,
九十一回~九十五回),
中國木版本, 25.7×16cm</td><td></td><td></td></tr>
<tr><td>著者未詳</td><td>不分卷2匣20册, 中國木版本,
16.5×24.8cm, 四周單邊,
半郭:14.1×21cm, 無界,
11行24字, 白口黑魚尾上</td><td>序:尤侗(1696), 陳士斌(淸)詮解,
印:善齋, 閔丙承印</td><td>澗松文庫</td></tr>
<tr><td rowspan="4"></td><td>20册100回, 中國木版本,
四周單邊, 半郭:21×15cm,
有界, 11行24字, 上黑魚尾</td><td></td><td>延世大學校
812.38</td></tr>
<tr><td>24册100回, 中國木版本,
四周單邊, 半郭:21.5×15cm,
無界, 11行24字, 上黑魚尾</td><td></td><td>延世大學校
812.38</td></tr>
<tr><td>20册100回, 中國木版本,
四周單邊, 半郭:20.5×15cm,
無界, 11行24字, 上黑魚尾</td><td></td><td>延世大學校
812.38</td></tr>
<tr><td>24册100回, 中國木版本,
四周單邊, 半郭:21.5×15cm,
無界, 11行24字, 上黑魚尾</td><td></td><td>延世大學校
(默容室文庫)
812.38</td></tr>
<tr><td>金聖歎加評西遊眞詮</td><td>金聖歎(淸)</td><td>2匣20册, 木版本, 16×11cm</td><td></td><td>嶺南大學校
823.5</td></tr>
<tr><td rowspan="4">新說西遊記</td><td rowspan="2">張書紳(晉)註,
上海,
校經山房,
光緖14年(1888)
序</td><td>零本16册, 中國石印本, 有圖,
19.8×13.2cm, 四周單邊,
半郭:14.6×10.8cm, 無界,
16行36字, 註雙行, 紙質:竹紙</td><td>題簽:同文原板西遊記,
序:西河張書紳題,
光緖十有四年歲在戊子(1888)春王正月下澣長洲王韜序滬上淞隐廬</td><td>忠南大學校
集710</td></tr>
<tr><td>100卷16册, 中國石印本,
20×13.2cm, 四周單邊,
半郭:14.6×10.9cm, 無界,
16行36字, 註雙行, 紙質:竹紙</td><td>表題:西遊記,
刊記:光緖戊子(1888)上海校經山房成記發行,
序:光緖十有四年(1888)王韜</td><td>圓光大學校
AN823.5-ㅈ158</td></tr>
<tr><td>吳承恩(明)著,
上海校經山房
(19--)</td><td>零本15册(第一~四回1册缺),
中國石印本, 有圖, 20×13.2cm</td><td>題簽:同文原版西遊記</td><td>高麗大學校
(華山文庫)
C14-B8B</td></tr>
<tr><td>著者未詳,
上海, 中新書局
(民國間)</td><td>零本6册(所藏本中
卷之十~十四, 十六의
6册以外缺), 中國鉛印本,
20.2×13.5cm, 四周單邊, 白口·
上黑魚尾</td><td></td><td>海軍士官學校
[중]108</td></tr>
<tr><td>新說西游記圖像</td><td>張書紳(淸)註.
味潛齋,
光緖14年(1888)</td><td>8册, 中國石印本, 19.4×13cm</td><td>序:光緖十有四年(1888)…王韜,
印:集玉齋, 帝室圖書之章</td><td>奎章閣
[奎古]5648</td></tr>
</table>

書名	出版事項	版式狀況	一般事項	所藏處/所藏番號
西遊誌	吳承恩(明)原編, 刊寫地未詳, 刊寫者未詳, 大正5(1916)	1卷1册, 筆寫本, 24.1×16.7cm, 四周雙邊, 半郭:20.1×13.8cm, 烏絲欄, 10行字數不定, 上下向青魚尾	寫記:大正5(1916)陰六月日終書	檀國大學校 율곡기념도서관 古873.5-오833ㅅ
西遊記語錄	白斗鏞 編, 京城, 翰南書林, 1918	木版本, 25×18cm	合綴:西廂記語錄, 三國志語錄, 吏文語錄	檀國大學校 퇴계기념도서관 고724-백799ㅅ
	白斗鏞(朝鮮)編, 1918刊	1册(56張), 木版本, 26.8×19cm, 四周單邊, 半郭:21.3×15.1cm, 有界, 12行28字, 註雙行, 上黑魚尾, 紙質:楮紙	版心題:西遊記語錄, 內賜記:順治十六年(1659)十二月二十一日內賜弘文館校理成以性龍飛御天歌一件命除謝恩行右承旨臣金(手結), 印記:杞山文庫, 附錄:西廂記語録, 三國誌語録, 吏文語録	韓國綜合典籍目錄 (山氣文庫) 李謙魯 4-723
		1册, 木版本, 30.9×20.2cm, 四周單邊, 半郭:20×14.3cm, 有界, 12行24字, 註雙行, 紙質:楮紙		慶南 鎭海市 海軍士官學校
		1册, 木版本, 30.7×20.2cm, 四周單邊, 半郭:20.7×15cm, 有界, 12行字數不定, 紙質:楮紙	刊年出處:韓國典籍綜合目錄 第1輯	忠淸南道 扶餘郡 劉世鍾
	白斗鏞編, 京城, 翰林書林, 1919刊	1册(112張), 木版本, 26.2×19.5cm, 四周單邊, 半郭:20.7×14.8cm, 有界, 12行28字, 註雙行, 紙質:楮紙	刊記:大正八年(1919)六月二十五日發行	全羅北道 全州市 宋俊浩
	翰南書林, 1919年	1册, 木版本		鮮文大 朴在淵
	白斗鏞編, 刊寫地未詳, 刊寫者未詳, 刊寫年未詳	56張, 木版本, 26.5×18.9cm, 四周單邊, 半郭:21.1×14.8cm, 有界, 12行字數不定, 上下向黑魚尾		全州大學校 OM713.01-서675
		56張, 木版本, 26.5×18.9cm, 四周單邊, 半郭:21.1×14.8cm, 有界, 12行字數不定, 上下向黑魚尾	西廂記語錄, 三國誌語錄, 吏文語錄	啓明大學校 172.5-서유기
	編者未詳, 刊年未詳	1册(14張), 筆寫本, 27.8×19.4cm	卷末:歲在黃鷄(乙酉(?))建申月書藏於考集齋, 印:朴永基印	奎章閣 [古]3912-6
	著者未詳, 刊寫地未詳, 刊寫者未詳, 刊寫年未詳	1册(52張), 木版本, 24.2×18.4cm, 四周單邊, 半郭:20.9×15.6cm, 有界, 12行字數不定, 註雙行, 上下向黑魚尾	合綴:西廂記語錄, 三國志語錄	檀國大學校 천안 율곡기념도서관 고451.47-서587

書名	出版事項	版式狀況	一般事項	所藏處/所藏番號
		1卷1冊(卷1), 28.6×19.3cm, 四周單邊, 半郭:21×15cm, 有界, 12行字數不定, 上下向黑魚尾	國漢文混用임	慶熙大學校 812.34-서66ㄱ
		1冊, 24.8×18.2cm, 四周單邊, 半郭:21.3×15.9cm, 有界, 有版, 12行字數不定, 上下內向黑魚尾	國漢文混用	中央大學校 812.31-서유기어
		1冊, 中國木版本, 27.2×17.5cm, 四周單邊, 半郭:20.4×14.9cm, 有界, 12行字數不定, 註雙行, 無魚尾	版心書名:西遊記語錄, 西廂記語錄, 三國誌語錄, 吏文語錄, 內容:西遊記語錄; 西廂記語錄; 三國志語錄;吏文語, 주기사항:白斗鏞의 註解語錄總覽(1919刊)일부를 別冊으로 만든 것으로 추정되며 앞부분(57장 이전)이 없다	漢陽大學校 812.35-서66
		冊1, 木版本		京畿大學校
		1冊, 木版本, 31×20cm		嶺南大學校 823.5
언한문 서유긔 (諺漢 文西遊 記)	朴健會譯述, 刊年未詳	1冊(缺本), 新鉛印本, 21.9×14.7cm	表紙書名:서유긔	韓國學中央研究院 D7B-57
서유긔	著者未詳, 高宗26年(1889) 寫	2卷2冊, 筆寫本, 30.5×28.5cm, 左右單邊, 18行24~25字, 紙質:楮紙	卷末:긔축(1889)팔월념칠일	韓國綜合典籍目錄 (尙熊文庫) 4-159
	吳承恩(明)原編, 丙辰(1916)孟冬 華山新刊	全2卷2冊, 木版本, 24.5×19.2cm, 四周單邊, 半郭:21.5×16.4cm, 行字數不定, 上二葉花紋魚尾	版心文字:셔, 刊記:丙辰(1916)孟冬華山新刊	韓國學中央研究院 D7B-166
	吳承恩, 華山	2冊, 國文木版本, 24.5×19.2cm, 四周單邊, 上二葉花紋魚尾	版心文字:셔, 刊記:丙辰孟冬華山新刊, 16㎜R[Nega], 61f	韓國學中央研究院 R16N-001136-5
	李志尙(宋)著, 刊寫地未詳, 刊寫者未詳, 庚申(?)	1冊(116張), 筆寫本, 23.5×16cm, 四周三邊, 半郭:19.8×13.8cm, 朱絲欄, 10行字數不定, 註雙行, 上下向紅魚尾	경신구월뉵일	檀國大學校 율곡기념도서관 古873.5-이864ㅅ
	吳承恩(明)著, 刊寫地未詳, 刊寫者未詳, 刊寫年未詳	1冊(零本), 筆寫本, 32.2×21.2cm, 無界, 10行字數不定		檀國大學校 율곡기념도서관 (羅孫文庫)古873.5 -오883사

書名	出版事項	版式狀況	一般事項	所藏處/所藏番號
		1册(30張), 筆寫本, 36.8×21.8cm, 無界, 11行28字	表題: 셔유긔젼, 印記: 「妙信」	檀國大學校 율곡기념도서관 古873.5-오833사
		1册, 37cm, 筆寫本, 16行31字內外	外題:西遊記	延世大學校 811.93/32
		13册(缺1-2册, 10-11册), 筆寫本, 34×22.5cm		延世大學校 812.38
서유긔	吳承恩(明)著, 陳士斌(淸)銓解, 朝鮮朝後期寫	5卷5册(卷1, 2, 12, 14, 24), 筆寫本, 36×18.2cm, 無界, 12行字數不定, 紙質:楮紙	寫記:경오(?)남월우민교	江陵市 船橋莊
서유기	吳承恩(明)著	45卷12册, 國文筆寫本, 35.2×22cm(第6-12册은 33×20.6cm)	한글本, 筆寫記錄(卷末):셰제긔미유칠월 일계동필셔, 이책을 마니보시면 연화대의 가시리다, 表紙書名:西遊記	嶺南大學校 (陶南文庫)[古도]82 3.5오승은ㅍ
셔유기	著者未詳, 哲宗10~高宗年 間寫	27卷12册(卷1~5, 24~25), 國文筆寫本, 35×22.1cm, 行字數不定, 紙質:楮紙	題簽:西遊記, 卷末:셰직긔미(1859~1919)츄칠 월일계동필셔, 所藏印:陶南珍藏	嶺南大學校 (陶南文庫) 趙潤濟
唐太宗 傳	著者未詳, 年紀未詳	不分卷1册, 筆寫本, 31.8×20.3cm		國立中央圖書館 [한]48-91
당태종 젼	白斗鏞 編, 京城, 翰南書林, 1920	1册, 木版本, 24.6×20.3cm, 四周單邊, 半郭:20.3×17.8cm, 無界, 14行25字, 上下向四瓣黑魚尾	兩面印刷本, 한글本	嶺南大學校 (陶南文庫) [古도]813.5 당태종
	著者未詳, 京城, 翰南書林, 大正10(1921)	1册(落張), 木版本, 24.5×20.5cm, 四周單邊, 半郭:20.5×18.5cm, 無界, 14行27字, 上下向二葉花紋魚尾	表題:唐太宗傳	檀國大學校 천안율곡도서관 (羅孫文庫)古853.5 -당3151
	著者未詳, 京城, 翰南書林, 大正10(1921)	1册(26張),木版本, 24.6×20.6cm, 四周單邊, 半郭:20.5×18.5cm, 無界, 14行27字, 上下向二葉花紋魚尾	表題:唐太宗傳	檀國大學校 천안율곡도서관 (羅孫文庫)古853.5 -당315ㄱ
	著者未詳, 刊寫地未詳, 刊寫者未詳, 癸卯(?)	1册(51張), 筆寫本, 30.2×20.3cm, 無界, 12行18字	表題:唐太宗傳, 附錄:토끼화상, 전적벽회제, 후적벽회제, 녁두리성주가, 자원가, 장한가, 비파향(백낙천), 어부사, 객중행, 봉황대, 오원기(왕소군)	檀國大學校 율곡기념도서관 (羅孫文庫)古853.5 -당315가
	刊寫地未詳, 刊寫者未詳, 刊寫年未詳	1册(18張), 木版本, 26.7×17.6cm, 四周單邊, 半郭:19.7×15cm, 無界, 15行30字內外, 上下內向黑魚尾	일반동산문화재 한글本, 서명의 [태]는 한글고어의 번자, 表題:唐太宗傳	西江大學校 고서 당831

書名	出版事項	版式狀況	一般事項	所藏處/所藏番號
		1冊, 國文筆寫本, 28.7×20.3cm	35mmR[Posi], 53f	(金東旭) R35P-000005-1
당틔종 전	著者未詳, (1800頃)刊	1冊(18張), 木版本, 26×17.8cm, 半郭:20×15cm, 15行不定字, 內向黑魚尾, 紙質:楮紙	題簽:唐太宗傳, 版心題:당	韓國綜合典籍目錄 (山氣文庫) 李謙魯 4-678
	著者未詳, 京城, 東美書市, 大正6(1917)	1冊(19張), 新鉛活字本, 20.5×13.7cm, 無界, 17行35字	表題:고대소설 당틔종전(고대소설 당태종전)	檀國大學校 율곡기념도서관 (羅孫文庫)古853.5 -당3151ㄱ
	編者未詳, 刊寫地未詳, 刊寫者未詳, 庚申(?)	1冊(59張), 筆寫本, 34.5×22cm, 無界, 行字數不定	寫記:歲在庚申臘月, 裏面:闡義昭鑑, 合綴:古談囊傳(고담낭전), 은중경, 춘양전, 감응편	檀國大學校 율곡기념도서관 (羅孫文庫)古853.5 -당315
	著者未詳, 京城, 翰南書林, 1920刊	1卷1冊(26張), 木版本, 24.7×20.3cm, 四周單邊, 半郭:19.9×17.5cm, 14行字數不定, 上二葉花紋魚尾, 紙質:洋紙	版心題:당, 所藏印:陶南書室, 刊記:大正九年(1920) 月三十日發行	嶺南大學校 (陶南文庫) 趙潤濟
	著者未詳, 京城, 翰南書林, 大正10(1921)	1冊(落張), 木版本, 24.5×20.5cm, 四周單邊, 半郭:20.5×18.5cm, 無界, 14行27字, 上下向二葉花紋魚尾	表題:唐太宗傳	檀國大學校 율곡기념도서관 (羅孫文庫)古853.5 -당3 151
		1冊(26張), 木版本, 24.6×20.6cm, 四周單邊, 半郭:20.5×18.5cm, 無界, 14行27字, 上下向二葉花紋魚尾	表題:唐太宗傳	檀國大學校 율곡기념도서관 (羅孫文庫)古853.5 -당315ㄱ
	白斗鏞集, 京城, 翰南書林(1921)	1冊(26張), 24.9×20.1cm, 四周單邊, 20.4×17.6cm, 14行27字, 上2葉花紋魚尾	題簽:唐太宗傳	高麗大學校 C15-A74
당틔종 전	著者未詳, 京城, 翰南書林(1920)	不分卷1冊, 木版本, 23.3×19.2cm, 四周單邊, 半郭:20.1×17.8cm, 14行26字, 上二葉花紋魚尾		國立中央圖書館 [한]48-66
	著者未詳, 京城, 翰南書林(1921)	全1卷1冊, 木版本, 24.7×20.2cm, 四周單邊, 半郭:20.4×17.7cm, 14行 字數不定, 上二葉花紋魚尾	版心文字:당,16mmR[Nega], 28f	韓國學中央研究院 D7B-102/R16N-00 1133-3
	著者未詳, 刊年未詳	全1卷1冊, 木版本, 25.7×17.2cm, 四周單邊, 半郭:20.3×15.4cm, 15行 字數不定, 上下黑魚尾	版心文字:당, 16mmR[Nega], 19f	韓國學中央研究院 D7B-102A/R16N-0 01144-16

3-2. 後西遊記

≪後西遊記≫는 40회로 작자 미상의 神魔小說이다. 이 작품의 판본은 初刊本, 本衙藏 판본, 天花才子評點 판본, 金閶書業堂 간행본, 貴文堂重刊本 등이 있다. 劉廷璣는 ≪在園雜志≫에서 ≪後西遊記≫에 대해 많이 알려져 있는 작품이라고 언급했었기 때문에 初刊本은 분명히 淸代 康熙 54年(1715)보다 늦지 않을 것으로 추정된다.

이 작품의 작자는 天花才子 또는 天花藏主人이라 알려지고 있다. 天花藏主人이 浙江 嘉興人 徐震이라는 설과 다른 사람이라는 설이 팽팽하게 맞서고 있다.[41]

本衙藏 판본에는 '繡像傳奇後西遊記'와 '天花才子評點'이라 쓰여 있다. 작자는 적혀 있지 않고 20폭의 그림이 들어가 있으며 청대 초기에 간행된 것으로 보인다. 金閶書業堂 간행본은 乾隆 癸卯 48年(1783)에 간행된 것으로 16폭의 그림이 들어 있다. 이외에, 乾隆 58年 癸丑(1793) 金閶書業堂 간행본과 道光 元年(1821) 貴文堂重刊大字本이 있는데, 그림이 20폭, 無名氏의 長序, 評點文이 들어 있다.

이 작품의 국내 유입기록은 아직까지 명확하게 드러나지 않고 있는데, 李圭景(1788-1856년)의 ≪五洲衍文長箋散稿≫ 권7의 〈小說辨證說〉에 전편 ≪西遊記≫에 대한 언급이 보이지만 이 작품은 ≪西遊記≫의 속편이므로 그 이후에나 들어왔을 것이다. 또한 이 작품의 창작 시기가 18세기 초반으로 추정되는데, 후대의 판본이 국내에 전래된 것으로 보아 대개 18세기 중반에야 국내에 널리 유통되었을 것으로 보인다.

≪後西遊記≫의 내용은 다음과 같다. 孫悟空의 출생지에 다시 齊天小聖이 나타나서 여러 원숭이들을 제압하고 천궁을 교란시키게 된다. 그 사실을 알게 된 玉皇上帝는 太白金星의 제의를 받아들여 손오공에게 齊天小聖을 제압하라고 명을 내리자 손오공은 齊天小聖에게 금테를 씌우고 수양하도록 한다. 손오공은 한편 唐 玄奘에게 眞經이 어떻게 되었는지 알아보기로 하여 두 사람은 다시 인간세상을 돌아다니며 다양한 경험을 쌓게 된다. 그리하여 두 사람은 불초한 승려들이 眞經과 眞解가 왜곡시켰음을 알게 되

41) 戴不凡은 ≪小說見聞錄≫에서 徐震이라고 주장하고 있고 胡士瑩과 柳存仁은 天花藏主人과 徐震은 時代가 다른 두 명의 작가라고 주장하고 있지만 天花藏主人과 天花才子가 동일인인지 여부에 대해서는 고증할만한 자료가 없다. 江蘇省社會科學院 明淸小說硏究中心文學硏究所 編, ≪中國通俗小說總目提要≫, 中國文聯出版公司, 1991. 407쪽 참조.

어 많은 사람들에게 진실을 알게 하고 다시 승천하게 된다는 이야기를 다루고 있다.

국내에는 편저자가 미상이고 上海의 申報館에서 출판된 판본이 전남대에 소장되어 있고 宣統 3年(1911)에 출판되어 있는 판본이 동아대에 소장되어 있다. 전남대 소장본은 8책으로 中國新鉛活字本이며 竹紙로 만들어졌다. 동아대 소장본은 4卷 4册으로 삽화가 포함되어 있고 標題는 繪圖西遊記後傳이라 되어 있다.

書名	出版事項	版式狀況	一般事項	所藏處/所藏番號
後西遊記	編著者未詳, 上海, 申報館, (19--)	8册(册1-8), 中國新鉛活字本, 17.2×11.2cm, 四周單邊, 半郭:13.4×8.8cm, 無界, 12行27字, 花口, 上下向黑魚尾, 紙質:竹紙	刊記:上海申報館仿聚珍版印	全南大學校 3Q-후53
		8册, 中國新鉛活字本, 17.2×11.2cm, 四周單邊, 半郭:13.4×8.8cm, 無界, 12行27字, 上黑魚尾, 紙質:竹紙	刊記:上海申報館仿聚珍板印	全南大學校 3Q-후53-v.1-8
繡像後西遊記	編者未詳, 刊寫地未詳, 刊寫者未詳, 宣統3(1911)	4卷4册(卷1-4), 20.4×13.2cm, 有圖, 四周雙邊, 半郭:17.5×12cm, 無界, 24行50字, 上下向黑魚尾	題簽題 및 標題:繪圖西遊記後傳, 包匣題:繪圖西遊記後傳, 後西遊序:宣統辛亥(1911)孟冬下澣, 刊記:辛亥(1911)仲秋上海江左書林石印	東亞大學校 (3):12:2-29

3-3. 四遊記

≪四遊記≫는 一名 ≪西遊全傳≫ 또는 ≪西遊合傳≫ 이라고도 부르는 神魔小說이다. ≪四遊記≫는 明代 余象斗의 ≪北方眞武祖師玄天上帝出身志傳≫과 ≪五顯靈官大帝華光天王傳≫ · 吳元泰의 ≪仙出處東遊記≫ · 楊致和의 ≪西遊記全傳≫ 등 네 작품을 모아서 엮은 것이다.

주요 판본으로는 嘉慶 16年(1811)에 간행한 ≪四遊記≫本이 있고, 道光 10年(1830)의 ≪四遊合傳≫이 있다. 道光 10年本은 明本의 複寫本으로 嘉慶本과 道光本은 현재 모두 북경도서관에 소장되어 있다. 嘉慶 16年(1811)에 나온 소형본은 권두의 서문에는 "嘉慶 16年 辛未孟冬月에 明軒主人이 式武學堂"에서 썼다"라고 쓰여 있다. 이 책은 원래 西諦 所藏本이었다.

孫楷第의 ≪中國通俗小說書目≫에서는 "淸 道光 10年에 나온 坊刻 大型本으로 ≪東遊≫ · ≪南遊≫ · ≪北遊≫ 등에는 모두 上圖下文이나 ≪西遊≫에는 揷圖가 없다. 明刻本을 覆刻한 듯하다."라고 했는데 실제로는 ≪西遊≫도 上圖下文의 형태로 되어 있으며 역시 西諦 所藏本이다. 이 밖에 小蓬萊仙館 小型本이 있는데 제목이 ≪西遊合傳≫으로 되어 있다.[42)]

≪四遊記≫의 내용은 각각 다음과 같다. 사대기서의 하나인 ≪西遊記≫외에, ≪東遊記≫는 ≪上洞八仙傳≫이라고도 하는데 이른바 '팔선(八仙)'이라고 불리는 유명한 신선 여덟 명의 에피소드를 모아 놓은 것이다. ≪南遊記≫는 얼굴에 눈이 세 개인 화광이라는 주인공이 어머니를 찾아 요괴와 싸우며 지옥까지 여행해 가는 이야기이다. ≪北遊記≫는 천계를 다스리는 옥황상제가 진무라는 인물로 환생해서 온갖 요괴와 싸우며 36명의 부하를 거느리고 인간계를 지켜 나간다는 이야기를 다루고 있다.

魯迅은 ≪中國小說史略≫에서 일반백성과 민간의 생각으로 난잡하고 조리가 없고 천박하고 비루하여 대체로 볼 만한 것이 없으나 그 힘이 사람의 마음에 미치는 바가 매우 커서 어떤 文人이 그것을 모아 윤색하여 장편의 대작으로 만들었다고 평가하였다.[43)]

國內 流入에 대하여는 정확한 기록이 없어 단정하기 어려우나 ≪東遊記≫가 朝鮮 英祖 38年(1762) 思悼世子가 지은 ≪中國小說繪模本≫序文에 언급된 것으로 보아 비슷한 시기에 유입된 것으로 추정된다. 國內에는 成均館大에 書林致和堂에서 淸 道光 10年(1830) 刻本을 後刷한 ≪繡像四遊全傳≫ 木版本 12卷 8冊이 소장되어 있다. 東亞大에는 廣益書局에서 대략 淸末 刊行本으로 보이는 ≪繪圖東南西北四遊記≫ 4冊이 소장되어 있다.

---

42) 江蘇省社會科學院 明淸小說硏究中心 文學硏究所 編, ≪中國通俗小說總目提要≫, 中國文聯出版公司, 1990년, 615쪽 참조.

43) 孫宰善, 〈南遊記에 내재된 다층적 의미 탐구〉, ≪中國語文論譯叢刊≫ 第15輯, 93-117쪽 참조.

書 名	出 版 事 項	版 式 狀 況	一 般 事 項	所藏處/所藏番號
繡像四遊全傳	吳元泰等著, 凌雲龍等校, 書林致和堂, 淸道光10(1830) 刻後刷	12卷8冊, 中國木版本, 有圖, 22.5×14.5㎝, 四周單邊, 半郭:19.3×11.7㎝, 有界, 10行17字, 上黑魚尾, 紙質:竹紙	書名:裏題에 依함, 刊記:道光十年(1830)新鐫 書林致和堂梓	成均館大學校 D7C-52
繪圖東南西北四遊記	吳元泰(?)著, 陵雲龍(?)校, 上海, 廣益書局, 刊寫年未詳	4冊(冊1-4), 17.6×10.4㎝, 有圖, 四周單邊, 半郭:15×9.3㎝, 無界, 18行41字, 上下向黑魚尾	書名:標題임, 刊記:壬子年(?)夏上海廣益書局石印	東亞大學校 (3):12:2-68

3-4. 東遊記

≪東遊記≫는 56회로 작자는 吳元泰이고 一名 ≪上洞八仙傳≫·≪八仙出處東遊記≫·≪東遊記上洞八仙傳≫·≪東遊八仙傳出身傳≫이라고 하는 神魔小說이다.

이 작품의 판본은 明代 간행본, 淸代 간행본, ≪四遊全傳≫ 판본 등이 있다. 명대 간행본은 안쪽에 '全像東遊記上洞八仙傳'이라 적혀 있고 蘭江 吳元泰이 지었고 社友 陵雲龍이 교정했다고 되어 있으며 余象斗의 〈八仙傳引〉이 있고 삽도와 遺事가 포함되어 있으며 일본의 內閣文庫에 所藏되어 있다.

청대 간행본 중에 ≪四遊記≫라 되어 있는 판본은 嘉慶 16年(1811)에 출판되었으며 안쪽에 東遊八仙傳出身傳이라 되어 있다. 新刊八仙出處東遊記目錄이 앞쪽에 있고, 八仙繡像이 한 폭이 있으며 본문에는 新刊八仙出處東遊記卷上, 蘭江 吳元泰著, 書林氏梓라고 되어 있다.

청대 간행본 ≪四遊全傳≫은 道光 10年(1830)에 출판된 것으로 안쪽에 全像東遊記上洞八仙傳, 書林 致和堂梓行이라 되어 있고 八仙圖가 있으며 본문에는 新刊八仙出處東遊記卷之一, 蘭江 吳元泰著, 社友 陵雲龍校라고 되어 있다. 이 판본은 상단에 挿圖가 있고 하단에는 글인 형태이다.[44]

이외에, 道光 10年에 나온 판본이 있는데, 明代 판본을 복사한 것으로 본래 徐諦가

44) 江蘇省社會科學院 明淸小說硏究中心文學硏究所 編, ≪中國通俗小說總目提要≫, 中國文聯出版公司, 1991. 96-97쪽 참조.

소장했었으나 현재 북경도서관에 소장되어 있다.

이 작품의 작자 明代 吳元泰(1666년 전후 생존)는 號가 蘭江이다. 그의 생애와 출신지에 관해서는 명확하지 않지만 대략 明代 末年에서 淸代 初期에는 생존했을 것으로 보인다. 그의 저서는 현재 ≪東遊記上洞八仙傳≫ 2권이 전해지고 있다.

이 작품의 국내 유입 기록은 아직까지 명확하게 드러나지 않고 있는데, 李圭景(1788-1856년)의 ≪五洲衍文長箋散稿≫ 권7의 〈小說辨證說〉에 ≪東遊記≫에 대한 언급이 보이는 것으로 보아 18세기 후반쯤에는 국내에 들어왔을 것이다. 또한 이 작품의 창작 시기는 대개 17세기 중반으로 추정되는데, 그 후대의 판본이 국내에 전래된 것으로 보아 대개 17세기 후반 이후에야 국내에 널리 유통되었을 것으로 보인다.

≪東遊記≫의 내용은 다음과 같다. 대체적으로 8명의 神仙에 대한 이야기를 서술한 것으로 鐵拐李, 漢鍾離, 呂洞賓, 張果老, 藍采和, 何仙姑, 韓湘子, 曹國舅가 수련을 하여 득도하는 과정을 묘사하고 있다. 마지막에는 八仙과 龍王이 玉板으로 인해 싸움을 벌이자 觀世音이 중간에 조정하여 화해를 하게 되지만 八仙은 1등급 강등되고 龍王은 일 년에 해당하는 급여를 감하게 되는 벌을 받는다.

국내에는 中國石印本이 漢陽大에 소장되어 있는데, 이 판본은 56회1책으로 되어 있고 저자는 吳元泰로 되어 있으며 民國 元年(1912)에 上海의 廣益書局에서 출판된 것으로 그림이 포함되어 있고 表紙書名은 ≪繪圖東南西北四遊記≫라고 되어 있다.

書名	出版事項	版式狀況	一般事項	所藏處/所藏番號
繪圖八仙出處東遊記傳	吳元泰(明)著, 上海, 廣益書局, 民國元年(1912)	56回1冊, 中國石印本, 有圖, 17.3×10.2cm, 四周單邊, 半郭:14.7×8.9cm, 無界, 18行42字, 上內向黑魚尾	表紙書名:繪圖東南西北四遊記, 版心書名:繪圖東遊記傳, 刊記:中華民國元年(1912) 廣益書局石印	漢陽大學校 812.36-수516-v.1

3-5. 南遊記(五顯靈官大帝華光天王傳)

≪南遊記≫는 4卷 18回로 되어 있고 一名 ≪五顯靈官大帝華光天王傳≫ · ≪華光天王南遊志傳≫ · ≪南遊華光傳≫이라고도 한다. ≪四遊記≫ 중에서 ≪南遊記≫

와 ≪北遊記≫는 余象斗가 직접 창작한 것이라고 한다. 작가인 余象斗는 또 世騰·象鳥라고도 하며, 福建 建陽人이고, 字는 仰止·文台·子高·元素이며, 號는 仰止子·三臺山人·三臺館主人이다. 明末 유명한 通俗小說 刊刻者이며 동시에 書坊主人으로 알려져 있는데 대략 嘉靖末에서 崇貞 初期에 활동하였다.

建陽 余氏는 대대로 책을 판각하는 집안으로 雙峰堂은 그의 부친이 창설한 것이다. 余象斗가 간행한 통속소설로는 ≪全漢志傳≫·≪三國志傳評林≫·≪兩漢演義志傳≫·≪唐書志傳≫·≪兩宋志傳≫·≪英烈傳≫·≪忠義水滸全傳≫·≪水湖志傳評林≫ 등이 있다.[45]

영국박물관에 소장된 明 昌遠堂 李錦의 梓行本은 4卷 18回로 "辛未歲 孟冬月 書林 昌遠堂梓"라고 되어 있다. 여기서 辛未는 隆慶 5年(1571)이라는 설과 崇禎 4年(1631)이라는 설이 있다. 李時人에 의하면 ≪華光天王傳≫은 余氏가 제일먼저 판각하였고 昌遠堂 李錦本은 再版일 것이라고 하였다. 明代에 간행된 ≪東遊記≫의 序文에서 자신이 간행한 ≪華光天王傳≫의 내용이 비속하지 않다고 언급한 것을 보면 알 수 있다.[46]

≪華光天王傳≫의 주인공 華光에 관한 이야기는 元代부터 유행한 것으로 희극이나 소설의 제재로 널리 쓰였다. 화광의 직접적인 모델은 ≪三敎源流搜神大全≫에서 나오는 靈官馬元師에서 찾아 볼 수 있는데 화광의 출생부터 효행, 종교적 행위 등이 모두 일치한다.[47]

≪南遊記≫의 내용은 다음과 같다. 西方 靈鷲山의 여래의 제자 妙吉祥은 본래 佛前法堂에 있는 등잔으로 수행을 하다가 계율을 어기게 되어 烏耳山 여신의 아들로 태어난다. 그러나 이후에 또 죄를 저질러 斗梓官 炎玄天王의 아들로 환생하여 스스로 華光이라 칭하였다. 이후에 玉皇上帝께서 그에게 일을 주었으나 璟花會에서 金槍太子와 다투었기 때문에 파직 당한다. 모친을 찾아 구해드리고 大聖이라는 사람과 형제의 의를 맺고 華光은 靈山으로 돌아와 다시 佛前에 귀의하였다는 이야기다.

---

45) 江蘇省社會科學院 明淸小說硏究中心 文學硏究所 編, ≪中國通俗小說總目提要≫, 中國文聯出版公司, 1990년, 94쪽 참조.

46) 李時人, 〈四遊記板本考〉, ≪徐州師範學院學報≫, 1986년 2期 참조.

47) 孫宰善, 〈南遊記에 내재된 다층적 의미 탐구〉, ≪中國語文論譯叢刊≫ 第15輯, 93-117쪽 참조.

國內 流入에 대하여는 정확한 기록이 없어 단정하기 어려우나 ≪東遊記≫가 朝鮮 英祖 38年(1762년) 完山 李氏作 ≪中國小說繪模本≫ 序文에 언급된 것으로 보아 비슷한 시기에 유입된 것으로 추정된다.

國內에 流入된 판본 중에 錦盛堂 木版本 4卷 2冊 ≪刻全像五顯靈官大帝華光天王傳≫이 成均館大에 소장되어 있다. 裏題는 "圖像南遊華光傳"이라고 되어 있다. "辛未歲(?)孟冬月書林錦盛堂梓"라는 刊記로 보아 道光 10年(1830)의 ≪四遊全傳≫本으로 추정되나 정확한 연대는 알 수 없다.

書名	出版事項	版式狀況	一般事項	所藏處/所藏番號
繪圖南遊記傳	余象斗(明)編, 上海, 廣益書局, 民國元年(1912)	1冊(18回), 中國石印本, 有圖, 17.3×10.2cm, 四周單邊, 半郭:14.7×8.9cm, 無界, 18行42字, 上內向黑魚尾	版心書名:繪圖南遊記傳, 刊記:中華民國元年(1912) 廣益書局石印	漢陽大學校 812.36-수516-v.2
刻全像五顯靈官大帝華光天王傳	余象斗(明)編, 錦盛堂, 辛未(?)刊	4卷2冊, 中國木版本, 22.6×14.5cm, 四周單邊, 半郭:19.7×11.7cm, 10行17字, 上黑魚尾, 紙質:竹紙	裏題:圖像南遊華光傳, 刊記:辛未歲(?)孟冬月書林錦盛堂梓	成均館大學校 D7C-129

3-6. 北方眞武祖師玄天上帝出身全傳

≪北方眞武祖師玄天上帝出身全傳≫은 4卷 24回로 一名 ≪北遊記玄帝出身傳≫이라고도 한다. 주요 판본으로는 런던 英國圖書館 所藏된 明代 간행본이 있다. 내지에 "全像北遊記玄帝出身傳"이라 되어 있고 "書林熊仰臺梓"이라 적혀 있다. 第一卷의 正文 卷頭에는 "刊北方眞武祖師玄天上帝出身志傳一卷, 三臺山人 仰止余象斗編, 建邑書林 余民雙峰堂梓"라고 적혀 있는데 대략적으로 간행 시기는 萬曆 30年(1602)이며 余氏의 原刻本을 重印한 것으로 보고 있다. 또 다른 판본으로 嘉慶 16年(1811)의 ≪西遊記≫本이 있다. 내지에 "北遊記玄帝出身傳"이라 되어 있고 역시 24회본이다. 또 道光 10年(1830)의 ≪四遊全傳≫本이 있는데 이 판본은 明本의 복각본으로 보이며 "許灣書林大經堂梓"라고 되어 있다.[48)]

≪北方眞武祖師玄天上帝出身全傳≫의 내용은 다음과 같다. 제목처럼 眞武玄帝의

出身事迹에 관한 이야기를 기술하고 있다. 隋 煬帝때 玉皇上帝가 宴會를 열었는데 갑자기 金花가 피어났다. 이를 꼭 劉氏의 후손들이 사용하게 될 것이라고 하니 玉皇上帝는 자신의 혼을 하나 떼어 내어 劉氏의 아들로 환생시키고 長生이라고 이름 지었다. 長生은 蓬萊에서 고행을 하는 도중에 皇后 옥당공주와의 戀情으로 인해 병이 들어 죽게 되고 다시 太子로 환생하게 된다. 蓬萊山에서 수행을 하는 도중에 다시 如來와 인연을 맺을 것을 허락하여 파계하고 다시 환생하여 수련을 해야 했다. 이번에는 西霞國王의 아들로 환생하여 왕위에 오르고 천존이 인도하러 오자 왕위를 이양하고 삼년 수행을 잘 마치고 마침내 옥황상제를 만나 金闕化身蕩魔天尊에 봉해졌다. 그러나 아직 42년의 재난이 남아 있어 이를 채워야 하기 때문에 다시 善勝皇后의 아들로 환생하여 온갖 수행을 거쳐 비로소 천계로 돌아가게 되었다. 下界에서 요괴들이 세상을 어지럽히니 진무는 北方眞武大將軍에 봉해져서 요괴를 물리쳤다. 永樂 3年에 진무는 국가를 위해 적을 물리치고 明 成祖는 武當山에 三十六殿, 七十二宮을 지어 진무를 기리도록 하였다.

≪北方眞武祖師玄天上帝出身全傳≫에서 묘사하는 玄武의 출신 사적은 ≪道藏≫ 중의 ≪玄天上帝啓示錄≫과 ≪元洞玉歷記≫ 등의 舊說에 근거하였고 또한 佛家의 이야기와 민간전설이 어우러져 완성되었다.[49)]

國內 流入 時期에 대해서는 명확한 기록이 보이지 않아 정확히 알 수 없다. 國內에는 成均館大에 大經堂에서 淸朝 年間에 간행한 것으로 보이는 木版本 ≪新刊北方眞武玄天上帝出身志傳≫4卷 2冊이 소장되어 있다. 또 漢陽大에 ≪繪圖北方眞武祖師玄天上帝出身全傳≫이 소장되어 있는데 廣益書局에서 民國 元年(1912)에 간행한 石印本이다.

---

48) 劉修業의 ≪古典小說戲曲叢考≫, 劉在仁의 ≪런던에 소장된 中國小說書目提要≫의 소개에 근거함, 江蘇省社會科學院 明淸小說硏究中心 文學硏究所 編, ≪中國通俗小說總目提要≫, 中國文聯出版公司, 1990년, 95쪽 참조.

49) 江蘇省社會科學院 明淸小說硏究中心 文學硏究所 編, ≪中國通俗小說總目提要≫, 中國文聯出版公司, 1990년, 95쪽 참조.

書名	出版事項	版式狀況	一般事項	所藏處/所藏番號
新刊北方眞武玄天上帝出身志傳	余象斗(明)編, 大經堂, 淸朝年間刊	4卷2册, 中國木版本, 22.6×14.5cm, 四周單邊, 半郭:19.8×11.6cm, 10行17字, 紙質:竹紙	刊記:書林大經堂梓行	成均館大學校 D7C-156
繪圖北方眞武祖師玄天上帝出身全傳	余象斗(明)編, 上海, 廣益書局, 民國元年(1912)	24回1册, 中國石印本, 有圖, 17.3×10.2cm, 四周單邊, 半郭:14.7×8.9cm, 無界, 18行42字, 上內向黑魚尾	版心書名:繪圖北遊記傳, 繪圖東南西北四遊記의 一篇, 刊記:中華民國元年(1912)廣益書局石印	漢陽大學校 812.36-수516-v.4

4. 金甁梅(續金甁梅)

4-1. 金甁梅

≪金甁梅≫는 明代 四大奇書의 하나로 대표적인 人情小說이다.[50] 全篇이 총 100回로 구성되었다. 作者는 笑笑生으로 알려져 있으나 그의 生平에 대해서는 자세히 알 수 없다.[51] 孫楷第의 ≪中國通俗小說目錄≫에서도 "作者가 山東人 笑笑生이라고는 하나 잘 알려지지 않았고 出現時期 역시 嘉靖 年間으로 추정"만하고 있다. 작품의 刊行時期는 대략 明代 隆慶 2年에서 萬曆 30年(1568-1602)으로 알려져 있다.

≪金甁梅≫의 판본은 매우 많고 다양하다. 대개 筆寫本 · 詞話本 · 明代 小說本 · 淸代 第一奇書本으로 정리할 수 있다.[52] 처음에는 筆寫本으로 流轉되다가 明 萬曆 38年(1610)에 비로소 刻本이 出現하였다. 초기의 판본은 萬曆 丁巳年(1617) 東吳弄珠客作序의 ≪金甁梅詞話≫本으로 〈景陽崗武松打虎〉에서부터 시작되는 판본이다. 詞話本과는 달리 小說의 형태로 文人들의 윤색을 거친 소설 금병매는 天啓 年間

50) ≪金甁梅≫는 사실 淸代까지 淫書로 분류되어 작품의 가치를 인정받지 못하다가 魯迅이 ≪中國小說史略≫에서 人情小說로 평가하면서부터 그 가치를 주목받게 되었다.

51) 著者에 대해서는 여러 가지 설이 있다. 개인 창작설로는 王世貞說, 李贄說, 屠隆說, 湯顯祖說, 李開先說, 徐渭說 등이 있고, 이외에도 집단 창작설로 紹興의 老儒, 藝人들의 집체 창작說, 沈德符父子와 文人들의 집단 창작설 등이 있다.(康泰權, 〈金甁梅 硏究〉(1)-作者硏究를 中心으로-, ≪圓大論文集≫第25輯, 1991年, 55-72쪽 참조)

52) 金兌坤, 〈金甁梅 板本考〉, ≪中語中文學≫, Vol. 13, 1991年, 147-171쪽 참조.

(1621-1628년)에 版刻한 ≪原本金瓶梅≫로 〈西門慶熱結十兄弟〉부터 시작되는 것이 있고 崇禎 年間本이 있다. 또 淸代 康熙 年間에 張竹坡가 評을 덧붙여 다시 간행한 ≪第一奇書≫本 等이 있다. ≪第一奇書≫本은 ≪金瓶梅詞話≫本이 발견되기 전에 중국과 해외에 광범위하게 영향을 주었고 版本은 기본적으로 天啓 年間에 간행된 ≪原本金瓶梅≫系統이라 볼 수 있다.

≪金瓶梅≫는 ≪水滸傳≫의 "武松殺嫂故事"를 확대시킨 것이다. 宋 徽宗 때 정치가 문란하니 천하가 혼란하였고, 조정에는 간신배들이 들끓으니 온 나라는 갈 길을 잃고 헤매고 있었다. 관직과 訟事가 금전으로 거래되고 뇌물이 공공연하게 행하여져 조정의 부패가 날로 심해지니 백성들이 받는 고통도 나날이 늘어 갔다.

이때 宋江, 王慶, 田虎, 方臘 등이 반란을 일으켰다. 武松의 형 武大의 처 潘金蓮은 西門慶과 간통하고 武大를 죽인다. 西門慶은 淸河縣의 破落戶로 縣의 문 앞에서 생약포를 운영하였는데, 縣의 公務에 관계하면서 관리들과 사귀었다. 또한 여색을 좋아하여 良家의 부녀들을 희롱하나 모든 사람들이 그의 권세에 눌려 저항하지 못하였다. 그의 처가 일찍 죽자 淸河左衛 吳千戶의 딸 吳月娘을 후처로 맞아 들였고, 첩으로 潘金蓮, 부상의 과부 孟玉樓, 기생 李嬌兒, 卓丢兒, 孫雪兒 등을 두었다.

李瓶兒가 西門慶의 아이를 낳고 둘의 사이가 좋아지자 潘金蓮은 이를 시기하여 李瓶兒를 괴롭히고 결국 병들어 죽게 만든다. 장례를 치루고 西門慶은 여전히 음욕에 빠져 과도하게 女色을 즐기다가 양기가 빠져 죽고 말았다. 西門慶이 죽자 李嬌兒는 쉰 냥짜리 銀錢 元寶 다섯 개와 물건 한 보따리를 훔쳐 달아나다가 吳月娘에게 발각되어 妓院으로 쫓겨 갔다. 應伯爵은 張二官에게 빌붙어서 둘이 결탁하여 李嬌兒를 張二官의 후처로 삼게 하였다.

太子가 옹립되자 사면령이 내려지고 武松은 사면을 받고 나와서 潘金蓮을 아내로 맞이하는 것처럼 꾸며서 그녀를 죽인다. 吳月娘은 孝哥를 데리고 濟南의 절로 가던 중에 普靜禪師를 만나서 孝哥가 西門慶의 전생인 것을 알게 되어 그의 출가를 허락하였는데 法名을 明悟라 하였다.

이 책의 國內 流入 시기는 ≪水滸傳≫과 비슷한 시기로, 늦어도 1600년대 초기에는 流入된 것으로 보여 진다. 許筠(1569~1618년)의 ≪惺所覆瓿稿≫에 ≪金瓶梅≫에 관해 언급한 구절이 보인다. 허균은 ≪금병매≫를 읽지 않은 자들은 체신을 지키기만 할 뿐 풍류를 모르는 자들이라 하였다. 이 문헌에 근거하여 ≪金瓶梅≫의 국내 유입시기를 적어도 허균이 ≪금병매≫를 보고 이글을 썼다고 보고, ≪惺所覆瓿稿≫가 말년에 쓰여진 점을 감안하면 적어도 1600년 초기에 유입된 것으로 추정된다. 또한 ≪金瓶梅詞話≫本이 1617년에 간행된 것이어서 許筠이 이것을 閱讀한 후 ≪惺所覆瓿稿≫에 기록하기에는 時間上 無理가 있다. 결국 許筠이 본 판본은 더 이른 ≪金瓶梅≫版本일 것으로 보고 있다.[53)]

國內 소장 판본에는 ≪第一奇書≫本 계열이 가장 많은데 奎章閣에 소장된 ≪本衙刊本第一奇書≫외에도 ≪皐鶴堂刊本第一奇書金瓶梅≫·≪皐鶴堂批評第一奇書金瓶梅≫·≪玩花書屋刊本第一奇書≫·≪影松軒刊本第一奇書≫ 등이 있고 異本으로 第一奇書의 縮寫本이라 할 수 있는 ≪新刻金瓶梅奇書≫과 ≪第一奇書鍾情傳≫ 등도 유입 되었다. 이외에도 玩花書屋刊本 ≪全像金瓶梅≫, 大正 年間(1912~1945)에 日本에서 刊行된 ≪增圖像足本金瓶梅≫ 등이 있다.

書名	出版事項	版式狀況	一般事項	所藏處/所藏番號
第一奇書	張竹坡(淸)批評, 本衙藏板, 淸版本	20冊, 中國木版本, 16.6×11.6cm	序:康熙歲次乙亥(1695)… 謝頤, 印:集玉齋	奎章閣 [奎중]5849
	張竹坡(淸)批, 刊寫地未詳, 刊寫者未詳, 刊寫年未詳	80卷27冊(全100卷, 冊1-27, 冊2, 3은 모두 有圖), 26.3×16.5cm, 四周單邊, 半郭:19.9×13.4cm, 無界, 10行22字, 註雙行, 無魚尾	序:康熙歲次乙亥(1695)清明中浣 秦中覺天者謝頤題於皐鶴堂	東亞大學校 (3):12:2-12
	編著者未詳, 香港, 舊小說社, 刊年未詳	16卷8冊, 中國石印本, 有圖, 20×13cm, 四周雙邊, 半郭:16.5×11.3cm, 無界, 23行48字, 註雙行, 上黑魚尾	序:康熙乙亥(1695)…謝頤	啓明大學校 [고]812.35-제일기
	張竹坡(淸)批, 著者未詳, 刊寫地未詳,	22冊(冊1-22), 23.6×15.1cm, 四周單邊, 半郭:18.9×13cm, 無界, 10行22字, 無魚尾		慶熙大學校 812.33제68ㄱ

53) ≪惺所覆瓿稿≫원문은 다음과 같다. "樂府則董解元 王實甫 馬東籬 高則誠等 傳奇則水滸傳 金瓶梅等 爲逸傳 不熟此典者 保而甕腸 非飮徒也."(樂府로는 董解元, 王實甫, 馬東離, 高則誠 등이 있고 傳奇로는 ≪水滸傳≫·≪金瓶梅≫ 등이 있으나 실전되었고 또 이러한 작품들을 熟讀하지 않은 자들은 체면을 지키는 자들이기는 하나 풍류가는 아니니다) 惺所覆瓿稿4, 제18권, 十之掌故, 閔寬東·金明信 共著, ≪中國古典小說批評資料叢考≫, 學古房, 2003년. 184쪽, 226-227쪽 참조.

書名	出版事項	版式狀況	一般事項	所藏處/所藏番號
	刊寫者未詳, 刊寫年未詳	零本9冊(所藏:卷5-6, 15-16, 18, 20-21, 23), 木版本, 17.5×11cm, 四周單邊, 半郭:13.1×9.2cm, 無界, 11行25字, 上下向黑魚尾	表題:金甁梅, 版心題:第一奇書	慶北大學校 [古] 812.3 제69
新鐫繪圖第一奇書鍾情傳	淸光緖29年(1903)	6卷6冊, 中國石印本, 有圖, 16.8×10.1cm, 四周雙邊, 半郭:13.7×8.8cm, 無界, 16行40字, 上下向黑魚尾, 紙質:洋紙	表題:金甁梅, 序:光緖二十九年歲次癸卯(1903) 夏月間雲山人題於扈上	忠南大學校 集128
繡像第一新書鍾情傳	編者未詳, 中國, 刊寫者未詳, 淸朝末-民國初	3冊(冊2, 4, 6, 缺帙), 中國石印本, 17.3×10.3cm, 四周雙邊, 半郭:14.4×8.8cm, 無界, 17行41字, 上下向黑魚尾, 紙質:竹紙	表題:金甁梅	全南大學校 3Q-수51
	編著者未詳, 刊寫地未詳, 刊寫者未詳, 刊寫年未詳	3冊(缺帙), 中國石印本, 17.3×10.3cm, 四周雙邊, 半郭:14.4×8.8cm, 無界, 17行41字, 上黑魚尾, 紙質:竹紙	表題:金甁梅	全南大學校 3Q-수51- v.2,4,6
金甁梅	張竹坡(淸)批, 刊寫地未詳, 刊寫者未詳, 刊寫年未詳	全24冊, 中國木版本, 24.8×15.8cm, 四周單邊, 半郭:20.2×14.3cm, 無界, 12行26字, 註雙行, 上下向黑魚尾	版心題:第一奇書	嶺南大學校 古목823.5-금병매
		11冊(零本), 活印本, 24.1×15.4cm		嶺南大學校,古詔823.5-금병매
		11冊(零本), 活印本, 24×16cm		嶺南大學校 詔823.5
		卷首缺, 木版本		西原大 황선주교수 소장본
	笑笑生(明)撰, 刊行年未詳(淸末)	殘本3冊, 中國木版本		朴在淵
	笑笑生(明)著, 張竹坡(淸)批評	100回20冊, 中國木版本, 有圖, 26.1×16.8cm, 四周單邊, 半郭:19×14.3cm, 無界, 11行22字	卷頭敍:康熙歲次乙亥(1695)淸明中浣奏中覺天者謝頤題於, 凡例, 雜錄, 目錄, 苦孝說, 非淫書論, 房屋包, 大略, 雜錄小引, 趣談, 讀法, 寓意說, 揷圖, 版心題:第一奇書, 標題紙:金甁梅第一奇書 彭城張竹坡批評	嶺南大學校 陶南文庫 [古도]823.5 금병매

書名	出版事項	版式狀況	一般事項	所藏處/所藏番號
皐鶴堂第一奇書	著者未詳, 中國, 刊寫者未詳, 刊寫年未詳	1卷1册(卷2, 缺帙), 中國石印本, 有圖, 19.7×13.2cm, 四周單邊, 半郭:16.4×11.7cm, 無界, 23行49字, 註雙行, 無魚尾	表題:金瓶梅	全北大學校 812.35-고학당ㄱ
皐鶴堂批評第一奇書金瓶梅	著者未詳, 刊年未詳	12册, 中國石印本, 24.2×16cm, 四周單邊, 半郭:19.4×13.5cm, 無界, 10行20字, 版心無	序:康熙歲次乙亥(1695)清明中浣	梨花女子大學校 [고] 812.3 금54
	張竹坡(清)批評, 清康熙34年 (1695)序, 玩花書屋藏板	1册, 中國木版本, 有圖, 17.5×11cm, 四周單邊, 半郭:12.8×6.2cm, 11行25字, 註雙行, 上黑魚尾, 紙質:綿紙	表題:金瓶梅, 版心題:第一奇書, 序:時康熙歲次乙亥(1695)清明中浣秦中覺天者謝頤題於皐鶴堂, 內容:西門慶家人名數, 金瓶梅趣談, 雜錄小引, 目錄一回~百回, 繪圖40張	韓國綜合典籍目錄 (誠庵文庫) 趙炳舜 4-1435
	笑笑生著, 張竹坡(清)批評, 刊寫地未詳, 影松軒藏板, 康熙乙亥(1695)	1卷1册(全100回23册, 卷首), 中國石印本, 24.4×15.3cm, 四周單邊, 半郭:18.8×12.9cm, 無界, 10行22字, 註雙行, 無黑口無魚尾	表紙書名:金瓶梅, 版心書名:第一奇書, 序:康熙乙亥(1695)…皐鶴, 刊記:彭城張竹坡批評金瓶梅, 影松軒藏版	漢陽大學校 812.35-고912-v.1 ~ v.2, v.8~v.9,v.23
繪圖眞正金瓶梅	神洲: 亞西局書	6卷4册, 16cm, 中國石印本, 有圖, 四周單邊, 14.2×8.9cm, 23行26字	書名은 內題에서 取함	延世大學校 812.36/4
新刻繡像評點金瓶梅	笑笑生(明)撰 (19--)	零本4册(卷之八,十六,十八~十九), 中國木版本, 23.4×15.4cm	版心題:金瓶梅, 印:咊菴	高麗大學校 (晩松文庫) C14-B86
繡像繪圖金瓶梅	刊寫地未詳, 刊寫者未詳, 刊寫年未詳	6卷6册1匣(所藏:1~6), 中國石印本, 有圖, 17.1×10.2cm, 四周雙邊, 半郭:13.7×8.8cm, 無界, 16行40字, 上下向黑魚尾	書名:題簽임, 卷首題:新鐫繪圖第一奇書鍾情傳, 第一奇書鍾情傳序:…癸卯(1903) …間雲山人題於滬上	國民大學校 [고]823.5 수01
新刻金瓶梅奇書	撰者未詳, 濟水, 太素軒, 清嘉慶21(1816) 刻後刷	8卷4册, 中國木版本, 22.3×14.5cm, 四周單邊, 半郭:17.7×11.3cm, 無界, 15行32字, 上黑魚尾, 紙質:竹紙	裏題:第一奇書金瓶梅, 版心題:金瓶梅, 序:旹嘉慶歲次丙子(1816)清明上澣秦中覺天者謝頤題於皐鶴書舍, 刊記:濟水太素軒梓	成均館大學校 D7C-9
增圖像足本金瓶梅	撰者未詳, 東京(1900)頃刊, 日本東京甘八番地三町日愛田書室印刷所	8卷8册(第1回~48回), 石印本, 19.5×13.5cm, 四周單邊, 半郭:16.7×12cm, 無界, 23行51字, 註雙行, 頭註 紙質:和紙	書名:題簽에 依함, 序:康熙歲次乙亥(1695)清明中澣秦中覺天者謝頤題於皐鶴堂, 刊記:日本東京甘八番地三町目愛田書室印刷所, 備考:一名(金瓶梅)	成均館大學校 D7C-8

書名	出版事項	版式狀況	一般事項	所藏處/所藏番號
	撰者未詳, 東京, 愛田書室, 日大正年間刊	16卷16冊, 日本石印本, 20.2×13cm, 四周單邊, 半郭:16.7×12cm, 23行51字, 紙質:洋紙	書名:裏題에 依함, 序:康熙歲次乙亥(1755)淸明中浣秦中覺天者謝頤題於皐鶴堂, 刊記:日本東京廿八番地三町目愛田書室印刷所	成均館大學校 (曺元錫) D7C-8a
	撰者未詳, 東京, 刊寫者未詳, 大正年間 (1912-1945)	16卷16冊(卷1-16), 有有圖, 四周單邊, 半郭:16.4×12.1cm, 無界, 23行51字, 無魚尾	書名:題簽題임, 標題:增圖像皐鶴草堂奇書全集, 上欄外에 小字頭註, 序:康熙歲次乙亥(1755)淸明中浣秦中覺天者謝頤題於皐鶴堂	東亞大學校 (3):12:2-19
全像金瓶梅	張竹坡(淸)批評, 玩花書屋, 淸朝末期刻後刷	100回24冊, 中國木版本, 15.8×10.5cm, 四周單邊, 半郭:12.5×9.5cm, 無界, 11行25字, 註雙行, 上黑魚尾, 紙質:綿紙	裏題:第一奇書, 序:旹康熙歲次乙亥(1695)淸明中浣秦中覺天者謝頤題於皐鶴堂, 刊記:玩花書屋藏板, 註:謝頤序中에서 作者를 鳳洲(王世貞)作으로 보고 있음, 備考:袖珍本	成均館大學校 D7C-7
	張竹波(淸)批評, 刊寫地不明, 玩花書局, 刊寫年不明	零本17冊(所藏:第4-8, 21-25, 30-33, 39-100回), 木版本, 15.1×10.5cm, 四周單邊, 半郭:12.5×10.5cm, 無界, 11行25字, 上下向黑魚尾	表題:金甁梅, 版心題:第一奇書	慶北大學校 〔古〕812.3 장77ㅈ

4-2. 續金甁梅

≪續金甁梅≫는 淸初에 지어진 ≪金甁梅≫의 續書로 一名 ≪玉樓月≫이라고 하며 총 12卷 64回로 되어 있다. 作者에 대해서는 "紫陽道人編"이라고 되어 있는데 62回에서 丁耀亢이 自稱 紫陽道人이라 칭하였기에 丁耀亢이라 알려져 있다.

丁耀亢(1599-1670)은 字는 西生, 號는 野鶴이며 紫陽道人이라 하며 노년에는 눈이 나빠져서 失明에 이르러 木鷄道人이라고도 칭하였다. 山東諸城 출신으로 明代 侍御 丁少濱의 아들이다. 그는 10살에 부친이 죽고 順治 9年(1652)에 淸 白旗軍에 들어가 명성이 알려지자 順治 11年(1654)에는 容城 敎諭가 되고 順治 16年(1659)에 다시 慧安 知縣이 되었으나 본래 정치에 뜻이 없어 모친의 병을 핑계로 관직을 떠난다.

그는 많은 著書를 남긴 作家 중 하나로 ≪丁野鶴遺稿≫·≪天史≫·≪家政須知≫

등과 傳奇 劇本으로 ≪西湖扇≫·≪仙人游≫·≪赤松劉≫ 등이 있다.[54)]

≪續金瓶梅≫는 이민족의 억압에 저항하는 묘사가 있어 淸代에 판금조치가 내려졌었다. 그래서 丁耀亢 생존기의 版本인 順治刻本은 온전한 형태로 전해지지 못하고 筆寫本이 전해지고 있는 실정이다. 가장 빠른 판본인 順治刻本은 順治 18년에 刻한 殘本으로 第21回부터 44回까지만 남아 있다. 이처럼 原刻本은 거의 失傳되고 坊刊本이 나오게 된다. 대표적인 坊刊本은 두 종류가 있는데 務本堂藏板本과 本衙藏板本이다.

淸刊本는 ≪繡像續金瓶梅≫라 제목을 부쳤고 評語가 없다. 本衙藏板本은 속지에 "彭城張竹坡批評醒世奇書續編" 이라고 쓰여 있다. 또한 ≪金瓶梅≫의 改寫本으로 ≪隔簾花影≫과 ≪金屋夢≫이 있다.

책이 완성된 시기에 대해서도 여러 가지 논란이 있으나 자신에 관해 언급한 62회의 내용으로 보아 관직에 있던 기간인 62세 이전이라고 보기 어려우며 63세 이후에 지은 것이라는 설이 비교적 유력하다.[55)]

≪續金瓶梅≫는 西門慶이 죽은 후에 吳月娘 등 살아있는 인물들이 고초를 겪으며 살아가는 이야기와 西門慶·潘金蓮·春梅 등이 전생의 죄로 인해 다시 환생해서 그 업보를 치르는 이야기를 중심으로 전개된다.

欽宗 靖康 年間에 金兵이 중원을 침략하자 吳月娘은 어린 孝哥를 데리고 金兵을 피해 永福寺로 가서 普淨禪師의 도움을 받는다. 來安은 吳月娘에게 성으로 들어가 집안에 숨겨둔 금을 파오라고 한 후에 張小橋와 짜고 불을 지르고, 吳月娘의 금품을 다 빼앗아 갔다. 吳月娘은 의지할 곳이 없어져서 薛姑子에게 찾아가지만 곧 薛姑子의 비리를 알게 되자 떠난다.

西門慶은 죽은 후, 저승에서 염라대왕에게 심판을 받았다. 간음하고 육욕에 빠져 절제하지 않고, 관리와 결탁해 사욕을 채운 죄로 두 눈을 파게 했다. 또한 東京 沈越家의 아들로 托生시켜 눈 멀은 거지가 되고 다시 再生할 때는 內侍로 태어나게 하고 세 번째 태어날 때는 개로 태어나게 하였다. 潘金蓮은 黎家의 딸로 托生되어서, 이름을 金桂라고 바꾸었는데 평생 동안 배필이 없었다. 春梅는 北京 孔家의 딸로 托生되어, 梅

54) 丁耀亢의 生卒 年代에 대해서는 여러 가지 異說이 있다. 康泰權, 〈續金瓶梅 硏究〉, ≪論文集≫, 1995년 29輯, 69-92쪽 참조.

55) 歐陽健, ≪續金瓶梅的成書年代≫, ≪齊魯學刊≫, 2004년 제5期, 119-123쪽 참조.

玉이라 불리었다. 관리에게 시집가서 첩이 되었다가, 다시 외모가 추하고 병든 여자로 환생하여 평생 시집도 못 가고 죽었다. 李甁兒는 鑾儀衛 袁指揮가의 딸로 태어나 常姐라고 불렀다. 吳月娘과 孟玉樓는 淮安에서 만나 같이 과부로 수절하다, 吳月娘은 출가하여 비구니가 되었다. 孟玉樓는 了空과 만나 東京에서 집을 얻어 살았다. 孟玉樓가 먼저 죽고 吳月娘은 여든 아홉에 죽었다.

≪續金甁梅≫의 國內 流入에 대한 기록은 ≪五洲衍文長箋散稿≫ 卷七 小說辨證說에 보이는[56] 것으로 보아 1800년대 이전에는 유입된 것으로 추정된다. 國內에는 務本堂藏板 ≪繡像續金甁梅≫ 12卷 12冊이 奎章閣에 소장되어 있다. 慶北大와 澗松文庫의 木版本은 刊行 年代를 정확히 추정할 수 없으나 두 版本은 크기로 보아 다른 版本이며[57] 慶北大 소장본은 務本堂藏板에 가깝다.

書名	出版事項	版式狀況	一般事項	所藏處/所藏番號
繡像續金甁梅	紫陽道人(?)編, 務本堂藏板, 淸板本	12卷12冊, 中國木版本, 17.2×11.6cm	卷頭書名:續金甁梅, 序:洞茰隱, 印:集玉齋, 帝室圖書之章	奎章閣 [奎古]5890
續金甁梅	紫陽道人(未詳)編, 中國淸版本	12卷2匣12冊, 中國木版本, 11.7×17cm, 四周單邊, 半郭:9.7×11.7cm, 無界, 10行24字, 白口黑魚尾上	表紙書名:金甁梅, 序:烟霞洞茰隱	澗松文庫
	刊寫事項不明	零本1冊(所藏:卷7~8), 木版本, 17.1×11.7cm, 四周單邊, 半郭:13.2×9.5cm, 無界, 10行24字, 上下向黑魚尾	版心題:續金甁梅	慶北大學校 [古] 812.3 속18

56) 조선 후기의 학자 이규경(李圭景:1788~1856)이 쓴 책으로 여기에서 "永城副尉紳綏 使首譯李諶貿來一冊續金甁梅."(永城副尉 申綏가 首譯(首席 譯官) 李諶을 시켜 ≪續金甁梅≫ 한 권을 사오라고 하였다)라는 기록을 볼 수 있다. 閔寬東·金明信 共著, ≪中國古典小說批評資料叢考≫, 學古房, 2003년.

57) 原刻本은 大本이고 坊刊本은 小本으로 되어 있다. 康泰權, 〈續金甁梅 硏究〉, ≪論文集≫, 1995년 29輯.

5. 三言兩拍: (醒世恒言, 拍案驚記)

5-1. 醒世恒言

≪醒世恒言≫은 作者에 관한 구체적인 기록은 보이지 않으나 고증에 의하면 馮夢龍에 의해 編撰된 것으로 확인된다. 이 책은 ≪喩世明言≫·≪警世通言≫과 함께 '三言'으로 널리 알려져 있다. '三言' 중에서도 ≪醒世恒言≫이 가장 나중에 나왔고 예술적 가치가 가장 높은 것으로 평가되고 있다. 모두 40편의 작품이 수록되었는데 그 내용은 후대 명청대의 희곡 작품에 많은 영향을 끼쳤고, 그 내용은 譴責·愛情·公案·俠義·忠義 등에 관한 비교적 광범위한 주제를 다루고 있다.[58)]

≪三言≫의 編纂者인 馮夢龍(1574-1646)은 字가 猶龍이고 號가 墨憨齋主人으로 長州 출신이다. 관료 집안에서 성장한 것으로 추정되나 집안에 대해서는 자세히 알려져 있지 않지만 일찍이 壽寧縣 知縣 등을 지냈다고 한다. 馮夢龍은 유명한 ≪三言≫ 이외에도 ≪春秋列國志≫ 8卷의 내용을 확대해서 ≪新列國志≫로 개편했다. 또한 원래 20回本의 ≪平妖傳≫을 補하여 40回本 ≪批評北宋三遂新平妖傳≫으로 만들었는데 20回本보다 더 유행하였다. 또한 戲曲에도 일가견을 보여 ≪雙雄記≫과 ≪萬事足≫을 創作하였고, ≪三報恩≫·≪風流夢≫·≪人獸關≫·≪殺狗記≫·≪楚江情≫·≪酒家佣≫ 등 여러 편을 개편하기도 하였다.[59)]

≪醒世恒言≫의 가장 이른 판본은 天啓 丁卯年(1627) 版本인데 하나는 金閶 葉敬池刊本이고 하나는 衍慶堂刊本이다.[60)] 金閶 葉敬池刊本은 日本 內閣文庫에 40권 完本이 소장되어 있다. 가장 많이 전해지는 版本인 衍慶堂刊本에는 40卷足本이 있고 또 다른 하나는 第23卷을 빼고 第20卷을 上, 下 2편으로 나누어 第20卷, 第21卷으로

---

58) 金政六, 〈三言小說硏究〉, 成均館大學校 中語中文科 博士學位論文, 1987年.

59) 周鈞韜 主編·王長友 副主編, ≪中國通俗小說家評傳≫, 中州古籍出版社, 1993년, 86-96쪽 참조.

60) 金政六은 博士學位 論文에서 日本 內閣文庫 所藏 版本은 葉敬池刊本라고 하고 中國 大連圖書館 所藏本은 葉敬溪刊本이라고 版本을 구분하면서 실제로 두 版本은 繪圖, 序文, 目次, 本文이 완전 일치한다고 하였다. ≪總目提要≫에서는 衍慶堂刊本이 대련 도서관 소장되어 있다고 하였다.

만들고 第21卷을 第23卷에 넣은 판본이 있다. 序는 모두 可一居士가 쓴 것이다.

國內 流入에 대한 기록은 최초로 朝鮮 英祖38年(1762) 사도세자의 ≪中國小說繪模本≫ 序文에 언급되어 있어 적어도 1700년대 初中期에는 유입된 것으로 보인다.

國內 流入된 판본은 刊年을 알 수 없는 明版 木版本으로 모두 殘本이다. 奎章閣에 9冊(卷3-5, 8-10, 20-23, 27-28, 31-40)이 있고, 釜山大에 22卷7冊이 소장되어 있으며 鮮文大 朴在淵이 6冊(卷2~6)을 소장하고 있다. 이 판본에 대한 문헌적 가치는 상당히 큰 것으로 보인다.

書名	出版事項	版式狀況	一般事項	所藏處/所藏番號
醒世恒言	馮夢龍(明)編, 明版本	9冊(零本, 卷3-5, 8-10, 20-23, 27-28, 31-40), 中國木版本, 25.2×16㎝	印:帝室圖書之章	奎章閣 [奎중]4296
		10卷7冊(卷3~12), 中國木版本, 21.9×13.5㎝, 四周單邊, 半郭:17.7×10.9㎝, 無界, 8行18字, 紙質:竹紙	內容:九烈君廣施柳汁	釜山大學校
	憑夢龍(明)著, 刊寫者未詳, 刊寫年未詳	22卷7册, 中國木版本, 22×13.5㎝, 上下單邊, 左右雙邊, 全郭:17.6×10.7㎝, 無界, 8行18字, 白口, 無魚尾, 紙質:노로지		釜山大學校 (芝田文庫)OEC 3-12 19
		6冊(卷2~6存), 木版本		鮮文大 朴在淵

5-2. 拍案驚奇(拍案驚異記)

≪拍案驚奇≫는 凌濛初가 편찬한 소설집으로 ≪初刻拍案驚奇≫와 ≪二刻拍案驚奇≫가 있다. 初刻은 天啓 7年(1627)에 발행하였고 二刻은 崇禎 5年(1632)에 간행되었다. ≪初刻拍案驚奇≫은 40편의 단편 이야기를 실었고 ≪二刻拍案驚奇≫은 小說 39編과 끝부분에 ≪宋公明開元宵雜劇≫를 실어서 모두 40編이 되었다.[61)]

二刻은 영리를 목적을 위해 급하게 만들어진 책으로 내용이 神怪的인 것이 많고 원래 있던 작품을 개작해서 실은 것도 많다. ≪古今小說≫이나 ≪初刻拍案驚奇≫에서 그대로 내용을 따온 것들도 있다.

61) 丁範鎭, ≪中國文學史≫, 學研社, 1988년 改訂版, 315-317쪽 참조.

著者인 凌濛初는 字는 玄房, 號는 初成, 別號는 卽空觀主人이라고 전하며 浙江 烏程(지금의 吳興縣) 출신이다. 그는 관료의 집안에서 태어났는데, 祖父는 일찍이 南京 刑部의 員外郞을 지냈고 父親은 大名府 通判 등을 역임하였다. 이러한 가정환경 아래 凌濛初는 어려서부터 입신출세를 위한 교육을 받았다. 그러나 凌濛初는 50여 세까지도 관직에 나아가지 못하게 되자 당시 세상에 대한 불만을 소설의 형태로 쓴 것이 ≪拍案驚奇≫이다. 또 한편으로는 무료함을 달래고 당시 小說創作 경향에 대해 불만으로 스스로 창작에 참여했다고 볼 수 있다. 또한 凌濛初는 소설 희곡 등에 挿畵를 넣어 간행하였는데 그가 간행한 ≪世說新語≫·≪南柯記≫·≪西廂記≫·≪琵琶記≫ 등은 매우 아름답게 만들어진 것으로 유명하다.

原本 ≪拍案驚奇≫의 尙友堂 原刊本은 이미 亡失된 것으로 알려 졌으나 1941년 日本 日光輪王寺의 慈眼堂 法庫 중에서 尙友堂 原刊本이 발견되었다. 그래서 尙友堂 原刊 初刊 44回本과 重印한 39回本이 어떻게 다른지 알게 되었다.[62]

≪拍案驚奇≫는 完山李氏의 ≪中國小說繪模本≫(1762년)과 윤덕희의 ≪小說經覽者≫(1762년) 등에 書名이 보이고 있어 1700년대 中期 以前에 流入된 것으로 추정된다.[63] 初刻과 二刻이 모두 國內에 들어왔는지는 알 수 없으나 流入된 것만큼은 확실하다. 현재는 明淸代 판본은 보이지 않고 國民 1年(1912)에 鑄記書局에서 간행한 ≪拍案驚異記≫가 梨花女大에 소장되어 있는데 내용은 ≪拍案驚奇≫와 다르다.

書名	出版事項	版式狀況	一般事項	所藏處/所藏番號
拍案驚異記	著者未詳, 上海, 鑄記書局 國民1(1912)	17卷6冊, 中國石印本, 有圖(4張), 15×9㎝, 四周雙邊, 半郭:13×8.9㎝, 無界, 15行32字, 上黑魚尾		梨花女子大學校 [고] 812.3 박71

6. 型世言

≪型世言≫은 10권 40회본으로 작자가 陸人龍이고 一名 ≪幻影≫·≪型世奇觀≫·≪三刻拍案驚奇≫라고 하는 白話 短篇小說集이다.

62) 周鈞韜 主編·王長友 副主編, ≪中國通俗小說家評傳≫, 中州古籍出版社, 1993년, 96-107쪽 참조.
63) 閔寬東·金明信 共著, ≪中國古典小說批評資料叢考≫, 學古房, 2003년, 230쪽 참조.

明末 刻本의 속지에는 ≪型世奇觀≫이라고 되어 있으며 ≪幻影≫이라고도 적혀 있다. 이 책은 제1회부터 제7회까지는 殘存하는데, 序言은 보이지 않고 제1회는 후반부만 남아 있다. 明版重印本은 ≪三刻拍案驚奇≫라 되어 있고 '夢覺道人'이라고 篆書로 양각한 도장이 찍혀 있어 崇禎 癸未(1643년)에 지은 것으로 보인다. 이 책은 누락된 글자가 매우 많은 판본이다. 그 외에 프랑스 파리 國家圖書館에 소장된 淸初 판각된 ≪別本二刻拍案驚奇≫는 모두 34卷 34篇으로 되어 있다.

이 작품의 작자는 明 夢覺道人이라는 설과 西湖浪子이라는 설이 있다. 黃文暘의 ≪曲海總目≫에 ≪鴛鴦簪≫이 있는데, "撰者가 王國柱라고 추측되며, ≪鴛簪合≫과 ≪鴛鴦簪≫은 똑같은 책으로 추정되기 때문에 夢覺道人은 王國柱이다"라고 주장하고 있다. 또 明末 醫術에 저명한 福建 邵武人 周學霆·明末淸初 浙江 錢塘 사람 陸雲龍·江蘇 丹徒人 李文燭이라고 추정하는 사람도 있다.

≪型世言≫은 중국에서도 이름만 알려졌을 뿐 그 원본을 찾을 수 없었는데, 서울대 奎章閣에서 그 원본이 처음 발굴되어 전반적인 면모가 알려지게 되었다. 서울대학교 규장각에서 발굴된 판본은 卷首 1冊을 제외한 11冊이 모두 전하고 있다. 또한 한국학중앙연구원 장서각에 소장된 한글 번역본은 권1과 권2가 낙질되어 권3, 4, 5, 6만 전해지고 있다.

장서각 소장 ≪型世言≫의 번역 필사본(4冊)은 여타의 중국소설 번역본과 비교하여 古語와 古文體가 현저하게 출현하고 있어 늦어도 18세기경에는 번역된 것으로 추정된다. 국내에는 思悼世子가 기록한 ≪中國小說繪模本≫에 처음으로 그 서명이 나오고 있는데 ≪拍案驚奇≫·≪今古奇觀≫ 등의 서명과 함께 나열되어 있어 당시 明代 단편소설이 국내에 전래되어 읽혀지고 있었음을 알 수 있다.[64]

≪型世言≫의 내용은 다음과 같다. 대개 역사적으로 실재하는 인물이나 사건을 취하여 내용을 구성하였고 민간전설에서 제재를 선택하여 내용을 윤색하였다. 그리하여 남녀의 애정고사부터 歷史人物·神仙·烈女·俠客·公案事件·因果應報에 이르기까지 다양한 이야기를 서술하고 있다. 또한 三言과 二拍보다 좀 더 교훈적인 내용에 치중하고 있다는 특징을 가지고 있다.

64) 박재연, 〈규장각본 ≪형세언≫〉, ≪중국소설연구회보≫ 제10호, 1992, 6, 33-51쪽 참조. 권영애, ≪型世言硏究≫, 臺灣 東吳大學 박사논문, 1993, 6 참조.

국내에는 中國木版本이 奎章閣에 소장되어 있고, 한글 필사본은 韓國學中央研究院에만 유일하게 소장되어 있다. 규장각 소장본은 11冊으로 완전본이 아니고 1권이 빠진 낙질본이고 한국학중앙연구원 소장본도 역시 낙질본으로 완역은 아니다. 그러나 그 의미와 가치는 상당히 크다고 할 수 있다.

書 名	出 版 事 項	版 式 狀 況	一 般 事 項	所藏處/所藏番號
崢霄舘評定通俗演義型世言	陸人龍(明)演, 明版本	11冊(零本, 第12冊 缺), 中國木版本, 25×16.2㎝	版心書名:型世言, 序:陸雲龍, 印:帝室圖書之章	奎章閣 [奎중]4256
형세언 (型世言)	編者未詳, 寫本未詳	4冊存, 國文筆寫本, 28.8×21.6㎝, 無郭, 無絲欄, 12行字數不定, 無魚尾, 紙質:楮紙	表題:型世言, 印:藏書閣印, 35㎜R[Nega], 229f 번역:18세기경추정	韓國學中央研究院 4-6863/R35N-000019-3

7. 今古奇觀 : (續今古奇觀, 五續今古奇觀, 今古艶情奇觀, 今古奇聞, 啖蔗)

7-1. 今古奇觀

≪今古奇觀≫은 총 40권본으로 一名 ≪喩世明言二刻≫이라고 한다. 明代 馮夢龍의 ≪三言≫과 凌濛初의 ≪二拍≫ 작품 중에서 40편을 골라 엮은 白話小說集이다. 다시 말하자면 ≪喩世明言≫에서 8편, ≪醒世恒言≫에서 11편, ≪警世通言≫에서 10편, ≪拍案驚奇≫에서 8편, ≪二刻拍案驚奇≫에서 3편 등 모두 40편을 가려 뽑은 것이다.

≪今古奇觀≫의 판본은 姑蘇 抱甕老人이 수집하고 笑花主人이 교열했다고 되어 있는 것과 墨憨齋手定이라 적혀 있는 것이 있으나 대개 馮夢龍을 가탁한 것으로 보인다.

첫째, 清初 刊行本은 서두에 姑蘇 笑花主人의 서문이 있으며 年月을 기록하지 않고 있다. 이 판본은 北京圖書館과 上海圖書館 및 首都圖書館에 소장되어 있다.

둘째, 吳郡 寶翰樓의 간본은 '喩世明言二刻'이라 적고 있고, 속표지에 '墨憨齋手定'이란 글자가 있는데 파리 도서관에 소장되어 있다. 劉修業은 이 간본을 明刻本이라고 주장하고 있는데, 明나라의 인장이 있어 원본이 틀림없을 것으로 추정되지만 청초 간행본으로 주장하는 사람도 있다.

셋째, 同文堂 刊行本·文英堂 刊行本·乾隆 乙酉(1765년) 汗簡齋 刊行本은 金聖嘆이 評한 것으로 南京圖書館에 소장되어 있으며 明 崇禎 5年(1632)에서 明 崇禎 17年(1644)에 간행된 것들이다. 이밖에 芥子園本이 있다.[65)]

原典 ≪今古奇觀≫이 언제 조선에 유입되었는지 명확하게 알 수 없지만 朝鮮 英祖 38年(1762) 思悼世子가 지은 ≪中國小說繪模本≫의 序文에 작품명이 나열되어 있는 것으로 볼 때 18세기 중반 이전에 유입되었을 것으로 보인다.

≪今古奇觀≫의 가장 오래된 판본은 현재 樂善齋에 1책만 전해지고 있다. 이 책은 한글 번역본으로 ≪今古奇觀≫의 작품 〈王嬌鸞白年長恨〉을 이규용이 〈백년한〉으로 작품명을 바꾸어 번역하고 있다.[66)] 이외에도 다른 필사본이 여러 도서관에 1책씩 산재하고 있지만 대개 〈유백아전〉의 번역으로 보인다.

한글본 ≪금고긔관≫의 번역 형태는 작자의 개입이라 볼 수 있는 모든 시는 삭제되어 있고, 선인과 악인을 이분법적으로 극단화시키고 있다. 또한 사건의 세부과정을 삭제하거나 간략화 하여 부수적 인물을 배제하고 있고, 대개 상투적인 표현을 사용했으며 원본의 불합리한 부분을 조선의 습속에 맞도록 합리화시킨 부분도 있다.[67)]

≪금고기관≫은 日帝時代에 들어와서 상당히 많이 번역되었다. 그러나 작품의 전체 번역이 아닌 回目別 飜譯으로 번역되었다. 이 작품의 번역과 출판현황을 살펴보면 다음과 같다.

今古奇觀 : 10회 1책, 光東·太學書館, 1916년.
諺漢文今古奇觀(卷 1, 4, 6, 11, 12, 17, 18, 19, 20回) : 新舊書林, 1918년.
(≪今古奇觀≫) 全10回를 번역했다고 하나 실제는 9편만 번역하였고 1편은 ≪국고기관≫ 내용이 아니다.
今古奇觀(卷2回) : 京城書籍.
今古奇觀(卷3回) : 東洋書館.
今古奇觀(卷4回) : 新舊書林, 京城書籍.
今古奇觀(卷6回) : 匯東書局, 1928년.
今古奇觀(卷27回) : 大昌書院·普及書館 合刊(別冊附錄), 1922년, 1923년.

---

65) 江蘇省社會科學院 明淸小說硏究中心文學硏究所 編, ≪中國通俗小說總目提要≫, 中國文聯出版公司, 1991, 300쪽 참조.
66) 최윤희, 〈雙美奇逢의 번안 양상 연구〉, ≪고소설연구≫ 제11집, 2001, 286쪽.
67) 박재연·김영·이수진 교주, ≪금고긔관≫, 선문대 중한번역문헌연구소, 2004, 1-20쪽 참조.

今古奇觀(卷37, 38回等 4篇) : 朴泰遠 譯本, 正音社, 1948년.

이처럼 ≪今古奇觀≫의 版本 중에는 朝鮮時代 飜譯 및 飜案한 版本 以外에도 日帝時代에 飜譯 및 飜案된 판본도 상당히 존재하는 것으로 확인된다. 이에 대한 자세한 상황은 다음의 圖表와 같다.[68]

今古奇觀	小說回目	原 典	飜譯과 出版現況
第1回	三孝廉讓産立高名	醒世恒言 卷2	飜譯(新舊書林)
第2回	兩縣令競義婚孤女	醒世恒言 卷1	飜案(京城書籍)·朴文秀傳·附錄2
第3回	騰大尹鬼斷家私	喩世明言 卷10	飜譯(樂善齋本)·飜案(東洋書館)
第4回	裴晉公義還原配	喩世明言 卷9	飜譯(新舊, 京城) 朴文秀傳·附錄3
第6回	李謫仙醉草嚇蠻書	警世通言 卷9	飜譯(新舊書林)
第7回	賣油郎獨占花魁	醒世恒言 卷3	飜譯(金泰俊本)
第9回	轉運漢巧遇洞庭紅	初刻拍案驚奇 卷1	朴泰遠譯本
第11回	吳保安棄家贖友	喩世明言 卷8	飜譯(新舊書林)
第12回	羊角哀捨命全交	喩世明言 卷7	飜譯(新舊書林) 朴泰遠譯本
第14回	宋金郎團圓破氈笠	警世通言 卷22	飜譯(高麗大本)
第17回	蘇小妹三難新郎	醒世恒言 卷11	飜譯(新舊書林)
第18回	劉元晉雙生貴子	初刻拍案驚奇 卷20	飜譯(新舊書林高麗大本)
第19回	兪伯牙摔琴謝知音	警世通言 卷1	飜譯(樂善齋本 金東旭 誠菴本)
第20回	莊子休鼓盆成大道	警世通言 卷2	飜譯(高麗大本·金泰俊本·新舊書林)
第22回	鈍秀才一朝交泰	警世通言 卷17	飜譯(樂善齋本)
第26回	蔡小姐忍辱報仇	醒世恒言 卷36	飜案(新小說)
第27回	錢秀才錯占鳳凰儔	醒世恒言 卷7	飜案(大昌·普及書籍)·飜譯(金泰俊本)
第35回	王嬌鸞百年長恨	警世通言 卷34	飜案(金泰俊本)
第37回	崔俊臣巧會芙蓉屛	初刻拍案驚奇 卷27	朴泰遠譯本
第38回	趙縣君喬送黃柑子	初刻拍案驚奇 卷14	朴泰遠譯本

≪今古奇觀≫의 내용은 전반적으로 因果應報와 권선징악 및 기이한 구성과 典故로 되어 있는 단편들을 모아 엮었다. 이 작품의 전체 번역본은 없는 듯한데, 朝鮮時代 독자들의 취향과 기호에 부합된 흥미로운 작품들을 중심으로 번역된 것으로 보인다.

68) 李明九, 〈李朝小說의 比較文學的 硏究〉, ≪大東文化硏究≫(성균관대) 제5집, 1968, 31쪽.
曹喜雄, 〈樂善齋本 飜譯小說 硏究〉, ≪國語國文學≫第62-63合倂號, 1973, 268-269쪽.
曾天富, 〈韓國小說의 明代擬話本小說 受容의 一考察〉, 釜山大 碩士學位論文, 1987, 8-9쪽 참조.

국내에는 中國木版本이 海軍士官學校, 成均館大, 延世大, 高麗大, 江陵市 船橋莊 등에 소장되어 있다. 中國石印本은 中央大, 嶺南大, 全南大 등 여러 지역에 소장되어 있으며, 한글 필사본은 高麗大, 誠庵文庫, 韓國學中央研究院 등에 소장되어 있다. 한글 필사본은 모두 1冊本으로 되어 있으나 판식이 각각 다른 것으로 보아 다양한 지역에서 출판되었음을 알 수 있다.

書名	出版事項	版式狀況	一般事項	所藏處/所藏番號
今古奇觀	泰山堂, 光緖10(1884)	零本5册(全40卷40册中所藏本中 卷之一, 二, 五, 七, 八의 5册以外缺), 中國木版本, 21.4×13.3cm, 四周單邊, 半郭:18×13.4cm, 無界, 15行32字, 白口·上黑魚尾	標題紙:光緖十年(1884)新刊, 序:朱印	海軍士官學校 [중]28
	抱甕老人(明)選輯, 經文堂, 光緖14(1888)	40卷6册, 中國石印本, 有圖, 17.5×11cm	標題:繡像今古奇觀, 書名:目錄題, 序:光緖戊子(1888) 愼思草堂主人謹識, 光緖戊子管子弁書于海上	高麗大學校 C14-B10C
	中國, 著者未詳, 1891	10卷14册, 中國木活字本, 15.2×11cm, 四周單邊, 半郭:12×9.2cm, 無界, 11行25字, 上黑魚尾, 紙質:竹紙	序:姑笑花主人, 刊記:光緖十七年(1891)冬重刊	圓光大學校 AN823.5-ㄱ575ㄱ
	撰者未詳, 上海, 上海書局, 光緖乙未(1895)刊	40卷6册(卷1~40), 中國石印本, 15.2×10.1cm, 四周雙邊, 半郭:13×8cm, 無界, 17行38字, 上下向黑魚尾, 紙質:綿紙	題簽:繪圖今古奇觀, 裏題:繪圖今古奇觀, 序:姑蘇笑學主人漫題, 刊記:光緖乙未(1895) 仲春上海書局石印	江陵市 船橋莊
	抱甕老人(明)編, 上海書局, 光緖乙未(1895) 仲春刊	40卷6册, 中國石印本, 有圖, 16cm, 17行38字	內題:繪圖今古奇觀, 序:姑蘇笑花主人漫題, 印記:崔炳憲印	延世大學校 812.36/2
	抱甕老人編, 成文信, 光緖21(1895)刊	7卷7册, 17.4×11.5cm, 四周單邊, 半郭:12.6×9.2cm, 有界, 有無版, 12行28字, 上下向黑魚尾	본문에 한글토가 부착됨, 書名은 表題임	中央大學校 812.3-포옹노금
	抱甕老人(明)編, 墨憨齋手定, 成文信, 光緖21(1895)刊	8卷8册, 中國木版本, 17×11.5cm, 四周單邊, 半郭:12.7×9cm, 有界, 12行28字, 上黑魚尾, 紙質:竹紙	序:姑蘇笑花主人漫題,刊記:光緖二十一年(1895)新刊, 烟台成文信梓行	成均館大學校 D7C-4
	抱甕老人(明)編, 上海, 點石齋, 光緖乙巳(1905)	27卷4册(卷1~7, 15~34), 中國石印本, 15.5×10cm, 四周單邊, 半郭:13×8.6cm, 無界, 17行38字, 註雙行	標題:繪圖今古奇觀, 序:姑蘇笑花主人題, 刊記:光緖乙巳(1905) 孟春月上海點石齋石印	檀國大學校 천안율곡도서관 (羅孫文庫)古873.5-포279ㄱ

書名	出版事項	版式狀況	一般事項	所藏處/所藏番號
		40卷6冊, 石印本, 有圖, 15.1×9.9㎝, 四周雙邊, 半郭:13×8.2㎝, 無界, 17行38字, 上下向黑魚尾	版心題:繪圖今古奇觀, 序:望之善讀小說者, 刊記:光緖己巳(1905) 上海點石齋石印	慶北大學校 [古] 812.3 포65ㄱ
	抱甕老人(明)編	1冊(卷4-7), 中國木版本, 26㎝, 四周單邊, 20.7×14.2㎝, 12行27字, 上黑魚尾		延世大學校 812.36/3
	抱甕老人(明)選輯	40卷12冊, 中國木版本, 23.9×15.8㎝	書名:標題, 序:姑蘇笑花主人漫題	高麗大學校 C14-B10D
	抱甕老人(明)撰	零本4冊(卷第七, 九, 十九~二十三), 中國木版本, 24×15㎝	版心·表題:書名	高麗大學校 (晩松文庫) C14-B10E
	抱甕老人(明)撰, 刊寫地未詳, 刊寫者未詳, 刊寫年未詳	1冊(零本), 木版本, 25.3㎝		檀國大學校 죽전퇴계도서관, 고823.5-포279ㄱ
		7卷1冊(寫本)(卷8~14), 石印本, 有圖, 16×10㎝, 四周雙邊, 半郭:13×8㎝, 無界, 17行38字, 上下向黑	繪圖今古奇觀	檀國大學校 천안율곡도서관 고873.5-포279가
	著者未詳, 淸版本	6冊(895.13-G337ga: 第2~7冊(6冊), 895.13-G337g:第9~12冊(5冊), 零本), 中國木版本, 15.6×11㎝	印:李根洪印	奎章閣 [古]895.13-G337g-v.1-5, 895.13-G337ga-v.1-6
	撰者未詳, 淸代刊	37卷12冊(卷1~37), 中國木版本, 15.3×11㎝, 四周單邊, 半郭:12.2×9.7㎝, 無界, 11行25字, 上下向黑魚尾, 紙質:竹紙		江陵市 船橋莊
	刊寫地未詳, 刊寫者未詳, 刊寫年未詳, 淸版	2冊		金在廈
		1冊		京畿大學校 경기-k122933
		6冊		金佑成
	抱甕老人(明)選輯, 文淵堂	零本6冊(全40卷12冊)卷第一~二十一, 中國木版本, 有圖, 24.3×15.9㎝	書名:標題, 序:姑蘇笑花主人漫題, 印:蕙石, 金印明原	高麗大學校 C14-B10B
	抱甕老人(明)編, 文英堂, 淸朝後期刊	40卷12冊, 中國木版本, 25×15.6㎝, 四周單邊, 20×13.6㎝, 無界, 11行24字, 註雙行, 上黑魚尾, 紙質:竹紙	序:姑蘇笑花主人漫題, 刊記:文英堂梓	成均館大學校 D7C-4a
	抱甕老人輯, 笑花主人叙·閱, 墨憨齋 手定, 淸板本	40卷2匣12冊, 中國木版本, 16×25㎝, 四周單邊, 半郭:13.4×20.2㎝, 無界, 11行24字, 白口黑魚尾上		澗松文庫

書名	出版事項	版式狀況	一般事項	所藏處/所藏番號
	刊寫地未詳, 刊寫者未詳, 刊寫年未詳	7冊(零本), 中國本, 24×16cm		嶺南大學校 823
		6卷6冊40回, 石印本	改良繪圖今古奇觀	鮮文大 朴在淵
		3冊(卷之四, 五, 六存), 木版本, 袖珍本		鮮文大 朴在淵
		40卷15冊(卷首缺), 木版本		鮮文大 朴在淵
		1冊(卷2存, 落帙), 上函5冊, 卷1~卷 20, 木版本		鮮文大 朴在淵
		下函, 5冊(卷6, 7, 8, 9, 10存), 袖珍本		鮮文大 朴在淵
		3卷1冊(零本), 中國板本, 23.5×14.8cm		韓國國學振興院 五美洞 豊山金氏 虛白堂 門中, KS0063-1-03-00008
全圖今古奇觀	著者未詳, 民國2年癸丑(1913), 上海校經山房印行	6卷1匣6冊, 中國石印本, 13.5×20.3cm, 四周單邊, 半郭:11.3×17.1cm, 無界, 21行44字, 白口黑魚尾上		澗松文庫
繪圖今古奇觀	曲園老人(清), 鑑定, 上海, 大成書局, 光緒32(1906)序	6卷6冊, 中國石印本, 有圖, 20.3×13.3cm, 四周單邊, 半郭:17.8×11.8cm, 無界, 21行45字, 花口, 上下向黑魚尾, 紙質:노로지	表題:今古奇觀, 版心題:(大字足本)繪圖今古奇觀, 序:光緒丙午(1906)仲春古董月湖釣徒撰幷書, 刊記:曲園老人 鑑定上海大成書局發行	釜山大學校 (夢漢文庫)ODC 3-12 12
	抱甕老人著, 上洋, 普新端記石印書局, 宣統2(1910)	2卷2冊(卷1-2), 有圖, 20×12.8cm, 四周單邊, 半郭:17.5×11.6cm, 無界, 行字數不定, 無魚尾		慶熙大學校 812.3-포65ㄱ
	朱斗南(清)編, 上海, 石印書局, 清宣統2年(1910)刊	4卷4冊(卷上, 1~2, 卷下, 3~4), 中國石印本, 有圖, 20×13.4cm, 四周單邊, 半郭:17.6×11.7cm, 小字, 23行46字, 紙質:洋紙	表題:今古奇觀, 版心題:改良繪圖今古奇觀, 序:宣統二年(1910)歲次 庚戌冬月上浣 茂苑朱斗南題, 印記:3種	韓國綜合典籍目錄 (玩樹文庫) 李炳麒 4-200
	曲園老人(清), 鑒定, 上海, 大成書局, 清光緒32(1906)	6卷6冊, 中國石印本, 有圖, 20.2×13.2cm, 四周單邊, 半郭:17.9×12.9cm, 無界, 21行46字, 上下向黑魚尾, 紙質:竹紙	表題:今古奇觀, 裏題:精繪全圖今古奇觀, 序:光緒丙午(1906)…月湖釣徒, 刊記:上海大成書局發行	釜山大學校 圖書館
	仿泰西書局, 民國2(1913)	3卷6冊, 中國石印本, 13.3×8.5cm		高麗大學校 (華山文庫)小62

書名	出版事項	版式狀況	一般事項	所藏處/所藏番號
	曲園老人鑑定, 上海, 天寶書局, 刊寫年未詳	4卷2冊, 中國石印本, 20.3×13.3cm, 四周單邊, 半郭:17.9×11.9cm, 無界, 21行42字, 註雙行, 花口, 無魚尾, 紙質:노로지	刊記:上海天寶書局石印	釜山大學校 (蒼原文庫)OHC 3-12 61
	抱甕老人(明), 中國, 刊寫者未詳, 刊寫年未詳	40卷6冊, 中國石印本, 有圖, 15.5×10cm	書名:表題임, …序:姑蘇笑花主人漫題	國民大學校 [고]823.5 포01ㄴ
	編者未詳,清刊	20卷3冊, 中國石印本, 16.3×10.3cm	序:清河甌生居士	國立中央圖書館 [승계古]3736-9
	刊寫地未詳, 刊寫者未詳, 刊寫年未詳	1卷1冊(卷4, 缺帙), 石印本, 挿圖, 20.0×13.5cm, 四周雙邊, 半郭:16.9×11.8cm, 無界, 20行40字, 上下向黑魚尾		京畿大學校 경기-k121675-4
足本全圖今古奇觀	松禪老人 編, 上海, 廣雅書局, 清末-民國初	8卷8冊(卷1-8), 中國石印本, 有圖, 20×13.3cm, 上下單邊, 左右雙邊, 半郭:16.1×11.6cm, 無界, 17行38字, 上黑魚尾, 紙質:竹紙	版心題:全圖足本今古奇觀, 標題:新增全圖足本今古奇觀, 序:姑蘇松禪老人題, 刊記:上海 廣雅書局藏板	全南大學校 3Q-족45ㅅ-v.1-8
改良今古奇觀	刊寫地未詳, 刊寫者未詳, 刊寫年未詳	2冊(所藏本:卷4, 6, 零本), 中國石印本, 有圖, 19.9×13.4cm		中央大學校 812.3-포옹노개 嶺南大學校 [古南]823.5 개량금
	錦章圖書局	2卷2冊(零本), 中國版本, 有圖, 13.2×8.8cm, 19行42字	漢文, 楷書	韓國國學振興院 受託, 아주신씨 인재파전암후손가, KS0236-1-03-00004
改良繪圖今古奇觀	抱甕老人著, 上洋, 普新端記石印書局, 宣統2(1910)	2卷6冊, 有圖, 20×13.3cm, 四周單邊, 半郭:17.5×11.6cm, 無界, 行字數不定, 無魚尾		慶熙大學校 812.33-포65ㄱ
繡像今古奇觀	抱甕老人(明)編, 墨憨齋批點, 同治2(1863)刊	10卷10冊, 中國木版本, 有圖, 17×11.5cm, 四周單邊, 半郭:11.2×9.2cm, 有界, 13行25字, 上黑魚尾, 紙質:竹紙	序:姑蘇笑花主人漫題, 刊記:同治二年(1863)新刊	成均館大學校 D7C-5
	抱甕老人(明), 中國, 刊寫者未詳, 光緒17(1891)	10冊, 中國木版本, 有圖, 15.6×11.3cm, 四周單邊, 半郭:11.8×9.2cm, 無界, 11行字數不定, 上下向黑魚尾	書名:內題임, 表題와版心題:今古奇觀, 序:…	國民大學校 [고]823.5 포01ㄱ

書名	出版事項	版式狀況	一般事項	所藏處/所藏番號
	抱甕老人(明)輯, 笑花主人閱, 同文堂	36卷11册(卷8~11缺), 中國木版本, 有圖, 半郭:20.7×14.1cm, 12行27字, 上黑魚尾	內容:小說	雅丹文庫 823.5-포65ㅅ
	笑花主人 編, 刊寫地未詳, 天寶樓, 刊寫年未詳	4册(缺帙), 中國木版本, 有圖, 16.6×11.3cm, 四周雙邊, 半郭:12.5×9.9cm, 無界, 12行27字, 上黑魚尾, 紙質:竹紙	序:姑蘇笑花主人漫題	全南大學校 3Q-수51ㅅ-v.1,3-4,6
		4册(册1,3-4,6, 缺帙), 中國木版本, 有圖, 16.6×11.3cm, 四周雙邊, 半郭:12.5×9.9cm, 無界, 12行27字, 花口, 上下向黑魚尾, 紙質:竹紙	序:姑蘇笑花主人漫題	全南大學校 3Q-수51ㅅ
新刻 今古 奇觀	抱瓮老人(明)撰, 刊寫地未詳, 刊寫者未詳, 刊寫年未詳	2卷2册(全27卷, 卷5,8), 17.4×11.7cm, 四周單邊, 半郭:13×9.7cm, 有界, 12行28字, 上下向黑魚尾		東亞大學校 (3):12:2-65
新增 全圖 足本 今古 奇觀	上海	8册, 中國板, 20.1×13.3cm, 四周雙邊, 半郭:16×11.5cm, 17行38字, 白口, 上下向黑魚尾	漢文, 楷書, 藏板記:上海廣雅書局藏板	韓國國學振興院 受託청송심씨 칠회당고택,KS04 31-1-03-00020
古今 奇觀		1册, 23.5×15cm, 中國版本		韓國國學振興院 영천이씨 농암종택 고전적 KS03-3007-10078- 00078
(改正) 今古 奇觀	上海, 鑄記書局, 刊寫年未詳	6卷1册, 插圖, 21×14cm	版心題:繪圖改正今古奇觀	忠北大學校 ㅇ 823.5 ㄱ575
奇 觀		40卷6册, 筆寫本, 30×20cm	序:姑蘇笑花主人題, 表題:今古奇觀, 印記:尹泓定印	延世大學校 (李源喆文庫), 812.38
금고 긔관		1册, 國文筆寫本, 37.4×22.2cm	印:金公潤章, 李學鎬信	高麗大學校(晩松 文庫)C14-A58
	긔션유著, 1932寫	1册(61張), 筆寫本, 29.5×20.1cm, 9行字數不定, 紙質:楮紙	寫記:신미(1931)칠월순일필셔라	誠庵文庫 (誠庵文庫) 趙炳舜4-1336
금고 긔		1册, 國文筆寫本, 28.7×20.3cm	附:사제정곡, 화슈가, 16㎜R[Nega], 73f	韓國學中央研究院 R16N-001132-13 D7B-26

書名	出版事項	版式狀況	一般事項	所藏處/所藏番號
		1冊, 國文筆寫本, 29.8×20.2㎝	別名:金魚傳, 16㎜R[Nega], 44f	韓國學中央硏究院 R16N-001132-14
등대윤지단가ᄉ	作者未詳, 寫年未詳	1卷(51張), 筆寫本, 30.5×21.4㎝, 無郭, 無絲欄, 10行18字, 紙質:壯紙	表題:今古奇觀, 印:藏書閣印	韓國學中央硏究院 4-6802
		1冊, 國文筆寫本, 30.5×21.4㎝	別名:今古奇觀, 35㎜R[Nega], 52f	韓國學中央硏究院 R35N-000203-1,4- 6802舊藏書閣本

7-2. 續今古奇觀

≪續今古奇觀≫은 6卷 30回로 되어 있고 著者에 대해서는 자세히 알려져 있지 않다. 가장 이른 版本으로 光緖 甲午年(1894)에 간행된 石印本이 南京圖書館에 소장되어 있다. 이 책은 ≪新輯全圖今古奇觀續集≫이라 적혀 있고, 또 작은 글씨로 "甲午春莫中浣忏蒙庵主書于滬上"이라 되어 있다. 두 번째 페이지에는 "光緖甲午年夏月繪圖石印于海上", 목록 앞에는 "繪圖續今古奇觀目錄", 판심에는 "繪圖續今古奇觀"이라고 되어 있다.

光緖 丙申年(1896)에 上海書局에서 간행한 石印本에는 "繪圖拍案驚奇 增圖續今古奇觀"이라 제목이 적혀 있고, 첫머리 序와 문미에는 "光緖丙申仲春月淸明后三日瀛園舊主撰幷書"라고 되어 있다. 이책 역시 南京圖書館에 소장되어 있다. 또한 光緖 19年(1893)에 上洋書局에서 간행한 排印本은 北京圖書館에 소장되어 있다.[69)]

≪續今古奇觀≫의 내용은 각각 독립된 30편의 이야기로 구성되어 있다. 이야기의 來源은 30편중에서 단지 1편만 ≪娛目醒心編≫에서 왔고 나머지 29편은 ≪初刻拍案驚奇≫에서 기인한다. ≪初刻拍案驚奇≫의 고사 중에서 ≪今古奇觀≫에서 싣지 않은 이야기들을 중심으로 편집하였는데 주로 억울한 일을 당해 복수하는 이야기나 公案事件과 관련된 내용이다.

이 책의 國內 流入時期에 관한 文獻 기록을 찾아 볼 수 없으나 가장 이른 판본이

69) 江蘇省社會科學院 明淸小說硏究中心 文學硏究所 編, ≪中國通俗小說總目提要≫, 中國文聯出版公司, 1990년, 789쪽 참조.

1894년본인 것으로 보아 대략 朝鮮 後期에 유입된 것으로 추정된다. 국내에 현존하는 판본으로는 宣統 1年(1909)에 上海書局에서 간행한 ≪繪圖續今古奇觀≫ 石印本이 東亞大에 소장되어 있다.

書名	出版事項	版式狀況	一般事項	所藏處/所藏番號
繪圖續今古奇觀	編者未詳, 上海, 上海書局, 宣統1(1909)	6卷6冊(卷1-6), 中國石印本, 有圖, 14.8×9.8cm, 四周雙邊, 半郭:12.4×8.9cm, 無界, 19行43字, 黑口, 上下向黑魚尾	題簽題 및 標題:繪圖今古奇觀續集, 包匣題:繪圖今古奇觀續, 刊記:宣統元年(1909) 冬月上海書局石印	東亞大學校 (3):12:2-22

7-3. 五續今古奇觀

≪五續今古奇觀≫은 14회로 一名 ≪醒世第二奇書≫·≪石點頭≫라고 하는 明代 擬話本小說集이다. 비록 因果應報와 설교적인 내용이 많지만 淸代 道光 18年(1838) 이래로 禁書의 목록에 속해 있는 작품이었다.

작품의 가장 이른 판본은 明代 葉敬池刊本인데, 첫머리에 猶子龍의 序와 插畵 14면이 있으며, 眉批가 있다. 둘째, 帶月樓刊本은 葉敬池刊本과 비슷하지만 페이지마다 글자수가 다르다. 셋째, 同仁堂本은 인쇄의 형식이 帶月樓刊本과 같게 되어 있다. 넷째, 道光壬辰敍府竹春堂小字本과 光緖乙未上海書局石印本은 ≪醒世第二奇書≫ 또는 ≪五續今古奇觀≫이라 적혀 있다. 이외에, 上海古籍出版社의 1957년 12월 第一版과 1985년 12월 新一版은 제11卷 ≪江都市孝婦屠身≫과 제14卷 ≪潘文子契合鴛鴦冢≫이 모두 삭제되어 있다.[70]

작품의 작자는 天然癡叟인데, 天然癡叟는 號가 浪仙으로 胡士瑩은 席浪山이라고 간주하고 있고, 미국 학자 韓南은 馮夢龍의 三言 중의 ≪醒世恒言≫ 편찬에 동참했던 인물로 추정하고 있으며 나머지 자세한 사항에 대해서는 명확하게 고증되지 않고 있다.[71]

70) 江蘇省社會科學院 明淸小說硏究中心文學硏究所 編, ≪中國通俗小說總目提要≫, 中國文聯出版公司, 1991, 272쪽 참조.

≪石點頭≫라는 書名에 대해서 馮夢龍은 서문에서 다음과 같이 말하고 있다. "'石點頭'라는 道生法師가 虎丘山에서 설교한 이야기에서 유래한 것으로, 小說家는 원인과 결과를 가지고 사람들에게 善을 권고하니 불교에서 고승이 돌을 깨닫게 하는 것과 다름이 없다" 이러한 말로 볼 때 '석점두'라는 서명은 권계 작용을 하고 있음을 표명한 것이다.

≪石點頭≫의 체제는 ≪拍案驚奇≫와 매우 근접하며, 내용은 인간의 도리를 권계하는 내용을 담고 있다.

작품의 국내 유입 기록은 명확하게 나타나지 않고 있는데, 이 작품의 창작 시기가 明代이고 전작인 ≪今古奇觀≫이 18세기 중반 이전에 유입된 것으로 확인되므로 이 작품도 朝鮮 後期에는 전래되었을 것으로 추정된다.

≪五續今古奇觀≫의 내용은 다음과 같다. 아들을 찾게 되는 이야기, 자신의 아내를 찾는 이야기, 아버지를 구하는 이야기, 서생이 자신의 반려를 구하는 이야기, 거지 부인이 다시 남편을 얻는 이야기, 감동 받은 귀신이 은혜를 보답하는 이야기, 효부가 자신의 몸을 파는 이야기, 열녀가 복수하는 이야기, 남성의 동성애에 관한 이야기[72] 등등 다양한 내용을 통해 因果應報와 忠孝節義를 선양하고 있다.

국내에는 中國石印本이 京畿大와 高麗大에 소장되어 있는데, 경기대 소장본은 8卷 4冊으로 殘帙本이고 民國 4年(1915)에 上海의 廣益書局에서 출판된 것이며 삽도가 들어 있다. 고려대 소장본은 4卷 4冊으로 書名이 ≪繪圖醒世第二奇書≫라고 되어 있고 表紙書名은 ≪繪圖五續今古奇觀≫이라 되어 있으며 삽도가 들어있다. 기타 나머지 서지사항은 명확하지 않다.

---

71) 김소정, <≪石點頭≫의 運命觀 硏究>, ≪中國語文論叢≫제30집, 2006, 211-232쪽 참조.

72) 권혁찬, <The making of Pan Wenzi and Langxian's treatment of Homosexuality and qing>, 중국소설논총 제27집, 2008, 3, 63-90쪽 참조. <潘文子契合鴛鴦塚>은 明末의 소설집 ≪石点頭≫에 실린 話本小說로서 그 바탕이 되는 고사는 ≪太平廣記≫와 馮夢龍이 엮은 ≪情史≫의 卷22에 실려 있는 潘章의 이야기이다. 작자는 동성애 커플이 당시 중요시 되었던 자손을 얻어 가문의 대를 계승한다는 유교적 가치관에 위배된다는 현실적 제약과 潘과 王은 일시적인 욕정에 의한 결합이 아니라 眞情을 바탕으로 한 백년해로를 목표로 하는 결합이라는 모순을 결국 이 커플의 동반 자살이라는 방법으로 해결하고 있다.

書 名	出版事項	版式狀況	一般事項	所藏處/所藏番號
繪圖五續今古奇觀	上海, 廣益書局, 民國4年(1915)	8卷4册(卷1-4, 7-8, 11-12, 缺帙), 中國石印本, 有圖, 15×8.9㎝, 四周雙邊, 半郭:12.5×8.1㎝, 無界, 19行46字, 上下向無葉花紋魚尾	版心題:五續今古奇觀	京畿大學校 경기-k119578-1
繪圖醒世第二奇書	天然癡叟著, 墨憨主人評, (19--)	12卷6册, 中國石印本, 有圖, 14.5×9㎝	表紙書名:繪圖五續今古奇觀	高麗大學校 (華山文庫) 小63

7-4. 今古艶情奇觀(三續今古奇觀)

≪今古艶情奇觀(三續今古奇觀)≫은 24회로 작자는 西湖漁隱主人이고 一名 ≪歡喜寃家≫·≪貪歡報≫·≪喜奇歡≫·≪艶鏡≫·≪三續今古奇觀≫·≪四續今古奇觀≫이라고도 하며[73] ≪今古奇觀≫의 續作인 백화단편소설집이다.

작품의 가장 이른 판본은 山水隣原 간행본인데, 처음에 歡喜寃家序가 있고, 끝에 "重九西湖漁隱題于山水隣(九月 九日西湖 漁隱이 山水隣에서 적다)"이라고 적혀 있다. 圖像는 모두 24폭이 있는데, 한 면에 2폭씩 있다. 正集이 12면에 12폭, 續集이 12면에 12폭이 있다. 圖像뒤에 總目이 있는데, 正集과 續集이 各各 12회로 되어 있다. 正集의 卷頭와 版心에 '歡喜寃家'라 적혀 있고, 續集의 本文 卷頭와 版心에는 모두 제목과 서명이 없으나 總目에는 '貪歡報續集'이라 쓰여 있다. 回마다 總評이 있고, 중간 중간에 批를 가하고 있다. 이 판본은 日本 東京大學 東洋文化研究所 雙紅堂文庫에 소장되어 있다. 北京圖書館에도 이 판본이 소장되어 있지만 제7회가 빠져 있다.

둘째, 賞心亭 간행본은 '醒世第一書'라 쓰여 있고, 가운데에 '貪歡報'라고 크게 세 자가 쓰여 있다. 오른쪽에는 '西湖漁隱主人編', 왼쪽의 上半部에는 '新鐫繪圖古本歡喜寃家'라고 두 줄로 쓰여 있고, 아래쪽에는 '賞心亭梓'라 쓰여 있다. 序, 題, 署의 글자는 山水隣原刊本과 같고 총 8卷으로 되어 있으며 本文 卷頭에는 '歡喜寃家'라고 적혀 있다. 挿圖가 상하로 나뉘어 12면을 차지하고 있고, 回目에는 行사이에 작은 글자

---

73) 후세의 坊刊本(민간 서점에서 출판한 서적의 판본)에서는 이처럼 다양한 서명으로 바뀌어 출판되었다.

로 쓴 評과 總評이 있다. 이 판본은 현재 英國博物館에 소장되어 있다.[74)]

셋째, 聯繹堂 간행본은 작품의 제목을 ≪貪歡報≫라고 바꾸었고, 8卷으로 되어 있으며 8쪽의 插圖가 들어 있다.

넷째, 石印本은 제목을 ≪繪圖古本歡喜奇觀≫이라 바꾸었고 작자는 적혀 있지 않으며 序와 跋이 없다. 圖像이 8면 있는데, 한 면에 2폭씩 있고 모두 20回로 원본에서 4회를 빼고 回目의 순서를 조정해서 만든 것이다. 이 판본은 제목을 ≪三續今古奇觀≫ 또는 ≪四續今古奇觀≫이라고도 한다.[75)]

작품의 작자는 序에 근거하면 西湖漁隱主人이라 되어 있는데, 杭州의 高一葦일 가능성이 높다는 의견이 제기되고 있다.[76)] 또한 이 책의 편집 연대는 明代 末葉인 崇禎 13年(1640년)으로 추정된다.[77)]

작품의 국내 유입 기록은 아직 명확하게 드러나지 않고 있는데, 원전 ≪今古奇觀≫이 18세기 중반 이전에 유입된 것으로 확인되므로 ≪今古奇觀≫의 속작인 ≪今古艶情奇觀(三續今古奇觀)≫은 그보다 더 늦은 시기인 朝鮮 後期에나 유입되었을 것으로 추정된다.

≪今古艶情奇觀(三續今古奇觀)≫의 내용은 다음과 같다. 각각 24회의 독립적인 이야기로 구성되어 있는데, 話本小說의 이야기 구성의 형식을 가지고 있고 대부분 남녀의 사랑을 묘사한 이야기들로 외설적인 내용이 많으며 중간에 산문을 삽입한 부분도 있어 일반적인 화본소설의 형식과는 약간 다른 면이 있다.

국내에는 石印本이 유일하게 京畿大에 소장되어 있는데, 6卷 6冊으로 表題는 ≪繪圖三續今古奇觀≫이라 되어 있고 版心題는 ≪三續今古奇觀≫이라 되어 있으며 나머지 서지사항은 명확하지 않다.

---

74) 이상 두 가지 판본은 柳存仁의 ≪倫敦所見中國小說書目≫과 大塚秀高의 ≪中國通俗小說書目改訂稿≫에 보인다.

75) 江蘇省社會科學院 明淸小說硏究中心文學硏究所 編, ≪中國通俗小說總目提要≫, 中國文聯出版公司, 1991, 245쪽 참조.

76) 김민호, 〈≪歡喜寃家≫小考 -人物 形象의 多面性을 中心으로-〉, ≪中國小說論叢≫제7집, 1998, 3, 157-176쪽, 안정훈, 〈중국 고전소설에서 나타나는 性 묘사와 사랑 표현의 부조화-≪歡喜寃家≫를 중심으로〉, ≪中國小說論叢≫제36집, 2012, 4, 51-76쪽 참조.

77) 蕭相愷, 〈≪歡喜寃家≫考論〉, ≪明淸小說硏究≫ 1989年 第4期, 65-66쪽 참조.

書名	出版事項	版式狀況	一般事項	所藏處/所藏番號
繪圖今古艷情奇觀	刊寫地未詳, 刊寫者未詳, 刊寫年未詳	6卷6冊(卷1~6), 石印本, 有圖, 14.1×9cm, 四周雙邊, 半郭:12.2×8cm, 無界, 20行44字, 上下向無葉花紋魚尾	表題:繪圖三續今古奇觀, 版心題:三續今古奇觀	京畿大學校 경기-k119582-1

7-5. 今古奇聞

≪今古奇聞≫은 一名 ≪古今奇聞≫이라고 하며 총 22卷으로 되어 있다. 저자에 관해서는 "東壁山房主人編次, 退思軒主人校訂"이라 적혀 있다. 東壁山房主人은 王寅으로 字가 冶梅이며 上元 사람이다. 王寅은 東壁山房의 경영자이자 당시 꽤 유명한 화가로 '王冶梅畫室'을 운영하기도 하였다. 저서로 ≪冶梅石譜≫·≪蘭譜≫·≪竹譜≫·≪人物冊≫ 등이 있다. 당시 王寅이 운영한 東壁山房은 일본 간행 서적을 위주로 파는 서점이었다고 한다.

그에 대한 관련 기록을 살펴보면, 光緖 17年(1891) 5월 14일 ≪申報≫에 ≪今古奇聞≫의 광고를 등재하였는데, "동벽산방의 주인이 새로 편집하였는데 희귀한 이야기들이 페이지 마다 보이고 음란한 이야기는 없으니 모두가 즐길만하다."라고 하였다. 또한 王寅은 ≪今古奇聞≫ 내용을 모두 ≪醒世恒言≫·≪娛目醒心編≫·≪遁窟讕言≫·≪記錄滙編 '過墟志'≫에서 취하여 엮었으나 ≪今古奇觀≫·≪拍案驚奇≫와는 완전 다르다고 하였다.[78] 한편 魯迅은 文字로 보아 清 咸豊·同治 年間의 작품으로 보고 있다.[79]

지금까지 전해지는 版本은 세 가지 종류가 있다. 가장 이른 版本은 光緖 13年(1887) 上海 東壁山房原刊本이며, 卷頭에 序文이 있고, 그 末尾에 "光緖十三年丁亥夏四月上浣東壁山房主人王寅冶梅甫識於春申江上"이라 적혀 있다. 속지의 가운데에 "新選今古奇聞", 오른쪽에 "上元王寅冶梅氏選", 왼쪽에 "上海東壁山房藏板"이라 쓰여 있다. 또한 夾批·總評이 있는데 주로 권선징악의 의미가 있다. 東壁山房原刊本은 上海 師範大學에 소장되어 있다. 이외에 光緖 辛卯年(1891) 北京坊刻本과 鉛印本이 있다고 하나

78) 潘建國, ≪晚清上海書房東壁山房與今古奇聞小說≫, ≪中國典籍與文化≫, 2000년, 3월, 125-127쪽 참조.

79) 魯迅著·丁範鎭譯, ≪中國小說史略≫, 學硏社, 1992년, 234쪽.

정확한 서지사항은 알 수 없다.[80)]

이 책은 명확한 국내 流入 기록이 없어 流入時期는 알 수 없으나 대략 朝鮮 後期에 流入된 것으로 보인다. 현재 國內流入 版本 중에는 光緖 20年(1894)에 간행된 ≪古今奇聞≫木版本이 成均館大에 소장 되어 있다. 또한 天寶書局 등에서 대략 淸末에서 中華初에 간행 된 것으로 보이는 石印本이 梨花女大와 成均館大에 소장되어 있다. 또한 筆寫本으로는 鮮文大 소장본과 成均館大 소장본이 있다. 成均館大 소장 筆寫本은 跋에 "己卯"라고 되어 있으나 몇 년도를 이야기하는 것인지는 추정하기 어렵고 鮮文大 소장 筆寫本도 朝鮮人筆字이나 정확한 筆寫年을 추정하기는 어렵다.

書名	出版事項	版式狀況	一般事項	所藏處/所藏番號
新撰今古奇聞	著者未詳, 刊年未詳	4冊(零本, 卷12~16外缺), 中國石印本, 14.2×9.2cm, 四周雙邊, 半郭:12.8×7.2cm, 無界, 行字數不同, 上黑魚尾		梨花女子大學校 [고] 812.308 고18
繪圖古今奇聞	燕山逸史重訂, 耕餘主人校字, 淸光緖20(1894)刊	4卷4冊, 中國木版本, 16.5×11cm, 左右雙邊, 半郭:13×9.2cm, 有界, 12行28字, 上黑魚尾, 紙質:竹紙	序:光緖辛卯(1891)中伏虎林 醉犀生揮汗書於歇浦讀書樓, 刊記:光緖甲午(1894) 孟冬新刊	成均館大學校 D7C-111
	抱甕老人(明)編, 墨憨齋增補, 淸末~中華初刊	40卷6冊, 中國石印本, 有圖, 17×10cm, 四周單邊, 半郭:13.2×8.5cm, 無界, 22行48字, 註雙行, 上黑魚尾, 紙質:綿紙	書名:裏題에 依함, 序:淸河甌生局士題	成均館大學校 D7C-6
	抱甕老人(明)編, 墨憨齋增補, 天寶書局精校, 淸朝末期~中華初刊	6卷6冊, 中國石印本, 19.7×13.2cm, 四周雙邊, 半郭:18.2×11.5cm, 無界, 27行61字, 上黑魚尾, 紙質:竹紙	序:泉唐愛月子題	成均館人學校 D7C-6a
	抱甕老人(明)編, 上海, 校經山房, 中華2(1913)刊	不分卷6冊, 中國石印本, 13.4×20.1cm, 四周單邊, 半郭:17.1×11.3cm, 21行44字, 上黑魚尾, 紙質:竹紙	題簽:全國今古奇觀, 刊記:民國二年(1913) 春月上海校經房印行	成均館大學校 (曺元錫) D7C-6b
今古奇聞	編者未詳, 己卯(?)寫	不分卷1冊, 筆寫本, 23.4×16cm, 9行20字, 紙質:楮紙	跋:己卯(?)臘到家過次兒香禮 仍爲過歲閱藏書得前日手書以 記之白橋翁書	成均館大學校 D7C-198
		1冊, 筆寫本	朝鮮人筆字	鮮文大 朴在淵

80) 江蘇省社會科學院 明淸小說硏究中心 文學硏究所 編, ≪中國通俗小說總目提要≫, 中國文聯出版公司, 1990년, 754쪽 참조.

7-6. 啖蔗

乾坤 2冊으로 되어 있는 ≪啖蔗≫는 朝鮮時代에 학자들이 중국소설 ≪今古奇觀≫·≪續今古奇觀≫·≪三言二拍≫을 읽고 나서 그중에서 우리나라 문화에 적당한 작품을 취사선택하여 필사본으로 만든 작품으로 추정된다. 이 작품의 乾冊에는 15편, 坤冊에는 13편의 작품이 수록되어 있다. 그런데 곤책의 마지막 13회에 작품 2개가 殘文으로 실려 있어 실제로는 29편이다. 乾冊 제4쪽과 제5쪽의 순서가 바뀌어 필사되어 있다. 또한 작품 내용을 살펴보면 ≪三言二拍≫과 다른 부분도 보이는데, 이는 필사자가 작품의 내용을 조선 시대의 윤리나 풍습에 맞추어 바꾼 것으로 보인다.[81)]

국내에는 필사본이 國立中央圖書館에 유일하게 소장되어 있는데, 권수를 나누지는 않았지만 2권으로 되어 있으며 자세한 서지사항은 명확하지 않은 판본이다.

다음은 ≪啖蔗≫에 수록된 중국소설 원전의 회목과 조선필사본의 회목, 원전의 출처 등을 도표로 작성한 것이다.

원전 회목	조선필사본회목	원전 출처
乾卷 제1회 三孝廉讓産立高名	三孝廉傳	≪醒世恒言≫ 卷2/≪今古奇觀≫ 卷1
제2회 兩縣令競義婚孤女	石氏月香傳	≪醒世恒言≫ 卷1/≪今古奇觀≫ 卷2
제3회 藤大尹鬼斷家私	倪善述傳	≪喩世明言≫ 卷10/≪今古奇觀≫ 卷3
제4회 裴晉公義還原配	唐璧傳	≪喩世明言≫ 卷9/≪今古奇觀≫ 卷4
제5회 賣油郎獨点花魁	花魁娘傳	≪醒世恒言≫ 卷3/≪今古奇觀≫ 卷7
제6회 宋金郎團圓破氈笠	破氈笠傳	≪警世通言≫ 卷22/≪今古奇觀≫ 卷14
제7회 李克讓竟遠空函(元晉雙生貴子)	劉弘敬傳	≪初刻拍案驚奇≫ 卷20/劉≪今古奇觀≫ 卷18
제8회 蔣興哥重會珍珠衫	珍珠衫記	≪喩世明言≫ 卷1/≪今古奇觀≫ 卷23
제9회 喬太守亂點鴛鴦譜	亂點鴛鴦譜記	≪醒世恒言≫ 卷8/≪今古奇觀≫ 卷28
제10회 錢秀才錯占鳳凰儔	錯占鳳凰儔記	≪醒世恒言≫ 卷7/≪今古奇觀≫ 卷27
제11회 同窓友忍仮作眞(女秀才移花接木)	移花接木記	≪二刻拍案驚奇≫ 卷17/≪今古奇觀≫ 卷34
제12회 鈍秀才一朝交泰	鈍秀才傳	≪警世通言≫ 卷17/≪今古奇觀≫ 卷22
제13회 顧阿秀喜捨檀那物(崔俊臣巧會芙蓉屛)	芙蓉屛記	≪初刻拍案驚奇≫ 卷27/≪今古奇觀≫ 卷37
제14회 兩縣令競義婚孤女의 入話	王春傳	≪醒世恒言≫ 卷1/≪今古奇觀≫ 卷2
제15회 鈍秀才一朝交泰의 入話	王涯傳	≪警世通言≫ 卷17/≪今古奇觀≫ 卷22
坤卷 제1회 蔡小姐忍辱報仇	蔡瑞虹傳	≪醒世恒言≫ 卷36/≪今古奇觀≫ 卷26

81) 國立中央圖書館의 박재연 해제 참조. http://www.dibrary.net.

원전 회목	조선필사본회목	원전 출처
제2회 占家財狼婿妒姪	劉從善傳	≪初刻拍案驚奇≫ 卷38/≪今古奇觀≫ 卷30
제3회 呂大郎還金完骨肉	呂玉傳	≪警世通言≫ 卷5/≪今古奇觀≫ 卷31
제4회 金玉奴棒打薄情郎	金玉娘傳	≪喩世明言≫ 卷27/≪今古奇觀≫ 卷32
제5회 王嬌鸞百年長恨	長恨傳	≪警世通言≫ 卷34/≪今古奇觀≫ 卷35
제6회 唐解元一笑姻緣	唐伯虎傳	≪警世通言≫ 卷26/≪今古奇觀≫ 卷33
제7회 陳御史巧勘金釵鈿	金釵鈿記	≪喩世明言≫ 卷2/≪今古奇觀≫ 卷24
제8회 莊子休鼓盆成大道	叩盆記	≪警世通言≫ 卷2/≪今古奇觀≫ 卷20
제9회 徐老僕義憤成家	徐義僕傳	≪醒世恒言≫ 卷35/≪今古奇觀≫ 卷25
제10회 惡船家計賺仮屍銀(狼僕人誤投眞命狀)	王文豪傳	≪初刻拍案驚奇≫ 卷11/≪今古奇觀≫ 卷29
제11회 趙縣君喬送黃柑子(吳宣教乾償白鏹)	黃柑記	≪二刻拍案驚奇≫ 卷14/≪今古奇觀≫ 卷38
제12회 吳保安棄家贖友	郭仲翔傳	≪喩世明言≫ 卷8/≪今古奇觀≫ 卷11
제13회 李汧公窮邸遇俠記	窮邸遇俠記	≪醒世恒言≫ 卷30/≪今古奇觀≫ 卷16
제14회 張員外義撫螟蛉子(包龍圖智賺合同文)	合同文字記	≪初刻拍案驚奇≫ 卷33/≪續今古奇觀≫ 卷1

≪啖蔗≫의 내용은 각각 독립적인 29편의 이야기로 구성되어 있는데, 남녀의 애정 고사, 송사에 관련된 公案 고사, 원수를 갚는 복수 이야기, 민간의 영웅 이야기 등 다양한 소재를 활용한 이야기들로 되어 있어 당시 독서인들의 취향을 엿볼 수 있다는 면에서 나름의 가치가 있다.

書名	出版事項	版式狀況	一般事項	所藏處/所藏番號
啖蔗	著者未詳, 年紀未詳	不分卷2冊, 筆寫本, 20.9×17.9㎝		國立中央圖書館 [한]-48-199

8. 封神演義

≪封神演義≫는 100회본으로 一名 ≪西周演義≫·≪封神傳≫·≪商周列國全傳≫·≪武王伐紂外史≫라고 하는 神魔小說이다. ≪西周演義≫의 가장 이른 판본은 明代 舒載陽 刊行本이다. 이외에 ≪西周演義≫의 판본은 明代 金閶舒載陽 刊行本·淸代 蔚文堂 板本·四雪草堂 校訂本·康熙 34年 善成堂藏 板本·乾隆 47年 茂選樓 刊行本 등이 있다. 明代 舒載陽 刊行本 ≪封神演義≫ 卷2에는 許仲琳이 편집했다고 적혀 있다.

이 작품의 창작 시기는 대략 明代 穆宗 隆慶 年間에서 神宗 萬曆 年間(1567~1619) 사이에 만들어졌을 것이라 추측되고 있다.

작자 許仲琳은 南直隸 應天府 사람인데, 그의 생애에 대해서는 분명하지 않은 편이다. ≪傳奇匯考≫ 卷7 〈天時〉 傳奇의 해제에는 '元代의 道士 陸長庚撰'이라 하였는데, 長庚은 바로 陸西星의 字이다. 陸西星은 江蘇 興化 사람으로 그의 저서로는 ≪南華經副墨≫과 ≪方壺外史≫ 등이 있고, ≪明廣陵詩≫ 卷22에는 陸西星의 詩 24首가 수록되어 있다고 한다.[82] 이처럼 ≪西周演義≫의 작자는 許仲琳과 陸西星이라는 두 가지 설이 있는데 현재 許仲琳이라는 설이 통설이다.

≪封神演義≫가 언제 朝鮮에 유입되었는지 명확하지는 않지만 작품의 창작 시기가 16세기 중후반에서 17세기 초반으로 추정되고 있으므로 대략 조선 중기에는 국내에 유입되었을 것으로 보인다. 또 번역본이 나온 것으로 보아 많이 애독되었던 작품으로 추정된다. 한글 필사본 ≪셔쥬연의≫(한국학중앙연구원 소장본, 25권 25책)는 19세기에 번역된 것으로 추정되는데, 그 번역양상은 전반적으로 생략이 많다는 점을 들 수 있다. 그런 까닭에 開場詩와 散場詩는 생략되었고 挿入詩 역시 생략되었으며 의역과 축역이 많은 특징을 지니고 있다.[83]

그 외 筆寫本 ≪봉신젼≫(封神傳, 2冊)을 鮮文大 朴在淵이 소장하고 있다. 이 책은 坊刻本을 만들기 위해 만든 原稿로 추정되고 있다.

≪封神演義≫의 내용은 다음과 같다. 商(殷)나라 紂王은 폭군으로 백성들에게 원성을 사고 있었는데, 천상 세계의 명을 부여 받은 張子牙가 周나라 武王을 도와 紂王을 멸하는 과정을 서술하고 있다. 장자아는 그러한 과정 속에서 여러 神仙의 도움을 받아서 36차례나 되는 커다란 난관을 극복하고 있다. 또한 이 작품 중에서는 민간의 전설과 신화가 많이 보존되어 있어 독자들의 상상력을 자극시킨다고 하겠다.

국내에는 中國木版本을 高麗大, 全南大, 선문대 박재연 등이 소장하고 있고, 中國石印本은 全羅北道 全州市 金大經, 全南大, 全北大, 漢陽大 등에 소장되어 있다. 또 한글 필사본은 韓國學中央硏究院, 선문대 박재연 등이 소장하고 있다. 한글 필사본은

82) 江蘇省社會科學院 明淸小說硏究中心文學硏究所 編, ≪中國通俗小說總目提要≫, 中國文聯出版公司, 1991, 119쪽 참조.

83) 장경남 · 이재홍 · 손지봉 교주, ≪셔쥬연의≫, 이회문화사, 2003, 머리말 참조.

작품 제목이 ≪서쥬연의≫와 ≪봉신젼≫이라 되어 있으며 서지학적으로 주목되는 작품이다.

書名	出版事項	版式狀況	一般事項	所藏處/所藏番號
封神演義	鍾伯敬(明)批評, 孫谿逸士書, 上海掃葉山房,光緖19(1883)	零本1册(所藏本中卷首의 以外缺), 中國木版本, 有圖, 23.7×15.8cm	標題紙:繡像評點封神榜全傳	高麗大學校 (薪菴文庫) C14-B44A
		19卷20册, 中國木版本, 有圖, 23.7×15.5cm		全南大學校,3Q-봉59ㅈ-v.1-20
	光緖丙午(1906)年, 上海文興書局	8卷8册, 中國石印本		鮮文大 朴在淵
	鍾伯敬先生評,, 善成堂藏板	20卷20册, 中國木版本		鮮文大 朴在淵
	鍾惺(明)評釋, 中華初刊	8卷8册, 中國石印本, 有圖, 20.6×13.7cm, 四周雙邊, 半郭:18×11.7cm, 20行45字, 註雙行, 上下向黑魚尾, 紙質:綿紙	表題:增像封神演義, 版心題:繪圖封神演義, 序:康熙乙亥(1695)午月望後十日長洲褚人穫學稼題於四雪草堂	全羅北道 全州市 金大經
繡像封神演義	鍾惺(明)評釋, 上海, 廣百宋齋, 光緖17(1891)	10册(册1-10), 19.5×12.2cm, 有圖, 四周雙邊, 半郭:15.6×11.2cm, 有界, 17行32字, 上下向黑魚尾	包匣題:增像全圖封神演義, 序:康熙乙亥(1695)午月望後十日長洲褚人穫學稼題於四雪草堂, 印記:光緖辛卯(1891)上海廣百宋齋校印	東亞大學校 (3):12:2-47
		100回10册(1函), 中國新活字本, 半郭:15.7×10.9cm, 17行32字, 上黑魚尾		雅丹文庫 823.5-종54ㅅ
	鍾惺(明)批評, 上海, 章福記書局, 宣統2(1910)	10卷10册(卷1-10), 中國石印本, 有圖, 20.3×13.6cm, 四周雙邊, 半郭:17.7×11.8cm, 有界, 20行45字, 花口, 上下向黑魚尾, 紙質:竹紙	表題:繡像封神演義全傳, 序:康熙乙亥(1695)十月望後十日長州褚人獲學稼題於四雪草堂, 刊記:宣統庚戌(1910)年仲冬上海章福記石印	全南大學校 3Q1-봉59ㅈ
		10卷5册, 中國石印本, 20×13.5cm, 四周雙邊, 半郭:18×11.8cm, 無界, 20行45字, 上黑魚尾	序:康熙乙亥(1695)…褚人穫	啓明大學校 [고]812.3-종성ㅅ
		10卷10册, 中國石印本, 有圖, 20.3×13.5cm, 四周雙邊, 半郭:18×11.7cm, 無界, 20行45字, 上下向黑魚尾	表題:增像封神演義, 版心題:繪圖封神演義, 序:康熙乙亥(1695)…四雪草堂	慶北大學校 〔古〕812.3 종53ㅅ
		10卷10册(卷1~10), 中國石印本, 有圖, 20.3×13.6cm, 四周雙邊, 半郭:17.7×11.8cm, 無界, 20行45字, 上黑魚尾, 紙質:竹紙	表題:繡像封神演義全傳, 刊記:宣統庚戌(1910)年仲冬上海章福記石印, 序:康熙乙亥(1695)十月望後十日長州褚人獲學稼題於四雪草堂	全北大學校 812.3-허중림 봉

書名	出版事項	版式狀況	一般事項	所藏處/所藏番號
		10卷10册(卷1-10), 中國石印本, 有圖, 20.3×13.6cm, 四周雙邊, 半郭:17.7×11.8cm, 無界, 20行45字, 上黑魚尾, 紙質:竹紙	表題:繡像封神演義全傳, 序:康熙乙亥(1695)十月望後十日長州褚人獲學稼題於四雪草堂, 刊記:宣統庚戌(1910)年仲冬上海章福記石印	全南大學校 3Q1-봉59ㅈ-v.1-10
		5卷5册(卷1~2,5,7~8, 缺帙), 中國石印本, 有圖, 20.3×13.2cm, 四周雙邊, 半郭:17.8×11.6cm, 無界, 20行45字, 上下向黑魚尾	序題:封神演義, 表題:增像封神演義, 版心題:繪圖封神演義, 標題:增像全圖封神演義, 刊記:宣統庚戌(1910)年仲冬上海章福記石印	京畿大學校 경기-k118917-1
		10卷10册, 中國石印本, 有圖, 20.4×13.3cm, 四周雙邊, 半郭:17.7×11.6cm, 無界, 20行45字, 上下向黑魚尾, 紙質:竹紙	題簽:繡像封神演義大全, 版心題:繪圖封神演義, 序:康熙乙亥(1695)午月望後十日長洲褚人穫學稼題於四雪草堂, 刊記:宣統二(1910)仲冬上海章福記石印	全北大學校
	鍾惺(明)評釋, 上海, 章福記書局, 刊寫年未詳	4卷4册(卷2~5, 缺帙), 20.2×13.4cm, 有圖, 四周雙邊, 半郭:17.8×12.2cm, 無界, 20行45字, 上下向黑魚尾	題僉題:繡像封神演義全傳, 印記:上海章福記書局石印	東亞大學校 (3):12:2-75
	鍾惺(明)評釋, 上海, 中新書局, 刊寫年不明	1册(零本, 第31~40回), 中國石印本, 有圖, 20×13.5cm, 四周單邊, 半郭:17.5×11.5cm, 有界, 15行35字, 上下向黑魚尾	印:京城第一公立高等普通學校	奎章閣 [奎古]405
		零本2册(所藏:卷31-40, 81-90), 中國新鉛活字本, 有圖, 20.3×13.4cm, 四周單邊, 半郭:17.2×11.7cm, 有界, 15行31字, 上下向黑魚尾	題簽題:精校全圖繡像封神演義, 版心題:繡像封神演義, 刊記:上海中新書局印行	慶北大學校 [古] 812.3 종53ㅅ(2)
	鍾惺(明)批評, 上海, 廣益書局, 刊寫年未詳	1册, 卷2(9-17回), 中國石印本, 19.8×13.3cm, 四周單邊, 半郭:17×11.5cm, 無界, 18行44字, 上內向黑魚尾	表紙書名:足本繪圖封神演義, 版心書名:繪圖封神演義, 明의 伯敬鍾惺이 批評한 것임, 刊記:上海廣益書局發行(表紙)	漢陽大學校 812.35-김746ㅅ-광(2)
		16册1匣, 中國新鉛活字本, 有圖, 20.1×13cm, 四周單邊, 半郭:17.4×11.7cm, 有界, 15行31字, 上下向黑魚尾	序:康熙乙亥(1695)… 褚人穫學稼題	國民大學校 [고]823.5 수02

書名	出版事項	版式狀況	一般事項	所藏處/所藏番號
	鍾惺(明)評釋, 上海, 刊寫者未詳, (19--)	10冊(冊1-10), 中國新鉛活字本, 有圖, 19.3×12.8cm, 四周雙邊, 半郭:15.5×10.7cm, 有界, 17行32字, 花口, 上下向黑魚尾, 紙質:竹紙	表題:封神榜演義	全南大學校 3Q-수51ㅈ
	作者未詳, 鍊石齊書局(19--)	8卷8冊, 中國石印本, 19.9×13.3cm		高麗大學校 (華山文庫)C14-B23
	鍾惺(明)評釋, 刊寫地未詳, 刊寫者未詳, 刊寫年未詳	90卷9冊(卷1~70, 81~100, 缺帙), 新鉛活字本, 有圖, 19.8×13cm, 四周雙邊, 半郭:15.6×10.9cm, 有界, 17行32字, 上下向黑魚尾	序題:封神演義	京畿大學校 경기-k118840-5
	編者未詳, 刊寫地未詳, 刊寫者未詳, 刊寫年未詳	10冊(冊1-10), 19.3×12.6cm, 有圖, 四周單邊, 半郭:15.1×10.4cm, 無界, 17行40字, 上下向黑魚尾	包匣題:增象全圖封神演義, 序:康熙乙亥(1695)午月望後十日長洲褚人穫學稼題於四雪草堂, 外側은 紋樣, 刊記:光緒庚寅(1890)[?]史珍예書局校印	東亞大學校 (3):12:2-84
		零本3冊(九回~二十回, 六十一回~七十回, 八十一回~九十回), 中國鉛印本, 有圖, 19.4×11.9cm		高麗大學校 (晚松文庫)C14-B2D
新刻鍾伯敬先生批評封神演義	鍾惺(明)批評, 善成堂, 康熙34年(1695)刊	19卷19冊, 中國木版本, 有圖, 24×16cm, 上下單邊, 左右雙邊, 半郭:20.4×14.5cm, 無界, 11行24字, 上下向黑魚尾, 紙質:竹紙	表題:列國誌, 板首題:封神演義, 裏題:重鐫繪封神演義, 序:康熙乙亥(1695)十月望後十日長洲褚人穫學稼(淸)題於四雪草堂, 內容:封王女媧宮進香~周天子分封列國	淸州大學校
		19卷20冊, 中國木版本, 有圖, 23.8×15.9cm, 四周單邊, 半郭:20.5×14.1cm, 無界, 11行24字, 上下向黑魚尾, 紙質:竹紙	表題:封神演義, 版心題:封神演義, 裏題:重鐫繪像封神演義, 序:康熙乙亥(1695)午月望後十日長洲褚人穫學稼題於四雪草堂	忠南大學校 集1206
	鍾惺(明)批評, 善成堂	19卷20冊(全19卷19冊, 目錄1冊), 中國木版本, 半郭:19.8×13.5cm, 11行24字, 上黑魚尾	版心題:封神演義	雅丹文庫 823.5-종54ㅅ
	鍾惺(明)批評, 善成堂, 淸朝末期刻 後刷	19卷20冊(19卷19冊, 目錄1冊), 中國木版本, 24.6×15.9cm, 四周單邊, 半郭:20.4×13.9cm, 11行24字, 註雙行, 上黑魚尾, 紙質:竹紙	裏題:重鐫繪像封神演義, 序:康熙乙亥(1695)午月望後十日長洲褚人穫學稼題於四雪草堂, 刊記:善成堂藏析	成均館大學校 (梧齋) D7C-115b

書名	出版事項	版式狀況	一般事項	所藏處/所藏番號
		79卷20冊90回, 中國木版本, 四周單邊, 匡郭:20×15cm, 無界, 11行24字, 上黑魚尾	印記:光緒九年(1883)秋 掃葉山房發兌	延世大學校 811.36
		19卷20冊90回, 中國木版本, 四周單邊, 半郭:20×15cm, 無界, 11行24字, 上黑魚尾	印記:光緒九年(1883)秋 掃葉山房發兌	延世大學校 海觀文庫
		9卷10冊(卷1~9), 中國木版本, 有圖, 24×16cm, 四周單邊, 半郭:20×13.9cm, 無界, 11行24字, 上下向黑魚尾, 紙質:竹紙	表題:封神演義, 序:光緒乙亥(1695)午月望後十日長州褚人…光緒九年(1883)春二月掃葉山房發兌書籍, 刊記:掃葉山房刊, 所藏印:邊時淵印	全南 長城郡 邊時淵
		19卷20冊, 木版本, 有圖, 23.7×15.9cm, 四周單邊, 半郭:20.5×14.1cm, 無界, 11行24字, 上下向黑魚尾	序:光緒九年春二月掃葉山房發兌書籍, 刊記:光緒九年秋吉掃葉山房發兌, 表題:封神演義, 版心題:封神演義	慶北大學校 [古] 812.3 종53ㅅㄴ
	鍾惺(明)批評, 秋吉掃葉山房發行, 清光緒9年(1883)刊	19卷20冊, 中國木版本, 半郭:19.7×14.2cm, 11行24字, 上黑魚尾	表題:繡像評點封神榜全傳, 刊記:光緒九年(1883)秋吉掃葉山房發兌書籍	雅丹文庫 823.5-종54ㅅ
		1冊(卷首), 中國活字本, 24×15.7cm, 四周雙邊, 半郭:19.4×13.7cm, 有界, 7行15字, 上內向黑魚尾	裏表紙書名:繡像評點封神榜全傳, 表紙書名:封神演義, 版心書名:封神演義, 明의 伯敬鍾惺이 批評한 것임, 序:康熙乙亥(1695)…穫學稼, 刊記:光緒九年(1883)…掃葉山房發兌書籍	漢陽大學校 812.35-김746ㅅㄷ -v.1
		19卷20冊, 中國木版本, 有圖, 23.8×16cm, 四周單邊, 半郭:19.9×13.9cm, 無界, 11行24字, 上下向黑魚尾, 紙質:竹紙	表題:封神演義, 版心題:封神演義, 序:康熙乙亥(1695)午月望後十日長洲褚人穫學稼題於四雪草堂, 刊記:光緒九年(1883)秋吉掃葉山房發行	全羅北道 高敞郡 玄谷書院
		19卷20冊, 中國木版本, 有圖, 23.5×15.8cm, 四周單邊, 半郭:19.8×14.1cm, 無界, 11行24字, 上下向黑魚尾, 紙質:竹紙	版心題:封神演義, 裏題:繡像評點封神榜全傳, 序:光緒九年(1883)春二月掃葉山房發完書籍	忠南大學校 崔書勉集1207
		目錄, 19卷20冊, 中國木版本, 有圖, 23.7×15.5cm, 半郭:19.4×13.2cm, 無界, 11行24字, 上下向黑魚尾	版心題:封神演義, 表題:封神演義, 序:康熙乙亥(1675)… 長洲褚人穫學稼題於四雲草堂	全南大學校 3Q-봉59ㅈ

書名	出版事項	版式狀況	一般事項	所藏處/所藏番號
		19卷19册, 中國木版本, 有圖, 23.7×15.7cm, 半郭:20×15cm, 無界, 11行24字, 上黑魚尾	標題:繡像評點封神榜全傳, 表題:封神演義, 序:康熙乙亥(1695)午月望後十日長洲褚人穫學稼題於四雪草堂, 刊記:光緒九年(1883)秋吉掃葉山房發兌書籍	高麗大學校(晩松文庫)C14-B23E
	鍾惺(明)批評, 掃葉山房, 刊寫地未詳, 刊寫年未詳	全19卷19册(卷1-19), 中國木版本, 23.9×15.1cm, 四周單邊, 半郭:19.9×14cm, 無界, 11行24字, 上內向黑魚尾	表紙書名:封神演義, 版心書名:封神演義, 刊記:掃葉山房刊	漢陽大學校 812.35-김746ㅅ-v.1-v.19
		全19卷19册(卷1-19), 中國木版本, 23.3×15.8cm, 四周單邊, 半郭:20.3×14cm, 無界, 11行24字, 上內向黑魚尾	表紙書名:封神演義, 版心書名:封神演義, 刊記:掃葉山房刊	漢陽大學校 812.35-김746ㅅ-v.14
	鍾伯敬(明)批評, 四雪草堂, 刊寫年未詳	11卷11册, 中國木版本, 有圖, 25.3×15.8cm, 四周單邊, 半郭:20.5×14cm, 無界, 11行24字, 花口, 上下向黑魚尾, 紙質:中國紙	表題:西周演義, 標題:封神演義, 序:康熙乙亥年(1695)月望後十日…褚人穫題	釜山大學校(芝田文庫)OEC 3-12 22
	鍾惺(明)編, 高宗20年癸未(1883, 光緖9), 上海校經山房發兌, 掃葉山房刊, 中國清板本	19卷2匣20册, 中國木版本, 15.8×24.3cm, 四周單邊, 半郭:14×19.5cm, 無界, 11行24字, 白口黑魚尾上	表紙書名:繡像封神演義, 版心書名:封神演義, 序:褚人穫(1695), 鍾惺(明)批評	澗松文庫
		19卷2匣20册, 中國木版本, 15.7×24cm, 四周單邊, 半郭:14.1×19.8cm, 無界, 11行24字, 白口黑魚尾上	版心書名:封神演義, 序:褚人穫(1695), 鍾惺(明)批評, 印:善齋, 閔秉承印	澗松文庫
	鍾惺(明)批評, 品文堂, 清朝末期刻後刷	19卷15册(卷1~9, 11~20), 中國木版本, 有圖, 17.8×11.8cm, 四周單邊, 半郭:14×10.3cm, 無界, 12行29字, 上黑魚尾, 紙質:竹紙	裏題:批評封神演義全傳, 版心題:封神演義全傳, 序:康熙乙亥(1695)午月望後十日長洲褚人穫學稼題於四雪草堂, 刊記:品文堂梓	成均館大學校 D7C-115
	鍾惺(明)批評, 清朝年間刊	10册(卷10~19), 中國木版本, 23.7×15.6cm, 四周單邊, 半郭:20×14.2cm, 11行24字, 上黑魚尾, 紙質:竹紙	版心題:封神演義	成均館大學校 D7C-115a
		11册, 中國木版本, 有圖, 25.3×16.3cm, 四周單邊, 半郭:20.5×14cm, 無界, 11行24字, 上下向黑魚尾, 紙質:竹紙	表題:西周演義, 序:康熙乙亥(1695)…長洲褚人穫(清)稼題於四雪學堂	釜山大學校

書名	出版事項	版式狀況	一般事項	所藏處/所藏番號
		1冊(零本, 卷1) 中國木版本, 24.9×16.4cm	表紙書名:同文祈傳, 印:摛文院, 帝室圖書之章	奎章閣 [奎古]5625
		17卷17冊(卷1~8, 11~19), 中國木版本, 24.7×15.8cm, 四周單邊, 半郭:21×14.7cm, 無界, 11行24字, 上下向黑魚尾, 紙質:竹紙	表題:西周演義, 版心題:封神演義	江陵市船橋莊
	1889年刊	殘本(卷首, 卷11-19)		朴在淵
	鍾惺(明)批評, 中國, 刊寫者未詳, 刊寫年未詳	3冊(缺帙)(所藏:5, 8~9), 中國木版本, 24.5×15.8cm, 四周單邊, 半郭:20.5×14cm, 無界, 11行24字, 上下向黑魚尾		國民大學校 [고]823.5 신01
		全19卷19冊(8冊, 第1~ 11冊缺), 中國木版本, 24.6×15.9cm, 四周單邊, 半郭:19.6×13.7cm, 11行24字, 上黑魚尾	表紙書名:封神演義	韓國學中央研究院 D7C-51
繪圖封 神演義	鍾惺(明)批評, 上海, 芸華書局, 光緖23(1897)刊	10卷10冊, 中國新鉛活字本, 有圖, 17.3×10.4cm, 四周單邊, 半郭:14.6×8.8cm, 無界, 20行38字, 內向黑魚尾, 紙質:綿紙	序:康熙乙亥(1695)午月望後十 日長洲褚人穫學稼題於四雪草堂, 刊記:光緖二十三年(1897)圖書 集成局印, 上海芸華書局發兌, 備考:袖珍本	成均館大學校 D7C-116
	許仲琳(明)撰, 刊寫地未詳, 刊寫者未詳, 光緖29(1903)	8冊(100回), 中國石印本, 20×13cm		檀國大學校 퇴계기념도서관 고823.5-허533ㅂ
	育文書局, 光緖戊申(1908)	8冊, 石印本, 21cm		嶺南大學校 823.5
	作者未詳, 上海錦章書局, 宣統2(1910)	8卷8冊, 中國石印本, 有圖, 20×13.4cm		高麗大學校 (華山文庫)C14-B23A
		8卷8冊, 中國石印本, 有圖 20.2×13.4cm, 四周雙邊, 半郭:17.2×11.6cm, 無界, 25行52字, 註雙行, 上內向黑魚尾, 紙質:竹紙	表題:增像全圖封神演義, 序:康熙乙亥(1695)午月望後十 日長洲褚人護學據題…, 刊記:宣統庚戌(1910)上海錦章 書局石印	東國大學校 D819.35 봉59ㅎ
	鍾惺(明)批評, 天寶書局, 宣統2(1910)刊	8卷8冊, 中國石印本, 20.3×13.6cm, 四周雙邊, 半郭:17.9×12.1cm, 25行50字, 上黑魚尾, 紙質:竹紙	表題:增像全圖封神演義, 序:康熙乙亥(1755)午月望後十 日長洲褚人穫學稼題於四雪草堂, 刊記:宣統二年(1910)秋季天寶 書局石印	成均館大學校 (曺元錫) D7C-116b

書名	出版事項	版式狀況	一般事項	所藏處/所藏番號
	許仲琳編, 上海, 天寶書局, 刊寫年未詳	8卷8册(卷1-8), 有圖, 20×13.4cm, 四周單邊, 半郭:18×12cm, 無界, 行字數不定, 上下向黑魚尾		慶熙大學校 812.33-허 76ㅂㅊ
	上海, 天寶書局, 刊寫年不明	9卷9册(共12册中第2,3,4,缺), 中國版本, 有圖, 20×13.2cm, 四周單邊, 半郭:17×12.2cm, 21行45字, 白口, 上下向黑魚尾	漢文, 楷書, 序:長洲學稼氏(1695)	韓國國學振興院受託, 아주신씨 인재파전암후손가K S0236-1-02-00077
		8卷8册, 中國石印本, 有圖, 20.1×13.3cm, 四周雙邊, 半郭:18.2×11.9cm, 無界, 28行字數不定, 上下向黑魚尾	題簽題:繪圖封神演義, 版心題:繪圖封神演義, 刊記:上海天寶書局印行	慶北大學校 [古] 812.3 회225ㅂ
	編者未詳, 上海, 文華書局, 民國2(1913)刊	6卷6册(所藏本:卷1~4, 6, 8), 中國石印本, 有圖, 20.1×12.9cm, 四周單邊, 半郭:17.8×11.8cm, 無界, 29行67字, 上內向黑魚尾, 紙質:竹紙	標題:繡像封神演義, 刊記:民國二年(1913)	東國大學校 D819.35 봉59ㅎ2
	上海, 廣益書局, 刊年未詳	6册(零本, 卷2-7), 中國石印本, 有圖, 19.7×13.2cm		嶺南大學校 [古南]823 회도봉
	上海, 章福記書局, 刊年未詳	8册(零本, 卷2-4, 6-10), 中國石印本, 有圖, 20.5×13.6cm	表紙書名:繡像封神演義全傳	嶺南大學校 [古南]823 회도봉ㅅ
	鍾惺(明)批評, 上海, 簡青齋書局, 清朝末~中華初刊	8卷8册, 中國石印本, 有圖, 20.5×13.2cm, 四周雙邊, 半郭:18.5×11.6cm, 無界, 25行52字, 註雙行, 上黑魚尾, 紙質:竹紙	標題:繪圖封神演義全傳, 題簽:增像全圖封神演義, 刊記:上海簡青齋書局石印	成均館大學校 D7C-116a
	許仲琳編, 上海, 簡青齊書局, 刊寫年未詳	8卷8册(卷1-8, 99回), 中國石印本, 有圖, 20.2×13.4cm, 無界, 行字數不定, 無魚尾	表題:繪圖封神演義全傳, 增像全圖封神演義	慶熙大學校 812.33-허 76ㅂㄱ
	鍾惺(明)批評, 清朝末期~中華初刊	12卷12册, 中國石印本, 有圖, 20.2×13.7cm, 四周單邊, 半郭:17.3×11.8cm, 無界, 19行字數不定, 上下向黑魚尾, 紙質:竹紙	表題:增像全圖封神演義, 序:康熙乙亥(1695)十月望後十月長州褚人穫(淸)學稼題於四雪草堂	長城郡 奉祥九
增像全圖封神演義	鍾惺(明)批評, 清朝末~中華初刊	不分卷3册, 中國新鉛活字本, 19.1×12cm, 四周單邊, 半郭:15.1×9.6cm, 17行40字, 上黑魚尾, 紙質:綿紙	備考:第21~30, 41~50, 81~90回	成均館大學校 D7C-170

書 名	出版事項	版式狀況	一般事項	所藏處/所藏番號
繡像評點封神榜全傳	鍾伯敬(明)批點, 光緖9(1883)	9卷10冊, 中國木版本, 24×16㎝, 四周單邊, 半郭:19.7×13.8㎝, 11行23字, 上黑魚尾		建國大學校 [고]923.6
	上海, 掃葉山房, 光緖9(1883)	2匣20冊, 24×16㎝		嶺南大學校 823.5
봉신방전전(西周演義)		1冊, 紙質:楮紙		大邱가톨릭대
봉신전(封神傳)		2冊, 筆寫本	坊刻本 만들기 위해 만든 原稿인듯(1908년 추정)	鮮文大 朴在淵
봉신지	6卷6冊, 筆寫本	紙質:楮紙	봉신연의 번역본	鮮文大 朴在淵
서주연의(西周演義)	作者未詳, 寫年未詳	25卷25冊, 國文筆寫本, 32.8×21.8㎝, 無郭, 無絲欄, 11行字數不定, 註雙行, 無版心, 紙質:楮紙	印:藏書閣印, 35㎜R[Nega], 1097f	韓國學中央硏究院 4-6817/R35N-000050-52

9. 東周列國志：(春秋列國志, 後列國志)

9-1. 東周列國志

≪東周列國志≫는 23卷 108回로 되어 있는 歷史演義 小說이다. 宋元代에 유행하던 春秋·戰國에 관한 話本을 余邵魚가 ≪春秋列國志傳≫으로 만들었다. 明末 馮夢龍이 이를 바탕으로 역사적 사실과 다른 부분들을 삭제하고 역사 사실들을 다시 첨가해서 ≪新列國志≫로 새롭게 편집하였다. 淸代에 이르러 蔡元放은 ≪新列國志≫에 讀法, 序, 地圖考, 目錄을 삽입하고 回評, 夾注, 夾批 등을 더하여 馮夢龍의 저작의도와 작품의 의미를 더욱 분명히 하였다.

≪東周列國志≫의 著者는 蔡奡이며 字가 元放, 號가 野雲主人, 七都夢夫이며 江蘇省 江寧 사람으로 生卒年은 未詳이다. 蔡元放은 ≪東周列國志≫외에 陳忱의 ≪水滸後傳≫에도 평을 달았고 ≪西遊記≫의 序를 썼다. 그러나 이 외에는 작가에 대한 자료가 미진해서 더 자세한 행적을 알기는 어렵다. 다만 연구자들은 아마도 그가 당시 유명한 書商이었을 것이라고 추측하고 있다.[84] 序文에 의하면 蔡元放은 書商인 친구

周君으로부터 馮夢龍의 小說에 評語를 달아 줄 것을 부탁받고 寅卯年에 집에 閑居하면서 작업을 시작하였다고 하였다. 여기서 寅卯年은 乾隆 11年(1746) 혹은 12年(1747)으로 보인다.

현존하는 ≪東周列國志≫의 판본으로는 桐石山房藏版本, 掃葉山房石印本, 星聚堂本, 義合齋本, 森寶齋硃墨本 등이 있다. 가장 이른 판본은 桐石山房藏版本이다.

본래 余邵魚의 ≪春秋列國志≫는 周 武王이 紂를 정벌하는 이야기부터 시작하여 秦나라가 6국을 병합하고 天下統一하는 시기까지의 歷史를 꾸며놓은 것인데, 후대 馮夢龍의 ≪新列國志≫에서는 西周의 건국과 흥망시기를 삭제하고, 東周의 시기, 즉 周宣王 39年(紀元前789)부터 秦始皇 26年(紀元前221)까지의 春秋·戰國時代(약 550년)만을 기술하였다. 그 후 淸나라에 들어와서는 蔡元放이 馮夢龍의 ≪新列國志≫108回本에 골격은 그대로 유지시킨 채 지엽적인 부분만 수정·보완 및 평점을 가하여 ≪東周列國志≫라는 이름으로 새 단장을 하였다. ≪東周列國志≫는 淸代 이후의 가장 보편적인 版本으로 부각되었는데, 지금 우리가 볼 수 있는 ≪東周列國志≫는 대부분이 蔡元放에 의하여 一段落된 판본으로 지금까지 광범위하게 유전되고 있다. 작가는 ≪東周列國志≫를 正史로 여길 것을 이야기하면서 소설도 역사의 지류라고 보고 소설이 지닌 교육의 기능을 강조하였다.

현존하는 ≪東周列國志≫의 가장 이른 판본이 明 萬曆 34年(1606) 重刊本인 것으로 보아 ≪東周列國志≫가 중국에서 출판 된지 얼마 되지 않은 시기 대략 1600년대 初期에 바로 유입되었거나 적어도 中期에는 우리나라에 流入되었을 것으로 보인다.[85)]

국내 현존하는 ≪東周列國志≫ 판본들이 약 150여 종에 이르고 있다는 사실은 ≪東周列國志≫가 국내에 유입되어 널리 유행하였음을 입증하는 것이라 생각된다. 그 인기에 힘입어 朝鮮時代에 이미 飜譯本이 나와서 널리 流通되어졌다.

국내에 현존하는 가장 이른 판본으로는 1752年 文德堂에서 刊行한 木版本으로 殘本 2冊이 高麗大에 소장 되어 있다. 同治 11年(1872) 에 金閶小圜山房에서 刊行한 木版本도 高麗大에 소장되어 있는데 역시 완질본은 아니고 殘本이다. 成均館大에 ≪繡

84) 李炫抒, 〈≪新列國志≫와 ≪東周列國志≫ 비교 연구 -蔡元放의 수정 작업을 중심으로〉, ≪中國小說論叢≫, 32輯, 2010년, 235-257쪽.

85) 閔寬東, ≪중국 고전 소설의 전파와 수용≫, 아세아 문화사, 2007년.

像東周列國志≫라는 標題로 刊行된 木版本은 역시 同治 11年(1872) 에 간행된 것으로 "同治 壬申(1872)新刊 金閶小西山房梓" 라고 되어 있는 刊記를 볼 수 있다. 또한 掃葉山房에서 光緒 6年(1880)에 刊行한 23卷 24冊(插圖 12張)本이 梨花女大에 소장되어 있다.

書 名	出 版 事 項	版 式 狀 況	一 般 事 項	所藏處/所藏番號
東周列國志				
	蔡奡(清)評點, 刊寫地未詳, 掃葉山房, 乾隆17(1752)序	12卷12冊(卷1-12), 中國石印本, 24.3×15.7㎝, 四周雙邊, 半郭:19.3×14.2㎝, 無界, 12行26字, 上下向黑魚尾	書名:卷首題, 版心題:東周列國志, 表題:東周列國志(一), 序:書之名無慮數…乾隆十七年(1752)春七都夢夫蔡元放氏題	慶州東國大學校 D823.5-채58, v.1-v.12
	馮夢龍(明)撰, 蔡奡(清)評點, 1752年文德堂刊行	殘本2冊, 中國木版本, 24×26.3㎝		高麗大 (六堂本)
	蔡奡(清)評點, 上海, 錦章圖書局, 英祖28(1752)序	13卷2冊(卷1~13, 缺帙), 中國石印本, 有圖, 20.1×13.1㎝, 四周雙邊, 半郭:17.1×11.4㎝, 有界, 18行40字, 註雙行, 上下向黑魚尾	序:乾隆十有七年(1752)春七都夢夫蔡元放氏題, 刊記:上海錦章圖書局石印	京畿大學校 경기-k115150-2
	蔡元放(清)批評, 著者未詳, 上海, 錦章圖書局, (1752)	27卷14冊(卷1~27), 中國石印本, 20.5×13.5㎝, 四周雙邊, 半郭:17.5×12.1㎝, 有界, 18行40字, 上黑魚尾	表題:繪圖東周列國志, 序:乾隆十有七年春(1752)-蔡元放	全北大學校 812.3-동주열
		27卷14冊, 中國石印本, 20.5×13.5㎝, 四周雙邊, 半郭:17.5×12.1㎝, 有界, 18行40字, 上黑魚尾	表紙書名:繪圖東周列國志, 序:乾隆十有七年春(1752) 蔡元放	梨花女子大學校 [고] 812.3 동817ㅎ
	蔡奡(清)批評, 金閶, 小酉山房, 同治11(1872)刻 後刷	23卷24冊, 中國木版本, 有圖, 15.7×11.1㎝, 左右雙邊, 半郭:12.9×9㎝, 無界, 12行26字, 註雙行, 上黑魚尾, 紙質:竹紙	標題:繡像東周列國志, 刊記:同治壬申(1872)新刊, 金閶小酉山房梓, 備考:袖珍本	成均館大學校 D7C-24
	馮夢龍(明)撰, 蔡奡(清)評點, 同治11(1872) 金閶小園山房刊	殘本5冊, 中國木版本, 16.1×10.9㎝		高麗大 (六堂本)
	蔡元放(清)批評, 掃葉山房, 光緒6(1880)	23卷24冊, 有圖(12張), 24.4×16㎝, 四周單邊, 半郭:20×14㎝, 無界, 12行26字, 上黑魚尾	序:乾隆十七年(1752)…蔡元放	梨花女子大學校 [고] 812.3 동817A

書名	出版事項	版式狀況	一般事項	所藏處/所藏番號
	蔡奡(清)評點, 上海, 江左書林, 光緖丙戌(1886) 刻後刷	24卷24冊, 中國木版本, 有圖, 24×15.2cm, 四周雙邊, 半郭:16.4×12cm, 無界, 13行26字, 註雙行, 上黑魚尾, 紙質:竹紙	版心題:東周列國志 序:乾隆壬申(1752)二月七都夢夫蔡元放題於綠淨山房, 刊記:光緖丙戌年(1886)秋月, 上海江左書林重校刊	成均館大學校 D7C-24a
		11卷12冊(卷1-11), 有圖, 23.7×15.2cm, 四周雙邊, 半郭:17.8×12.7cm, 無界, 13行26字, 上下向黑魚尾		慶熙大學校 812.3-채57ㄷ
		23卷24冊, 中國木版本, 有圖, 23.6×15cm, 四周雙邊, 半郭:17.8×12.8cm, 無界, 13行26字, 上下向黑魚尾	序:乾隆壬申(1752)二月七都夢夫蔡元放題於綠淨山房, 刊記:光緖丙戌上海江左書林, 表題:列國志, 版心題:東周列國志	慶北大學校 [古] 812.31 채58ㄷ
	蔡奡(清)評點, 上海, 點石齋, 光緖14(1888)	27卷8冊, 中國石印本, 有圖, 20×12.6cm	序:乾隆十有七年(1752)…蔡奡 印:帝室圖書之章	奎章閣 [奎중]5802
	蔡元放(清)評點, 五彩公元, 光緖18(1892)	27卷8冊, 中國石印本, 有圖(116張), 19.5×12.9cm, 四周雙邊, 半郭:15.1×11cm, 有界, 20行46字, 註雙行, 上黑口魚尾	序:乾隆十有七年(1752)…蔡元放	梨花女子大學校 [고] 812.3 동817
	蔡奡(清)評點, 掃葉山房, 光緖22年(1896) 刊	27卷8冊, 中國石印本, 有圖, 19.5×13cm, 四周雙邊, 半郭:15.5×11.2cm, 無界, 行字數不定, 上下向黑魚尾, 紙質:綿紙	序:乾隆十有七年(1752)春七都夢夫蔡元放氏題, 刊記:光緖丙申(1896)中秋掃葉山房石印	大田市 趙鍾業
		27卷8冊, 中國石印本, 有圖, 19.5×13cm, 四周雙邊, 半郭:15.5×11.5cm, 無界, 23行50字, 註雙行, 上下向黑魚尾, 紙質:竹紙	序文:乾陵十有七年(1752)春七都夢夫菜元放(清)氏題, 刊記:光緖丙申(1896)中秋掃葉山房石印	忠南大學校 학산고서 集.小說類2039
		27卷8冊, 中國石印本, 有圖, 19.8×13.4cm, 四周雙邊, 半郭:16.1×11.6cm, 無界, 22行50字, 註雙行, 上黑魚尾, 紙質:綿紙	序:乾隆十有七年(1752)春七都夢夫蔡元放氏題, 刊記:光緖丙甲(1896)中秋掃葉山房石印	成均館大學校 D7C-21
		4冊(零本, 卷1~2,11~21), 中國石印本, 20×13.2cm, 四周雙邊, 半郭:16.5×11.6cm, 無界, 22行50字, 註雙行, 上黑魚尾, 紙質:竹紙	表題:繪圖東周列國志, 刊記:光緖丙申(1896)上海, 掃葉山房石印	圓光大學校 AN 823.5-ㅂ998ㄱ

書名	出版事項	版式狀況	一般事項	所藏處/所藏番號
		27卷8册, 中國石印本, 有圖, 19.6×13.1cm, 四周雙邊, 半郭:16×11.1cm, 無界, 22行字數不定, 上下向黑魚尾	表題:東周列國志, 版心題:東周列國志, 序:乾隆十有七年(1752)春七都夢夫蔡元放氏題, 刊記:光緒丙申(1896) 掃葉山房石印	慶北大學校 [古] 812.3 채58ㄷ
		17卷5册, 中國石印本, 有圖, 20×13.5cm, 四周雙邊, 半郭:16.6×12.3cm, 無界, 22行50字, 註雙行, 上下向黑魚尾	刊記:光緒丙申(1896)仲秋掃葉山房石印, 敍:乾隆十有七年(1752)春七道夢夫蔡元放氏題	中央大學校 812.풍몽룡동
		殘本11卷, 半郭:21.8×14.3cm	卷首題:繡像東周列國志	朴在淵
	蔡奡(淸)評點, 掃葉山房, 光緒24(1898)刊	27卷8册, 中國石印本, 有圖, 19.5×13cm, 四周雙邊, 半郭:15.9×11.3cm, 無界, 22行50字, 註雙行, 上黑魚尾, 紙質:綿紙	序:乾隆十有七年(1752)春七都夢夫蔡元放氏題, 刊記:光緒戊戌(1898)孟春掃葉山房石印	成均館大學校 D7C-21a
	蔡奡(淸)評點, 上海, 光緒31(1905)刊	8卷8册, 中國石印本, 20.1×13.5cm, 四周雙邊, 半郭:17.4×12.1cm, 26行字數不定, 註雙行, 頭註, 上黑魚尾, 紙質:竹紙	序:乾隆十有七年(1752)春七都夢史蔡元放氏題, 刊記:光緒乙巳(1905)年仲春上海章福記書局石印	成均館大學校 青岡 D7C-21c
	廣益書局, 光緒31(1905)年	27卷8册, 中國石印本		鮮文大 朴在淵
	蔡奡(淸)評點, 上海, 同文新譯書局, 光緒31(1905)	27卷8册(卷1~27), 中國石印本, 有圖, 19.5×12.9cm, 無界, 19行41字, 註雙行, 上下向黑魚尾	表題:繪圖東周列國志(題簽), 序:乾隆十七(1752)…蔡元放	檀國大學校 천안율곡기념도서관(羅孫文庫) 古873.6-채243ㄷ
	蔡元放(淸)批評, 上海, 天寶書局, 民國2(1913)	8卷8册, 中國石印本, 有圖(13張), 20.5×13.5cm, 四周雙邊, 半郭:17.8×12cm, 無界, 行字數不同	序:民國貳年(1913)天寶書局校勘部	梨花女子大學校 [고] 812.3 동817ㅎa
	蔡奡(淸)評點, 上海, 江左書林, 淸朝末期刻後刷	23卷24册, 中國木版本, 17.6×11.8cm, 四周雙邊, 半郭:12.8×10cm, 無界, 12行27字, 註雙行, 上黑魚尾, 紙質:竹紙	標題:繡像東周列國全志, 表題:列國誌, 序:乾隆十七年(1752)春月七都夢夫蔡元放題於綠淨山房, 刊記:江左書林藏板, 備考:袖珍本	成均館大學校 D7C-24b
		上下二函, 23卷24册108回, 袖珍本		鮮文大 朴在淵
	蔡奡(淸)評點, 上海, 錦章圖書局, 刊年未詳	27卷14册, 中國石印本, 有圖, 20.2×13.5cm, 四周雙邊, 半郭:17.5×11.5cm, 有界, 18行40字, 註雙行, 上黑魚尾, 紙質:竹紙	標題:精繪全圖東周列國志, 序:乾隆十有七年(1752)春七都夢夫蔡元放氏題, 刊記:上海, 錦章圖書局石印	成均館大學校 D7C-21b

書名	出版事項	版式狀況	一般事項	所藏處/所藏番號
		7冊(零本, 所藏卷14~17), 中國石印本, 20.1×13.5cm, 四周雙邊, 半郭:17.5×11.6cm, 有界, 18行40字, 註雙行, 上黑魚尾, 紙質:竹紙	表題:繪圖東周列國志	圓光大學校 AN823.5-ㅂ998ㄱ
		27卷14冊, 中國石印本, 有圖, 20.3×13.5cm, 四周雙邊, 半郭:17.5×11.7cm, 有界, 行字數不定, 上下向黑魚尾	表題:繪圖東周列國志	國民大學校 [고]823.5 풍01ㄱ
		27卷14冊, 有圖, 中國石印本, 21cm, 四周雙邊, 17.5×11.5cm, 有線, 18行40字, 註小字雙行, 上黑魚尾	內題:精繪全圖東周列國志, 外題:繪圖東周列國志, 序:乾隆十有七年(1752)春, 蔡元放氏題	延世大學校 812.36/6
		1冊(零本), 中國石印本, 20.5×13.5cm, 四周雙邊, 半郭:17.4×11.5cm, 有界, 18行40字, 上黑魚尾	序:乾隆十有七年(1752)…蔡元放	啓明大學校 들812.35-동주열
		27卷14冊, 中國石印本, 有圖, 20.2×13.5cm, 四周雙邊, 半郭:17.5×11.5cm, 有界, 18行40字, 註雙行, 上下向黑魚尾, 紙質:竹紙	題簽:繪圖東周列國志, 版心題:東周列國志, 序:乾隆十有七年(1752)春七都夢夫蔡元放氏題, 刊記:上海錦章圖書局石印	全北大學校 812.3-동주열
	蔡奡(淸)評點, 刊寫地未詳, 刊寫者未詳, 刊寫年未詳	27卷14冊一百八回, 石印本		鮮文大 朴在淵
		27卷14冊, 中國石印本, 有圖, 20.2×13.6cm	表題:精繪全圖東周列國誌, 表題:繪圖東周列國誌, 序:乾隆十有七年(1752)春七都夢夫蔡元放氏題	高麗 大學校 (晩松文庫) C14-B2J
		2卷1冊(卷18-19, 缺帙), 20.3×13.4cm, 有圖, 四周雙邊, 半郭:17.2×12cm, 有界, 18行40字, 註雙行, 上下向黑魚尾	表題:繪圖東周列國志	東亞大學校 (3):12-9
		6冊(零本, 第39-51, 63-68, 74-79, 85-96回), 中國木版本, 24.9×16.1cm, 左右雙邊, 半郭:20×13.4cm, 無界, 10行22字, 上黑魚尾	版心書名:列國志, 印:帝室圖書之章, 弘文館	奎章閣 [奎중]4183
	白下蔡 評點	1卷1冊(零本), 中國板本, 24.5×16.2cm, 四周單邊, 半郭:21.4×14.2cm, 有界, 12行26字, 註雙行, 白口, 上下向黑魚尾	漢文, 楷書	韓國國學振興院 受託 밀양박씨 경헌고택 KS0272-1-02-00014

書名	出版事項	版式狀況	一般事項	所藏處/所藏番號
	刊寫地未詳, 刊寫者未詳, 刊寫年未詳, 淸版	1卷1冊(卷9)		京畿大學校 경기-k122928
	馮夢龍(明)撰, 蔡奡(淸)評點, 淸末上海書局刊	殘本16卷5冊(卷1,2-5,6-9,21-23,24-27), 中國石版本, 有圖, 19.7×12.7cm, 四周雙邊, 半郭:15×10.6cm, 17行40字, 紙質:綿紙	序:乾隆十有七年 (1752年)蔡元放	江陵市 船橋莊
	馮夢龍(明)撰, 蔡奡(淸)評點 (淸末)	殘本2卷2冊, 中國木版本, 19.9×13.2cm		金東旭
		殘本11冊		東亞大學校 (石堂本)
		23冊(1, 2冊缺)		朴在淵
	蔡奡(淸)評點, 中華初刊	27卷8冊, 中國石印本, 有圖, 20.2×13.1cm, 四周雙邊, 半郭:17.1×11.3cm, 有界, 18行40字, 註雙行, 上下向黑魚尾, 紙質:綿紙	表題:列國誌, 版心題:東周列國誌, 序:乾隆十有七年(1752)春七都 夢夫蔡元放氏題	全北 全州市 金大經
		殘本8冊 (卷1-5, 7, 19-20)		成均館
		殘本21卷22冊		澗松本
		3冊, 鉛活本, 20×13.5cm		韓國國學振興院 受託, 전주류씨 정재종택, KS04-3002-10517-00517
東周列國全志	蔡奡(淸)評吳, 刊寫地不明, 錦章圖書局, 乾陵17(1752)序	8卷8冊, 中國石印本, 有圖, 20.3×13.5cm, 四周雙邊, 半郭:17.8×12cm, 無界, 30行字數不定, 上下向黑魚尾	表題:東周列國, 版心題:繪圖東周列國志, 序: 乾隆十有七年(1752) 春七都夢夫蔡元放氏題, 刊記:錦章圖書局石印	慶北大學校 [古] 812.3 채58ㄷㄱ
	蔡奡(淸)評點, 乾隆17年(1752) 序後刷	22卷20冊, 中國中國木版本, 有圖, 24.2×16.1cm, 四周單邊, 半郭:21×14.1cm, 有界, 12行26字, 註雙行, 上下向黑魚尾, 紙質:竹紙	表題:列國志, 版心題:東國列國志, 裏題:東周列國全志, 序:乾隆十七年(1752)春月七都 夢夫蔡元放氏題, 所藏印:玄谷精舍萬卷樓圖書之印	全北 高敞郡 玄谷書院
		5卷5冊(卷1~2, 5, 8, 11), 中國木版本, 有圖, 24.3×16cm, 四周單邊, 半郭:22×14.7cm, 有界, 12行26字, 註雙行, 上下向黑魚尾, 紙質:竹紙	版心題:東周列國志, 序:乾隆十七年(1752)春月七都 蔡元放(淸)氏題	釜山大學校
	蔡奡(淸)評點, 善成堂藏板, 乾隆17(1752)	23卷24冊, 中國銅活字本, 有圖, 24.5×16cm, 四周單邊, 半郭:21.2×14.2cm, 12行26字, 有界, 上黑魚尾	版心題:繪圖今古奇觀	中央大學校 812.93-풍몽룡동

書名	出版事項	版式狀況	一般事項	所藏處/所藏番號
		12卷13冊, 中國木版本, 有圖, 24.2×16.3㎝, 四周單邊, 半郭:21.6×14㎝, 有界, 12行26字, 註雙行, 花口, 上下向黑魚尾, 紙質:노로지	標題:善成堂東周列國全志, 表題:東周列國志, 序:時乾隆十七年(1752)春月… 蔡元放題	釜山大學校 (小訥文庫) OFC 3-12 1F
	蔡奡(淸)評點, 金閶書業堂, 嘉慶6年(1801)刻 後刷	23卷24冊, 中國木版本, 有圖, 24×17.4㎝, 四周單邊, 半郭:21.1×14㎝, 無界, 12行26字, 註雙行, 上下向黑魚尾, 紙質:綿紙	題簽:列國志, 序:乾隆十七年(1752)春月七都夢夫蔡元放氏題, 刊記:嘉慶六年(1801)重鐫, 所藏印:春江	忠南大學校 集1286
	嘉慶 6年(1801)	23卷23冊, 木版本, 16×25.5㎝	表題:列國誌	忠北 槐山郡 김문기
	蔡奡(淸)評點, 掃葉山房, 光緖6年(1880)刊	20卷21冊(卷9, 10, 13缺), 中國木版本, 半郭:20.4×14.1㎝, 12行26字, 上黑魚尾		雅丹文庫 823-채95ㄷ
		23卷24冊, 中國木活字本, 有圖, 24.2×15.6㎝, 四周單邊, 半郭:21.7×14㎝, 無界, 12行26字, 註雙行, 上下向黑魚尾, 紙質:綿紙	表題:列國志, 裏題:繡像東周列國全志, 序:乾隆十七年(1752)春月七都夢夫蔡元放氏題, 刊記:光緖六年(1880)仲春重鐫	忠南大學校 崔書勉集1287
		全23卷24冊(卷1-23), 中國木版本, 有圖, 24×15.7㎝, 四周雙邊, 半郭:19.5×14.2㎝, 無界, 12行26字, 註雙行, 上內向黑魚尾, 紙質:竹紙	表題:列國志, 序:乾隆十七年(1752)春月七都夢夫蔡元放(淸)氏題, 內容:序--目錄--讀法--繡像--地圖考, 刊記:光緖六年(1880)仲春重鐫掃葉山房藏版	漢陽大學校 812.35-풍446ㄷ-v.1~v.24
		12冊(缺帙)(所藏:1~12), 中國木版本, 有圖, 24.4×15.7㎝, 四周單邊, 半郭:21.1×14.3㎝, 無界, 行字數不定, 上下向黑魚尾	標題:繡像東周列國志, 表題:秣陵蔡元放批評, 掃葉山房藏版, 序:時乾隆十七(1752)年… 蔡元放氏題	國民大學校 [고]823.5 풍01ㄴ
		合24冊(23卷, 卷首), 中國木版本, 有圖, 24×15.5㎝	標題:繡像東周列國志, 序:旹乾隆十七年(1752)… 蔡元放氏題, 印:全義李氏世家, 刊記:光緖六年(1880)仲春重鐫	高麗大學校 C14-B2
		23卷23冊, 中國木版本, 有圖, 24×15.8㎝, 四周雙邊, 半郭:20.3×14㎝, 有界, 12行26字, 註雙行, 上下向黑魚尾, 紙質:綿紙	表題:列國志, 版心題:東周列國全志, 裏題:繡像東周列國志, 序:時乾隆十七年(1752)春月七都夢夫蔡元放氏題, 刊記:光緖六年(1880)仲春重鐫	全羅北道 高敞郡 裵聖洙

書名	出版事項	版式狀況	一般事項	所藏處/所藏番號
		現存21卷2匣22册(零本), 中國木版本, 16×24.5cm, 四周單邊, 半郭:14.4×21.2cm, 無界, 12行26字, 白口黑魚尾上	版心書名:東周列國志, 序:蔡奡自序(1752), 刊記:光緖六年仲春重鐫掃葉山房藏板	澗松文庫
		11卷12册(零本, 所藏本:目錄, 卷1~11), 中國木版本, 有圖, 24×15.7cm, 四周雙邊, 半郭:19.5×14.2cm, 無界, 12行26字, 註雙行, 上內向黑魚尾, 紙質:竹紙	表題:列國志, 序:乾隆十七年(1752)春月七都夢夫蔡元放(淸)氏題, 刊記:光緖六年(1880)仲春重鐫掃葉山房藏版	東國大學校 D819.35 동77
	馮夢龍(明)著, 蔡奡(淸)評點, 上海, 江左書林, 光緖12年(1886)	24册(所藏:0~23), 中國木版本, 有圖, 24.3×15.4cm, 左右單邊, 上下雙邊, 半郭:16×12cm, 無界, 行字數不定, 上下向黑魚尾	表題:列國志, 序:乾隆壬申(1752)…蔡元放 …	國民大學校 [고]823.5 풍01
		23卷23册(目錄册1, 卷1~23, 共24册), 中國木版本, 有圖, 23.4×14.9cm, 四周雙邊, 半郭:18.1×12.7cm, 無界, 13行26字, 註雙行, 上下向黑魚尾	版心題:東周列國志, 表題:列國志, 標題:繡像東周列國志, 刊記:光緖丙戌(1886)年秋月上海江左書林重校刊, 手書刻序:乾隆壬申(1752)二月七都夢夫蔡元放題	慶熙大學校 812.3-동76
				全北大學校 812.35-채호 ㄷ
		23卷24册, 中國木版本, 有圖, 23.5×15.2cm, 四周雙邊, 半郭:18×14.7cm, 無界, 13行26字, 上下向黑魚尾, 紙質:綿紙	版心題:東周列國志, 刊記:光緖丙戌年(1886)秋月上海江左書林重校刊	釜山廣域市 慶星大學校 博物館
		合24册(23卷, 卷首), 中國木版本, 23.7×15.2cm	標題:繡像東周列國志, 序:旹乾隆壬申(1752)二月…蔡元放題於綠淨山房, 刊記:光緖丙戌年(1886)秋月上海江左書林重校刊	高麗大學校 C14-B2A
		23卷24册(卷1-23), 23.7×15.1cm, 四周雙邊, 半郭:18.1×13cm, 無界, 13行26字, 註雙行, 上下向黑魚尾	標題:繡像東周列國志, 序:乾隆壬申(1752)二月七都夢夫蔡元放題於, 刊記:光緖丙戌年(1886)秋月上海江左書林重校刊	東亞大學校 (3):12:2-58
		23卷24册, 中國木版本, 有圖, 24.2×15.3cm, 四周雙邊, 半郭:17.8×12.3cm, 無界, 13行26字, 註雙行, 上內向黑魚尾	表紙書名:繡像東周列國志, 版心書名:東周列國志, 刊記:光緖丙戌年(1886)秋月上海江左書林重校刊	漢陽大學校 812.35-풍446ㄷ-v.9(강)~v.14(강), v.17(강)~v.18(강), v.23(강)

書名	出版事項	版式狀況	一般事項	所藏處/所藏番號
	蔡昇(淸)評點, 光緖19年(1893)刊	23卷24冊, 中國木版本, 有圖, 25×15.8cm, 四周單邊, 半郭:20×14.4cm, 無界, 12行26字, 上下向黑魚尾, 紙質:綿紙	裏題:繡像東周列國全志, 序:乾隆十七年(1752)春月七都夢夫蔡元放氏題, 刊記:光緖癸巳年(1893)滄雅書局刊	忠南大學校 集915
	蔡昇(淸)評點, 滄雅書局, 光緖19(1893)	全23卷24冊, 中國木版本, 有圖, 24.5×15.7cm, 四周單邊, 半郭:21.2×14.5cm, 12行26字, 上黑魚尾	標題紙書名:東周列國志, 序:時乾隆十七年(1752)…蔡昇, 刊記:光緖癸巳年(1893)滄雅書局刊, 印:石湖書室	韓國學中央硏究院 [霞]D7C-36
		合24冊(23卷, 卷首), 中國木版本, 有圖, 25×15.7cm	標題:繡像東周列國全志, 序:旹乾隆十七年(1752)…蔡元放氏題, 刊記:光緖癸巳年(1893)滄雅書局刊, 印:默容室藏書印	高麗大學校 C14-B2B
	蔡昇(淸)評吳, 章福記書局, 光緖乙巳(1905)	零本6冊(所藏:卷1-2, 5-8), 石印本, 有圖, 20.3×13.5cm, 四周雙邊, 半郭:18×12.1cm, 有界, 26行字數不定, 上下向黑魚尾	表題:繪圖東周列國志, 版心題:繪圖東周列國, 序: 乾隆十有七年(1752)春月七都夢夫蔡元放題, 刊記:光緖乙巳年(1905)上海章福記書局石印	慶北大學校 〔古〕 812.3 채58ㄷㄱ(2)
	蔡昇(淸)評點, 刊寫地未詳, 慰記書莊, 光緖31(1905)	7卷7冊(全8卷8冊, 卷1-4, 6-8), 中國石印本, 有圖, 20.5×13.4cm, 四周雙邊, 半郭:17.4×11.8cm, 無界, 24行52字, 註雙行, 黑口, 上下向黑魚尾	標題:東周列國志, 上欄外에 小字頭註, 序:乾隆十有七年(1752)春七都夢史蔡元放氏題, 印記:光緖乙巳(1905)夏日慰記書莊石印	東亞大學校 (3):12:2-50
	馮夢龍(明)撰, 蔡昇(淸)評點, 同文新譯書局, 光緖31年(1905)刊	27卷8冊(卷7~10缺), 中國石印本, 有圖, 19.7×13cm, 四周單邊, 半郭:16.1×11.3cm, 無界, 19行字數不定, 註雙行, 頭註, 上下向黑魚尾, 紙質:洋紙	裏題:繪圖東周列國志, 序:乾隆十有七年(1752)春七都夢夫蔡元放(淸)氏題, 刊記:光緖三十一年(1905)上洋同文新譯書局	釜山女子大學校 伽倻文化硏究所
	蔡昇(淸)編, 民國2年癸丑(1913)	8卷1匣8冊, 中國石印本, 13.5×20.4cm, 四周雙邊, 半郭:12×13cm, 無界, 25行55字, 白口黑魚尾上	表紙書名, 版心書名:繪圖東周列國志, 序:蔡昇自序, 刊記:民國二年冬季天寶書局石印, 印:藕齋	澗松文庫
	蔡昇(淸)編, 天寶書局, 民國2年癸丑(1913)	8卷1匣8冊, 中國石印本, 13.4×20.4cm, 四周雙邊, 半郭:12.1×13cm, 無界, 25行55字, 白口黑魚尾上	表紙書名, 版心書名:繪圖東周列國志, 刊記:民國二年冬季天寶書局石印	澗松文庫

書名	出版事項	版式狀況	一般事項	所藏處/所藏番號
	蔡奡(淸)評, 中國, 江左書林, 刊寫年未詳	23卷23冊(卷首冊1, 卷1~23,共24冊), 中國木版本, 有圖, 地圖, 17.9×12cm, 四周單邊, 半郭:12.8×10cm, 有界, 12行27字, 註雙行, 上下向黑魚尾	表題:列國全志, 標題:繡像東周列國全志, 序:乾隆十七年(1752)…蔡元放題於綠淨山房, 刊記:江左書林藏板	全北大學校 812.3-열국전
	蔡奡(淸)評點, 淸板本, 中國, 經綸堂, 刊年未詳	24冊(23卷,目錄) 中國木版本, 26×16cm, 四周單邊, 半郭:20.5×14cm, 無界, 12行26字, 上黑魚尾	序:乾隆十七年(1752)…蔡元放	啓明大學校 [고]812.35-동주열ㄱ
	刊寫地未詳, 經國堂, 刊寫年未詳	23卷16冊(卷1~23), 中國木版本, 有圖, 17.6×11.5cm, 四周單邊, 半郭:12.7×9.9cm, 無界, 12行27字, 註雙行, 上下向無葉花紋魚尾	表題:東周列國誌, 異書名:繡像東周列國全志	京畿大學校 경기-k119590-1
	馮夢龍(明)著, 蔡元放(淸)批評, 星聚堂藏板, 刊寫地未詳, 刊寫年未詳	全54卷20冊, 1-20(卷1-54), 中國木版本, 有圖, 22.8×15.8cm, 四周單邊, 半郭:20.3×13.3cm, 無界, 10行24字, 註雙行, 上內向黑魚尾	表紙書名:東周列國志, 序:乾隆元年(1736)…蔡元放, 刊記:星聚堂藏板	漢陽大學校 812.35-풍446ㄷ-v.1(성)~.20(성)
	馮夢龍(明)著, 蔡元放(淸)評點, 上海, 共和書局, 刊寫年未詳	1卷1冊(全8卷8冊, 卷1(1回~8回), 中國石印本, 20×13.3cm, 四周單邊, 半郭:17.2×11.2cm, 無界, 28行57字, 註雙行, 頭注, 上內向黑魚尾	裏表紙書名:繪圖東周列國志, 版心書名:繪圖東周列國志, 表紙書名:繪圖東周列國全志, 序:乾隆十有七年(1572) 蔡元放氏跋	漢陽大學校 812.35-풍446ㄷ-v.1(공), v.4(공)~.8(공)
	馮夢龍(明)著, 蔡奡評點, 上海, 天寶書局, 刊寫年未詳	14卷6冊(全27卷), 有圖, 20.2cm, 無界, 行字數不定, 無魚尾	表題紙名:繪圖東周列國志, 定本大字繡像全圖東周列國志	慶熙大學校 812.33-풍35ㄷ
		2卷2冊(卷1~8), 石印本, 19.9×13.2cm, 四周雙邊, 半郭:17.4×12.5cm, 無界, 28行58字, 註雙行, 上下向黑魚尾	表題:繪圖東周列國誌(墨書)	檀國大學校 천안율곡기념도서관 (羅孫文庫) 古873.6-채243다
	蔡奡(淸)評點, 刊寫地未詳, 刊寫年未詳, 錦章圖書局	零本1冊(所藏:卷1), 中國石印本, 有圖, 20×13.5cm, 四周雙邊, 半郭:17.5×12.5cm, 無界, 行字數不同, 上黑魚尾	表題:精繪全圖東周列國志, 序:乾隆十有七年(1752)…蔡元放, 刊記:上海錦章圖書局石印	龍仁大學校 D7-4

書名	出版事項	版式狀況	一般事項	所藏處/所藏番號
		12卷6册, 中國石印本, 有圖, 20.2×13.4cm, 四周雙邊, 半郭:17.4×11.5cm, 有界, 18行40字, 註雙行, 花口, 上下向黑魚尾, 紙質:노로지	表題:繪圖東周列國志	釜山大學校 (直齋文庫) OCC 3-12 1E
	蔡奡(淸)評點, 江左書林, 淸朝末期刻後刷	23卷24册, 中國木版本, 有圖, 17.6×11.8cm, 四周單邊, 半郭:12.8×10cm, 無界, 12行27字, 註雙行, 上下向黑魚尾, 紙質:竹紙	表題:列國全志, 版心題:東周列國全志, 序:乾隆十七年(1752)春月七都夢夫蔡元放(淸)題於綠淨山房, 刊記:江左書林藏板	全北大學校 812.35-채호 ㄷ
	蔡奡(淸)評點, 淸朝後期刻 後刷	8册(卷1~5,17,19~20), 中國木版本, 24×16.2cm, 四周單邊, 半郭:21×14.4cm, 12行26字, 註雙行, 上黑魚尾, 紙質:竹紙	表題:列國志	成均館大學校 D7C-24C
	馮夢龍(明)撰, 蔡奡(淸)評點, 1600年頃	零本23册(全23卷目錄1合24册中所藏本中目錄卷之一~十四, 十六~二十三의 23册以外缺), 中國木版本, 有圖, 26.6×16.1cm, 四周單邊, 半郭:21.4×14.3cm, 有界, 12行26字, 白口·上黑魚尾	版心書名:東周列國志	海軍士官學校 [중]41
	蔡奡(淸)評點, 淸乾隆~道光年間刊	9册(卷4,14~15,17~22), 中國木版本, 25.1×15.6cm, 四周單邊, 半郭:22.2×14.8cm, 12行26字, 註雙行, 上黑魚尾, 紙質:竹紙	序:乾隆十有七年(1752)春七都夢夫蔡元放氏題, 所藏印:靑松, 沈能岳(1766~?), 維翰	成均館大學校 D7C-24d
	蔡奡(淸)評點, 淸朝末期刊	7卷7册(卷12, 14, 18~21, 23), 中國木版本, 15.8×10.8cm, 四周單邊, 半郭:13.2×9.9cm, 無界, 12行26字, 註雙行, 上下向黑魚尾, 紙質:竹紙	版心題:東周列國志, 裏題:重鐫東周列國全志	釜山大學校 OAC 3-12 1D
	蔡奡(淸)評點, 淸朝末~中華初刊	20卷20册(卷1~11, 15~23), 中國石印本, 有圖, 25.4×16cm, 四周雙邊, 半郭:21.8×14.5cm, 有界, 12行26字, 註雙行, 上下向黑魚尾, 紙質:竹紙	表題:列國志, 版心題:東周列國志, 序:乾隆十七年(1752)蔡元放(淸)氏題	釜山大學校 OMO 3-12 23
	蔡奡(淸)評點, 中華初刊	1卷1册(卷2), 中國石印本, 有圖, 25.2×15.8cm, 四周雙邊, 半郭:21.5×14.3cm, 無界, 24行字數不定, 註雙行, 上下向黑魚尾, 紙質:竹紙	版心題:繪圖東周列國志	釜山大學校 OBC 3-12 1B

書名	出版事項	版式狀況	一般事項	所藏處/所藏番號
	蔡奡(淸)評點, 朝鮮期末期~日帝時代寫	3冊(卷13, 16, 23), 筆寫本, 24.9×15.8cm, 11行25字, 註雙行, 紙質:楮紙	表題:列國志	成均館大學校 D7C-24e
	馮夢龍(明)撰, 蔡奡(淸)評點, 刊寫地未詳, 刊寫者未詳, 刊寫年未詳	6冊(卷之6, 14-19), 中國木版本, 25cm, 四周單邊, 21.1×14.4cm, 12行26字, 上黑魚尾	外題:列國志, 東周列國志	延世大學校 812.36/7
		22卷22冊(卷2~23), 中國木活字本, 23.9×15.7cm, 四周單邊, 半郭:19.4×14.2cm, 無界, 12行26字, 註雙行, 上下向黑魚尾, 紙質:綿紙	表題:列國志	忠南大學校 崔書勉集1288
		零本2冊(卷之十三~十四 2冊外缺) 中國木版本, 23.8×15.2cm	表紙書名:列國志	高麗大學校 (薪菴文庫) C14-B2A
		全26卷中12冊存:卷12~23), 中國石印本, 26×16cm, 四周單邊, 半郭:20.5×14cm, 有界, 12行26字, 上下向黑魚尾		安東大學校 [古西]823-빙35ㄷ
		10冊(冊12-15,17, 19-23, 缺帙), 中國木版本, 23.8×15.6cm, 四周雙邊, 半郭:17.7×12.6cm, 無界, 13行26字, 註雙行, 花口, 上下向黑魚尾, 紙質:北黃紙	表題:列國志, 版心題:東周列國志	全南大學校 3Q-열17ㅍ
		12冊(冊1-12), 中國木版本, 23.8×15.6cm, 四周雙邊, 半郭:17.7×12.6cm, 無界, 13行26字 註雙行, 上黑魚尾, 紙質:北黃紙		全南大學校 3Q-열17ㅍ-v.12-15, 17,19-23
		全108回(1-108回), 中國木版本, 有圖, 24.3×16.1cm, 四周單邊, 半郭:20.7×14.5cm, 無界, 12行26字, 註雙行	表題:列國志, 序:乾隆十七(1752)…蔡元放氏題, 訂正東周列國志善本	蔚山大學校 812.3-채호
		零本13冊(卷之二, 十二~二十三)(全23卷23冊), 中國木版本, 25×16cm	版心題:東周列國誌, 表題:列國誌	高麗大學校 (晩松文庫) C14-B2K
		12冊(缺帙), 木版本, 有圖, 23.7×15.3cm, 四周雙邊, 半郭:17.8×12.7cm, 無界, 13行26字, 上下向黑魚尾	版心題:東周列國志, 列國志	慶熙大學校 812.3-동76ㄱ

書名	出版事項	版式狀況	一般事項	所藏處/所藏番號
		6冊(缺帙), 木版本, 有圖, 23.7×15.6cm, 四周雙邊, 半郭:20.1×13.9cm, 無界, 12行26字, 註雙行, 上下向黑魚尾	版心題:東周列國志, 列國志	慶熙大學校 812.3-동76ㄴ
		14卷14冊(卷2~9,12,15,17,20 ~22, 缺帙), 中國木版本, 25.7×16.1cm, 四周單邊, 半郭:21×14.2cm, 無界, 12行26字, 小字雙行, 上下向黑魚尾	表題:東周列國誌	京畿大學校 경기-k111504-2
		16卷6冊(卷32~44,47~49, 缺帙), 中國木版本, 25.9×16.1cm, 四周單邊, 半郭:19.9×13.3cm, 有界, 10行24字, 上下向黑魚尾	表題:列國志	京畿大學校 경기-k111155-12
		11卷10冊, 中國木版本, 有圖, 23.9×16.4cm, 四周單邊, 半郭:21×14.2cm, 有界, 12行26字, 註雙行, 花口, 上下向黑魚尾, 紙質:洋紙	表題:東周紀, 版心題:東周列國志	釜山大學校 (芝田文庫) OEC 3-12 23A
		7卷7冊, 中國木版本, 15.7×10.8cm, 上下單邊, 左右雙邊, 半郭:12.8×9cm, 無界, 12行27字, 註雙行, 花口, 上下向黑魚尾, 紙質:노로지	表題:列國志	釜山大學校 (海蒼文庫) OAC 3-12 1D
		1卷1冊(36張), 中國石印本, 有圖, 20.5×13.5cm, 四周雙邊, 半郭:17.3×11.8cm, 無界, 24行52字, 註雙行, 花口, 上下向黑魚尾, 紙質:노로지	版心題:繪圖東周列國志	釜山大學校 (東萊文庫) OBC 3-12 1B
繪圖東 周列國 志	馮夢龍(明)著, 蔡奡(淸)評點, 上海, 廣益書局, 民國1年(1912)	14卷4冊, 中國石印本, 19.5×13cm	序:乾隆十有七年(1752)… 蔡元放氏題, 刊記:中華民國元年(1912) 廣益書局石印	國會圖書館 [古]812.3 ㅍ374ㅎ
	馮夢龍著, 蔡奡(淸)評, 刊寫地未詳, 刊寫者未詳,	8卷8冊, 中國石印本, 有圖, 20×13.2cm, 四周單邊, 半郭:17.4×12cm, 無界, 30行76字, 上黑魚尾	版心題:繪圖今古奇觀	中央大學校 812.3-풍몽룡회

書名	出版事項	版式狀況	一般事項	所藏處/所藏番號
	刊寫年未詳	27卷8冊, 中國板, 有圖, 20.2×13.2㎝, 四周單邊, 半郭:16.3×11.2㎝, 有界, 17行38字, 註雙行, 白口, 上下向黑魚尾	漢文, 楷書, 刊記:光緖乙巳春月廣益書局石印	韓國國學振興院 受託, 원주변씨 거촌문중 KS0355-1-02-00088
繡像東周列國志	蔡奡(淸)評點, 上海, 江左書林, 光緖12年(1886)	合24冊(卷首, 23卷), 中國木版本, 23.8×15.3㎝	序:乾隆壬申(1752)…蔡奡, 印:集玉齋, 帝室圖書之章	奎章閣 [奎古]4743
	馮夢龍(明)撰, 蔡奡(淸)評點, 商務印書館, 光緖30(1904)	27卷8冊, 中國鉛印本, 有圖, 20.1×13.4㎝		高麗大學校 (華山文庫) C14-B2C
		13卷4冊(全27卷8冊, 卷1-10, 25-27), 20.2×13.1㎝, 有圖, 四周單邊, 半郭:15.9×12.3㎝, 無界, 21行43字, 註雙行, 上下向黑魚尾	上欄外에 小字頭註, 序:乾隆壬申(1752)二月七都夢夫蔡元放題於綠淨房, 藏版記:光緖三十年(1904)歲次甲辰上海商務印書館鑄版	東亞大學校 (3):12:2-49
		8冊, 中國新鉛活字本, 有圖, 20.2×13.2㎝, 四周單邊, 半郭:17×11.5㎝, 無界, 17行35字, 註雙行, 上下向黑魚尾, 紙質:竹紙	刊記:光緖三十年歲次甲辰(1904) 上海商務印書館鑄版	全北 高敞郡 黃秉寬
		27卷12冊, 中國新鉛活字本, 20.2×13.2㎝, 四周雙邊, 半郭:17×11.5㎝, 無界, 17行35字, 註雙行, 上黑魚尾, 紙質:竹紙	裏題:東周列國志, 表題:列國志, 序:乾隆壬申(1752)二月七都夢夫蔡元放題於綠淨山房, 刊記:光緖三十年歲次甲辰(1904) 上海商務印書館鑄版, 所藏本:驪陽世家, 愼菴	成均館大學校 D7C-22
	蔡奡(淸) 評點, 上海, 商務印書館, 刊年未詳	1冊(零本, 卷25-27), 中國新式活字本, 有圖, 19.9×13.3㎝	版心下端記錄:上海商務印書館藏版	嶺南大學校 [古南]823.5 열국지ㅈㄴ
	憑夢龍(明)著, 蔡奡(淸)評點, 中國, 刊行處不明, 刊行年不明	24卷24冊, 中國木版本, 23.1×15.7㎝, 四周雙邊, 半郭:20×13.2㎝, 無界, 12行26字, 註雙行, 上黑魚尾, 紙質:竹紙	表題:列國志, 序:乾隆十七年(1752)蔡元放	圓光大學校 AN823.5-ㅂ998ㄷ
增像全圖東周列國志	蔡奡(淸)評點, 上海, 煥文書局, 光緖28(1902)刊	27卷8冊(卷1~27), 中國新鉛活字本, 有圖, 19×12.8㎝, 四周單邊, 半郭:16.4×11.1㎝, 無界, 14行42字 註雙行, 內向黑魚尾	序:乾隆十有七年(1752)…蔡元放	啓明大學校 [고]812.35-동주열국

書名	出版事項	版式狀況	一般事項	所藏處/所藏番號
		27卷16册, 中國新鉛活字本, 有圖, 19.3×12.7cm, 四周單邊, 半郭:16.4×11.1cm, 無界, 14行42字, 註雙行, 內向黑魚尾, 紙質:綿紙	表題:繪圖東周列國志, 序:乾隆十有七年(1752) 春七都夢夫蔡元放(淸)氏題, 刊記:光緖壬寅(1902) 上海煥文書局藏板	東國大學校 D819.35 중51ㅇ
	馮夢龍著, 蔡奡評點, 上海, 廣益書局, 光緖乙巳 (1905)	27卷8册(卷1-27), 中國石印本, 有圖, 19.8cm, 無界, 行字數不定, 無魚尾	繪圖東周列國志, 刊記:光緖乙巳(1905) 春月廣益書局石印	慶熙大學校 812.33-풍35ㅈㄱ
	馮夢龍(明)著, 蔡奡(淸)評點, 宣統1(1909)	8卷8册, 中國石印本, 有圖, 19.7×13.4cm	表題:繪圖東周列國志, 序:乾隆十有七年(1752) 春七都夢夫蔡元放氏題, 刊記:宣統元年(1909) 仲秋上海錦章書局石印	高麗大學校 (晩松文庫) C14-B2H
	馮夢龍(明)著, 蔡奡(淸)評點, 上海, 進步書局, 宣統1年(1909)	7册(第8册缺, 所藏:册1~7(全8卷8册)), 中國石印本, 20.1×13.3cm		國會圖書館 [古]812.3 ㅍ374ㅈ
	著者未詳, 隆熙3年己酉 (1909, 宣統元), 宣統元年仲秋上海錦章書局石印	8卷1匣8册, 中國石印本, 13.4×19.8cm, 四周雙邊, 半郭:12.1×16.9cm, 無界, 25行51字, 白口黑魚尾上	表紙書名, 版心書名:繪圖東周列國志, 刊記:宣統元年仲秋上海錦章書局石印, 子部(小說家類), 序:蔡奡(1752), 蔡奡(淸)評點	澗松文庫
	馮夢龍(明)著, 蔡奡(淸)評點, 民國元年(1912) 上海時中書局印行	27卷16册, 中國鉛印本, 有圖, 19.9×13.4cm	題簽:校正全圖東周列國志, 序:乾隆十有七年(1752) 春七都夢夫蔡元放氏題, 刊記:民國元年(1912) 上海時中書局印行	高麗大學校 (晩松文庫) C14-B2G
	馮夢龍(明)撰, 蔡奡(淸)評點, 上海, 中新書局, (19--)	零本9册(所藏本中卷之十四~二十七의9册以外缺), 中國鉛印本, 有圖, 20×13.5cm, 四周單邊, 半郭:17.3×11.6cm, 有界, 15行31字, 白口·上黑魚尾	版心書名:東周列國志	海軍士官學校 [중]189
		零本2册(卷之十四~十五, 二十六~二十七2册以外缺), 中國鉛印本, 有圖, 20×13.3cm	表紙書名:精校全圖繡像東周列國志	高麗大學校 (薪菴文庫) C14-B69
	馮夢龍(明)撰, 蔡奡評點, 上海, 廣益書局(19--)	零本7册(卷二~三, 六~七, 十四~十七, 二十二~二十三, 二十六~二十七7册以外缺), 中國石印本, 20.2×18.2cm	表紙上:足本全圖東周列國志上海廣益書局發行 一名:東周列國志	高麗大學校 (薪菴文庫) C14-B69A

書名	出版事項	版式狀況	一般事項	所藏處/所藏番號
	蔡奡(淸)評點, 刊寫地未詳, 中新書局, 刊寫年未詳	27卷16冊, 21㎝, 中國鉛活字本, 有圖, 四周單邊, 17.5×11.5㎝, 界線, 15行31字, 上黑魚尾	外題:精校全圖繡像東周列國志, 版心題:東周列國志, 序: 乾隆十有七年(1752)春, 蔡元放氏題, 印記: 默容室藏 外5種	延世大學校 812.36/9
		7卷1冊(卷21~27, 缺帙), 中國新鉛活字本, 有圖, 19.9×13.3㎝, 四周單邊, 半郭:17.2×11.4㎝, 有界, 15行31字, 註雙行, 上下向黑魚尾	表題:列國誌, 版心題:東周列國志, 刊記:中新書局藏版	京畿大學校 경기-k115165-4
		22卷14冊2匣(卷1~11, 17~27, 缺帙), 中國石印本, 有圖, 20.1×13.0㎝, 四周單邊, 半郭:17.3×11.7㎝, 有界, 15行31字, 註雙行, 上下向無葉花紋魚尾	表題:精校全圖繡像東周列國志, 版心題:東周列國志	京畿大學校 경기-k106021-1
		6冊(零本, 卷3-13), 中國新式活字本, 有圖, 19.9×13.3㎝	版心下端記錄:中新書局藏版, 表紙書名:精校全圖繡像東周列國志	嶺南大學校 [古南]823.5 열국지ㅈㄱ
	蔡奡(淸)評點, 上海, 中新書局, 中華初期刊	27卷9冊, 中國新鉛活字本, 20.2×13.5㎝, 四周單邊, 半郭:17.5×11.5㎝, 有界, 15行31字, 註雙行, 上黑魚尾, 紙質:竹紙	表題:東周列國志, 序:乾隆十有七年(1752)春七都夢夫蔡元放氏題, 刊記:上海, 中新書局印行, 所藏印:玄厓	成均館大學校 D7C-23a
	蔡奡(淸)評點, 上海, 上海進步書局, 刊寫年未詳	8卷8冊, 中國石印本, 有圖, 20.3×13.5㎝, 四周雙邊, 半郭:17.4×12.2㎝, 無界, 26行55字, 註雙行, 上下向黑魚尾	表題:繡像繪圖東周列國志, 上欄外小字註, 版心題:繪圖東周列國志, 書名은 卷首題임, 刊記:上海進步書局印行	中央大學校 812.3-채승중
		8卷8冊(卷1-8), 中國石印本, 有圖, 20.2×13.4㎝, 四周雙邊, 半郭:17.2×11.9㎝, 無界, 26行字數不定, 註雙行, 上下向黑魚尾	標題:繡像繪圖列國志, 版心題:增圖東周列國志, 上欄外에 小字註, 刊記:上海進步書局印行	仁荷大學校 H812.35-풍35증-v.1-8
	蔡奡(淸)評點, 上海, 國光書局	2卷2冊(卷4, 12), 中國新活字本, 半郭:17.3×11.6㎝, 17行31字, 上黑魚尾		雅丹文庫 823-채95ㅈ
	著者未詳, 上海時中書局 發行	27卷2匣16冊, 中國活字本, 13.2×19.8㎝, 四周單邊, 半郭:11.8×17㎝, 有界, 15行30字, 白口黑魚尾上	表紙書名:校正全圖東周列國志, 版心書名:東周列國志, 序:蔡奡(1752)(淸)評點	澗松文庫

書名	出版事項	版式狀況	一般事項	所藏處/所藏番號
	蔡奡(淸)評點, 上海, 共和書局, 淸朝末期~ 中華初期刊	8卷8册, 中國石印本, 有圖, 19.8×13.3cm, 四周單邊, 半郭:17×11.4cm, 無界, 30行76字, 註雙行, 頭註, 上黑魚尾, 紙質:竹紙	標題:繪圖東周列國志, 題簽:繪圖東周列國志, 版心題:繪圖東周列國演義, 序:乾隆十有七年(1752)春七都 夢夫蔡元放氏題, 刊記:上海共和書局印行, 所藏印:義山, 李明世印	成均館大學校 D7C-23
	馮夢龍(明)著, 蔡元放(淸)評點, 刊寫地未詳, 刊寫者未詳, 刊寫年未詳	全27卷12册(卷1-27), 中國石印本, 有圖, 20×13.3cm, 四周單邊, 半郭:16.7×11.5cm, 無界, 18行46字, 註雙行, 上內向黑魚尾	表紙書名:繪圖東周列國志, 版心書名:繪圖東周列國志	漢陽大學校 812.35-풍446ㄷㄱ- v.7~ v.12
		21卷6册(卷11-27, 缺帙), 20×13cm, 有圖, 四周單邊, 半郭:16.3×11.4cm, 無界, 17行37字, 註雙行, 上下向黑魚尾		東亞大學校 (3):12:2-74
		零本1册(所藏:卷12-13), 新鉛活字本, 20.1×13.3cm, 四周單邊, 半郭:17.3×12cm, 有界, 15行31字, 上下向黑魚尾	表題:列國志, 版心題:東周列國志	慶北大學校 [古] 812.3 풍35ㅈ
		零本8册(所藏:卷9-16), 新鉛活字本, 有圖, 20.1×13.3cm, 四周單邊, 半郭:17.3×12cm, 有界, 16行31字, 上下向黑魚尾	題簽題:校正全圖東周列國志, 版心題:東周列國志	慶北大學校 [古] 812.3 풍35ㅈㄱ
		1卷1册(卷4), 中國石印本, 有圖, 半郭:16.7×12cm, 25行51字, 上黑魚尾	表題:繪圖東周列國志, 內容:第41~54回	雅丹文庫 823-채95ㅈ
		18卷5册(全27卷8册, 卷7-20, 24-27), 有圖, 19.9×12.9cm, 四周單邊, 半郭:16.3×11cm, 無界, 行字數不定, 上內向黑魚尾		慶熙大學校 812.33-채 66ㅈ
		4册(缺本), 中國鉛印本, 19.8×13.3cm	表題:東周列國志	國會圖書館 [古]812.3 ㅍ374ㅈ
繡像全 圖東周 列國志	蔡奡(淸)評點, 天寶書局, 淸宣統2(1910)刊	8卷8册, 中國石印本, 20.4×13.5cm, 四周雙邊, 半郭:17.4×12.1cm, 24行48字, 頭註, 上黑魚尾, 紙質:竹紙	表題:增像東周列國志, 序:宣統貳年(1911)春蛟川林茹 彔於上海海寧路天寶書局之校勘 部, 刊記:宣統貳年(1910) 秋季天寶書局石印	成均館大學校 (曺元錫) D7C-145

書名	出版事項	版式狀況	一般事項	所藏處/所藏番號
訂正東周列國志善本	蔡元放(淸) 評, 上海, 江左書林, 1886	1冊(零本, 卷首1冊), 中國木版本, 有圖, 23.7×15.1cm, 四周雙邊, 半郭:16.5×11.9cm, 無界, 註雙行, 上下向黑魚尾	卷首:序:乾隆壬申(1752)…蔡元放, 讀法, 建地圖考:咸豊四年(1854)春日開雕書成山房校對無訛, 地圖(2面), 目次, 圖像(12張), 標題紙:繡像東周列國志, 秣陵蔡元放評, 版心題:東周列國志, 印出記(標題紙裏面): 光緒丙戌 (1886)年秋月上海江左書林重校刊	嶺南大學校 [古南]823.5 열국지ㅈㄷ
足本大字繡像全圖東周列國志	蔡元放評點, 上海, 天寶書局, 刊寫年未詳	13卷6冊(缺帙), 有圖, 20.2×13.4cm, 四周單邊, 半郭:16.9×11.7cm, 無界, 行字數不定 註雙行, 上下向黑魚尾	版心題:繪圖東周列國志	慶熙大學校 812.33-채66ㄷ
繪圖東周列國		8冊(1匣), 20×13.3cm, 中國版本		韓國國學振興院 풍산류씨 하회마을 화경당(북촌)KS03-3038-11694-01694
(東周)列國志	馮夢龍(明)撰, 蔡奡(淸)評點, 出版事項未詳	零本1冊(第九十二回~九十五回 1冊以外缺), 中國木版本, 22.9×15cm	書名은 表紙書名임	高麗大學校 (薪菴文庫) C14-A68
	蔡奡(淸)著, 刊寫事項不明	零本1冊(所藏:卷4), 筆寫本, 22.7×17.9cm, 四周單邊, 半郭:18.3×14.5cm, 有界, 11行18字, 無魚尾	表題:列國志	慶北大學校 [古] 812.31 채58ㅇ
	刊寫地未詳, 刊寫者未詳, 刊寫年未詳	1冊, 活版本		韓國國學振興院 受託, 안동권씨 화산종가 KS02-3005-10167-00167
		20冊(首卷, 卷1缺), 木版本		鮮文大 朴在淵
		1冊(落張), 中國木版本, 24.3×15.6cm, 四周單邊, 半郭:20.7×13.6cm, 有界, 10行22字, 上下向黑魚尾	標題:新刊繡像批評列國志原本, 敍:小雅氏撰, 印記:「小雅氏」, 「可觀道人」, 「贈言堂童氏現藏」	檀國大學校 천안율곡기념도서관(羅孫文庫) 古873.5-열685
		3冊(卷6, 16, 23存), 木版本		鮮文大 朴在淵
		5冊(零本, 卷15, 16, 19, 20, 21), 中國木版本, 24.8×15.8cm, 四周單邊, 半郭:20.2×14.3cm, 無界, 12行26字, 註雙行, 上下向黑魚尾	版心題:東周列國志, 書名은 表紙書名에 의함	嶺南大學校 [古南]823.5 열국지ㅈ

9-2. 春秋列國志

≪春秋列國志≫는 余邵魚의 ≪列國志傳≫을 萬曆 年間에 余象斗가 다시 간행한 冊이다. 余邵魚의 字는 畏齋이며 고향은 福建省 建寧府 建陽縣이다. 그는 明 嘉慶 年間 사람으로 余象斗의 숙부로 알려져 있다.[86)]

≪春秋列國志≫는 一名 ≪列國志≫이라고 하는 歷史小說이다. ≪春秋列國志≫의 판본은 明內府 간행본, 三臺館 余象斗의 간행본, 梅園梓行本, 明 萬曆 年間의 간행본, 萬曆 乙卯(1615年)本 등이 있다. 그 중에서 8권으로 구성된 것은 明內府 간행본, 余象斗의 간행본, 梅園梓行本이 있고, 12권으로 구성된 것은 明 萬曆 年間의 간행본, 萬曆 乙卯(1615年)本이다.

첫째, 明內府 간행본은 천연색 삽화가 실려 있는 것이 특징이다.

둘째, 萬曆 丙午年(1606) 三臺館 余象斗의 간행본은 각권에 ≪新刊京本春秋五霸七雄全像列國志傳≫, '後學 畏齋 余邵魚編集', '書林文臺余象斗評釋'이라 쓰여 있다.

셋째, 梅園梓行本은 大連圖書館에 소장되어 있는 殘卷으로 속지에는 ≪全像春秋五霸七雄列國志傳≫이라 쓰여 있고, 卷頭에는 ≪新刊京本春秋五霸七雄全像列國志傳≫이라 쓰여 있으며, 目次에는 ≪新刊史綱總會列國志傳≫이라 기록되어 있다.

넷째, 明 萬曆 年間의 간행본은 陳繼儒의 序가 있고 '雲間 陳繼儒重', '姑蘇 龔紹山梓行'이라고 쓰여 있다.

다섯째, 萬曆 乙卯(1615年)本은 陳序 이외에 朱篁의 序가 있고 龔紹山이 출판하였으며 ≪新鐫陳眉公先生批評春秋列國志≫이라 적혀 있다.

淸代에 이르러 蔡元放이 馮夢龍의 ≪新列國志≫ 108회본을 중심으로 부분적인 수정과 평점을 부가하여 ≪東周列國志≫(1700년대 중기)라는 서명으로 새로 출판했다. 이후 ≪東周列國志≫는 가장 보편적인 판본으로 알려지게 되었고 지금까지 널리 전해지고 있다.[87)]

≪春秋列國志≫의 내용은 다음과 같다. 商 紂王이 즉위하자 널리 미녀를 뽑았는데 冀侯 蘇護女의 용모가 뛰어나다는 소문을 듣고 詔書를 내려 護에게 데려오라고 명하

86) 薛亮, ≪明清稀見小說匯考≫, 社會科學文獻出版社, 1999년, 204쪽 참조.

87) 민관동, ≪중국 고전소설의 전파와 수용-한국편≫, 아세아문화사, 2007, 284쪽.

였다. 그러나 護가 말을 듣지 않자 紂王은 西伯候 姬昌과 北伯候 崧候虎에게 정벌하라고 명했다. 昌이 護에 사신을 보내 빨리 조정에 들 것을 재촉하자 護는 어쩔 수없이 妲己를 상나라에 보냈다. 가는 도중에 구미호가 妲己의 혼을 빼고 妲己로 둔갑하게 된다. 사실을 모르는 紂王은 妲己를 正宮으로 책봉하고 날마다 잔치를 벌이며 妲己의 말만을 옳다고 믿고 점점 더 포악해져갔다. 武王은 殷郊를 東征 大將軍에 封하고 함께 東征하였는데 가는 곳마다 승리하였다. 孟津에 이르니 武王은 군사를 회군하고 선정을 베풀었다. 武王의 세력이 커지자 紂王은 그를 두려워하고 도망자에 대해 더욱 가혹한 형벌을 내렸다. 군사들이 수도에 들어오자 紂王은 불을 지른 다음 물속으로 뛰어들었다. 妲己가 子牙의 요술 거울로 인해서 본색이 드러나자 殷郊가 죽였다. 제후들은 무왕을 등극시키고 국호를 '周' 라 개칭했다. 周公이후에 召公, 成王, 莊王 등에 관해서도 이야기하고 있으며 魯나라, 楚나라, 晉나라, 齊나라, 魏나라, 燕나라, 秦나라 등에 관해서도 서술하고 있다.

국내에서 볼 수 있는 ≪열국지≫의 번역본은 여러 종이 있으나 그 중 크게 ≪츈추녈국지≫(17책 17권본) · ≪녈국지≫(42책 42권본) · 영남대본 ≪列國志≫(30권본: 殘本) · 영남대본(11책) 등 4종으로 나눌 수 있다. 우선 비교적 분량이 많은 3종의 書誌狀況을 살펴보면 다음과 같다.

1) ≪츈츄녈국지≫는 총 17권 17책, 198則으로 되어있다. 表題는 ≪列國誌≫라 되어있고, 크기는 가로22cm, 세로29.6cm이다. 한 面이 보통 10~12行에 20~25字 정도로 불규칙적으로 배열되어있으며, 한 節은 보통 7~12張정도 이다. 한글 筆寫本이며, 飜譯者 · 筆寫年 모두 未詳이고 국립중앙도서관에 소장되어 있다. 주목할 만한 것으로 卷一에 다음과 같은 번역문을 볼 수 있다.

> 진션진미공션싱비평츈츄녈국지,…운간딘계유듕교, 고소공쇼산직힝.
> 新鐫陳眉公批評春秋列國志,… 雲間陳繼儒重校, 姑蘇龔紹山梓行.

이 기록으로 보아 이 번역본은 陳繼儒重校, 龔紹山刊本 12권본 ≪陳批列國志傳≫을 번역한 것이라는 것을 알 수 있다. 필사기의 내용으로 보아 계묘년(1843)에 필사되었을 것으로 추정된다. 또한 이 번역본은 후대에 다시 전사된 것으로 필사자는 5명 내외일 것으로 추측되는데 원문과 내용을 대조해보면 전반적으로 의역과 축역이 많이 되

어 있고 필사의 오류가 상당히 발견되고 있다.[88)]

2) 42권 42책 ≪녈국지≫는 총 207則이며, 한 面이 10行 20字 내외이다. 크기는 가로16.3cm, 세로24.3cm이며, 일본 東洋文庫에 소장된 한글 궁체 筆寫本의 影印本(국립중앙도서관 소장)이다. 飜譯者와 筆寫年 역시 未詳이다.

3) 30권 영남대본 ≪列國志≫는 현재는 卷6, 卷19, 卷24, 卷25, 卷28, 卷29, 卷30 등 殘本 7권만이 영남대 도서관에 소장되어 있으며, 매권 卷首에 목록이 있고, 한面은 보통 12行20字 內外로 되어있다.

≪열국지≫의 최초 번역시기는 1600년대 중후기일 것이라 추정한다. 그 이유는 8권본 ≪新刊京本春秋五覇七雄全像列國志≫가 1606년(萬曆 34 丙午年)에 출판되었고 12권본 ≪新鐫陳眉公先生批評春秋列國志≫는 1615년(萬曆 43 乙卯年)에 출판되었기 때문에, 늦어도 1600년대 중기쯤에는 이 작품들이 국내에 전래되었을 것으로 본다. 또 풍몽룡의 ≪新列國志≫ 出刊年度는 대략 明 崇禎 16年(1643)에 출판되었고[89)], 채원방의 ≪東周列國志≫는 1736년(乾隆 元年), 1752년(乾隆 17년), 1767년(乾隆 丁亥 32年) 등 여러 차례 출판되었기 때문에 이러한 책들이 세상에 나와 유행하던 시기에 구태여 옛날 판본 ≪열국지≫를 底本으로 삼아 번역하였을 리는 없다는 것이다. 즉 세간에 내용과 체제가 舊本보다 完整된 풍몽룡의 ≪新列國志≫나 채원방의 ≪東周列國志≫를 두고 ≪列國志≫를 꼭 번역해야 할 이유가 없기 때문이다. 오히려 유행하는 새 판본을 번역하는 것이 타당해 보인다. 또 번역본 중에서 풍몽룡의 ≪新列國志≫나 채원방의 ≪東周列國志≫本을 근거로 번역한 작품도 존재하지 않는다. 이러한 점을 감안하면 풍몽룡의 ≪新列國志≫나 채원방의 ≪東周列國志≫가 국내에 유입되어 세간에 떠돌기 전에 번역이 되었다고 보는 것이 타당하다. 그렇기 때문에 ≪열국지≫의 국내 번역은 1600년대 중후기쯤일 것이고 늦어도 1700년대 초기는 넘지 않을 것으로 보인다.

88) 이재홍·김아영·조영기·김민지 교주, ≪츈츄녈국지≫, 학고방, 2008, 머리말 참조.
89) 1643년 이후 明末淸初에 여러 차례 출판되었다.

그러면 국내 소장본 17권본 ≪츈추녈국지≫, 42권본 ≪녈국지≫, 30권본 嶺南大 ≪列國志≫가 모두 이때 번역된 원본인가 하는 문제가 생긴다. 한글 古語의 使用狀況과 글자체 등을 살펴볼 때 대략 1800년대 이후에 쓰인 것이 확실시되므로 후대에 수차례의 筆寫와 添削을 거치면서 이루어진 것임을 알 수 있다.

이상의 내용을 종합하자면 ≪列國志≫의 번역본은 12권본 ≪新鐫陳眉公先生批評春秋列國志≫의 각기 다른 판본을 가지고 번역한 것이고, 또 17권본과 42권본은 同一本에서 파생되어 나온 것으로 후대에 여러 차례 筆寫를 거치면서 상호 교류에 의한 첨삭이 자연스럽게 이루어진 결과로 보인다. 그 외 30권본은 또 다른 번역본이라 결론지을 수 있다.[90)]

국내에는 中國木版本을 高麗大, 檀國大, 嶺南大와 선문대 박재연이 소장하고 있고, 活版本은 안동 권씨 화산종가에서 韓國國學振興院에 受託하고 있으며, 筆寫本은 慶北大에 소장되어 있고 한글 필사본은 延世大와 嶺南大에 소장되어 있다. 중국 목판본은 零本1冊만 남아 있어 전반적인 면모를 알아볼 수 없고, 활판본도 1冊만 남아 있으며, 경북대 소장 필사본은 淸代 蔡奡가 지은 것으로 필사 시기가 분명하지 않다. 한글 필사본은 각각 '녈국연의'와 '녈국지'라는 제목으로 번역되어 있고 분량도 14冊과 11卷 11冊으로 다르며 판식도 완전히 다르다.

書名	出版事項	版式狀況	一般事項	所藏處/所藏番號
列國志	刊寫地未詳, 刊寫者未詳, 刊寫年未詳	20冊(零本), 한글筆寫本, 32×25㎝		嶺南大學校 813.5
春秋 列國誌	刊寫地未詳, 刊寫者未詳, 刊寫年未詳	前函(後函缺), 12卷12冊, 木版本		鮮文大 朴在淵
츈추 열국지	著者未詳, 年紀未詳	17卷17冊, 한글筆寫本, 29.6×22㎝	印記:金奎興	國立中央圖書館 [한]48-187
녈국연의 (列國演義)	국문필사본	14冊, 筆寫本, 33×21.5㎝		延世大學校 811.36열국연
녈국지	刊寫地未詳, 刊寫者未詳, 刊寫年未詳	11卷11冊, 筆寫本, 29×20.2㎝	筆寫記錄(卷末):이월십사일릴셔, 表紙書名:列國誌	嶺南大學校 陶南文庫 [古도]813.5열국지

90) 민관동, ≪중국 고전소설의 전파와 수용-한국편≫, 아세아문화사, 2007, 302-314쪽 참조.

書名	出版事項	版式狀況	一般事項	所藏處/所藏番號
널국지	刊寫地未詳, 刊寫者未詳, 刊寫年未詳	42권42책, 207則, 24.3×16.3cm, 10行 20字內外	궁체. 현 국립중앙도서관 영인본 소장	일본 동양문고
列國志	刊寫地未詳, 刊寫者未詳, 刊寫年未詳	30권중 殘本7권(6.19.24.25.28.29.30)만 소장, 一面 12行20字內外	매권 권수에 목록이 있음	嶺南大
		11册		李海晴
		1册		趙潤濟, 金約瑟

9-3. 後列國志

≪後列國志≫는 一名 ≪鋒劍春秋≫·≪孫臏大破諸仙陣≫·≪萬仙鬪法與興秦傳≫·≪萬仙鬪法後列國志≫·≪鋒劍春秋後列國志≫·≪後東周鋒劍春秋≫·≪後東周列國志≫라고도 하며 모두 10卷 60回로 되어 있다. 作者에 대해서는 자세히 알려진 바는 없다.

≪後列國志≫ 의 판본은 10冊本, 8冊本, 4冊本 등으로 나눌 수 있다.

10冊本은 同治 4年(1865) 四和堂本, 同治 4年(1865) 舟桂堂本, 同治 9年 四和堂本, 光緖 29年 上海 通文館 石印本 등이 있다.

同治 4年(1865) 四和堂本은 속표지에 "繡像鋒劍春秋戰"이라 적혀 있다. 오른쪽 위에는 "同治甲子年孟秋新鐫"라고 되어 있고, 왼쪽에는 "內附'孫臏破諸仙陣'"이라고 되어 있다. 또한 序, 目錄, 正文, 書口에는 ≪鋒劍春秋≫라고 적었다. 앞머리에 〈鋒劍春秋序〉가 있고 "同治四年春月和氏識"이라는 낙관이 찍혀 있다. 繡像 16폭에는 贊이 있는데 秦始王, 海潮聖人, 毛遂眞人, 金子陵, 燕丹宮主, 章邯, 廉王, 王剪, 孫燕, 燕昭王, 齊襄王, 齊國母龔金定, 田英, 李美容, 孫賽花, 孫臏의 순으로 되어 있다.

同治 4年(1865) 舟桂堂本은 본래 같은 해 판각한 四和堂本과 같으며 四和氏의 〈序〉도 있는데 속표지에 "舟桂堂藏板"으로 되어 있을 뿐이다.

同治 9年 四和堂本은 속표지 중앙에 ≪鋒劍春秋≫라고 적혀 있고, 右端에 "同治九年孟春新鐫"이라고 적혀 있고, 왼쪽 아래에 "四和堂藏板"이라고 찍혀 있다. 그 밖의 책 제목 및 서, 목록, 상찬과 정문의 행관, 쪽수가 모두 同治 4年 四和堂本, 舟桂堂本

과 같고 同治 4年本의 飜刻本이라 할 수 있다.

光緖 29年 上海 通文館 石印本은 권두에 〈序〉가 있으며 "光緖十九年歲次癸巳夏月溪上留香氏識"이라는 낙관이 찍혀 있는데 내용은 四和氏의 〈序〉와 같다. 〈繪圖增像後列國志目錄〉세 면이 있으며 書口에 목록이라고 적혀 있다. 그림은 모두 16면에 걸쳐 16폭인데 인물, 贊역시 四和堂本, 舟桂堂本과 같으며 단지 그림에 덧칠을 한 흔적이 보인다. 또한 回目의 삽화가 있는데 매 두 회의 앞에 삽화가 1면에 2폭씩 全冊에 그려져 있다.

8冊本은 8卷 8冊으로 되어 있고 주요 판본으로는 光緖 元年 上海 順城書局 石印本, 光緖 19年 上海 寶文書局 石印本, 光緖 26年 上海 江南書局 石印本 등이 있다.

光緖 元年 上海 順城書局 石印本은 제목이 ≪後列國志≫로 되어 있고 光緖 19年 上海 寶文書局 石印本은 제목이 ≪繪圖增像後列國志≫로 되어 있다. 光緖 26年 上海 江南書局 石印本은 제목이 ≪萬仙鬪法與輿秦傳≫으로 되어 있다. 이후에 民國年間에 나온 石印本들은 4冊本 위주이다.[91)]

다시 말해서 ≪後列國志≫는 10冊本이 먼저 나오고 8冊本이 나왔고 民國 時期에 가서는 卷을 나누지 않고 4冊으로 간행한 것으로 보이며 同治 4年 四和堂本이 祖本이 되었다고 할 수 있다.

≪後列國志≫의 내용은 기본적으로 ≪秦始皇平話≫에서 발전된 이야기라 할 수 있다. 전반적으로 윤회사상과 생사가 모두 하늘에 정해져있다는 사상을 담은 다분히 비극적인 색채를 띠고 있다. 언어가 다듬어지지 않았고 話本의 틀을 벗어나지 못한 면이 있으나 神魔類 小說이 지닌 매력을 지닌 소설이라 할 수 있다.

秦始皇은 千佛牒文와 玉皇의 명령을 받들어 6국을 합병하려고 章邯을 元師로 王剪을 先鋒으로 金子陵을 군사로 삼아 정벌을 나섰다. 秦軍은 趙나라 국경에서 廉傑을 죽이고 燕나라를 공격하는 길을 열었다. 孫臏의 아버지는 왕전에게 죽임을 당했고 孫燕은 燕丹宮主의 명을 받들어 齊나라를 포위하고 손빈에게 도움을 구했다. 손빈은 아버지의

91) 이외에도 民國 期間에도 계속해서 출판되었다. 제목이 ≪鋒劍春秋後列國志≫로 되어 있는 民國 3年 上海 共和書局 石印本은 4冊으로 되어 있다. ≪後東周鋒劍春秋≫는 序는 없고, 〈提要〉가 있다. 民國 23年 上海 大達圖書供應社 鉛印本은 1冊으로 ≪後東周列國志≫라고 제목을 붙였다. 江蘇省社會科學院 明淸小說硏究中心 文學硏究所 編, ≪中國通俗小說總目提要≫, 中國文聯出版公司, 1990년, 711쪽 참조.

원수를 갚고 秦軍을 위협하였다. 김자릉은 신선 세 명에게 도움을 요청했지만 손빈을 당할 수는 없었다. 한편 남조성인은 왕전에게 보물인 攢天箭을 주어 손빈을 죽이려 하자 梨山老母는 廉秀英을 보내 손빈에게 알렸다. 손빈은 죽은 척 장례를 치르는 묘책으로 진을 대파하였다가 태상노군 등으로 인해 연나라를 떠나 제나라로 돌아갔고, 진나라는 연나라를 멸망시키고 제나라를 공격하였다. 손빈은 몰래 병사를 보내어 진나라를 연파하였다. 齊國母龔은 金定法으로 金子陵을 물리쳤다. 김자릉의 공격으로 손빈이 위험에 처하게 되자 백원은 남극선옹, 왕선, 왕오 형제에게 요청하여 손빈을 구하였다. 또한 손오공과 동방삭에게 제나라를 구하도록 했다. 남극선옹과 손빈은 구름을 타고 해조성인 등 진인들과 싸움을 벌였다. 손빈은 진을 무너뜨리려 했으나 오히려 위험에 처하자 손오공은 동방삭을 이끌고 남해 관음보살에게 가서 형을 구해냈다. 관음은 동방삭에게 명하여 造化山 五行小主에게 청하여 삼라진을 무너뜨리고 양가가 화해하도록 했다. 진나라가 제나라를 멸망시키고 손연은 염수연을 따라 趙나라에 가서 趙王이 되었고 진나라는 계속하여 한, 위, 초, 조나라를 멸망시켜 천하를 통일시켰다.

國內 유입시기에 대해서는 정확한 기록이 남아 있지 않아 자세히 알 수 없다. 국내에는 10冊本은 보이지 않고 東亞大에 8冊本 ≪繪圖增像後列國志≫이 소장되어 있으며 成均館大에는 4冊本 ≪繪圖增像後列國志萬仙鬭法≫이 소장되어 있다. ≪繪圖增像後列國志萬仙鬭法≫은 題簽은 "東周鋒劍春秋"라 되어 있고 版心題는 "後列國志"라 적혀 있는데 정확한 간행 연대는 알 수 없으나 대체로 清朝末~中華初에 간행된 것으로 보이며 文盛書局에서 發行한 石印本이다.

書名	出版事項	版式狀況	一般事項	所藏處/所藏番號
繪圖增像後列國志	著者未詳, 刊寫地未詳, 刊寫者未詳, 刊寫年未詳	8卷8冊(卷1~8), 17.2×10.2㎝, 有圖, 四周雙邊, 半郭:14.3×9.5㎝, 20行48字, 黑口, 上下向黑魚尾	表題:繪圖後列國志, 序:光緒丁未(1907)年仲春和甫氏[?]於湖上	東亞大學校 (3):12:2-53
繪圖增像後列國志萬仙鬭法	著者未詳, 文盛書局, 清朝末~中華初刊	不分卷4册, 中國石印本, 19.8×13.2㎝, 四周雙邊, 半郭:17×11.8㎝, 25行56字, 上黑魚尾, 紙質:竹紙	題簽:東周鋒劍春秋, 版心題:後列國志, 刊記:文盛書局發行	成均館大學校 (曺元錫) D7C-185

10. 隋唐演義

≪隋唐演義≫는 20권 100회본으로 褚人獲이 정리했다고 하는 歷史小說이다. ≪隋唐演義≫의 서책 안에는 "劒嘯閣齊東野人等原本, 長洲後進沒世農夫匯編, 吳鶴市散人鶴樵子參訂"이라 적혀 있다. 그 중에서 劒嘯閣은 明末 清初 희곡가이자 소설가인 袁于令이 규방에서 쓰던 이름이고, 齊東野人은 ≪隋煬帝艶史≫라는 소설이 있으며, 沒世農夫는 곧 清初의 褚人獲이다.

≪隋唐演義≫의 판본은 四雪草堂 간행본 · 四雪草堂 판본 · 康熙 14年 序刊本 · 崇德書院藏板本 · 自厚堂藏板本 등이 있다.

첫째, 四雪草堂 간행본은 머리에 林翰의 原序가 있는데 ≪隋唐兩朝志傳≫ 林翰의 序文과 大同小異하다. 康熙 乙亥(1695년)의 自序와 〈發凡〉 이 있고 50쪽의 挿圖가 있으며 본문의 卷頭에는 '四雪草堂重訂通俗隋唐演義'라고 題되어 있고 '劒嘯閣齊東野人等原本, 長洲後進沒世農夫匯編, 吳鶴市散人鶴樵子參訂'이라 쓰여 있다. 또 版心은 '四雪草堂'이라 새겨 있다.

둘째, 四雪草堂本은 康熙 年間에 文盛堂이 중각한 것이다. 속지에는 가로로 '細繪全像'이라 새겨있고 우측에는 '四雪草堂 訂正'이라 새겨있다. 중앙에 '隋唐演義'라 적혀 있으며 좌측 하단에는 '文盛堂 板刻'이라 새겨 있다. 머리의 〈隋唐演義原序〉 끝에 "正德 戊辰(1508년) 仲春 花朝後五日 賜進士出身資政大夫南京參贊機務兵部尙書致任前吏部尙書國子監祭酒左春坊左諭德兼經筵講官同修國史三山林翰撰"이라 적혀 있고 林翰의 도장이 찍혀 있다.

셋째, 康熙 14年 序刊本은 魯迅의 ≪中國小說史略≫에 언급되어 있는 판본이다.

이외에, 乾隆 58年 崇德書院藏板本, 嘉慶 10年 自厚堂藏板本 등이 있다.[92]

작자 褚人獲은 字가 稼軒 또는 學軒이며 號는 石農으로 長洲(지금의 江蘇省 蘇州)인이다. 그의 주요 저작은 ≪堅瓠集≫(一名 ≪堅瓠秘集≫이라 함) · ≪讀史隨筆≫ · ≪賢群輔錄≫ · ≪退佳□錄≫ · ≪鼎甲考≫ · ≪續蟹譜≫ 등이 있으며, 그 가운데 ≪堅瓠集≫은 특히 사람들의 칭찬을 받는 작품이다. 褚人獲은 광범위한 교제를 통해 강남

92) 江蘇省社會科學院 明淸小說硏究中心文學硏究所 編, ≪中國通俗小說總目提要≫, 中國文聯出版公司, 1991, 421쪽 참조.

의 저명한 문인 尤侗·洪升·顧貞觀 등과 내왕이 있었으며 특히 ≪三國志演義≫를 評點하고 수정한 毛宗崗은 褚人獲에게 지대한 영향을 끼쳤다고 한다.

≪隋唐演義≫가 朝鮮에 언제 전래되었고 번역되었는지 명확한 시기는 알 수 없다. 그러나 허균(1569~1618년)의 ≪閑情錄≫에 書名이 언급되어 있는 것으로 볼 때 대략 1618年 以前에는 국내에 유입되었을 것으로 추측된다. 그 후 이 작품은 번역 필사되어 유포되다가 1910년대에 들어서 활판본으로 출판되었다. 현재 ≪수당연의≫의 번역본은 두 가지가 있는데, 1918년 滙東書館에서 나온 ≪슈당연의≫와 같은 해 新舊書林에서 나온 ≪슈양뎨힝락긔≫가 있다. ≪슈양뎨힝락긔≫와 ≪슈당연의≫는 모두 수 양제의 풍류와 즐겁게 노는 행위 부분만을 취하고 있다. 전자는 대체로 원전에 충실한 직역으로 되어 있지만 후자는 원전을 초역·축약·첨가·부연·변형·재구성하는 다양한 번역 형태를 드러낸다. 또한 어떤 부분에 서는 새로운 내용을 추가하고 있기 때문에 번역에 있어서 적극적인 수용 태도를 보여주고 있다. 또한 ≪슈당연의≫에서는 독자들의 독서 취향을 감안하여 원전의 간략한 내용을 대화체로 변용해낸 특징을 드러내고 있다.[93)]

≪隋唐演義≫의 내용은 다음과 같다. 처음에 隋나라 文帝가 陳나라를 멸망시킨다. 이후 唐나라가 건국되고 여러 가지 역사적 사건이 일어난다. 마지막에는 唐 玄宗이 四川으로 피난 갔다가 長安으로 돌아오게 된다는 170여 년간의 이야기이다. 전체 등장인물을 살펴보면 황제로부터 시인, 협객, 신선, 도사, 천민 등 각계각층의 인물이 나타난다. 일부는 ≪隋史遺文≫의 내용을 거의 가져왔다는 단점을 지니고 있지만 창작적인 요소도 약간은 갖추고 있다.

국내에는 中國木版本이 國立中央圖書館, 釜山大, 江陵市 船橋莊 등에 소장되어 있고, 中國石印本은 中央大, 淑明女大, 成均館大 등에 소장되어 있으나, 또 中國鉛活字本은 延世大에 소장되어 있고, 漢文木版本은 崇實大에 소장되어 있으며, 한글 필사본은 奎章閣에 유일하게 소장되어 있다.

書 名	出版事項	版式狀況	一般事項	所藏處/所藏番號
四雪草堂訂通俗隋唐演義	齊東野人 著, 沒世農夫 編, 鶴市散人叅訂, 刊年未詳	10卷9冊, 中國木版本, 23.9×15.4㎝	表紙書名:隋唐演義, 藏板記:四雪草堂	國立中央圖書館 [古]3736-54

93) 박재연, 〈隋唐演義 飜譯本의 연구〉, ≪중국학연구≫ 제3집, 1987, 5, 135-161쪽.

書名	出版事項	版式狀況	一般事項	所藏處/所藏番號
四雪草堂重訂通俗隋唐演義	褚人穫(淸)重訂, 淸康熙34年(1695)	8卷8冊, 中國木版本, 25.7×15.9cm, 四周單邊, 半郭:21.3×13.9cm, 無界, 10行23字, 上下向黑魚尾, 紙質:竹紙	表題:隋唐演義, 版心題:隋唐演義, 序:康熙乙亥年(1695)冬十月旣望長沙褚人穫(淸)稼氏題	釜山大學校
	羅貫中(明)撰, 淸道光30年(1850)刊	20卷20冊, 中國木版本, 15.8×11.2cm, 四周單邊, 半郭:13.2×9.3cm, 無界, 11行23字, 上下向黑魚尾, 紙質:竹紙	版心題:隋唐演義, 裏題:繡像隋唐演義, 序:康熙乙亥(1695)冬十月旣望長洲楮人穫學稼氏題於回雪草堂, 刊記:道光庚戌(1850)新鐫	江陵市船橋莊
	羅貫中(明)撰, 齊東野人原本, 沒世農未訂, 刊行年未(淸末)	10卷9冊, 中國木版本, 24.5×15.6cm	序:康熙乙亥年(1695)… 褚穫學稼氏題於回雪草堂	高麗大 (六堂本) 육당C14-B19-1-5, 6-7, 8-9, 13
	羅貫中(明)著, 上海, 上海書局, 光緖33(1907)	20卷10冊(所藏本;卷1~20), 中國石印本, 有圖, 20.2×13.6cm, 四周雙邊, 半郭:17.3×11.8cm, 無界, 23行50字, 上下向黑魚尾	表題:繪圖改正隋唐演義, 版心題:繡像隋唐演義, 刊記:光緖丁未(1907)孟秋上海書局石印, 내용:冊1(卷1~2), 冊2(卷3~4), 冊3 (卷5~6), 冊4(卷7~8), 冊5 (卷9~10), 冊6(卷11~12), 冊7(卷13~14), 冊8(卷15~16), 冊9(卷17~18), 冊10(卷19~20)	中央大學校 812.3-나관중사설
		20卷10冊(卷1~20), 中國石印本, 有圖, 20×13.5cm, 四周雙邊, 半郭:17.5×12cm, 無界, 23行50字, 花口, 上下內向黑魚尾, 紙質:竹紙	表題:隋唐演義, 標題:繪圖改正隋唐演義, 刊記:光緖丁未(1907)孟秋上海書局石印, 序:時康熙乙亥(1695)...長洲楮人穫學稼氏題於四雪草堂, 光緖丙午(1906)春重付石印, 版心題:隋唐演義	淑明女子大學校 CL 812.3
	褚人穫(淸)重訂, 上海, 上海書局, 淸光緖33(1907)刊	20卷10冊, 中國石印本, 有圖, 20.2×13.5cm, 四周雙邊, 半郭:17.4×11.9cm, 無界, 23行50字, 上黑魚尾, 紙質:竹紙	標題:繪圖改正隋唐演義, 版心題:繡像隋唐演義, 序:康熙乙亥(1695)冬十月旣望長洲褚人穫稼氏題, 刊記:光緖丁未(1907)孟秋上海書局石印	成均館大學校 D7C-31
		不分卷8冊, 中國石印本, 20.2×13.4cm, 四周雙邊, 半郭:18×11.5cm, 23行50字, 上黑魚尾, 紙質:竹紙	序:康熙乙亥(1755)冬十月旣望長洲褚人穫稼氏題, 刊記:光緖丁未(1907)孟秋上海書局石印	成均館大學校 (曺元錫) D7C-31b

書名	出版事項	版式狀況	一般事項	所藏處/所藏番號
	褚人穫(淸)重訂, 中華3年(1914)刊	18卷9冊(卷1~2, 卷5~20), 中國石印本, 有圖, 16.9×10.1cm, 四周單邊, 半郭:13.8×8.7cm, 無界, 20行36字, 內向黑魚尾, 紙質:洋紙	題簽:精繪全圖改正隋唐演義, 版心題:隋唐演義, 序:康熙乙亥(1695)冬十月旣望長洲褚人穫(淸)稼氏題民國甲寅(1914)夏重付石印古吳輔生多恨人書於多事軒	全羅北道 全州市 金大經
	褚人穫(淸)重訂, 刊寫事項不明	零本4冊(所藏:卷8~10, 13), 木版本, 24.4×15.5cm, 四周單邊, 半郭:21×13.6cm, 無界, 10行23字, 上下向黑魚尾	表題:隋唐演義, 版心題:隋唐演義	慶北大學校 [古] 812.3 저69ㅅ(2)
	羅貫中(明)著, 褚人穫(淸)重訂	4冊(全20卷10冊中零本), 中國鉛活字本, 有圖, 18cm, 四周單邊, 13.7×8.8cm, 20行36字, 上下內向黑魚尾		延世大學校 812.36/33
四雪草堂重編通俗隋唐演義	褚人穫(淸)訂編, 吳鶴樵(淸)評, 嘉慶10(1805)	20卷20冊, 中國木版本, 有圖, 17.4×11.6cm, 上黑魚尾	表紙書名:隋唐演義, 標題紙書名:繡像隋唐演義, 原序:正德戊辰(1508)…三史林瀚撰, 序:康熙乙亥(1695)…長洲褚人穫學稼氏題於四雪草堂, 藏板記:自厚堂藏板, 刊記:嘉慶乙丑(1805)重鐫	韓國學中央研究院 D7C-89
四雪草堂重修通俗隋唐演義	羅貫中(明)著, 淸, 四雪草堂, 刊寫年未詳	10卷10冊(缺帙), 中國木版本, 24.1×15.6cm, 四周單邊, 10行23字, 半郭:20.4×13.3cm, 有界, 上下向黑魚尾, 紙質:竹紙	表題 및 版心題:隋唐演義	西江大學校 고서 사535
繪圖隋唐演義	獲稼, 上海, 錦章圖書局, (19--)	10卷10冊1匣, 中國石印本, 有圖, 20.6×13.5cm, 四周雙邊, 半郭:18×12cm, 無界, 行字數不定, 上下向黑魚尾	版心題:繡圖隋唐演義, 卷首題:四雪草堂重訂通俗隋唐演義, 序:康熙乙亥(1695)…獲稼氏題	國民大學校 [고]823.6 획01
	羅貫中(明)撰, 上海, 錦章圖書局, 刊寫年未詳	8卷1冊(卷1~8), 有圖, 20.5×13.3cm, 四周雙邊, 半郭:18×12cm, 無界, 行字數不定, 上下向黑魚尾		慶熙大學校 812.3-나15ㅅ
	羅貫中(明)撰, 上海, 廣益書局, 刊寫年未詳	8卷1冊(卷1~8), 有圖, 20×13cm, 四周雙邊, 半郭:17.7×11.5cm, 無界, 行字數不定, 上下向黑魚尾		慶熙大學校 812.3-나15ㄱ

書名	出版事項	版式狀況	一般事項	所藏處/所藏番號
繪圖改正隋唐演義	上海, 上海書局, 光緖33年(1907)	20卷9册, 中國石印本, 有圖, 20.5×13.2cm, 四周雙邊, 半郭:17.3×11.9cm, 無界, 行字數不定, 上下向黑魚尾	書名:標題임, 卷首題:四雪草堂重訂通俗隋唐演義, 版心題:繡像隋唐演義	國民大學校 [고]823 회01
	齊東野人(?)著, 刊寫地未詳, 刊寫者未詳, 光緖33(1907)	12卷8册(卷1~12), 20.3×13.4cm, 有圖, 四周雙邊, 半郭:17.3×12.2cm, 23行50字, 上下向黑魚尾	版心題:繡像隋唐演義, 序:光緖丙午(1906)春重付石印, 內容:卷1~6(四雪草堂重訂通俗演義), 卷7~8(四雪草堂重編通俗演義), 卷9~10(四雪草堂重訂通俗演義), 卷11(四雪草堂重修通俗演義), 卷12(四雪草堂重訂通俗隋唐演義), 卷13(四雪草堂重編通俗隋唐演義), 卷14-19(四雪草堂新編通俗隋唐演義), 卷20(四雪草堂重訂通俗隋唐演義), 刊記:光緖丁未(1907) 孟秋上海書局石印	東亞大學校 (2):5-60
繪圖改定隋唐演義	著者未詳, 光緖33(1907), 光緖丁未孟秋上海書局石印	20卷1匣8册, 中國石印本, 13.6×20.5cm, 四周雙邊, 半郭:12.1×17.8cm, 無界, 23行50字, 白口黑魚尾上	序:褚人穫(1695), 印:藕齋, 閔晟基印, 刊記:光緖丁未孟秋上海書局石印	澗松文庫
	著者未詳, 簡青齋書局石印	8卷1匣8册, 中國石印本, 13.6×20.4cm, 四周單邊, 半郭:12.3×17.8cm, 無界, 26行56字, 白口黑魚尾上	序:褚人穫(1695)	澗松文庫
繪圖繡像重訂通俗隋唐演義	羅貫中(明)原著, 郭大復(明)加纂, 光緖22(1896)	零本6册(缺本卷三, 十)(全10卷8册), 中國石印本, 有圖, 19.7×13.2cm	序:康熙乙亥(1695)…光緖丙申(1895) 仲春重付石印平江朱蔚彬書於天然如意室	高麗大學校 (晩松文庫) C14-B42A
繪圖繡像重訂隋唐演義	褚人穫(淸)訂編, 上海, 章福記書局, 光緖22年(1896)	4册(所藏:册1, 4~5, 8, 全10卷8册), 中國石印本, 20.2×13.2cm	表題:繪圖隋唐演義, 序:康熙乙亥(1695)…褚人穫學稼氏 題於四雪艸堂之南窓下, 刊記:光緖丙申(1896)春仲重付石印 平江朱蔚彬書於天然如意室	國會圖書館 [古]812.3 ㅈ137ㅎ
繡像繪圖隋唐演義	褚人穫(淸)改正, 上海, 進步書局, 淸朝末期~中華初期刊	8卷8册, 中國石印本, 有圖, 20.2×13.5cm, 四周雙邊, 半郭:17.9×12cm, 無界, 27行60字, 小黑口, 上黑魚尾, 紙質:竹紙	刊記:上海進步書局印行	成均館大學校 D7C-59
	褚人穫(淸)改正, 上海(中國), 進步書局, 刊寫年未詳	8卷8册(卷1~8), 中國石印本, 有圖, 20.1×13.4cm, 四周雙邊, 27行60字, 半郭:17.9×11.8cm, 無界, 上下向黑魚尾		京畿大學校 경기-k101487-2

書名	出版事項	版式狀況	一般事項	所藏處/所藏番號
	羅貫中(明)撰, 上海, 廣益書局, 刊寫年未詳	8卷8冊(卷1~8), 中國石印本, 19.6×13.1cm		慶熙大學校 812.3-나15ㅅㄴ
		漢文木版本, 92張, 有圖, 19.8×13.2cm, 四周雙邊, 半郭:17.2×12.1cm, 27行60字, 黑口, 上下向黑魚尾		崇實大學校 3194
精繪全圖改正隋唐演義	上海, 晋新端記書局, 光緒丁未(1907)	2冊(零本), 石印本, 20cm		嶺南大學校 823.5
批評隋唐演義	著者未詳, 서울, 刊寫者未詳, 刊寫年未詳	2卷1冊(卷1~2), 23×15.4cm, 四周單邊, 半郭:20×12.8cm, 無界, 13行30字, 上下向黑魚尾		慶熙大學校 811.9-비894ㄱ
新刻出像玉鼎隋唐演義	羅貫中(明)纂輯, 林瀚(明)叅訂, 玉蘭堂, 清朝末期刻後刷	12卷12冊, 中國木版本, 有圖, 22.5×12.6cm, 四周單邊, 半郭:17.5×11cm, 無界, 10行24字, 上黑魚尾, 紙質:竹紙	版心題:隋唐演義, 序:賜進士出身資政大夫三山林瀚謹譔, 刊記:玉蘭堂梓行	成均館大學校 D7C-71
隋唐演義	錦章圖書局, 民國甲寅(1914)年	10卷10冊一百回, 石印本		鮮文大 朴在淵
繡像隋唐演義全傳	羅貫中(明)撰, 清末大成書局刊行	8卷8冊, 中國木版本		朴在淵
수당연의(隋唐演義)		12卷 13冊, 23.8×15.2cm		奎章閣, 레닌그라드 Aston Collection

11. 隋煬帝艷史

≪隋煬帝艷史≫는 8권 40회본으로 一名 ≪風流天子傳≫이라고 하는 역사소설이다. ≪隋煬帝艷史≫의 현존 판본은 명대 1631年(崇禎 4年)에 간행된 人瑞堂 刊行本으로 후대 판본들 역시 대부분 이 간본을 비탕으로 하여 간행되었다. 이 책의 앞부분에 "齊東野人編演, 不經先生批評"이라 적혀 있고 魯迅은 馮夢龍의 작품이라 언급했지만

이 점은 ≪醒世恒言≫ 제24권 〈隋煬帝逸遊召譴〉 편을 보고 추정한 것으로 보이며 작자에 대해서는 명확하게 알 수 없다. 속표지에는 艶史라 적혀 있고, 笑痴子의 序文, 艶史題辭, 野史主人이 쓴 〈艶史序〉·〈艶史凡例〉 12조, ≪隋艶史爵里姓氏≫가 실려 있으며 揷圖도 수록되어 있다. 이외에 작품의 음란한 부분을 모두 삭제하고 書名을 ≪風流天子傳≫(1895년, 光緒 12)으로 바꾸어 홍콩서국에서 간행한 석인본이 있다.[94)]

≪隋煬帝艶史≫의 국내 번역은 정확하게 언제 누가 필사 번역했는지 전혀 알 수 없다. ≪隋煬帝艶史≫에 관한 기록을 살펴보면, 尹德熙(1685~1766년)의 〈小說經覽者〉(1762년)에 ≪隋煬艶史≫라는 서명이 열거되어 있고, 가람본 ≪諺文古詩≫(1872년)에 수록된 〈언문칙목녹〉에 ≪슈양긔스≫가 나타나고 있으며, 〈칙녈명녹〉[95)]에 ≪슈양외스≫라는 서명이 보인다. 따라서 이 작품이 18~19세기까지 지속적으로 독자들에게 사랑을 받아왔음을 알 수 있다.

≪隋煬帝艶史≫의 현존 번역본은 연세대 중앙도서관 소장 ≪슈양의스≫와 해남 녹우당 소장 ≪슈양외스≫가 있는데 모두 완전본이 아닌 낙질본이다. 연세대 소장본 ≪슈양의스≫는 표지에 ≪隋楊義史≫라 쓰여 있는데 아마도 ≪隋煬外史≫를 잘못 쓴 것으로 보인다. 이 판본의 번역은 開場詩와 散場詩 및 常套語 등을 생략하고 번역하지 않았으며 내용과 관련된 수많은 삽입시도 모두 생략된 축약 형태이다. 단어의 형태와 문체로 볼 때 18세기 중엽에 필사된 것으로 보이지만 전사본이기 때문에 그 번역 시기는 18세기 중엽 이전일 것이다.

해남 녹우당 소장본 ≪슈양외스≫는 전체적으로 훼손되어 있어 판독하기가 쉽지 않다. 궁체로 되어 있고 글씨의 형태가 고르지는 않지만 동일한 사람이 필사한 것으로 보인다. 회목을 한글 독음으로 제시했다가 생략하기도 하는 등 전체적으로 통일되어 있지 않고 원전과 비교해 보면 인명, 숫자 표기, 관직명도 다르게 되어 있다. 또한 가끔 오역도 나타나고 있어 여타의 한글 번역본을 저본으로 하여 필사한 전사본일 것으로 추정된다. 단어의 형태와 문체로 보아 1809년에 필사되었을 것이라 추정되고 번역양상은 연세

94) 江蘇省社會科學院 明淸小說硏究中心文學硏究所 編, ≪中國通俗小說總目提要≫, 中國文聯出版公司, 1991, 227쪽 참조.

95) 1890년대 총 197종의 고소설의 서명을 기록하고 있는 자료이다. 전경목, 〈책열명록에 대하여〉, ≪문헌과 해석≫35호, 태학사, 2006, 187-204쪽 참조.

대본과 매우 비슷하다. 이 작품의 필사 시기는 연세대본보다 뒤지긴 하지만 원전 ≪隋煬帝艶史≫의 전반적인 번역양상을 살펴보기에 나름대로 가치가 있다.[96)]

≪隋煬帝艶史≫의 내용은 다음과 같다. 隋나라 文帝의 둘째 아들 楊廣은 형을 몰아내고 황제로 즉위한다. 그 후 양광은 주색에 빠져 정사를 돌보지 않고 온갖 사치와 향락을 일삼다가 결국은 수나라가 멸망한다. 이후 크고 작은 여러 나라가 세워졌다가 멸망하는 상황이 거듭되고 唐나라가 새로 건국되는 과정이 개괄적으로 서술되어 있다.

국내에는 中國木版本이 高麗大와 奎章閣에 소장되어 있고, 中國石印本은 선문대 박재연 교수가 소장하고 있다. 한글 필사본은 延世大와 해남 녹우당에 소장되어 있는데, 연세대 소장본은 1冊(57張)이고 녹우방 소장본은 잔본으로 되어 있다. 중국 목판본은 각각 32卷 8冊과 22卷 12冊으로 되어 있고 석인본은 5卷 1冊(卷1缺)으로 되어 있다.

書名	出版事項	版式狀況	一般事項	所藏處/所藏番號
新鐫全像通俗演義隋煬帝艶史	齊東野人(淸)編演, 本衙, 淸代	32卷8冊(40回本), 中國木版本, 有圖, 17.4×11.5㎝	標題紙:不經先生批評(繪像)艶史本衙藏板, 版心題:艶史	高麗大學校 (華山文庫) C14-B27
隋煬帝艶史		5卷1冊(卷1缺), 石印本		鮮文大 朴在淵
艶史	齊東野人(淸)編演, 不經先生(淸)批評, 淸版本	22卷12冊, 中國木版本, 有圖, 17.2×11.4㎝	卷頭書名:全像通俗演義隨煬帝艶史, 序:唉癡子, 印:集玉齋, 帝室圖書之章	奎章閣 [奎중]6185
艶史	齊東野人(淸)編, 不經先生批評, 淸末衙藏板, 刊行年未詳	32卷8冊, 中國木版本, 有圖, 17.4×11.5㎝	別名:新全鐫像通俗演義隋煬帝艶史	高麗大學校 화산C14-B27-1-8
슈양의ᄉᆞ(隨楊義史)		1冊(57張), 筆寫本, 24.5×21㎝		延世大學校 811.36
슈양외사	1책(殘本), 궁체필사본		1809년에 필사(추정)	해남 녹우당

96) 김장환·박재연·김영 교주, ≪슈양의ᄉᆞ·슈양외ᄉᆞ≫, 학고방, 2009, 머리말 참조.

12. 隋史遺文

≪隋史遺文≫은 12권 60회본으로 一名 ≪劍嘯閣批評秘本出像隋史遺文≫이라고 하는 역사소설이다. ≪隋史遺文≫의 판본은 崇禎 年間의 名山聚藏板本이 있는데, 처음에 崇禎 癸酉年(1633)의 序文이 있고, 그 뒤에 吉衣主人이 西湖 冶園에서 적었다고 되어 있으며, 卷頭에 "嘯閣批評秘本出像隋史遺文"이라 적혀 있다. 아울러 揷圖 60面이 있고 행간 여백에는 간혹 批語가 있고, 每回 끝에 總評이 있으며, 總評 속에 여러 번 옛날 판본과 原本을 언급하고 있는 것으로 보아 따로 근거로 삼은 판본이 있는 것으로 보인다.

吉衣主人의 崇禎 癸酉(1633년) 自序 뒤에 있는 '令昭氏'와 '吉衣主人'이라는 인장에 의하면 작자는 袁于令이다. 袁于令(1599-1674년)은 본명이 韞玉, 혹은 晋이라고도 하며, 字는 令昭이고, 號로는 于鵲·籜庵·白憲·鳧公·吉衣主人·劍嘯閣主人·歸亭仙史 등이 있다. 그는 吳縣 사람으로 明末 貢生이었는데 淸나라가 들어서자 曆水部郎과 荊州知府를 지냈고, 音律에 정통하였다고 한다. 저서로는 傳奇 ≪金鎖記≫·≪西樓記≫·≪玉符記≫·≪珍珠記≫·≪肅霜裘≫·≪長生樂≫·≪瑞玉記≫·雜劇 〈雙鶯傳〉 등이 있으며, 李卓吾가 批點한 ≪西遊記≫에 題詞가 들어 있다.[97]

≪隋史遺文≫은 언제 朝鮮에 유입되어 번역되었는지 명확한 기록은 보이지 않는다. 다만 작품에 나타난 번역어를 통해 그 시기를 추측해볼 수 있는데, 대략 1800년 초엽 전사본으로 추정되는 樂善齋本 ≪셔쥬연의≫나 ≪포공연의≫와 비슷한 시기에 이루어진 것으로 보인다.

한글 번역본 ≪슈ᄉᆞ유문≫은 애스턴(Aston, 阿須頓)이 주한총영사를 역임했던 1884년에서 1886년 사이에 한국에서 수집한 것으로 추정되며 현재 뻬쩨르부르그 동방학연구소에 소장되어 있다. 이 작품은 런던 대학의 저명한 한국학 교수 윌리엄 E 스킬렌드(W.E.Skillend)의 ≪古代小說≫에 처음으로 소개되었다.

한글 번역본 ≪슈ᄉᆞ유문≫의 번역양상을 살펴보면 다음과 같다. 원전의 개장시, 산장시, 삽입시 등은 번역하지 않았고 한자 어휘나 설명이 필요한 구절은 쌍행 협주로 주

97) 江蘇省社會科學院 明淸小說硏究中心文學硏究所 編, ≪中國通俗小說總目提要≫, 中國文聯出版公司, 1991, 236쪽 참조.

석을 달았으며 제22회의 외설적인 내용은 대부분 축약하고 번역하지 않았다.[98]

≪隋史遺文≫의 내용은 다음과 같다. 처음에는 隋나라 말기 농민들이 황제의 폭정에 항거하여 봉기하는 사건으로부터 시작된다. 그리하여 여러 영웅들이 천하를 차지하기 위해 쟁투를 벌이지만 秦王 李世民이 황제로 등극하게 된다는 이야기이다. 중심인물은 秦瓊(秦叔寶)이지만 瓦崗寨의 영웅적인 행적을 아울러 서술하고 있다. 특히 이 작품 중에서는 隋나라 양제의 황음무도한 행동을 폭로하고 영웅들의 형상을 대비적으로 묘사했다는 특징을 지닌다.

국내에는 中國木版本이 奎章閣에 소장되어 있는데, 12卷 13冊으로 되어 있고 吉衣主人의 서문이 있는 崇禎 年間의 名山聚藏板本이다. 한글 필사본은 뻬쩨르부르그 동방학연구소에 소장된 것을 박재연 · 김영 · 손지봉 등이 교주를 달아 2004년 이회문화사에서 출판했다.

書 名	出版事項	版式狀況	一般事項	所藏處/所藏番號
隋史遺文	吉衣主人(明)編, 刊寫地未詳, 刊寫者未詳, 崇禎11(1632)	12卷13冊, 中國木版本, 23.8×15.2㎝	序:崇禎癸酉(1632)…吉衣主人	奎章閣 5175
수사유문 (隋史遺文)		12卷12冊	번역:19세기 초반(추정)	뻬쩨르부르그 동방학연구소

13. 南北宋志傳 : (南宋志傳, 北宋志傳)

13-1. 南北宋志傳

≪南北宋志傳≫은 ≪北宋志傳≫과 ≪南宋志傳≫을 합본해서 만들어진 책이다. 이 책은 적지 않은 판본이 국내에 유입되어 또한, 한국학중앙연구원에는 필사본 ≪대송홍막녹≫이 소장되어 있는데 필사자나 필사시기에 대해서는 자세히 알 수 없다. 성균관대 동아대 등에는 木版本이 소장되어 있다.

98) 박재연·김영·손지봉 교주, ≪슈ᄉᆞ유문≫, 이회문화사, 2004. 머리말, 1-23쪽 참조.

書名	出版事項	版式狀況	一般事項	所藏處/所藏番號
繡像南北宋志傳	硏石山樵訂正, 織里畸人校閱, 三讓堂, 清朝年間刊	20卷10册, 中國木版本, 25.4×15.7cm, 左右雙邊, 半郭:20.1×13.2cm, 有界, 12行24字, 註雙行, 上黑魚尾, 紙質:竹紙	書名:裏題에 依함, 序:織里畸人書於玉茗堂, 序:旹萬曆戊午(1618)中秋日玉茗主人題, 刊記:三讓堂梓行	成均館大學校 D7C-49a
	硏石山樵訂正, 織里畸人校閱, 三讓堂, 明萬曆46(1618)刻 後刷	20卷6册, 中國木版本, 24.4×15.8cm, 有圖, 四周單邊, 半郭:20×13.2cm, 無界, 11行20字, 上黑魚尾, 紙質:竹紙	書名:裏題에 依함, 序:旹萬曆戊午(1618)中秋日玉茗主人題, 序:織里畸人書於玉茗堂, 刊記:三讓堂梓行, 內容:一册1~3, 南宋志傳, 一册4~6, 北宋志傳	成均館大學校 D7C-49
繡像北宋志傳, 南宋志傳	硏石山焦(明)訂正, 織里畸人(明)校閱, 浙紹, 敬藝堂, 刊寫年未詳	南宋志傳10卷5册, 北宋志傳10卷5册, 共20卷10册(南宋志傳 卷1-10, 北宋志傳 卷1-10), 中國木版本, 有圖, 24.2×15.8cm, 四周單邊, 半郭:20.2×13.4cm, 無界, 11行20字, 上黑魚尾	版心題:南(北)宋志傳, 卷頭書名:新鐫玉茗堂批評按鑑參補南宋志傳, 新鐫玉茗堂批評按鑑參補北宋志傳, 書名은 題簽에 의함, 南宋志傳序:織里畸人書於玉茗堂, 北宋志傳序:萬曆戊午(1618)中秋日玉茗主人題, 刊記:玉茗堂原本 浙紹敬藝堂藏板	東亞大學校 (2):4-26
대송흥망녹	作者未詳, 寫年未詳	2卷2册, 筆寫本, 27.1×19.8cm, 無郭, 無絲欄, 9行20字, 紙質:楮紙	表題:大宋興亡錄, 印:藏書閣印	韓國學中央硏究院 4-6799

13-2. 南宋志傳

≪南宋演義≫는 10권 10책(50회)으로 明 嘉靖 年間 建陽 熊鐘谷이 지은 ≪南宋兩宋志傳≫ 중의 ≪南宋志傳≫을 재편한 것이며 一名 ≪南宋志傳≫·≪南宋志傳通俗演義≫·≪南宋飛龍傳≫·≪南宋小飛龍傳≫·≪南宋志匡胤出身志傳≫이라 하는 역사소설이다.

≪南宋演義≫의 판본은 明 萬曆 建陽余氏三台館本(日本 內閣文庫所藏)·明 萬曆 21年(1593) 金陵堂氏世德堂 간행본(日本 內閣文庫所藏)·明 萬曆 46년(1618년) 葉昆池刊玉茗堂批點本(日本 宮內省圖書寮 소장)·淸 鴻文堂刻本·淸 康熙 經國堂 간행본·淸 文錦堂刻本·淸 光緖 5年 務本堂巾箱本(中國首都圖書館 소장) 등이 있다.[99]

---

99) 江蘇省社會科學院 明淸小說硏究中心文學硏究所 編, ≪中國通俗小說總目提要≫, 中國

작품의 저자 熊鐘谷(약 1506~1579)은 이름이 大木이고 호가 鐘谷, 鼇峰, 鼇峰後人이며 福建省 建陽 사람으로 주로 明代 嘉靖·萬曆 年間에 歷史演義小說의 편저와 간행을 했고 또 英雄傳奇 작품을 창작하기도 했다. 그의 주요작품에는 ≪楊家將演義≫·≪北宋志傳≫·≪唐書志傳通俗演義≫·≪大宋中興通俗演義≫(≪武穆精忠傳≫)·≪宋代君臣演義≫·≪嶽家將≫·≪全漢志傳≫·≪宋傳續集≫ 등이 있다.

≪南宋演義≫는 언제 국내에 유입되었는지 명확하지 않지만 朝鮮 英祖 38年(1762) 思悼世子가 지은 ≪中國小說繪模本≫의 序文에 그 서명이 보이는 것으로 미루어 짐작하건대 18세기 중반에는 유입되었을 것으로 추정된다.[100)]

≪南宋演義≫의 국내 번역 필사는 1776년에 이루어진 것으로 보인다. 이 책은 총 7권 7책의 필사본으로 권1과 권7의 말미에 "歲在丙申季秋書傳于後昆"이란 필사기가 있는데 丙申年(1776년/1836년)이라는 글과 필사된 어휘의 형태로 문체로 보아 1776년으로 추정된다. 아울러 이겸로 선생이 소장한 한글 번역본 ≪남송연의≫는 19세기 말에 필사된 것으로 추정되고 있다. ≪南宋演義≫에 대한 기록은 ≪玉鴛再合奇緣≫·≪華山仙界錄≫·≪언문칙목녹≫ 등 여러 문헌들을 통해 드러나고 있는데 현존 한글 필사본은 선문대 중한번역문헌연구소에 소장되어 있다.[101)]

이 작품의 번역 형태는 전반적으로 원문에 비교적 충실하게 되어 있고 가지런한 궁체로 되어 있다. 또한 오자, 탈자, 잘못 필사된 부분, 누락부분은 수정하여 다시 번역했다. 원전은 본래 50회이지만 한글 필사본에는 49회로 이루어져 있고 40회에 41회에 해당하는 내용까지 모두 필사되어 원전과 내용상의 차이는 전혀 없다.[102)]

그 외 ≪대송흥망녹≫ 2卷2冊本이 韓國學中央硏究院 소장되어 있다. 이 책은 筆寫本으로 表題에 ≪大宋興亡錄≫이라고 되어 있다.

≪南宋演義≫의 내용은 다음과 같다. 五代 時期 後唐·後晉·後漢·後周 등의 나라가 계속해서 전쟁을 벌이고 멸망되었다가 새로 건국된다. 마침내 趙匡胤이 혼란기를 끝내고 後周의 恭帝로부터 제위를 선양받아 宋나라를 세운다. 이후 태조 開寶 8년(975)

文聯出版公司, 1991, 64-65쪽 참조.

100) 민관동·김명신 공저, ≪중국소설비평자료총고≫, 학고방, 2003, 297쪽 참조.

101) 김영, 〈중한번역문헌연구소 소장 한글 필사본 ≪남송연의≫에 대하여〉, ≪中國小說論叢≫제25집, 2007, 3, 155-183쪽 참조.

102) 박재연·김영 교주, ≪남송연의≫, 학고방, 2006, 머리말 참조.

曹彬이 江南을 완전하게 평정하게 되는 이야기를 서술하고 있다.

국내에는 石印本 1冊(卷2存)을 鮮文大 朴在淵이 소장하고 있고, 한글 필사본은 韓國綜合典籍目錄에 수록되어 있다. 한글본은 본래 이겸로 선생이 소장하고 있었다가 현재 선문대 중한번역문헌연구소에 소장되어 있다.

書名	出版事項	版式狀況	一般事項	所藏處/所藏番號
南宋飛龍傳		1冊(卷2存), 石印本		鮮文大 朴在淵
남송연의	著者未詳, 憲宗2年(1836) 頃寫	7卷7冊, 筆寫本, 33.1×22.9㎝, 11行不定字, 註雙行, 紙質:楮紙	題簽:南宋演義, 印記:首陽信朝, 筆寫記:歲在丙申(1836)季秋書傳于後昆, 備考:순국문 궁체寫本임	韓國綜合典籍目錄(山氣文庫) 李謙魯 4-676, 朴在淵

13-3. 北宋志傳[楊家將傳]

≪北宋演義≫는 50회본으로 작자는 熊鐘谷(大木)이며 一名 ≪北宋志傳≫·≪楊家將傳≫·≪楊家將通俗演義≫·≪北宋金槍全傳≫·≪新刻玉茗堂批點按鑑參補北宋演義≫라고 하는 英雄小說이다.

≪北宋演義≫의 판본은 明 建陽 余氏 三台館 간행본·陳氏尺蠖齋評釋本·玉茗堂批點本·明 世德堂 간행본·淸 鴻文堂 刻本·淸 康熙 經國堂 간행본·淸 文錦堂 刻本·淸 光緖 5年 務本堂巾箱本·淸 光緖 修齋堂 小型精刻本·淸 光緖 上海源記書局袖珍 石印本 등이 있다.

첫째, 明 建陽 余氏 三台館 간행본은 全名이 ≪全像按鑑演義南北宋志傳≫이다. 南北宋은 모두 합해서 20권이며 회수를 명기하지 않았고, 권두에 三台館主人의 서문이 있다.

둘째, 蠖齋評本은 明 金陵 世德堂 간행본은 南北宋으로 나누어 ≪新刊出像補訂參彩史鑑南北宋志傳通俗演義題評≫이라 적혀 있으며 南北宋이 각 10권 50회이다. 매권에 삽화가 있는데 서문은 三台館本과 달리 '時癸巳長至泛雪齋敍'라 적혀 있다.

셋째, 玉茗堂批點本은 明 蘇主 葉昆池에서 간행했는데, 書名은 ≪新刻玉茗堂批點繡像南北宋志傳≫이다. 南北宋志傳은 각각 插圖가 있으며 卷·回·序文 모두

世德堂本과 같으나 서문의 서명만 다르다. 南宋은 '織里畸人書于玉茗堂'이라 적고 있는데, 北宋은 '萬曆戊午(1618)玉茗主人題'로 되어 있다.

넷째, 明 世德堂 간행본은 版心에 '南(北)宋志傳'이라 적고 있고, 권마다 揷圖 4~7폭과 眉批가 있다. ≪南宋志傳≫의 5, 6, 7, 9卷은 '文台余氏雙峰堂校梓'라 적고 있고, 北宋志傳 第20卷 하단 정중앙에 雙行으로 '書林雙峰堂, 文台氏梓'라고 큰 글씨로 새겨져 있다. 이 판본은 중국에서 볼 수 있는 가장 이른 판본으로 보인다.

다섯째, 清 鴻文堂 刻本은 玉茗堂批點本 계열에 속하는 것으로 ≪新鐫玉茗堂批評按鑑參補南(北)宋志傳≫이라 되어 있고, 책 표지에 '玉茗堂原本', '繡像南北宋志傳', '武林鴻文堂梓行'이라 적고 있다.

여섯째, 清 康熙 經國堂 간행본은 書名이 ≪南宋志傳≫에 ≪新鐫玉茗堂批點按鑑參補南宋志傳≫이라 되어 있고, ≪北宋志傳≫은 ≪新鐫玉茗堂批點按鑑參補楊家將傳≫이라 적혀 있는데, '體元堂梓行'이다. 南北宋은 각 10권 50회이다.

일곱째, 清 文錦堂 刻本은 20권, 100회이고 側批가 있고 揷圖는 南北宋 각 8폭이다. 속지에 '京都文錦堂梓行'이라 적혀 있고 마지막에 無抑億軒主人의 跋詩가 있다.

여덟째, 清 光緒 5年 務本堂巾箱本은 20권 100회이고 側批가 있다. ≪南宋志傳≫ 속지에는 '南北宋演義傳', '務本堂藏本'이라 적고 있고 ≪北宋志傳≫ 속지는 '楊家將演義全傳', '光緒五年新鐫', '杭州文元堂藏板'이라 적고 있다.

아홉째, 清 光緒 修齋堂 小型精 刻本은 書名이 ≪繡像南北宋志傳≫이며 20권 100회이다. 서문은 隸書로 쓰여 있고, ≪南宋志傳≫ 서문에 '光緒壬辰(1892年)孟夏三月古歙仙源山人書于修齋堂'이라 적혀 있고, ≪北宋志傳≫ 서문에는 '光緒壬辰(1892년)季春月古吳仙山人書于申江藝海□'라 적혀 있다. ≪南宋志傳≫ 목록 뒤에는 五代와 宋初 제왕과 장수, 재상들의 圖像이 있는데, 모두 16폭이다. ≪北宋志傳≫ 목록 뒤에는 楊家將 인물 圖像이 역시 16폭이 있다. 본문 매권마다 2폭씩 揷圖가 있다.

열째, 清 光緒 上海 源記書局袖珍 石印本은 書名이 ≪繡像南宋飛龍傳≫이고 10권 50회이다. 서문은 草書로 되어 있고 맨 첫행에 '繡像南宋飛龍傳序'라고 쓰여 있다. 서문에 '光緒戊戌(1898년)孟秋之月古吳仙源山人書于修齋堂'이라 되어 있고 回目 뒤에는 五代 제왕과 宋太祖의 圖像 6폭이 있다.[103)]

저자 熊大木(약 1506~1579)은 號가 鍾穀, 鼇峰, 鼇峰後人이고 福建省 建陽 사람

으로 明代 嘉靖·萬曆 年間에 歷史演義小說의 편저와 간행을 했고 英雄傳奇 작품을 창작하기도 했다. 그의 주요작품에는 ≪楊家將演義≫·≪北宋志傳≫·≪唐書志傳通俗演義≫·≪大宋中興通俗演義≫(≪武穆精忠傳≫)·≪宋代君臣演義≫·≪嶽家將≫·≪全漢志傳≫·≪宋傳續集≫ 등이 있다.

≪北宋演義≫는 楊家將 계열의 소설로 北宋 때 변방의 전쟁을 소재로 다루고 있는 작품이다. 한글로 번역된 양가장계 소설은 현재 ≪북송연의≫가 유일하다. 李圭景(1788~1856년)의 ≪五洲衍文長箋散稿≫ 권7의 〈小說辨證說〉에는 "≪三國演義≫·≪錢塘記≫·≪宣和遺事≫·≪楊六郎≫ 등의 책은 속되고 무미건조하다"[104]라는 기록이 남아 있는 것으로 본다면 이 시기에는 이미 ≪북송연의≫가 조선에 전래되었음을 확증할 수 있다.

≪北宋演義≫가 언제 필사 번역되었는지 명확한 시기는 알 수 없다. 思悼世子가 지은 ≪中國小說繪模本≫의 기록과 역문에 출현하는 한글 고어로 미루어 볼 때 18세기 번역본을 전사한 것이다. 현재 이 작품의 한글 번역본 ≪북송연의≫는 한국학중앙연구원에 소장되어 있고 모두 5권 5책으로 되어 있는데 일본 국회도서관 동양문고에도 13책본 ≪북송연의≫가 소장되어 있다.[105]

한글본 ≪븍송연의≫의 번역 양상을 살펴보면 대체적으로 원문에 비교적 충실한 精密한 飜譯에 가깝고 直譯을 위주로 한 번역이라 볼 수 있다.

≪北宋演義≫의 내용은 다음과 같다. 唐五代 石敬瑭은 태어날 때부터 귀한 상을 지니고 있었고 뛰어난 무용을 지니고 있어서 魏州節度使에게 투신한다. 그런 과정에서 明宗이 붕어하고 閔帝가 즉위하게 된다. 이처럼 송 태조 開寶 8年(976)의 사건을 서술하면서 마지막에는 眞宗 乾興 元年(1022)의 역사적인 사실을 서술하고 있다. 이 작품의 전반 10회는 呼延贊이 복수하는 과정과 녹림의 의적들이 싸우는 이야기를 묘사하고 있고, 작품의 후반 제20회-제50회는 楊家將의 영웅들이 전쟁에 나아가서 나라를 위해 보은하는 모습을 그리고 있다.

---

103) 江蘇省社會科學院 明淸小說硏究中心文學硏究所 編, ≪中國通俗小說總目提要≫, 中國文聯出版公司, 1991, 64-65쪽 참조.

104) 唯 ≪三國演義≫, ≪錢塘記≫, ≪宣和遺事≫, ≪楊六郎≫等書, 俚而無味云. 李圭景, ≪五洲衍文長箋散稿≫ 下, 卷7, 明文堂 영인본, 1982. 230쪽.

105) 박재연, ≪븍송연의≫, 도서출판 학고방, 1996, 머리말, 1-5쪽 참조.

국내에는 中國木版本이 國民大와 奎章閣에 소장되어 있고 石印本은 鮮文大 朴在淵이 소장하고 있는데 1冊(卷1存)으로 되어 있으며, 한글 필사본은 韓國學中央研究院에 소장되어 있다. 한글 필사본은 일본 국회도서관 동양문고에도 소장되어 있는데, 한국학중앙연구원 소장본과 같은 판식이나 13冊으로 구성되어 있다. 이외에 성균관대 소장본은 역사적 사실에 근거하여 내용을 고친 것으로 內題에 ≪新鐫玉茗堂批點按鑑參補北宋志傳總目≫이라 되어 있다. 모두 10권 10책이며 序文에 '北宋志傳序'라고 되어 있고 "萬曆戊午(1618)中秋玉茗主人題"라 적혀 있어 국민대 소장본과 같은 판본으로 보인다.

書名	出版事項	版式狀況	一般事項	所藏處/所藏番號
新鐫玉茗批點按鑑參補出像北宋志傳	楊業(宋)著, 研石山樵訂正, 織里畸人校閱, 中國, 刊寫者未詳, 刊寫年未詳	5冊(缺帙, 所藏:禮, 射, 御, 書, 數), 中國木版本, 22.2×15㎝, 四周單邊, 半郭:21×13.5㎝, 有界, 10行20字, 上下向黑魚尾	版心題:北宋志傳, 北宋志傳序:時萬曆戊午(1618)…玉茗主人題	國民大學校 [고]823.4 양01
北宋楊家將		1冊(卷1存), 石印本		鮮文大 朴在淵
楊家將傳	研石山樵(明)訂正, 萬曆46(1618)	10卷5冊, 中國木版本, 23×15.5㎝	卷頭書名:玉茗堂批點按鑑參補, 版心書名:北宋志傳, 序:萬曆戊午(1618)…玉茗主人…, 印:集玉齋, 帝室圖書之章	奎章閣 [奎중]4460
新鐫玉茗堂批點按鑑參補楊家將傳	王元美(明)撰, 淸朝末期刊	10卷10冊, 中國木版本, 24.5×15.4㎝, 四周單邊, 半郭:19.5×13.4㎝, 無界, 11行20字, 上黑魚尾, 紙質:竹紙	序:歲萬曆戊午(1618)中秋日玉茗主人題	成均館大學校 D7C-72
북송연의(北宋演義)	著者未詳, 寫年未詳	5卷5冊, 筆寫本, 31.2×22.8㎝, 無郭, 無絲欄, 12行字數不定, 無版心, 紙質:楮紙	表題:北宋演義, 印:藏書閣印, 35㎜R[Nega], 250f	韓國學中央研究院 4-6812/R35N-000191-2
북송연의	13冊, 國文筆寫本	31.2×22.8㎝		일본국회도서관(동양문고)

14. 大唐秦王詞話 : (당진연의[唐秦]演義, 唐晉演義)

≪唐秦演義≫는 8권 64회로 諸聖隣이 창작한 鼓詞 ≪大唐秦王詞話≫를 번역한 역사소설 계열의 작품이다. 孫楷第의 고증에 따르면, 현전하는 ≪大唐秦王詞話≫는 명대 諸聖隣이 羅貫中의 ≪小秦王詞話≫를 근거로 개정한 것이라고 한다. ≪大唐秦王詞話≫의 판본은 鄭西諦와 傅惜華 두 사람이 각각 소장하고 있던 명대 간행본을 서로 대조 교정하여 文學古籍刊行社에 의해 1949년 이후 영인되었으나 지금은 거의 찾아보기 어렵다. 이후 1986년에 杜維沫이 中州古籍出版社에서 1989년에 賡一이 교정하여 華岳文藝出版社에서 출간되었다.

작자 諸聖隣은 明代 萬曆 年間의 사람으로만 알려져 있고 나머지 생애에 대해서는 상세하게 알 수 없다.

≪唐秦演義≫가 언제 조선에 유입되었는지에 대해서는 그다지 분명하지 않다. 이 작품에 대해서는 서울대본 ≪옥원재합기연≫(1790)의 권15의 표지 안쪽에 ≪개벽연의≫·≪타녹연의≫·≪녈국지≫·≪초한연의≫·≪동한연의≫·≪삼국지≫·≪남송연의≫·≪오대됴사연의≫ 등과 함께 ≪당진연의≫가 저록되어 있어서[106] 1790년 이전에 이미 번역되어 널리 읽혔을 것으로 짐작할 수 있다. 서울대 중앙도서관 가람문고에 소장되어 있는 ≪언문책목록≫에도 그 서명이 나타나고 있다.[107]

≪唐秦演義≫의 번역양상을 자세히 살펴보면, 回目名에서 잘못 적은 부분이 상당히 드러나고 있지만 다른 낙선재본 번역소설에 비교하여 고어가 현저하게 적다. 또한 인명과 지명에도 잘못된 부분이 많은 것으로 보아 오랜 전사과정을 거쳤다는 사실을 말해주고 있다.

이 작품의 한글 필사번역본은 낙선재본인데 현재 한국학중앙연구원에 13권 13책본과 6권 6책본이 소장되어 있다. 아울러 일본의 동양문고에도 6권 6책본이 소장되어 있다.[108] 그 외에 1915년 惟一書館에서 나온 구활자본소설 ≪울지경덕실긔≫는 바로 ≪당

106) 文化財管理局 藏書閣, ≪藏書閣圖書韓國版總目錄≫, 探究堂, 1712, 1213쪽.

107) 姜銓燮, 〈언문칙목녹(諺文冊目錄) 小考〉, ≪韓國敍事文學史의 硏究≫(敬山史在東博士華甲紀念論叢), 中央文化社, 2018쪽.

108) 박재연 교주, ≪당진연의≫, 선문대학교 중한번역문헌연구소, 1997, 머리말, 219-222쪽 참조.

진연의≫ 번역 필사본에서 울지경덕이 주로 등장하는 대목을 간추려 책으로 엮었다.

≪唐秦演義≫의 내용은 다음과 같다. 唐나라 太宗 李世民은 어지러운 시기에 여러 영웅을 하나하나 제거하고 평정하여 천하를 통일하게 된다. 이 작품의 21회에서 64회까지는 주로 당대 개국공신인 尉遲敬德의 영웅성을 강조한 이야기가 서술되어 있다. 눈으로 직접 보는 것처럼 생생한 전쟁 장면과 박진감 넘치는 줄거리로 울지경덕의 기개를 펼진할 정도이다.

국내에는 중국 판본이 보이지 않고 한글 필사본 2종은 韓國學中央硏究院에 소장되어 있는데, 6卷 6冊本과 13卷 13冊本으로 되어 있으며 표제도 '唐秦演義'와 '唐晋演義'로 다르게 되어 있어 각각 확실히 다른 판본을 저본으로 하여 번역 필사했음을 알 수 있다. 또 일본 동양문고에 소장되어 있는 한글 필사본이 있는데, 이것은 6卷 6冊으로 되어 있다.

書 名	出版事項	版式狀況	一般事項	所藏處/所藏番號
당진연의(唐秦演義)	著者未詳, 寫年未詳	6卷6冊, 筆寫本, 29×21㎝, 無郭, 無絲欄, 無版心, 10行23字, 紙質:楮紙	表題:唐秦演義, 印:藏書閣印, 35㎜R[Nega], 204f	韓國學中央硏究院 4-6796/R35N-000035-2
당진연의(唐晉演義)	著者未詳, 寫年未詳	13卷13冊, 國文筆寫本, 33.5×22.5㎝, 無郭, 無絲欄, 10行字數不定, 無版心, 紙質:楮紙	表題:唐晋演義, 印:藏書閣印, 35㎜R[Nega], 524f	韓國學中央硏究院 4-6797/R35N-000002-1
당진연의	著者, 寫年未詳	6卷6冊, 筆寫本, 紙質:楮紙	未詳	일본 동양문고

15. 薛仁貴傳 : (說唐薛家府傳, 征西說唐三傳)

15-1. 薛仁貴傳

≪薛仁貴傳≫은 1권본으로 작자 未詳이고 一名 ≪薛仁貴征遼事略≫이라고 하는 元代 初期에 창작된 것으로[109] 추정되는 歷史小說이다. ≪薛仁貴傳≫의 판본은 비교

109) 趙萬里編注 ≪薛仁貴征遼事略·後記≫, 胡士瑩 ≪話本小說概論≫ 제 17장 3절 7항, 譚正

적 복잡한 양상을 보이고 있다. 설인귀와 관련된 소설은 ≪唐演義全傳≫(≪說唐前傳≫ 68회와 ≪說唐後傳≫58회로 되어 있음), ≪說唐後傳≫(≪說唐≫의 속편으로, 16회의 ≪羅通掃北≫(一名 ≪說唐小英雄傳≫)과 42회의 ≪說家府傳≫(一名 ≪說唐楊家將傳≫, 또는 ≪薛仁貴征東≫으로 구성되었음), ≪征西說唐三傳≫(一名 ≪異說後唐三集薛丁山征西樊梨花全傳≫으로 6권 90회로 되어 있음) 등 여러 종의 판본이 있다.

국내 기록에 나타난 ≪설인귀전≫은 어떤 판본을 지칭하는지 알 수가 없으나 대략 기록이 1800년대 전후에서 나타나는 것으로 보아 淸代 판본으로 보인다. 이 판본은 명대 ≪文瀾閣書目≫ 제6권 雜史類에 가장 먼저 기록되어 있다. 趙萬里는 1950년대에 英國 옥스퍼드 대학교 도서관에 소장되어 있는 ≪永樂大典≫ 제 5244권 '遼'字韻(촬영본) 중에서 발췌, 편집하여 註釋을 더하여 1957년 上海古典文學出版社에서 활자본으로 간행했다. 현재는 中華書局에서 影印한 ≪永樂大典≫의 縮刷本이 통용되고 있다.[110)]

일반적으로 중국에서 설인귀에 관한 고사는 크게 두 갈래의 방향으로 나뉘고 있다. 하나는 說唱과 戲曲으로의 演變이며 또 하나는 演義小說로의 演變이다. 우리나라에는 그 중에서 먼저 說唱類의 설인귀 고사가 전해져 번역과 번안이 이루어진 것으로 보인다. 이것이 바로 중국 소설 원전에 없는 ≪설인귀전≫이라는 제목으로 많은 이본들이 존재하는 이유이다. 중국에서는 희곡으로 많이 공연되었지만 우리나라에서는 희곡으로 공연되기에는 곤란한 역사 내용을 담고 있다. 그래서 설인귀라는 영웅에 대해서 신비스러운 색채가 더 해지고 재미있는 이웃나라 장수의 이야기이자 흥미로운 전쟁이야기로 유행하였다. 근래 '평양성'과 같은 역사 영화 속에 등장하는 연개소문과 설인귀를 보면서 관람객들이 역사적 의미보다는 전투 장면에 더욱 재미를 느끼는 이유도 비슷한 맥락에서 나온 것이다.[111)]

≪薛仁貴征遼事略≫은 조선 후기에 우리나라에 소개되어 원문으로 읽혀지다가 한문을 해독하지 못하는 독자들을 위해서 국문으로 번역되었고 이후 내용 가운데 일부를

壁 ≪古本稀見小說彙考≫ 編一 등 참조.

110) 박재연, ≪중국소설연구회보≫ 제8호 1991, 11, 46-49쪽 참조.

111) 장수연 · 민관동, 〈薛仁貴故事의 源泉에 관한 一考〉, ≪중국소설논총≫ 제34집, 2011, 08, 94-95쪽.

번안한 새로운 異本이 나오게 되었다. 국문소설 ≪설인귀전≫은 필사본·판각본·활자본 등에 걸쳐 10여 종의 異本이 있는데, 이들을 내용면에서 살펴보면 중국소설을 그대로 직역한 것과 그것을 변개시킨 것으로 대별되지만 기본 줄거리에는 큰 차이가 없다.

≪薛仁貴征遼事略≫의 내용은 다음과 같다. 고귀한 가문에서 늦둥이로 태어난 薛仁貴가 일찍이 부모를 여의고 온갖 고생을 겪으면서 지략을 닦아서 唐나라 太宗을 수행하고 고구려를 정벌하는 공을 세우고 영화롭게 고향으로 돌아간다는 영웅적인 이야기를 다루고 있다.

국내에는 中國石印本이 高麗大, 慶北大에 소장되어 있고 筆寫本이 國立中央圖書館, 高麗大에 소장되어 있으며 한글 필사본은 梨花女大, 延世大, 高麗大에 소장되어 있다. 중국 판본은 모두 다른 판본이고 한글 필사본도 판식과 출판 사항이 모두 다르게 되어 있다.

<table>
<tr><th>書 名</th><th>出版事項</th><th>版式狀況</th><th>一般事項</th><th>所藏處/所藏番號</th></tr>
<tr><td rowspan="2">薛仁貴傳</td><td>著者未詳, 年紀未詳</td><td>4卷4册, 筆寫本, 30.2×21.2㎝</td><td></td><td>國立中央圖書館 [한]48-24</td></tr>
<tr><td>刊寫事項不明</td><td>1册, 石印本, 19.5×14㎝, 無界, 20行37字, 無魚尾</td><td></td><td>慶北大學校 [古] 812 설69</td></tr>
<tr><td>白袍將軍傳</td><td></td><td>1册, 筆寫本, 21.8×20.5㎝</td><td>被傳者:薛仁貴(唐), 異書名:薛仁貴傳</td><td>高麗大學校 (晩松文庫)C14-A70</td></tr>
<tr><td>繡像說唐小英雄傳</td><td>作者未詳, (19--)</td><td>零本1册, 中國石印本, 有圖, 20.3×13.5㎝</td><td></td><td>高麗大學校 (華山文庫)C14-B32C</td></tr>
<tr><td rowspan="2">설인귀전</td><td>著者未詳, 刊年未詳</td><td>10册(缺本, 所藏:第2,3,9,10册), 筆寫本, 24×18.5㎝, 無罫, 11行11字</td><td></td><td>梨花女子大學校 [고] 811.31 설79A</td></tr>
<tr><td></td><td>5册, 筆寫本, 29.5×28㎝</td><td>卷末:서재을묘팔월샹슌의 필셔하노라</td><td>延世大學校 811.36</td></tr>
<tr><td rowspan="2">설인귀전</td><td>朴建會, 京城, 東美書市, 大正4(1915)</td><td>2册, 國文活字本, 22㎝</td><td></td><td>高麗大學校 3636-96</td></tr>
<tr><td>방각본(경본) 2종(조선말기 추정)</td><td>未詳</td><td>이능우/유탁일 서적근거</td><td>未詳/東洋語學校 (Paris)</td></tr>
</table>

15-2. 說唐薛家府傳(薛仁貴征東全傳)

≪說唐薛家府傳≫은 一名 ≪薛仁貴征東全傳≫이라고도 하며 6卷 42回로 된 소설이다. 作者는 姑蘇 如蓮居士로 알려져 있다.

주요 판본으로는 尙友齋梓行本, 善成堂本, 漁古山房本, 福文堂에서 간행한 小型本 등이 있다. 漁古山房本은 서명을 ≪說唐後傳≫이라고 하였고, 福文堂 小型本은 서명을 ≪薛仁貴征東全傳≫이라 하였다. 이 책은 "道光十八年新鐫"라고 되어 있는 것을 보면 道光 18年 즉 1838년에 새로 판각하였다는 것을 알 수 있다. 책의 전면에는 삽화가 5폭이 있고 목록을 실었는데 목록과 본문에서는 書名을 ≪說唐薛家府傳≫이라 하였다.[112)]

≪說唐薛家府傳≫의 내용은 대략 다음과 같다. 山西 降州府 龍門縣에 薛恒이라는 부자가 살고 있었는데 아들을 둘 낳고 薛雄과 薛英이라 이름 지었다. 설웅이 장성하여 출가하고 仁貴라는 아들을 낳았다. 太宗은 흰 두루마기를 입은 薛仁貴라는 장수가 장차 바다를 건너 동쪽을 정벌할 것이라는 꿈을 꾸고 나서 그를 찾게 했다. 張士貴는 자신의 사위인 何宗憲도 흰 두루마기를 즐겨 입어서 꿈 속 장수가 자신의 사위라고 여겼다. 薛仁貴는 부모님이 돌아가신 뒤 가산을 탕진하고 거지처럼 생활하다가 자살하려 했는데 마침 상인 왕무생이 구해주었다. 그후 仁貴가 어려운 일을 모두 도맡아 했는데 柳員外의 딸 金花가 仁貴에게 관운이 있음을 알아보고 부부의 연을 맺는다. 仁貴가 입대하자 張士貴는 그의 이름을 보고 터무니없는 구실을 만들어 쫓아내었다. 仁貴는 개명하여 다시 입대했다 들통 나서 쫓겨나 귀향을 하다가 程咬金을 구해주고 그에게 수기를 받고 세 번째로 입대한다. 張士貴가 유언비어를 퍼뜨리자 仁貴를 서울로 압송하라는 어명이 내려졌다. 張士貴는 仁貴를 개명하게 하여 취사병으로 보내고 太宗에게는 그가 없다고 보고했다. 仁貴는 동쪽을 정벌하는 도중에 선녀로부터 5가지 보물과 白字天이라는 책을 받았다. 張士貴는 仁貴를 유인하여 불태워 없애려고 했으나, 선녀의 도움으로 동굴에 숨게 된다. 太宗은 사냥 나갔다가 蓋蘇文을 만나 위급한 상황에 처했는데 仁貴가 구해주어 마침내 황제와 인귀는 상봉하게 되었고, 張士貴의 모든 음

112) 江蘇省社會科學院 明淸小說硏究中心 文學硏究所 編, ≪中國通俗小說總目提要≫, 中國文聯出版公司, 1990년, 495쪽 참조.

모가 밝혀지게 되었다. 결국 太宗은 張士貴를 처형하고 仁貴를 평료왕에 봉했다.

국내에는 東亞大, 京畿大 등에 소장되어 있다. 동아대 소장본은 ≪說唐薛家府傳≫으로 모두 6卷 6冊으로 되어 있다. 包匣題에는 '征東全傳'이라 되어 있고, 標題에는 '繡像薛仁貴征東全傳'이라 되어 있다. 또한 "光緖 元年(1875)新鐫 圈點無訛 羊城古經閣藏板"이라는 刊記도 적혀 있다. ≪繡像征東全傳≫은 石印本으로 民國 三年(1914)에 上海錦章圖書局에서 4卷 4冊으로 간행하였다.

書名	出版事項	版式狀況	一般事項	所藏處/所藏番號
說唐薛家府傳	姑蘇如蓮居士(淸)編次, 刊寫地未詳, 刊寫者未詳, 光緖1(1875)	6卷6冊(卷1-6), 16.9×12cm, 有圖, 四周單邊, 半郭:12.3×10.2cm, 無界, 12行27字, 上下向黑魚尾	包匣題:征東全傳, 標題:繡像薛仁貴征東全傳, 刊記:光緖元年(1875)新鐫 圈點無訛 羊城古經閣藏板	東亞大學校 (2):7:2-21
繡像征東傳	刊寫地未詳, 刊寫者未詳, 刊寫年未詳, 淸版	1冊		京畿大學校 경기-k122937
繡像征東全傳	編者未詳, 上海, 錦章圖書局, 民國3(1914)	4卷4冊(卷1-4), 15.1×9cm, 有圖, 四周單邊, 半郭:13×8.9cm, 無界, 20行45字, 上下向黑魚尾	刊記:民國三年(1914)夏上海錦章圖書局印行	東亞大學校 (3):12:2-51

15-3. 征西說唐三傳

≪征西說唐三傳≫은 一名 ≪異說後唐傳三集薛丁山征西樊梨花全傳≫ 또는 ≪說唐征西傳≫이라고도 하며 10卷 88回로 되어 있다. '中都逸叟原本' 라고 되어 있는 것으로 보아 作者는 中都逸叟임을 알 수 있다.

주요판본으로는 經文堂藏 小本이 현재 南京圖書館에 소장되어 있는데, 書頭에 "如蓮居士題於似山居中"의 序文이 있다. 또 嘉慶 12年(1807) 福文堂本은 영국박물관에 소장되어 있는 小本인데 10권 90회로 經文堂藏本과는 다른 판본이다.[113]

또한 樊梨花와 관련된 작품으로 中都逸叟의 작품으로 알려진 ≪異說征西演義全傳≫

113) 江蘇省社會科學院 明淸小說硏究中心 文學硏究所 編, ≪中國通俗小說總目提要≫, 中國文聯出版公司, 1990년, 519쪽 참조.

이 있는데 6卷 40回로 되어 있다. 주요판본으로는 乾隆 19年(1754) 鴻寶堂 刊本이 있다고 하나 지금 남아 있는 판본을 찾을 수 없다.[114] 또한 道光 庚寅(1830) 寶華樓 重鐫本이 있다. 福文堂刊本은 내지에는 ≪郭汾陽傳原本·繡像征西全傳≫이라 되어 있고 서두에는 乾隆 50年(1785) 여름 恂莊主人의 "重刻征西傳敍"가 있고 현재 南京圖書館에 소장되어 있다. 孫楷第는 ≪混唐後傳≫에 제3회와 제6회 두 회가 더 첨가되고 ≪混唐後傳≫卷之首 제5회를 두 회로 나누어 40회로 만들었다고 하였다. 어느 책이 먼저 출판되었는지 알 수 없지만 이 책이 ≪混唐後傳≫보다 출판 시기가 조금 이를 것으로 보인다. ≪異說征西演義全傳≫의 重刻本은 본래 ≪隋唐演義≫뒤에 나왔으나, 成書時期는 그보다 빠를 것으로 추정된다.[115]

≪征西說唐三傳≫은 제목에서도 알 수 있듯이 薛仁貴의 아들인 薛丁山이 太宗을 도와서 西征을 하는 이야기를 중심으로, 薛丁山이 樊梨花와 혼인하는 과정의 우여곡절, 아들 薛剛이 무측천을 폐하고 唐朝를 회복하는 이야기 등에 대해서 묘사하고 있다.

국내 유입시기에 대해서는 정확한 기록이 없어 유입시기를 추정하기는 어렵다. 국내에는 高麗大, 韓國學中央研究院, 慶北大, 檀國大 등에 소장되어 있다. 高麗大에는 모두 88회로 "道光庚子春鐫"으로 보아 道光 20年(1840)에 판각된 것으로 보이는 木版本 10卷 6冊이 소장되어 있다. 標題는 "說唐三傳" 이라 되어 있고 裏題에는 '楊維懷德堂藏板'이라 되어 있는 것을 볼 수 있다. 序에는 "如蓮居士題於似山居中"이라 되어 있고, 노란색의 국화잎 모양의 표지에 분홍색으로 4침을 한 책이다.[116] 韓國學中央研究院 소장본은 慶餘堂藏板으로 역시 木版本이다.

書名	出版事項	版式狀況	一般事項	所藏處/所藏番號
異說後唐傳三集薛丁山征西樊梨花全傳	道光20(1840)	10卷6冊, 中國木版本, 有圖, 18.2×12cm	標題:說唐三傳, 序:如蓮居士題於似山居中, 印:順興後人安○○之印	高麗大學校 C14-B32

114) 王淸原·牟仁隆·韓錫鐸 編纂 ≪小說書坊錄≫, 北京圖書館出版社, 2002년, 37쪽 참조.

115) 江蘇省社會科學院 明淸小說研究中心 文學研究所 編, ≪中國通俗小說總目提要≫, 中國文聯出版公司, 1990년, 519쪽 참조.

116) ≪異說後唐傳三集薛丁山征西樊梨花全傳≫, 高麗大學校 所藏本 참조.

書 名	出 版 事 項	版 式 狀 況	一 般 事 項	所藏處/所藏番號
興說後唐傳三集薛丁山征西樊梨花全傳	中都逸叟(清)編次, 清朝年間	5卷5册(卷1~2, 5~7), 中國木版本, 19.7×22.2cm, 四周單邊, 半郭:16.7×12cm, 無界, 12行30字, 紙質:綿紙	版心題:說唐三集, 藏板:慶餘堂藏板, 內容:中國, 後唐傳演義小說	韓國學中央硏究院 4-249
繡像說唐征西全傳	刊寫事項不明	6卷6册, 石印本, 有圖, 14.9×9cm, 四周雙邊, 半郭:12.5×8cm, 無界, 20行47字, 上下向黑魚尾	題簽題:繡像說唐征西全傳, 版心題:繡像說唐征西	慶北大學校 [古] 812.3 수511
薛丁山實記	著者未詳, 刊寫地未詳, 刊寫者未詳, 刊寫年未詳	1册(落張), 鉛活字本, 20.2×13.5cm, 無界, 15行32字		檀國大學校 율곡기념도서관 (羅孫文庫)古 873.5-설694

16. 三遂平妖傳

≪平妖記≫는 본래 4권 20회본으로 一名 ≪三遂平妖傳≫·≪蕩平奇妖傳≫이라고 하는 神魔小說이다. 이 작품은 본래 羅貫中이 편찬한 20회본이었으나 이후 明末 馮夢龍이 증보한 40회본이 널리 유행했으며 朝鮮時代에 전래된 작품은 馮夢龍의 40回本을 번역한 것이다.

≪平妖記≫의 가장 이른 판본은 錢塘 王愼修의 萬曆 年間의 간행본으로 4권 20회이며 권4의 본문 앞에 '東原羅貫中編次, 金陵世德堂校梓'라 적고 있다. 이외에 北京大學 소장본·天許齋批評本·墨憨齋批點金閶嘉會堂 간행본·清 得月樓 간행본·清刊本·南京圖書館藏旭雪齋批點清懷德堂 간행본이 있다.[117]

≪平妖記≫에 대해서 金台俊은 ≪孫龐演義≫·≪開闢演義≫·≪西湖佳話≫·≪好逑傳≫ 등과 함께 국내에 들어오고 민간에 전사되면서 朝鮮 中葉의 침체한 문운에 활기를 불어 넣었고 나아가 문예발홍의 직접적인 요인이 되었다고 주장하고 있다.[118] 국내 유입기록으로는 思悼世子가 쓴 ≪中國小說繪模本≫(1762)에 언급되어 있는 것으로 보아 朝鮮中期에는 반드시 유입되었을 것이다. 현재 ≪平妖記≫는 규장

117) 江蘇省社會科學院 明清小說硏究中心文學硏究所 編, ≪中國通俗小說總目提要≫, 中國文聯出版公司, 1991, 43쪽 참조.

118) 金台俊, ≪增補朝鮮小說史≫, 學藝社, 1939, 97쪽 참조.

각 · 국립중앙도서관 · 江陵市 船橋莊 등에 소장되어 있는데, 한글 번역본 ≪평뇨긔 · 평요뎐≫은 낙선재본과 단국대 羅孫 金東旭 소장본 2종이 있다.[119] 그 외 서강대에도 2권 1책본 ≪평요뎐≫이 소장되어 있다.

≪평뇨긔≫의 번역 양상을 살펴보면 대체적으로 의역을 하고 있어 문장이 매끄러운 편이다. 또한 문맥에 따라 생략과 축약도 많이 이루어져 있고, 원전과는 다른 첨역이나 부연을 한 곳도 있다. 또한 중국 초기 백화소설의 언어자료인 성어와 속담 등을 번역하지 않고 생략하고 있어 아쉬움이 남는다.

≪平妖記≫의 내용은 다음과 같다. 北宋 年間 胡永兒 부부와 王則은 왕조를 전복하고자 반란을 일으킨다. 한편 조정에서는 文彦博을 파견했고 문언박은 고승 諸葛遂智(彈子和尙의 변신), 馬遂, 李遂 등 소위 三遂의 도움으로 적들을 물리친다. 아울러 왕칙 등을 사로잡아 반란을 진압하고 경성으로 돌아간다는 이야기이다.

국내에는 中國木版本이 成均館大, 江陵市 船橋莊, 國立中央圖書館에 소장되어 있고 한글 필사본은 韓國學中央硏究院, 檀國大, 西江大에 소장되어 있다. 중국 목판본은 각각 40回 6冊, 40卷 12冊, 18卷 6冊으로 다른 판본으로 되어 있고 한글 필사본은 각각 9卷 9冊, 2卷 2冊, 2卷 1冊으로 다양한 형태로 필사되었음을 드러내고 있다.

書名	出版事項	版式狀況	一般事項	所藏處/所藏番號
繡像平妖全傳	馮夢龍(明)增定, 淸版本	18卷6冊, 中國木版本, 有圖, 23.8×15.2cm	版心書名:平妖全傳, 卷頭書名:映旭齋增訂北宋三遂平妖全傳, 序:張無咎, 印:集玉齋, 帝室圖書之章	奎章閣 [奎中]5335
平妖傳	羅貫中(明)著, 馮猶龍(明)增定, 淸朝後期刻後刷	40回6冊, 中國木版本, 24.3×15.3cm, 四周單邊, 半郭:21×13.3cm, 無界, 11行25字, 上黑魚尾, 紙質:竹紙	書名:表題에 依함, 刊記:本衙藏板	成均館大學校 D7C-106
	羅貫中(明)著, 馮猶龍(明)增定, 淸代刊	40卷12冊(卷1~40), 中國木版本, 有圖, 22.2×13.9cm, 四周單邊, 半郭:19.6×13cm, 有界, 10行21字, 上下向黑魚尾, 紙質:竹紙	刊記:本衛藏板	江陵市船橋莊

119) 박재연 · 김영 · 김민지 교주, ≪평뇨긔 · 평요뎐≫, 이회문화사, 2004. 머리말, 1-18쪽 참조.

書名	出版事項	版式狀況	一般事項	所藏處/所藏番號
	羅貫中(明)撰, 馮夢龍(明)增訂, 筆寫年, 筆寫者未詳	5卷1册, 國文筆寫本	35㎜R[Posi], 63f	(金東旭) R35P-000041-9
		3卷1册, 國文筆寫本	35㎜R[Posi], 44f	(金東旭) R35P-000041-8
映旭齋增訂北宋三遂平妖全傳	羅貫中(明)著, 馮猶龍增訂, 刊年未詳	18卷6册, 有圖, 中國木版本, 24.7×16㎝	標題紙書名:繡像平妖全傳, 版心書名:平妖全傳, 序:張無咎	國立中央圖書館 [古]5-80-31
	羅貫中(明)著, 馮猶龍增訂, (清朝末期刻 後刷)	18卷8册, 中國木版本, 25.7×16.5㎝, 有圖, 左右雙邊, 半郭:19.7×12.5㎝, 無界, 14行28字, 上黑魚尾, 紙質:竹紙	裏題:繡像平妖全傳, 版心題:平妖全傳	成均館大學校 D7C-80
평요뎐	著者未詳, 刊寫地未詳, 刊寫者未詳, 刊寫年未詳	2卷2册(零本, 卷3, 5), 筆寫本, 22.9×19.2㎝, 無界, 行字數不定	表題:平妖傳	檀國大學校 율곡기념도서관 (羅孫文庫)古853.5 -평262
	刊寫地未詳, 刊寫者未詳, 刊寫年未詳	2卷1册, 國夊筆寫本, 22.6×22.2㎝, 無界, 12-13行17字內外, 無魚尾	사기의 [재]는 한글고어의 번자, 寫記:셰[재]을미(?) 양월긔망의츄절죵서	西江大學校 고서 평665
평뇨긔(平妖記)	作者未詳	9卷9册, 國文筆寫本, 33.4×22.5㎝, 無郭, 無絲欄, 無版心, 10行字數不定, 紙質:楮紙	印:藏書閣印, 35㎜R[Nega], 412f	韓國學中央研究院 4-6855/R35N-0000 02-3

17. 東西漢演義 : (西漢演義, 東漢演義, 楚漢演義)

17-1. 東西漢演義

≪東西漢演義≫는 ≪東漢演義≫와 ≪西漢演義≫를 합본하여 만든 것으로 국내에도 많이 유입된 것을 볼 수 있다. 국내에는 木版本으로는 檀國大, 國立中央圖書館, 全南大 등에 소장되어 있고 中國石印本은 成均館大, 啓明大, 中央大, 國民大 등에 소장되어 있다.

書名	出版事項	版式狀況	一般事項	所藏處/所藏番號
新刻劍嘯閣批評東西漢演義	著者未詳, 刊寫地未詳, 刊寫者未詳, 光武 5(1901)	9卷(全10卷6冊), 23.3×15.4cm, 四周單邊, 半郭:19.8×13.5cm, 無界, 10行22字, 上下向黑魚尾		慶熙大學校 811.3-동54
	鍾惺(明)批評, 刊寫地未詳, 刊寫者未詳, 刊寫年未詳	合14冊(西漢演義8卷, 東漢演義10卷), 木版本, 16×11cm	掃葉山房藏板	檀國大學校 퇴계기념도서관 IOS,고823.5-동617
繡像東西漢演義	著者未詳, 上海, 着易堂書局, 刊年未詳	5冊(冊1缺本), 中國新活字本, 19.8×13cm		國立中央圖書館 [東谷古]3736-58
	鍾伯敬(明)批評, 經元堂, 刊年未詳	8冊, 中國石印本, 18×11.5cm, 四周雙邊, 半郭:14.3×9.7cm, 有界, 10行30字, 上內向黑魚尾		建國大學校 [고]923.4
	著者未詳, 上海, 錦章書局, 刊寫年未詳	6卷6冊(卷1-6), 有圖, 20.5cm, 四周雙邊, 半郭:18×12cm, 無界, 29行字數不定, 上下向黑魚尾	內容:冊1-4東漢演義(4卷), 冊5-6西漢演義(2卷)	慶熙大學校 812.33-동 54
	著者未詳, 序者未詳	18卷1匣6冊, 中國鉛活字本, 13×19.9cm, 四周雙邊, 半郭:10.6×15cm, 有界, 18行40字, 白口黑魚尾上	備考:繡像東漢演義 10卷2冊, 繡像西漢演義 8卷4冊 刊記:勤裕艸堂託上海著易堂書局代印	澗松文庫
	羅貫中(明)撰, 上海, 刊寫者未詳, 刊寫年未詳	6冊(缺帙), 中國木活字本, 20×13.2cm, 四周雙邊, 半郭:14.5×9.8cm, 無界, 8行40字, 註單行, 上黑魚尾, 紙質:北黃紙	內容:冊1-2, 東漢演義 -- 冊3-6, 西漢演義, 刊記:勤裕艸堂託上海著易堂書局代印	全南大學校 3Q1-동53ㄴ-v.1-6
繪圖東西漢演義	錦章書局(中華)編輯, 上海, 錦章書局, 清朝末期~中華初刊	6卷6冊, 中國石印本, 有圖, 20.3×13.3cm, 四周雙邊, 半郭:17.9×12.1cm, 無界, 註雙行, 上黑魚尾, 紙質:竹紙	序:錦章書局謹誌, 刊記:上海錦章書局石印	成均館大學校 D7C-114
	上海, 錦章書局, 編者未詳, 刊年未詳	6卷6冊, 中國石印本, 20.2×13.3cm, 四周雙邊, 半郭:17.6×12cm, 無界, 29行字數不定, 上黑魚尾		啓明大學校 [고]812.35-서한
	著者未詳, 刊寫地未詳, 刊寫者未詳, 刊寫年未詳	6卷6冊, 中國石印本, 有圖, 20.2×13.5cm, 四周雙邊, 半郭:17.9×12cm, 無界, 29行63字, 上下向黑色魚尾	序題:繡像西漢東漢通俗演義, 書名은 標題임, 내용:冊1(卷1, 繡像西漢演義)-- 冊2(卷2, 繡像西漢演義)-- 冊3(卷3, 繡像西漢演義)-- 冊4(卷4, 繡像西漢演義)-- 冊5(卷1, 繡像東漢演義)-- 冊6, (卷2, 繡像東漢演義)	中央大學校 812.3-회도동

書名	出版事項	版式狀況	一般事項	所藏處/所藏番號
	鍾惺(明), 上海, 鴻章書局, 刊寫年未詳	6冊, 中國石印本, 有圖, 20.3×14cm, 左右雙邊, 上下單邊, 半郭:18.1×12cm, 無界, 行字數不定, 上下向黑魚尾	書名:表題임	國民大學校 [고]823.5 종01-2
東西漢演義	鍾惺(明)批評, 壬申年新鐫善成堂梓行, 中國清版本	16卷1匣12冊, 中國木版本, 16.5×24cm, 四周單邊, 半郭:14.2×21.8cm, 無界, 11行26字, 白口黑魚尾上	序:袁宏道(明), 清遠道人(東漢演義序), 刊記:壬申年新鐫善成堂梓行	澗松文庫
	甄偉, 清遠道人(共)編, 中國, 錦章書局, 民國2(1913)	5冊, 石印本, 四周雙邊, 半郭:18.1×12.1cm, 無界, 上黑魚尾	冊1~4(繪圖西漢演義), 冊5(繪圖東漢演義)	全州大學校 OM823.5-견79ㄷ
繡像東西漢全傳	鍾惺(明)著, 姜成堂, 同治11年(1872)	10卷8冊, 中國木版本, 23×16cm, 四周單邊, 半郭:20.9×14cm, 11行26字, 上黑魚尾		建國大學校 [고]923.5
	編者未詳, 善成堂, 清朝年間刊	16卷14冊, 中國木版本, 有圖, 23.7×15.6cm, 四周單邊, 半郭:21.2×14.2cm, 有界, 11行26字, 註雙行, 上內向黑魚尾, 紙質:綿紙	表題:西漢演義, 序:公安袁巖道(明)題	東國大學校 D819.3 수51
	善成堂梓行, 壬申	8卷8冊, 活印本, 26×17cm		嶺南大學校 823
東西漢全傳	鍾惺(明)撰, 同文堂, 嘉慶20(1815) 新鐫	8卷8冊, 中國木版本, 有圖, 25.6×15.8cm	書名:標題, 序:公安袁宏道題, 刊記:嘉慶乙亥(1815)新鐫	高麗大學校 C14-B43
繡像東西漢通俗演義	鍾惺(明)批評, 上海, 廣百宋齋, 光緒18(1892)	全18卷6冊, 中國鉛印本, 有圖, 19.4×12.8cm		韓國學中央研究院 D7C-59
	鍾惺(明)評, 上海	18卷6冊(繡像西漢演義 8卷, 繡像東漢演義 10卷), 中國新鉛活字本, 有圖, 19.7×13cm, 四周雙邊, 半郭:15.1×10.2cm, 有界, 18行40字, 註雙行, 上下向黑魚尾, 紙質:竹紙	刊記:勤裕艸堂託上海着易堂書局代印	全羅北道 全州市 金大經
增像全圖東西漢演義	編者未詳, 上海, 三元書局, 光緒23(1897)刊	8卷6冊, 中國石印本, 有圖, 17.5×10.4cm, 四周雙邊, 半郭:13.6×9.1cm, 有界, 20行47字, 註雙行, 上內向黑魚尾, 紙質:綿紙	標題:繡像西漢演義, 刊記:光緒丁酉(1897)重九上海三元書局校印	東國大學校 D819.3 중51ㅅ

書 名	出版事項	版式狀況	一般事項	所藏處/所藏番號
	編者未詳, 上海, 上海書局, 光緖30(1904)刊	8卷6册, 中國石印本, 有圖, 19.3×12.7㎝, 四周雙邊, 半郭:15.5×10.7㎝, 無界, 24行55字, 註雙行, 上內向黑魚尾, 紙質:綿紙	裏題:繡像東西漢演義, 標題:繡像東漢演義, 刊記:光緖甲辰(1904)冬月上海書局校印	東國大學校 D819.3 중51
	鍾惺(明)撰, 上海, 上海書局, 光緖30(1904)	全8卷6册(卷1-8), 册1-2(卷1-4), 東漢演義, 册3-6(卷1-4), 西漢演義, 中國石印本, 有圖, 19.4×17.5㎝, 四周雙邊, 半郭:15.7×10.9㎝, 無界, 24行54字, 上內向黑魚尾	表紙書名:繡像西(東)漢演義評, 刊記:光緖甲辰(1904)冬月上海書局印行	漢陽大學校 812.35-김746ㅈ-v.1-v.6

17-2. 西漢演義

≪西漢演義≫는 8권 101회본으로 된 연의류 역사소설이다. ≪西漢演義≫의 가장 이른 판본은 元代 建安 虞氏가 간행한 ≪全相平話五種≫ 가운데 하나인 ≪續前漢書平話≫本이다. 그 후 萬曆 16年(1588) 熊大木刊本 ≪全漢志傳≫과 萬曆 33年(1605) ≪兩漢開國中興傳志≫가 있었는데, 그 중 ≪兩漢開國中興傳志≫는 ≪全漢志傳≫ 가운데 내용을 부분적으로 보충하여 만들었다고 한다. 또 明 萬曆 40年(1612) 甄偉가 쓴 大業堂刊行本 ≪西漢通俗演義≫ 8권 101則과 같은 시기에 謝詔가 쓴 大業堂刊行本 ≪東漢十二帝通俗演義≫ 10권 146則이 나왔는데, 얼마 후 劍嘯閣에서 이를 합쳐 총 18권 225則으로 ≪東西漢通俗演義≫(一名: 兩漢演義傳)를 간행하여 이 판본이 清末까지 두루 통용되었다.[120)]

작자 甄偉는 號가 鍾山居士로 金陵 사람이다. 그의 사적에 대해서는 미상이지만 대략 明代 神宗 萬曆 初期에 생존했고 통속소설을 잘 썼다고 알려져 있다.

≪서한연의≫는 대략 조선 壬辰倭亂 前後(1618年 以前) 국내에 유입되어 많은 影響과 독자의 환영을 받은 작품으로, 국내 현존하는 ≪서한연의≫ 版本도 수십 종에 이르고 있다. 그러나 대개가 清代에 流入된 판본이 주종을 이루고 있다.

120) 江蘇省社會科學院 明淸小說硏究中心文學硏究所 編, ≪中國通俗小說總目提要≫, 中國文聯出版公司, 1991, 161-162쪽 참조.

≪서한연의≫는 국내 유입 이후 국내의 고전문학에 상당한 활력소가 되었으며 우리 고소설 형성에도 적지 않은 기여를 했는데, 특히 진나라 붕괴와 西漢時代의 수많은 역사적 사건은 각종 故事成語 및 野史로 국내에 유입되어 우리 문단에 많은 이야기 素材와 題材를 제공해 주었다. 그럼에도 불구하고 당시 대부분의 문인들은 중국통속소설을 貶下하거나 蔑視하는 분위기가 일반화되었고, 그렇지 않으면 그저 소일거리나 심심풀이 정도로 밖에는 의미를 두지 않았다. 그러나 閨房의 여성들은 이와는 좀 다른 성숙된 文學觀과 뜨거운 讀書熱을 가지고 있었던 것으로 보인다. 이러한 성숙된 문학관이 우리 고소설의 형성과 발전에 적잖은 寄與를 했음은 누구도 부인할 수 없는 사실이다.

아래의 도표에서와 같이 ≪西漢演義≫에 대한 번역본은 상당수 존재한다. 그 중에서 비교적 판본이 온전하게 보존된 國立中央圖書館本(16권 16책)과 奎章閣本(29권 10책)을 중점적으로 번역양상을 분석해 보고자 한다.(殘本으로 남아 있는 延世大本과 梨花女大本 등의 여러 판본은 제외하였고, 또 1895년에 飜譯筆寫되었다고 하는 高麗大本은 최근에 분실이 되었는지 찾아볼 수가 없어 결국 분석대상에서 제외하였음) 다음은 國立中央圖書館本(16권 16책)과 奎章閣本(29권 10책)의 번역 특징을 요약하여 정리한 것을 도표로 만든 것이다.

分類	中央圖書館本(16권 16책)	奎章閣本(29권 10책)
發語詞	부분적으로 있으나 임의대로 添削함.	대부분 표시하였으나 부분적으로 임의대로 생략함.
結尾語	대부분 생략되었음.	대부분 생략되었음.
卷別回目	各回마다 일목요연하게 소제목을 표기를 하였으나 일련번호로 메겨진 回目은 아님.	各回마다 소제목을 달기는 하였으나 每圈이 시작되는 부분에는 여러 곳에서 생략하였음.
飜譯狀況	原文에 충실하게 번역을 하였음. 添削의 흔적이 별로 없고 세련된 표현이 많으며 깔끔한 宮書體로 필사되었음.	원문에 충실하였으나 후반으로 갈수록 생략과 縮約이 심하고 또 원문과 일치되지 않는 부분도 있음. 여러 사람의 筆體로 다양하게 나타남.
特記事項	중간에 간혹 어려운 글자를 풀이한 주석이 있음.	卷1末 : 셰을미납월이십이일북송현쇼슉 건양원년(1896)이월오일. 이라는 刊記가 있음, 권3. 11. 18. 21. 25에도 유사한 刊記가 보임.

* 發語詞 : 却說 且說 等　　* 結尾語 : 不知後事如何 且看下回分解 等

대체적으로 ≪西漢演義≫의 국내 번역은 1800년대 中·後期에 이미 번역본이 나온 듯하다. ≪西漢演義≫의 번역본은 상당히 많은데, 그 중에서 殘本으로 남아 있는 여러 판본은 제외하고 비교적 온전한 판본을 중점으로 번역양상을 분석한 결과 ≪서한연의≫ 飜譯底本은 대부분 ≪劍嘯閣批評西漢通俗演義≫ 판본을 가지고 번역하였음이 밝혀졌다. 그리고 현존하는 번역본의 대부분은 조선 말기(1895-1896년)에 필사된 것으로 추정되지만 그렇다고 번역시기도 이 時期라고 보기는 어렵다. 오히려 그 이전부터 내려오던 번역본을 여러 차례 필사하였을 가능성이 더 높아 보인다.[121)]

≪서한연의≫의 한글 번역본은 중앙도서관 소장본·고려대 소장본·서강대 소장본·규장각 소장본과 김동욱 소장본(一名 ≪楚漢演義≫) 등 여러 종이 있고,[122)] 부분 번역으로 비교적 특이한 것은 서울대 국문필사본 ≪伍子胥傳≫이 있다. 이 작품은 春秋戰國時代 吳나라와 越나라를 배경으로 한 오자서의 이야기가 중심으로 되어 있는데, ≪서한연의≫와 상당히 연관이 있는 번안에 가까운 작품이다.

≪西漢演義≫의 내용은 다음과 같다. 秦나라 말기에 項羽와 劉邦은 도탄에 빠진 秦나라 백성을 구하기 위해 병사를 일으킨다. 그들은 서로 천하의 패권을 차지하려 경쟁했는데 초반에는 項羽가 우세했다가 결국 대세는 유방에게로 기울어지고 항우는 四面楚歌로 죽게 되기까지의 이야기를 다루고 있다.

국내에는 中國木版本이 延世大, 成均館大, 忠南大, 京畿大 등에 소장되어 있고, 筆寫本은 一般動産文化財, 釜山大, 釜山女大, 慶北大에 소장되어 있으며, 中國石印本은 忠南大, 延世大, 京畿大 등에 소장되어 있다. 중국 판본이 다양하게 국내에 유입되어 있어 당시 독자들의 기호를 엿볼 수 있다. 한글 필사본은 全州大, 成均館大, 奎章閣, 國立中央圖書館 등에 소장되어 있는데, ≪초한연의≫ 또는 ≪초한전≫이라 제목을 달고 있어 주목되는 작품이다.

121) 민관동, ≪西漢演義 硏究-국내 유입과 번역 및 출판을 중심으로≫, ≪중국소설논총≫ 제15집, 2002, 2, 259-281쪽 참조.

122) 박재연·정재영·이재홍, ≪서한연의≫, 학고방, 2010.

書名	出版事項	版式狀況	一般事項	所藏處/所藏番號
繪圖西漢演義	天寶書局刊, 刊寫地未詳, 刊寫者未詳, 刊寫年未詳	4卷4册, 中國石印本, 20.3×13.5cm, 四周雙邊, 半郭:17.6×11.7cm, 無界, 25行56字, 註雙行, 上黑魚尾, 紙質:竹紙	表題:東西漢演義	圓光大學校 AN823.5-ㅈ245
	上海, 大成書局, (1900~1998)	1册(卷1~4), 21×14cm		大邱가톨릭大學校 동823.5-회225대
		4卷4册, 中國版本, 20.5×13cm, 四周雙邊, 半郭:17.8×12cm, 30行67字, 白口, 上下向黑魚尾	漢文, 楷書	韓國國學振興院 受託, 아주신씨 인재파전암후손가 KS0236-1-02-00078
新刻劍嘯閣批評西漢演義傳	壬申年(1872) 新鐫, 善成堂梓行	8卷8册, 中國木版本, 四周單邊, 匡郭:21.5×15cm, 無界, 11行26字, 上黑魚尾	表題:西漢演義, 內題:繡像東西漢全傳, 序題:東西漢通俗演義, 刊記:壬申年(1872)新鐫, 善成堂梓行	延世大學校 (默素堂文庫) 812.36
	鍾惺(明)批評, 善成堂, 清壬甲(?)刻後刷	8卷8册, 中國木版本, 有圖, 24.5×16.4cm, 四周單邊, 半郭:21.5×13.8cm, 無界, 11行26字, 上黑魚尾, 紙質:綿紙	裏題:繡像東西漢全傳, 版心題:西漢演義評, 序:公安袁宏道題, 刊記:壬甲年(?)新鐫, 善成堂梓行, 所藏印:默容室藏	成均館大學校 D7C-43
	鍾惺(明)批評, 清壬甲(?)刻後刷	8卷8册, 中國木版本, 有圖, 24.2×21.2cm, 四周單邊, 半郭:21×14cm, 無界, 11行 26字, 註單行, 上下向黑魚尾, 紙質:綿紙	裏題:西漢演義, 版心題:西漢演義評, 裏題:繡像東西漢全傳, 序:公安袁宏道題, 刊記:壬甲年(?)新鐫, 善成堂梓行	忠南大學校 集1204
	鍾惺(明)批評, 刊寫地未詳, 善成堂, 刊寫年未詳	7卷7册(卷2~8, 缺帙), 中國木版本, 24×16.2cm, 四周單邊, 半郭:21.4×13.8cm, 有界, 11行26字, 上下向無葉花紋魚尾	表題:西漢演義, 版心題:西漢演義評	京畿大學校 경기-k118885-2
	鍾伯敬(明)批評, 上海, 經元堂, 刊年未詳	8卷8册, 中國木版本, 17.6×11.5cm, 四周單邊, 半郭:14.5×9.5cm, 無界, 10行30字, 上黑魚尾, 紙質:竹紙	版心題:西漢演義評, 表題:西漢演義, 刊記:上海經元堂梓行	圓光大學校 AN823.5-ㅈ718
	鍾惺(明)批評, 漁古山房, 清朝末期刻後刷	8卷8册, 中國木版本, 23.1×15.8cm, 四周單邊, 半郭:19×13.1cm, 無界, 10行22字, 上黑魚尾, 紙質:綿紙	版心題:西漢演義評, 序:公安袁宏道題, 刊記:漁古山房藏板	成均館大學校 D7C-43b

書名	出版事項	版式狀況	一般事項	所藏處/所藏番號
	著者未詳, 鍾伯敬批評, 漁古山房 (1800年頃)	零本6冊(全8卷8冊中所藏本中 卷之一, 三, 五~八의 6冊以外缺), 中國木版本, 有圖, 23×15.5cm, 四周單邊, 半郭:19×13.3cm, 無界, 10行22字, 白口·上黑魚尾	標紙書名:繡像東西漢演義, 版心書名:西漢演義評	海軍士官學校 [중]102
	三餘堂梓	8卷8冊(卷6缺), 中國木版本, 四周單邊, 匡郭:19×14cm, 無界, 11行25字, 上黑魚尾	表題:西漢演義, 內題:東西漢演義全傳, 序題:東西漢通俗演義	延世大學校 (綏堂文庫) 812.36
	鍾惺(明)批評, 掃葉山房, 刊寫地未詳, 刊寫年未詳	8卷8冊(所藏本:1-8), 有圖, 24×16.2cm, 四周單邊, 半郭:21.8×14.2cm, 有界, 11行26字, 上下向黑魚尾	題簽題:西漢演義, 版心題:西漢演義評, 序文:漢家四百餘年天下其間主 …天下之好讀書公安袁宏道題	中央大學校 812.3-종성검 1-8
		全8卷8冊(第5冊缺), 中國木版本, 有圖, 15.3×10.8cm, 四周單邊, 半郭:11.5×9.1cm, 10行25字, 上黑魚尾	表紙書名:西漢演義, 標題紙書名:繡像東西兩漢全傳, 版心書名:西漢演義評, 序:公安袁宏道題, 藏板記:掃葉山房藏板	韓國學中央研究院 D7C-82
		全8卷8冊(卷1~8), 中國木版本, 23.7×15.3cm, 四周單邊, 半郭:20.7×13.4cm, 10行22字, 註雙行, 上內向黑魚尾	裏表紙書名:西漢演義, 版心書名:東西漢全傳, 表紙書名:西漢演義評, 內容: 卷1:勝秦師異人被虜 外 14편, 卷2:秦趙高權傾中 外 12편, 卷3:張良復 外 12편, 卷4:遺樊?明修棧道 外 11편, 卷5:懼楚罪陳平歸漢 外 11편, 卷6:漢周苛從公死節 外 9편, 卷7:指鴻溝割地講和 外 13편, 卷8:漢高祖兵困百登 外 12편, 刊記:新全繪像 鍾伯敬先生評 東西漢全傳 金昌梓 掃葉山房督造書籍	漢陽大學校 812.35-김746ㅅㄱ- v.1-v.8
	鍾惺(明)批評, 上海, 掃葉山房, 清朝年間 (1616~1912)	8卷8冊(卷1~8), 中國木版本, 有圖, 15.6×10.6cm, 四周單邊, 半郭:11.3×8.9cm, 無界, 10行25字, 花口, 上下向黑魚尾, 紙質:竹紙	表題:西漢演義, 版心題:西漢演義評, 裏題:繡像東西兩漢全傳, 序:公安袁宏道題, 刊記:掃葉山房藏板	全南大學校 3Q-신11ㅈ
	鍾惺(明)批評, 上海, 掃葉山房, 清朝末後刷	8卷8冊(卷1~8), 中國木版本, 有圖, 15.6×10.6cm, 四周單邊, 半郭:11.3×8.9cm, 無界, 10行25字, 上黑魚尾, 紙質:竹紙	裏題:繡像東西兩漢全傳, 版心題:西漢演義評, 表題:西漢演義, 序:公安袁宏道題, 刊記:掃葉山房藏板	全南大學校 3Q-신11ㅈ-v.1-8

書名	出版事項	版式狀況	一般事項	所藏處/所藏番號
		8卷8册, 中國木版本, 有圖, 15.9×11.5cm, 四周單邊, 半郭:11.5×9cm, 無界, 10行25字, 上黑魚尾, 紙質:綿紙	裏題:繡像東西兩漢全傳, 版心題:西漢演義評, 序:公安袁宏道題, 刊記:掃葉山房藏板, 備考:袖珍本	成均館大學校 D7C-43c
				朴在淵
	李贄(明)演義, 鍾伯敬(明)批評, 上海, 掃葉山房, 中華年間	8卷8册, 中國木版本, 15.5×11cm, 四周單邊, 半郭:11.3×9cm, 無界, 10行25字, 註雙行, 上內向黑魚尾, 紙質:竹紙	版心題:西漢演義評, 表題:西漢演義, 裏題:繡像東西兩漢全傳, 刊記推定:本館所藏本(819.35 이79ㄷ), 掃葉山房藏板	東國大學校 D819.35 이79ㅅ
	19世紀寫	1册(零本, 卷3所藏), 筆寫本, 32×19.7cm, 無界, 12行27字, 無魚尾, 紙質:楮紙	印記:畏巖家藏	一般動産文化財 이채하(상주) 36-0587
	鍾惺(明)批評, 清朝末期刻後刷	8卷8册, 中國木版本, 有圖, 24×15.5cm, 四周單邊, 半郭:20×13.3cm, 無界, 10行22字, 上黑魚尾, 紙質:竹紙	裏題:西漢演義, 版心題:西漢演義評, 序:公安袁宏道題	成均館大學校 D7C-43a
	鍾惺(明)批評, 朝鮮朝後期~末期寫	2卷2册(卷4, 8), 筆寫本, 17.1×15.2cm, 無界, 10行25字, 註單行, 紙質:楮紙	表題:西漢誌	釜山大學校
		1卷1册(卷5), 筆寫本, 27.2×16.5cm, 無界, 10行字數不定, 紙質:楮紙	表題:西漢演義傳	釜山女大 伽倻文化研究所
	鍾伯敬(明)批評, 刊寫地未詳, 刊寫者未詳, 刊寫年未詳	8卷8册(卷1-8), 中國木版本, 有圖, 16.4×11cm, 四周單邊, 半郭:12×9.2cm, 無界, 10行25字, 上下向黑魚尾,	版心題:西漢演義評, 西漢演義	慶熙大學校 812.3-종54ㄱ
		零本1册(所藏:卷1), 筆寫本, 23×14.5cm, 無界, 10行字數不定, 無魚尾	表題:楚漢演義	慶北大學校 [古] 812.3 종53ㅅㄱ
		8卷9册, 中國木版本, 24.5×15.5cm, 四周單邊, 半郭:20.8×13.7cm, 無界, 10行22字, 上下黑魚尾, 紙質:竹紙	版心題:西漢演義評, 表題:西漢演義, 序:袁宏道	圓光大學校 AN823.5-ㅈ718ㄱ
	劍嘯閣批評	2卷2册, 筆寫本, 27×15cm, 無界, 卷4:10行25字, 卷8:10行26字, 紙質:楮紙	表題:西漢誌	釜山大學校 (芝田文庫)OEC 3-12 53
	著者未詳, 刊年未詳	8卷8册, 15.6×11cm, 四周單邊, 半郭:11.1×9.4cm, 無界, 10行24字, 上黑魚尾	序:公安袁宏道	梨花女子大學校 [고] 812.3 서91ㅅ

書名	出版事項	版式狀況	一般事項	所藏處/所藏番號
		全8卷8冊中一部缺(落卷1), 中國木版本, 20cm, 10行30字, 四周單邊, 14.6×9.8cm, 上黑魚尾	書名은 卷2의 卷首題임, 外題:西漢演義, 版心題:西漢演義評	延世大學校 812.36/28
		全8卷8冊中一部缺(落卷1), 中國木版本, 25cm, 四周單邊, 21.7×14.1cm, 11行26字, 上黑魚尾	版心題:西漢演義評	延世大學校 812.36/29
新刻劍嘯閣批西漢演義評	鍾伯敬(明)評, 刊寫地未詳, 刊寫者未詳, 刊寫年未詳	8卷8冊, (卷1~8), 中國木版本, 23.8×16.2cm, 四周單邊, 半郭:21.3×13.5cm, 有界, 11行26字, 上內向黑魚尾	書名:卷首題, 序題:東西漢通俗演義序, 版心題:西漢演義評, 表題:西漢演義(一), 序:公安袁宏道題, 刊記:壬申年新鐫 善成堂梓行	慶州東國大學校 D912.032-종42 v.1-v.8
新刻劍嘯閣批評西漢演義	李贄(明)演義, 鍾惺(明)批評, 掃葉山房	8卷8冊, 中國木版本, 有圖, 15.7×10.7cm		高麗大學校 (晩松文庫)C14-B6A
	鍾惺(明)評, 三餘堂	8卷8冊, 中國木版本, 24.2×14cm		高麗大學校(華山文庫)C14-B6A
	鍾惺(明)批評, 刊寫地未詳, 善成堂, 壬申(?)	8卷8冊, 中國木版本, 25.1×15.8cm		高麗大學校 (華山文庫)C14-B6B-1~8
		8卷8冊(卷1~8), 中國木版本, 有圖, 24.2×21.2cm, 四周單邊, 半郭:21×14cm, 無界, 11行26字, 註單行, 上下向黑魚尾, 紙質:錦紙	版心題:西漢演義評, 裏題:繡像東西漢演義, 題簽:西漢演義, 刊記:壬申年(?)新鐫善成堂梓行, 序:公安袁宏道題	全北大學校 812.3-동서한
	鍾惺(明)批評, 刊寫地未詳, 善成堂, 刊寫年未詳	8卷4冊, 中國木版本, 24.3×16cm, 四周單邊, 半郭:22×14cm, 有界, 11行26字, 上下向黑魚尾	版心題:西漢演義, …序:袁宏道題	國民大學校 [고]823.5 종01
西漢演義	鍾惺(明)著 1644年刊	10冊, 中國木版本		慶州地方古書調查目錄 崔柄熺
	己未	1冊, 國文筆寫本	附:虞美人歌, 35㎜R[Posi], 28f	(金東旭) R35P-000037-11
	上海著易堂書局	8卷4冊100回, 鉛印本		鮮文大 朴在淵
	上海鴻章書局	4卷4冊100回, 石印本		鮮文大 朴在淵
	著者未詳, 刊年未詳	12卷12冊(第1, 2, 6冊缺), 筆寫本, 22×19cm, 無罫, 10行18字, 版心無		梨花女子大學校 [고] 812.3 서91
		85張, 筆寫本, 27cm, 四周雙邊, 20.3×16.5cm, 界線, 10行20字, 註小字雙行, 上下內向花紋魚尾	卷尾題:楚漢演義 印記:金澤洙信	延世大學校 812.36/26

書名	出版事項	版式狀況	一般事項	所藏處/所藏番號
		1冊, 中國版本, 26.5×15.5cm, 毁損		韓國 國學振興院 受託, 재령이씨 존재파면운재문중 KS04-3080-10031-00031
		1冊(卷3), 木版本		鮮文大 朴在淵
		8卷8冊101回, 袖珍本		鮮文大 朴在淵
增像全圖西漢演義	上海章福記, 光緒30(1904)	4卷4冊(64回本), 中國石印本, 有圖, 20.4×13.5cm		高麗大學校 (華山文庫)C14-B6C
	李贄(明)演義, 鍾惺(明)批評, 鴻賓齋書局, 宣統3(1911)春月鴻賓齋書局印	4卷4冊, 中國鉛印本, 有圖, 20.3×13.4cm	標·表題:繡像西漢演義, 刊記:宣統辛亥(1911) 春月鴻賓齋書局印	高麗大學校 (晩松文庫)C14-B6E
		4卷4冊, 中國石印本, 有圖, 20.2×13.4cm, 四周雙行, 半郭:17.5×11.3cm, 無界, 20行57字, 註雙行, 上下向黑魚尾, 紙質:竹紙	表題:西漢演義, 刊記:宣統辛亥(1911) 春月鴻寶齊書局印	忠南大學校 集706
	刊寫地未詳, 刊寫者未詳, 刊寫年未詳	3冊(缺帙, 冊1~3), 新鉛活字本, 19.8×13.2cm, 無界, 行字數不定, 無魚尾		忠北大學校 912.032-ㅈ876-1-3
繪圖西漢演義	民國六年(1917), 上海廣益書局印行	6冊, 中國石印本, 有圖		閔寬東
繡像西漢演義	鍾惺(明)評, 上海, 廣百宋齋, 光緒壬辰(1892)	8卷4冊(卷1~8), 有圖, 20×12.7cm, 四周雙邊, 半郭:15.5×10.8cm, 有界, 17行32字, 上下向黑魚尾		慶熙大學校 812.3-서92ㅂ
		8卷4冊, 中國新鉛活字本, 有圖, 19.7×13.2cm, 四周雙邊, 半郭:16×10.9cm, 有界, 17行32字, 註雙行, 花口, 上下向黑魚尾, 紙質:노로지	表題:西漢演義, 序:供天下之好讀書, 刊記:光緖壬辰(1892) 春月上海廣百宋齋校印	釜山大學校 (夢漢文庫)ODC 3-12 55
		8卷6冊, 中國新鉛活字本, 有圖, 19.7×13.3cm, 四周雙邊, 半郭:15.5×10.5cm, 有界, 17行32字, 註雙行, 上下向黑魚尾, 紙質:綿紙	表題:西漢演義, 序:…聊房拈出以供天下之好讀書, 刊記:光緖壬辰(1892) 廣百宋齋校印	釜山大學校
		10卷6冊, 中國新鉛活字本, 有圖, 20×13.3cm, 四周雙邊, 半郭:15.7×11.2cm, 有界, 17行32字, 註雙行, 上下向黑魚尾, 紙質:綿紙	刊記:光緖壬辰(1892) 春月上海廣百宋齋校印	忠清南道 燕岐郡 洪鍾檍

書名	出版事項	版式狀況	一般事項	所藏處/所藏番號
		8卷4册, 中國新鉛活字本, 19.3×12.5cm, 四周雙邊, 上黑魚尾, 半郭:15.5×10.8cm, 有界, 17行32字, 註雙行, 紙質:綿紙	刊記:光緒壬辰(1892) 春月上海廣百宋齋校印	成均館大學校 D7C-42
	光緒己亥(1899) 李春 上海書局	8卷4册, 中國石印本, 有圖, 18×10.5cm, 四周雙邊, 18行40字, 14.2×9.4cm, 界線, 上黑魚尾		延世大學校 812.36/27
				高麗大學校(景和堂) C14-B6-1-4
		2卷1册(卷1~2) 中國木版本, 有圖, 17.1×10.5cm, 四周雙邊, 半郭:14×9.1cm, 有界, 18行40字, 註雙行, 上下向無葉花紋魚尾	刊記:光緒己亥(1899)季春上海書局石印	京畿大學校
	鍾惺(明)批評, 圖書集成局, 光緒31(1905)刊	不分卷4册, 中國活字本, 19.9×13.2cm, 四周單邊, 半郭:16.9×11.5cm, 有界, 16行42字, 註雙行, 上黑魚尾, 紙質:竹紙	刊記:光緒乙巳(1905)三月圖書集成局印	成均館大學校 (曺元錫) D7C-42a
	上海, 大成書局, 刊寫年未詳	1册, 中國石印本, 有圖, 20×13.5cm, 四周單邊, 半郭:17.6×11.9cm, 無界, 20行45字, 註雙行, 上下向無葉花紋魚尾	表題:繪圖東西漢演義, 卷首題:繪圖西漢演義, 序題:繪圖西漢通俗演義, 版心題:繪圖西漢全傳, 標紙:民國壬戌(?)春月	京畿大學校
	上海, 着易堂書局, 1900年代刊	8卷4册, 中國新鉛活字本, 有圖, 19.7×13cm, 四周雙邊, 半郭:14.6×10.3cm, 有界, 18行40字, 註雙行, 上下向黑魚尾, 紙質:洋紙	刊記:勤裕艸堂託上海着易堂書局代印	忠南大學校 集1198
	鍾惺(明)批評, 上海, 着易堂書局, 刊年未詳	2册(第1~2册缺, 所藏:册3~4(全8卷4册)), 中國鉛印本, 18.7×12.9cm	刊記:勤裕草堂 託上海着易堂書局代印	國會圖書館 [古]952.3 ㅅ362
		8卷4册(卷1~8), 有圖, 19.5cm, 四周雙邊, 半郭:15×10.5cm, 有界, 18行40字, 上下向黑魚尾		慶熙大學校 812.33-서92
		8卷4册(卷1~8), 中國新鉛活字本, 四周雙邊, 19.7×13.5cm, 有界, 半郭:14.6×10.3cm, 18行40字, 註雙行, 上下向黑魚尾		忠北大學校 912.032-ㅅ642ㅅ-1-8
		全8卷4册中2册(零本, 卷1~2, 卷7~8), 中國新式活字本, 19.9×13.3cm	卷頭:繡像東西漢通俗演義序, 目錄, 卷末:總評, 標題紙:繡像西漢演義, 印出記(標題紙裏面):勤裕艸堂 託上海着易堂書局代印	嶺南大學校 [古南]823.5 서한연

書名	出版事項	版式狀況	一般事項	所藏處/所藏番號
		10卷4冊, 中國新活字本, 19.8×13.1cm, 四周雙邊, 半郭15×10.6cm, 有界, 18行40字, 註雙行, 上黑魚尾, 紙質:竹紙		圓光大學校 AN823.5-ㅇ894수
	著者未詳, 刊寫地未詳, 刊寫者未詳, 刊寫年未詳	8卷4冊, 中國板, 20×13.5cm, 四周雙邊, 半郭:14.7×10cm, 有界, 18行40字, 白口, 上下向黑魚尾	漢文, 楷書	韓國國學 振興院 受託, 반남박씨 관관공파 청하재 KS0468-1-03-00014
		零本1冊(所藏:卷7~8), 新鉛活字本, 19.8×13.2cm, 四周雙邊, 半郭:16.5×11.1cm, 17行32字, 有界, 無魚尾	表題:楚漢演義, 版心題:繡像西漢演義	慶北大學校 [古] 812.14 초91(6)
		2卷1冊(卷3~4, 缺帙), 新鉛活字本, 19.7×12.7cm, 四周雙邊, 半郭:15.7×10.8cm, 有界, 17行32字, 註雙行, 上下向黑魚尾		京畿大學校 경기-k121993-2
		2卷1冊(卷5~6, 缺帙), 19.9×12.8cm, 四周雙邊, 半郭:15.6×10.8cm, 有界, 17行32字, 註雙行, 上下向黑魚尾		東亞大學校 (3):12:2-97
		2卷1冊(卷3~4, 缺帙), 新鉛活字, 19.2×12.7cm, 四周雙邊, 半郭:14.8×10.5cm, 有界, 18行40字, 註雙行, 上下向無葉花紋魚尾		京畿大學校
西漢通俗演義	刊寫地未詳, 刊寫者未詳, 刊寫年未詳	1冊(零本, 卷5), 中國木版本, 26.7×15.7cm, 四周單邊, 半郭:21.9×13.8cm, 無界, 14行30字, 上下向黑魚尾	版心題:官版西漢通俗演義, 表紙書名:西漢演義	嶺南大學校 [古南]823 서한통ㅈ
西漢演義	鍾惺(明) 撰, 刊寫者未詳, 朝鮮朝後期~末期刊 推定	8卷8冊, 木版本, 15.5×23.6cm	卷22은 筆寫本임	忠北 報恩郡 김동기
西漢演義書略	刊寫地未詳, 刊寫者未詳, 刊寫年未詳	1冊, 筆寫本(匡郭은 木版), 26.7×17.2cm, 四周雙邊, 半郭:19×13.9cm, 有界, 10行, 上下內向四瓣黑魚尾	表紙書名:東西漢小選	嶺南大學校 [古南]823 서한연ㅍ
帷幄龜鑑	聾菴(?)著, 寫年未詳	不分卷(28回)6冊, 筆寫本, 27×19.4cm, 無郭, 無絲欄, 10行22字, 註雙行, 無版心, 紙質:楮紙	序:歲己未孟冬上浣聾菴老人書于眉南墨室, 印:李王家圖書之章, 內容:張良中心의 楚漢戰史 小說化	韓國學中央研究院 4-6885

書 名	出 版 事 項	版 式 狀 況	一 般 事 項	所藏處/所藏番號
서한연의	著者, 刊寫地, 刊寫者, 刊寫年未詳	1冊, 筆寫本		全州大學校 OM813.5-서912
서한연의 (西漢演義)	鍾惺(明)撰, 年紀未詳	29卷10冊, 宮體筆寫本, 34.5×22cm		奎章閣 [古]3478-4
	國譯者未詳, 朝鮮朝後期~ 末期寫	16卷16冊, 筆寫本, 33.8×22cm, 10行22字, 紙質:楮紙		成均館大學校 D7B-20
서한연의		8卷 8冊, 筆寫本, 1880년(推定), 91회까지 飜譯, 紙質:楮紙	刊記:庚申年(1880年)	鮮文大 朴在淵
서한연의	高宗32(1895): 筆寫年	16卷16冊, 筆寫本, 32.6×22.2cm	標題:西漢演義, 筆寫記: 歲在乙未(1895)季春書傳于後 昆冊主大寧後人, 印:桑村聞長 首陽○朝	高麗大學校 C14-A3A
	著者未詳, 궁체, 1800頃寫	卷10, 1冊(55張), 筆寫本, 27.4×19.5cm, 11行字數不定, 註雙行, 紙質:楮紙	表題:西漢演義, 印記:정음문고	韓國綜合典籍目錄 (山氣文庫) 李謙魯 4-697
	著者未詳, 刊寫地未詳, 刊寫者未詳, 大正4(1915)	2卷1冊, 木版本, 25.6×18cm, 四周單邊, 半郭:20.2×16.5cm, 無界, 13行21字, 上下內向黑魚尾	內題:楚漢傳, 表題:쵸한젼, 대정4년(1915)…	檀國大學校 율곡기념도서관 古853.5-초4115
	李贄(明)演義, 刊寫地未詳, 刊寫者未詳, 刊寫年未詳	6卷6冊(全12卷12冊), 筆寫本, 30.3×20.6cm, 無界, 11行19字, 無魚尾, 紙質:壯紙	일반동산문화재 한글本, 表題:西漢演義	西江大學校 고서 서91
	著者未詳, 年紀未詳	4冊, 筆寫本, 24.5×17cm	表題:西漢演義	延世大學校 812.36
		不分卷, 16冊, 筆寫本, 35×21.3cm	西漢演義	國立中央圖書館 [한]48-18
언문서 한연의	永豐書舘, 大正6年(1917)	4卷4冊100回, 舊活字本	別名:諺文西漢演義	鮮文大 朴在淵
	李杜浣編, 京城永豐書館, 1917年刊	4卷4冊, 新活字本, 21.5×15.3cm, 16行36字		雅丹文庫 823.5-이76ㅇ
		3冊(卷2缺, 舊活字本)		鮮文大 朴在淵

17-3. 東漢演義

≪東漢演義≫는 10권 125회본으로 一名 ≪東漢十二帝通俗演義≫·≪東漢通俗演義≫·≪東漢演義傳≫이라고 하는 歷史小說이다. ≪東漢演義≫의 가장 이른 판본은 明代 周氏 大業堂刊本인데, 앞부분에 '金川西湖謝詔編集', '金陵周氏大業堂評訂'이라 쓰여 있고 ≪重刻京本增評東漢十二帝通俗演義≫이라 題가 되어 있다. 이 책은 총 10권 146회이고 插圖는 없으며 권두에 陳繼儒의 서문이 있다. 劍嘯閣批評東西漢通俗演義本 ≪東漢演義傳≫은 바로 이 146회본을 저본으로 삼아 125회로 줄였다. 그리고 淸代 味經堂 간행본이 있는데 권두에 ≪新刻劍嘯閣批評東漢通俗演義傳≫이라 적고 있고 목차와 版心은 모두 '東漢演義評'이라 되어 있다. 또 행간에 비평문이 있고 回後에 總評이 있으며 목차는 單回目으로 회수는 표시하지 않았다. 그 외 三余堂 간행본 ≪重刻京本增評東漢十二序通俗演義≫는 10卷 125回로 되어 있다.[123)]

작자 謝詔의 사적에 대해서는 그다지 명확하지 않다. 그는 明末淸初의 학자로 字는 彦實이고 號는 鳳渚이며 贛州 사람이다. 明나라 萬曆 2年(1574)에 진사가 되었고 이후에 陝西淸吏司郎中이 되었다. 저서에는 ≪虔台志≫·≪贛郡志≫·≪玉房山集≫이 있다.[124)]

≪동한연의≫는 ≪서한연의≫와 함께 일찍이 국내에 유입되어 朝鮮의 문단에 적지 않은 영향을 끼쳤으며, 또 수많은 독자들의 환영을 받은 작품 중의 하나였다. 국내 현존하는 ≪동한연의≫의 版本만도 상당히 많이 전해지고 있으며 飜譯本까지 출현하였다는 점을 감안하면 당시 상당히 많은 독자층을 확보하고 있었음을 알 수 있다.[125)]

≪東漢演義≫가 언제 조선에 유입되었는지에 대해서는 다음과 같은 자료에 나타난다. 許筠(1569~1618년)의 ≪惺所覆瓿稿≫13 〈西遊錄跋〉, 黃中允(1577~1648년)의 ≪東溟先祖遺考≫8, 洪萬宗(1643~1725년)의 ≪旬五志·下≫, 思悼世子의 ≪中國歷史繪模本≫(1762년), 朴泰錫의 ≪漢唐遺事≫, 가람본 ≪諺文古詩≫의 '언문최목녹' 등이다. 따라서 ≪東漢演義≫는 16세기 후반 국내에 유입되어 유통되었음을 알 수 있다.

---

123) 江蘇省社會科學院 明淸小說研究中心文學研究所 編, ≪中國通俗小說總目提要≫, 中國文聯出版公司, 1991, 175쪽 참조.

124) Baidu 백과사전 참조.

125) 민관동, ≪중국고전소설의 전파와 수용≫, 아세아문화사, 2007, 10, 353쪽.

이 작품의 번역 시기를 살펴보면, 가장 빠른 기록은 18세기 말(1790년 전후) 溫陽 鄭氏(1725~1799년)의 ≪玉鴛再合奇緣≫(서울대本) 제14권과 15권 표지 안쪽에 남아 있던 소설목록을 들 수 있다. 제14권에는 주로 한글 창작소설이, 제15권에는 중국 번역소설과 한글 창작소설이 섞여 있다. 이 때 ≪동한연의≫라는 서명이 드러난 것을 볼 때 적어도 ≪동한연의≫는 온양 정씨와 같은 시기이거나 그 전에 이미 번역이 이루어졌을 것이다. 따라서 이 작품은 빠르면 18세기 중엽 늦어도 18세기 후반에 처음 번역되었음을 알 수 있다.

≪동한연의≫의 한글 번역본은 2종이 있는데 하나는 현재 국립 중앙도서관에 소장되어 있다(문서 번호: 한. 古朝 48-41). 이 작품의 번역은 대략 1800년대 後期에 나온 듯하다. 먼저 ≪東漢演義≫ 번역본의 書誌狀況을 살펴보면 다음과 같다. 이 책은 한글 필사본으로 총 6권 6책으로 되어 있으며 刊行年代 및 刊行者는 未詳이다. 또 6권 가운데 제 1권은 23회, 제 2권은 14회, 제 3권은 7회, 제 4권은 8회, 제 5권은 8회, 제 6권은 5회로 총 65회로 구성되었다.[126)]

이 책은 劍嘯閣批評本 ≪東漢通俗演義≫ 10권 125회를 번역한 것이다. 그 필체를 살펴보면 앞의 4권은 일반적인 유려한 궁체와는 약간 거리가 있고 뒤의 2권은 앞의 것과 필체가 달라서 필사자가 적어도 두 사람이었을 것으로 추정되며 19세기 중반(1843년)에 필사된 것으로 보인다.[127)]

그 외에 ≪동한연의전≫이 아단문고에 2권 2책본이 소장되어 있다(14행 字數不定). 책의 마지막에 "경묘팔월에 쓰다"라고 되어 있으나 어느 해 필사한 것인지는 분명하게 나타나지 않고 있다.

≪東漢演義≫의 내용은 다음과 같다. 王莽이 前漢 平帝를 독살하고 왕위에 올라 국호를 新이라 고친다. 그는 백성들을 돌보지 않고 핍박하여 민심이 흉흉해진다. 한편 劉文叔은 수많은 전쟁을 치루면서 다시 後漢을 건국하게 되고 33년간 통치한다. 이후 獻帝 初平 元年까지 약 190년에 이르는 역사적인 다양한 사건들이 장대한 필치로 순

---

126) 卷3과 卷4는 卷頭에 목차도 없이 바로 번역이 시작되고 있다.

127) 박재연·정승혜·이재홍 교주, ≪동한연의≫, 학고방, 2007, 머리말
閔寬東, 〈東漢演義硏究〉, ≪中國小說論叢≫ 제21집, 2005, 3, 115~137쪽.
이재홍, ≪國立中央圖書館 所藏 한글번역필사본 〈東漢演義에 대하여〉, ≪中國小說論叢≫ 제25집, 2007, 3, 213-241쪽 참조.

서대로 서술되어 있다.

국내에는 中國木版本이 '東西漢演義'라는 제목으로 ≪西漢演義≫와 합본되어 檀國大, 國立中央圖書館, 全南大 등에 소장되어 있고 中國石印本은 成均館大, 啓明大, 中央大, 國民大 등에 소장되어 있다. 국내에 수많은 판본이 현존하고 있는 것으로 보아 중국 판본이 국내에 널리 유입되었음을 알 수 있다. 한글 필사본은 國立中央圖書館과 아단문고에 소장되어 있는데, 각각 6卷 6冊本과 2卷 2冊本으로 되어 있으며 국립중앙도서관 소장본은 19세기 중반에 번역되었을 것으로 추정되나 아단문고 소장본은 작품의 필사시기를 명확하게 추정할 수 없다.

書名	出版事項	版式狀況	一般事項	所藏處/所藏番號
新刻劍嘯閣批評東漢演義	李贄(明)演義, 鍾惺(明)批評, 掃葉山房	10卷6冊, 中國木版本, 15.8×10.7cm	版心題:東漢演義評, 表題:東漢演義	高麗大學校(晩松文庫)C14-B45D
新刻劍嘯閣批評東漢演義傳	鍾惺(明)撰, 上海, 掃葉山房, 刊寫年未詳	全10卷6冊(卷1-10), 中國木版本, 23.7×15.3cm, 四周單邊, 半郭:20.7×13.4cm, 無界 10行22字, 註雙行, 上內向黑魚尾	表紙書名:東漢演義, 版心書名:東漢演義評, 內容:冊4:卷5(赤尾鄭北扶盆子 外 11篇), 卷6(忠臣一示難存體 外 10편), 冊6:卷9(後出朝歌民政治 外 7篇), 卷10(貴盛一門貪愈恣 外 3篇), 刊記:新全繪像 鐘伯敬先生評 東西漢全傳金昌梓掃葉山房督造書籍	漢陽大學校 812.35-김746ㅅㄴ-v.4, v.6
		1卷1冊(全10卷6冊, 卷1, 2~3, 4, 7~8, 卷1~8), 中國木版本, 23.7×15.3cm, 四周單邊, 半郭:20.7×13.4cm, 無界 10行22字, 註雙行, 上內向黑魚尾	表紙書名:東漢演義, 版心書名:東漢演義評, 內容:卷1(奸計圖王侵寶位 外 25篇), 卷2(光武中興恢漢業 外 21篇), 卷3(紫微躍奔求名桂 外 15篇), 卷4(操謨蔽主心過望 外 14篇), 卷7(覆田詔尹身遭害 外 4篇), 卷8(告廟饗天明德度 外 5篇), 卷1(勝秦師異人被虜 外 14篇), 卷2(秦趙高權傾中 外 12篇), 卷3(張良復 外 12篇), 卷4(遺樊?明修棧道 外 11篇), 卷5(懼楚罪陳平歸漢 外 11篇), 卷6(漢周苛從公死節 外 9篇), 卷7(指鴻溝割地講和 外 13篇), 卷8(漢高祖兵困百登 外 12篇), 刊記:新全繪像 鐘伯敬先生評 東西漢全傳 金昌梓 掃葉山房督造書籍	漢陽大學校 812.35-김746ㅅㄴ-v.1-v.3, v.5

書名	出版事項	版式狀況	一般事項	所藏處/所藏番號
	李贄(明)演義, 鍾伯敬(明)批評, 上海, 掃葉山房, 中華年間	10卷6册, 中國木版本, 有圖, 15.5×11cm, 四周單邊, 半郭:11.3×9cm, 無界, 10行25字, 註雙行, 上內向黑魚尾, 紙質:竹紙	序:漢家四百餘年天下其間主… 天下之好讀書公安袁宏道題, 版心題:東漢演義評, 表題:東漢演義, 裏題:繡像東西兩漢全傳, 刊記:掃葉山房藏板	東國大學校 D819.35 이79ㄷ
	鍾惺(明)評, 清朝後期刊	10卷6册, 中國木版本, 15.8×11.2cm, 四周單邊, 半郭:11.3×9cm, 無界, 10行25字, 上黑魚尾, 紙質:竹紙	題簽:東漢演義, 版心題:東漢演義評	成均館大學校 D7C-27
		10卷6册, 中國木版本, 23.9×15.4cm, 四周單邊, 半郭:20.1×13.5cm, 無界, 10行22字, 上黑魚尾, 紙質:竹紙	題簽:東漢演義, 版心題:東漢演義評	成均館大學校 D7C-27a
	鍾惺(明)評, 刊寫地未詳, 刊寫者未詳, 刊寫年未詳	10卷4册, 中國木版本, 20cm, 四周單邊, 14.8×9.6cm, 界線, 10行31字, 小字傍註, 上黑魚尾	外題:東漢演義, 版心題:東漢演義評	延世大學校 812.36/11
		10卷6册(卷1~10), 24×15.4cm, 四周單邊, 半郭:20.2×14.3cm, 10行22字, 上下向黑魚尾	表題:東漢演義	東亞大學校 (3):12-2
		10卷6册(卷1~10), 中國木版本, 有圖, 15.4×10.8cm, 四周單邊, 半郭:11.2×9.1cm, 無界, 10行25字, 上黑魚尾, 紙質:竹紙	版心題:東漢演義評, 表題:東漢演義	全南大學校 3Q-신11ㅈ-v.1-6
		10卷6册, 中國木版本, 23×15.6cm, 四周單邊, 半郭:19.3×13.2cm, 無界, 10行22字, 白口·上黑魚尾	版心書名:東漢演義評	海軍士官學校 [중]103
		10卷6册, 中國木版本, 24.2×15.5cm, 四周單邊, 半郭:20.8×13.4cm, 無界, 10行22字, 上下向黑魚尾, 紙質:竹紙	表題:東漢演義, 版心題:東漢演義	忠南大學校 集1202
新刻鈔嘯閣批評東漢演義傳		10卷6册, 中國木版本, 24.4×15.5cm	版心題:東漢演義評, 表題:東漢演義	高麗大學校 C14-B45B

書名	出版事項	版式狀況	一般事項	所藏處/所藏番號
新刻批評東漢演義	清遠道人(未詳)重編, 中國清板本	8卷1匣6冊, 中國木版本, 16.2×24.2cm, 四周單邊, 半郭:14.5×22.2cm, 有界, 11行26字, 白口黑魚尾上	版心書名:東漢演義評, 序:清遠道人自序, 印:善齋, 閔丙承印	澗松文庫
	清遠道人重編	8卷6冊, 中國木版本, 有圖, 24×16.1cm, 四周單邊, 半郭:21.8×14.1cm, 有界, 11行 26字, 註單行, 上下向黑魚尾, 紙質:綿紙	題簽:東漢演義, 序:歲在旃蒙大淵獻(乙亥,?) 竹秋清遠道人書	忠南大學校 集1205
		8卷8冊, 中國木版本, 有圖, 24cm, 界線, 四周單邊, 21.8×14.3cm, 11行26字, 上黑魚尾	版心題:東漢演義評, 序:歲在旃蒙大淵獻, (乙亥) 竹秋, 清遠道人書, 印記: 默容室藏書印 外2種	延世大學校 812.36/12
	清遠道人重編, 同文堂	8卷6冊, 中國木版本, 有圖, 24.8×15.7cm	版心題:東漢演義評, 表題:東漢演義	高麗大學校 C14-B45A
	清遠道人重編, 清末 同文堂刊, 刊行年未詳	8卷8冊, 中國木版本, 有圖, 24.8×15.7cm	表題:東漢演義, 版心題:東漢演義評	國立中央圖書館
	清遠道人重編, 善成堂, 壬申(?)	8卷8冊, 中國木版本, 有圖, 25.1×15.8cm		高麗大學校 (華山文庫)C14- B6B-9~16
	鍾惺(明)評, 善成堂, 壬申(?)	8卷8冊, 中國木版本, 25.1×15.8cm		高麗大學校 (華山文庫)C14- B6B-1~8
	清遠道人重編, 善成堂, 乙亥(?)	8卷6冊, 中國木版本, 有圖, 24.2×15.8cm		高麗大學校 (華山文庫)C14- B45CA
	鍾惺(明)評, 清朝後期刊	8卷6冊, 中國木版本, 有圖, 24.5×16.3cm, 四周單邊, 半郭:21.9×14.2cm, 有界, 11行26字, 註雙行, 上黑魚尾, 紙質:綿紙	表題:東漢演義, 版心題:東漢演義評, 序:歲在旃蒙大淵獻(乙亥?)竹秋清遠 道人書, 所藏印:默容室藏	成均館大學校 D7C-26
	鍾伯敬(明)批 評, 中國, 刊寫者未詳, 刊寫年未詳	8卷6冊(卷1~8), 中國木版本, 有圖, 23.4×15.5cm, 四周單邊, 半郭:21×14cm, 有界, 11行26字, 註雙行, 上黑魚尾	版心題:東漢演義評, 表題:東漢記, 序:乙亥(1875)清遠道人紙質	慶熙大學校 812.3-동92
	清遠道人(淸) 重編, 中國, 刊寫者未詳, 刊寫年未詳	8卷6冊, 中國木版本, 有圖, 23.5×16cm, 四周單邊, 半郭:22.1×14cm, 無界, 11行26字, 上下向黑魚尾	東漢演義序:歲在(전)蒙大淵獻(?)… 清遠道人書	國民大學校 [고]823
		8卷6冊, 中國木版本, 24×16cm	東漢演義序:歲在旃蒙大淵獻(?)… 清遠道人書	國民大學校 [고]823 청01
繡像東漢演義	著者未詳, 上海, 廣百宋齋, 光緒壬辰 (1892)	10卷2冊(卷1~10), 有圖, 20cm, 四周雙邊, 半郭:16×11cm, 有界, 17行32字, 上下向黑魚尾		慶熙大學校 812.3-동92

書名	出版事項	版式狀況	一般事項	所藏處/所藏番號
		10卷2冊, 中國新鉛活字本, 有圖, 31×28cm, 四周雙邊, 半郭:19.7×13.2cm, 有界, 17行32字, 註雙行, 花口, 上下向黑魚尾, 紙質:노로지	表題:東漢演義, 刊記:光緖壬辰(1892) 春月上海廣百宋齋校印	釜山大學校 (夢漢文庫) ODC 3-12 56
	鍾惺(明)評, 上海, 廣百宋齋, 光緖18(1892)刊	10卷2冊, 中國新活字版, 有圖, 19.3×12.7cm, 四周雙邊, 半郭:15.8×10.6cm, 有界, 17行32字, 註雙行, 上黑魚尾, 紙質:綿紙	題簽:東漢演義, 刊記:光緖壬辰(1892) 春月上海廣百宋齋校印	成均館大學校 D7C-25
		10卷2冊, 中國新鉛活字本, 有圖, 20×13.5cm, 四周雙邊, 半郭:16×11.6cm, 有界, 17行32字, 註雙行, 上下向黑魚尾, 紙質:綿紙	版心題:繡像東西漢演義, 刊記:光緖壬辰(1892) 春月上海廣百宋齋校印	釜山大學校
	鍾惺(明)評, 上海, 上海書局, 光緖25年(1899)刊	10卷2冊, 18cm, 中國石印本, 有圖, 18行40字, 界線, 四周雙邊, 14.2×9.4cm, 上黑魚尾		延世大學校 812.36/10
				高麗大學校 경화당C14-B45-1-2
		5卷1冊, 中國石印本, 有圖, 17.3×10.3cm, 四周雙邊, 半郭:13.3×9.3cm, 有界, 18行40字, 上下向黑魚尾, 紙質:綿紙	刊記:光緖己亥(1899) 季春上海書局石印	洪川郡洪川鄕校
	鍾惺(明)評, 圖書集成局, 淸光緖31(1905)刊	不分卷2冊, 中國活字本, 19.9×13.2cm, 四周單邊, 半郭:16.4×11cm, 有界, 15行42字, 註雙行, 上黑魚尾, 紙質:竹紙	刊記:光緖乙巳(1905) 三月圖書集成局印	成均館大學校 (曺元錫) D7C-25a
		1卷1冊(59張), 中國新鉛活字本, 有圖, 20×13.7cm, 四周雙邊, 半郭:16.3×11.6cm, 有界, 16行42字, 註雙行, 花口, 上下向黑魚尾, 紙質:노로지	表題:東漢演義, 刊記:光緖乙巳(1905) 三月圖書集成局印	釜山大學校 (于溪文庫)OIC 3-12 56A
	1905年	10卷2冊, 中國板, 20×13.5cm, 四周雙邊, 半郭:14.7×10cm, 有界, 18行40字, 白口, 上下向黑魚尾	漢文, 楷書	韓國國學振興院 受託, 반남박씨 판관공파 청하재 KS0468-1-03-00013
	鍾惺(明)評, 上海, 着易堂書局, 1909刊	10卷2冊, 中國石印本, 有圖, 19.6×10.5cm, 四周雙邊, 半郭:19.6×13cm, 有界, 18行40字, 註單行, 上下向黑魚尾, 紙質:竹紙	刊記:勤裕艸堂託上海着易堂書局代印	忠南大學校 集1197

書名	出版事項	版式狀況	一般事項	所藏處/所藏番號
	羅貫中(明)撰, 上海, 錦章圖書局, 清末-民國初	18卷6冊(卷1~18), 中國木版本, 20×13.2cm, 四周雙邊, 8行40字, 半郭:14.5×9.8cm, 無界, 花口, 上下向黑魚尾, 紙質:北黃紙	內容:冊1-2, 繡象東漢演義 -- 冊3~6, 繡象西漢演義, 刊記:勤裕艸堂託上海著易堂書局代印	全南大學校 3Q1-동53ㄴ-v.1-v.6
	鍾惺(明)批評, 上海, 着易堂書局, 刊年未詳	4卷2冊(缺帙, 卷1~4) 中國新鉛活字本, 有圖, 19×13.5cm, 四周雙邊, 半郭:15.6×10.6cm, 有界, 17行32字, 上下向黑魚尾		忠北大學校 912.032-ㅅ642ㄷ-1-4
		10卷2冊, 中國鉛印本, 18.7×12.9cm	刊記:勤裕草堂 託上海着易堂書局代印	國會圖書館 [古]952.3 ㅇ362
		10卷2冊, 中國新式活字本, 有圖, 19.8×12.9cm	卷頭:目錄, 圖像(8張), 卷末:東漢十二帝之名總具于後, 總評, 標題紙:繡像東漢演義, 印出記(標題紙裏面):勤裕艸堂託上海着易堂書局代印	嶺南大學校 [古南]823.5 동한연
	鍾惺(明)評, 上海, 文新書局, 清朝末期~中華初刊	4卷2冊(卷1~4), 中國石印本, 有圖, 20.5×13cm, 四周單邊, 半郭:17.2×11.6cm, 無界, 25行53字, 頭註, 上下向黑魚尾, 紙質:竹紙	表題:東漢演義, 版心題:繡像東漢演義, 表紙墨書識記:丙辰(?)仲春初三日, 同書二部(卷4)	全羅北道 高敞郡 黃秉寬
繪圖東漢演義	江東, 茂記書局	1卷1冊(卷3), 中國石印本, 半郭:17.8×11.2cm, 20行45字, 上黑魚尾		雅丹文庫 823.2-회25
	天寶書局, 刊寫地未詳, 刊寫者未詳, 刊寫年未詳	4卷2冊, 中國石印本, 20.3×13.5cm, 四周雙邊, 半郭:17.6×11.7cm, 無界, 25行56字, 註雙行, 上黑魚尾, 紙質:竹紙	表題:東西漢演義	圓光大學校 AN823.5-ㅊ245ㄱ
	上海, 大成書局, 1900~1998	冊(卷1~4), 21×14cm		大邱 가톨릭 大學校 동823.5-회225대
		4卷2冊, 中國板本, 20.5×13cm, 四周雙邊, 半郭:17.8×12cm, 30行67字, 白口, 上下向黑魚尾	漢文, 楷書	韓國國學振興院 受託, 아주신씨 인재파전암후손가 KS0236-1-02-00076
		8卷6冊, 活印本, 26×17cm		嶺南大學校823
東漢演義	光緒壬辰(1892)年, 上海, 廣百宋齋	1冊(卷1~5), 鉛印本		鮮文大 朴在淵
	上海著易堂書局	10卷2冊126回, 鉛印本		鮮文大 朴在淵

書名	出版事項	版式狀況	一般事項	所藏處/所藏番號
	上海鴻章書局	4卷2冊64回, 石印本		鮮文大 朴在淵
		7冊(卷2~8), 木版本		鮮文大 朴在淵
東漢演義評		2卷1冊, 活字本, 15×21.3cm	表題:新刻劍嘯閣批評東漢演義評	忠北 報恩郡 김동기
繪圖後漢通俗演義	編者未詳, 上海, 會文堂, 中華年間刊	2卷2冊(零本, 所藏本:卷4~5), 中國石印本, 有圖, 19.8×13.2cm, 四周雙邊, 有界, 半郭:16.6×10.9cm, 15行33字, 註雙行, 上下小黑口, 紙質:竹紙	版心題:後漢通俗演義	東國大學校 D819.3 후91
增像全圖東漢演義	作者未詳, 上海章福記, 光緖30(1904)	4卷2冊(64回本), 中國石印本, 有圖, 20.4×13.5cm		高麗大學校 (華山文庫)C14-B6C
		4卷4冊, 中國石印本, 有圖, 20.4×13.5cm		高麗大學校(華山文庫)C14-B6C
	鍾惺(明)批評, 宣統3(1911) 春月鴻賓齋書局印	4卷4冊(100回本), 中國石印本, 有圖, 20.2×13.4cm	標題:繡像東漢演義, 刊記:宣統辛亥(1911…印)	高麗大學校 C14-B45
		4卷2冊, 中國鉛版本, 有圖, 20.2×13.4cm	標・表題:繡像東漢演義, 刊記:宣統辛亥(1911) 春月鴻賓齋書局印	高麗大學校 (晩松文庫) C14-B45E
		4卷2冊, 中國石印本, 有圖, 20×13.4cm, 四周雙邊, 半郭:17.4×11.5cm, 有界, 20行47字, 註單行, 上下向黑魚尾, 紙質:洋紙	刊記:宣統辛亥(1911) 春月鴻寶齊書局印	忠南大學校 集360
	著者未詳, 刊寫地未詳, 刊寫者未詳, 刊寫年未詳	4卷1冊(卷1~4), 有圖, 20.6×13.4cm, 四周雙邊, 半郭:17.4×11.6cm, 無界, 行字數不定, 上下向黑魚尾		慶熙大學校 812.33-동 92
동한연의	著者未詳, 年紀未詳	6卷6冊, 筆寫本, 35×23.2cm	飜譯:19世紀 中半(推定)	國立中央圖書館 [한]48-41
동한연의전		2卷2冊, 筆寫本, 31.3×22.1cm, 14行字數不定	表題:東漢演義, 冊末:정묘팔월에쓰다	아단문고 813.5-동92
동한연의	1冊(零本), 筆寫本	紙質:楮紙	刊記:丁丑年(1877년)	박재연

17-4. 초한연의

≪楚漢演義≫는 다양한 판본으로 되어 있는데 대개 2卷 1冊이 많은 편이며 일반적으로 ≪西漢演義≫의 번역본일 것으로 추정하고 있다. 작품의 판본은 목판본, 필사본 등으로 나뉘어져 있는데, 2卷 1冊, 1卷 1冊 등 다양하게 되어 있고 필사본은 1冊本이 가장 많지만 張數가 다르게 되어 있어 여러 곳에서 필사했음을 드러내고 있다. 작품의 작자는 한글 필사본이 대개 그러하듯이 그에 대한 정보를 거의 알 수 없으며, 안타깝게도 필사 시기조차도 명확하지 않은 것들이 대부분이다.

작품의 국내 유입 기록은 ≪朝鮮王朝實錄≫ 宣祖 2年 己巳(1569) 6월 20일에 기대승이 아뢴 말 중에 ≪삼국지연의≫와 ≪초한연의≫를 비슷한 부류의 책이라는 언급이 있으므로 대개 16세기 중반 이전에는 이 작품이 국내에 유통되었을 것으로 보인다.

여기에서 주목되는 것은 ≪楚漢演義≫와 ≪東漢演義≫에 대한 기록으로 ≪서한연의≫ 대신에 ≪초한연의≫라는 書名이 보인다. ≪초한연의≫라는 서명은 중국에서 사용했다는 기록도 없고 또 孫楷第의 ≪中國通俗小說書目≫에도 언급된 것이 없다. 그렇다면 과연 ≪초한연의≫는 우리나라에서 번역하면서 따로 붙여진 이름인가? 아니면 또 다른 중국소설의 이름인가? 하는 문제이다. ≪초한연의≫라는 이름으로 기록된 문장은 黃中允(1577~1648년)의 ≪東溟先祖遺稿≫8, 「逸史目錄解」에도 언급되어 있고 ≪宣祖實錄≫에서도 보인다. ≪선조실록≫의 기록을 살펴보면 다음과 같다.

> 주상전하께서 문정전 석강(저녁에 궁중에서 유생들이 모여 경진을 강론함)에 나아갔다. ≪近思錄≫ 제2권을 강론하였다. 기대승이 나아가 아뢰기를, "지난번 張弼武를 불러 인견하실 때 전교하시기를 '張飛의 한마디 고함에 萬軍이 달아났다고 한 말은 正史 ≪삼국지≫에는 보이지 아니하고 ≪三國志衍義≫에 있다고 들었다.'라고 하였습니다. 이 책이 나온 지가 오래 되지 아니하여 소신은 아직 보지 못하였으나, 주변의 친구들에게 들으니 허망하고 터무니없는 말이 매우 많았다고 하였습니다. 天文·地理에 관한 책은 이전에는 숨겨졌다가 나중에 드러나는 일이 있기도 하였지만, 역사의 기록의 경우 처음에 실전되었던 것을 후대에 臆測하여 쓰기가 어려운 것인데도 여기에는 敷衍하고 增益하여, 매우 괴이하고 허망하였습니다. 신이 뒤에 그 책을 보니 단연코 이는 無賴한 자가 잡된 말을 모아 古談처럼 만들어 놓은 것이었습니다. 이것은 雜駁하여 무익할 뿐 아니라 크게 의리를 해치는 것입니다. 주상께서 이 책을 우연히 보셨디니 참으로 송구하고 유감스럽습니다. 그 중의 내용을 들어 말씀드린다면 '董承의 衣帶詔書' 이야기나

> '赤壁 싸움'에서 이긴 것 등은 각각 괴상하고 허탄한 일이거나 근거 없는 말로 부연하여 만든 것입니다. 주상께서 혹시 이 책의 근본을 모르시는 것이 아닐까 하여 감히 아뢰입니다. 이 책은 ≪楚漢衍義≫ 등과 같은 책일 뿐만 아니라 이와 같은 종류의 책들은 한두 가지가 아니라 수종이 나왔으며, 모두가 의리를 심히 해치는 것들입니다."
> (壬辰…上御夕講于文政殿. 進講近思錄第二卷. 奇大升進啓曰, 頃日張弼武引見時, 傳教內, 張飛一聲走萬軍之語, 未見正史, 聞在三國志衍義云. 此書出來未久, 小臣未見之, 而或因朋輩間聞之, 則甚多妄誕. 如天文地理之書則, 或有前隱而後著, 史記則初失其傳, 後難臆度, 而敷衍增益, 極其怪誕. 臣後見其冊, 定是無賴者, 裒集雜言, 如成古談. 非但雜駁無益, 甚害義理. 自上, 偶爾一見, 甚爲未安, 就其中而言之, 如董承衣帶中詔及赤壁之戰勝處, 各以怪誕之事, 衍成無稽之言. 自上, 幸恐不知其冊根本, 故敢啓, 非但此書. 如楚漢衍義等書, 如此類不一, 無非害理之甚者也.
> 〈宣祖實錄, 卷三·24-5, 宣祖2年6月, 壬辰〉

이처럼 선조(1569년)때에 이미 ≪초한연의≫라는 소설이름이 분명히 언급된 정황으로 보아 이는 아직 우리가 알지 못하는 逸失된 판본일 가능성이 매우 높다. 그도 그럴 것이 앞서 언급하였듯이 현존하는 版本 가운데 가장 오래된 底本은 ≪全相平話五種≫ 中 〈續前漢書平話〉本으로 元나라 英宗 至治年間(1321-1323) 建安虞氏의 新刊本으로 나온 판본이다. 그 후 한동안 ≪서한연의≫에 관한 출판기록이 없다가 明代 末期에 이르러서야 ≪全漢志傳≫이 출현하는데, 이 판본이 熊大木이 刊行한 것으로 西漢部分 6卷과 東漢部分 6卷 總 12卷으로 구성되었으며, 明代 萬曆 16年(1588)에 淸白堂에서 간행된 판본이다. 그런데 선조(1569년)때에 ≪초한연의≫라는 소설의 이름이 이미 언급되었다는 사실은 또 다른 ≪초한연의≫가 당시에 존재하였음을 의미하는 것이라 사료된다. 그러다 후대에 ≪西漢演義≫와 ≪東漢演義≫가 병립되면서 ≪초한연의≫라는 이름은 사라진 것으로 추정된다. 이러한 가설이 사실이라면 ≪서한연의≫의 국내 유입은 응당 黃中允(1577-1648년)의 卒年인 1648년 이전이 될 것이다.[128] 이 부분은 아직 결정적 증거가 부족하기에 속단하기 어려우므로 좀 더 치밀한 연구가 필요하다.

≪楚漢演義≫의 내용은 다음과 같다. 項羽와 劉邦이 당시 도탄에 빠진 秦나라 백성을 구하기 위해 거사했다가 서로 천하의 패권을 차지하려 경쟁하지만 결국 대세는 劉邦에게로 기울어지고 項羽가 四面楚歌로 죽게 되기까지의 이야기를 다루고 있다.

128) 민관동, ≪중국고전소설의 전파와 수용≫, 학고방, 2007년, 337-338쪽.

국내에는 木版本(방각본)을 慶尙大, 檀國大, 忠南大, 鮮文大 朴在淵이 소장하고 있고 필사본은 延世大, 檀國大, 淑明女大, 雅丹文庫 등에 소장되어 있으며 國文木版本(방각본)은 西江大, 韓國學中央硏究院에 소장되어 있다. 목판본은 2卷 1冊이 가장 많고 필사본은 1冊이 가장 많으며 가끔 상하권은 합간한 서적도 보인다. 이처럼 초한연의의 판본은 전국적으로 다양하게 소장되어 있으므로 독자들에게 폭넓게 수용되었음을 알 수 있다.

書名	出版事項	版式狀況	一般事項	所藏處/所藏番號
楚漢傳	上-隆熙二年戊申(1908)二月十八日謄書	20張, 30㎝, 筆寫本, 12行26字內外	國漢混用文本임	延世大學校 811.93/75
	著者未詳, 全州, 隆熙3年(1909)刊	2卷1冊, 木版本, 25.5×18.6㎝, 四周單邊, 半郭:19.3×16㎝, 13行22字, 內向黑魚尾, 紙質:楮紙	書名:表題에 依함, 版心題:초츈, 刊記:己酉(1909)季春完山開刊, 備考:初張落張	韓國綜合典籍目錄(山氣文庫) 李謙魯 4-730
	著者未詳, 刊寫地未詳, 刊寫者未詳, 大正15(1926)	1冊(77張), 筆寫本, 31.7×20.2㎝, 無界, 10行字數不定	表題:楚漢傳	檀國大學校 율곡기념도서관(羅孫文庫)古853.5-초4115
	著者未詳, 刊寫地未詳, 刊寫者未詳, 庚申(?)	1冊(23張), 筆寫本, 24.2×21㎝, 無界, 9行字數不定		檀國大學校 율곡기념도서관(羅孫文庫)古853.5-초4117
	庚申	1冊, 國文筆寫本	35㎜R[Posi], 25f	(金東旭) R35P-000037-6
	編者未詳, 發行地不明, 發行處不明, 丁未(?)孟夏, 完南龜石里新刊	2卷1冊, 木版本, 27×18.3㎝, 四周單邊, 半郭:19.6×16.2㎝, 無界, 13行22字, 上下內向黑口魚尾	刊記:完南龜石里新刊	慶尙大學校 D7B초91(오림)
	著者未詳, 刊寫地未詳, 刊寫者未詳, 刊寫年未詳	2卷1冊, 木版本, 27.7×18.2㎝, 四周單邊, 半郭:20×16.5㎝, 無界, 13行23字, 上下內向黑魚尾	卷頭題:쵸한젼, 版心題:초한, 내용:下卷題, 셔한연의	檀國大學校 율곡기념도서관 고853.5-초411ㄱ
		1冊(84張), 木版本, 26×18.2㎝, 四周單邊, 半郭:19.6×16.2㎝, 無界, 13行22字, 上下向黑魚尾		檀國大學校 율곡기념도서관(羅孫文庫)古853.5-초4118

書名	出版事項	版式狀況	一般事項	所藏處/所藏番號
		1冊93面, 筆寫本, 20×20cm, 行字數不定, 紙質:楮紙		淑明女子大學校
		1冊, 筆寫本, 半郭:29.5×20cm, 10行字數不定		雅丹文庫 813.5-초92
		1冊(上卷), 國文筆寫本	35㎜R[Posi], 61f	(金東旭) R35P-000037-5
楚漢演義	壬申(1872)年, 善成堂	1冊(卷1, 2存), 木版本		鮮文大 朴在淵
	庚子(1900)年	1冊	朝鮮人筆字	鮮文大 朴在淵
	刊地未詳, 刊所未詳, 1910	1冊, 筆寫本, 30.4×20.5cm	筆寫記錄(卷末):大正九年(1910)陰八月終	嶺南大學校 [古南]823.4-초한연ㄲ
	조선말~근대	1冊, 筆寫本, 19.3×20.4cm, 紙質:楮紙		울산碩南寺,주지실 133
	著者未詳, 刊寫地未詳, 刊寫者未詳, 戊辰(?)	1冊(45張), 筆寫本, 23.2×22.2cm, 無界, 14行字數不定		檀國大學校 율곡기념도서관 古853.5-초4116
	著者未詳, 刊寫地未詳, 刊寫者未詳, 丙午(?)	1冊(51張), 筆寫本, 19.2×19.5cm, 無界, 12行字數不定	卷末:丙午八月南原 勝蓮書…	檀國大學校 율곡기념도서관 (羅孫文庫)古853.5-초4111
	著者未詳, 刊寫地未詳, 文湖精舍, 刊寫年未詳	1冊(64張), 筆寫本, 29×26cm, 無界, 16行字數不定	辛卯八月初一日坪湖書, 印記:歲在辛卯八月下幹壯于文湖精舍	檀國大學校 율곡기념도서관 고853.5-초411가
	戊子	1冊(2卷), 國文筆寫本	35㎜R[Posi], 75f	(金東旭) R35P-000037-7
	辛卯	1冊(3卷), 國文筆寫本	35㎜R[Posi], 68f	(金東旭) R35P-000037-8
	庚辰	1冊, 漢文筆寫本	35㎜R[Posi], 65f	(金東旭) R35P-000037-4
	丙午	1冊, 漢文筆寫本	35㎜R[Posi], 53f	(金東旭) R35P-000037-3
	大正15(1926)	1冊, 國文筆寫本	35㎜R[Posi], 78f	(金東旭) R35P-000037-2
	編者未詳, 刊寫地未詳, 刊寫者未詳, 刊寫年未詳	2卷1冊(落張), 木版本, 26.8×17.7cm, 四周單邊, 半郭:20.7×16.2cm, 無界, 13行22字, 上下向黑魚尾	版心題:초한, 表題:西漢演義	檀國大學校 율곡기념도서관 (羅孫文庫)古853.5-초411
		1冊, 筆寫本, 27.6×14.4cm, 無界, 行字不定, 無魚尾	書名은 本文 內容의 첫구정을 채기함	慶北大學校 [古] 812.14 초91(2)

書名	出版事項	版式狀況	一般事項	所藏處/所藏番號
		1冊, 筆寫本, 26.5×17cm, 無界, 10行37字, 線裝, 紙質:楮紙	表題:楚漢演義	忠北 淸原郡 송천근
		1冊, 筆寫本, 23.7×15.8cm, 10行24字, 無界, 無魚尾	表題:楚漢演義	慶北大學校 〔古〕 812.14 초91(3)
		1冊, 筆寫本	朝鮮人筆字	鮮文大 朴在淵
		1冊(61張), 筆寫本, 23×21.6cm, 無界, 10行19字		檀國大學校 율곡기념도서관 (羅孫文庫)古853.5-초4112
		1冊, 筆寫本, 27.5×20cm	筆寫記錄(標題紙): 庚子八月日謄出	嶺南大學校 [古南]823.4 초한연
		1冊(零本), 筆寫本, 34×22.2cm, 無界, 行字數不定		檀國大學校 율곡기념도서관 (羅孫文庫)古853.5-초4113
		1冊(89張), 33×23cm, 無界, 15行字數不定		檀國大學校, 율곡기념도서관, 고853.5-초411가
		1冊, 筆寫本, 35.3×21cm		慶尙大學校 D7C초91(아천)
		1冊(7卷), 國文筆寫本	35㎜R[Posi], 100f	(金東旭) R35P-000037-10
		1冊, 國文筆寫本	35㎜R[Posi], 92f	(金東旭) R35P-000037-9
楚漢演義	編著者未詳, 刊寫地未詳, 刊寫者未詳, 刊寫年未詳,	1冊, 筆寫本, 26.5×17cm, 無界, 10行37字, 紙質:楮紙	表題:楚漢演義	忠北 淸原郡 송천근
楚漢演義	著者未詳, 辛亥(?)寫	1冊(118張), 筆寫本, 30×17.5cm, 10行字數不定, 紙質:楮紙	表紙墨書識記:白猪(辛亥?)之春夏書	成均館大學校 D7C-174
楚漢演義抄	조선말~근대	1冊, 筆寫本, 23×19cm, 紙質:楮紙	表題:楚漢演義	韓國寺刹文化財 김해 銀河寺, 수장고 450
	朝鮮朝後期~末期寫	1冊(40張), 筆寫本, 30.5×17.5cm, 無界, 9行字數不定, 紙質:楮紙		慶南 固城郡 裵學烈
	刊寫事項不明	1冊, 筆寫本, 24.1×23.6cm, 16行字數不定, 上黑魚尾	寫記:明治八年(1875) 十二月十九日	雅丹文庫 823.5-초92

書名	出版事項	版式狀況	一般事項	所藏處/所藏番號
		1冊, 筆寫本, 半郭:27×18.6cm		雅丹文庫 823.2-초92
		1冊, 筆寫本, 24×22cm		嶺南大學校, 味山文庫[古宅]821.4 초한연
		零本1冊(所藏:卷上), 筆寫本, 27.7×17.3cm, 10行24字, 無界, 無魚尾	書名은 本文 內容의 첫구절을 채기함	慶北大學校 〔古〕 812.14 초91(4)
		1冊, 筆寫本, 20.9×19.5cm, 四周雙邊, 半郭:18×17.5cm, 行字數不定, 有界, 無魚尾	表題:楚漢演義, 版心題:楚漢演義	慶北大學校 〔古〕 812.14 초91(5)
		1冊, 筆寫本, 31×22.2cm, 四周單邊, 半郭:24.2×17.2cm, 有界, 12行22字, 上下向二瓣花紋魚尾	表題:楚漢演義, 版心題:楚漢演義	慶北大學校 〔古〕 812.14 초91
楚漢誌	著者未詳, 刊寫地未詳, 刊寫者未詳, 刊寫年未詳	1冊(44張), 筆寫本, 32.5×20cm, 無界, 10行37字		檀國大學校 율곡기념도서관 고873.5-초411
楚漢記	刊寫地未詳, 刊寫者未詳, 刊寫年未詳	1冊, 筆寫本, 20.5×19.6cm	書名은 表紙書名에 의함	嶺南大學校 [古南]823.4 초한기
楚漢演語三國誌合部	羅貫中(明)著, 刊寫事項不明	1冊, 筆寫本, 22×15cm, 行字數不定, 無魚尾	表題:楚漢演語	慶北大學校 〔古〕 812.3 나16ㅊ
쵸한 년의	著者未詳, 刊寫地未詳, 刊寫者未詳, 刊寫年未詳	1冊(零本), 筆寫本, 32×21.5cm, 無界, 行字數不定	表題:楚漢演義(墨書)	檀國大學校 율곡기념도서관 (羅孫文庫)古853.5-초4114
초한전	發行地不明, 發行處不明, 1919年	1冊, 木版本, 26×18.5cm, 四周單邊, 半郭:20×16cm, 無界, 13行20字, 上下內向黑魚尾, 紙質:楮紙	備考:前後缺張	忠南大學校 학산고서 集·小說類1953
	發行地不明, 發行處不明, 朝鮮朝後期寫	1冊, 筆寫本, 22.1×20cm, 無界, 13行字數不定, 紙質:楮紙		大田市 趙鍾業
		1冊, 筆寫本, 31×21cm, 無界, 12行字不等, 紙質:楮紙	備考:卷前後毀損	忠南大學校 학산고서 集·小說類1952
	著者未詳, 刊寫地未詳, 刊寫者未詳,	1冊, 國文木版本, 25.5×18.7cm, 四周單邊, 上二黑魚尾	版心文字:초, 16㎜R[Nega], 90f	韓國學中央研究院 R16N-001143-2

書名	出版事項	版式狀況	一般事項	所藏處/所藏番號
	刊寫年未詳	1册(落張), 木版本, 半郭:20.2×15.7cm, 內向黑魚尾		雅丹文庫 813.5-초92
		1册, 筆寫本	坊刻本 만들기 위한 初稿인 듯	鮮文大 朴在淵
쵸한젼	著者未詳, 刊寫地未詳, 刊寫者未詳, 哲宗7年(1856)	1卷1册(零本), 筆寫本, 25.5×17.5cm, 無界, 10行22字		檀國大學校 율곡기념도서관 (羅孫文庫)古853.5- 초4116
	刊寫地未詳, 隆熙2(1908)	2卷1册, 木版本, 半郭:20.6×15.9cm, 13行字數不定, 內向黑魚尾	刊記:隆熙二年戊申(1908) 秋七月西漢記完西溪新刊	雅丹文庫 813.5-쵸92
		2卷1册, 한글木版本, 26×18.5cm, 四周單邊, 半郭:20.2×15.8cm, 無界, 13行20字內外, 上下內向黑魚尾	관심제의 [한]은 한글고어의 번자, 卷下의 卷首題:셔한연의, 版心題:초[한], 刊記:隆熙二年戊申(1908) 秋七月西漢紀完西溪新刊	西江大學校 고서 쵸91
	著者未詳, 完山, 隆熙3 (1909), 己酉(1909) 季春完山開刊	全上下卷1册, 國文木版本, 27.5×18.7cm, 四周單邊, 半郭:20.4×16.3cm, 13行 字數不定, 上下黑魚尾	版心文定:초ᄒᆞᆫ, 刊記:己酉(1909)季春完山開刊, 16mmR[Nega], 87f	韓國學中央研究院 D7B-5B/R16N-00114 3-3
	卓鐘佶編, 全州, 西溪書鋪, 1911	2卷1册, 木版本, 26.1×18.8cm, 四周單邊, 半郭:20.3×15.9cm, 無界, 13行20字, 內向黑魚尾		啓明大學校 이811.35
		不分卷1册, 木版本, 26.8×19cm, 四周單邊, 半郭:19.9×16.2cm, 無界, 13行22字, 內向黑魚尾	刊記:陵熙二年戊申(1911)秋七 月西漢記完西溪新刊	國立中央圖書館 [한]48-47
	著者未詳, 刊寫地未詳, 刊寫者未詳, 明治44年(1911)	2卷1册, 木版本, 25.4×17.9cm, 四周單邊, 半郭:19×16.1cm, 無界, 13行20字, 上下內向黑魚尾	下卷書名:서한연의(西漢演義)	檀國大學校 율곡기념도서관 (羅孫文庫)古853.5- 초4119
	著者未詳, 全州, 梁册房, 昭和7(1932)	2卷1册(44張), 木版本, 25×18cm, 四周單邊, 半郭:20.5×16.5cm, 無界, 13行22字, 上下內向黑魚尾	卷下書名:셔한연의, 原書名:楚漢傳	檀國大學校 율곡기념도서관 古853.5-초4117
	著者未詳, 朝鮮朝末期刊	2卷1册, 木版本, 27.2×17.9cm, 四周單邊, 半郭:20.3×16cm, 無界, 13行20字, 內向黑魚尾, 紙質:楮紙		忠南 溫陽市 溫陽民俗博物館

<table>
<tr><th>書 名</th><th>出 版 事 項</th><th>版 式 狀 況</th><th>一 般 事 項</th><th>所藏處/所藏番號</th></tr>
<tr><td rowspan="11"></td><td></td><td>上下2卷1冊, 木版本,
25×18.2cm, 四周單邊,
半郭:20×15.8cm,
13行字數不定, 內向黑魚尾,
紙質:楮紙</td><td>表題:楚漢傳, 版心題:초ᄒᆞᆫ,
內容:卷上:초한젼,
卷下:셔한연의</td><td>誠庵文庫
4-1387</td></tr>
<tr><td>編者未詳,
刊寫地未詳,
刊寫者未詳,
19世紀末</td><td>2卷1冊(卷1~2), 木版本,
26.6×18.7cm, 四周單邊,
半郭:20.1×16.2cm, 無界,
13行20字, 上下內向黑魚尾</td><td>卷末書名:楚漢傳
한글本임</td><td>全北大學校
812.35-초한전</td></tr>
<tr><td>南宮楔 著,
(1900頃)刊</td><td>2卷1冊, 木版本, 27.3×18cm,
四周單邊, 半郭:20.6×16.6cm,
13行20字, 內向黑魚尾,
紙質:楮紙</td><td></td><td>韓國綜合典籍目錄
(尙熊文庫) 4-182</td></tr>
<tr><td rowspan="2">丁未孟夏完南
龜石里新刊</td><td>2卷1冊, 木版本,
半郭:20.6×15.9cm,
13行字數不定, 內向黑魚尾</td><td>刊記:丁未孟夏完南龜石里新刊,
印記:白淳在藏書</td><td>雅丹文庫
813.5-초92</td></tr>
<tr><td>2冊, 國文木版本,
26.4×18.3cm, 四周單邊,
上下黑魚尾</td><td>版心文字:초춘, 16mmR[Nega],
86f</td><td>韓國學中央研究院
R16N-001142-22</td></tr>
<tr><td rowspan="7">著者未詳,
刊寫地未詳,
刊寫者未詳,
刊寫年未詳</td><td>2卷1冊(同書3部), 木版本,
半郭:20.6×15.8cm, 13行22字,
內向黑魚尾</td><td></td><td>雅丹文庫
813.5-초92</td></tr>
<tr><td>上下2卷, 1冊</td><td></td><td>鮮文大 朴在淵</td></tr>
<tr><td>2卷1冊, 木版本, 26×19cm,
四周單邊, 半郭:20×17cm,
無界, 13行23字,
上下向黑魚尾</td><td></td><td>淑明女子大學校</td></tr>
<tr><td>全上下卷1冊, 木版本,
27.4×18.4cm, 四周單邊,
半郭:20.9×16.4cm,
13行字數不定, 上下黑魚尾</td><td>版心文字:초ᄒᆞᆫ</td><td>韓國學中央研究院
D7B-5A</td></tr>
<tr><td>2卷1冊, 卷上, 下, 木版本,
한글본, 26.6×18.7cm,
四周單邊, 半郭:20.1×16.2cm,
無界, 13行20字,
上下內向黑魚尾</td><td>卷末書名:楚漢傳</td><td>奎章閣
[古]3350-89</td></tr>
<tr><td>1冊, 國文木版本,
27.4×18.4cm, 四周單邊,
上下黑魚尾</td><td>版心文字:초, 16mmR[Nega], 88f</td><td>韓國學中央研究院
R16N-001142-23</td></tr>
<tr><td>1冊(缺本), 國文木版本,
22.4×18.8cm, 四周單邊,
上下黑魚尾</td><td>版心文字:초한, 16mmR[Nega],
71f</td><td>韓國學中央研究院
R16N-001143-4</td></tr>
</table>

書名	出版事項	版式狀況	一般事項	所藏處/所藏番號
		1册(85張), 木版本, 四周單邊, 匡郭:20.5×17cm, 無界, 13行20字, 上下黑魚尾		延世大學校 811.36
쵸한전	編者未詳, 明治44(1911)	2卷1册(88張), 木版本, 26×18cm, 四周單邊, 半郭:20.5×16cm, 無界, 12行26字, 上下黑魚尾	內容:上卷:쵸한전, 下卷:셔한연의	梨花女子大學校 [고] 811.31 쵸91B
	著者未詳, 刊年未詳	木版本, 27×18.5cm, 四周雙邊, 半郭:20×17cm, 無界, 13行18字, 上下黑魚尾		梨花女子大學校 [고] 811.31 쵸91
	著者未詳, 刊年未詳	筆寫本, 28.5×22cm, 無罫, 9行字數不同, 版心無		梨花女子大學校 [고] 811.31 쵸91A
초한젼	著者未詳, 丁未(1907)孟夏完南龜石里新刊	2卷1册, 木版本, 26×18cm, 四周單邊, 半郭:20×16.9cm, 有界, 13行字數不定, 內向黑魚尾, 紙質:楮紙	版心題:초ᄒᆞᆫ, 內容:中國小說, 刊記:丁未(1907)孟夏完南龜石里新刊, 印記:徐公執信	韓國綜合典籍目錄 (山氣文庫) 李謙魯 4-729
		1册, 木版本, 26×18.5cm, 四周單邊, 半郭:20×16cm, 無界, 13行21字, 上下內向黑魚尾, 紙質:楮紙		忠南大學校 학산고서 集.小說類1955
		2卷1册, 木版本, 27.5×19cm, 四周單邊, 半郭:21×16cm, 無界, 13行22字, 上下內向黑魚尾, 紙質:楮紙	版心題:초한, 刊記:丁酉(1907)孟夏完南龜石里新刊	忠南大學校 학산고서 集.小說類1954
		2卷1册, 木版本, 26×18.5cm, 四周單邊, 半郭:19.8×15.8cm, 無界, 13行20字內外, 上下內向黑魚尾	한글本, 판심제의 [한]은 한글고어의 번자, 表題:楚漢傳, 卷下의 卷首題: 셔한연의 版心題: 초[한], 刊記:丁未(1907) 孟夏完南龜石里新刊	西江大學校 고서 초91
		全上下卷1册, 國文木版本, 26.7×18.5cm, 四周單邊, 13行字數不定, 上下混入花紋魚尾	版心文字:초한, 刊記:丁未(1907)孟夏完南龜石里新刊, 16㎜R[Nega], 88f	韓國學中央研究院 D7B-5/ R16N-001143-1, D7B-5
		2卷1册(초한젼 상권, 셔한연의 하권합간), 木版本, 半郭:20.5×16.1cm, 13行22字, 內向黑魚尾	刊記:丁未孟夏完南龜石里新刊	雅丹文庫 813.5-초92
		2卷1册, 木版本, 半郭:20.2×16cm, 13行21字, 內向黑魚尾	刊記:丁未孟夏完南龜石里新刊	雅丹文庫 823.5-초92

書名	出版事項	版式狀況	一般事項	所藏處/所藏番號
		2卷1冊, 木版本, 25×18.4cm, 四周單邊, 半郭:20.8×16.8cm, 13行字數不定, 內向黑魚尾, 紙質:楮紙	刊記:丁未(1907)孟夏完南龜石 里新刊, 備考:ᄒᆞᆫ글소셜,	成均館大學校 D7B-92
	著者未詳, 朝鮮朝末期刊	上下, 2卷1冊, 木版本, 25×18.2cm, 四周單邊, 半郭:20×15.8cm, 13行字數不定, 內向黑魚尾, 紙質:楮紙	表題:楚漢傳, 版心題:초ᄒᆞᆫ, 內容:卷上, 초한젼, 卷下, 셔한연의	韓國綜合典籍目錄 (誠庵文庫) 趙炳舜 4-1387
	著者未詳, 全州, 多佳書舖, 1916刊	上下, 2卷1冊, 木版本, 26.3×19cm, 四周單邊, 半郭:20.5×15.5cm, 11行字數不定, 內向黑魚尾, 紙質:楮紙	版心題:초, 所藏印:陶南書室, 刊記:大正五年(1916) 十月八日發行	韓國綜合典籍目錄 (陶南文庫) 趙潤濟
		不分卷1冊, 木版本, 25.7×18.5cm, 四周單邊, 半郭:20.6×16.1cm, 無界, 13行22字, 內向黑魚尾	楚漢傳	國立中央圖書館 [한] 48-47-2
		1冊, 木版本, 26.4×18.9cm, 四周單邊, 半郭:19.9×16.1cm, 無界, 13行20字, 上下內向黑魚尾	版心題:초한, 한글本, 原本印出記(卷末): 丁未孟夏完南龜石里新刊	嶺南大學校 陶南文庫 [古도] 813.5 초한전
	大正八年(1919) 九月	1冊, 木版本, 26×18.6cm, 四周單邊, 半郭:19.8×16cm, 無界, 12行20字, 內向黑魚尾	版心題:초ᄒᆞᆫ, 刊記:大正八年(1919)九月, 合綴:셔한연의권지하, 備考:卷末缺張	大田市 趙鍾業
	著者未詳, 刊年未詳	2卷1冊, 木版本, 25.5×18.3cm, 四周單邊, 半郭:20.5×16cm, 23行21字, 註雙行, 內向黑魚尾		國立中央圖書館 [古]3636-53
초ᄒᆞᆫ전	己酉	1冊, 國文筆寫本, 24.3×17cm	16mmR[Posi], 72f	(趙東一)R16N-00050 3-13
쵸한녹	著者未詳, 光武3年(1899)寫	卷下, 1冊(51張), 筆寫本, 19.6×18.5cm, 紙質:楮紙	寫記:己亥(1899) 十二月初吉孔澈秀書	韓國綜合典籍目錄 (尙熊文庫)4-181
초한뎐	刊寫地未詳, 刊寫者未詳, 1914	1冊, 筆寫本, 23.1×21.7cm		國民大學校 [고]813.5 초01
쵸한 연의		1冊(32張), 筆寫本, 35×20.5cm		延世大學校 811.36
초한 실긔	編著者未詳, 年紀未詳	20冊, 筆寫本, 25.9×17.6cm	所藏印:尙和堂印	國會圖書館 [古]812.3 ㅊ136

<table>
<tr><th>書 名</th><th>出 版 事 項</th><th>版 式 狀 況</th><th>一 般 事 項</th><th>所藏處/所藏番號</th></tr>
<tr><td rowspan="2">초한지</td><td>1913寫</td><td>1冊(53張), 筆寫本,
27.9×19.8cm, 無界,
12行字數不定, 紙質:楮紙</td><td>寫記:大正二年癸丑年(1913)
陰十月十九日始成草</td><td>釜山廣域市 金戊祚</td></tr>
<tr><td>近代</td><td>1冊, 筆寫本, 28×18.7cm,
紙質:楮紙</td><td></td><td>韓國寺刹文化財
김해銀河寺수장고
612</td></tr>
<tr><td rowspan="2">(초한
건곤)
쟝ᄌᆞ방
실긔</td><td>朴健會譯述,
京城仁寺洞朝
鮮書館1915
年刊</td><td>1卷1冊(卷上), 新活字本,
22×14.9cm, 11行35字</td><td></td><td>雅丹文庫
813.6-박14ㅊ</td></tr>
<tr><td>朴健會譯述,
京城,
博文書舘(1924)</td><td>全不分卷1冊, 新鉛印本,
20.2×13.6cm</td><td></td><td>韓國學中央研究院
D7B-48</td></tr>
<tr><td>쟝ᄌᆞ
방젼</td><td>著者未詳,
刊年未詳, 南谷</td><td>全3卷3冊, 木版本,
28.8×18.8cm, 四周單邊,
半郭:22.6×17.5cm, 18行
字數不定, 上下黑魚尾</td><td>表紙書名:西漢演義,
刊記:南谷新板, 16mmR[Nega],
63f</td><td>韓國學中央研究院
D7B-121/R16N-0011
41-5</td></tr>
</table>

18. 殘唐五代史演義

≪殘唐五代演義≫는 8권 60회본으로 작자가 羅貫中이며 一名 ≪殘唐五代史演義傳≫이라고 하는 歷史小說이다. ≪殘唐五代演義≫의 가장 이른 판본은 明代 60회본 간행본인데 '李卓吾批點'이라 적혀 있고 권두에 長洲 周之標君建의 서문이 있으며 挿圖도 있다. 天津人民 圖書館 所藏本은 李卓吾가 교열한 ≪殘唐五代史演義傳≫인데, 8권 60회로 되어 있고 明代 羅本을 편집한 것이다. 北京師範大學 圖書館 所藏本도 李卓吾의 교열본 ≪殘唐五代史演義傳≫인데 8권 60회로 署名과 序文의 작자는 天津 人民圖書館本과 같다. 南開大學 소장본은 明代 간행본으로 분류되고 있는데 8권 60회로 되었고 권두에 60폭의 挿圖가 있으며 李贄의 評이 있다. 이상 4종의 판본은 같은 계통으로 보인다.

이외에 坊刻本은 6권 60회로 된 것인데 '玉茗堂批點'이라 서명되어 있고 李卓吾의 評點이 들어있으며 挿圖가 있다. 또 三讓堂 간행본이 있는데 2권 60회로 '玉茗堂批點 殘唐五代史演義'라 되어 있고 明代 羅本을 編輯한 것으로 湯顯祖의 評이 있다. 光

緖 16年(1890년) 經元堂本은 三讓堂本을 수정하여 간행한 것이고 遼寧圖書館과 天津圖書館에서는 12권 60회본이 각각 1부씩 소장되어 있다.[129)]

작자 羅貫中(1330?-1400)은 元末明初의 통속소설가로 山西省 太原에서 태어났으며 浙江省 杭州에서 죽었다고 한다. 이외에 그에 대한 자세한 사적은 명확하게 알려져 있지 않다.

≪殘唐五代演義≫는 상당히 이른 시기에 우리나라에 유입된 작품으로 추정된다. 허균(1563-1618)은 자신이 읽은 여러 演義類 작품들을 평가하여 열거하면서 ≪殘唐五代演義≫에 대해 '率'이라고 언급한 것으로 본다면[130)] 늦어도 1600년대 초기에는 이 책이 유입된 것으로 보인다. 그 당시에는 이미 상당수의 연의류 작품들이 우리나라에 수입되었음을 추측할 수 있다. 그 외 우리나라에는 일본의 학자 大塚秀高가 언급하지 않은 光緖 13年(1887)에 간행된 老二酉堂本이 전해지고 있다.[131)]

≪殘唐五代演義≫의 한글 번역본[132)]은 한국학중앙연구원 장서각에 소장되어 있는 것이 현재 유일본인데 5권 5책으로 표지는 ≪殘唐五代演義≫라고 되어 있고 본문에는 ≪잔당오ᄃᆡ연의≫라고 되어 있다. 이 낙선재본 ≪잔당오대연의≫의 번역 양상을 살펴보면 원문의 서문과 제1회를 번역하지 않았고, 매회 開場詩와 散場詩·挿入詩·李卓吾의 回後評 등을 번역하지 않은 경우가 많았지만 가끔 번역된 부분도 나타나고 있다. 따라서 작품 전개에 있어서 극적이거나 안타까운 부분에서는 시와 평을 번역하여 독자들이 작품 내용을 잘 이해할 수 있도록 했음을 알 수 있다.[133)]

≪殘唐五代演義≫의 내용은 다음과 같다. 唐나라 말엽 僖宗 즉위 1년(874)에서부터 五代十國의 시대를 통일하여 宋나라 太祖 趙匡胤이 송을 건국하기까지(960)를 역사적 배경으로 하는 이야기를 다루고 있다. 그 중에서 특히 황소의 난에서부터 오대십국의 홍망까지 복잡다단한 역사적인 사건이 대략적으로 서술되어 있다.

---

129) 江蘇省社會科學院 明淸小說硏究中心文學硏究所 編, ≪中國通俗小說總目提要≫, 中國文聯出版公司, 1991, 45~46쪽 참조.

130) 許筠, ≪惺所覆瓿藁≫, 권13.

131) 박재연, 〈樂善齋本 殘唐五代演義에 대하여〉, ≪중국소설논총≫제1집, 1992, 5, 113-133쪽 참조.

132) ≪殘唐五代演義≫의 한글 번역본이 정확하게 언제 나왔을 거라고 확증할 수 없지만 17세기 이후에 존재했을 것으로 보는 견해가 있다.
林根洙, 〈殘唐五代演義 硏究〉, ≪古小說硏究論叢≫, 1994, 716쪽.

133) 임치균, 〈한글 필사본 ≪잔당오대연의≫ 연구〉, ≪규장각≫제7집, 2002, 2, 33-58쪽.

국내에는 中國木版本이 延世大, 成均館大에 소장되어 있고 中國石印本은 선문대 박재연, 용인대 등에 소장되어 있으며 한글 필사본은 유일하게 韓國學中央硏究院에 소장되어 있다. 중국 목판본은 12卷 6冊이나 연세대 소장본은 잔본이고 중국 석인본은 4卷 4冊과 8卷 4冊으로 판식이 다르며 한글 필사본은 5卷 5冊으로 17세기 이후 번역된 것으로 추정된다.

書名	出版事項	版式狀況	一般事項	所藏處/所藏番號
五代殘唐演義	錦章圖書局	4卷4冊60回, 石印本		鮮文大 朴在淵
殘唐五代史演義傳	羅貫中(明)編輯, 李贄批評, 京都, 老二酉堂, 淸光緖13(1887)刊	12卷6冊, 木版本, 有圖, 21×11.8㎝, 四周單邊, 半郭:16.4×10.9㎝, 無界, 12行28字, 上黑魚尾, 紙質:竹紙	裏題:繡像五代殘唐全傳, 版心題:殘唐五代傳, 序:長洲周之標君建甫題於仰蘇樓, 刊記:光緖丁亥年(1887)重刊, 京都老二酉堂梓行	成均館大學校 D7C-88
	著者未詳, 上海, 上海錦章圖書局, 1910年頃	4卷4冊(卷1~4), 15.1×9.1㎝, 有圖, 四周單邊, 半郭:13.2×8㎝, 無界, 20行47字, 上下向黑魚尾	包匣題:繡像五代殘唐全傳, 標題:繡像五代殘唐全傳, 表題:繡像五代殘唐全傳, 印記:發行所…上海錦章圖署局石印	東亞大學校 (3):12:2-96
	羅本編輯, 李贄批評, 一友益齋藏板	全12卷6冊中一部缺(落卷7, 8(1冊)), 中國木版本, 有圖, 22㎝, 四周單邊, 18.4×10.7㎝, 9行22字, 上黑魚尾	內題:殘唐五代全傳, 版心題:殘唐五代傳, 叙:長洲周之標題	延世大學校 812.36/51
	羅貫中(明)編輯, 湯若土 批評, 上海, 江東書局, 刊寫年未詳	6卷4冊(卷1~6), 14.5×8.9㎝, 有圖, 四周雙邊, 半郭:12.9×8㎝, 無界, 18行38字, 無魚尾	包匣題:新增五彩圖五代殘唐, 標題:增像殘唐五代, 殘唐五代史傳序:長洲周之標君建甫題於仰蘇樓	東亞大學校 (2):5-62
	著者未詳, 刊年未詳	零本(第2冊, 卷2外缺), 中國印本, 14.7×8.7㎝, 四周單邊, 半郭:12.8×7.9㎝, 無界, 18行40字, 版心無		梨花女子大學校 [고] 812.3 잔311
鐫李卓吾批點殘唐五代史演義傳	羅貫中(明)編, 李贄(明)批評	8卷4冊, 中國石印本, 23.4×14.3㎝, 四周單邊, 半郭:20.6×13.5㎝, 有界, 9行20字, 上黑魚尾		용인대학교 D7-22
잔당오딕연의	著者未詳, 寫年未詳	5卷5冊, 한글筆寫本, 30.4×21.9㎝, 無郭, 無絲欄, 無版心, 10行25字, 紙質:楮紙	表題:殘唐五代演義, 印:藏書閣印, 35mmR[Nega], 239f. 17세기 이후 번역 추정	韓國學中央硏究院 4 6842/R35N-000095-1

19. 大明英烈傳 : (續英烈傳)

19-1. 大明英烈傳

≪大明英烈傳≫은 80회본으로 一名 ≪英烈傳≫·≪皇明開運英武傳≫·≪皇明英烈傳≫·≪雲合奇踪≫·≪皇明英武傳≫이라고 하는 歷史小說이다. ≪大明英烈傳≫의 작자는 明 沈德符의 ≪野獲編≫에 근거하면 郭英의 후손 郭勳으로 그의 선조 郭英의 공적을 기리기 위한 것이라고 설명하고 있지만 명확하지 않다.

≪大明英烈傳≫의 판본 중에서 嘉靖本 ≪英烈傳≫은 현재 전하지 않고 萬曆 1591年 이전에 나온 것으로 추정되는 ≪대명영렬전≫의 몇 종류가 전해지고 있다. ≪大明英烈傳≫의 현존 판본은 明代 판본 세 종류가 있는데, 書名과 卷數가 같지 않으나 사실은 똑같은 것이다.

≪新鐫龍興名世錄皇明開運英武傳≫은 ≪皇明英武傳≫이라고도 하며 전8권으로 金·石·絲·竹·匏·土·革·木을 세목으로 하였으며 모두 60회이다. 明 萬曆 19年 辛卯年(1591)에 간행된 이 책은 卷一에 "原板은 南京齊府가 刊行함", "書林 明峰 楊氏가 다시 판각함"이라 적혀있고, 책 뒤 木記에서 "皇明 萬曆 辛卯年(1591) 孟夏 月吉旦 重刻함"이라 했다. 第6卷에는 徐達이 張士誠을 서둘러 공격하지 말라는 太祖의 명을 받든 이야기이다. 注에서는 "舊本은 이것을 누락했다"라 되어 있다. 또 每卷마다 새로 各回를 덧붙여 모두 "附增" 두 자로 나타내고 있다. 이런 내용으로 보아 이 책이 舊本에서 나왔음을 알 수 있다.

明代 三台館 간행본은 ≪新刻皇明開運輯略武功名世英烈傳≫ 6권인데 겉면에 ≪官板皇明全像英烈志傳≫이라 했고, 木記에는 "書林 余君召 梓行"이라 이르고 있다.

그 외 明 간행본인 ≪皇明英烈傳≫ 6권은 앞머리에 崇禎 戊辰(1628년) 某氏의 序가 있는데, 余君召本에 실린 序와 완전히 일치하며 끝에는 萬曆 甲寅(1641년) 黃冠野叟의 跋이 있다. ≪雲合奇踪≫도 ≪英烈傳≫이라 제목을 달고, "徐渭 文長甫가 편집하다"라고 적고 있는데 依託한 것이며 舊本 ≪皇明開運英武傳≫을 底本으로 삼은 것이다. 일본 ≪舶載書目≫ 享保間目에 道堂本 12권 80회가 기록되어 있었는데 현재 이 판본은 없어졌다. 이 외에도 淸 懷德堂本과 英德堂 간행본 등이 있다.[134]

≪英烈傳≫은 언제 朝鮮에 유입되었는지 명확하게 알 수 없으나 思悼世子의 ≪中國小說繪模本≫(1762년)의 서문과 尹德熙의 ≪字學歲月≫(1744)·≪小說經覽者≫(1762년) 등에 이 작품의 서명이 나란히 언급되어 있는 것으로 보아 대략 1700년대 중기 이전에는 이미 조선에 유입된 것으로 짐작할 수 있다.

한글 필사본 ≪대명영렬뎐≫은 현재 한국학중앙연구원에 소장되어 있는데 모두 8책으로 이루어져 있다. 이 작품은 樂善齋 문고에 소장되어 있는 번역소설 가운데 가장 오래된 것 중의 하나로 보여지며, 본문은 해서체로 쓰여 있지만 인명과 지명이 특히 많이 나와 여러 차례 전사를 거친 것과 같이 誤記가 많다는 특징을 지니고 있다.[135]

그 외에도 고려대에 ≪대명영녈뎐≫이라는 번역 필사본이 있다. 이 책은 8卷 8冊으로 되어 있으며 標題는 ≪大明英烈傳≫이라 되어 있다. 또 필사기에 "셰직병신(1896년) 듕츄상원샹문동필셔"라고 쓰여 있는 것으로(印:桑村聞長 首陽○朝) 보아 장서각본(한국학 중앙연구원본)을 후대에 필사한 것으로 추정된다.

≪大明英烈傳≫의 내용은 다음과 같다. 주로 明나라 太祖 朱元璋이 국가를 창업한 이야기를 중심으로 서술하고 있다. 전반부의 내용은 元末 각지에서 의병이 봉기하는 것으로 시작하여 주원장이 소년 시절과 봉기군에 들어가는 이야기가 전개된다. 그 후 주원장은 英雄豪傑과 인재들을 모아서 보위에 오르게 되고 元나라 병사에 저항하여 채석과 남경을 함락시킨다. 그는 이어서 中原을 점령하고 천하를 통일시킨 후에 공신들에게 작위를 봉하고 포상하는 내용으로 대미를 장식하고 있다.

국내에는 中國木版本이 奎章閣, 國立中央圖書館, 嶺南大, 慶北 慶山市 崔在石 등이 소장하고 있고, 中國石印本은 선문대 박재연, 梨花女大, 江陵市 船橋莊, 京畿大 등에 소장되어 있으며 한글 필사본은 高麗大와 韓國學中央硏究院에 소장되어 있다. 중국 목판본은 6冊, 4卷 4冊, 10卷 10冊 등 각각 다르고 중국 석인본은 4卷 4冊, 2卷 2冊으로 되어 있으며 한글 필사본은 모두 8卷 8冊으로 되어 있지만 판식과 필사 시기가 다르다.

---

134) 江蘇省社會科學院 明清小說硏究中心文學硏究所 編, ≪中國通俗小說總目提要≫, 中國文聯出版公司, 1991, 53-54쪽 참조.

135) 박재연 교주, ≪대명영렬뎐≫, 선문대 번역문헌연구소, 1996, 머리말 참조.

書名	出版事項	版式狀況	一般事項	所藏處/所藏番號
英烈全傳	徐渭(明)編, 明版本	6冊(零本, 卷5~10), 中國木版本, 24.4×15.6cm	印:帝室圖書之章	奎章閣 [奎중]4175
	上海江左書林	4卷4冊八十回, 中國石印本, 大字足本		鮮文大 朴在淵
繡像京本雲合玉茗英烈全傳	上海, 文宣書局	4卷4冊(缺本, 第1冊, 第2冊, 第3冊), 中國石印本, 有圖(4張), 15.1×9.8cm, 四周雙邊, 半郭:13.5×8.4cm, 無界, 18行40字, 上黑魚尾		梨花女子大學校 [고] 812.3 수61
	徐渭(明)編, 上海, 廣益書局, 刊寫年未詳	4卷4冊(卷1-4), 15×9cm, 有圖, 四周雙邊, 半郭:12.6×8cm, 無界, 20行48字, 上下向黑魚尾	題簽題 및 標題:繡像英烈全傳, 印記:上海廣益書局印行	東亞大學校 (3):12:2-24
繡像京本雲合奇踪玉茗英烈全傳	徐渭(明)編, 清代刊	2卷2冊(卷2, 3), 中國石印本, 13.4×8.3cm, 四周雙邊, 半郭:11.6×7.3cm, 無界, 18行40字, 上下向黑魚尾, 紙質:綿紙	表題:繪圖英烈全傳	江陵市船橋莊
繡像京本雲合奇踪玉茗英烈全傳	徐渭(明)編, 上海書局, 光緖22年(1896)刊	4卷4冊(卷1~4), 中國石印本, 14.7×8.9cm, 四周雙邊, 半郭:12×8cm, 無界, 18行40字, 上下向黑魚尾, 紙質:綿紙	題簽:繪圖英烈全傳, 序:光緖丙甲(1896)暮春月, 刊記:光緖丙甲(1896)上海書局石印	江陵市船橋莊
繡像京本雲合奇踪玉茗英烈全傳	上海(中國), 廣益書局, 刊寫年未詳	4卷4冊1匣, 中國石印本, 有圖, 14.8×8.8cm, 四周雙邊, 半郭:12.6×7.7cm, 無界, 20行48字, 上下向無葉花紋魚尾	標題:繡像英烈全傳, 版心題:繪圖英烈全傳, 刊記:上海廣益書局印行	京畿大學校 경기-k114531-1
	徐渭(明)編, 刊年未詳	10卷10冊, 中國木版本, 24.4×15.7cm	表紙書名:英烈傳, 標題紙書名:玉茗堂英烈全傳, 版心書名:英烈全傳, 序:東山主人	國立中央圖書館 [古]5-80-20
		5冊1匣, 中國木版本, 有圖(圖像(6張)), 23.2×15.7cm, 四周單邊, 半郭:19.3×12.7cm, 無界, 12行26字, 註雙行, 上下向黑魚尾	卷頭:序:東山主人, 新刻玉茗堂英烈全傳目錄, 版心題:英烈全傳	嶺南大學校 陶南文庫 [古도]823.5 서위
繡像雲合奇蹤	徐渭(明)編, 玉茗堂評點, 刊年未詳	1冊(零本, 卷10), 中國木版本, 22.5×14.7cm	版心書名:雲合奇蹤, 表紙書名:英烈傳	奎章閣 [奎중]5301
新刊皇明通紀輯略武功名世英烈傳	明代刊	2卷1冊, 中國木版本, 25.8×15.6cm, 四周單邊, 半郭:19.2×12.7cm, 有界, 12行24字, 註雙行, 上下向黑魚尾, 材質:金粉唐紙	表題:英烈傳	大邱 慶山郡 崔在石

書名	出版事項	版式狀況	一般事項	所藏處/所藏番號
大明英烈傳	撰者未詳, 筆寫年, 筆寫者未詳	1冊, 朝鮮筆寫本		李海晴
		1冊(卷之5, 6), 朝鮮筆寫本		朴順浩
대명영녈뎐	建陽1(1896)	8卷8冊, 筆寫本, 33.5×22.5㎝	標題:大明英烈傳, 筆寫記:셰직병신(1896) 듕츄샹원샹문동필서, 印:桑村聞長 首陽○朝	高麗大學校 C14-A33
대명영렬뎐	編者未詳, 譯者未詳, 寫年未詳	8卷8冊, 筆寫本, 29.2×20.9㎝, 無郭, 無絲欄, 10行21字	表題:大明英烈傳, 印:藏書閣印	韓國學中央硏究院 4-6798

19-2. 續英烈傳

≪續英烈傳≫은 英雄小說로 5卷 34回로 되어 있고 著者는 空谷老人이다. "空谷老人編次"라고 적혀 있고, 卷頭에 秦淮墨客의 序文이 실려 있는데 秦淮墨客은 紀振倫을 지칭한다. 孫楷第는 작가를 紀振倫으로 보고 있다.

版本으로는 舊刊 大字本은 5卷 34回로, 1面은 9行, 1行이 21字로 되어 있다. 光緖 8年(1882) 盛德堂本 역시 5卷 34回로 1面은 9行, 1行이 21字로 되어 있으며 南京圖書館에 所藏되어 있다. 판식의 형태로 보아 光緖 8年(1882) 盛德堂本은 舊刊 大字本과 같은 판본으로 보인다. 반면에 道光 20年(1840) 雙桂堂本은 20回로 되어 있다고 하는데 이 版本은 ≪中國通俗小說書目≫에 수록은 되어 있으나 所藏處를 알 수 없다. 그 외에도 首都 圖書館, 北京圖書館에 集古齋刊本이 所藏되어 있다.[136)]

≪續英烈傳≫은 歷史的 事件인 '燕王靖難'을 소재로 明 太祖의 孫子인 朱允炆와 넷째 아들인 燕王이 정권을 탈취하고자 反亂을 일으킨 내용을 서술하고 있다. 明 太祖는 즉위한 후에 長子인 標를 太子로 세웠는데 燕王은 도승의 보좌를 받고서 전쟁을 준비하였다. 明 太祖가 죽고 建文帝가 즉위하자 燕王은 반란을 일으키고 결국 建文帝는 스님으로 분장하고 피신하여 20년간 여기저기를 떠돌아다녔다. 燕王은 전쟁에 승리하고 연호를 永樂으로 바꾸고 永樂帝가 되었다. 正統 5年에 建文帝가 서울로 돌아오자 皇帝는 宮 안에 庵子를 지어 建文帝를 기거하게 하였고 그 후 建文帝가 죽자 北

136) 江蘇省社會科學院 明淸小說硏究中心 文學硏究所 編, ≪中國通俗小說總目提要≫, 中國文聯出版公司, 1990년, 173쪽 참조.

京 西城 黑龍潭에 묻어 주었다.[137]

國內 流入에 관해서는 朝鮮 英祖 38年(1762) 思悼世子가 지은 ≪中國小說繪模本≫ 序文에 ≪續英烈傳≫이라는 書名이 보인다.[138] 따라서 ≪續英烈傳≫의 국내 유입은 적어도 1762년 이전임을 알 수 있다.

國內에는 奎章閣에 ≪續英烈傳≫이 소장되어 있는데 本衙藏板 木版本으로 淸代 版本이다. 아쉽게도 완정본은 아니고 第3~6回까지의 1冊이 없다. 또한 梨花女大에도 刊年未詳의 ≪續英烈傳演義≫第1~2冊이 없는 殘本이 소장되어 있다. 民國 元年(1911)에 간행된 石印本 ≪繪圖續英烈傳≫도 梨花女大에 소장되어 있으나 판본적 가치가 높지는 않다.

書名	出版事項	版式狀況	一般事項	所藏處/所藏番號
續英烈傳	空谷老人(明)編, 本衙藏板, 淸版本	5冊(零本, 第3~6回[1冊缺]), 中國木版本, 21.4×12.8cm	序:空谷老人, 印:帝室圖書之章	奎章閣 [奎중]5269
續英烈傳演義	著者未詳, 刊年未詳	4卷4冊(所藏本中第1~2冊缺), 14.5×9cm, 四周雙邊, 半郭:12.3×8.1cm, 無界, 15行34字, 上黑魚尾		梨花女子大學校 [고] 812.3 속74
繪圖續英烈傳	著者未詳, 民國元年(1911)	4冊, 中國石印本, 14.5×8.9cm, 四周雙邊, 半郭:12.8×7.9cm, 無界, 15行34字, 上黑魚尾	序:秦淮墨客	梨花女子大學校 [고] 812.3회315

20. 開闢演義全傳

≪開闢演義≫는 6권 80회본으로 一名 ≪開闢衍繹通俗志傳≫이라고 하는 歷史小說이다. ≪開闢演義≫의 판본은 明 崇禎 年間 간행본 · 崇禎 年間 淸書林麟瑞堂 重修本 · 道光 3年 간행본 · 道光 10年(1830) 간행본 · 同治 8年 간행본 · 民國 20年 上海 沈鶴書局 石印本 등이 있다. 그중에서 明代 崇禎 年間의 간행본이 가장 오래된 판본인데, 중간에 ≪開闢演義≫라 적혀 있고 본문의 마지막에는 ≪新刻按鑒編纂開

137) 朴在淵編, ≪中國小說繪模本≫ 完山李氏 序, 江原大學校 出版部, 1993년, 168쪽 참조.
138) 朴在淵編, ≪中國小說繪模本≫ 完山李氏 序, 江原大學校 出版部, 1993년.

闢衍繹通俗志傳≫이라 쓰여 있으며 판심에는 ≪開闢衍繹≫이라 되어 있다.

이 작품의 작자는 周遊라고 알려져 있으나 그에 대한 생애와 사적에 대한 정보는 전혀 알 수 없는 상황이다. ≪開闢演義≫는 朝鮮時代에 연의류 작품들과 비슷한 시기인 1569년 이전에 유입되었을 것이라 추정되는데 현재 한글 필사본 2종이 연세대와 서울대에 각각 소장되어 있다. 연세대 소장본은 4卷 4冊으로 되어 있고 서울대 규장각 소장본은 5권 5책으로 되어 있다.

한글 필사본 ≪개벽연역≫은 5권 5책으로 된 판본이 18세기 궁중에서 번역되어 전사된 것이라 추정되고 있다. 한글본 ≪기벽연역≫은 많은 고어와 고문체의 상태로 보아 영조와 정조 시기에 필사된 것으로 추측되며 궁체로 쓰여 있지만 잘못된 표기가 많다. 대체로 원전에 충실하게 번역되었으나 전사를 거치는 과정에서 잘못 옮겨 적은 곳이 많이 보이며 52회에서 65회까지 14회 분량의 번역이 생략되어 있다.[139)]

≪開闢演義≫의 내용은 다음과 같다. 중국이 처음 개국할 때부터 周代까지 일어났던 괄목할만한 사건들을 중심으로 굵직하게 이야기를 서술하고 있다. 西天의 석가모니불이 보살을 南贍部洲로 보내어 천지를 개벽하게 만드는 사건으로부터 이야기가 시작되는데, 商나라 紂王에 이르러 질서가 어지럽고 왕실이 문란해지자 周나라 武王이 姜子牙의 보좌를 받아 상나라를 멸망시킨다는 이야기를 다루고 있다.

국내에는 中國木版本이 成均館大, 高麗大, 慶北大에 소장되어 있고, 中國石印本은 梨花女大, 建國大, 高麗大에 소장되어 있으며 한글 필사본은 延世大와 奎章閣에 소장되어 있다. 중국 목판본은 모두 6卷 6冊으로 되어 있고 중국 석인본은 각각 4卷 4冊과 4卷 2冊으로 되어 있다. 한글 필사본은 4卷 4冊과 5卷 5冊으로 되어 있어 각각 다른 판본을 전범으로 삼아 번역한 것으로 보여진다.

書名	出版事項	版式狀況	一般事項	所藏處/所藏番號
新刻按鑑編纂開闢衍繹通俗志傳	周游(清)集, 王黌(明)釋, 淸道光10(1830)刊	6卷6册, 中國木版本, 有圖, 17.1×11.2cm, 四周雙邊, 半郭:12.1×9.1cm, 無界, 9行18字, 註雙行, 上黑魚尾, 紙質:竹紙	裏題:繡像開闢演義, 版心題:開闢衍繹, 序:崇禎歲在旃蒙大淵獻(乙亥, 1635)春王正月人日靖竹居王黌子承父書於柳浪軒, 刊記:道光十年(1830)新鐫	成均館大學校 D7C-68

139) 박재연 교주, ≪기벽연역·분장누≫, 이회문화사, 2002, 9-31쪽 참조.

書名	出版事項	版式狀況	一般事項	所藏處/所藏番號
	周遊(淸)集, 王黌(淸)釋, 上海, 掃葉山房, 光緖13(1887)	6卷6册, 中國木版本, 有圖, 15.8×11cm	敍:崇禎歲在旃蒙大淵獻(乙亥1635)…王黌子承父書於柳浪軒, 刊記:光緖十三年(1887)新鐫	高麗大學校 C14-B48
		6卷6册, 中國木版本, 有圖, 15.9×11.1cm, 四周單邊, 半郭:11.2×8.8cm, 有界, 9行18字, 上下向黑魚尾	表題:開闢誌, 版心題:開闢衍繹, 序:王黌子承書於柳浪軒, 刊記:光緖十三年(1887)上海掃葉山房藏板	慶北大學校 [古] 812.3 주67ㅅ
繡像繪圖開闢演義全傳	上海, 普新書局, 宣統1(1909)	4卷4册, 中國石印本, 有圖(2張), 15.8×9.8cm, 四周單邊, 半郭:14×9cm, 無界, 19行40字, 版心無	序:靖竹居士王黌子承父書於柳浪軒	梨花女子大學校 [고] 812.3 수61회
繡像繪圖開闢演義	周游(淸)集, 上海, 晋新書局	4卷4册, 中國石印本, 16×9cm, 四周單邊, 半郭:13.7×8.8cm, 16行39字		建國大學校 [고]923.6
全圖開天闢地全傳	王黌撰, 上海, 中厚書局	4卷2册, 中國石印本, 有圖, 20.4×13.6cm		高麗大學校 (華山文庫)C14-B13
기벽연의(開闢演義)		4卷4册, 筆寫本, 30×22.5cm		延世大學校 (庸齋文庫)고서811.98개벽연
	刊地, 刊者, 著者未詳	5卷5册, 筆寫本, 30×22.5cm	약18세기 宮中飜譯轉寫(推定)	서울大 규장각 古 4330 2 1

21. 百家公案

≪百家公案≫은 明代에 만들어진 包公에 관련된 短篇公案小說集으로 一名 ≪包公傳≫이라고도 하며 총 100回로 구성된 소설이다. 第1卷 본문 시작 전에 〈國史本傳〉과 〈包待制出身源流〉가 따로 있으며 作家는 錢塘散人 安遇時가 편집하였다고 한다. 安遇時는 錢塘이라는 것으로 보아 지금의 항주출신이거나 항주에 거주했던 人物로 추정할 뿐 자세한 기록은 알려진 바가 없다.[140)]

中國에는 明代 간행된 ≪百家公案≫의 版本 2種이 있다. 하나는 日本 名古屋 蓬左文庫에 소장된 建陽書林 與畊堂에서 萬曆22年(1594) 간행한 ≪新刊京本通俗增

140) 본 해제는 다음 논문을 참조해서 작성하였다.(張守連·閔寬東, 〈小說 包公案系列의 國內 流入과 受容〉, ≪中國語文學誌≫ 第39輯, 2012, 6, 332-335쪽.

像包龍圖判百家公案≫[141]으로 完帙本이고, 하나는 奎章閣에 소장 되어 있는 ≪新鐫全像包孝肅公神斷百家公案演義≫(이하 편의상 ≪百家公案≫으로 略稱 한다.[142])로 落帙本이다.

與畊堂刊本 ≪百家公案≫은 刊記에 "萬曆甲午歲朱氏與畊堂梓行"으로 되어 있는데 여기서 朱氏는 간행인으로 보이지만 누구인지 자세히 알 수는 없다. 奎章閣 소장 萬曆 25年(1597) 金陵 萬卷樓刊本 ≪百家公案≫은 작품 시작 부분에 "新刻育云堂校編包孝肅公神斷百家公案演義卷之六"이라고 되어 있고, 그 다음에 "饒安 育云堂完熙生 校編, 金陵 萬卷樓 周對峯 繡梓"라 적혀 있어 完熙生이 교열과 편집을 하고 周對峯이 판각을 한 것을 분명히 알 수 있다.

奎章閣에 소장된 萬卷樓刊本 ≪百家公案≫은 초기 包公관련 이야기들의 형태를 연구할 수 있는 희귀본으로 세계 유일本이다. 두 版本은 刊行年代 뿐 아니라 建陽書林 與畊堂과 金陵 萬卷樓로 刊行地 또한 다르다.

與畊堂本과 萬卷樓刊本은 내용에 있어서는 거의 일치하나 체제상에는 약간의 차이를 보인다. 與畊堂本은 10卷으로 되어 있고 萬卷樓刊本은 6卷으로 되어 있으나 第3卷은 남아 있지 않다. 또한 篇名이 章回小說의 回目 형식으로 되어 있으며 回目의 순서가 거의 일치하고 간혹 문자 상의 차이가 보일 뿐이다. 그러나 挿畵의 형식에 있어 분명한 차이를 보이고 있다.

挿畵의 형식을 살펴보면 與畊堂本은 上圖下文의 형식으로 되어 있고 모두 511幅의 挿畵가 있다. 挿畵는 한 쪽 마다 사분의 일 크기로 들어가 있으며 挿畵의 좌우에 標題가 들어가 있다. 標題의 字數는 일정하지 않지만 그 페이지의 내용을 요약하고 있다.[143] 반면에 萬卷樓刊本의 挿話는 모두 33幅의 全圖로 挿畵 왼쪽이나 오른쪽에 詞 형식으로 제목처럼 붙어 있는데 字數도 11字로 정형화 되어 있다. 제1卷에 6폭, 제2卷에 13폭, 제3卷은 빠져 있어 알 수 없고, 제4卷은 4폭, 제5卷과 제6卷은 각각 8폭의 挿

141) 上海古籍出版社에서 1985년에 출판한 影印本 ≪新刊京本通俗增像包龍圖判百家公案≫(≪古本小說集成≫第79輯)를 참조하였다. 국내에서는 1994년 江原大學校 出版部에서 ≪百家公案≫이라고 題하고 朴在淵이 校注해서 출판하였다).

142) 이에 대해서는 朴在淵은 ≪包公演義≫라고 간칭하여 사용하고 있다. 그러나 한글 번역필사본 ≪包公演義≫와 명칭 상 혼동을 막기 위해 본고에서는 ≪百家公案≫이라 간칭하기로 한다.

143) ≪古本小說集成≫第79輯, 1985년, 上海 古籍出版社, 影印本 참조.

畵가 실려 있는데 이야기에 따라서 두 幅의 挿畵가 연이어서 들어가기도 하였다. 이처럼 挿畵가 대폭 줄면서 10卷 분량이 6卷으로 간행되었던 것이다. 또한 萬卷樓刊本이 與畊堂本에 비해서 훨씬 정밀하게 그려진 것을 알 수 있다. 3년 차이를 두고 간행된 두 작품은 내용에 있어서는 별 차이가 없으나 판식에 있어서는 상당한 차이를 보이고 있다.

≪百家公案≫의 내용은 每回마다 다른 故事를 이야기하고 있고 여러 이야기를 짜깁기 형식으로 모으다 보니 包公이 실존인물임에도 불구하고 史傳과 다른 내용이 많이 등장한다.[144] ≪百家公案≫은 작품의 제목이 回目의 형태를 이루면서 100回로 되어 있어 章回小說의 형태를 갖추고 있으며, 이에 비해 ≪龍圖公案≫은 형태상으로도 단편소설을 모아 만든 소설집의 형태를 띠고 또 回目도 없다.

與畊堂本은 10卷으로 나누면서 각 卷마다 분량이 고르지 않다. 萬卷樓刊本은 모두 6卷으로 3卷은 원래 30回에서 47回까지 인데 결질이고, 萬卷樓刊本 역시 卷마다 분량이 고르지 않다.

포공과 관련된 公案小說이 國內에 流入된 기록은 宣祖 36年(1603)에 貞淑翁主에게 보낸 편지가 최초인데, 곧 ≪包公案≫을 보내니 駙馬에게 주라는 내용이다. 宣祖가 언급한 ≪包公案≫이 ≪百家公案≫인지 ≪龍圖公案≫인지는 확실히 알 수 없으나 이때에 이미 유입된 것은 확실하다.[145] 奎章閣에 소장된 萬曆25年(1597)에 간행된 萬卷樓刊本 ≪百家公案≫이 간행 된지 6년 뒤인 1603년에 國內에 流入되었을 가능성도 있다. 그러나 國內에 流入된 ≪龍圖公案≫의 標題가 漢陽大 소장본의 경우 ≪包案≫으로 되어 있고, 成均館大 소장본의 경우에도 標題가 ≪包公案≫으로 되어 있는 것을 볼 수 있다. 그렇다면 宣祖가 ≪包公案≫이라고 한 것으로 보아 ≪龍圖公案≫일 가능성이 더 높다고 추정된다.

또한 1762년에 간행된 사도세자의 ≪中國小說繪模本≫에서도 ≪包公演義≫ 목록을 볼 수 있다.[146] 여기서 언급한 ≪包公演義≫ 역시 ≪百家公案≫인지 ≪龍圖公案≫인지는 확실히 알 수 없다. 그러나 書名을 살펴보면 奎章閣 소장본 ≪百家公案≫은

144) 薛亮, ≪明清稀見小說滙考≫, 中國社會科學文獻出版社, 1999年, 22-23쪽 참조.

145) 박재연, 〈조선시대 公案협의소설 번역본의 연구-낙선재본 포공연의와 구활자본 염라왕전을 중심으로〉, ≪中語中文學≫25輯, 1998년, 39쪽 참조.

146) 完山李氏 序, ≪中國小說繪模本≫, 江原大學校 出版部, 1993년 참조.

≪新鐫全像包孝肅公神斷百家公案演義≫이고 漢陽大 소장본 ≪龍圖公案≫은 裏題가 ≪百斷奇觀包公全傳龍圖公案≫이다. 또 成均館大 소장본은 裏題가 ≪百斷奇觀繡像龍圖公案≫으로 되어있다. 그렇다면 ≪中國小說繪模本≫에서 언급한 ≪包公演義≫는 奎章閣 소장본 ≪新鐫全像包孝肅公神斷百家公案演義≫일 가능성이 크다고 추정된다.

결론적으로 늦어도 1603년에는 國內에 包公과 관련된 公案小說의 판본이 流入되었다는 것을 알 수 있다. 또한 包公 관련 公案小說이 國內에 流入된 이래 다양한 형태로 受容이 이루어 졌다. 飜譯 筆寫本으로는 ≪包公演義≫와 評語를 달고 縮約 筆寫한 ≪新評龍圖神斷公案≫이 있다. 두 작품 다 ≪龍圖公案≫을 原典으로 삼았는데 전편을 다 飜譯하거나 筆寫한 것은 아니다. 또 1906년에 8개월에 걸쳐 신문에 연재된 일종의 飜案 小說이라 할 수 있는 ≪神斷公案≫이 있다. 또한 1915년에는 五車書廠에서 ≪包閻羅演義≫가 出版되었고 그 飜譯本이라 할 수 있는 ≪염라왕젼≫이 나오게 되었다.

書名	出版事項	版式狀況	一般事項	所藏處/所藏番號
新鐫全像包孝肅公神斷百家公案演義	撰者未詳(明), 萬曆25年(1597)金陵萬卷樓刊	6卷中 卷3缺, 中國木版本, 有圖, 23.6×15.4cm, 13行26字	版心題:全像包公演義, 序:饒安完熙生 [包公案祖本]	奎章閣 [奎중]4921

22. 岳武穆王精忠傳

≪武穆王貞忠錄≫은 8권 84회본으로 一名 ≪大宋中興通俗演義≫·≪大宋演義中興英烈傳≫·≪武穆王演義≫·≪大宋中興岳王傳≫·≪武穆精忠傳≫·≪宋精忠傳≫·≪岳武穆王精忠傳≫·≪岳鄂武穆王精忠傳≫·≪精忠傳≫이라고 하며 작자는 熊大木인 歷史小說이다.

≪武穆王精忠傳≫의 가장 이른 판본은 明代 嘉靖 壬子(1552년)에 출판된 楊氏 淸白堂 간행본이다. 이 판본은 일본 내각문고에 유일하게 소장되어 있고 1990년대 초에

와서야 北京 中華書局에 의해 ≪고본소설총간≫의 하나로 영인됨으로 인해 이 작품의 전반적인 면모를 살펴볼 수 있게 되었다. 이외에도, 萬曆 年間의 周氏萬卷樓 간행본, 萬曆 年間의 三臺館 간행본 · 天德堂精刊本 · 萃錦堂 간행본 · 映秀堂 간행본 등이 있다.

이 작품의 작자 熊大木(약 1506~1579)은 호가 鍾穀, 鼇峰, 鼇峰後人이고 福建省 建陽 사람으로 明代 嘉靖·萬曆 年間에 주로 歷史演義小說의 편저와 간행을 하였고, 또 英雄傳奇 작품을 창작하기도 하였다. 그의 주요작품에는 ≪楊家將演義≫ · ≪北宋志傳≫ · ≪唐書志傳通俗演義≫ · ≪大宋中興通俗演義≫(≪武穆精忠傳≫) · ≪宋代君臣演義≫ · ≪嶽家將≫ · ≪全漢志傳≫ · ≪宋傳續集≫ 등이 있다.

≪武穆王精忠傳≫은 朝鮮時代에 언제 유입되었는지 명확하진 않지만 樂善齋本 소설 가운데 유일하게 暎嬪(?~1763년)이라는 소장자의 장서인이 찍혀 있고 "셰직 샹쟝집셔 탕월 샹한 필셔 지월 초구일 시역ᄒᆞ여 십칠일은 나갓고 십뉵일만의 십이 권을 납월 십사일 필역"이라는 필사기가 있어 영조 36년(1760)에 필사되었음을 알 수 있다. 현재 한글 번역본 ≪무목왕졍튱녹≫은 총 12권 80회로 되어 있고 한국학중앙연구원에 소장되어 있다.[147] 그러나 현존하는 판본은 7卷 7冊(卷3~5, 11, 5冊缺)로 作者와 筆寫年은 未詳이다.

≪武穆王貞忠錄≫의 내용은 다음과 같다. 北宋 末葉에 金나라 군사가 남침하자 宋나라 徽宗은 欽宗에게 양위하게 된다. 그 후 수많은 사건과 이야기가 생겨나는데 그러한 이야기들을 서술하고 있다. 특히 휘종과 흠종이 금나라 군사에게 사로잡히고 나서 岳飛가 금나라와 싸워 연전연승을 거두는 장면을 생생하게 묘사하여 그의 영웅적 행적을 그리고 있다. 마지막에는 간신 秦檜가 악비를 시기하여 투옥시키고 황제의 조서를 조작하여 그를 죽이지만 결국 명부에서 천벌을 받는다는 결말을 서술하고 있다.

국내에는 中國木版本이 全南大에 소장되어 있고, 한글 필사본은 韓國學中央研究院에 소장되어 있다. 한글 필사본은 7卷 7冊으로 유일하게 韓國學中央研究院에 소장되어 있으나 안타깝게도 殘本이라 작품의 전면적인 면모를 알 수 없다.

147) 박재연 교주, ≪무목왕졍튱녹≫, 학고방, 1996, 머리말 참조.

書名	出版事項	版式狀況	一般事項	所藏處/所藏番號
岳武穆王精忠傳	鄒元標(明)撰, 上海, 大文堂, 刊寫年未詳	6卷6冊(卷1~6), 中國木版本, 24.4×14.4cm, 四周單邊, 半郭:18.9×12cm, 無界, 12行28字, 註雙行, 花口, 上下向黑魚尾, 紙質:竹紙	序:吉水鄒元標撰, 刊記:上海, 大文堂藏板	全南大學校 3Q2-정817ㅊ-v.1-6
무목왕정충녹(武穆王貞忠錄)	作者未詳, 寫年未詳	7卷7冊(卷3~5, 11, 5冊缺), 한글筆寫本, 29×23.3cm, 無郭, 無絲欄, 12行字數不定, 無版心, 紙質:楮紙	印:暎嬪房, 藏書閣印	韓國學中央研究院 4-6806

23. 三寶太監西洋記通俗演義

≪三寶太監西洋記通俗演義≫는 一名 ≪三寶開港西洋記≫라고도 하며, 총 20卷 100回로 이루진 神魔小說에 속하는 作品이다. 作者는 二南里人으로 되어 있는데 이는 羅懋登으로 字는 澄之이다. 萬曆 年間 사람으로 陝西出身이다. 傳記 ≪香山記≫를 지었고 여러 種의 傳記에 注釋을 달았다고 알려져 있으나 生卒年代는 未詳이다.[148]

현존하는 가장 이른 版本은 明 萬曆 丁酉年(1597)刊本이다. 明 三山道人刻本은 序文으로 보아 萬曆 戊戌年(1598)에 간행된 것으로 보인다. 清代 步月樓刊本은 萬曆本의 復印本이며 咸豊 己未年(1859)의 厦門 文德堂刊本은 寫刻本이다.[149] 이후에도 上海申報館, 上海書局 등에서 排印本, 石印本을 출판하였고 근래에는 1985년에 上海古籍出版社에서 申報館本을 底本으로 步月樓刊本을 校勘하여 출판하였다.

작품의 내용은 鄭和가 明 成祖의 命을 받아 배와 병사들을 이끌고 지금의 남아시아·아프리카 동부 일대로 派遣되었던 歷史的 事實을 토대로 서술하고 있다.

永樂皇帝의 명령으로 金碧峰과 張天師은 자신이 가지고 있는 禪鞋, 鉢盂, 碧琉璃, 眞珠 등 네 가지 보물을 이용하여 각지를 돌아다니면서 황제가 원하는 보물을 얻는다는 내용이다. 모두 29개국을 경유하면서 각국의 朝貢을 가지고 돌아와 永樂帝에게 바친다. 永樂帝는 이들에게 賞을 내리고 碧峰禪寺와 龍虎山 玉皇閣을 지어 國師와 天

148) 完山李氏 序, ≪中國小說繪模本≫, 江原大學校 出版部, 1993, 170쪽 참조.

149) 江蘇省社會科學院 明清小說研究中心 文學研究所 編, ≪中國通俗小說總目提要≫, 中國文聯出版公司, 1990년, 116쪽 참조.

師에게 감사하는 마음을 전한다.

≪三寶太監西洋記通俗演義≫는 永樂帝의 命을 받고 西洋에 간 鄭和에 관한 실제 역사적인 사건에 근거하면서도 ≪三國志演義≫ · ≪封神演義≫ · ≪西遊記≫ 등 이전의 자료를 취해 중간 중간에 기이한 이야기를 많이 삽입하였다. 역사 기록과 부합되는 부분도 많이 있고 민간에 전해지는 이야기도 많이 보존되어 있다. 또한 서양의 풍토와 실정에 대한 묘사가 사실에 가깝게 묘사되어 있어 당시의 실정을 이해 할 수 있는 史料的 價値가 있다.[150)]

國內 流入 時期는 朝鮮 英祖 38年(1762년) 思悼世子가 지은 ≪中國小說繪模本≫ 序文에 이 책이 언급된 것으로 보아 적어도 1762년 이전에는 朝鮮에 유입되었음을 알 수 있다.

國內에는 延世大에 年代未詳의 ≪新刻全像三寶太監西洋記通俗演義≫ 木版本이 所藏되어 있다. 그러나 아쉽게도 완정본이 아니라 20卷中에서 卷1, 2, 4, 5, 7 모두 5卷이 없는 落帙本이며 '三山道人繡梓'라고 되어 있다. 奎章閣에는 정확한 발행연도는 알 수 없으나 대략적으로 光緖 年間에 간행한 것으로 보이는 中國活字本이 소장되어 있는데 上海申報館에서 刊行한 것이다.

書 名	出版事項	版式狀況	一般事項	所藏處/所藏番號
西洋記	二南里人(明)編, 上海, 申報館(光緖年間)	20卷10册, 中國活字本, 17.2×11.4cm	卷頭書名:三寶太監西洋記通俗演義, 序:萬曆丁酉(1597)… 二南里人, 印:集玉齋, 帝室圖書之章	奎章閣 [奎중]6159
新刻全像三寶太監西洋記通俗演義	二南里人(明)編次, 三山道人繡梓	全20卷20册中一部缺(落卷1, 2, 4, 5, 7共5册) 中國木版本, 有圖, 24cm, 四周雙邊, 21.3×13.5cm, 12行25字, 上黑魚尾	內書名:西洋記 版心題:出像西洋記	延世大學校 812.36/23

150) 薛亮, ≪明淸稀見小說匯考≫, 社會科學文獻出版社, 1999년, 24-26쪽 참조.

24. 新鐫批評出相韓湘子

≪新鐫批評出相韓湘子≫은 8卷 30回로 ≪韓湘子十二度韓昌黎全傳≫ · ≪韓昌黎全傳≫ · ≪韓湘子得道≫라고도 한다. 題目 다음에 '錢塘 雉衡山人 編次, 武林泰和仙客 評閱' 이라고 되어있다. 雉衡山人은 楊爾曾의 別號이다. 楊爾曾(1575-?)은 浙江錢塘 保安坊羊牙蕩 출신으로 書肆의 주인이었을 것으로 추정된다. 원래 이름이 爾眞이었는데 萬曆 22年(1594)에 爾曾로 바꾸었다고 한다. 字는 聖魯이고 號는 雉衡山人, 臥遊道人, 雉衡逸史, 六橋三竺主人 등으로 불린다. 그는 ≪東西晉演義≫의 저자로 널리 알려져 있고 이외에도 ≪仙媛紀事≫ · ≪圖繪宗彝≫ · ≪海內奇觀≫ 등을 編著하였다.[151]

가장 이른 版本은 明 天啓3年(1623)에 간행된 金陵 九如堂序刻本이 있다. 武林人文聚刊本은 8冊으로 되어 있다. 嘉慶 25年(1820)의 步月樓刻本인 ≪繡像韓昌黎全傳≫은 8冊으로 되어 있고, 上海 沈鶴記書局에서는 石印本 4冊으로 출간되었다. ≪韓湘子十二度韓昌黎全傳≫은 碧梧山莊 影印 寫刻本으로 8卷 8冊으로 되어 있고 권두에 韓昌黎全傳敍가 있는데 내용은 九如堂序刻本과 같다. ≪韓湘子得道≫는 民國 30年 上海 大美書局에서 간행한 鉛印本 1冊이다.[152]

이 작품의 내용은 八仙이라고 불리는 韓湘子와 숙부 韓愈에 관한 이야기이다. 한나라 승상 안무의 딸 靈靈은 미모가 뛰어났지만 황실 조카에게 시집가는 걸 거부하고 재상의 측실이 되고자 한다. 황제는 진노하여 그녀를 시골 촌부 悖不動에게 시집을 보내자 그녀는 죽어 학이 되고 悖不動도 죽어서 사향노루가 되었다. 韓愈는 竇氏와 형인 韓會는 鄭氏와 혼인했으나 후사가 없었는데 옥황상제가 학을 韓會의 아들 韓湘으로 태어나게 했다.

韓愈가 급제하여 집에 돌아오니 부모를 잃은 韓湘이 神仙이 되려고 하자 그를 林盧英과 결혼 시킨다. 그 후 韓愈는 鐘離와 呂洞賓을 만나 韓湘에게 文武를 가르치게 하였는데 그들은 오히려 長生의 비결만을 가르쳤다. 이런 사실에 분노한 韓愈가 두 스승

---

151) 龔敏, 〈明代出版家楊爾曾編撰刊刻考〉, ≪文學新論≫, 2009年 12月 第10期, 197-198쪽 참조.
152) 江蘇省社會科學院 明淸小說硏究中心 文學硏究所 編, ≪中國通俗小說總目提要≫, 中國文聯出版公司, 1990년, 259쪽 참조.

을 奚아내자 韓湘은 가출하여 스승을 찾아가 得道하고 옥황상제는 韓愈를 구제하라고 명했다. 韓湘은 갖가지 방법으로 韓愈를 설득했지만 결국 성공하지 못했다.

韓愈는 佛骨表를 올린 죄로 潮州刺史로 유배되어 가는 도중에 많은 어려움을 만나면서 韓湘이 得道했음을 믿게 되었다. 潮州로 같이 간 韓湘은 韓愈를 제자로 맞이하고 韓愈의 부인인 竇氏와 韓湘의 처인 林盧英도 韓湘의 도움으로 神仙이 되었고 韓愈는 승천하여 옛 관직을 다시 맡게 되었다. 한유에 관한 역사적 일화를 담고 있으면서도 도가와 불가를 배척한 정통유교 사상가가 신선이 된다는 설정은 다소 황당한 면이 있다.

國內 流入時期에 대한 확실한 문헌 기록을 볼 수 없어 유입시기를 정확하게 추정하기는 어렵다. 國內 奎章閣 所藏本 ≪新鐫批評出相韓湘子≫은 天啓 3年(1623)에 간행된 것으로 金陵 九如堂序刻本보다 뒤에 나온 武林 人文聚刊本으로 알려져 있다. 奎章閣 所藏本은 批評文의 후반부가 새로 장정하는 과정에서 없어진 상태이며 6冊으로 되어 있다. 그러나 武林 人文聚刊本은 8冊으로 되어 있어 다른 판본인지 다시 장정하는 과정에서 바뀐 것인지는 알 수 없다.[153]

書名	出版事項	版式狀況	一般事項	所藏處/所藏番號
新鐫批評出相韓湘子	雉衡山人(明)編, 泰和仙客(明)評閱, 天啓3年(1623)	6冊, 中國木版本, 有圖, 25.2×16cm	版心書名:韓湘子, 序:天啓癸亥(1623)…煙霞外史, 印:帝室圖書之章	奎章閣 [奎중]4184

25. 前七國孫龐演義

≪孫龐演義≫는 4권 20회본으로 저자 未詳이며, 一名 ≪孫龐鬪志演義≫ 혹은 ≪前七國孫龐演義≫라고 하는 역사소설이다. ≪孫龐演義≫의 판본은 明末 간행본 · 岐山園藏 판본 · 藝生堂 간행본 · 嘯花軒 ≪前後七國志≫合刊本 · 文和堂 刻本 · 致和堂 간행본이 있다. 명대 판본은 '吳門嘯客述'이라는 題가 있다. 이 책은 20쪽의 삽화와 錚城居士의 跋文이 있으며 崇禎 丙子年(1636) 望古主人의 서문이 있는 가장 이른 판본이다.

153) 崔溶澈, 〈奎章閣本 中國小說 善本 解題(3)〉, ≪中國小說研究會報≫ 제11호 1992, 9, 65-66쪽 참조.

嘯花軒 ≪前後七國志≫合刊本은 康熙 丙午年(1666) 梅士鼎公燮의 序文이 있다.[154)]

≪孫龐演義≫는 언제 조선에 유입되었는지 아주 명확하지는 않다. 그렇지만 英祖 38年(1762년) 思悼世子가 지은 ≪中國小說繪模本≫의 序文에 작품명이 보이는 것으로 보아[155)] 18세기 중반에는 우리나라에 유입되었을 것으로 추정되고 있는 작품이다.

한글 필사본 ≪孫龐演義≫의 표제는 ≪孫龐演義≫이고 內題는 ≪손방연의권지≫이다. 5권 5책 696면 완질본이며, 4권 20회로 구성되어 있고 글씨는 궁체이다. 이 책에는 장서각 소장의 ≪武穆王貞忠錄≫과 함께 暎嬪房이란 暎嬪 李氏(?-1764)의 장서인이 찍혀 있어 영·정조 때인 18세기 중엽에 번역 필사가 이루어진 것으로 추정할 수 있다.

이 작품은 고어와 고문체를 대단히 많이 수록하고 있고 약간 흘려 쓴 궁체로 되어 판독하기가 그리 쉽지 않은 편이다. 중국소설의 번역본은 대부분 詩詞 등의 삽입된 시문을 생략하고 내용을 축약하는 것이 일반적인데, ≪孫龐演義≫는 중국어 원전을 거의 원문 그대로 매우 충실하게 번역하고 있고 오역이 거의 없는 편이며, 번역 대본의 원전은 현재 통행되는 ≪孫龐演義≫가 아닌 그 이전의 판본으로 보인다.[156)] 그 외 ≪손빈젼≫ 1책이 천안 미도박물관에 소장되어 있으나 자세한 내용은 未詳이다.

≪孫龐演義≫의 내용은 다음과 같다. 秦·楚·燕·齊·韓·魏·趙라는 일곱 나라가 중국 전역을 할거하여 다툼을 벌인 戰國時代부터 시작하여 孫臏과 龐涓이 전략을 겨루는 모습을 묘사하고 있다. 처음에 손빈과 방연은 결의형제를 맺고 동문수학하는 사이였지만 함께 정치에 참여하게 되면서 오해가 생기고 경쟁심이 발동하여 서로를 제거해야 하는 상황에 놓이게 된다. 그러다가 방연은 위나라 부마가 되고 손빈은 고난을 겪으며 제나라 군사가 되지만 결국 두 사람은 서로 싸우다가 손빈이 방연을 사로잡아 7국의 왕들 앞에서 처형되는 것으로 끝난다.

국내에는 중국 판본이 慶熙大에 소장되어 있고, 한글 필사본은 韓國學中央硏究院과 천안 미도박물관에 소장되어 있다. 경희대 소장본은 4卷 4冊으로 삽도가 들어 있고, 한국학중앙연구원 소장본은 5卷 5冊이고 미도박물관 소장본은 1冊으로 되어 있다.

---

154) 江蘇省社會科學院 明淸小說硏究中心文學硏究所 編, ≪中國通俗小說總目提要≫, 中國文聯出版公司, 1991年. 259쪽 참조.

155) 閔寬東·金明信 共著, ≪中國古典小說批評資料叢考≫, 學古房, 2003年, 297쪽 참조.

156) 박재연·손지봉·김영 교주, ≪손방연의≫, 이회문화사, 2003, 1-16쪽 참조.

書名	出版事項	版式狀況	一般事項	所藏處/所藏番號
繡像孫龐演義七國志	著者未詳, 上海, 文元書莊, 1909	4卷4冊(卷1~4), 有圖, 20㎝, 四周雙邊, 半郭:18×12㎝, 無界, 22行43字, 上下向黑魚尾		慶熙大學校 812.3-수76
손방연의 (孫龐演義)	作者未詳, 寫年未詳	5卷5冊, 筆寫本, 30.3×21.2㎝, 無郭, 無絲欄, 11行字數不定, 無版心, 紙質:楮紙	印:暎嬪房, 藏書閣印, 35㎜R[Nega], 361f	韓國學中央研究院 4-6823/R35N-000001-2
손빈젼		1冊		천안미도박물관

26. 醉醒石

≪醉醒石≫은 ≪三言二拍≫ 이후에 文人이 창작한 擬話本 小說集이다. 15回로 되어 있고 明刊本이라고도 하는데 확실치는 않다. 明刊原本을 주장하는 대표적인 학자로는 孫楷第와 鄭振鐸이 있다. 淸刊原本을 주장하는 학자로는 대표적으로 戴不凡과 胡士瑩이 있는데 順治 年間의 刊行本들은 圖式이나 版型, 揷圖, 글자체 등이 崇禎年間의 형태여서 사람들이 明代 작품으로 자주 오해한다고 하였다. 胡士瑩도 작품에서 淸代人의 語套가 느껴지는 淸初의 작품이라 하며 淸刊本의 가능성을 시사하였다.[157] 原刊本은 北京圖書館과 浙江省 圖書館에 소장되어 있는데 한 面이 9行, 1行이 20字로 되어 있으며 揷圖 15폭이 있다. 또 乾隆 54年에 찍어낸 瀛紅堂複原刊本은 한 面이 14行, 1行이 23字로 되어 있고 回末에 무명씨의 批語가 있으나 揷圖는 없으며 回目의 순서 역시 原刊本과 모두 일치하지는 않는다.

작품 속에서 여러 차례 明朝를 '先朝', '明季'라고 칭한 것은 분명히 淸初 사람의 어투이지만, 또한 여러 곳에서 明朝를 '我朝'라고 칭한 것은 분명 明代 사람의 어투이다. 따라서 작자는 明末淸初의 사람이라고 추측할 수 있으며 이 책은 明末에 집필을 시작하여 淸初에 간행했을 가능성이 높다.[158] 작가 東魯古狂生은 ≪續金甁梅≫의 작가로 알려진 丁耀亢이라는 설이 가장 유력하다. 우선 작품 속에는 지금의 山東地域 곡부일

157) 李淑蘭·付金高, 〈醉醒石 硏究綜述〉, ≪寧夏大學學報≫第30卷 第6期, 2008年 6月, 73-76쪽 참조.

158) 江蘇省社會科學院 明淸小說硏究中心 文學硏究所 編, ≪中國通俗小說總目提要≫, 中國文聯出版公司, 1990년, 311쪽 참조.

대의 방언이 사용되고 있고 그 내용과 사상내용에 있어서 ≪續金瓶梅≫와 매우 유사하기 때문이다. 丁耀亢은 明末淸初를 살았던 시인이자 문학가이며 극작가이기도 하다. 조부와 부친이 모두 進士에 급제한 집안으로 어려서는 비교적 평탄한 생활을 하였으나 11세에 부친이 죽고 18세인 萬曆 44年에 수재에 급제한다. 康熙 4年(1665)에 ≪續金瓶梅≫로 인해 옥살이를 하게 되고 그로부터 4年 후에 결국 병으로 세상을 하직하게 된다.[159)]

작품의 내용은 총 15回로 每回 한편의 이야기가 전개되고 있는데 모두 明末淸初의 어지러운 사회상과 인정세태를 묘사하고 있으며 권선징악 사상을 담고 있는 이야기가 주류를 이루고 있다.

1回에서는 明 嘉靖 年間에 上海縣에 姚一祥이 과거를 보러 남경에 갔다가 한 秀才를 도와주었는데, 나중에 그 秀才가 보은하여 姚一祥이 관직에 오른다는 이야기를 서술하였다. 2回에서는 明 太祖때 陳伯祥 등이 산을 점거하고 왕이라고 자칭하자 유준 부자가 병사를 이끌고 돌진하나 아버지가 죽고 난 후 아들이 복수한다는 내용이며 3回에서는 淑娘은 小春과 혼약을 맺었으나 부친이 죽자 숙부의 계략으로 팔려갔다가 우여곡절 끝에 혼인하게 되는 이야기이다. 4回에서는 목재상 程翁의 딸 菊英은 張國珍과 혼례를 치르기로 했는데 대부호의 아들인 徐登第가 국영을 탐하여 거짓으로 재판을 의뢰하였다. 국영은 서씨에게 시집가라는 판결이 나자 자결하고 장국진은 국영의 영혼과 혼례를 치르고 평생토록 혼자 살았다는 이야기를 서술하였다. 5回에서는 姚指揮의 정부인 武氏와 첩인 冑氏의 이야기로 요지휘의 후사인 아들을 지키려고 자신을 희생한 冑氏의 이야기를 서술했고, 6回에서는 唐朝때 자신의 재주와 지휘를 믿고 남을 업신여기다가 호랑이가 된 李微의 이야기를 서술하였다. 7回에서는 明 中州에 呂主事라는 자가 그를 포함해서 다섯 아들들이 모두 술과 기생에 빠져 생활하다 허망하게 죽은 이야기를 서술하였다. 8回에서는 明 成化 年間에 부자 王氏 집의 하인 王勤이 죄를 짓고 도망쳐와 왕경 밑으로 들어가게 되는데 이 후에 자신의 권세를 믿고 설치다 죽임을 당한다는 이야기이다. 9回에서는 阮良이 친구를 죽이고 여동생을 성희롱하는 악인에 대한 내용이다. 10回에서는 浦肫夫가 林氏, 黃氏, 張氏를 도와주었는데 후에 이들이

159) 徐復岭, 〈醉醒石 作家新考〉, ≪濟寧師專學報≫, 1994년.
張清吉, 〈醉醒石 作家考〉, ≪濟寧師專學報≫ 第18卷 第1期, 1997년 3月, 52-79쪽 참조.

과거에 급제하여 浦肫夫를 도와준다는 내용이다. 11回에서는 魏進士가 죄를 지은 부호에게 뇌물을 받고 대신 무고한 사람을 죽이고 결국 하늘의 천벌을 받아 죽는다는 내용을 서술하고 있다. 12回에서는 李子龍이 오만하여 일을 벌였다가 죽임을 당한 일을 서술하였다. 13回에서는 穆瓊姐이 자신의 아내를 金陵의 娼妓로 팔아먹은 일과 妓女가 복수한 일을 서술하였다. 14回에서는 莫翁에게 세 딸이 있었는데 그 중 막내딸은 집이 가난한 소수재에게 시집을 갔지만 남편을 버리고 다른 남자에게 改嫁했는데 남자가 이를 轉禍爲福으로 삼고 후에 성공했다는 이야기이다. 15回에서는 王錦衣의 첩 謝氏가 아들을 낳았으나 변변치 못했고, 왕금의의 친구 아들이 이들의 정원을 가로채려 하자 왕금의의 아들은 뒤늦게 후회하여 잘못을 뉘우친다는 내용이다.

國內 流入時期에 관해서는 명확한 기록을 찾지 못했기 때문에 정확한 유입시기를 유추하기는 어렵다. 현재 국내에서 소장하고 있는 版本도 國立中央圖書館에 刊年未詳의 中國木版本만 소장되어있다.

書 名	出版事項	版式狀況	一般事項	所藏處/所藏番號
醉醒石	古狂生(明)編, 刊年未詳	15卷2册, 中國木版本, 30.5×18.3cm	版心文字:醉, 序:丁亥(?)…江東老蟫	國立中央圖書館 [古]5-80-32

27. 東度記

≪東度記≫는 100회본으로 작자가 方汝浩이고 一名 ≪掃魅敦倫東度記≫·≪續證道書東遊記≫·≪掃魅敦倫東遊記≫라고 하는 神魔小說이다. ≪東度記≫의 가장 이른 판본은 明 萬卷樓 간행본이다. 이 판본은 孫楷第의 ≪中國通俗小說書目≫에 따르면 일본 日光山慈眼堂에 소장되어 있다고 하며 맨 앞에 世裕堂主人의 崇禎 8年(1635) 〈掃魅敦倫東度記序〉와 〈閱東度記入法〉이 실려 있다. 이외에도 북경대학 소장의 明末 간행본과 淸代 康熙 年間의 雲林刻本이 있다.[160)]

작자 方汝浩는 滎陽 淸溪道人이라고도 하는데, 孫楷第의 ≪中國通俗小說書目≫

160) 江蘇省社會科學院 明淸小說硏究中心文學硏究所 編, ≪中國通俗小說總目提要≫, 中國文聯出版公司, 1991, 248쪽 참조.

에 의하면 청계도인이 그의 호이고 洛陽 사람임을 짐작할 수 있다. 그는 ≪東度記≫외에도 ≪禪真逸史≫와 ≪禪真後史≫를 창작하였다.

≪東度記≫는 조선 시대에 언제 유입되었는지 그리 명확하지 않지만 19세기 후반에 필사된 것으로 보인다. 이 작품의 번역양상은 원문의 생략과 축약이 대단히 많다. 한글 필사본 ≪동유긔≫는 애스턴(Aston, 阿須頓) 구장본으로 현재 뻬쩨르부르그(구 레닌그라드) 동방학연구소에 소장되어 있는데, 애스턴이 주한총영사를 역임했던 1884년에서 1886년 사이에 한국에서 수집한 것으로 추측할 수 있다. 이 번역본은 현재 天(권지일)이 없고 地·玄·黃·宇·宙 등 5책만 남아 있으며 이는 원전 100회의 40회까지의 번역에 해당되는 것으로 '권지뉵' 이후가 일실된 것으로 짐작된다.[161)]

≪東度記≫의 한글본은 제목이 ≪동유긔≫라 되어 있지만 사실상 ≪掃魅敦倫東度記≫와 ≪掃魅敦倫東遊記≫이기 때문에 우리가 일반적으로 알고 있는 유람과 관련된 ≪동유긔≫와는 완전히 다른 작품이다.

≪東度記≫의 내용은 다음과 같다. 東晉 孝武帝 때 南印度의 德勝王子는 어릴 때부터 석가모니의 도를 깨달아 法號를 '不如密多'라고 했다. 그는 釋敎 26대조가 되어 중생을 구하기로 맹세하고 玄隱仙道는 사악한 梵志가 제자들을 오도하는 것을 알고 纓絡 동자를 파견하여 사악한 무리를 무찌르고 범지를 외딴 섬으로 달아나게 만들었다는 이야기이다.

국내에는 중국 판본과 한글 필사본이 모두 보이지 않지만 국내에 유입된 것은 확실하며 한글 필사본이 뻬쩨르부르그(구 레닌그라드) 동방학연구소에만 유일하게 소장되어 있는데, 2004년에 박재연과 김영이 교주를 달아 이회문화사에서 출판했다.

書名	出版事項	版式狀況	一般事項	所藏處/所藏番號
동유긔 (東度記)	19세기 후반		애스턴 구장본	뻬쩨르부르그(구 레닌그라드) 동방학연구소

161) 박재연·김영 교주, ≪동유기≫, 이회문화사, 2004, 머리말 참조.

28. 于少保萃忠全傳

≪于少保萃忠全傳≫은 一名 ≪旌巧萃忠錄≫이라고도 하며 10卷 40回로 되어 있다. '後學 孫高亮 懷石甫 纂述'이라고 적혀 있어 著者는 孫高亮으로 알려져 있고, 字는 懷石이라고 한다. 대략 明神宗 年間에 생존한 것으로 추정되나 그밖에 생평에 관해서는 알려진 바가 없다.[162] 주요 판본으로는 明 萬曆 年間 刻本, 道光 15年(1835) 重刊本, 道光 2年 務本堂所藏版本 등이 있다.

明刻本은 10卷 40回로 한 면이 9行 24字로 되어 있고 浙江省圖書館에 소장 되어 있다. ≪于少保萃忠全傳≫의 産生年代에 대해서는 萬曆 辛巳(1581)年 林從吾의 序로 미루어 보아 당연히 책이 쓰여 진 것은 萬曆初라고 보고 있다.[163] 道光 15年(1835) 二十代 孫士俊의 重刊本도 역시 10卷 40回이며 한 면이 9行 22字로 되어 있고 于忠肅의 肖像이 있다. 萬曆 辛巳(1581)년 林從吾의 序가 있고, 道光 元年(1821)十一代 孫燦의 跋이 있으며, 道光 15年(1835) 十代 外孫 朱增惠의 跋이 있다. 또 道光 2年 務本堂所藏版本이 있는데, 한 면이 9行 24字로 되어 있고 北京圖書館과 英國博物館에 소장 되어 있다.[164]

≪于少保萃忠全傳≫은 사실 역사서, 전기소설, 공안소설 등 여러 양식의 색깔을 지니고 있어 다소 산만하고 체계적이지 않다는 생각이 들기도 하지만 분명 소설적 재미와 감동을 충분히 지니고 있다고 평가받고 있다. 내용을 한마디로 말하자면 于彦昭의 아들인 謙이 뛰어난 재주와 덕망으로 백성들을 규휼하고 공을 세우나 결국 억울한 죽음을 맞이하는 이야기다.

國內 유입시기에 대해서는 정확한 문헌 자료가 보이지 않아 자세히 알 수는 없으나 대략적으로 朝鮮 末期로 추정된다. 奎章閣에 咸豊 3年(1853)에 간행한 寶翰樓藏板木版本 ≪萃忠全傳≫10卷 4冊이 소장되어 있다.

---

162) ≪中國古代名人錄≫, 中華博物 www.gg-art.com 사이트 참조.

163) 그러나 萬曆 末林에서 天啓 初라고 보는 견해도 있다. 사실상 林從吾는 죽기 몇 년 전에 친한 친구에게 序文을 써주었고, 원래 序文에는 날짜를 적지 않았는데 후대에 마음대로 추측하여 만력초로 만든 것이라는 견해이다.(陳大康, 〈四部明代小說成書年代之辨正〉, ≪社會科學≫, 1995년 第6期, 56-59쪽 참조.)

164) 江蘇省社會科學院 明清小說研究中心 文學研究所 編, ≪中國通俗小說總目提要≫, 中國文聯出版公司, 1990년, 91쪽 참조.

書 名	出 版 事 項	版 式 狀 況	一 般 事 項	所藏處/所藏番號
萃忠全傳	孫高亮(淸)纂, 寶翰樓藏板, 咸豊3年(1853)	10卷4册, 中國木版本, 21×12.3㎝	印:集玉齋, 帝室圖書之章	奎章閣 [奎중]6105

29. 禪眞逸史[仙眞逸史]

≪禪眞逸史≫는 8권 40회본으로 작자는 方汝浩이고 一名 ≪仙眞逸史≫·≪殘梁外史≫·≪妙相寺全傳≫이라고 하는 영웅소설이다. 작자 方汝浩는 洛陽 사람으로 杭州에 살았다고 알려지고 있는데, 評者 心心仙侶에 대해서 路工은 杭州 사람 履先甫라고 추정하고 있다.

≪禪眞逸史≫의 가장 이른 판본은 明代 天啓 年間 杭州 爽閣主人 履先甫의 原刊本이다. 이 판본은 80면에 달하는 정교한 揷圖가 있고 15명의 序文과 跋文, 爽閣主人 履先甫의 <禪眞逸史凡例>가 있다. 원문의 표제 아래에는 淸溪道人編次와 心心仙侶評訂이라 적혀 있다. 이외에 淸初 文新堂刻本·淸初 爽閣刻本·同治 年間 文新堂 간행본이 있다. 石印本으로 제목이 ≪殘梁外史≫라 되어 있는 판본이 있고, 上海書局 石印本은 ≪妙相寺全傳≫이라 되어 있다.[165)]

≪禪眞逸史≫는 尹德熙의 ≪小說經覽者≫(1762년)에 언급된 것으로 보아 18세기 중반에는 국내에 유입되었을 것으로 보인다.[166)] 한글 필사본 ≪션진일ᄉᆞ≫는 18세기 궁중에서 번역 전사된 것으로 추정되는데, 현재 21책본과 15책본 2종이 있으며 모두 한국학중앙연구원에 소장되어 있다.

한글 번역본 ≪션진일ᄉᆞ≫ 21책본은 잘못된 표기가 많고 약간 흘림체로 쓰여 있다. 또 15책본은 전형적인 궁체로 쓰였으며 21책본에 비하여 고어나 고문체가 많이 나타나서 선행본이라 추측되지만 1책이 없어져서 자세한 면모를 알 수 없다.[167)] 2003년에 권도경과 박재연에 의해 교주본이 출간되어 한글 필사본 ≪션진일ᄉᆞ≫의 전반적인 면모

165) 江蘇省社會科學院 明淸小說硏究中心文學硏究所 編, ≪中國通俗小說總目提要≫, 中國文聯出版公司, 1991, 208쪽 참조.

166) 민관동·김명신 편저, ≪중국고전소설비평자료총고≫, 2003, 301쪽 참조.

167) 권도경·박재연 교주, ≪션진일ᄉᆞ≫, 이회문화사, 2003, 머리말 참조.

를 살펴볼 수 있게 되었다.

≪禪眞逸史≫의 내용은 다음과 같다. 魏晉南北朝 때부터 唐 貞觀 年間까지를 시대적 배경으로 하고 있다. 처음에는 林澹然이라는 협객이 나타나서 여러 사람들을 구해주고 활약하는 이야기를 1서술하고 있고 30회부터 40회까지의 내용은 林澹然의 제자인 杜伏威 등이 이어 등장하여 유사한 활약상을 보이고 있다. 이 작품은 明末의 정치와 사회를 풍자하고 있어서 사람들에게 회고의 여지를 준다고 평가된다.

국내에는 현재 중국 판본이 보이지 않고 한글 필사본 2종만 韓國學中央研究院에 소장되어 있는데, 각각 21卷 21冊과 15卷 15冊 가운데 14冊이 남아 있는 판본이다. 현재 이회문화사에서 교주본이 출판되어 있어 이 작품의 전반적인 면모를 살필 수 있다.

<table>
<tr><th>書 名</th><th>出版事項</th><th>版式狀況</th><th>一般事項</th><th>所藏處/所藏番號</th></tr>
<tr><td rowspan="2">션진일ᄉᆞ</td><td rowspan="2">作者未詳,
寫年未詳</td><td>21卷21冊, 筆寫本, 32.3×21.7cm, 無郭,
無絲欄, 10行19~21字, 無魚尾,
紙質:楮紙</td><td rowspan="2">表題:仙眞逸史,
印:藏書閣印</td><td>韓國學中央研究院
4-6818</td></tr>
<tr><td>15卷15冊中 14冊存(卷2缺), 筆寫本,
無郭, 無絲欄, 11行24字, 無魚尾,
紙質:楮紙</td><td>韓國學中央研究院
4-6819</td></tr>
</table>

30. 기타 소설 (유입 기록만 있는 소설)

현재 국내에 소장된 판본은 찾을 수 없으나 유입기록이 보이는 明代 通俗小說로는 ≪禪眞後史≫·≪盛唐演義≫·≪東晋演義≫·≪西晉演義≫·≪涿鹿演義≫·≪齊魏演義≫·≪楊六郎傳≫·≪警世通言≫·≪覺世名言≫·≪西湖二集≫·≪弁而釵≫·≪昭陽趣史≫·≪一枕奇≫·≪浪史≫·≪雙劍雪≫·≪金粉惜≫ 등 모두 16 작품이 있다. 작품에 관한 유입기록은 1744년 간행된 尹德熙의 ≪字學歲月≫, 1762년에 간행된 尹德熙의 ≪小說經覽者≫, 역시 1762년에 나온 完山李氏의 ≪中國小說繪模本≫의 序文 等에서 볼 수 있다.

≪禪眞後史≫는 사도세자의 ≪中國小說繪模本≫(1762년) 서문에 그 서명이 언급

되어 있으므로 국내의 유입시기는 1700년대 중반 이전으로 보인다.

≪盛唐演義≫라는 書名은 중국에서도 그 자료를 볼 수 없고 또 孫楷第의 ≪中國通俗小說書目≫에도 언급된 것이 없다. 단지 사도세자의 ≪中國小說繪模本≫(1762) 서문에 서명만 언급되어 있어 그 정확한 내용과 저자에 대해서는 알 수 없다.

≪東西兩晋演義≫는 12권 50회로 된 역사연의 소설류이다. 저자는 雉衡山人, 즉 楊爾曾으로 알려져 있는데 ≪韓湘子傳≫을 쓴 저자이기도 하다. 체제에 있어서는 東晉과 西晉을 구별하지 않고 서술하고 있어서 제목과 내용이 매우 유사한 ≪東西兩晉志傳≫과 그 체제가 다르다고 할 수 있다.[168)]

≪涿鹿演義≫는 사도세자의 ≪中國小說繪模本≫(1762년) 序文에 書名만 언급되어 있어 그 정확한 내용과 저자에 대해서는 제대로 알 수 없다.

≪楊六郎傳≫은 一名 ≪新編全像楊家府世代忠勇演義志傳≫·≪楊家府演義≫·≪楊家將演義≫·≪楊家通俗演義≫라고 한다. 모두 8권 58회로 되어있고 저자에 관해서는 책머리에 '秦淮墨客校閱, 煙破釣叟參訂'이라 되어있다.[169)] 秦淮墨客은 紀振倫으로 ≪續英烈傳≫을 편집하고 교정했던 인물이다. 이 책의 내용은 宋 太祖부터 神宗까지 약 100년에 걸쳐 楊氏 집안의 楊業·楊景·楊宗保·楊文廣·楊懷玉 등 5대가 내를 이어 나라에 충성하는 이야기를 서술하고 있다. 특히 요나라와 西夏의 전투 장면은 매우 핍진하게 묘사하였다는 평이다. 국내의 유입 시기는 윤덕희의 ≪小說經覽者≫(1762년)에 書名이 보이고 있어 적어도 1700년대 중기 이전에는 유입된 것으로 추정된다.[170)]

≪警世通言≫은 馮夢龍이 편찬한 ≪三言≫중의 하나로 ≪喻世明言≫과 함께

---

168) 閔寬東·金明信 共著, ≪中國古典小說批評資料叢考≫, 學古房, 2003년, 175쪽 참조.

169) 江蘇省社會科學院 明淸小說硏究中心 文學硏究所 編, ≪中國通俗小說總目提要≫, 中國文聯出版公司, 1990년 154쪽 참조.

170) 閔寬東·金明信 共著, ≪中國古典小說批評資料叢考≫, 學古房, 2003년, 180쪽 참조.

1624년에 간행된 책이다. 그러나 중국에서 ≪三言≫은 금서가 되는 제재를 당하는 바람에 실전되었다가 최근에 일본에 남아 있던 판본이 발견되었다. 국내의 유입 시기는 윤덕희의 ≪子學歲月≫(1744년)과 ≪小說經覽者≫(1762년)에 서명이 나란히 보이는 것으로 보아 적어도 1744년 이전에는 유입된 것이 확실하다.[171)]

≪覺世名言≫은 ≪中國通俗小說總目提要≫와 ≪中國通俗小說書目≫ 등 어느 곳에도 그 서명을 찾아 볼 수 없다. 다만 청대 無名氏가 편찬했다고 알려진 ≪覺世雅言≫이라는 책이 있는데, 이 책의 誤記인지 아니면 지금까지 알려지지 않은 또 다른 책인지는 확언하기 어렵다. 국내 유입 시기는 윤덕희의 ≪小說經覽者≫(1762년)에 서명이 보이고 있어 적어도 1700년대 중기에는 유입된 것으로 추정된다.[172)]

≪西湖二集≫은 모두 34편으로 매 편 서호와 관련되는 이야기를 모은 일종의 의화본 소설집이라고 할 수 있다. 그 내용은 재자가인의 사랑이야기부터 효자이야기, 영웅호걸의 이야기까지 매우 다양하며 志怪小說과 비슷한 황당무계한 이야기들도 많이 포함되어 있다. 저자는 周淸原으로 지금의 항주사람이다. 생평에 관해서는 그다지 알려진 바가 없다. 다만 명청시기 사학자인 談遷이 쓴 저서인 ≪北游錄≫에 의하면 周淸原이 西湖小說을 썼고 그 문맥이 가히 시내암에 이를 만하다고 칭찬한 것을 볼 수 있다.[173)] 국내 유입시기는 윤덕희의 ≪小說經覽者≫에서 화본 소설류를 언급하면서 書名이 언급되고 있는 것으로 보아 이 책도 1700년대 중기에는 유입된 것으로 추정된다.

≪弁而釵≫는 모두 4집 20회로 되어 있는데 每集마다 ≪情貞記≫·≪情俠記≫·≪情烈記≫·≪情奇記≫로 나누어 別題를 붙였다. 책머리에는 '醉西湖心月主人著, 奈何天呵呵道人評'이라 되어있으나 醉西湖心月主人의 생애에 대해서는 명확히 알 도리가 없다.[174)]

---

171) 閔寬東·金明信 共著, ≪中國古典小說批評資料叢考≫, 學古房, 2003년, 231쪽 참조.

172) 閔寬東·金明信 共著, ≪中國古典小說批評資料叢考≫, 學古房, 2003년, 274쪽 참조.

173) 陳美林, 〈試論 西湖二集的作者, 刊本, 內容和形式〉

174) 江蘇省社會科學院 明淸小說研究中心 文學研究所 編, ≪中國通俗小說總目提要≫, 中國文聯出版公司, 1990년, 223쪽 참조.

책의 내용은 '情貞紀', '情俠紀', '情烈紀', '情奇紀'로 명명함으로서 내용에 있어서는 동성애까지 다루는 등 음란한 요소들을 담고 있으나 주제는 윤리도덕을 선양하고자 했다. 남자 주인공이 여자 주인공을 구출하거나 도움을 주고 희생하며, 그에 따라 여자 주인공이 남자 주인공을 위해 보답한다는 전형적인 스토리가 남자 대 남자의 관계로 나타나고 있는 특징을 볼 수 있다.

이 책의 국내 유입 시기는 完山 李氏의 ≪中國小說繪模本≫序文과 윤덕희의 ≪小說經覽者≫(1762)에 서명이 보이고 있어 적어도 1700년대 중기에는 유입된 것으로 추정된다.

≪昭陽趣史≫는 一名 ≪新編出像趙飛燕昭陽趣史≫라고도 한다. 주요 판본은 6권, 4권, 2권 등 3종으로 판본이 다양하다. 책머리에는 '古杭艷艷生編'이라고 되어 있으나 古杭艷艷生이 누구인지는 알 수 없다.[175] 작품의 내용은 기본적으로 趙飛燕 자매의 이야기이다. 하늘나라에서 제비요정과 여우요정은 죄를 지어 인간 세상에 내려오게 되었다. 漢나라 孝元皇帝때 제비는 장녀 宜主로 여우는 차녀 合德으로 환생했는데, 장녀 宜主가 바람에 흔들리는 꽃처럼 아름답다고 모두들 飛燕이라 불렀다. 두 자매는 부모를 일찍 여의고 온갖 고생을 하다가 趙臨 夫婦의 양녀가 되었다. 두 자매는 가무를 배워 황제의 눈에 들고 입궁하게 되었다. 그러나 두 자매는 온갖 계략을 꾸며 황제를 죽게 하는 등 궁을 어지럽게 하였고, 결국 피를 토하고 죽었다. 그 魂이 다시 하늘로 올라가 삼백여 년 동안 계율을 받고 수련을 했으나 어찌 되었는지 알 수 없다.

국내 유입 시기는 사도세자의 ≪中國小說繪模本≫ 序文과 윤덕희의 ≪小說經覽者≫(1762)에 書名이 보이고 있어 대략 1700년대 중기에는 유입된 것으로 보인다.[176]

≪一枕奇≫는 4권 16회로 된 명대소설 ≪鴛鴦針≫의 제1, 2권을 따로 묶어 간행한 작품이다. 책머리에 '華陽山人編輯, 蚓天居士批評'이라 되어 있어나 華陽山人이 누구인지는 자세히 알 길이 없다. 국내 유입시기는 윤덕희의 ≪小說經覽者≫(1762)에 서명

---

175) 江蘇省社會科學院 明淸小說硏究中心 文學硏究所 編, ≪中國通俗小說總目提要≫, 中國文聯出版公司, 1990년, 89쪽 참조.

176) 閔寬東·金明信 共著, ≪中國古典小說批評資料叢考≫, 學古房, 2003년, 236쪽 참조.

이 보이는 것으로 보아 적어도 1700년대 중기에는 유입된 것으로 보인다.[177)]

≪浪史≫는 一名 ≪浪史奇觀≫·≪巧姻緣≫·≪梅夢緣≫이라고도 하며 모두 40회로 되어 있다.[178)] 元나라 至治 年間에 秀才 梅素先은 화류계에 출입하는 것을 좋아하여 浪子라고 불렸다. 그는 여러 여자들과 정을 통했고 남자 애인 陸珠도 있었다. 素秋는 남편을 잃고 浪子의 계략으로 그와 통정하였는데, 그를 속여 春藥을 먹여 浪子를 몇 번이나 죽게 할 뻔하였다. 浪子는 후에 벼슬길에 올라 여전히 술과 여자를 가까이 했으나 결국 도를 닦고 하늘로 승천하였다. 책머리에 저자에 대하여 '風月軒人玄子著'라고 되어 있으나 그가 누구인지 확실하지 않다. 正文 앞에 저자의 自序와 「凡例」 四則이 있다. 국내 유입시기는 윤덕희의 ≪子學歲月≫(1744)에 서명이 보이는 것으로 보아 적어도 1700년대 중기 이전에는 유입된 것으로 추정된다.[179)]

≪雙劍雪≫은 모두 4권 16회로 구성된 명대소설 ≪鴛鴦針≫의 제3, 4권에 해당한다. 저자는 책머리에 '華陽山人編輯, 蚓天居士批評'이라 되어 있지만 저자 華陽山人이 명확히 누구인지 알 길이 없다. 다만 大連圖書館소장본에 의하면 ≪一枕奇≫의 저자와 같은 사람으로 추정되며, 두 작품의 판식도 같다.[180)] 국내 유입 시기는 윤덕희의 ≪小說經覽者≫(1762)에 서명이 보이는 것으로 보아 적어도 1700년대 중기에는 유입된 것으로 보인다.

≪金粉惜≫은 모두 12권 12회로 되어 있다. 책머리에 '梵香閣逸士搜輯, 湖上客蠡庵評潤'라고 되어 있으나 梵香閣逸士에 관한 자료를 찾을 수 없다. 작품의 내용은 주로 愛情, 人情世態, 神怪 등을 소재로 하고 있다. 국내 유입시기는 윤덕희의 ≪小說經覽者≫(1762)에 서명이 보이고 있어 늦어도 1700년대 중기에는 유입된 것으로 추정된다.

177) 閔寬東·金明信 共著, ≪中國古典小說批評資料叢考≫, 學古房, 2003년, 236쪽 참조.
178) 江蘇省社會科學院 明淸小說硏究中心 文學硏究所 編, ≪中國通俗小說總目提要≫, 中國文聯出版公司, 1990년, 85쪽 참조.
179) 閔寬東·金明信 共著, ≪中國古典小說批評資料叢考≫, 學古房, 2003년, 239쪽 참조.
180) 江蘇省社會科學院 明淸小說硏究中心 文學硏究所 編, ≪中國通俗小說總目提要≫, 中國文聯出版公司, 1990년, 305쪽 참조.

第二部

清代 作品目錄과 解題

1. 紅樓夢：
(續紅樓夢, 後紅樓夢, 紅樓復夢, 紅樓夢補, 補紅樓夢, 紅樓夢影)

1-1. 紅樓夢

≪紅樓夢≫은 120회본으로 작자는 曹雪芹이고 一名 ≪石頭記≫·≪金陵十二釵≫·≪風月寶鑑≫·≪情僧錄≫이라고 불리는 애정소설이다.

≪紅樓夢≫의 전반 80회는 조설근이 죽기 십년 전후부터 이미 轉寫되어 세상에 알려졌고 작품의 후반부도 이미 기본적으로 완성되어 있어서 脂硯齋 등과 같은 評者들도 작품의 전체 내용을 보았었다고 알려진다. 그러나 후에 독자에게 빌려주었다가 원본이 없어졌기에 현재까지 발견된 조설근의 원고는 80회에 불과하다. 현존하는 120회 중의 後40回는 일반적으로 高鶚이 이어 쓴 것으로 간주된다. 高鶚의 속서는 비록 사상적으로나 예술적으로 원작보다는 못하지만 기타 續書들과 비교 손색이 없고 나름의 가치가 있기 때문에 오늘날까지 여전히 전해지고 있다.

≪紅樓夢≫의 판본은 크게 두 종류로 나누어진다. 하나는 脂硯齋 등이 評한 早期 필사본이고 다른 하나는 程偉元과 高鶚이 정리와 수정을 한 刻本이다. 현재까지 발견된 脂本은 모두 11종으로 다음과 같다.

첫째, 己卯本은 41회본으로 ≪脂硯齋重評石頭記≫라는 제목이 붙어 있다. 이 책은 본래 董康이 소장했었으나 후에 陶洙에게 넘겨졌다가 중화인민공화국 성립 후에 北京圖書館으로 귀속되었다.

둘째, 庚辰本은 78회로 현재까지 발견된 초기 필사본 가운데 가장 완전한 판본이며 脂硯齋 등의 評語도 대단히 많다. 본래는 徐郙가 소장했었으나, 현재는 北京大學圖書館에 소장되어 있다.

셋째, 甲戌本은 80회였으나 현재는 제1회에서 제8회, 제13회에서 제16회, 제25회에서 제28회까지 모두 16회만 전한다. 본래 清末의 藏書家 劉銓福이 소장했던 것을 1927년에 上海에서 발견하였으며, 胡適이 입수하였다. 현재 원본은 臺灣에 소장되어 있고, 1962년 中華書局 上海 편집국에서 빨간 색과 검은 색으로 영인하여 출판했다.

넷째, 戚序本은 80회로 원래 제목은 ≪國初抄本原本紅樓夢≫이나, ≪石頭記≫라

는 제목도 붙어 있다. 이 판본에는 약간의 脂批가 남겨져 있으나 脂硯齋가 쓴 문장은 거의 삭제되었다.

다섯째, 南圖本은 80회로 南京圖書館에 소장된 《石頭記》 필사본이다.

여섯째, 蒙府本은 120회로 제목은 《石頭記》이며, 淸代의 蒙古王府 후손에게서 나왔다고 하는 판본이다.

일곱째, 夢稿本은 120회로 《紅樓夢稿》本이다. 본래 楊繼振이 소장했었으나, 현재 中國科學院 文學硏究所에 소장되어 있다.

여덟째, 夢覺本은 80회본으로 夢覺主人序本 《紅樓夢》이며 甲辰本 또는 晋本이라고도 한다.

아홉째, 舒序本은 80회로 舒元煒序本 《紅樓夢》인데 舒序本 또는 己酉本이라고도 한다. 현존하는 것은 제1회부터 제40회까지만 있고 評語는 없다.

열째, 鄭藏本은 鄭振鐸 소장 殘抄本 《紅樓夢》인데, 현재 제23회와 제24회 두 회만 남아 있으며 評語는 없다.

열한 번째, 列藏本은 80회로 蘇聯科學院 東方硏究所 레닌그라드 소장의 《石頭記》 필사본인데, 이 판본에만 보이는 評語들이 있다.

《紅樓夢》의 판본은 상술한 脂本 계통 이외에도 程本 계통이 있다.

乾隆 56年 辛亥(1791) 겨울, 程偉元과 高鶚이 '萃文書屋'이라는 명의로 처음으로 木活字本 《紅樓夢》을 인쇄하였고, 後40回를 보충했다. 이 판본의 표지에는 《綉像紅樓夢》이라는 제목이 붙어 있으며, 속표지에는 "新鐫全部綉像紅樓夢 萃文書屋"이라고 쓰여 있다. 胡適은 이 판본을 程甲本이라 했다.

乾隆 57年(1792) 봄에 程偉元과 高鶚은 程甲本의 회목과 본문을 삭제하거나 고쳐서 다시 木活字로 인쇄했는데, 高鶚의 설명 다음에 程·高의 引言을 덧붙였다. 이 판본을 程乙本이라고 한다.

乾隆 57年 여름에 程·高는 다시 程乙本의 回目과 본문을 고친 후에 세 번째로 木活字로 인쇄했다. 版式은 甲·乙本과 완전히 일치하나 引言은 없으며 이 판본은 1984년에 上海圖書館에서 한 부가 발견되었을 뿐이다. 제4책·제7책·제21책이 없어지고 현존하는 것은 21책뿐인데 程丙本이라고도 한다.

程本 계통의 중요한 판각본은 다음과 같다.

첫째, ≪新鐫全部綉像紅樓夢≫으로 東觀閣本, 둘째, ≪綉像紅樓夢≫으로 抱靑閣本, 셋째, ≪綉像紅樓夢≫으로 藤花榭本, 넷째, ≪綉像批點紅樓夢≫으로 三讓堂本인데 程本 계통의 최초 批點本이다. 다섯째, ≪新評綉像紅樓夢全傳≫으로 王希廉評本, 여섯째, ≪增評補圖石頭記≫로 王·姚合評本이다. 일곱째, ≪增評補像全圖金玉緣≫으로 王·張·姚合評本이다.[181)]

≪紅樓夢≫ 원전이 朝鮮에 유입된 것은 상당히 이른 시기인 것으로 보인다. 문헌상 최초의 기록은 李圭景(1788-1856년)의 ≪五洲衍文長箋散稿≫ 권7의 小說辨證說에 나온다. 이 책에 ≪紅樓夢≫과 ≪요재지이≫ 등이 거론된 것으로 보아 적어도 1830년대 이전에는 유입되었을 것으로 보인다.[182)]

≪홍루몽≫은 언제 번역되고 필사되었으며 누가 번역했는지 정확히 알 수 없으나 가람 이병기의 말에 따르면 1884년(고종 21) 전후에 李鍾泰 등 문사 수십 명이 참여한 번역 작업 때에 이루어진 것으로 추정할 수 있다.

한글 번역본 ≪紅樓夢≫은 현재 한국학중앙연구원에 소장되어 있다. '韓中文注音對照飜譯本'인 ≪紅樓夢≫은 總 120卷 120冊(卷 24, 54, 71, 失卷)으로 되어 있으며 飜譯이 아주 정밀하게 이루어진 세계 최초의 完譯 筆寫本으로 상당히 귀중한 가치를 지니고 있다. 이 작품의 번역적 특징은 한 면을 상·하단으로 나누어 상단에는 ≪홍루몽≫의 원문과 중국어 발음을 한글로 써놓았고 하단에는 거의 한 글자도 빠짐없이 완전한 번역을 하여 대단히 높이 평가할 만하다고 하겠다.

또 한글본 ≪홍루몽≫의 번역은 대역본의 형태를 취하고 있고 중국어 발음을 한글로 표기한 것으로 미루어 짐작해본다면 중국어 교재로서의 이용도 고려한 듯하나 발음 표기에 있어서 오류가 너무 많아 정확성이 떨어지는 편이다.[183)]

≪紅樓夢≫의 내용은 다음과 같다. 賈寶玉은 병약한 林黛玉을 사랑하지만 집안의 계략으로 薛寶釵와 마음에 없는 결혼을 하게 되고 임대옥은 그 사실을 알고 충격을 받아 죽게 되며 가보옥은 사랑의 허무함을 깨닫고 결국 모든 것을 버리고 출가한다는 남

---

181) 江蘇省社會科學院 明淸小說硏究中心文學硏究所 編, ≪中國通俗小說總目提要≫, 中國文聯出版公司, 1991. 511-513쪽 참조.

182) 최용철, 〈紅樓夢의 韓國傳來와 影響 연구〉, ≪중국어문논총≫제4집, 1991. 참조.

183) 박재연·이재홍·김영·권도경 교주, ≪홍루몽≫ 상·하, 이회문화사, 2004. 머리말, 최용철, 〈홍루몽의 번역과 해석에 대하여〉, ≪중국소설논총≫제27집, 2008. 3. 165-184쪽.

녀의 사랑 이야기와 더불어 賈氏 집안의 흥망성쇠 과정을 다루고 있는 이야기이다.

국내에는 中國木版本, 中國新鉛活字本, 中國石印本이 전국 대학교 도서관에 광범위하게 소장되어 있고, 石版本은 유일하게 啓明大에 소장되어 있으며 한글 필사본은 韓國學中央研究院에만 소장되어 있다. 판본의 소장상황으로 보아 ≪紅樓夢≫은 비교적 국내에 널리 전파되어 있음을 짐작할 수 있다.

書名	出版事項	版式狀況	一般事項	所藏處/所藏番號
紅樓夢	曹雪芹(淸), 程偉元(淸)校, 乾隆56(1791)	120卷24册, 中國木版本, 有圖, 17.1×10.5cm, 四周單邊, 半郭:13.4×9.5cm, 有界, 10行24字, 紙質:綿紙	裡題:繡像紅樓夢, 序:乾隆辛亥(56, 1791) 冬至後五日鐵嶺高鶚叙幷書, 新鐫全部, 藏板:本衙藏板, 印:李王家圖書之章	韓國學中央研究院 4-248
	曹雪芹(淸)撰, 藤花榭, 光緖年間(1875～1908)	不分卷24册, 中國木版本, 有圖, 17.3×10.9cm	標題:繡像紅樓夢, 序:小泉程偉元識	高麗大學校 C14-B25A
	曹雪芹(淸)撰, 王希廉(淸)評, 淸代刊	15卷3册(卷66~70, 76~85), 中國新鉛活字本, 17.2×12cm, 上下單邊, 左右雙邊, 半郭:13.3×10.6cm, 有界, 11行22字, 上下向黑魚尾, 紙質:綿紙		江陵市 船橋莊
	曹雪芹(淸)著, 淸朝年間刊	5卷5册(卷2~5, 7), 中國木版本, 17.9×12.1cm, 四周單邊, 半郭:13.2×10.2cm, 無界, 11行27字, 上下向黑魚尾, 紙質:竹紙		釜山大學校
	曹雪芹(淸)撰, 淸朝末期刻後刷	30回6册(第31回~60回), 中國木版本, 17×10.9cm, 四周單邊, 半郭:11.7×9.7cm, 無界, 11行24字, 小黑口, 紙質:綿紙	備考:袖珍本	成均館大學校 D7C-126
	曹雪芹(淸)删改, 緯文堂, 淸朝末期刻後刷	120回20册, 中國木版本, 有圖, 16.7×11.1cm, 四周單邊, 半郭:13.2×9.5cm, 無界, 11行27字, 上黑魚尾, 紙質:竹紙	裏標題:繡像批點紅樓夢, 序:小泉程偉元識, 刊記:緯文堂藏板, 備考:袖珍本	成均館大學校 D7C-126a
	國民文庫刊行會 編, 東京, 大正10(1921)	12册, 有圖(3張), 22.6×15.5cm, 15行字數不同	日語版	梨花女子大學校 [고] 812.3 홍327행

書名	出版事項	版式狀況	一般事項	所藏處/所藏番號
	曹雪芹(淸)撰, 三元堂	零本19冊(第一~四回1冊缺), 中國木版本, 17.2×11.5cm	版心下段:三讓堂	高麗大學校 (華山文庫) C14-B25B
	曹雪芹(淸)撰, 王希廉(淸)評	零本2冊(卷首卷一至~五)(全120卷24冊), 中國木版本, 19.7×12.1cm		高麗大學校 (晩松文庫) C14-B25E
	曹雪芹(淸)著, 刊寫地未詳, 刊寫者未詳, 刊寫年未詳	16冊(缺帙, 冊2~9, 11~18), 17.8×11.5cm, 四周單邊, 半郭:12.6×9.6cm, 無界, 11行27字, 上下向黑魚尾		慶熙大學校 812.31-홍296
		5冊, 中國木版本, 17.9×12.1cm, 四周單邊, 半郭:13.2×10cm, 無界, 11行27字, 花口, 上下向黑魚尾, 紙質:노로지		釜山大學校 (海蒼文庫)OAC 3-12 43
增評加註全圖紅樓夢	曹雪芹(淸)撰, 刊寫地未詳, 刊寫者未詳, 1910年頃	9卷9冊(卷1, 8~15, 缺帙), 19.5×13.2cm, 有圖, 四周單邊, 半郭:16.3×11.3cm, 無界, 16字34行, 註雙行, 黑口, 上下向黑魚尾		東亞大學校 (3):12:2-88
홍루몽(紅樓夢)	曺霑(淸)著, 譯者未詳, 寫年未詳	120卷120冊中117冊存, 3冊缺(卷24, 54, 71), 國文飜譯筆寫本, 78.3×18.2cm, 無郭, 無絲欄, 8行字數不定, 無版心, 紙質:壯紙	表題:紅樓夢, 印:藏書閣印, 35㎜R[Nega], 5432f	韓國學中央研究院 4-6864/R35N-000003-10, 舊藏書閣本
增評全圖足本金玉緣	曺雪芹(淸)撰, 上海, 求不負齋, 光緖34(1908)	合16冊(卷首, 120卷), 中國石印本, 20×13.3cm	卷頭書名:增評補像全圖金玉綠, 版心書名:圖註金玉綠, 表紙書名:金玉綠, 序:光緖貳十四年(1898), 華陽仙裔, 印:任訥藏書, 別書名:紅樓夢, 石頭記	奎章閣 [古]895.136-J569g-v.1-16
		16冊(冊1~16), 中國石印本, 19.8×13.2cm, 四周雙邊, 半郭:17.3×11.4cm, 有界, 18行40字, 花口上黑魚尾, 紙質:竹紙	版心題:圖註金玉綠, 序:光緖二十四年(1906) 九月望日華陽仙裔, 刊記:光緖戊申(1908) 九月九不負齋印行	全南大學校 3Q-금65ㅈ-v.1-16,
		120卷8冊, 石版本, 20×13cm, 四周雙邊, 半郭:17.2×11.2cm, 有界, 18行40字, 上黑魚尾	序:光緖三十四年(1908)… 華陽仙裔	啓明大學校 [고]812.36-조설근ㅈ
繪圖增批金玉緣	著者未詳, 上海理文軒存古書局石印	120卷1匣8冊, 中國石印本, 13.4×20cm, 四周單邊, 半郭:11.4×12cm, 無界, 20行40字, 無魚尾	序:王希廉(1832), 印:善齋, 閔丙承印	澗松文庫

書名	出版事項	版式狀況	一般事項	所藏處/所藏番號
增評加批金玉緣	曹雪芹(清)撰, 上海, 刊寫者未詳, 1906	13冊(缺帙), 中國石印本, 有圖, 19.7×13.3cm, 上下單邊, 左右單邊, 全郭:17×12cm, 無界, 行字數不定, 註雙行, 紙質:竹紙	序:光緒三十二年(1906)九秋旣望華	全南大學校 3Q-금65ㅈ-v.1, 5-16
增評加批金玉緣	曹雪芹(清)撰, 上海, 桐蔭軒, 1906	13冊(冊1, 5~16, 缺帙), 中國石印本, 有圖, 19.7×13.3cm, 上下單邊, 左右單邊, 半郭:17×12cm, 無界, 行字數不定, 註雙行, 無魚尾, 紙質:竹紙	序:光緒三十二年(1906)九秋旣望華, 刊記:光緒丙午(1906)… 上海, 桐蔭軒石印	全南大學校 3Q-금65ㅈ
增評加註全圖紅樓夢	曹霑(清)撰, 上海, 掃葉山房	15卷16冊(2函), 中國石印本, 有圖, 半郭:16.4×11.2cm, 16行35字, 上黑魚尾		雅丹文庫 823.6-조74ㅈ
增評補像全圖金玉緣	曹雪芹(清)刪定, 上海, 上海書局, 清光緒24(1898)刊	15卷16冊, 中國石印本, 有圖, 20.2×13.4cm, 四周雙邊, 半郭:17×11.6cm, 無界, 22行50字, 註雙行, 上黑魚尾, 紙質:竹紙	表題:增評全圖石頭記, 裏題:繡像全圖金玉緣, 序:光緒十四年(1888)小陽月望日華陽仙裔識, 刊記:光緒戊戌(1898)孟夏上海書局石印	成均館大學校 D7C-11
增評補像全圖金玉緣	曹雪芹(清), 高鶚(清)撰, 求不負齋, 光緒34(1908)	合16冊(80回, 續40回), 中國石印本, 有圖, 20×13.4cm	異書名:金玉緣, 紅樓夢, 石頭記, 序:光緒貳十四年(1908)… 華陽仙裔識, 印:默客室藏	高麗大學校 C14-B25
增評補像全圖金玉緣	求不負齋(清)刊, 寫地未詳, 求不負齋, 1908	16冊, 中國石版本, 24.0cm	表題:增評全圖足本金玉緣	國立中央圖書館 BA373-7
增評補像全圖金玉緣	曹雪芹(清)著, 光緒戊申(1908)九月求不負齋印行	零本15冊(第3卷之卷三十七回~二十四回)(全16冊120回), 中國石印本, 有圖, 20.2×13.4cm	序:光緒二十四(1898)年九月望日華陽仙裔識, 刊記:光緒戊申(1908)九月求不負齋印行	高麗大學校(晩松文庫)C14-B25D
增評補像全圖金玉緣	曹霑, 高鶚共著, 金玉緣, 刊寫地未詳, 章福記書局, 宣統元年(1909)	線裝16卷16冊, 石印本, 挿圖, 四周雙邊, 半郭:16.9×12.2cm, 無界, 22行50字, 上下向黑魚尾, 20×13.6cm	重刊序:光緒14年[1888]… 華陽仙裔, 增評全圖石頭記	檀國大學校 율곡기념도서관, 고873.6-조745ㄱ-卷首-15
增評補像全圖金玉緣	曹雪芹(清)刪定, 刊寫地未詳, 求不負齋, 光緒34(1908)	16冊(冊1~16), 20.1×13cm, 有圖, 四周雙邊, 半郭:17.1×11.7cm, 有界, 18行40字, 註雙行, 上下向黑魚尾	標題:增評全圖足本金玉緣, 重刊序:光緒三十四年(1908)九月望日華陽仙裔識, 刊記:光緒戊申年(1908)九月求不負齋印行	東亞大學校 (3):12:2-27

書名	出版事項	版式狀況	一般事項	所藏處/所藏番號
	曹雪芹(清)著, 刊寫地不明, 求不負齋, 光緒戊申 (1908)	120回16册, 石印本, 有圖, 20.2×13.2㎝, 四周雙邊, 半郭:17.2×11.3㎝, 有界, 18行40字, 上下向黑魚尾	序:光緒三十四年九月望日華陽仙齋識, 刊記:光緒戊申九月求不負齋印行, 題簽題:增評全圖足本金玉緣, 版心題:圖註金玉緣	慶北大學校 〔古〕812.3 조53ㅈ
	求不負齊, 光緒34(1908)	124回16册, 中國石印本, 有圖, 20.2×13㎝		高麗大學校 (華山文庫)C14-B25A
	曹雪芹(清)撰, 上海, 江東山房, 清末-民國初	15卷16册(卷1~15), 中國石印本, 有圖, 20.2×13.3㎝, 四周雙邊, 半郭:17.4×11.6㎝, 無界, 22行50字, 註雙行, 上黑魚尾, 紙質:竹紙	表題:增評全圖足本石頭記, 標題:評註加批紅樓夢全傳, 刊記:上海江東書局印行	全北大學校 812.3-조설근ㅈ 全南大學校, 3Q-중844ㅈ-v.1-16 全南大學校 3Q-중844ㅈ
	曹雪芹(清)刪定, 上海, 江東書局, 清朝末~中華初刊	15卷16册, 中國石印本, 有圖, 20.2×13.4㎝, 四周雙邊, 半郭:17.4×11.5㎝, 無界, 22行50字, 註雙行, 上下向黑魚尾, 紙質:竹紙	題簽:增評全圖足本石頭記	全北大學校 812.3-조설근 ㅈ
	曹雪芹(清)著, 上海, 江東書局, 清朝末~中華初刊	7卷8册, 中國石印本, 有圖, 20.1×13.3㎝, 四周雙邊, 半郭:17.5×11.6㎝, 無界, 22行字數不定, 註雙行, 上下向黑魚尾, 紙質:洋紙	題簽:增評全圖足本石頭記, 序:道光壬辰(1832)花朝日吳縣王希廉雪香氏書於雙清山館, 刊記:上海江東書局印行	全北大學校 812.3-조점홍
	曹霑(清)著, 刊寫地未詳, 刊寫者未詳, 刊寫年未詳	32卷4册(56~64回, 89~112回, 零本), 石印本, 19.5×13.1㎝, 無界, 行字數不定, 無魚尾		大邱廣域市立中央圖書館 中古 828
		中國石印本, 有圖, 20.2×13.3㎝, 四周雙邊, 半郭:17.4×11.6㎝, 無界, 22行50字, 註雙行, 上內向黑魚尾	表紙書名:增評全圖足本石頭記, 石頭記는 紅樓夢의 原名임	漢陽大學校 812.36-조734ㅈㄱ-v.1, v.3~v.5
		1册(全8册:65~72回, 73~80回, 81~88回, 89~96回, 97~104回, 105~114回), 中國石印本, 有圖, 20.2×13.2㎝, 四周雙邊, 半郭:17.2×11.3㎝, 有界, 18行40字, 註雙行, 上內向黑魚尾	表紙書名:增評全圖足本金玉緣, 版心書名:圖註金玉緣	漢陽大學校 812.36-조734ㅈ-v.1-v.6
	曹雪芹(清)刪定, 刊寫地未詳, 刊寫者未詳, 刊寫年未詳	9册(册1~9, 缺帙), 20.6×13.1㎝, 有圖, 四周雙邊, 半郭:17.1×11.8㎝, 有界, 18行40字, 註雙行, 上下向黑魚尾		東亞大學校 (3):12:2-31

書名	出版事項	版式狀況	一般事項	所藏處/所藏番號
		63卷8册(57回~120回), 中國石印本, 有圖, 半郭:17.2×11.3㎝, 18行40字, 上黑魚尾		雅丹文庫 823.6-조74ㅈ
增評加批金玉緣圖說	曹雪芹(淸)著, 蝶薌仙史(淸)評訂, 光緖丙午(1906)菊秋月, 上海桐蔭軒石印	首卷1册, 120卷15册, 共16册, 中國石印本, 有圖, 20㎝	內題:全圖增評金玉緣, 序:光緖三十二年(1906)九秋旣望儛裔識 印記:默容室藏書印	延世大學校 812.36/61
	曹雪芹(淸)刪定, 蝶鄕仙史(淸)評訂, 上海桐蔭軒, 淸光緖32(1906)刊	120卷16册, 中國石印本, 有圖, 20×13.2㎝, 四周單邊, 半郭:17.5×12.1㎝, 無界, 21行40字, 註雙行, 紙質:綿紙	題簽:足本全圖金玉緣, 序:光緖三十二年(1906)九秋旣望華陽仙裔識, 刊記:光緖丙午(1906)菊秋月上海桐蔭軒石印	成均館大學校 D7C-12
	曹雪芹(淸)刪定, 淸光緖32年(1906)序	120卷13册(册1~3缺), 中國石印本, 有圖, 19.7×13.3㎝, 四周單邊, 半郭:17×12㎝, 無界, 行字數不定, 註雙行, 紙質:綿紙	表題:全圖增評金玉緣, 序:光緖三十二年(1906)九秋旣望華陽儛裔識	全南大學校
	上海, 桐蔭軒, 1906	120回12卷16册, 中國石印本, 有圖, 20.3×13.7㎝	卷頭:全圖金玉緣, 序:光緖三十二年(1906), 繡像, 第2册 增評加批金玉緣圖說 卷首, 目錄, 論評, 明齋主人總評, 總評, 大某山人總評, 論贊, 讀法, 題詞, 問答, 大觀園影事十二詠, 大觀園圖說, 摘吳, 音釋 等 25張, 標題紙裏面:光緖丙午(1906)月 上海桐蔭軒石印, 表紙書名:足本全圖金玉緣	嶺南大學校 陶南文庫 [古도]823.6 금옥연
	曹雪芹(淸)著, 蝶薌仙史(淸)評訂, 上海, 桐陰軒, 光緖32年(1906)	16册2匣, 中國石印本, 有圖, 20.5×13.5㎝	標題:全圖增評金玉緣, 表題:紅樓夢, 全圖金玉緣, 序:光緖三十二(1906)年…僊裔識	國民大學校 [고]823.6
	曹雪芹(淸), 蝶薌仙史(淸)評訂, 上海, 桐陰軒, 光緖32年(1906)	120卷, 共16册, 中國石印本, 21×14㎝	標題:全圖增評金玉緣, 表題:紅樓夢, 全圖金玉緣, 序:光緖三十二(1906)年…僊裔識	國民大學校 [고]823.6 조01
	曹雪芹(淸)刪定, 蝶薌仙史(淸)評訂, 刊寫地未詳, 刊寫者未詳, 光緖34(1908)	7卷7册(全16卷16册, 卷10~16), 20.3×13.3㎝, 有圖, 四周單邊, 半郭:17.7×12.2㎝, 無界, 27行58字, 註雙行, 上下向黑魚尾	版心題:增像繪圖石頭記, 表題:全圖增評金玉緣, 上欄外에 小字頭註	東亞大學校 (3):12:2-80

書名	出版事項	版式狀況	一般事項	所藏處/所藏番號
	曹雪芹(淸)刪定, 蝶薌仙史(淸)評訂, 上海, 求志齋, 淸光緖34(1908)刊	16卷16册, 中國石印本, 20.2×13.3cm, 四周單邊, 半郭:17.4×11.8cm, 22行44字, 註雙行, 上黑魚尾, 紙質:竹紙	表題:全圖增評石頭記, 題簽:全圖金玉緣, 序:光緖三十二年(1906)九秋旣望華陽僢畬識, 刊記:光緖戊申年(1908)七月上海求志齋石印	成均館大學校(曺元錫) D7C-12c
	著者未詳, 上海, 錦章書局, 刊寫年未詳	120卷13册(卷1~120), 中國石印本, 有圖, 20.3cm, 無界, 行字數不定, 無魚尾	繪圖石頭記	慶熙大學校 812.31-금65
	曹雪芹(淸)刪定, 蝶薌仙史(淸)評訂, 淸朝末~中華初刊	16卷16册, 中國石印本, 20×13.3cm, 四周單邊, 半郭:17.4×12.1cm, 無界, 27行58字, 註雙行, 頭註, 上黑魚尾, 紙質:竹紙	題簽:全圖增評金玉緣, 版心題:增評繪圖石頭記, 所藏印:義山, 李明世印	成均館大學校 D7C-12b
		56卷7册(第57~104, 113~120), 中國石印本, 有圖, 20×13.3cm, 四周單邊, 半郭:17.5×12cm, 無界, 20行40字, 註雙行, 紙質:竹紙		成均館大學校 D7C-12a
	曹雪芹(淸)著, 蝶薌仙史(淸)評訂, 淸朝末期~中華初期刊	15册(册1~5, 7~16, 缺帙), 中國石印本, 有圖, 20×13.1cm, 四周單邊, 半郭:17.2×12cm, 無界, 27行58字, 註雙行, 花口, 上下向黑魚尾, 紙質:竹紙	表題:全圖增評金玉緣, 版心題:增評會圖石頭記, 序:道光壬辰(1832)花朝日吳縣王希廉雪香氏書於雙淸仙館	全南大學校 3Q-증844ㅈ
		16卷16册, 中國石印本, 有圖, 15×13.2cm, 四周單邊, 半郭:17.7×11.9cm, 無界, 27行58字, 註雙行, 頭註, 上下向黑魚尾, 紙質:洋紙	題簽:紅樓夢, 版心題:增評繪圖石頭記, 裏題:全圖增評金玉緣	忠南大學校 集545
		16卷3册, 中國石印本, 20.2×13cm, 四周單邊, 半郭:17×11.8cm, 無界, 28行58字, 頭註, 上下向黑魚尾, 紙質:洋紙	表題:全圖增評金玉緣, 合綴:增評補圖石頭記	忠南大學校 集603
	曹雪芹(淸)著, 蝶薌仙史(淸)評訂, 出版事項未詳	16卷,卷首,合16册, 中國石印本, 有圖, 20.1×13.5cm	表紙書名:全圖繪評金玉緣, 一名:紅樓夢	高麗大學校 薪菴文庫, C14-B25
		16卷卷首合6册, 中國石印本, 有圖, 20.1×13.3cm	標題紙, 題簽書名:全圖增評金玉緣, 版心書名:增評繪圖石頭記, 一名:紅樓夢, 金玉緣	高麗大學校 (華山文庫) C14-B25
		零本1册(卷之十一)(全16卷16册), 中國石印本, 有圖, 19.8×13.5cm	表題·版心:全圖增評石頭記, 異書名:紅樓夢	高麗大學校 (晩松文庫) C14-B25F

書名	出版事項	版式狀況	一般事項	所藏處/所藏番號
		64卷8冊(卷1~56缺), 中國石印本, 有圖, 半郭:17.4×12cm, 21行40字	印記:崔永熙印	雅丹文庫 823.6-조54ㅈ
		零本8冊(所藏本中卷之九~十六의 8冊以外缺, 復本所藏本中卷之十三, 十五의 2冊以外缺), 中國石印本, 有圖, 20×13.2cm, 四周單邊, 半郭:17.2×12.1cm, 無界, 27行58字, 白口·上黑魚尾	版心書名:增評繪圖石頭記	海軍士官學校 [중]192
		13卷13冊(全16卷16冊, 卷1~3, 5~8, 10~14, 16), 19.8×13.1cm, 有圖, 四周單邊, 半郭:16.8×12cm, 無界, 27行58字, 註雙行, 上下向黑魚尾	序題:增評補圖石頭記, 標題:全圖增評金玉緣, 上欄外에 小字頭註, 原序:小泉亭偉元識	東亞大學校 (3):12:2-30
		零本1冊(所藏:卷97~104), 石印本, 有圖, 19.9×13.6cm, 四周單邊, 半郭:17.6×11.9cm, 無界, 20行40字, 無魚尾	表題:全圖增評金玉緣	慶北大學校 〔古〕 812.31 중44
	蝶薌仙史(淸)評訂, 刊寫者未詳	17卷16冊, 中國石印本, 有圖, 20.1×13.2cm, 四周單邊, 半郭:17.1×12.2cm, 無界, 27行58字, 頭註, 上內向黑魚尾, 紙質:竹紙	題簽:全圖增評金玉緣, 版心題:增評繪圖石頭記, 序:小泉程偉元識	東國大學校 D819.3 점93ㅈ
	曹雪芹(淸), 刊寫地未詳, 刊寫者未詳, (19--)	16冊1匣, 中國石印本, 有圖, 20×13.5cm	標題:全圖增評金玉緣, 版心題:增評繪圖石頭記	國民大學校 [고]823.6 조01ㄱ
增評繪圖石頭記	著者美詳, 刊寫地未詳, 刊寫者未詳, 刊寫年未詳	4卷4冊(卷13~16, 缺帙), 20.1×13.5cm, 有圖, 四周單邊, 半郭:17.2×11.7cm, 27行58字, 註雙行, 上下向黑魚尾	書名:版心題, 表題:增平全圖石頭記, 上欄外에 小字頭註, 四冊을 1冊으로 裝訂	東亞大學校 (4):5:5-13
增評補圖石頭記	悼紅軒(淸)原本, 王希廉(淸)評, 刊寫地未詳, 刊寫者未詳, (19--)	120卷16冊(卷1~120), 中國新鉛活字本, 有圖, 16×10cm, 四周雙邊, 半郭:11.5×8.2cm, 無界, 14行31字, 註頭註, 上黑魚尾, 紙質:綿紙	表題:石頭記, 序:小泉程偉元識, 道光壬辰(1832)花朝日吳縣王希廉雪香氏書於雙淸仙館	全南大學校 3Q-중844ㅌ-v.1-16
				全南大學校 3Q-중844ㅌ
	悼紅軒著, 東洞庭護花主人評	全16冊(殘本8冊, 所藏:卷57~120), 中國鉛活字本, 15.7×10cm, 四周雙邊, 半郭:11.3×9.3cm, 無界, 14行字數不同, 上黑魚尾		龍仁大學校 D7-27

書名	出版事項	版式狀況	一般事項	所藏處/所藏番號
	悼紅軒原本, 東洞庭護花主人評, 蛟川大某山民加評, 海角居士校正, 民國年間刊	44卷6冊(卷1~12, 33~48, 57~72), 中國石印本, 半郭:15×11cm, 16行40字, 上黑魚尾		雅丹文庫 823-도95ㅈ
	曺雪芹(淸)著, 刊寫地未詳, 刊寫者未詳, 刊寫年未詳	1冊(全120卷, 冊1), 19.8×12.2cm, 有圖, 四周雙邊, 半郭:14.9×10.5cm, 無界, 15行40字, 上下向黑魚尾	上欄外에 小字頭註, 序:小程偉元識, 護花主人批, 序:道光壬辰(1832) 花朝日吳縣王希廉雪香氏書於雙淸仙館, 卷首와 繡像으로만 되어있음	東亞大學校 (3):12:2-70
增訂補圖石頭記	曹霑著, 淸光緖18年 (1892)刊	120卷16冊(卷首1冊, 120卷15冊), 中國新鉛活字本, 有圖, 19×11.5cm, 上下雙邊, 左右單邊, 半郭:15.3×10cm, 無界, 15行40字, 上下向黑魚尾, 紙質:綿紙	題簽:繡像全圖增批石頭記, 刊記:光緖十八年歲在壬辰 (1892)秋八月重校覆印	江陵市 船橋莊
	曹霑著, 淸代刊	64卷8冊(卷57~120), 中國新鉛活字本, 有圖, 19.1×11.5cm, 四周雙邊, 半郭:15.2×10.5cm, 無界, 15行40字, 頭註, 紙質:綿紙	題簽:繡像全圖增批石頭記	江陵市 船橋莊

1-2. 續紅樓夢

≪續紅樓夢≫은 30회본으로 秦子忱이 창작한 애정소설이다. ≪續紅樓夢≫은 20회본, 30회본과 40회본이 있는데,[184] 조선에 유입되어 번역된 판본은 秦子忱의 30회본 ≪續紅樓夢≫이다.

≪續紅樓夢≫의 작자 秦子忱에 대해서는 자세히 알려져 있지 않다. 다만 序文 및 題詞에 근거하면 字는 子忱이고 號를 雪塢라고 하는 隴西 사람으로 일찍이 山東의 兗州都司를 지냈다고 알려졌다.

≪續紅樓夢≫의 가장 이른 판본은 嘉慶 4年(1799) 抱瓮軒 간행본이다. 권두에는

184) 20회본은 張曜孫의 ≪續紅樓夢≫(1856)이고 40회본은 海圃主人의 ≪續紅樓夢≫(1805)이다.

鄭師靖의 序文·談瀠의 題詞·凡例(6개항)·弁言 및 제사·목록 등이 순서대로 실려 있다. 이외에 光緖 8年(1882) 抱甕軒 간행본과 같은 해의 經訓堂本 및 光緖 14年(1888) 善友堂本이 있고 石印本으로는 民國 10年(1921) 上海 大成書局本과 연활자본으로는 民國 29年 상해 新文化書社本이 있다.[185)]

≪續紅樓夢≫이 朝鮮에 유입된 것은 상당히 이른 시기로 보인다. 최초의 관련된 기록은 조선 중기 문인 李植(1584~1647년)의 詩文集 ≪澤堂續集≫ 제6권에 ≪紅樓夢≫ 제30회의 내용을 인용하고 있고, 李圭景(1788~1856년)의 ≪五洲衍文長箋散稿≫卷7 〈小說辯證說〉에는 ≪續紅樓夢≫을 직접 언급하고 있다. 아울러 여기에 ≪홍루몽≫과 ≪요재지이≫ 등을 함께 거론하고 있는데, 대략 1830년대 이전에는 유입되었을 것으로 보인다.[186)]

낙선재본 ≪쇽홍루몽≫은 24권이지만 원전 30회의 내용을 나누어 완역한 것이다. 한글 번역본 ≪쇽홍루몽≫의 독특한 점은 원전의 서문과 弁言은 생략하고 작품의 창작동기를 밝히는 동시에 선한 인물의 대표로서 史太君, 악한 인물의 대표로서 王熙鳳을 내세워 경계로 삼아야 한다는 내용의 도입문이 본문 내용의 앞에 실려 있다는 것이다. ≪쇽홍루몽≫의 번역은 번역연대와 필사연대를 고찰할 만한 근거를 남겨두지 않고 있지만 대체로 李秉岐의 설을 따라 高宗 21年(1884)을 전후하여 李鍾泰를 비롯한 역관들의 번역일 것으로 추정된다. ≪쇽홍루몽≫의 번역양상을 살펴보면, 중국어의 한자음을 그대로 쓴 경우, 우리식의 한자어로 바꾼 경우, 직역한 경우, 의역한 경우 등이 있으며 가끔 한자음을 잘못 읽은 경우도 보인다. 대체로 작품의 내용을 완역하고 있지만 간단한 詩句는 대부분 생략되어 있다.[187)]

≪續紅樓夢≫의 내용은 다음과 같다. 林黛玉이 죽었다가 仙藥을 먹고 나서 다시 살아나게 되자 賈寶玉은 이미 薛寶釵를 아내로 맞이했음에도 불구하고 임대옥까지도 자신의 아내로 삼는다. 그들이 사랑을 성취하고 아울러 가문의 부귀영달까지도 이루어

---

185) 江蘇省社會科學院 明淸小說硏究中心文學硏究所 編, ≪中國通俗小說總目提要≫, 中國文聯出版公司, 1991. 577쪽 참조.

186) 최용철, 〈≪紅樓夢≫의 韓國傳來와 影響 연구〉, ≪중국어문논총≫제4집, 1991. 195-218쪽 참조.

187) 최윤희·김명선 교주, ≪쇽홍루몽≫, 이회문화사, 2004. 최용철, 〈≪續紅樓夢≫의 내용과 낙선재본의 번역양상〉, 1-23쪽 참조.

내고 있다는 점은 원작 ≪紅樓夢≫과는 다른 방식으로 서사가 진행됨을 알려준다. 이 작품은 이승과 저승을 넘나드는 환상성을 지니고 있다는 점에서 여타의 속작과 구별되고 있다.

국내에는 中國木版本이 奎章閣과 高大 晩松文庫에 소장되어 있고, 樂善齋本 한글 번역본은 현재 韓國學中央研究院에 소장되어 있다.

書 名	出 版 事 項	版 式 狀 況	一 般 事 項	所藏處/所藏番號
續紅樓夢	雪塢子(淸)撰, 嘉慶4年(1799)	30卷6冊, 中國木版本, 17.6×11.8㎝	序:嘉慶三年(1798)…雪搗子, 印:集玉齋, 帝室圖書之章	奎章閣 [奎古]5936
	刊寫地未詳, 刊寫者未詳, 嘉慶3(1798)	30卷6冊, 挿圖, 四周雙邊, 半郭:17.1×11.6㎝, 無界, 26行52字, 上下向黑魚尾, 20.1×13.3㎝	標題:改良全圖紅樓夢續編, 表題:改良全圖紅樓夢續編, 附錄:紅樓夢全圖, 李伯言(淸)繪, 弁言:嘉慶三年(1798)九月中浣 雪塢子沈氏題於郡營署之百檗軒	東亞大學校 한림도서관 (3):12:2-90
	雪塢子(淸)撰	零本3冊(十一~十六卷), (全16冊), 中國木版本, 17.1×11.2㎝		高麗大學校 (晩松文庫)C14-B81
속홍루몽(續紅樓夢)	著者未詳, 寫年未詳	24卷24冊, 國文筆寫本, 27×18㎝, 無郭, 無絲欄, 9行17字, 無版心, 紙質:楮紙	表題:續紅樓夢, 印:藏書閣印, 35㎜R[Nega], 1207f	韓國學中央研究院 R35N-000024-26, 4-6822舊藏書閣本

1-3. 後紅樓夢

≪後紅樓夢≫은 30회본으로 ≪紅樓夢≫ 속서 중의 하나인데, 작자는 逍遙子 혹은 白雲外史이며 江南의 蘇州 혹은 常州 사람이라고만 알려져 있는 愛情小說이다. 작자 逍遙子는 傳奇 ≪碧落緣≫의 작자인 錢維喬(1739-1806년)와 친숙한 사이였다고 한다. 또 潘照가 지은 ≪紅樓夢詞≫의 자서와 ≪西泠舊事≫의 발문을 통해서 소요자의 字는 鉅卿이며 재실명이 梅花香雪이었고 嘉慶 14年(1809)까지도 생존하고 있었음을 알 수 있다.

이 작품의 창작 연도는 仲振奎의 ≪紅樓夢傳奇≫의 발문을 통해 ≪後紅樓夢≫이 嘉慶 元年(1796)이나 혹은 이보다 약간 앞서 탈고되었음이 고증되었다. 초간본은 乾隆

과 嘉慶 年間에 유행하던 白紙本으로 속표지에 '全像後紅樓夢'이라는 제목이 있다. 권두에는 원서문(曹太夫人이 曹雪芹에게 보내는 것으로 가탁한 글)이 있고, 逍遙子 서문과 白雲外史·散華居士의 題詞, 凡例, ≪홍루몽≫의 내용개요, 賈氏 世系表와 世表, 目錄, 繡像, 絳珠仙草와 煉容金魚圖 등이 있는데 圖像의 앞에는 각각 贊語가 적혀있다. 간행본 중에 鄭振鐸 소장의 白紙 殘本(수상 60쪽)과 黃紙本(수상 60쪽)이 있는데 황지본에는 吳下諸子(李子仙 등)의 대관원 菊花社 原韻의 화답시가 있고 또 다른 吳下諸子(董禁南 등)의 대관원 국화사 보충시 2권이 부록으로 있다. 이 밖에 本衙藏 판본은 繡像 40쪽이 있고 石印本으로 宣統 2年(1910) 上海 章福記本과 연활자본으로 民國 19年(1930) 상해 大通書局本 등이 있다.[188)]

≪後紅樓夢≫이 언제 朝鮮에 유입되었는지 정확하게 고증하기는 어렵다. 그렇지만 李圭景(1788-1856년)의 ≪五洲衍文長箋散稿≫ 권7의 〈小說辨證說〉에 ≪홍루몽≫과 ≪속홍루몽≫ 등을 거론하고 있으므로 ≪속홍루몽≫보다 앞서 출판된 ≪후홍루몽≫은 朝鮮에 아마도 1800년대 초엽이나 적어도 중엽 이전에는 전래되었을 것으로 보인다.

한글 번역본 ≪後紅樓夢≫은 20책으로 현재 한국학중앙연구원 장서각에 소장되어 있는데 원작자와 번역자, 필사자에 관한 서지 상황을 전혀 기록하지 않았고 서문과 권두의 제사, 권말에 실린 부록 등이 전부 삭제되고 번역된 원문만 수록되어 있다. 이 번역본은 원본 30회를 20책으로 압축했기 때문에 회목 전체를 싣지 않았고 일부가 생략되었으며 각 회의 내용은 원본과 일치하지 않고 약간 많은 편이다.[189)] 전체 번역은 비록 回目部分이 생략되었으나 대부분 완역하였다. 비교적 원문에 충실한 번역본에 속한다.

≪後紅樓夢≫의 내용은 다음과 같다. 출가한 寶玉이 돌아오고 黛玉과 晴雯이 환생하며 林良玉, 姜景星 등이 다시 출현하고 있다. 또한 작자 曹雪芹이 빈객으로 등장하고 있고 여승으로 출가한 惜春이 仲妃가 되어 있다는 점이 특이하다. 이 책은 전반적으로 근검절약을 특히 강조하는 이야기를 서술하고 있다.

국내에는 中國木版本이 성균관대와 부산대에 소장되어 있고, 한글 필사본은 한국학

---

188) 江蘇省社會科學院 明淸小說硏究中心文學硏究所 編, ≪中國通俗小說總目提要≫, 中國文聯出版公司, 1991. 572쪽 참조.

189) 최용철, 〈紅樓夢 續書硏究 1〉, ≪中國小說論叢≫제1집, 1992. 5. 189-210쪽.
장경남·이재홍·강문종선 교주, ≪후홍루몽≫, 이회문화사, 2004. 머리말 참조.

중앙연구원에 소장되어 있다. 중국목판본은 성균관대에 32回 12冊本과 23回 18冊本이 소장되어 있고 부산대에 32卷 6冊本과 6冊本이 소장되어 있다. 두 책은 각각 다른 판본으로 보여진다. 한국학중앙연구원 소장본은 국내 유일한 번역 필사본으로 상당한 가치가 있다.

<table>
<tr><th>書 名</th><th>出 版 事 項</th><th>版 式 状 況</th><th>一 般 事 項</th><th>所藏處/所藏番號</th></tr>
<tr><td rowspan="4">後紅
樓夢</td><td>曹雪芹(清)撰,
逍遙子校,
清朝末期刻後刷</td><td>32回12册, 中國木版本, 有圖,
17.7×11.5cm, 四周單邊,
半郭:13.6×9.4cm, 無界, 9行20字,
上黑魚尾, 紙質:竹紙</td><td>裏題:全像後紅樓夢</td><td>成均館大學校
D7C-127</td></tr>
<tr><td rowspan="2">曹雪芹(清)撰,
清朝末期刻後刷</td><td>23回18册(第4回~6回,
10回~15回缺), 中國木版本,
17.3×11cm, 四周單邊,
半郭:13.5×9cm, 無界, 9行20字,
上黑魚尾, 紙質:綿紙</td><td>備考:袖珍本</td><td>成均館大學校
D7C-127a</td></tr>
<tr><td>32卷6册, 中國木版本, 有圖
17.7×11.2cm, 上下單邊,
左右雙邊, 半郭:13.2×10cm, 無界,
9行20字, 上下向黑魚尾,
紙質:竹紙</td><td>序:贍敬華居士漫題</td><td>釜山大學校</td></tr>
<tr><td>曹雪芹(清)著,
刊寫者未詳,
刊寫年未詳</td><td>6册, 中國木版本, 有圖,
17.8×11.2cm, 上下單邊,
左右雙邊, 半郭:13.2×9.2cm,
無界, 9行20字, 花口,
上下向黑魚尾, 紙質:노로지</td><td>序:逍遙子漫題</td><td>釜山大學校
(芝田文庫)
OEC 3-12 24</td></tr>
<tr><td>후홍루
몽(後紅
樓夢)</td><td>著者未詳,
寫年未詳</td><td>20卷20册, 國文筆寫本,
28.8×18.8cm, 無郭, 無絲欄,
9行18字, 無魚尾, 紙質:楮紙</td><td>表題:後紅樓夢,
印:藏書閣印,
35㎜R[Nega], 1043f</td><td>韓國學中央研究院
4-6877/R35N-000026-
27, 4-6877, 舊藏書閣本</td></tr>
</table>

1-4. 紅樓復夢

≪紅樓復夢≫은 100회본으로 陳姓이 창작한 愛情小說이다. 이 작품의 서문에는 작자를 '吾兄 紅羽'라고 지칭하고 있고, 작자의 서문 말미에는 "嘉慶 4年 己未年 中秋月에 春州의 蓉竹山房에서 紅樓復夢人 少海氏가 쓴다"고 기록되어 있다.

이 책의 작자는 陳姓이며 字는 少海 또는 南陽이고 號는 小和山樵 또는 紅樓復夢

人이라고 한다. 一粟의 ≪紅樓夢書錄≫에서는 작자에게 香月과 品華仙史 등의 號가 있고 紅羽도 호의 하나라고 하며 廣東省 肇慶府 陽春縣 사람이라고 설명하고 있다.

≪紅樓復夢≫의 가장 이른 판본은 嘉慶 10年(1805) 金谷園 간행본인데, 속표지에 "嘉慶乙丑에 새로 판각한 ≪紅樓復夢≫은 金谷園 소장의 판본이다"라고 되어 있고 권두에는 陳詩雯의 서문, 작자의 自序, 그림(16쪽), 범례(26항목), 목록 등이 수록되어 있다. 이외에 嘉慶 10年 本衙藏 판본 · 平湖寶藝堂本 · 娘嬛齋本 · 光緒 2年(1876) 上海 申報館의 聚珍版本 · 民國 6年(1917) 榮華書局의 石印本 · 民國 12年(1923) 啓新書局 石印本 등이 있다.[190]

≪紅樓復夢≫은 언제 朝鮮에 유입되었는지 확증할 만한 고증자료가 충분하지 않은 편이다. 다만 조선 중기 문인 李植(1584~1647년)이 詩文集 ≪澤堂續集≫ 제6권에 ≪紅樓夢≫제30회의 내용을 인용하고 있고, 李圭景(1788~1856년)은 ≪五洲衍文長箋散稿≫ 卷7 〈小說辯證說〉에 ≪續紅樓夢≫에 대해 언급하고 있으며 趙在三(1808~1866년)은 ≪松南雜識≫卷7 〈稽古類 · 西廂記〉에서 ≪홍루부몽≫을 언급하고 있다. 따라서 이 작품은 19세기 후반 이전에는 이미 조선에 전래되었을 것으로 짐작할 수 있다. ≪홍루부몽≫의 번역본은 19세기 한글 어휘의 변천 상황을 명확히 보여주고 있다는 측면과 ≪홍루몽≫ 연구의 영역을 더욱 확대하고 심화시킬 수 있다는 측면에서 상당한 가치를 가지고 있다.[191]

≪紅樓復夢≫은 총 50권 50책으로 대략 1880년 전후에 번역한 것으로 알려져 있으며 현재 한국학중앙연구원에 소장되어 있다. 이 작품의 번역은 ≪紅樓夢補≫처럼 開場詩와 插入詩 등 대부분을 생략하였으나 끝까지 完譯하였고 直譯爲主로 되어 있으며 部分的인 意譯으로 되어있다.

≪紅樓復夢≫의 내용은 다음과 같다. 賈寶玉은 祝夢玉으로 환생하고 林黛玉은 松彩芝로 환생했으며 薛寶釵는 賈寶釵로 환생한다. 이들은 남녀가 바뀌어 환생하긴 했지만 전작 ≪紅樓夢≫과는 달리 남녀 주인공들은 사랑을 이루게 되고 한편으로 남녀 주인공과 주요인물들은 개인과 가문의 부귀영달을 위해 노력하며 결국은 그 목적을 성

190) 江蘇省社會科學院 明淸小說硏究中心文學硏究所 編, ≪中國通俗小說總目提要≫, 中國文聯出版公司, 1991. 597쪽 참조.

191) 박재연 · 이재홍 · 김영 · 김명신 교주, ≪홍루부몽≫상, 이회문화사, 2004. 머리말 참조.

취하게 된다는 이야기가 전개되고 있다.

국내에는 서울대학교 奎章閣과 韓國學中央硏究院에 소장되어 있는데, 규장각에는 10冊의 中國木活字本이 소장되어 있고 한국학중앙연구원에는 50卷 50冊의 한글 필사본이 소장되어 있다.

書名	出版事項	版式狀況	一般事項	所藏處/所藏番號
繡像紅樓復夢	南陽氏(淸)編, 娜嬛齋藏板, 嘉慶4年(1799)	10卷32冊, 中國木版本, 有圖, 18.6×12.5㎝	版心書名:紅樓復夢, 序:嘉慶己未(1799)…陳詩雯, 印:集玉齋, 帝室圖書之章	奎章閣 [奎중]5741
紅樓復夢	南陽氏(淸)編, 上海, 申報館, 光緖年間	10冊, 中國木活字本, 17.2×11.2㎝	序:嘉慶己未(1799)…陳詩雯, 印:集玉齋, 帝室圖書之章	奎章閣 [奎중]5854
홍루부몽(紅樓復夢)	著者未詳, 寫年未詳	50卷50冊, 國文筆寫本, 28.1×18.9㎝, 無郭, 無絲欄, 9行17字, 無魚尾, 紙質:楮紙	表題:紅樓復夢, 印:藏書閣印, 35㎜R[Nega], 3552f	韓國學中央硏究院 4-6866/R35N-000010-15, 4-6866, 舊藏書閣本

1-5. 紅樓夢補

≪紅樓夢補≫는 48회본으로 작자가 歸鋤子라 되어 있는 애정소설이다. 自序의 뒤에 있는 내용에 따르면 嘉慶 年間에 만리장성 이북에서 종군하며 막료로 있었음을 나타내고 있는데 자신이 塞外에 있으면서 스스로 歸鋤子라고 칭한 것은 그가 불만스러운 삶을 보내고 있음을 드러낸 것으로 보인다.

≪紅樓夢補≫의 판본은 嘉慶 24年(1819) 藤花榭 초간본 · 道光 13年(1833) 藤花榭 중간본 · 光緖 2年(1876) 上海 申報館 간행본 · 光緖 25年(1899) 상해 熔經閣 석인본 · 民國 3年(1914) 상해 共和書局 석인본 · 民國 12年(1923) 상해 啓新書局 석인본 · 民國 25年(1936) 상해 世界書局 석인본이 있다.

이 작품의 가장 이른 판본인 藤花榭 초간본은 권두에 自序, 犀脊山樵 서문, 敍略(8則), 목록 등이 있고 또 道光 13年에 藤花榭 중간본이 나왔다. 上海 申報館의 간행본은 마지막 회의 끝부분이 약간 다르고 上海 熔經閣 석인본은 삽도 9쪽이 있다. 또한 上海 共和書局의 석인본과 上海 啓新書局의 석인본 등에도 삽도 4쪽이 들어가 있다[192].

≪紅樓夢補≫가 朝鮮에 유입된 시기는 그리 명확하지 않은 편이다. 관련 문헌 기록을 찾아보면, 조선 중기 문인 李植(1584~1647)의 詩文集 ≪澤堂續集≫ 제6권에 ≪紅樓夢≫제30회의 내용을 인용하고 있고, 李圭景(1788~1856년)의 ≪五洲衍文長箋散稿≫ 卷7 〈小說辯證說〉에도 ≪紅樓夢≫을 언급하고 있다. 이외에도 趙在三(1808~1866년)의 ≪松南雜識≫卷7 〈稽古類·西廂記〉에는 ≪紅樓夢≫속서의 하나인 ≪紅樓復夢≫에 대해 언급하고 있다. 이와 같은 기록들을 볼 때 이 작품은 19세기 후반 이전에는 이미 조선에 전래되었을 것으로 보인다.

≪紅樓夢補≫는 총 24권 24책으로 되어 있고 대략 1880년 전후에 번역한 것으로 알려져 있다. 이 책은 현재 한국학중앙연구원에 소장되어 있고 작품의 번역은 序文·開場詩·挿入詩·散場詩·回後評 등 대부분이 생략하고 번역하지 않았으며 본문의 일부를 축약한 意譯本이다.[193]

≪紅樓夢補≫의 내용은 다음과 같다. ≪紅樓夢≫에서는 賈寶玉과 林黛玉의 비극적인 사랑 이야기를 그리고 있지만 이 작품에서는 賈寶玉, 林黛玉, 薛寶釵와 기타 등장인물들이 모두 애정을 획득하고 가문을 새로 일으키는 이야기가 중심이다. 아울러 이 작품 말미에는 전체 이야기를 한바탕의 꿈으로 처리하고 있어 인생의 허무함을 은연중에 드러내고 있다.

국내에는 漢陽大와 韓國學中央研究院 등에 소장되어 있는데, 한양대에 소장된 판본은 ≪古本小說集成≫에 수록된 작품으로 4冊本이다.

書 名	出 版 事 項	版 式 狀 況	一 般 事 項	所藏處/所藏番號
홍루몽보(紅樓夢補)	著者未詳, 寫年未詳	24卷24册, 國文筆寫本, 29×18.8㎝, 無郭, 無絲欄, 9行19字, 無魚尾, 紙質:楮紙	表題:紅樓夢補, 印:藏書閣印, 35㎜R[Nega], 1942f	韓國學中央研究院, 4-6865/ R35N-000022-24,4-6865舊藏書閣本

192) 江蘇省社會科學院 明淸小說硏究中心文學硏究所 編, ≪中國通俗小說總目提要≫, 中國文聯出版公司, 1991. 628쪽 참조.

193) 민관동, ≪중국고전소설의 전파와 수용≫, 아세아문화사, 2007.10. 281쪽 참조

1-6. 補紅樓夢

≪補紅樓夢≫은 48회본으로 嫏嬛山樵가 嘉慶 甲戌年(1814)에 창작한 애정소설이다. ≪補紅樓夢≫의 가장 이른 판본은 嘉慶 25年(1820) 간행본이 있는데, 속지에 "嘉慶庚辰夏鐫 補紅樓夢 本衙藏板"이라 적혀 있다. 卷頭에 嘉慶 甲戌(1814년) 가을 7월 16일의 自序가 있으며, 그 다음에 목록이 있다. 후면에 20폭의 繡像이 있으며, 전면은 그림이고 후면은 설명이다. 속표지에는 "먼저 48회를 판각하였고 32회를 증보하여 머지않아 나올 것이니 독자들은 그것을 감상하시오"라 쓰여 있어 그 다음 속서의 출판을 예상할 수 있다.

이 작품의 저자는 嫏嬛山樵라고 되어 있는데, 자세한 이력에 대해서는 전혀 알 수 없는 상황이다.

≪補紅樓夢≫의 朝鮮 유입에 대한 기록은 그다지 명확하지 않은 편이다. 대략 ≪紅樓夢≫과 ≪紅樓復夢≫이 유입된 시기를 감안하면 19세기 후반 이전에 이미 조선에 전래되었을 것으로 추측된다. 그러나 ≪보홍루몽≫은 현전하는 異本 수가 많지 않고 관련 기록이 잘 보이지 않고 있으므로 당시 그다지 유행하지 않은 책이었을 것으로 추정된다.

한글로 번역 필사된 ≪보홍루몽≫은 樂善齋本으로, 현재 한국학중앙연구원에 소장되어 있다. 이 작품의 필사 상태를 자세히 살펴보면 그 당시 언어가 변화되는 상황을 매우 분명하게 드러내고 있음을 알 수 있다. 이 책은 총 24권 24책으로 되어있고 번역 형태는 序文·開場詩·挿入詩·散場詩·回後評 등 대부분이 생략과 축약을 하였으나 원문은 비교적 충실하게 번역했다.[194)]

≪補紅樓夢≫의 내용은 다음과 같다. 太虛幻境에서는 金陵十二釵가 죽은 이후에 신선이 되어 살아가고 있고, 大荒山에서는 賈寶玉과 柳湘蓮이 渺渺眞人과 茫茫大師의 제자가 되어 수도하게 된다. 大觀園에서는 王夫人과 薛寶釵 등 榮府 사람들이 모여 살고 있고 林如海는 地府를 다스리고 있었다. 아울러 이러한 여러 곳을 중심으로 다양한 이야기가 환상적으로 전개되고 있다.

---

194) 김정녀·최길용·박재연 교주, ≪보홍루몽≫, 이회문화사, 2004. 머리말, 1-15쪽 참조.

국내에는 한글본이 韓國學中央硏究院에 소장되어 있는데, 24卷 24冊으로 되어 있고 번역자와 필사자 및 筆寫年 모두 未詳이다.

書名	出版事項	版式狀況	一般事項	所藏處/所藏番號
보홍루몽(補紅樓夢)	著者未詳, 寫年未詳	24卷24冊, 國文筆寫本, 28.1×19㎝, 無郭, 無絲欄, 10行19字, 無魚尾, 紙質:楮紙	表題:補紅樓夢, 印:藏書閣印, 35㎜R[Nega], 1207f	韓國學中央硏究院 4-6812/R35N-000021-2 2, 4-6812舊藏書閣本

1-7. 紅樓夢影

≪紅樓夢影≫은 24회로 작자가 雲槎外史라고 되어 있는 愛情小說이다. ≪紅樓夢影≫의 판본은 光緖 丁丑年(1877) 北京 聚珍堂 간행본이 있다. 권두의 서문에 “咸豊 11年 辛酉年(1861) 7월 보름에 西湖散人이 지었다.”라고 했는데, 현재 遼寧省圖書館에 소장되어 있다.[195)]

작품의 작자에 대해서는 雲槎外史가 새로 편집했다고 되어 있고 본문의 회목 아래에는 西湖散人이 지었다고 되어 있으나 현재 이 책의 작자는 최근 淸代 女流詞人 顧太淸으로 밝혀지면서 근래 연구가 활발하게 이루어지고 있다. 고태청(1799~1876)은 청나라 만주 鑲藍旗 사람으로 당시 納蘭性德과 함께 이름을 날리던 문인이다. 본래는 西林覺羅氏였고 원래 이름은 鄂春이며, 후에 성을 顧氏, 이름을 春으로 고쳤다. 자는 梅仙, 또는 子春이며, 道號는 太淸이고, 만년의 호는 雲槎外史이며, 평소에는 太淸春, 太淸西林春, 雲槎外史를 스스로 서명으로 썼다. 그녀가 지은 ≪紅樓夢影≫은 ≪紅樓夢≫의 속서 가운데 비교적 독특한 모습을 보여준다는 평가를 받고 있다.[196)]

작품의 국내 유입 기록은 명확하게 알 수 없지만, ≪紅樓夢≫과 그 속서들이 국내에 전래된 시기와 비슷할 것으로 추정된다. 다시 말하자면 1884년(고종 21) 전후에 李鍾

195) 江蘇省社會科學院 明淸小說硏究中心文學硏究所 編, ≪中國通俗小說總目提要≫, 中國文聯出版公司, 1991. 706쪽 참조.

196) 崔琇景, 〈淸 後期 女性들의 小說 수용에 관한 연구〉, ≪중국소설논총≫제35집, 2011.12, 304쪽 참조.

泰 등 문사 수십 명이 ≪紅樓夢≫과 속서들을 번역했으므로 그 시기 이전에 이 작품이 유입되었을 것으로 추정된다. 그렇지만 아직까지 한글 번역본은 보이지 않고 있으며 후속 연구가 기대되는 작품이다.

≪紅樓夢影≫의 내용은 다음과 같다. 賈寶玉이 집을 떠나고 나서 賈政이 사방으로 그를 찾았는데, 후에 毗陵驛에서 승려와 도사가 찾아준다. 그 후 가보옥은 옛날 습관을 고쳐 翰林에 들어가서 관리가 되었다. 얼마 되지 않아 薛寶釵는 아들을 낳았는데, 아비가 되어 온갖 재미를 누리던 가보옥은 자신의 通靈玉을 아들에게 물려준다. 가보옥은 林黛玉이 죽은 지 20년 되던 해에 제사를 지내다가 그녀와 만나는 꿈을 꾸고 비탄에 잠긴다. 그 후 相國까지 청렴한 벼슬살이를 하다가 연로했다는 핑계로 은퇴한다.

이 작품은 文康의 ≪兒女英雄傳≫과 비슷한 시기에 北京의 출판사에서 출판되어 수많은 ≪紅樓夢≫의 續書 가운데에서 비교적 환영받았다고 하는 작품이다.

국내에는 中國木版本이 유일하게 연세대에 소장되어 있고 6冊 24回로 西湖散人이 편찬자로 되어 있으며 聚珍堂에서 간행된 판본이다.

書 名	出 版 事 項	版 式 狀 況	一 般 事 項	所藏處/所藏番號
紅樓夢影	西湖散人撰, 聚珍堂	6冊24回, 中國木版本, 四周雙邊, 匡郭:14.5×11cm, 無界, 10行22字, 上黑魚尾		延世大學校 고서중812.36

2. 儒林外史

≪儒林外史≫는 諷刺小說로 판본에는 50回本, 55回本, 56回本, 60回本 등이 있다. 그러나 50回本, 55回本은 실전되었고 현재 유통되는 것은 56回本과 60回本이다.

이 책의 작자는 吳敬梓(1701~1754)로 알려져 있다. 오경재는 安徽省에서 대대로 벼슬한 명문가의 자제로 태어나 전통적인 유교교육을 받고 당시 과거에 필요한 八股文을 열심히 수학한 문인이다. 그는 그 후 부친의 임지를 따라다니며 견문을 넓혔다. 오경재의 부친은 그다지 높은 벼슬을 하지 못했기에 오경재가 과거에 급제하여 가문의 영광을 살려주기를 희망하였다고 한다. 그러나 부친의 간질한 희망에도 불구하고 오경재는 수차례 과거에 낙방하고 결국 부친이 별세한 후에 고향을 떠나 南京으로 거처를 옮기게 된다.

1735년 청조는 과거 명나라 유신 중에 추천에 의한 특별시험을 치르는데 이때 오경재도 천거되었다. 그러나 오경재는 조정에서 행하는 마지막 시험에 불참함으로서 그의 일생일대의 기회를 저버리게 된다. 그 이유에 대해서는 정설은 없으나 실제 병으로 불참했다는 설과 꾀병을 부려 일부러 피하였다는 설이 있다.[197] 결국 오경재는 벼슬길에 오를 마지막 기회를 놓치고 가난 속에 살다가 54세로 길지 않은 생을 마감하게 되었다.

≪儒林外史≫의 산생연대에 대해서는 여러 가지 학설이 있다. 현존하는 가장 이른 판본인 嘉慶 8年(1803)의 臥閑草堂本 가운데 乾隆 元年(1736)에 쓴 序言이 있는데 이 시기를 오경재가 작품을 쓰기 시작한 시점이라고 추정한다. 대략 작품의 내용으로 보아 작가의 말년인 1745~1750년 사이에 완성된 것으로 추정된다.

≪儒林外史≫는 처음에 필사본으로 유포되었는데, 1768~1779년에 조카인 金兆燕이 揚州에서 府學 教授로 있을 때 간행한 것이 초판이라고 한다. 대략 1768년에서 1779년 또는 1789년 사이에 나왔다고 하나 실전되어 그 면모를 알 수 없다. 현존하는 것으로는 嘉慶 8年(1803)의 臥閑草堂本이 가장 오래된 것이다. 이는 16冊 56回로 되어 있고 이 臥閑草堂本을 翻刻한 것으로 嘉慶 21年(1816)에 나온 淸江浦注 禮閣本과 藝古堂刻本이 있다. 56回本은 55回에 후세 사람이 임의로 1회를 추가한 것이라고 한다.[198]

≪儒林外史≫는 일반적인 중국 소설과 달리 인물 중심의 이야기 전개방식이 아닌 사건 중심으로 이야기 전개를 하고 있다. 학자・관료・상인・유생・기녀・뱃사공 등 여러 계층의 인물들이 대략 370여명이 등장하면서 그들이 명예와 출세를 얼마나 갈망하고, 이를 위해서 얼마나 科擧에 골몰했는가를 묘사하고 있다. 그 가운데 작가가 살았던 시대에 대한 날카로운 풍자와 비판이 녹아들어가 있다. 등장인물에는 실재 모델이 존재한 듯하며, 작자 자신도 杜少卿이라는 이름으로 작품 속에 등장하고 있다.

이 책의 국내유입은 명확한 유입기록이 없어 알 수는 없으나 대략 朝鮮 末期에 유입된 것으로 추정된다. 또 백화체의 문체에다 유림을 비판하는 내용 등으로 인하여 국내에서는 그리 환영을 받지 못한 것으로 보인다. 국내 소장된 판본도 ≪儒林外史≫의 명

---

197) 康泰權, 〈儒林外史 硏究(Ⅰ)〉, ≪中國問題硏究≫, Vol. 1, 1986년.

198) 조관희, 〈儒林外史의 板本에 대하여〉, ≪中語中文學≫, 제21집, 1997년.

성에 비하면 많지 않은 편이다. 현재 국내에 소장된 판본으로는 同治 13年(1874)에 나온 ≪齋省堂增訂儒林外史≫ 56回本(연세대)과 齋省堂本을 底本으로 光緖 14年 (1888)에 간행된 ≪增補儒林外史≫ 60回本(한양대 등)이 소장되어 있다. 그 외 韓國學中央研究院에 소장된 ≪儒林外史≫는 翰林院修撰이라 되어 있어 주목된다. 이 책은 中國木版本으로 대략 淸朝末期에 간행된 판본으로 보인다.

<table>
<tr><th>書名</th><th>出版事項</th><th>版式狀況</th><th>一般事項</th><th>所藏處/所藏番號</th></tr>
<tr><td>儒林
外史</td><td>翰林院修撰,
淸朝末期</td><td>不分卷8冊(29回~56回),
中國木版本, 16.6×10.7cm,
四周單邊, 半廓:12.4×9cm,
有界, 9行18字, 上黑魚尾,
紙質:綿紙</td><td>識記:49回卷末裡識,
翰林院修撰, 落帙本</td><td>韓國學中央研究院
4-238</td></tr>
<tr><td>增訂儒
林外史</td><td>吳敬梓(淸)編,
齋省堂藏板,
同治13年(1874)</td><td>12冊, 中國木版本,
17.2×11.8cm</td><td>序:同治甲戌(1874)…惺園退士,
印:集玉齋, 帝室圖書之章</td><td>奎章閣
[奎중]6023</td></tr>
<tr><td rowspan="2">齋省堂
增訂儒
林外史</td><td rowspan="2">同治甲戌(1874)
十月開雕翻刻必究</td><td rowspan="2">16冊56回, 中國木版本,
四周雙邊, 匡郭:12.5×10cm,
無界, 9行18字, 上黑魚尾</td><td rowspan="2">表題:儒林外史,
序:同治甲戌(1874)惺園退上書,
刊記:同治甲戌(1874)
十月開雕翻刻必究</td><td>延世大學校
고서중
812.36</td></tr>
<tr><td>延世大學校
李源喆文庫</td></tr>
<tr><td rowspan="3">增補齋
省堂儒
林外史</td><td>吳敬梓(淸) 編
刊寫地未詳:
鴻寶齋,光緖
14(1888)</td><td>4冊, 中國石印本, 19.6×13cm</td><td>序:光緖十有四年(1888)…
惜紅生</td><td>奎章閣
5468</td></tr>
<tr><td rowspan="2">吳敬梓(淸)著,
鑄記書局,
刊寫地未詳,
刊寫年未詳</td><td>零本3冊(所藏本中卷之二, 五,
六의 3冊以外缺), 中國石印本,
20.2×13.4cm, 四周單邊,
半郭:18×11.7cm, 無界,
24行50字, 白口·上黑魚尾</td><td>表紙書名:儒林外史,
版心書名:增補儒林外史</td><td>海軍士官學校
[중]186</td></tr>
<tr><td>1卷1冊, (全6卷6冊,
卷1:1回~9回), 中國石印本,
20.3×13.4cm, 四周單邊,
半郭:18.1×11.8cm, 無界,
24行50字, 註雙行,
上內向黑魚尾</td><td>裏表紙書名:增補齊省堂儒林外
史, 表紙書名:足本儒林外史,
版心書名:增補儒林外史,
序:光緖十有四年(1888)…
東武惜紅生, 序:大淸同治
甲戌(1874)…惺園退士</td><td>漢陽大學校
812.36-오236ㅈ-
v.1-v.6</td></tr>
</table>

3. 鏡花緣

≪鏡花緣≫은 100회본으로 작자는 李汝珍이고 一名 ≪第一奇諺≫이라고 하는 諷刺小說이다. ≪鏡花緣≫의 가장 이른 판본은 江寧桃紅鎮의 방각본으로 개인이 판각했는데, 嘉慶 22年(1817) 또는 23年(1818) 봄에 간행되었을 것으로 보인다. 이외에 嘉慶 23年(1818) 蘇州 간행본·道光 元年(1821) 간행본·道光 8年(1828) 廣州芥子園新彫本·道光 12年(1832) 廣州芥子園重刻本·道光 22年(1842) 廣東英德堂 간행본·道光 22年(1842) 厚德堂 간행본·同治 8年(1869) 翠筠山房 간행본·光緒 3年(1877) 懷德堂 간행본·光緒 14年(1888) 上海 点石齋 石印本·上海 校經山房 석인본·光緒 16年(1890) 상해 廣百宋齋 석인본과 鉛印本, 光緒 21年(1895) 상해 積山書局 석인본·光緒 23年(1897) 上海書局 석인본 등 다양하다.[199)]

작자 李汝珍(1763~1830년)은 字가 松石이고 號는 松石道人인데, 北平子라 칭하기도 하며 直隷 大興(지금의 北京市 大興縣) 사람이다. 그는 오랫동안 海州(지금의 江蘇省 連運港市)에서 살았으며 河南의 縣丞을 지낸 적이 있다. 이여진은 ≪鏡花緣≫ 외에도 ≪音鑒≫을 지었고 ≪受子譜≫를 집록했다. ≪鏡花緣≫은 대략 이여진이 35세 때에 창작을 시작하여 嘉慶 20年(1815)에야 완성하여 20여 년이 걸린 작품이다.

≪鏡花緣≫은 조선 시대에 유입되어 번역된 판본이 있는데, 정규복과 박재연이 ≪第一奇諺≫이라는 서명으로 교주하여 2001년 국학자료원에서 출판하였다. ≪제일기언≫은 19세기 초엽에 번역자 洪羲福(1794~1859년)에 의해 이루어진 필사본으로 거의 150년 동안 忠淸北道 槐山의 豊山 洪氏 후손들에 의해 소장되어 있다가 근래에 발굴된 소설작품이다. 이 책의 번역이 1835~1848년인 것을 감안하면 국내의 유입 시기는 대략 1820~30년일 것으로 보인다.

≪제일기언≫이라는 명칭은 번역자가 중국에서 ≪三國志演義≫가 ≪第一才子書≫로 불린 것에 따라 명명한 것으로 보이는데, 현재 후손에 의해 전하는 것은 총 20편 가운데 제9권과 12권이 缺本으로 되어 있어 18권이 전할 뿐이다. 한글 필사본 ≪제일기언≫에는 번역연도 乙未(1835년)라는 부분이 뚜렷하게 밝혀져 있다. 또한 19세기 초엽

199) 江蘇省社會科學院 明淸小說硏究中心文學硏究所 編, ≪中國通俗小說總目提要≫, 中國文聯出版公司, 1991. 624쪽 참조.

우리말을 중국어로 번역하는 과정에서 어휘와 문체적인 특징을 나타내고 있으며 한글 고어와 신조어가 병용된 현상까지도 드러나고 있다.[200)]

≪鏡花緣≫의 내용은 다음과 같다. 唐나라 武則天이 술에 취하여 모든 꽃들에게 꽃을 피우도록 명령했는데, 百花仙子만이 그 사실을 모르고 있다가 꽃이 아무 때나 핀 사실로 인해 옥황상제에게 벌을 받고 唐敖의 딸 唐閨臣으로 태어나게 된다. 나머지 花神들도 백 명의 才女로 태어나 科學에 합격하며 무측천이 패망하였다가 다시 추대되어 재녀들을 청하여 弘文宴을 베풀었다는 이야기를 다루고 있다.

국내에는 中國木版本이 全南大, 慶北大, 奎章閣 등에 소장되어 있고 石印本은 成均館大, 澗松文庫, 雅丹文庫 등에 수록되어 있으며 한글본은 정규복 소장본이 유일본이다. 목판본은 30卷 22冊으로 되어 있는 것이 많고, 석인본은 각각 100回 12冊, 6卷 1匣 6冊, 6卷 6冊으로 다양하며 한글본은 18卷(낙질본)으로 되어 있다.

書名	出版事項	版式狀況	一般事項	所藏處/所藏番號
鏡花緣	李汝珍(清)撰, 上海, 掃葉山房, 光緒9(1883)	30卷22冊(卷1~30), 中國木版本, 有圖, 15.4×11cm, 四周單邊, 半郭:11.4×8.9cm, 有界, 10行20字, 註雙行, 花口, 上下向黑魚尾, 紙質:竹紙	標題:全本繡像鏡花緣, 序:道光十年(1821) 歲在上章攝提格, 識:武林洪根元, 刊記:光緒癸未(1883) 春元補刻繡像, 掃葉山房藏版	全南大學校 3Q2-경96
		22冊, 中國木版本, 有圖, 15.6×11.1cm, 上下單邊, 左右雙邊, 半郭:11.1×9.3cm, 無界, 10行20字, 上下向黑魚尾	序:梅州許喬林石華撰, 刊記:光緒癸未(1883)春元補刻繡像掃葉山房藏板, 表題:鏡花緣, 版心題:鏡花緣	慶北大學校 [古] 812.3 경96
		線裝18冊, 木版本, 四周單邊, 半郭:12×9.8cm, 10行20字 外部上端註, 上黑魚尾, 22.8×14.9cm		中央大學校 중앙도서관 812.3-이여진경
	李汝珍(清)著, 清朝年間	20卷12冊, 中國木版本, 17.8×11.2cm	印:集玉齋, 帝室圖書之章	奎章閣 [奎중]6059
		8冊, 中國木版本		李佑成
		5卷4冊(卷3~6, 9存), 中國木版本, 17×11.7cm, 四周單邊, 半郭:11.5×8.7cm, 有界, 10行20字, 上黑魚尾, 紙質:綿紙	內容:中國小說	韓國學中央研究院, 4-220

200) 박재연·정규복, ≪제일기언≫, 국학자료원, 2001. 3-11쪽 참조.

書名	出版事項	版式狀況	一般事項	所藏處/所藏番號
		10册, 中國版本, 15.5×11cm		韓國國學振興院 五美洞 豊山金氏 虛白堂門中KS0080-1-03-00001
全本繡像鏡花緣	李考珍(淸)著, 掃葉山房藏板, 光緖9年(1883)	合22册(卷首, 20卷), 中國木版本, 有圖, 16.2×11.6cm	卷頭書名:鏡花錄, 序:道光十年(1830)…謝葉梅, 印:集玉齋, 帝室圖書之章	奎章閣 [奎중]6124
	孫吉昌著, 掃葉山房, 光緖9年(1883)刊	30卷22册, 中國木版本, 有圖, 15.4×11cm, 四周單邊, 半郭:11.4×8.9cm, 有界, 10行20字, 上下向黑魚尾, 紙質:竹紙	題簽:鏡花緣, 序:道光十年歲在上章攝提格(庚寅1830)淸和月朔雲山謝葉梅摹像倂序, 跋:武林洪棣元靜荷識, 刊記:光緖癸未(1883)春元補刻繡像掃葉山房藏版, 所藏印:掃葉山房督造書箱	全南大學校
繪圖鏡花緣	李汝珍(淸)著, 上海, 點石齋, 光緖14年(1888)	100回12册, 中國石印本, 有彩色圖, 19.5×12.5cm, 四周單邊, 半郭:13.5×10cm, 無界, 16行36字, 紙質:綿紙	原序:…悔修居士石華撰 李子松石鏡花綠…己丑嘉平月…其顚末, …道光十年(1830)歲在…像并序, 序:…光緖十有四年(1888)…王韜序, 刊記:光緖十有四年仲春月上海點石齋代印, 印:集玉齋, 帝室圖書之章	奎章閣 [奎중]5803
			序:光緖十有四年(1888)春王正月王韜序, 刊記:光緖十有四年(1888)仲春月上海, 點石齋代印	成均館大學校 D7C-110
圖像鏡花緣	上海, 普新端記書局, 1907年刊	6卷6册, 中國石印本, 半郭:18.2×11.9cm, 23行50字, 上黑魚尾	表題:繪圖增像鏡花緣, 序:班志稱小說家流出於稗官…鏡花緣一書相傳北平李子松石以數年之力成之觀者咸謂有益風化…輒述此語以質之天下眞才子喜讀是書者海州許喬林石華撰, 刊記:光緖丁未(1907)夏月上海普新端記書局石印	雅丹文庫 823.6-도52
	著者未詳	6卷1匣6册, 中國石印本, 13.6×20.2cm, 四周單邊, 半郭:11.7×17.8cm, 無界, 25行58字, 白口黑魚尾上	表紙書名:增像全圖鏡花緣, 版心書名:繪圖鏡花緣, 子部(小說家類), 序:許喬林, 謝葉梅(1830), 王韜(1888), 印:閔晟基印	澗松文庫
繪圖增像鏡花緣	李汝珍(淸)撰, 普新端記書局, 光緖33(1907)刊	不分卷6册, 中國石印本, 20×13.2cm, 四周單邊, 半郭:18×12cm, 23行50字, 上黑魚尾, 紙質:竹紙	序:光緖十有四年(1888)春王正月王韜序, 刊記:光緖丁未(1907)夏月普新端記書局石印	成均館大學校(曺元錫) D7C-184

書名	出版事項	版式狀況	一般事項	所藏處/所藏番號
	章福記, 己酉(1907)	1匣6冊, 中國石印本, 20㎝		嶺南大學校 823.6
제일기언(鏡花緣)	洪羲福飜譯	20卷中18卷(殘卷:9, 12), 朝鮮筆寫本, 31×20㎝, 10行20字內外	題目:第一奇諺(1835年)	高麗大學校 丁奎福

4. 女仙外史

≪女仙外史≫는 100회본으로 작자는 呂熊(1640[?]~1722[?], 古稀逸田叟)이고 一名 ≪新大奇書≫·≪石頭魂≫·≪通俗大明女仙傳≫이라 알려진 神魔小說이다.

≪女仙外史≫의 판본은 釣璜軒 간행본·上海 積山書局 石印本·上海 崇實書局의 石印本·上海 玉麟書局 石印本·上海 新文化書社 鉛印本·全記書莊의 鉛印本·上海 啓新書局 鉛印本·皇都林伊兵의 刻本 등이 있다.

첫째, 釣璜軒 간행본은 속지의 상단에 '新大奇書', 우측상단에 '古稀 逸田 呂叟 著', 중간에 '女仙外史', 좌측 하단 모서리에 '釣璜軒貯板'이라 적혀 있고 본문의 머리말에 '新刻逸田叟 女仙外史 大奇書'라 적혀 있다. 首都圖書館에도 같은 판본이 소장되어 있으나 殘本이다.

둘째, 光緖 乙未年(1895년) 上海 積山書局 石印本은 머리말에 作者自序 및 陳奕禧序, 劉廷璣 品題와 楊顒의 評論이 있고 24명의 초상화와 100개의 삽화가 실려 있으며, 책 뒤에는 '康熙 辛卯 中春 望日跋語'가 부록으로 첨가되어 있다.

이외에, 光緖 甲辰年(1904)에 간행된 上海 崇實書局의 石印本, 宣統 己酉年(1090)間에 上海 玉麟書局 石印本, 1924年 上海 新文化書社 鉛印本(沈松泉 整理), 1926年 全記書莊이 ≪石頭魂≫이라 개명한 鉛印本, 1933年 上海 啓新書局 鉛印本, 滄浪居主人이 일역한 寬政元年(1789) 皇都林伊兵의 刻本이 있는데, 제목이 ≪通俗大明女仙傳≫이라 되어 있으며 총 12권이다.[201)]

이 작품의 작자 呂熊의 字는 文兆이고 號는 逸田이다. 呂熊은 昆山人으로 吳喬齡

201) 江蘇省社會科學院 明淸小說研究中心文學研究所 編, ≪中國通俗小說總目提要≫, 中國文聯出版公司, 1991. 448쪽 참조.

과 친해서 明나라 말기의 상황을 잘 알고 있었다고 한다. 그는 吳門 梅隱庵에서 조그만 집을 빌려 기거했다가 82세의 일기로 작고했다. 또 乾隆 年間에 편찬한 ≪昆山·新陽合志≫ 卷25 〈人物·文苑〉에 따르면 呂熊은 "인물이 수려하고 키가 7척에 달했으며, 팔자수염에 구릿빛 얼굴을 한 부리부리한 눈빛의 소유자였다. 그의 아버지 天裕는 나라에 변고가 일어나자 아들에게 과거를 보게 하는 대신 의술을 배우게 했으나 여웅은 천성적으로 유독 詩歌와 古文 및 書法을 좋아하여 이를 배우고자 열심이었다. 그는 전국 각지를 돌아다니다가 ≪女仙外史≫가 당시의 忌諱에 저촉되자 吳門으로 돌아왔고 80여 세에 생을 마쳤다."라고 했다. 그의 著書는 ≪女仙外史≫ 이외에 ≪詩經六義解≫·≪明史斷≫·≪續廣輿記≫·≪前後詩集≫·≪本草析治≫ 등이 있다.

≪女仙外史≫의 朝鮮에 유입된 최초의 기록은 李鈺(1760~1812년)의 ≪潭庭叢書≫와 尹德熙의 ≪字學歲月≫(1744년)을 들 수 있다. 여기에 이 작품의 서명이 언급되어 있다. 따라서 이 작품은 대략 1700년대 초·중기 쯤 조선에 전래되었을 것으로 보인다.

≪女仙外史≫의 한글 번역본은 45권 45책으로 한국학중앙연구원 장서각에 소장되어 있다. 이 작품의 번역 형태는 비교적 충실한 완역으로 詩詞와 변려문도 번역되어 있는 특징을 지니고 있다. 이 번역본의 대본은 현재 규장각에 소장되어 있는 康熙 辛卯(1711년) 釣璜軒 각본이라 여겨진다. 이 작품이 1884년 高宗皇帝의 명으로 번역필사된 것으로 간주한다면 1884년 이전에 나온 원본 ≪여선외사≫는 조황헌본 하나밖에 없기 때문이다.

≪女仙外史≫는 외설적인 부분이 대단히 많아서 1924년 이후 鉛印本에는 부분적인 삭제를 당하기도 했다. 예를 들어 제6, 12, 70회 등의 내용을 자세히 살펴보면 원전과 달리 삭제된 부분이 대단히 많다. 그렇지만 한글 번역본 ≪녀션외ᄉ≫에는 오히려 삭제당한 부분이 상당히 번역되어 있는 것을 볼 수 있다.[202)]

≪女仙外史≫의 내용은 다음과 같다. 여선 嫦娥는 인간 세상으로 적강하여 唐賽兒로 환생한다. 그리하여 당새아는 본래 天狼星이었다가 환생한 明나라 成祖 황제와 전쟁을 벌이는 이야기가 전반적으로 전개되고 있다. 이 작품의 명칭에서 女仙은 항아를 가리키는 말이고 外史는 정통 역사인 正史에 대립되는 野史를 의미하는 것으로 보인다.

---

202) 정창권·손지봉·안병국 교주, ≪녀션외ᄉ≫상, 이회문화사, 2004. 머리말 참조.

국내에는 中國木版本이 奎章閣, 淸州大, 國民大에 소장되어 있고, 中國石印本은 漢陽大에 소장되어 있으며, 한글 필사본은 韓國學中央硏究院에 유일하게 소장되어 있다.

書名	出版事項	版式狀況	一般事項	所藏處/所藏番號
女仙外史	呂熊(淸)撰, 釣璜軒貯板, 淸版本	20冊, 中國木版本, 23.6×15.1cm	卷頭書名:新刻逸田叟仙外史大奇書, 跋:歲次辛卯(?)…呂熊, 印:集玉齋, 帝室圖書之章	奎章閣 [奎중]4744
新刻逸田叟女仙外史大奇書	逸田叟著, 釣璜軒, 淸康熙50年(1711)刊	18冊, 中國木版本, 24×15.5cm, 四周單邊, 半郭:19.8×13.6cm, 無界, 10行22字, 上下向黑魚尾, 紙質:竹紙	表題:女仙外史, 跋:康熙歲次辛卯(1711)中秋望日, 內容:西王母瑤池開宴~金剛禪魔鬪法寶	淸州大學校 823.6 여 337ㅅ V.1~18
	呂熊(淸), 刊寫地未詳, 釣璜軒, 刊寫年未詳	10冊(缺帙, 所藏:1~10), 中國木版本, 23.9×15cm, 四周單邊, 半郭:19.4×13cm, 無界, 10行22字, 花口, 上下向黑魚尾	…序言:…, …自敍:歲次辛卯(?) 呂熊文兆氏自跋於後	國民大學校 [고]823.6 여01
	呂熊(淸), 中國, 刊寫者未詳, 刊寫年未詳	13冊(缺帙, 所藏:2, 4~5, 11~20), 中國木版本, 25.4×15.3cm, 四周單邊, 半郭:19.5×12.9cm, 無界, 10行22字, 花口, 上下向黑魚尾	表題:女仙外史	國民大學校 [고]823.6 여01ㄱ
繪圖評點女僊外史	呂熊(淸)撰, 上海, 章福記, 宣統元年(1909)	全8卷8冊(卷1, 2, 3, 4, 5, 6, 7, 8), 中國石印本, 有圖, 20.2×13.5cm, 四周單邊, 半郭:16.9×11.7cm, 無界, 24行52字, 無黑口, 無魚尾	表紙書名:增像繪圖女僊外史, 序:陳奕禧, 自序:辛卯(1891)…呂熊, 版心書名:繪圖女僊外史, 刊記:宣統元年(1909) 仲夏月 上海 章福記 石印	漢陽大學校 812.36-여656ㅎ-v.1-v.8
녀션외ᄉᆞ(女仙外史)	著者未詳, 寫年未詳	45卷45冊, 國文筆寫本, 28.4×18.8cm, 無郭, 無絲欄, 10行17字, 紙質:楮紙	表題:女仙外史, 印:藏書閣印, 35mmR[Nega], 2536f	韓國學中央硏究院 4-6791/R35N-000183-6

5. 瑤華傳

≪瑤華傳≫은 42회본으로 작자는 丁秉仁이며 淸代에 나온 神魔小說이다. ≪瑤華傳≫의 주요 판본은 道光 18年(1838) 간행본과 道光 25年(1845) 愼修堂 간행본이 있다. 이외에 濤音書屋本이 있는데, 嘉慶 8年에 쓴 작자의 自序와 嘉慶 10年 馮瀚과

周永保 및 嘉慶 4年 尤鳳眞의 서문이 수록되어 있다. 따라서 아마도 嘉慶 年間의 간행본일 것이라 짐작된다. 序文의 뒤에는 주요인물의 그림이 있고 그림의 옆에는 贊이 부가되어 있으며 每回의 뒤에는 閬仙氏의 간단한 평론이 적혀 있다.

≪瑤華傳≫의 작자 丁秉仁은 字를 春城이라 하며 蘇州 사람인데, 그가 일찍이 40여 년 동안 전국을 유람했기에, 특히 燕北 海東地域에 익숙하고 견문이 상당히 넓다는 사실이 알려졌을 따름이다. 또한 〈自序〉에 嘉慶 4年 여름부터 "여름과 겨울 없이 4년이나 걸려 완성되었다"라고 언급된 것으로 보아 이 작품은 嘉慶 8年(1803)에 탈고되었을 것으로 추정된다.[203)]

≪瑤華傳≫은 1838년 濤音書屋 간행본이 朝鮮에 수입되어 규장각에 소장되어 있는데, 이 판본이 바로 한글 번역본 ≪요화전≫의 직접적인 대본이었을 것으로 보인다. 또한 이 작품의 유입시기도 대략 1800년대 중·후기로 추정된다. ≪瑤華傳≫의 한글 번역본은 현재 규장각본(14권 7책)과 낙선재본(22권 22책) 2종이 있는데 모두 필사본이다. 규장각 소장본은 한글 번역본의 초고로 보이며 부분적으로 지우거나 수정된 부분이 있는 것으로 보아 독자들을 고려했거나 다른 轉寫本 때문에 수정한 것으로 짐작된다. 또한 한글 필사본 ≪요화전≫은 규장각본에서 수정한 내용을 똑같이 따르고 궁체로 필사했다.[204)]

≪瑤華傳≫의 내용은 다음과 같다. 인간이 되기 위한 방편으로 숫여우가 89명의 童女를 해치고 元陰을 먹고 있다가 劍仙 무애자에게 참수된다. 그런데 그 숫여우는 후세에 음란한 福王의 딸 瑤華로 환생하게 된다. 인간으로 환생한 요화는 무애자에게 무예와 글 등을 수련받게 되고 결국은 득도하여 검선이 된다는 이야기를 다루고 있다.

국내에는 中國版本이 奎章閣과 澗松文庫에 소장되어 있는데, 규장각 소장본은 20冊으로 된 中國木版本이고 간송문고 소장본은 6卷 1匣 6冊으로 된 中國石印本이다. 한글 필사본은 규장각과 韓國學中央硏究院에 소장되어 있는데, 각각 22卷 22冊과 14卷 7冊으로 다른 형식으로 되어 있다.

---

203) 江蘇省社會科學院 明淸小說硏究中心文學硏究所 編, ≪中國通俗小說總目提要≫, 中國文聯出版公司, 1991. 590쪽 참조.

204) 최길용·이재홍·김영 교주, ≪요화전≫, 이회문화사, 2004, 머리말과 한중 고전소설 인명·지명 대사전 편찬 연구팀, ≪한중 고전소설 연구자료의 새 지평≫, 도서출판 채륜, 2008. 282-339쪽 참조.

書 名	出版事項	版式狀況	一般事項	所藏處/所藏番號
繡像瑤華傳	丁秉仁(淸)編, 濤音書屋藏板, 道光18年(1838)	合12冊(卷首, 11卷), 中國木版本, 有圖, 17.6×12㎝	版心書名:瑤華傳, 序:嘉慶八年(1803)…丁秉仁, 跋:嘉慶十年(1805)…周永保, 印:集玉齋, 帝室圖書之章	奎章閣 [奎중]5917
瑤華傳	編者未詳, 年紀未詳	14卷7冊, 한글筆寫本, 29.5×19㎝	卷頭書名:슈상요화젼	奎章閣 [奎]11472
요화젼(瑤華傳)	著者未詳, 寫年未詳	22卷22冊, 國文筆寫本, 27.8×19㎝, 無郭, 無絲欄, 9行字數不定, 無版心, 紙質:楮紙	表題:瑤華傳, 印:藏書閣印, 35㎜R[Nega], 1168f	韓國學中央研究院 4-6835/R35N-000085-87

6. 快心編

≪快心編≫은 3집 16권 32회로 初集 5권 10회, 二集 5권 10회, 三集 6권 12회로 구성되어 있으며 天花才子가 편집하고 四橋居士가 평한 一名 ≪醒世奇觀≫이라고 하는 才子佳人小說이다. ≪快心編≫의 판본은 課花書屋藏板本과 光緖 元年 申報館 排印本이 있다. 課花書屋藏板本은 初集에 '醒世奇觀', '新鐫快心編全傳'이라 되어 있고 二集과 三集에는 '快心編傳奇'라 되어 있다. 저자는 天花才子라고만 알려져 있을 따름이고 자세한 행적은 알 수 없다.[205)]

≪快心編≫은 언제 조선에 유입되었는지 명확하게 설명할 수 없지만 18세기 후반에는 이미 유입되었을 것으로 추정되고 있다. ≪快心編≫은 이본 수가 적고 관련 기록이 나타나지 않는 것으로 보아 조선시대에 광범위하게 유행한 작품은 아니었을 것으로 보인다.

한글 번역본 ≪쾌심편≫은 총 32권 32책으로 한국학중앙연구원에 소장되어 있으며 藏書閣印章이 찍혀있다. 이 책의 번역자와 번역 시기 및 필사자에 대해서는 아직까지 분명하지 않은 편이다. ≪快心編≫의 번역 형태는 완전 직역은 아니고, 원문의 내용과 의미가 어긋나지 않는 범위에서 축약과 의역한 것으로 보이며 숙련된 전문가에 의한 집

205) 江蘇省社會科學院 明淸小說硏究中心文學硏究所 編, ≪中國通俗小說總目提要≫, 中國文聯出版公司, 1991. 412쪽 참조.

체 번역이다. 開場詩나 장황한 묘사뿐만 아니라 挿入詩 역시 대부분 생략되었고 한국식 한자어가 많이 사용되고 있으며 서사적인 내용을 중심으로 번역되었으며 부분적인 개작이 이루어졌다는 특징을 지니고 있다.[206)]

≪快心編≫의 내용은 다음과 같다. 明나라 揚洲에 사는 凌駕山은 부모님이 돌아가시고 나서 張玉飛와 알게 된다. 한편 山西 太原에 살았던 石佩珩은 아버지가 부채로 인해 자살함에 따라 거지가 되어 구걸하다가 凌駕山을 만나 친구가 된다. 이후 柳晙까지 이 네 사람은 서로 만나 知己가 된다. 그 후 열심히 노력하여 출세하게 되고 또 좋은 배필을 만나 결혼하게 된다는 이야기이다. 이 네 사람의 교유와 출세를 통해 관료사회의 부패, 냉혹한 인정세태, 도사들의 간사함, 도적들의 창궐을 묘사하고 있다. 이 작품은 재자가인소설이자 世情小說의 특징을 갖추고 있다.

국내에는 중국 판본이 國民大와 東亞大에 소장되어 있고 한글 필사본은 韓國學中央硏究院에 유일한 판본이 소장되어 있다. 중국 판본은 각각 10冊과 12冊으로 다른 판본인데, 한글본은 동아대에 소장된 판본을 底本으로 하여 번역된 것이다.

書名	出版事項	版式狀況	一般事項	所藏處/所藏番號
快心編	天花才子(淸)編, 四橋居士評點, 上海, 申報館, (19--)	10冊, 中國石印本, 18×12cm, 四周雙邊, 半郭:13.5×9.5cm, 無界, 行字數不定, 上下向黑魚尾	標題와版心題:快心初集, 表題:四橋居士評, 申報館重印	國民大學校 [고]823.6 천01
	天花才子(淸)編輯, 四橋居士評點, 刊寫地未詳, 刊寫者未詳, 刊寫年未詳	初集5卷4冊, 第2集5卷4冊, 第3集6卷4冊, 共12冊(初集卷1~5, 第2集卷1~5, 第3集卷1~6), 24×15cm, 上下單邊, 左右雙邊, 半郭:19.3×13.9cm, 無界, 10行22字, 上下向黑魚尾	目錄題:快心編傳奇, 標題:新全快心編全傳	東亞大學校 (3):12:2-3
快心編傳奇	天花才子(淸) 編輯, 四橋居士 評點, 刊寫地未詳, 刊寫者未詳, 刊寫年未詳	3冊(缺帙), 中國木版本, 四周單邊, 半郭:18.9×13cm, 有界, 10行22字, 花口, 上下向黑魚尾, 23.4×15.1cm, 紙質:竹紙		全南大學校 4E-쾌59ㅊ
쾌심편(快心編)	著者未詳, 寫年未詳	32卷32冊, 國文筆寫本, 28.2×18.8cm, 無郭, 無絲欄, 註雙行, 無版心, 10行字數不定, 紙質:楮紙	印:藏書閣印, 35㎜R[Nega], 1784f	韓國學中央硏究院 4-6851/R35N-000087-89

206) 전성운·박재연 교주, ≪쾌심편≫, 이회문화사, 2003. 1-11쪽 참조.

7. 品花寶鑑

≪品花寶鑑≫은 一名 ≪燕京評花錄≫·≪怡情佚史≫·≪都市新談≫·≪群花寶鑑≫이라고도 한다. 모두 60回로 구성된 清代 長篇 狹邪小說의 효시라 일컬어진다. 작가인 陳森의 생애에 관해서는 문헌 자료가 남아 있지 않아 확실히 알 수는 없으나 대략 嘉慶 元年(1796)에서 同治 9年(1870) 사이에 생존하였다고 한다. 字는 少逸이며 號는 采玉山人 혹은 石函氏라고도 하고 江蘇省 常州 사람이다. 작가의 自序로 보이는 ≪品花寶鑑·石函氏書≫에 의하면 여러 번 과거에 실패하고 북경에 주로 거주하면서 여러 사람의 막료를 지냈고 1823년에 ≪梅花夢傳奇≫를 짓고 또 그간 보고 들은 것을 종합하여 대표작인 ≪品花寶鑑≫을 썼다고 한다.[207)]

이 책의 刻本은 여러 種이 있는데 가장 이른 판본은 道光 己酉年(1849) 刻本으로 自序와 幻中了幻居士序가 있지만 모두 年月이 적혀 있지 않다. 그 후 咸豊刻本 등 復刻本이 많이 나왔다.[208)]

≪品花寶鑑≫은 청말 북경을 배경으로 名士와 名旦들의 생활을 소재로 그들의 동성애를 다루고 있다. 京城 梨園四大 名班에 유명한 8명의 남자 배우가 있었는데 모두 출중한 외모로 모든 남성들의 사랑을 받았다. 蘇洲에서 온 杜琴言은 악기와 시서화에 능해 인기가 더욱 높았다. 명사 梅子玉은 본래 한림원 학사로 총명하고 학문을 즐기는 인물이었는데 후에 금언이 출연한 경극을 보고 반하여 금언을 연모하게 되었다. 그러나 금언을 좋아하여 협박하는 奚十一을 피해서 금언은 도망을 가게 되고 결국 매자옥의 친구인 徐公子와 친구들의 도움으로 자유의 몸이 된다. 한편 매자옥은 과거에 급제하여 혼인을 하고 금언의 다른 배우 친구들도 명사들의 도움을 받아서 모두 자유의 몸이 되어 장사를 하며 살아가게 된다.

명배우 杜琴言과 명사 梅子玉의 동성애를 다룬 중국 최초의 작품이라는 점에서 상반된 관점의 평가들을 내놓게 하였다. 사대부와 남자 배우들 간의 동성애라는 당시의 풍조를 다룬 점에서 시대상을 반영하는 역사적 가치를 지닌다는 평가를 받는가 하면 변

---

207) 李受珉, 〈品花寶鑑小考〉, ≪中國小說論叢≫, 제21집, 2006년, 145-167쪽 참조.

208) 江蘇省社會科學院 明淸小說硏究中心 文學硏究所 編, ≪中國通俗小說總目提要≫, 中國文聯出版公司, 1990년, 695쪽.

태적 성애를 묘사하는 음란한 소설로 여겨져 금서가 되기도 하였다.[209]

國內 流入에 관해서는 자세한 기록은 전해지지 않지만 대략 朝鮮末期로 보인다. 국내에는 규장각에 道光 28年(1848) 木版本이 있고 성균관대에는 1909년 간행한 木版本과 단국대에 刊行年 未詳의 木版本이 있다.

書名	出版事項	版式狀況	一般事項	所藏處/所藏番號
品花寶鑑	石函氏(淸)譔, 道光28年(1848)	20冊, 中國木版本, 19.6×13cm	印:集玉齋, 帝室圖書之章	奎章閣 [奎중]6016
	陳森(淸)撰, 淸宣統1(1909)刊	60回24冊, 中國木版本, 18.7×12.8cm, 左右雙邊, 半郭:14.3×10.2cm, 有界, 8行22字, 上黑魚尾, 紙質:竹紙	序:臥雲軒老人題, 刊記:戊申年(1908) 十月幻中了幻齋開雕己酉 (1909)六月工竣	成均館大學校 D7C-107
	陳森(淸)撰 刊寫地未詳, 刊寫者未詳, 刊寫年未詳	15卷5冊(卷1~15), 中國木版本, 20.2×12.8cm, 四周單邊, 半郭:13.9×10.4cm 有界, 8行22字, 註雙行, 上下向黑魚尾	表題:品花, 題詞:臥雲軒老人題, 序:石函氏書, 幻中了幻居士	檀國大學校 율곡기념도서관 (羅孫文庫)古873.6-진506ㅍ

8. 花月痕

≪花月痕≫은 ≪紅樓夢≫을 간접적으로 모방한 狹邪小說로 모두 52回로 구성되어 있으며 一名 ≪花月姻緣≫이라고도 한다. 淸代 작가 魏秀仁(1818～1873)의 소설로 알려져 있다.

위수인은 福建省 侯官 출신으로, 字는 子安이다. 어려서부터 글재주가 있었으나 벼슬 운이 없어 여러 차례 낙방하고 28세에 秀才에 급제하였다. 그러나 그 후에도 進士試驗에 계속 낙방하여 官界에 진출하지 못하였다. 山西·陝西·四川 等地를 주유하다가 太平天國의 난을 겪고 同治 元年(1862)에 고향에 돌아와 교학과 저술에 힘쓰다가 56세에 가난과 병에 시달리다 죽었다. 그의 저작물로 ≪石經考≫·≪陔南山館詩話≫·≪陔南山館詩集≫·≪陔南山館文錄≫·≪咄咄錄≫ 등이 있었다고 하나 모두 간행

209) 한종완, 〈중국의 동성애 문화와 品花寶鑑〉, ≪中國人文科學≫, 제33집, 2006年, 197-201쪽 참조. 康泰權, 〈淸代禁毁小說硏究〉, ≪中國語文論叢≫, 제22집, 2002년, 333-353쪽 참조.

되지 않아 지금은 그 면모를 알 수 없고 단지 ≪花月痕≫ 한 작품만 전한다.[210]

고증에 따르면 ≪花月痕≫ 52回는 일시에 완성된 것이 아니다. 작가는 한때 太原 地府 太守의 아들을 가르쳤는데 여가가 많아서 그 무료함을 달래고자 소설을 써서 太守에게 보여주었다고 한다. 제2回에서 44回까지의 草稿는 대개 咸豊 8年(1858)에 太原 地府에서 썼고, 同治 3年(1864) 福建에서 45回부터 52回까지의 내용과 第1回를 보충하여 썼다고 한다. 完成本이 나온 것은 대개 同治 5年(1886)으로 추정하고 있다.[211] '眠鶴主人(淸) 編次' 라고 되어 있는 ≪花月痕≫은 光緖 年間에 비로소 유행하여 여러 판본들이 나온다. 中國에서 가장 이른 판본은 光緖 14年(1888)에 閩雙笏廬 原刻本으로 ≪花月痕全書≫라 하였는데 咸豊 8年(1858)에 眠鶴主人이 쓴 前序와 後序가 보인다. 光緖 19年(1893) 간본은 上海書局에서 출간한 排印本으로 ≪花月姻緣≫이라고 題하였다.

≪花月痕≫은 ≪紅樓夢≫의 亞流作이라는 평가와 함께 魯迅이 中國小說史略에서 대표적인 화류소설로 꼽은 작품 중 하나이다. 내용은 韋痴珠와 韓荷生라는 사람이 각각 劉秋痕과 杜采秋라는 기녀를 사랑하면서, 한 쌍은 실의와 방황을 겪게 되는 반면, 한 쌍은 제후로 봉해지는 영광을 누리게 된다는 현실과 이상의 쌍곡선을 그린 작품이다.

韋痴珠는 재주는 있으나 뜻을 펼치지 못하고 객지를 떠돌며 실의에 빠져 지낸다. 劉秋痕는 韋痴珠를 흠모하여 손님들을 거부하다 기생어미의 온각 구박을 받게 된다. 결국 韋痴珠는 사랑하는 여인을 기루에서 구해내지 못하고 가난과 병에 시달리다가 죽고 劉秋痕도 韋痴珠를 따라 죽는다. 반면에 韓荷生은 재주가 韋痴珠와 비슷하였는데 운좋게 은사의 추천으로 고관의 막료를 지내다가 인정받고 왜구를 물리친 공로로 마침내 侯에 봉해진다. 그를 사랑한 기녀 杜采秋도 一品夫人으로 봉해진다. 韋痴珠는 작가 자신을 의미하며 기녀 秋痕은 그가 마음에 두었던 太原의 歌妓를 뜻하는 것으로 이는 실제 비극적인 현실의 반영이며 반면에 부귀영화의 결말을 맺는 다른 한 쌍의 이야기는 작가의 이상세계를 표현한 것이라고 평가된다.

國內 流入時期에 관해서는 관련 기록을 찾을 수 없으나 대략 朝鮮末期로 추정된다.

---

210) 金洛喆, 〈花柳小說 花月痕의 再評價〉, ≪中國小說論叢≫ 제8집, 1990年, 237쪽 참조.

211) 杜維沫 ≪花月痕≫, 〈校点後記〉, 人民出版社, 1981年 참조.

國內 流入된 가장 이른 판본은 奎章閣에 소장된 光緖 14年(1888)에 간행된 木版本인데 成均館大에 上海書局에서 출판한 ≪繪圖花月因緣≫이라고 되어 있는 清 光緖 19年(1893)刊本이 所藏되어 있으며, 文盛書局 刊行本도 있으나 정확한 出版 年代는 알 수 없다.

書名	出版事項	版式狀況	一般事項	所藏處/所藏番號
花月痕	眼鶴主人(清) 編次, 棲霞居士(清) 評閱, 光緖 14年(1888)	16卷16冊, 中國木版本, 19.5×17.7㎝	序:咸豐戊午(1858)…眼鶴主人, 印:集玉齋, 帝室圖書之章	奎章閣 [奎중]6068
花月痕全書	眼鶴主人(清)編次, 棲霞居士(清)評閱, 上海, 文盛書局, 清朝末~中華初刊	不分卷4冊, 中國石印本, 20×13.3㎝, 四周單邊, 半郭:16.6×11.6㎝, 22行44字, 頭註, 紙質:竹紙	表題:繡像花月痕全傳, 序:同治五年(1866)三月二十三日弱水漁郎題詞時假館於古焚道之昭武館題詞, 刊記:上海文盛書局石印	成均館大學校 (曺元錫)D7C-178
	著者未詳, 清版本	16卷16冊(卷1~8, 8冊缺), 中國木版本, 12.2×18.7㎝, 上下單邊, 左右雙邊, 半郭:10×13.3㎝, 無界, 9行21字, 白口黑魚尾上	表紙書名:花月痕, 印:藕齋, 閔晟基印, 金?乘印	澗松文庫
繪圖花月因緣	眼鶴主人(清)編次, 棲霞居士(清)評閱, 上海, 上海書局, 清光緖19(1893)刊	13卷5冊(卷11~13缺), 中國新活字本, 有圖, 16.6×10.1㎝, 四周雙邊, 半郭:12.2×8.1㎝, 無界, 14行32字, 註雙行, 上黑魚尾, 紙質:竹紙	序:咸豐戊午(1858)重九前一日眠鶴道人撰, 刊記:光緖癸己(1893)夏上海書局印, 京都博文齋藏板	成均館大學校 D7C-124
繡像繪圖花月痕	眼鶴主人(清)編次, 棲霞居士(清)評閱, 刊寫地未詳, 刊寫者未詳, 刊寫年未詳	16卷1冊, 中國石印本, 有圖, 20.3×13.2㎝, 四周單邊, 半郭:18.3×12㎝, 無界, 行字數不定, 花口	序:咸豐戊午(1858)…眠鶴主人序, 後序:咸豐戊午(1858)…眠鶴道人序	國民大學校 [고]823.6 면01
		16卷4冊(卷1~16), 中國石印本, 有圖, 19.9×13.1㎝, 四周單邊, 半郭:18×11.9㎝, 無界, 26行56字, 頭註, 紙質:竹紙	頭註있음, 序:咸豐戊午(1858)暮春之望眼鶴主人序	全南大學校 3Q-수51ㅁ-v.1-4

9. 青樓夢

≪青樓夢≫는 16卷 64回로 되어 있으며 一名 ≪奇紅小史≫라고 한다. 狹邪小說의 초기 작품으로 ≪紅樓夢≫·≪花月痕≫·≪青樓夢≫ 등을 이야기하는데 그중에서도 狹邪라는 서사적 개념에 충실한 작품으로 ≪青樓夢≫을 들 수 있다.[212)]

작자는 俞達로 一名 宋駿이라 하고 字는 吟香이며 江蘇 長洲人이다. ≪青樓夢≫ 이외에도 ≪花間棒≫·≪吳中考古錄≫·≪吳門百艷圖≫·≪醉紅軒詩稿≫ 등이 전한다. ≪吳門百艷圖≫는 실재하는 기녀 백 명을 다섯 종류로 나누어 품평하고 꽃 이름을 지어주었다고 한다. ≪青樓夢≫에서는 기녀들이 재주와 미모를 겸비한 이상형으로 그려지고 있다. 작가는 젊어서 화류계를 드나들며 가정교사를 주업으로 생계를 유지하였다. 그러나 관직에 오르지 못하고 결국 곤궁하게 지내다가 ≪青樓夢≫을 완성한지 6년 후인 光緒 10年(1884)에 병마에 시달리다 생을 마감하였다. ≪青樓夢≫은 작가가 추구하던 이상적 인생을 그린 것이라 할 수 있다. 작가의 평생 知己였던 瀟湘侍者는 鄒弢(?~1884)이며 字는 翰飛, 江蘇 金匱人으로 지금의 無錫 사람이다. ≪三借盧筆談≫와 ≪三借盧勝稿≫ 등의 詩文과 ≪海上鹿天影≫이라는 협사소설이 전해진다. 蘇州에서 십여 년을 머물며 俞達과 교류하였다고 한다.[213)]

주요 판본은 光緒 戊子年(1888)의 文魁堂刊小本이 있는데 書頭에 光緒 4年(1878) 金湖花隱의 序와 鄒弢의 序가 있고, 梁溪瀟湘侍者의 評이 있다. 이후에 民國 17年에 上海 受古書店에서 繪圖石印本을 출간했다.[214)]

≪青樓夢≫은 풍류재자인 金挹香이 36명의 기녀들과의 애정을 묘사한 작품으로 문학적 가치가 그리 높지 않다고 평가된다. 金挹香은 기녀를 첩으로 거느리고 명기들을 모아서 미인대회를 열기도 한다. 그는 부모의 상을 치르고 나서도 여전히 기녀들과의 방탕한 생활을 즐긴다. 기녀 36명 중에 28명이 떠나간 후에야 인생의 부귀영화가 허망함을 느끼게 되어 결국 처첩과 자녀를 버리고 집을 떠나 수도의 길을 떠난다. 魯迅도 ≪青樓夢≫을 지나치게 미화한 협사소설이라고 평하였다.[215)]

---

212) 韓宗完, 〈狹邪小說의 類型變化〉, ≪中國人文科學≫, 제26집, 2003년, 315-332쪽 참조.

213) 韓宗完, 〈紅樓에서 青樓의 꿈으로〉, ≪中國人文科學≫, 제30집, 2005년, 235-253쪽 참조.

214) 江蘇省社會科學院 明淸小說硏究中心文學硏究所 編, ≪中國通俗小說總目提要≫, 中國文聯出版公司, 1991. 755쪽 참조.

국내 유입시기에 관해서는 자세한 기록을 찾을 수 없으나 대략 朝鮮末期로 추정된다. 국내에는 光緒 戊子年(1888)의 文魁堂刊小本인 木版本이 유입되어 奎章閣, 成均館大, 釜山大 등에 소장되어 있다. 蓋新書局에서 宣統 2年(1910)에 간행한 ≪繪圖增像青樓夢≫이 東國大에 소장되어 있다. 錦章圖書에서 光緒 31年(1905)에 간행한 ≪增像繪圖青樓夢≫은 東亞大에, 益新書局에서 宣統 2年(1910)에 간행한 ≪增像繪圖青樓夢≫은 仁荷大에 소장되어 있다. 檀國大와 慶北大에도 刊寫年未詳의 ≪增像繪圖青樓夢≫가 소장되어 있는 등 비교적 많은 판본들이 국내에 유입되었다.

書名	出版事項	版式狀況	一般事項	所藏處/所藏番號
青樓夢	慕眞山人(清)著, 清光緒4(1878)序	64回8册, 中國木版本, 17.4×11.7cm, 四周雙邊, 半郭:13×9.3cm, 無界, 11行27字, 註雙行, 內向黑魚尾, 紙質:竹紙	表題:挹香傳, 序:光緒四年戊寅(1878)古重陽日金湖花隱倚裝序於蘇臺行館, 備考:袖珍本	成均館大學校 D7C-103
	慕眞山人(清)著, 瀟湘館(清)評, 申江 文魁堂, 光緒14年(1888)	10册, 中國木版本, 16.8×11cm	序:光緒四年(1878)…花隱, 印:集玉齋, 帝室圖書之章	奎章閣 [奎중]6199
	慕眞山人(清)著, 瀟湘館(清)評, 刊寫年未詳, 申汪, 文魁堂, 光緒14(1888)	12册, 中國木版本, 17.3×11.1cm, 四周雙邊, 半郭:13.3×10cm, 無界, 11行28字, 註雙行, 花口, 上下內向黑魚尾, 紙質:노로지	序:光緒四年戊寅(1878)金湖花隱倚裝序, 序:光緒四年戊寅(1878)…翰飛弟鄒弢拜敍, 刊記:光緒戊子年(1888)申汪文魁堂藏板	釜山大學校 (夢漢文庫)ODC 3-12 39A
	慕眞山人(清)著, 梁溪瀟湘館侍者(清)評, 刊寫地未詳, 刊寫者未詳, 刊寫年未詳	7册(全8册, 册1~7), 17.3×11.7cm, 四周雙邊, 半郭:12.9×9.9cm, 無界, 11行27字, 註雙行, 內向黑魚尾	序:光緒四年戊寅(1878)古重陽日金湖花隱倚裝序於蘇臺行館, 敍:光緒四年戊寅(1878)重九梁溪釣徒瀟湘館侍者翰飛弟鄒㢲拜敍於吳門旅次	東亞大學校 (3):12:2-61
	慕眞山人(清)著, 瀟湘館侍者(清)評, 上海申報館, (19--)	全10册(零本8册, 缺本二册, 五册), 中國鉛印本, 17.3×11.3cm	序:光緒四年戊寅(1878)…金湖花隱倚裝序於蘇臺行館, 光緒四年戊寅(1878)…瀟湘館侍者…	高麗大學校 (晚松文庫) C14-B80
繪圖增像青樓夢	鼇峰慕眞山人(清)著, 梁溪瀟湘館侍者(清)評, 上海蓋新書局, 宣統2年(1910)刊	6卷3册, 中國石印本, 有圖, 13.5×8.8cm, 四周單邊, 半郭:11.9×8.1cm, 無界, 20行44字, 註雙行, 紙質:竹紙	表題:青樓夢, 序:光緒三十有一年歲次乙巳(1905)寒食節後三日書於澄江客次之行館, 刊記:宣統二年歲次庚戌(1910)上海蓋新書局石印	東國大學校 D819.3 이45ㅎ

215) 魯迅著, 丁範鎭譯, ≪中國小說史略≫, 學研社, 1992. 296-313쪽 참조.

書名	出版事項	版式狀況	一般事項	所藏處/所藏番號
增像繪圖青樓夢	慕眞山人(清)著, 上海, 上海錦章圖書局, 光緖31(1905)序	6卷6冊(卷1~6), 15×9.1cm, 四周單邊, 半郭:13.1×8cm, 無界, 19行45字, 註雙行, 上下向黑魚尾	版心題:繪圖青樓夢, 表題:繪圖青樓夢, 表題:繪圖青樓夢, 序:光緖三十有一年歲次乙巳(1905)寒食節後三日書于澄江客次之行額	東亞大學校 (3):12:2-91
	慕眞山人(清)著, 瀟湘館(清)評, 上海 益新書局, 宣統2(1910)	6卷6冊(卷1~6), 中國石印本, 有圖, 13.6×9cm, 四周單邊, 半郭:12×8.2cm, 無界, 20行44字, 註雙行, 無魚尾	表題:綺紅小史, 標題:繪圖增像青樓夢, 序:光緖三十有一年歲次乙巳(1905)寒食節後三日書於澄江客次之行館, 刊記:宣統二年歲次康戌(1910)上海益新書局石印	仁荷大學校 H812.35-모78증-v.1-6
	慕眞山人(清)著, 錦章圖書局, 刊寫年未詳	6卷6冊, 中國石印本, 14×9cm, 四周單邊, 半郭:12.2×8.8cm, 無界, 20行44字	表題:繪圖增像青樓夢, 序:光緖三十一年乙巳(1905)	檀國大學校 율곡도서관(秋汀文庫)古873.6-모373ㅈ
	刊寫事項不明	6卷6冊, 中國石印本, 有圖, 14.4×8.9cm, 四周雙邊, 半郭:12.9×8.2cm, 無界, 18行42字, 上下向黑魚尾	題簽題:繪圖青樓夢, 版心題:繪圖青樓夢	慶北大學校 [古] 812.31 증51

10. 綠牡丹全傳[四望亭全傳]

≪綠牡丹≫은 64회본으로 一名 ≪四望亭全傳≫ · ≪龍潭鮑駱奇傳≫ · ≪宏碧緣≫이라고 하고 작자는 二如亭主人으로 알려진 俠義愛情小說이다.

≪綠牡丹≫의 가장 이른 판본은 嘉慶 5年(1800) 三槐堂 간행본이다. 그외에 道光 9年(1829) 文德堂刊本 · 道光 辛卯 11年(1831) 芥子園藏板本 · 道光 辛卯 11年 京都文善堂藏板本 · 道光 11年 新刻異說綠牡丹本 · 道光 丁未 27年(1847) 繡像綠牡丹全傳本 · 光緖 7年(1881) 泰山堂刊本 · 光緖 壬辰 18년(1892) 석인본 · 光緖 23年(1897) 文宜書局 석인본 · 光緖 26年(1900) 上海書局 석인본 · 光緖 癸卯 28년 간행본 · 1903년 석인본 · 1916년 鑄記書局 석인본 등이 있다.216)

≪綠牡丹≫은 언제 조선에 유입되었는지 명확하지 않은 편이다. 한글 번역본은 제목이 ≪녹목단(綠牡丹)≫이라 되어 있고 그 옆에 '四望亭'이라 병기하고 있는데, 모두 禮·樂·射·御·書·數 6冊이고, 현재 한국학중앙연구원에 마이크로필름(1982년)이 소장

216) 江蘇省社會科學院 明淸小說硏究中心文學硏究所 編, ≪中國通俗小說總目提要≫, 中國文聯出版公司, 1991. 674쪽 참조.

되어 있으며 1998년에 박재연의 교주본이 출판되었다.[217)]

≪綠牡丹≫의 내용은 다음과 같다. 唐나라 則天武后 시대를 배경으로 하여 駱弘勳[218)]과 花碧蓮이 인연을 맺는 과정에서 여러 가지 에피소드가 생기는데, 탐관오리 王倫이 任正千의 아내 賀氏와 통정을 하고 임정천에게 누명을 씌우며 여러 협의인물들을 핍박하지만 낙홍훈, 余謙, 花振方, 鮑金花 등이 협력하여 간신들의 흉계를 물리치고 낙홍훈과 화벽련은 백년가약을 맺으며 鮑賜安와 화진방은 조정에 귀순하는 등의 이야기를 다루고 있다.

국내에는 奎章閣에 소장된 판본과 鮮文大 朴在淵이 소장한 판본 등이 있는데, 규장각 소장본은 中國木版本으로 6冊本이고 박재연 소장본은 光緖 庚子年(1900) 上海書局에서 발행한 6卷 6冊 64回의 石印本이다.

書 名	出 版 事 項	版 式 狀 況	一 般 事 項	所藏處/所藏番號
繡像反唐四望亭	編者未詳, 京都, 琉璃廠, 光緖 13年(1887)	6冊, 中國木版本, 15.7×11.1㎝	卷頭書名:新纂四望亭全傳, 印:集玉齋, 帝室圖書之章	奎章閣 [奎중]5940
綠牡丹	光緖庚子(1900)年, 上海書局	6卷6冊64回, 石印本	一名龍潭鮑駱奇書	鮮文大 朴在淵
綉像綠牡丹全傳	著者未詳, 淸, 刊寫者未詳, 光緖 7(1881)	線裝6卷5冊(卷5, 1冊缺), 木版本, 揷圖, 四周單邊, 半郭:13.2×9.4㎝, 半葉11行25字, 上黑魚尾, 18.2×12.1㎝	刊記:京都琉璃廠梓光緖辛巳(1881)年重鐫, 裏題:綠牡丹, 불완전내용:自1回, 駱遊擊定與縣赴任 -- 64回, 聖天子登位封功臣, 紙質:綿紙	韓國學中央硏究院 C4-222
新刻綠牡丹全傳	淸無名氏編, 淸光緖18年(1838) 宗文堂刊行	8卷4冊, 中國木版本, 22.9×13.5㎝, 無界, 14行32字, 註雙行, 上黑魚尾, 紙質:竹紙		成均館大學校 D07C-0014
繡像綠牡丹全傳	淸無名氏編, 淸光緖7年(1881) 泰山堂刊行	8卷8冊, 中國木版本, 有圖, 18.2×12.1㎝, 四周單邊, 半郭:16.2×10.3㎝, 無界, 14行32字, 上黑魚尾, 紙質:洋紙		成均館大學校 D07C-0013
綠牡丹	筆寫者, 筆寫年未詳	6冊		趙東弼
녹목단(綠牡丹)	著者未詳	6卷6冊, 23×15.9㎝	마이크로필름, 원본:필사본	韓國學中央硏究院 MF R16N 506

217) 박재연, ≪녹목단≫, 선문대 번역문헌연구소, 1998. 머리말 참조.

218) 일부 판본에는 남자 주인공의 성명이 駱宏勳으로 되어 있다.

11. 玉嬌梨

≪玉嬌梨≫는 4권 20회본으로 一名 ≪雙美奇緣≫·≪三才子玉橋梨≫·≪玉嬌梨≫라고 불리며, 작자는 天花藏主人 張匀이라고 하는 才子佳人小說이다. ≪玉嬌梨≫의 판본은 清初의 간행본·청초의 寫刻本·本衙藏板本·康熙 年間의 간행본·合刻叢書本 등이 있다.

청초의 간행본은 생략된 자획이 없는 것으로 보아 康熙 年間 以前에 조판된 것으로 보인다. 청초의 寫刻本은 생략된 자획이 없지만 종이 색깔이 오래된 것으로 보아 順治 年間에 판각된 것으로 추정된다. 本衙藏 판본은 清을 피휘하지 않았고 明末의 원본을 사용하여 清初에 겉표지와 목록을 다시 인쇄한 것으로 보인다. 康熙 年間의 간행본은 삽화가 있고 40쪽으로 되어 있다. 合刻叢書本은 ≪玉嬌梨≫와 ≪平山冷燕≫을 상하로 나누어 합본한 책으로 順治 15年에서 康熙 初年에 간행된 것이다.[219]

저자 天花藏主人은 청대 소설가이자 출판가로 그의 號는 荑秋散人, 荻岸散人, 夷狄散人, 素政堂主人이라고도 한다. 그가 張博山, 張匀, 煙水散人, 天花才子와 墨浪子 등이라 주장하는 연구자들이 있으나 정설은 없다. 그의 저서 가운데에 소설작품은 ≪玉嬌梨≫·≪平山冷燕≫·≪人間樂≫·≪濟顛大師醉菩提全傳≫·≪玉支璣小傳≫·≪鴛鴦媒≫ 등이 있다.

≪玉嬌梨≫는 이미 17세기 중반에 朝鮮에서 한글로 번역되어 애독되었고, 18세기 초에는 그 번역본이 일본으로 건너갔다. 일본 東京大에 소장된 ≪옥교리≫는 한글 번역본으로서는 유일한 완질본인데, 특히 상단에 한글 어휘에 대한 주석이 달려 있다. 이 주석의 수준은 상당히 높이 평가된다. 이 자료는 일본인들이 한국어 학습에 이용했을 것으로 보인다. 일본에서 ≪옥교리≫는 雨森芳洲에 의해 처음 수입되었다. 그는 여러 한글소설을 재편집하여 한국어 학습 교재로 이용했는데, 그 가운데 ≪숙향전≫은 관립 한국어학습 기관인 韓語司의 정식 교재로 채택되었고 ≪옥교리≫도 ≪숙향전≫과 함께 20세기 초까지 한국어 학습의 교재로 활용되었다. 중국소설 ≪玉嬌梨≫가 조선에서 번역되어 읽히고, 이 작품이 일본으로 건너가 한국어 학습에 이용되었다는 사실은 당시

219) 江蘇省社會科學院 明淸小說硏究中心文學硏究所 編, ≪中國通俗小說總目提要≫, 中國文聯出版公司, 1991. 333쪽 참조.

동아시아 어문 교류의 상황을 나타낸 것이다.[220]

국내에는 고려대 만송문고에 낙질의 ≪옥교리전≫(1책, 48장)이 전해지고 있다. 그런데 안타깝게도 상권(1~10회)이 없고 하권(11~20회)만 남아 있는데 그나마도 온전하지 않다. 번역자나 번역시기는 미상이나 문체상 조선 말기에 貰冊房에서 나돌던 것으로 추정된다. 번역은 대체로 직역에 가깝긴 하지만 의역과 생략이 많은 편이다.[221]

≪玉嬌梨≫의 내용은 다음과 같다. 明나라 正統(1436~1449년) 年間 才子 蘇友白이 사랑을 성취하기 위해 끊임없는 노력을 기울이는 과정을 세밀하게 서술하고 있다. 그는 佳人 白紅玉과 盧夢利 두 사람과 사랑에 빠지지만 그녀들을 얻기 위해 온갖 곤경을 겪고 우여곡절을 통해 결국은 인연을 맺게 되는 이야기를 묘사하고 있다.

국내에는 中國木版本이 成均館大에 소장되어 있고 한글 필사본은 고려대 만송문고에 낙질본 1책 48장이 소장되어 있다. 이외에도 日本의 東京大에 3冊(1冊 55장, 2冊 57장, 3冊 55장) 총 20회로 된 한글본이 소장되어 있다.[222]

이외에도 國立中央圖書館에 ≪秘本風流才子白玉梨≫가 소장되어 있는데 제목을 바꾸어 필사한 것이다. 不分卷 5冊 20回로 되어 있고 宮, 商, 角, 徵, 羽로 나누면서 각 책마다 4회씩 수록했다.[223]

書 名	出 版 事 項	版 式 狀 況	一 般 事 項	所藏處/所藏番號
新刻天花藏批評玉嬌梨	金聖歎(淸)編, 三讓堂, 淸朝末期~中華初刊	4卷4冊, 中國木版本, 18.7×11.7㎝, 四周單邊, 半郭:14.7×10.2㎝, 無界, 12行26字, 上黑魚尾, 紙質:竹紙	裏題:第三才子書, 版心題:第三才子書	成均館大學校 D7C-70
秘本風流才子白玉梨	荑秋(明)編	不分卷5冊, 筆寫本, 23.6×16.9㎝	表題紙:白玉梨, 印記:潘華人朴宗大景幹印	國立中央圖書館 [한]48-11
옥교리전	甲辰(?)	1冊, 筆寫本(國文本), 30.9×21.7㎝, 紙質:楮紙	筆寫記:갑진?지월일일서별당의셔늬외공셔	高麗大學校 (晩松文庫)C14-A61

220) 박재연·정병설 교주, ≪옥교리(玉嬌梨)≫, 선문대학교 중한번역문헌연구소, 2003. 머리말 참조.
221) 박재연, 〈晩松本 옥교리전(玉嬌梨)에 대하여〉, ≪한국중국소설회보≫ 제14호, 1993. 6. 51-56쪽 참조.
222) 박재연·정병설 교주, ≪옥교리(玉嬌梨)≫, 선문대학교 중한번역문헌연구소, 2003. 머리말 참조.
223) 國立中央圖書館 소장본 ≪秘本風流才子白玉梨≫ 참조.

12. 離合劍蓮子甁

≪離合劍蓮子甁≫는 32回로 되어 있고 著者에 대해서는 기록이 전혀 남아 있지 않다. 주요 판본으로는 道光 壬寅年(1842)에 綠雲軒藏版本으로 北京圖書館에 所藏되어 있다. 序文에 "道光 壬寅年 孟夏 上浣日에 白叟山人이 기록하다"라고 되어 있고, 目次에는 "時在乾隆丙午(1786)淸和曁望"이라 쓰여 있어 乾隆 年間의 작품임을 알 수 있다.[224)]

≪離合劍蓮子甁≫의 내용은 다음과 같다. 唐 貞觀 年間에 杭州府 관리집안 자제 崔言이 부모가 죽은 뒤 오직 서생 劉芳과 교제를 하고 金蘭과 결합하였다. 鄭屯은 刑部尙書의 아들로 우연히 劉芳의 처 侯氏에게 반해 최언과 유방에게 접근해서 의형제가 되었다. 鄭屯이 侯氏를 차지하기 위해 음모를 꾸며 劉芳을 죽게 했는데, 최언이 단약을 먹여 살렸다. 侯氏는 劉家의 보물 離合劍으로 鄭屯을 죽였다. 崔言은 보물 蓮子甁을 가지고 있었는데, 朱爵侯가 빼앗으려 했지만 이미 御使가 된 劉芳의 도움으로 위기를 벗어나게 되었다. 이후 崔言과 劉芳은 황제의 명을 받아 임무를 완수하고, 그들의 후손들도 대대손손 登科하여 榮華를 누렸다.

劉芳이 주인공이고 蓮子甁으로 도술을 부리는 ≪蓮子甁演義傳≫도 있다. ≪蓮子甁演義傳≫은 一名 ≪銀甁梅≫라고 하며 4卷 23回로 되어 있고 역시 著者에 대해서는 알려진 바가 없다. 현존하는 가장 이른 판본은 同治 元年(1862) 富經堂藏板이다. 두 작품은 주인공이나 이야기의 중심이 되는 모티브 등에 있어서 매우 유사하여 상관관계가 있을 것으로 추단된다.

국내 유입에 관한 기록은 관련 문헌을 찾을 수 없으나 대체로 작품의 창작 연대로 보아 朝鮮後期에 유입되었을 것으로 추정된다. 국내에 남아 있는 판본은 많지 않아 다만 奎章閣에 綠雲軒藏板 木版本 4冊이 소장되어 있다. 卷頭書名에 ≪新刻離合劍蓮子甁全集≫이라고 되어 있고, 道光 壬寅年(1842)에 쓴 序文이 있는 현존하는 가장 이른 판본으로 비교적 가치가 높은 판본이다.

---

224) 江蘇省社會科學院 明淸小說硏究中心文學硏究所 編, ≪中國通俗小說總目提要≫, 中國文聯出版公司, 1990년, 588쪽 참조.

書名	出版事項	版式狀況	一般事項	所藏處/所藏番號
蓮子瓶全傳	編者未詳, 綠雲軒藏板, 道光22年(1842)	4冊, 中國木版本, 14.3×9.4cm	卷頭書名:新刻離合劍蓮子瓶全集, 序:道光壬寅(1842)…白叟山人, 印:集玉齋, 帝室圖書之章	奎章閣 [奎중]6195

13. 萬花樓

≪萬花樓≫는 14卷 68回로 되어 있고 一名 ≪萬花樓楊包狄演義≫ 혹은 ≪後續大宋楊家將文武曲星包公狄靑初傳≫이라고 불리는 소설이다. 卷頭에는 "西湖居士手編"이라 하였고 序文에 "時戊辰之春自序于岭南汾江之覺後閣云. 鶴邑李雨堂識"라고 되어 있어 李雨堂이 저자임을 알 수 있다. 여기서 戊辰은 嘉慶 13年(1808) 이며 鶴邑은 廣東省 龍川縣 동쪽의 鶴市墟라고 사료된다.[225]

同文堂藏板本 ≪後續大宋楊家將文武曲星包公狄靑初傳≫은 卷의 下段에 "吳瑞西雲齋原本, 羊城長慶堂梓行"이라고 되어 있다. 간행년도는 명확하지 않지만 長慶堂에서 간행한 것을 알 수 있다. 14卷 68回로 제1卷이 3回인 것을 제외하고는 다른 卷은 5回이며 評語가 있다. 이 책은 南京圖書館에 소장되어 있다. 또 遼寧省圖書館에 소장된 道光 11年(1831)간행본 ≪新鐫萬花樓楊包狄演義≫는 序文 뒤에 "佳泉城涂門外後垌鄕施唐培督刻"이라는 글귀가 있다는데 小本으로 25幅의 그림이 있다.[226] 이외에도 咸豊 8年(1858)에 版刻한 慶云樓 版本 ≪萬花樓楊包狄演義≫, 咸豊 9年(1859)에 版刻한 金玉樓 版本인 40卷 68回本도 있다.[227]

≪萬花樓≫의 내용은 다음과 같다. 太原府의 總兵인 狄廣의 여동생 千金은 수려한 외모와 재주로 八王爺의 狄妃가 된다. 그러나 狄廣의 부친에게 원한이 있던 관리 孫秀로 인해 위협을 느낀 狄廣은 벼슬을 사직하고 아들 狄靑을 데리고 떠난다. 이때 劉皇后는 李妃가 태자를 낳고 자신은 공주를 낳자 郭槐와 함께 음모를 꾸며 寇承御에게

225) 이에 대해서는 黃霖·韓同文 등이 추론하였다. 江蘇省社會科學院 明淸小說硏究中心文學硏究所 編, ≪中國通俗小說總目提要≫, 中國文聯出版公司, 1990년, 608쪽.

226) 江蘇省社會科學院 明淸小說硏究中心文學硏究所 編, ≪中國通俗小說總目提要≫, 中國文聯出版公司, 1990년, 608쪽.

227) 王淸原·牟仁隆·韓錫鐸 編纂 ≪小說書坊錄≫, 北京圖書館出版社, 2002년, 264-265쪽 참조.

태자를 버리라고 명한다. 寇承御가 陳琳에게 태자를 맡기고 陳林은 태자를 八王爺에게 데려간다. 태자는 장성하여 훗날 仁宗이 되었다. 孫秀는 兵部尙書가 되어 나라의 권력을 뒤흔들며 계속해서 狄青을 없애려는 음모를 꾸민다. 狄青은 죽을 고비를 당할 때마다 包丞, 隱修和尙, 예전의 하인 李繼英, 石玉 등 여러 사람과 法寶의 도움으로 목숨을 구한다. 包公은 陳橋에서 실명한 李妃를 만나고 비로소 劉皇后의 계략을 알게 된다. 포공의 심문에 의해서 결국 인종은 국모를 찾고 郭槐는 죽게 되고 劉皇后는 스스로 목숨을 끊는다. 천자는 狄青을 원수로, 石玉을 부원수로 명하여 변방을 지키도록 한다.

國內 流入에 관한 기록은 보이지 않다. 국내에는 年代가 확실한 판본으로는 ≪繪圖萬花樓傳≫ 6卷 4冊이 東亞大에 소장되어 있다. 標題와 表題에 모두 '繪圖萬花樓全傳'이라고 되어 있는데 刊記에 '宣統紀元夏月涵青題'이라고 되어 있어 宣統 1年(1909) 판본임을 알 수 있다. 또 年代 未詳의 長慶堂梓行 판본 ≪繪圖萬花樓全傳≫ 6卷 6冊이 延世大에 소장되어 있다.

書 名	出版事項	版式狀況	一般事項	所藏處/所藏番號
繪圖萬花樓傳	著者未詳, 刊寫地未詳, 刊寫者未詳, 宣統1(1909)	6卷4冊(卷1~6), 20.3×13.1㎝, 有圖, 四周雙邊, 半郭:17.2×11.6㎝, 無界, 26行57字, 上下向黑魚尾	標題:繪圖萬花樓全傳, 表題:繪圖萬花樓全傳, 刊記:宣統紀元(1909) 夏月涵青題	東亞大學校 (3):12:2-94
	刊寫事項不明	6卷6冊, 中國石印本, 有圖, 14.4×8.7㎝, 四周單邊, 半郭:13×7.8㎝, 無界, 18行字數不定, 無魚尾	題簽題:繡像萬花樓傳, 版心題:繪圖萬花樓	慶北大學校 [古] 812.3 회225
繪圖萬花樓全傳	羊城長慶堂梓行	6卷6冊, 中國石印本, 有圖, 14㎝, 四周雙邊, 11.3×7.3㎝, 19行44字, 上黑魚尾	外題:繡像萬花樓全傳	延世大學校 812.36/13
萬花樓	上海廣益書局	6卷6冊68回, 石印本		鮮文大 朴在淵

14. 粉粧樓

≪粉粧樓≫는 10권 80회본으로 一名 ≪粉粧樓全傳≫ 혹은 ≪續說唐志傳粉粧樓全傳≫이라고 하는 영웅소설이다. 작자는 竹溪山人으로 되어 있는데 乾隆 年間에 宋

廷魁라는 사람이 '竹溪山人'이란 號를 썼다고 한다. ≪販書偶記≫에 "죽계산인의 ≪介山記≫ 2권은 山右 송정괴가 지은 詞인데 乾隆 年間에 간행되었다."라고 되어 있으며, 馥庵叢刊의 일종인 ≪송죽계선생〈개산기〉2권≫에는 "송정괴는 山西 介休縣 張良村 사람으로 평생의 저작이 13종에 이른다."고 밝혔다. 이 책의 4편 서문은 각각 乾隆 5年(1740)에서 乾隆 15年(1750) 사이에 쓴 것으로 그중에 馬鑫의 序에서는 송정괴를 '老名宿'이라고 칭하고 있어서 송정괴가 康熙 年間에서 乾隆 初期의 문인이었음을 알 수 있다. 그러나 송정괴에 관련된 저작이나 소개문에는 그가 ≪粉粧樓≫를 지었다는 사실을 전혀 언급하고 있지 않기 때문에 다른 인물일 가능성도 있다.

≪粉粧樓≫의 가장 이른 판본은 嘉慶 2年(1797) 寶華樓 간행본이 있다. 咸豊 11年(1861)에 나온 新鐫本은 維經堂藏 판본으로 繡像이 실려 있고 속표지에는 ≪續說唐志傳≫이라 적혀 있다. 또 光緒 32年(1906)에 나온 泉城 郁文堂 간행본이 있다. 그 외 문광당 간행본은 繡像이 있고 속표지에 역시 ≪續說唐志傳≫이라 쓰여 있다. 함풍 유경당 간행본에는 모두 新刊小序가 실려 있고 "道光 壬辰(1832년)孟春竹溪山人識"라고 書名이 되어 있다.

서문에서는 ≪隋唐演義≫를 나관중이 편찬했다고 전제하고 "본인이 일찍이 廣陵을 지날 때 세상에 옛날 ≪粉粧樓≫ 책이 있다는 소문을 들었는데 구해보고 나서 그것도 나씨의 편찬임을 비로소 알았다. 이를 취하여 초록하고 책으로 엮었는데 거듭 틀린 것을 바로잡고 번잡함을 삭제하여 출판하게 되었다."라고 밝히고 있다.[228)]

≪粉粧樓≫는 언제 국내에 유입되었는지 문헌 기록이 나타나지 않아 명확한 유입시기를 알 수 없다. 그렇지만 대략 조선 후기에는 국내에 유입된 것으로 보인다. ≪粉粧樓≫의 번역본으로는 19세기에 민간에서 이루어진 한글 필사본을 박재연이 1997년에 발굴하였다. 이 책은 총 5책(완질본)으로 되어 있는데, 민간에서 번역한 필사본이라 잘못된 표기가 많고 약간 흘림체로 쓰여 있다. 특히 인명과 지명이 많이 나와 있어 원문과 대조해야만 정확한 해독이 가능하다. 한글 번역본 ≪분장누≫는 咸豊 3年(1853) 愛日堂本이나 咸豊 11年(1861) 維經堂本 등 19세기 후반에 나온 판본을 근거로 번역했을 것으로 보이며 고어와 고문체로 보아 1906년에 필사한 것으로 보인다.[229)]

---

228) 江蘇省社會科學院 明淸小說硏究中心文學硏究所 編, ≪中國通俗小說總目提要≫, 中國文聯出版公司, 1991. 574쪽 참조.

≪粉粧樓≫의 내용은 다음과 같다. 唐나라 乾德 年間에 羅燦과 羅焜 형제는 호랑이를 잡으러 갔다가 胡奎를 만난다. 그들은 호랑이 포획을 계기로 의기투합하게 된다. 그러다가 세 사람은 재상 沈謙의 아들 沈廷芳이 여자를 강탈하는 장면을 보게 된다. 세 사람은 힘을 합쳐서 악인 심정방을 제압한다. 그 후로부터 간악한 재상 심겸은 나씨 형제 등의 충신들과 대립하게 되어 그들을 계속하여 모함한다. 그렇지만 심겸의 음모는 백일하에 드러나고 결국 심겸은 황제에게 처단되고 나씨 형제 등은 관직을 얻고 혼인을 완성하는 이야기이다.

국내에는 中國木版本과 한글 필사본을 선문대 박재연이 소장하고 있고, 성균관대에도 중국목판본이 소장되어 있다. 중국목판본은 12卷 10冊으로 같은 판본으로 보이고 국내 유일한 한글 필사본은 5冊으로 된 完帙本이다.

書名	出版事項	版式狀況	一般事項	所藏處/所藏番號
粉粧樓	光緖癸未(1883)年, 掃葉山房梓行	12卷10冊80回, 木版本(袖珍本)		鮮文大 朴在淵
분장누	19世紀 末	5冊(完帙), 筆寫本(唯一本)	飜譯:1906年頃 推定	鮮文大 朴在淵
新刻繡像粉粧樓全傳	羅曾中著, 掃葉山房, 淸光緖9(1883)刊	12卷10冊, 中國木版本, 有圖, 15.7×11.1cm, 四周單邊, 半郭:11.9×10cm, 無界, 12行22字, 註雙行, 上黑魚尾, 紙質:竹紙	表題:繡像粉粧樓, 版心題:粉粧樓傳, 序:道光壬辰(1832) 孟春竹溪山人識, 刊記:光緖癸未(1883)夏初掃葉山房梓行, 備考:袖珍本	成均館大學校 D7C-66

15. 兒女英雄傳 : (續兒女英雄全傳)

15-1. 兒女英雄傳

≪兒女英雄傳≫은 41回로 一名 ≪俠女奇緣≫·≪金玉緣≫·≪日下新書≫·≪正法眼藏五十三參≫·≪兒女英雄傳評話≫라 하는 俠義愛情小說이다.

작품의 가장 이른 판본은 光緖 4年(1878) 北京 聚珍堂 活字本으로 8冊 2函인데,

229) 박재연 교주, ≪개벽연역·분장누≫, 이회문화사, 2002. 9-31쪽 참조.

현재 首都圖書館에 소장되어 있다. 또 光緖 6年(1880) '還讀我書室主人'[230]의 評點本도 있다. 그 외 光緖 14年(1888) 上海 蜚英館 石印本에는 '환독아서실주인'이 평점하고 있는데 그림이 있고 12冊 1函이다.(이상의 두 가지는 北京大學 圖書館에 모두 소장되어 있음)

이외에, 光緖 24年(1898) 上海 蘇報報館 鉛印本은 8冊으로 ≪俠女奇緣≫이라 題하고 있고, 상해 申報館 排印本, 亞東圖書館 排印本(1930, 胡適의 序가 첨부됨), 상해 大達圖書供應社 標點本(1934, 劉魄生이 標點함), 상해 啓智書局 배인본(1935), 世界書局 배인본(1936), 상해 新文化書社 배인본(1942) 등이 있다.

작품의 작자는 燕北閑人이라 언급되어 있는데 이는 만주족 출신 文康을 가리키는 것이다. 文康은 姓이 費莫이고 字는 鐵仙이며 號는 悔盦 또는 燕北閒人으로 滿洲鑲紅旗人이다. 현존하는 문헌 중에서 그에 대한 기록이 많지 않아서 출생과 사망연도에 대해서도 명확하지 않다. 그는 대략 70여 년 동안 살았는데 乾隆, 嘉慶, 道光, 咸豊, 同治 5朝를 거쳤고 嘉慶, 道光, 咸豊 3朝는 일생의 황금시기였으며 말년에는 자식들의 불초함을 바라보면서 쓸쓸하게 ≪兒女英雄傳≫을 창작하며 지냈다고 한다.[231]

작품의 출판은 대략 道光 末年 이후로 추정된다. ≪아녀영웅전≫의 창작 시기에 대해서는 아직까지 명확한 창작 연도가 고증되지 않았지만, 작품 연구자 중에서 彌松頤가 가장 상세하게 고증을 하고 있는 편이다. 이 작품은 대략 1853~1865년 사이에 창작되었을 것이라고 추정되고 있으며 본래 53회였으나 41회본(緣起首回 포함)만 남아 있다.[232]

이 작품의 국내 유입기록은 아직까지 명확하게 드러나지 않고 있는데, 국문학계에는 이 작품이 朝鮮 後期에 유입되었을 것이고 한국 여성영웅소설에 영향을 주었을 것으로 추정하고 있다.

≪兒女英雄傳≫의 내용은 다음과 같다. 安驥는 부친 安學海가 모함을 받아 감옥에

---

230) '환독아서실주인'은 董恂으로 字는 忱甫, 號는 醞卿이며 江蘇 甘泉縣 사람인데, 同治, 광서 연간에 尙書 벼슬에 이르렀다.

231) 김명신, ≪兒女英雄傳의 研究≫, 한양대 석사논문, 1993. 18-29쪽 참조.

232) 김명신, 〈兒女英雄傳의 구조와 서술형식에 대한 연구〉, ≪中國語文論叢≫제36집, 2008. 3. 157-174쪽, 彌松頤, <關於≪兒女英雄傳≫作者文康的家勢, 生平及其他>, ≪中國古代近代文學研究≫, 1986. 7, 257-262쪽 재인용.

갇히자 銀子를 가지고 구하러 가다가 能仁寺의 화상들에게 살해당할 뻔 한다. 그 때 俠女 十三妹가 나타나 그를 구해 주고 절에 갇혀 있던 張金鳳을 중매하여 부부가 되게 한다. 十三妹는 본명이 何玉鳳인데 부친 何杞가 大將軍 紀獻唐에게 미움을 샀다가 옥중에서 죽어서 靑雲山에 은거하고 있다가 복수하려 했다. 그런데 뜻밖에 紀獻唐이 주살되자 하옥봉은 출가하려 했다가 安驥에게 시집가게 되고 이후 安驥는 探花로 급제하고 何玉鳳과 張金鳳은 각각 아들을 낳고 화목했다.

국내에는 中國木版本이 奎章閣과 成均館大에 소장되어 있고, 中國石印本은 澗松文庫, 國民大, 全南大 등에 소장되어 있다. 성균관대에는 목판본과 석인본이 모두 소장되어 있는데, 각각 다른 판본이고 전남대 소장본 두 권은 모두 8卷 8冊으로 되어 있으며 국민대 소장본도 8冊이다. 규장각 소장본이 가장 긴 20冊이고 나머지 판본들은 16冊, 12冊 등으로 구성되어 있다. 澗松文庫 소장본은 16卷 1匣 10冊으로 版心書名이 ≪繪圖兒女英雄傳≫이라 되어 있어 ≪續兒女英雄全傳≫이 아니라 ≪兒女英雄傳≫일 가능성이 있지만 원전 자료를 공개하지 않아 자세한 서지사항을 추정하기 힘들다.

書名	出版事項	版式狀況	一般事項	所藏處/所藏番號
繪圖兒女英雄傳	文康(淸)著, 我書室主人(淸)評, 光緖18年(1892)	合20冊(19卷, 卷首), 中國木版本, 有圖, 18.4×12㎝	序:光緖戊寅(1878)…馬從善, 印:集玉齋	奎章閣 [奎중]5920
繪圖正續兒女英雄全傳	著者未詳, 上海茂記書莊印行	16卷1匣10冊, 中國石印本, 13.6×20.5㎝, 四周雙邊, 半郭:11.8×17.8㎝, 無界, 25行56字, 白口黑魚尾上	版心書名:繪圖兒女英雄傳, 序:觀鑑我齋(1734), 印:善齋, 閔丙承印	澗松文庫
繪圖評點兒女英雄傳	還讀我書室主人(淸)評, 上海, 茂記書莊, 淸朝末~中華初刊	不分卷10冊, 中國石印本, 20.2×13.6㎝, 四周雙邊, 半郭:17.8×11.9㎝, 25行56字, 註雙行, 上黑魚尾, 紙質:竹紙	表題:繪圖正續兒女英雄全傳, 版心題:繪圖兒女英雄傳, 序:雍正閼逢攝提格(甲寅1724)上巳後十日觀鑑我齋甫拜手謹序, 刊記:上海茂記書莊印行	成均館大學校 (靑元錫) D7C-187
繡像繪圖兒女英雄傳	上海, 廣益書局, 刊寫年未詳	8冊1匣, 中國石印本, 有圖, 20×13.6㎝, 四周雙邊, 半郭:17.7×11.3㎝, 無界, 行字數不定, 花口, 上下向黑魚尾	書名:標題임, 表題:繪圖評點正續兒女英雄傳, 序文:雍正閼逢攝提格(1734)…觀鑑我齋甫拜手謹序	國民大學校 [고]823.6 수01
兒女英雄傳	燕北閒人 著(中國), 刊寫者未詳, 刊寫年未詳	6冊(全40回12冊), 木版本, 16×11㎝	題簽題:繪圖詳點兒女英雄傳	高麗大學校 유당C14-B21-7-12

<table>
<tr><th>書名</th><th>出版事項</th><th>版式狀況</th><th>一般事項</th><th>所藏處/所藏番號</th></tr>
<tr><td rowspan="4">兒女英雄傳評話</td><td>文康(淸)著,
淸光緖18(1892)
刻後刷</td><td>19卷16冊, 中國木版本, 有圖,
17.4×12.2cm, 四周單邊,
半郭:14.2×10cm, 無界,
10行22字, 上黑魚尾, 紙質:竹紙</td><td>裏題:繪圖兒女英雄傳,
版心題:兒女英雄傳,
序:光緖戊寅(1878)
陽月古遼閒圃馬從善偶述,
刊記:光緖壬辰(1892)刊</td><td>成均館大學校
D07C-0075</td></tr>
<tr><td rowspan="2">文康(淸)著,
上海, 上海書局,
光緖24(1898)</td><td>8卷8冊(卷1~8), 中國石印本,
有圖, 18.7×13cm, 四周雙邊,
半郭:16.2×11.5cm, 無界,
24行54字, 上黑魚尾, 紙質:洋紙</td><td>版心題:繪圖兒女英雄傳,
標題:俠女奇緣,
序:光緖戊寅(1878)
陽月古遼 圃馬從善偶述,
刊記:光緖戊戌(1898)
孟春之月上海書局印行</td><td>全南大學校
3Q-아214ㅁ-v.1-8</td></tr>
<tr><td>8卷8冊(卷1~8), 中國石印本,
有圖, 18.7×13cm, 四周雙邊,
半郭:16.2×11.5cm, 無界,
24行54字, 花口, 上下向黑魚尾,
紙質:洋紙</td><td>標題:俠女奇緣,
版心題:繪圖兒女英雄傳,
序:光緖戊寅(1878)
陽月古遼圃馬從善偶述,
刊記:光緖戊戌(1898)
孟春之月上海書局印行</td><td>全南大學校
3Q-아214ㅁ</td></tr>
<tr><td>及續(淸)文康編,
光緖33(1907)</td><td>12冊, 中國新活字本, 有圖,
20×13cm</td><td>表紙書名:繪圖正續兒女英雄傳,
版心書名:兒女英雄傳,
序:雍正閼逢攝提格(1734)…
觀鑑我齋, 光緖戊寅(1878)
…馬從善, 刊記:光緖丁未
(1907)上海集成圖書公司排印</td><td>國立中央圖書館
[古]5-80-14</td></tr>
</table>

15-2. 續兒女英雄全傳

≪續兒女英雄傳≫은 32회로 구성된 작자 미상의 俠義小說이다. 작품의 가장 이른 판본은 光緖 24年(1898) 北京 宏文書局의 石印本이 있는데, 총 6冊이며 머리에 무명씨의 序가 있으나 연월을 기록하지 않았다. 먼저 있던 속서가 매우 속되어 서점의 요청에 의해 이를 지었다고 한다. 그 외 宣統 元年 上海 江左書林 石印本이 있는데 8권 12책이며, 상해 廣益書局 석인본은 8책 16권, 상해 啓新書局 활자본은 매권의 권두에 모두 한 면의 그림 두 폭이 있지만 刊刻한 연대가 없다.[233]

233) 江蘇省社會科學院 明淸小說硏究中心文學硏究所 編, ≪中國通俗小說總目提要≫, 中國文聯出版公司, 1991. 804쪽 참조.

작품의 국내 유입기록은 아직 명확하게 알려진 바가 없지만 俠義公案小說 ≪忠烈俠義傳≫이 19세기 초에 유입되었을 것으로 추정되고 있으므로 이 작품도 비슷한 시기인 조선 후기에는 국내에 들어왔을 것으로 추정된다.

≪續兒女英雄全傳≫의 내용은 다음과 같다. 원작 ≪兒女英雄傳≫에 이어서 安驥와 何玉鳳의 행적과 사건을 좀 더 다양하게 구성하고 있으며 이후에 또 다른 속서의 출판을 기획하고 있음을 작품 말미에 드러내고 있다. 또한 전반적으로 남주인공 安驥를 중심으로 도적의 소탕과 재판 사건을 서술하여 마치 그의 위대한 업적을 나열하는 것처럼 보인다.[234)]

국내에는 中國石印本이 全南大에 소장되어 있는데 8卷 2冊으로 그림을 포함하고 있는 판본이다. 이 판본들은 民國 3年(1914)에 上海 錦章圖書局에서 출판된 판본이다.

書 名	出版事項	版式狀況	一般事項	所藏處/所藏番號
續兒女英雄全傳	文康(淸)著, 上海, 錦章圖書局, 民國3(1914)	8卷2冊(卷1~8), 中國石印本, 有圖, 20.2×13.6cm, 四周雙邊, 半郭:17.4×12cm, 無界, 24行54字, 上黑魚尾, 紙質:竹紙	表題:繪圖續兒女英雄全傳, 序:民國甲寅(1914) 中秋節前一日新安唐在田偶述, 識:乾隆甲寅(1794) 暮春望前三日東海吾了翁識, 刊記:上海錦章書局石印	全南大學校 3Q-속61ㅁ-v.1-2

16. 忠烈俠義傳 : (續忠烈俠義傳[忠烈小五義傳], 續小五義傳)

16-1. 忠烈俠義傳

≪忠烈俠義傳≫은 120회본으로 一名 ≪三俠五義≫라고 하며 石玉昆이 저술했다고 알려져 있는 俠義公案小說이다. 이 작품은 원래 說唱本이었는데 나중에 문인들이 ≪龍圖耳錄≫으로 개정했으며 그 후 入迷道人 등이 ≪三俠五義≫로 개편했다.

≪忠烈俠義傳≫의 가장 이른 판본은 光緖 5年 己卯(1879) 北京 聚珍堂活字本이 있는데, 앞부분에 光緖 5年 己卯 問竹主人, 退思主人, 入迷道人 등의 序가 있다. 또

234) 김명신, 〈續兒女英雄傳의 硏究〉, ≪中國小說論叢≫제30집, 2009. 9. 299-316쪽 참조.

한 光緖 8年 壬午年(1882)의 活字本·光緖 9年의 文雅齋復本·二十四卷本·亞東圖書館排印本 등이 있다. 光緖 15年(1889) 兪樾이 正史를 근거로 하여 그 내용을 수정하고 별도로 第一回를 만들어내어 다시 그 書名을 ≪七俠五義≫로 고쳤다.[235]

≪忠烈俠義傳≫은 언제 조선에 유입되었는지 명확하지는 않지만 19세기 초에 유입된 것으로 추정된다. 한글 번역필사본은 한국학중앙연구원 樂善齋(40권 40책)에 소장되어 있으며 2005년에 한글 고어본을 판독하여 주석을 단 교주본이 나왔다.[236]

≪忠烈俠義傳≫의 내용은 다음과 같다. 청렴한 관리 包公이 성장하는 고사와 그가 재판하는 이야기를 묘사하면서 협객들이 淸官을 도와 폭도를 제거하고 양민을 안정시키는 내용이 더불어 서술되어 있다. 전반부 40회는 포공이 공정하게 법을 집행하고 현명하게 판단하여 괴이한 사건을 해결해내는 고사가 위주로 되어 있다. 후반부의 내용은 협객들이 간신과 폭도를 제거하고 양민을 편안하게 만들기 위하여 淸官인 포공과 顔查散을 돕게 되고 조정 내의 간악한 세력인 龐太師와 모반을 꾀하는 襄陽王 등과의 투쟁을 벌이는 내용을 묘사하고 있다.

국내에는 中國木版本이 연세대와 영남대 등에 소장되어 있고 한글 필사본은 韓國學中央硏究院에 유일하게 소장되어 있다.

<table>
<tr><th>書名</th><th>出版事項</th><th>版式狀況</th><th>一般事項</th><th>所藏處/所藏番號</th></tr>
<tr><td rowspan="4">忠烈俠義傳</td><td rowspan="2">光緖己丑春月古焦書屋覆印</td><td rowspan="2">20册120回, 中國木版本,
四周雙邊, 匡郭:13.5×10.5㎝,
無界, 10行22字, 上黑魚尾</td><td rowspan="2">刊記:光緖己丑春月古焦書屋覆印</td><td>延世大學校
고서중812.38</td></tr>
<tr><td>延世大學校
海觀文庫</td></tr>
<tr><td>上海,
掃葉山房,
刊寫年未詳</td><td>1册(零本), 木版本(袖珍本),
中國版本), 四周雙邊,
半郭:13.5×9.8㎝, 無界, 10行22字,
註雙行, 上下向黑魚尾, 17×12.0㎝</td><td>版心下端記錄(木板):
掃葉山房</td><td>嶺南大學校
古南024.91-수진충렬</td></tr>
<tr><td>刊寫年未詳</td><td>18卷3册(零本), 中國版本,
17.7×12.2㎝, 四周雙邊,
半郭:14.5×10.9㎝, 10行22字,
白口, 上下向黑魚尾</td><td>漢文, 楷書</td><td>韓國國學振興院受託,
아주신씨인재
파전암후손가
KS0236-1-02-00074</td></tr>
</table>

235) 江蘇省社會科學院 明淸小說硏究中心文學硏究所 編, ≪中國通俗小說總目提要≫, 中國文聯出版公司, 1991. 751-752쪽 참조.

236) 김명신·박재연 교주, ≪충렬협의전≫, 이회문화사, 2005. 머리말 참조.

書名	出版事項	版式狀況	一般事項	所藏處/所藏番號
충렬협의전(忠烈俠義傳)	作者未詳, 寫年未詳	40卷40册, 筆寫本, 28×18.8㎝, 無郭, 無絲欄, 無版心, 10行18~19字, 紙質:楮紙	表題:忠烈俠義傳, 印:藏書閣印, 35㎜R[Nega], 2020f	韓國學中央硏究院 4-6849/R35N-000186-9

16-2. 續忠烈俠義傳[忠烈小五義傳]

≪忠烈小五義傳≫은 124회본으로 작자 未詳[237]이고 一名 ≪續忠烈俠義傳≫ 혹은 ≪小五義≫이라고 하는 淸代 俠義公案小說이다. ≪忠烈小五義傳≫의 가장 이른 판본은 光緖 16年 庚寅(1890년) 北京 文光樓 간행본이 있는데, 서두에는 光緖 庚寅 文光樓主人의 序文, 風迷道人의 小五義辨과 知非子·慶森의 跋文이 있다. 이외에도 申報館 排印本, 光緖 16年 善成堂 간행본, 光緖 32年 丙午 上海書局의 石印本 등이 있다.[238]

≪忠烈小五義傳≫은 언제 우리나라에 유입되었는지 명확하게 알 수 없지만 대략 朝鮮 後期에 유입된 것으로 추정된다. 한글 필사본으로 2종이 전해지는데, 하나는 낙선재본으로 한국학중앙연구원에 소장되어 있는 31권 31책본이고, 다른 하나는 16권 16책본으로 규장각에 소장되어 있다. 이 번역본의 제목은 ≪츙렬쇼오의≫라 되어 있고 그 번역양상을 살펴보면 124회의 내용을 하나도 빼놓지 않고 전체를 번역하였고 逐字譯과 意譯이 주로 되어 있으며 중국어를 音借하여 번역한 특징을 지니고 있다.[239]

≪忠烈小五義傳≫의 내용은 원전 ≪忠烈俠義傳≫의 후반부 20회 내용과 겹치는 부분이 있다. 새로 襄陽의 巡按으로 부임한 顔査散이 직무를 처리하는 과정에서 관인을 도둑맞게 된다. 白玉堂은 銅網陣에 들어가 관인을 찾으려다가 죽음을 당하고 歐陽春, 智化, 盧方, 韓章, 徐慶, 蔣平 등이 君山의 寨主 鐘雄을 붙잡아 귀순하도록 한다.

237) 이 작품은 작자 미상으로 알려져 있으나 우리나라 도서관의 일부 소장본은 淸代 石玉崑이 지은 것으로 되어 있는 판본도 있다.

238) 江蘇省社會科學院 明淸小說硏究中心文學硏究所 編, ≪中國通俗小說總目提要≫, 中國文聯出版公司, 1991. 758-759쪽 참조.

239) 김정녀·박재연 교주, ≪츙렬쇼오의≫, 이회문화사, 2005. 머리말, 1-10쪽 참조.

그러면서 양양왕 무리들과 약간 소강 상태를 맞이한 상태였는데, 沈中元이 巡按 안사산을 납치하게 되면서 협객들은 각자 이 사건을 해결하러 다니는데, 小義士 艾虎가 공교롭게도 盧珍, 韓天錦, 徐良, 白芸生 등을 만나게 된다. 이후 협객들이 모두 다시 양양에 모여 襄陽王의 근거지인 동망진을 총공격한다는 이야기를 다루고 있다.[240)]

국내에는 6卷 4冊으로 된 판본이 많은 편인데 成均館大, 東亞大, 鮮文大 朴在淵 소장본이 있으며 한글 필사본은 한국학중앙연구원과 奎章閣에 소장되어 있다.

書名	出版事項	版式狀況	一般事項	所藏處/所藏番號
繡像全圖小五義	寫者未詳, 上海, 掃葉山房, 淸光緖25年(1899)刊	12卷6冊(第1~12), 中國石印本, 20×13.3cm, 四周單邊, 半郭:17.3×12cm, 無界, 22行49字, 上下向黑魚尾, 紙質:綿紙	題簽:繡像小五義, 版心題:繡像小五義, 裏題:繡像小五義, 序:光緖二十五年(1899)仲夏美縣朱蔚彬書, 刊記:己亥(1899)仲夏上海掃葉山房石印	江陵市 船橋莊
	著者未詳, 刊寫地未詳, 簡靑齋書局, 光緖25(1899)序	6卷6冊(卷1-6), 20.6×13.4cm, 四周單邊, 半郭:17.6×12.1cm, 無界, 25行48字, 上下向黑魚尾	版心題:小五義全傳, 序:光緖二十有五年歲次己亥(1899)孑生居士書	東亞大學校 (3):12:2-93
忠烈小五儀	著者未詳, 年紀未詳	16冊(零本, 第1~2卷[1冊]缺), 한글筆寫本, 28.4×19.6cm, 紙質:楮紙		奎章閣 [奎]7553
小五義		6卷5冊120回(卷1缺), 石印本		鮮文大 朴在淵
繡像繪圖小五義傳	石玉崑(淸)撰, 上海, 進步書局, 淸朝末~中華初刊	6卷4冊(第1回~第124回), 中國石印本, 20.1×13.5cm, 四周雙邊, 半郭:18.2×12cm, 27行60字, 上黑魚尾, 紙質:竹紙	刊記:上海進步書局印行	成均館大學校 (曺元錫) D7C-150
	著者未詳, 上海, 大成書局, 刊寫年未詳	6卷6冊(卷1~6), 20.1×13.4cm, 有圖, 半郭:17.7×12.4cm, 無界, 20行45字, 上下向黑魚尾	表題:小五義全傳, 印記:上海大成書局印行	東亞大學校 (3):12-13
			表題:續小五義全傳, 印行:上海大成書局印行	東亞大學校 (3):12-14
增像小五義傳	石玉崑(淸)述, 刊寫地未詳, 淸光緖16(1890)	25卷6冊(卷1~25), 中國石印本, 有圖, 19.2×13cm, 半郭:15.5×12cm, 有界, 17行32字, 花口, 上下內黑魚尾	增像小五義序:…光緖庚寅(1890)仲夏文光樓主人謹識, 序:光緖庚寅(1890)仲夏知非子書於都門文光樓, 序:光緖十六年	淑明女子大學校

240) 김명신, <≪忠烈小五義≫의 국내유입과 스토리연구>, ≪비교문화연구≫ 제29집, 2012. 12. 참조.

書名	出版事項	版式狀況	一般事項	所藏處/所藏番號
			歲次庚寅(1890)中呂月慶森寶書氏誌於臥遊軒, 小五義辨:… 光緒十六年歲次庚寅(1890)風迷道人又識, 繡像6葉12幅	
충렬소오의(忠烈小五義)	著者未詳, 寫年未詳	本編30卷(附編1卷, 合31冊), 한글筆寫本, 28.2×18.6㎝, 無郭, 無絲欄, 無版心, 10行字數不定, 紙質:楮紙	印:藏書閣印, 35㎜R[Nega], 1703f	韓國學中央硏究院 4-6848/R35N-0000 72-74

16-3. 續小五義傳

≪續小五義≫는 124회로 一名 ≪忠烈續小五義傳≫ 또는 ≪三續忠烈俠義傳≫이라고도 하며 작자는 未詳이다. 작자 혹은 개편자는 ≪小五義≫와 같은 사람일 것으로 추측된다.

≪西諦書目≫에 따르면 石玉昆이라고 하지만 아직까지 명확하게 고증이 되어 있지 않다. 앞으로 꾸준하고 후속적인 연구가 필요하다고 본다.

작품의 가장 이른 판본은 光緖 17年 辛卯(1891) 北京의 文光樓 간행본이 있는데, 卷頭에 光緖 庚寅(1890) 伯寅氏의 序와 鄭鶴齡의 序가 있다. 이외에 光緖 18年(1892) 重慶 善成堂刊本, 光緖 18年 上海書局의 石印本, 光緖 戊午(1898) 上海 三槐書屋의 鉛印本 등이 있다. 현재 南京圖書館에 소장되어 있다. 작품 중의 내용에 근거하면 이 책은 비록 ≪小五義≫의 續書이지만 다른 판본을 이어받아 ≪忠烈俠義傳≫을 원전으로 삼고 ≪七俠五義≫를 계승한 것이라고 한다.[241)]

작품의 국내 유입 기록은 명확하게 드러나지 않고 있는데, ≪忠烈俠義傳≫과 ≪忠烈小五義傳≫이 대략 朝鮮 後期에 유입된 것으로 추정되고 있으므로 이 작품은 그보다 좀 더 늦은 시기에 유입되었을 것으로 보인다. 이 작품은 중국에서의 최초 출판이 1891년이기에 그 후에나 조선에 유입된 것으로 추정할 수 있다.

≪續小五義傳≫의 내용은 다음과 같다. 원작 ≪小五義傳≫ 전반부의 내용을 계승

241) 江蘇省社會科學院 明淸小說硏究中心文學硏究所 編, ≪中國通俗小說總目提要≫, 中國文聯出版公司, 1991. 761쪽 참조.

하여 俠客들이 沖霄樓에 쳐들어가는 것으로부터 시작하여 마지막에는 襄陽王이 潼關에서 사로잡히고 죽게 된다. 그 사이에 大盜 白菊花가 방화하여 皇帝의 冠, 의복, 신발 등을 훔치고 陷空島를 탈취하는 일이 발생하여 협객들이 그와 오랫동안 싸움을 벌이지만 여러 차례 패배했다가 결국 그를 죽인다. 군웅들은 간신을 제거한 공을 세우고 황제는 벼슬과 상을 내리며 천하가 태평하게 되어 백성들은 즐거움을 누리게 된다.

국내에는 中國木版本이 奎章閣에 소장되어 있고 中國石印本은 成均館大와 鮮文大 박재연이 소장하고 있다. 규장각 소장본은 24冊으로 光緖 17年(1891)에 출판된 것이고 성균관대 소장본은 6卷 4冊으로 124回로 구성되어 있지만 출판 시기가 명확하지 않으며 박재연 소장본은 6卷 6冊 124回로 되어 있고 역시 출판 시기가 명확하지 않은 판본이다.

書名	出版事項	版式狀況	一般事項	所藏處/所藏番號
繡像繪圖續小五義傳	石玉崑(清)撰, 上海, 進步書局, 清朝末~中華初刊	6卷4冊(第1回~第124回), 中國石印本, 20.1×13.5cm, 四周雙邊, 半郭:18.2×12cm, 27行60字, 上黑魚尾, 紙質:竹紙	刊記:上海進步書局印行, 備考:第1回~124回缺	成均館大學校(曺元錫) D7C-151
新刻全圖續小五義	鄭鶴齡(清)譔, 光樓書坊, 光緖17年(1891)	24冊, 中國木版本, 17×12.2cm	卷頭書名:續小五義, 序:光緖十六年(1890)…鄭鶴齡, 印:集玉齋, 帝室圖書之章	奎章閣 [奎중]5885
忠烈續小五義	簡青齋書局	6卷6冊124回, 石印本		鮮文大 朴在淵

17. 七俠五義

道光 咸豊 年間에 ≪龍圖公案≫을 說唱한 것을 당시 사람들이 기록하여 ≪龍圖耳錄≫으로 만들고 다시 清代 無名氏가 ≪三俠五義≫로 개작하였다. 光緖 15年(1889)에 清末의 학자 兪樾이 정사를 근거로(태자를 고양이로 바꿔치기 했다는 부분)하여 일부내용을 수정하였다. 또 본인의 의도를 담아서 第一回라 하고 제목도 ≪七俠五義≫로 고쳤다.[242]

兪樾이 改作 增補한 ≪七俠五義≫는 第一回 외에도 전반적으로 문인의 筆體가 더

해져서 풍격이 달라졌다. ≪七俠五義≫가 나온 이후에 ≪三俠五義≫와 ≪七俠五義≫ 두 작품이 모두 널리 유행하였다.

주요 판본으로는 光緖 22年 上海 廣百宋齋에서 간행한 排印大字本 6冊 24卷, 上海 廣益書局에서 간행한 石印本 6冊 100回, 上海 大成書局에서 간행한 石印本 6冊 100回, 商務印書館에서 간행한 排印本 6冊 120回 등이 있는데 모두 天津圖書館에 소장 되어 있다.[243]

原作者라 할 수 있는 石王昆의 生平에 관해서는 여러 가지 학설이 전해진다. 그중에서 ≪非厂筆記≫의 기록에 의하면 石王昆은 道光 年間에 활동한 說書人으로 字는 振之이고 天津 사람으로 北京에 오래 거주하며 說唱을 했기에 많은 이들이 北京사람으로 오해하기도 한다고 하였다.[244] 또 咸豊·同治時期에 說唱으로 시대를 풍미하였고 說唱에 매우 능하여 包公故事를 소재로 하는 ≪龍圖公案≫을 만들고 ≪龍圖公案≫ 說唱臺本에서 唱詞 부분을 없애고 說 부분만 남겨서 ≪龍圖耳錄≫을 만들었다고도 하였다.[245]

改作者 兪樾(1821~1906)은 字는 蔭甫, 號는 曲園이고 浙江省 출생으로 30세 때 進士에 及第하여 翰林院 編修가 되었다. 그 후 향시시험 출제문제로 탄핵을 받아 관직에서 물러났다. 그 뒤 書院의 학장으로 있으면서 면학에 정진하였다. 전집 ≪春在堂全書≫ 가운데 〈群經平議〉·〈諸子平議〉·〈古書疑義擧例〉가 볼만하며 또 蘇州 寒山寺의 張繼詩碑의 筆者로도 유명하다.

≪七俠五義≫의 내용은 기본적으로 ≪三俠五義≫의 내용에 약간의 개작을 한 것이다. 주된 줄거리는 역사적 실존 인물인 宋代 眞宗의 劉妃와 李妃에 얽힌 이야기를 중심으로 淸官으로 유명한 包拯이 俠士들을 도와서 강도나 폭도들을 잡고 민생을 안정시킨다는 내용이다.[246]

---

242) ≪七俠五義≫, 岳麓書社, 1993年, 머리말 참조.

243) 江蘇省社會科學院 明淸小說硏究中心 文學硏究所 編, ≪中國通俗小說總目提要≫, 中國文聯出版公司, 1990년, 751쪽 참조.

244) 周鈞韜 主編·王長友 副主編, ≪中國通俗小說家評傳≫, 中州古籍出版社, 1993년, 291-300쪽 참조.

245) 金明信·朴在淵 校註, 선문대학교 중한번역문헌 연구소, ≪충렬협의전≫, 이회문화사, 2005년, 머리말 참조.

246) 丁範鎭, ≪中國文學史≫, 學硏社, 1994년, 367-369쪽 참조.

≪七俠五義≫의 國內 流入에 관한 구체적인 文獻記錄은 보이지 않으나 原書의 출판시기가 비교적 늦은 淸末인 것으로 보아 朝鮮後期에 유입되었을 것으로 추정된다. 국내에는 가장 이른 판본인 1889年 ≪七俠五義傳≫石印本이 慶北大에 光緖 25年(1899) 刊 石印本 ≪繡像七俠五義傳≫이 江陵市 船橋莊에 각각 소장되어 있다. 또 刊寫年未詳의 ≪繡像繪圖七俠五義傳≫이 成均館大와 東亞大에 소장되어 있다.

書名	出版事項	版式狀況	一般事項	所藏處/所藏番號
七俠五義傳	兪樾重編, 刊寫地不明, 刊寫者不明, 光緖己丑(1889)序	6卷6册, 中國石印本, 有圖, 20.1×13.1cm, 四周單邊, 半郭:17.6×11.1cm, 無界, 25行48字, 上下向黑魚尾	序:光緖己丑(1889) 七月旣望曲園居士兪樾書, 題簽題:繡像七俠五義傳, 版心題:七俠五義傳	慶北大學校 [古] 812.3 유67ㅊ
繡像七俠五義傳	石王昆述, 曲園居士重編, 上海, 掃葉山房, 淸光緖25(1899)刊	12卷6册(卷1~12), 中國石印本, 有圖, 20×13.3cm, 四周雙邊, 半郭:17.3×12cm, 無界, 22行49字, 上下向黑魚尾, 紙質:綿紙	版心題:繡像七俠五義, 裏題:繡像七俠五義, 序:光緖己丑(1889) 秋七月曲園居士書, 刊記:己亥(1899) 仲夏上海掃葉山房石印	江陵市 船橋莊
繡像繪圖七俠五義傳	兪樾(淸)撰, 上海, 進步書局, 淸朝末~中華初刊	6卷4册(第1回~第100回), 中國石印本, 20.1×13.5cm, 四周雙邊, 半郭:18.2×12cm, 27行60字, 上黑魚尾, 紙質:竹紙	刊記:上海進步書局印行, 備考:第1回~124回	成均館大學校 (靑元錫) D7C-152
	著者未詳, 上海, 大成書局, 刊寫年未詳	6卷6册(卷1~6), 中國石印本, 20.1×13.4cm, 有圖, 四周單邊, 半郭:17.7×12.4cm, 無界, 20行45字, 上下向黑魚尾	表題:七俠五義全傳, 印記:上海大成書局印行	東亞大學校 (3):12-5

18. 七劍十三俠

≪七劍十三俠≫은 一名 ≪七子十三生≫이라고 하며 총 3集 12册 180回로 꾸며진 俠義小說이다. 이 책의 卷頭에 "姑蘇桃花館主人 唐藝洲編次"라고 쓰여 있는데, 姑蘇는 지금의 江蘇省 蘇州를 말하며 桃花館主人 唐藝洲에 대해서는 구체적으로 알려져 있지 않다.

판본으로는 上海師範大學에 光緖 34年(1908) 上海書局 石印本이 소장되어 있다.

이 책은 序가 없고 12폭의 揷圖가 있다. 본문은 한 面이 12行이고 1行은 45字이다.[247]

≪七劍十三俠≫의 내용은 徐鳴皐과 그의 친구들 그리고 소위 七子十三生이라는 劍客, 劍仙들의 활약상을 그리고 있다. 明朝 五德 年間의 江南 提州府에 徐鳴皐는 의리를 중하게 생각하고 賢士들과 폭넓게 교제하여 小孟嘗이라 불렀다. 그는 무술을 배우고자 하여 海鷗子에게 무술을 배우고, 후에 세상을 떠돌다 자신과 맞는 친구들을 만나 서로 형제를 맺어 一名 七子十三生이라 칭하고 세상에 여러 무도한 무리들과 도적들을 물리친다. 明 武宗은 친히 군대를 이끌고 정벌을 나갔다가 위험에 처하기도 하지만 위기를 극복하고 백성들에게 압수한 물건들을 나누어주었다. 武宗은 翻陽湖 일대를 지나다가 西山에서 七子十三生을 만난다. 七子十三生은 武宗에게 무술 시범을 보이고 京城으로 돌아갔고, 武宗은 王守仁과 徐鳴皐 등과 七子十三生에게도 상과 관직을 내리고 태평성대를 기리며 연회를 베풀었다.

이 책은 대략 朝鮮後期에 國內에 流入된 것으로 보인다. 國內에는 上海錦章圖書局 石印本과 廣益書局 石印本이 유입되어 東亞大·澗松文庫·成均館大·全南大 등에 소장되어 있다. 모두 정확한 간행 연대를 알 수 없으나 대략 上海書局 판본과 비슷한 시기에 간행된 것으로 보인다. 錦章圖書局에서 간행한 石印本은 ≪繡像七劍十三俠≫ 또는 ≪繡像七劍十三俠全集≫이라 하였고, 廣益書局에서 간행한 石印本은 ≪足本大字繡像七劍十三俠初集≫ 또는 ≪足本大字繡像七劍十三俠≫이라고 제목을 달았다.

書名	出版事項	版式狀況	一般事項	所藏處/所藏番號
繡像七劍十三俠	桃花館主人編次, 上海, 上海錦章圖書局, 1910年頃	初集4卷2冊, 續集4卷2冊, 三集4卷2冊, 共12卷6冊(初集卷1~4, 續集卷1~4, 三集卷1~4), 中國石印本, 20.4×13.5cm, 四周雙邊, 半郭:17.8×12cm, 無界, 26行56字, 上下向黑魚尾	版心題:七劍十三俠, 印記:上海錦章圖書局石印	東亞大學校 (3):12:2-100
	桃花館主(號)編次, 上海書局, 宣統2(1910)	4卷, 石版本(中國), 二集4, 三集4卷, 共12卷6冊, 15.4×13.3cm		高麗大學校 육당C14-B16-1-6

247) 江蘇省社會科學院 明淸小說硏究中心 文學硏究所 編, ≪中國通俗小說總目提要≫, 中國文聯出版公司, 1990년, 826쪽 참조.

<table>
<tr><th>書 名</th><th>出 版 事 項</th><th>版 式 狀 況</th><th>一 般 事 項</th><th>所藏處/所藏番號</th></tr>
<tr><td>足本大字繡像七劍十三俠初集</td><td>唐藝洲編次, 上海, 廣益書局, (清代末~中華初)刊</td><td>12卷12册, 中國石印本, 20.2×13.3cm, 有圖, 四周單邊, 半郭:17×11cm, 無界, 18行40字, 上黑魚尾, 紙質:竹紙</td><td>刊記:上海廣益書局發行</td><td>成均館大學校
D7C-56</td></tr>
<tr><td rowspan="2">足本大字繡像七劍十三俠</td><td rowspan="2">唐藝洲編次, 上海, 廣益書局, 淸朝末-民國初</td><td rowspan="2">12卷12册(卷1~12), 中國石印本, 有圖, 19.6×13.3cm, 四周單邊, 半郭:16.6×11cm, 無界, 18行40字, 上黑魚尾, 紙質:竹紙</td><td rowspan="2">表題:足本大字七劍十三俠, 刊記:上海廣益書局發行</td><td>全南大學校
3Q-수51ㄷ</td></tr>
<tr><td>全南大學校
3Q-수51ㄷ-v.1-12</td></tr>
<tr><td>繡像七劍十三俠全集</td><td>桃花館主(未詳)編次, 上海錦章圖書局印行</td><td>12卷1匣6册, 中國石印本, 20×13.4cm, 四周雙邊, 半郭:18.1×12.2cm, 無界, 26行56字, 白口黑魚尾上</td><td></td><td>澗松文庫</td></tr>
</table>

19. 雪月梅傳

≪雪月梅傳≫은 10권 50회로 一名 ≪孝義雪月梅傳≫·≪第一奇書≫·≪兒女濃情傳≫이라고 하는 俠義愛情小說이다. 이 작품은 鏡湖逸叟가 지은 것으로 逸叟의 姓은 陳이고 이름은 朗이며 字는 蒼明, 號는 曉山이라고 한다. 그러나 陳朗이 누구인지에 대해서는 명확하게 고증된 바 없다. 다만 嘉興 平湖縣에 字가 太暉인 陳朗이란 사람이 있었는데 乾隆 25年 庚申年(1760) 8月 恩科鄕試에 일등으로 합격을 하였고, 乾隆 34年 己丑年(1769)에 進士가 되었으며 진사의 직위로 刑部主事를 제수 받고 郞中으로 승진하였다. 이후에 撫州에 부임하였고 작품으로 ≪青柯館詩鈔≫가 있다고 한다. 그러나 이 사람이 ≪설월매전≫의 작자인지는 확실하지 않다.

확실한 것은 ≪설월매전≫이 乾隆 40年(1775)에 완성되었으며 德華堂에서 처음 간행되었다는 사실이다. 이 판본의 속표지에는 ≪孝義雪月梅≫라 적혀 있다. 처음에 跋이 나오는데 跋文의 끝 부분에 "乾隆四十年歲次乙未(1775)孟春望後一日古定易董寄綿"이라 적혀있고, 董寄綿陰文印과 月巖氏陽文印이 있다. 다음에 序가 나오는데 序文의 끝 부분에는 "乾隆乙未仲春花朝鏡湖逸叟自序于古釣陽之松月山房"이라 적혀 있고, 이름인 陳朗과 字 蒼明, 號 曉山이란 陰文印이 있다. 본문에는 夾批와 回評이 있으며 총 10冊으로 이루어진 책이다.

두 번째 판본인 聚錦堂刊本은 한 面이 11行으로 되어 있고, 1行에 21字가 있다. 세 번째로 光緖 辛丑年(1901) 上海 石印本은 ≪第一奇書≫로 제목을 바꾸고 있다. 네 번째로 民國 25年 大達圖書供應社의 鉛印本은 ≪兒女濃情傳≫이라 제목을 바꾸었으며 표지에는 "奇情長篇說部雪月梅"라 적혀 있다. 앞부분에는 小引이 있고, 뒷부분에는 "洞鄕潘恒敬之于雙溪玩日草堂"이라 적혀 있다.[248]

≪雪月梅傳≫은 대략 1800년대 국내에 유입된 것으로 보이고, 한글 필사본 ≪셜월믹젼≫은 현재 20권 20책본이 한국학중앙연구원에 소장되어 있다. 이 작품의 원본은 현재 규장각에 道光 年間에 출판된 聚錦堂本 10권 10책이, 연세대에 光緖 辛丑(1901)에 출판된 石印本 6책이 소장되어 있다.

한글본 ≪셜월믹젼≫은 원본에 충실한 번역본으로 필체는 낙선재본 ≪女仙外史≫와 동일하고 章回名이 모두 다 적혀 있으며 誤記가 거의 없고 축약이나 생략이 거의 없는 편이다. 고어나 고문체의 사용이 거의 드물다는 점으로 볼 때, 고종 21년 李鍾泰 등 문사 수십 명이 참여한 번역 작업 때에 이루어진 것으로 추정할 수 있다.

현재 규장각에 보존되어 있는 ≪孝義雪月梅傳≫은 초간본이 아니고 道光(1821-1850년) 年間의 德華堂板이라는 점으로 보아 이 작품의 번역은 19세기 후반에야 이루어졌으리라 추정한다.[249]

≪雪月梅傳≫의 내용은 明 嘉靖 年間 金陵에 살고 있던 岑秀를 중심으로 이야기가 전개된다. 이 작품의 제목은 ≪金瓶梅≫와 비슷하게 여주인공 何小梅, 許雪祖, 王月娥의 이름을 취해서 만들었지만 개괄적인 흐름은 악인 侯子杰 때문에 고향에서 떠나게 된 岑秀가 蔣士奇 · 劉電 · 殷勇 등의 俠義人物을 만나게 되고 왜구와의 전쟁을 통해 전공을 세운다는 이야기이다. 이야기 중간에 여협 秋英이 등장하여 이야기를 더욱 흥미진진하게 구성하고 있다.[250]

국내에는 中國木版本이 奎章閣, 한양대에 소장되어 있고, 中國石印本은 연세대, 고려대, 이화여대에 소장되어 있으며 유일본인 한글 필사본은 한국학중앙연구원에 소장되어 있다.

---

248) 江蘇省社會科學院 明淸小說硏究中心 文學硏究所 編, ≪中國通俗小說總目提要≫, 中國文聯出版公司, 1990, 547쪽 참조.

249) 권도경 · 박재연, ≪셜월믹젼≫, 이회문화사, 2003. 머리말 참조.

250) 김명신, 〈雪月梅傳의 俠義愛情小說的 特徵-한글본을 중심으로〉, ≪中國小說論叢≫제33집, 2011. 4. 125-143쪽.

書名	出版事項	版式狀況	一般事項	所藏處/所藏番號
孝義雪月梅傳	陳朗(淸)編, 董孟汾(淸)評釋, 聚錦堂, 乾隆40年(1775)	10卷10冊, 中國木版本, 17.2×11.6cm	卷頭書名:雪月梅傳奇, 序:乾隆己未(1775)…陳朗, 跋:乾隆四十年(1775)…董寄綿, 印:集玉齋, 帝室圖書之章	奎章閣 [奎중]5838
雪月梅傳	陳朗(淸)著, 董孟汾(淸)評釋, 影松軒, 光緒丁亥(1887), 刊寫地未詳	全50回18冊(1~50回), 中國木版本, 有圖, 17.3×11.4cm, 四周雙邊, 半郭:12.9×9.1cm, 無界, 11行27字, 註雙行, 上內向黑魚尾	序:乾隆乙未(1775)… 鏡湖逸叟自序, 乾隆乙未…上浣 月岩氏謹識, 刊記:雪月梅傳 光緒丁亥春分贅翁康題	漢陽大學校 812.36-진216ㅅ- v.1-v8
	陳朗(淸)編輯, 董孟汾(淸)評釋, 光緒辛丑(1901)上海石印	6冊, 中國石印本, 有圖, 15cm	內題:兒女濃情傳, 外題:繪圖兒女濃情傳, 版心題:繪圖第一奇書, 自序:乾隆乙未(1775)仲春花朝	延世大學校 812.36/30
	陳朗(淸)編輯, 董孟汾(淸)評釋, (19--)	6卷6冊, 中國石印本, 有圖, 15×8.8cm		高麗大學校 (華山文庫) 小 79
繡像兒女濃情傳	著者未詳, 華英書局, (19…?)	6卷6冊, 中國石印本, 有圖(3張), 15×9cm, 四周單邊, 半郭:12.6×8.1cm, 無界, 21行47字, 版心無	序:乾隆乙未(1775)鏡湖逸叟自序 於古釣陽之松月山房	梨花女子大學校 [고] 812.3 수61아
셜월미젼(雪月梅傳)	作者未詳, 寫年未詳	20卷20冊, 筆寫本, 28.3×18.8cm, 無郭, 無絲欄, 10行字數不定, 無版心, 紙質:楮紙	印:藏書閣印	韓國學中央研究院 4-6820

20. 施公案

≪施公案≫은 528回로 된 俠義公案小說로 一名 ≪施案奇聞≫·≪百斷奇觀≫이라고도 한다. 작가에 대해서는 자세히 알려진 바가 없다. 단지 嘉慶 3年에 쓴 序文 끝에 작은 글씨로 "住福建泉州府涂門城外後坡社施培督刻"이라고 한줄 쓴 것이 전부이다. 여기서 施培督은 아마도 施氏의 후손일 것으로 생각되지만 작가와의 관계를 명확히 알 수는 없다. 그러나 그가 소설의 간행을 책임진 사람임은 확실하다. 그는 자신의 선조에 관한 소설을 간행함으로써 가문의 영광도 드러내려는 일석이조의 효과를 내고자 한 의도가 보인다.[251]

주요 판본으로는 文德堂藏板本, 金閶本, 務本藏本 등이 있다. 런던 英國博物館에 소장된 道光 庚辰年(1820) 厦門 文德堂藏板 小型本 ≪秀像施公案傳≫은 8卷 97回회로 되어 있다. 또 北京圖書館에 道光 9年(1829)에 간행된 金閶本이 소장되어 있고, 그 외 首都 圖書館에 道光 10年(1830)에 간행한 ≪施案奇聞≫本과 同治 5年(1866) 務本藏本이 소장되어 있다. 이외에도 北京 師範 大學 圖書館에 光緖 17年(1891) 正誼書局에서 古聚珍板 ≪三公奇案≫을 모조해서 간행하였다.[252)]

≪施公案≫은 역사 속 실존 인물인 施世綸이라는 淸初의 대표적인 淸官에 관한 이야기를 소설로 극화한 俠義公案小說이다. 康熙 年間 施仕綸이 사건을 해결하고 악덕하고 포악한 무리들을 제거하는 내용을 담고 있다. 施公은 입도 삐뚤어지고 새 가슴에 등이 굽고 마르고 약골의 외모를 하고 있었으나 청렴한 관리로 늘 지혜롭게 사건을 해결하였다. 施世綸의 부친 施琅은 福建 晉江 사람으로 字는 尊侯, 號는 琢公으로 鄭成功 휘하의 장수였다. 나중에 淸朝에 투항하고 水師提督을 맡아 淸軍을 이끌고 대만을 정벌하여 전국 통일을 이루는데 수훈을 세운 인물이다.[253)] 施世綸은 ≪淸史稿·施世綸傳≫에 의하면 康熙 24年(1685) 江南 泰州知州를 지내고 揚州知府, 江陵知府, 戶部侍郞 등을 역임한 인물이라고 한다.[254)] 또한 지혜롭고 판단력이 뛰어나 부임지마다 백성들에게 선정을 베푸니 일명 靑天이라 칭송되었다고 한다.

국내 유입에 대해서는 관련 문헌을 찾을 수 없으나 조선 말기에 유입되었을 것으로 추정된다. 국내에는 가장 이른 판본으로 鮮文大 朴在淵이 木版本 道光甲申年(1824) 本衙藏板을 소장하고 있다. 그 다음으로 ≪施案奇聞≫이라 題한 木版本이 韓國學中央硏究院에 소장되어 있는데, 裏題에 ≪繡像施公案傳≫이라 되어 있고 序에는 "道光 己亥(1839)年春月新鐫"라 한 것으로 미루어 1839년에 새로 刻하였다는 것을 알 수 있다. 成均館大에 소장된 ≪大字足本繡像施公案全集≫은 대략 淸朝末~中華初期에 上海 大成書局에서 간행한 石印本(26卷10冊)이다. 이외에도 慶熙大에 ≪繪圖施公

251) 古今, 〈施公案的思想傾向〉, ≪聊城師範學院學報≫, 2003年 3期, 106-110쪽 참조.

252) 江蘇省社會科學院 明淸小說硏究中心 文學硏究所 編, ≪中國通俗小說總目提要≫, 中國文聯出版公司, 1990년, 653쪽 참조.

253) 徐君慧, 〈武俠小說與施公案〉, ≪閱讀與寫作≫, 1994年 6月 참조.

254) ≪淸史稿≫卷 277, ≪淸史列傳≫卷 11等에 기록이 보인다.(古今, 〈施公案的思想傾向〉· ≪聊城師範學院學報≫, 2003年 3期, 106-110쪽 참조)

案≫이, 全南大에 ≪繪圖施公案演義≫가 각각 소장되어 있다. 이처럼 중국에서 소장한 판본과 한국에 유입된 판본들의 간행 연대가 다양한 것으로 보아 ≪施公案≫은 여러 판본으로 만들어져 간행되고 널리 유행하였음을 알 수 있다.

≪施公案≫은 다른 공안류 소설과 마찬가지로 역사 속 실존 인물의 일화에 소설적 서사를 덧붙여 완성한 것이나 예술적 성취에 있어서는 다소 미흡하다고 볼 수 있다. 그러나 ≪施公案≫의 뒤를 이어 출현하는 소위 俠義와 公案의 결합이라 할 수 있는 俠義公案類 小說의 선봉이 되었다는 점에서는 나름의 가치를 지니고 있다.[255)]

書 名	出版事項	版式狀況	一般事項	所藏處/所藏番號
施公案	道光甲申(1824)年, 本衙藏板	8卷4冊97回, 中國木版本		鮮文大 朴在淵
大字足本繡像施公案全集	著者未詳, 上海, 大成書局, 淸朝末~中華刊	26卷10冊(前傳8卷, 後傳6卷, 三傳4卷, 四傳4卷, 五續4卷), 中國石印本, 有圖, 20.1×13.8cm, 四周單邊, 半郭:17.9×11.9cm, 無界, 20行45字, 紙質:竹紙	書名:裏題에 依함, 刊記:上海大成書局發行, 備考:6傳4卷, 7傳4卷, 8傳4卷, 9傳4卷, 續4卷缺	成均館大學校 D7C-18
繪圖施公案	著者未詳, 中國, 刊寫者未詳, 刊寫年未詳	全集4卷2冊, 6集4卷2冊, 7集4卷2冊, 8集4卷2冊, 共16卷8冊, 20.5cm, 四周雙邊, 半郭:17×12cm, 無界, 24行48字, 上下向黑魚尾	冊1~2, 全集4卷2冊, 冊3~4, 6集4卷2冊, 冊5~6, 7集4卷2冊, 冊7~8, 8集4卷2冊	慶熙大學校 823-시15
繪圖施公案演義	文光主人 編, 上海, 廣益書局, 光緖29(1903)	20冊, 中國石印本, 有圖, 19.6×13.3cm, 四周單邊, 半郭:16.9×11.5cm, 無界, 20行45字, 上黑魚尾, 紙質:竹紙	表題:足本全圖施公案全集, 序:光緖二十九年(1903)…上海文光主人識, 內容:施公案 初集-九集, 全集	全南大學校 3Q-회225ㅁ 全南大學校, 3Q-회225ㅁ-v.1-20
施案奇聞	施仕倫(淸)著, 道光19(1839)	8卷4冊, 中國木版本, 有圖, 18.2×12.2cm, 四周單邊, 半郭:14.5×10.4cm, 13行25字, 上黑魚尾, 紙質:綿紙	裏題:繡像施公案傳, 序:道光己亥(1839)年春月新鐫, 藏板:學庫山房藏板	韓國學中央研究院, 4-233

255) ≪施公案≫의 뒤를 이어서 同治·光緖年間에 ≪三俠五義≫와 ≪彭公案≫ 등이 나왔고, 또 ≪李公案≫·≪劉公案≫·≪于公案≫·≪張公案≫ 등이 연이어 나오게 되었다. 王軍明, 〈施公案—公案小說的中衰〉, ≪徐州教育學院學報≫, 第20卷 4期, 2005年 참조.

21. 彭公案 : (續彭公案, 彭公淸烈傳)

21-1. 彭公案

≪彭公案≫은 23卷 100回로 되어 있고 著者는 貪夢道人으로 알려져 있다. 주요 판본으로는 光緖 18年(1892) 立本堂刊本과 光緖 19年(1893) 上海書局의 石印本이 있다. 光緖 18年(1892) 立本堂刊本에는 光緖 壬辰(1892) 張繼起(刊行人)의 序, 壽彭·松坪의 序, 夢道人의 序가 있다.

≪彭公案≫이 창작된 시기는 ≪施公案≫보다 훨씬 늦지만 책 속의 배경은 오히려 ≪施公案≫보다 ≪彭公案≫이 빠르고 중요인물들인 黃天覇·白馬·李七侯 등이 나온다. 그래서 ≪彭公案≫을 ≪施公案≫의 아류로 보기도 한다.[256]

≪淸史稿≫ 277卷의 기록에 의하면 주인공인 彭朋의 原名은 彭定述이고 字는 友仁이며 福建 莆田 사람이다. 明 崇禎 9年(1636)에 태어나서 康熙 43年(1704)에 생을 마감하였다. 淸 順治 17年(1660)에 擧人이 된 이후에 계속해서 康熙 23年(1684)에 三河縣 知縣, 康熙 30年(1691)에 工科給使中·刑事給事中, 康熙 37年(1698)에 貴州按察使, 康熙 38년에 廣西 巡撫 등을 역임하였다.[257] 彭朋은 높은 관직에 있으면서도 항상 백성들을 먼저 생각하고 권력에 휘둘리지 않고 공정하게 일을 처리하여 백성들의 신망이 두터웠다. 彭朋은 마치 백성들의 존경을 넘어서서 우상화되고 신격화까지 된 宋代의 包丞과 같은 존재였던 것이다.

≪彭公案≫은 역사상 실존인물인 彭定述을 모델로 하고 있다. 청렴하고 영민한 관료인 彭公이 여러 公案 사건들을 해결한다는 이야기이다. 주인공 彭公이 해결하는 여러 사건들은 주로 권세에 굴하지 않고 권문세가를 혼내주며 약자들의 억울함을 풀어주는 내용을 담고 있다.

국내 유입 시기는 명확한 기록이 남아 있지 않으나 대략적으로 朝鮮末期에 유입된

256) 江蘇省社會科學院 明淸小說硏究中心 文學硏究所 編, ≪中國通俗小說總目提要≫, 中國文聯出版公司, 1990년, 771쪽 참조.

257) 江蘇省社會科學院 明淸小說硏究中心 文學硏究所 編, ≪中國通俗小說總目提要≫, 中國文聯出版公司, 1990년, 771쪽 참조.

것으로 사료된다. 국내에는 奎章閣과 成均館大에 소장되어 있다. 木版本은 奎章閣에 소장 되어 있는데 ≪新刊繡像彭公案全傳≫으로 本宅藏板이다. 序文으로 보아 光緒 18年(1892)에 간행된 것이며 23卷 24冊으로 되어 있다. 成均館大 소장본은 石印本으로 16卷 16冊으로 되어 있고 標題에는 "繪圖彭公案初二三四集", 版心題에는 "繡像彭公案"이라 적혀 있다.

書名	出版事項	版式狀況	一般事項	所藏處/所藏番號
新刊繡像彭公案全傳	貪夢道人(淸)著, 本宅藏板, 光緒18年(1892)	23卷24冊, 中國木版本, 18×12㎝	序:光緖歲次壬辰(1892)…張繼起, 印:集玉齋, 帝室圖書之章	奎章閣 [奎중]6120
新輯繪圖彭公案	編者未詳, 上海, 大成書局, 中華年間刊	合16卷16冊 (1集4卷4冊, 2集4卷4冊, 3集4卷4冊, 4集4卷4冊), 中國石印本, 20.1×13.5㎝, 四周單邊, 半郭:17.8×11.9㎝, 無界, 20行15字, 上黑魚尾, 紙質:竹紙	標題:繪圖彭公案初二三四集, 版心題:繡像彭公案, 刊記:上海, 大成書局印行	成均館大學校 D7C-74

21-2. 續彭公案

≪續彭公案≫은 4卷 80回로 되어 있고 作者에 대해서는 알려진 바가 없다. 주요 판본으로는 北京 泰山堂刊小本, 光緒 26年(1900) 上海 掃葉山房全集本 등이 있다. 掃葉山房全集本은 續集 80回로 石印本이다. 卷頭에는 目次와 그림은 있으나 序나 評註는 없고 遼寧省圖書館에 소장되어 있다.[258)]

≪續彭公案≫은 ≪彭公案≫의 마지막 부분인 "大破畵春園"을 이어서 이야기를 전개해 나간다. 高源이 간신히 傅國忠을 잡았으나 九花娘은 도망친다. 九花娘을 수소문하며 찾아다니다가 劍峰山으로 蘇永福, 蘇永祿을 파견한다. 高源은 먼저 싸움에 패해 강물에 투신한 것처럼 속이고 焦智와 焦禮를 물속으로 뛰어 들도록 유도하여 체포하였다. 焦振遠은 두 아들이 체포 된 이유가 다섯째 아들 焦信이 숨겨놓은 九花娘때문임을 알게 되어 분노한다. 결국 焦振遠은 체포되고 傅國忠은 참수되었다.

258) 江蘇省社會科學院 明淸小說硏究中心 文學硏究所 編, ≪中國通俗小說總目提要≫, 中國文聯出版公司, 1990년, 774쪽 참조.

伍氏 三雄은 이전에 武登科를 도와준 적이 있었다. 武登科는 가난한 사람을 도와주다 재산을 모두 탕진했으나, 伍氏가 금은으로 가득한 보따리를 선물하여 다시 가업을 일으키고 술집을 열었다. 武登科는 은혜를 갚고자 천 알의 명주를 헌납하고 궁지에 몰린 伍氏와 石鑄의 죄를 감해 줄 것을 요청하였다. 그리하여 伍氏 삼형제는 원적지로, 石鑄는 西安府에서 십년간 군인으로 충당하라는 처벌을 받게 되었다. 西夏에서 반역이 일어나자 황제는 팽공을 파견하여 해결하도록 하였다. 팽공은 蘇永福, 蘇永祿을 파견해 黑虎를 체포하라고 명하였으나 실패하고 오히려 黑虎가 암살을 시도하였고 焦禮도 역시 팽공을 암살하고자 하였다.

옛날 은혜를 잊지 않고 있던 石鑄는 黑虎를 붙잡은 뒤 죽였다. 한편 飛雲과 馬道玄 역시 팽공과의 원한 때문에 암살을 시도하였다. 그러나 石鑄가 귀신으로 분장하여 福承寺에 붙잡혀 있던 팽공을 구출하고 飛雲의 일당들도 체포하였다. 飛雲은 淸水灘으로 도망가 馬德과 馬玉花를 포섭해서 팽공을 암살하고자 하였으나 팽공이 청렴한 사람임을 알게 되어 차마 죽이지 못하였다. 이후 이야기는 ≪再續彭公案≫에서 이어진다.

이처럼 彭公案 이야기는 시리즈로 계속해서 '八續'까지 나온다. 그러나 국내에서는 ≪續彭公案≫과 ≪彭公淸烈傳≫을 제외하고는 彭公案 관련 다른 續書들을 찾을 수 없다. ≪續彭公案≫의 국내 유입시기에 대해서는 정확히 알 수는 없지만 대략적으로 朝鮮 末期로 사료된다. 국내에는 4卷 2冊의 石印本이 海軍士官學校에 소장되어 있는데 標題紙刊記에 의하면 光緒 庚子年(1900) 仲夏에 掃葉山房에서 간행된 것이다.

書名	出版事項	版式狀況	一般事項	所藏處/所藏番號
新刊續彭公案	著者未詳, 上海, 掃葉山房, 光緒26(1900)	4卷2冊, 中國石印本, 有圖, 20.3×13.5cm, 四周雙邊, 半郭:17.2×11.7cm, 有界, 22行48字, 白口·上黑魚尾	版心書名:繪圖續彭公案, 標題紙刊記:光緒庚子(1900)仲夏掃葉山房石印	海軍士官學校 [중]106

21-3. 彭公淸烈傳

≪彭公案≫은 續彭公案, 再續彭公案뿐 아니라 三續, 四續, 五續, 六續, 七續, 八續까지 나왔다.[259] 續彭公案 80회, 再續彭公案 81회, 三續 81회, 四續 40회, 五續 40

회, 六續 40회, 七續 24회, 八續 24회로 되어 있는데, 四續과 六續의 原典은 失傳 되었고 다만 五續의 第1회에 근거해서 같은 사람이 편찬 한 것을 유추할 수 있다. 이처럼 연이어 續作들이 나온 것으로 보아 彭公案 시리즈가 대중들의 환영을 받았음을 미루어 짐작할 수 있다.

≪彭公淸烈傳≫은 중국 판본에 대한 기록은 찾을 수 없다. 국내에 梨花女大에 石印本 4卷 4冊 ≪繡像彭公淸烈傳≫이 소장되어 있는데 表紙書名은 "繡像三俠劍"으로 되어 있다. 모두 40회로 되어 있고 저자인 李遜尗에 대해서는 알려진 바가 없다. 국내 유입시기에 대해서도 정확한 기록을 찾을 수 없으나 朝鮮 末期에 유입되었을 것으로 생각된다.

≪繡像彭公淸烈傳≫은 序文에 이어서 인물초상이 모두 6幅이 나온다. 각 폭마다 3명씩 모두 18명에 대한 초상이 나오는데 그림이 매우 정교해서 당시의 복식문화를 연구하는데 자료적 가치를 지닐 것으로 보인다. 인물 초상에 이어 본문이 나오며, 각 권마다 한 冊으로 분리되어 있고 각 권마다 10회씩 내용이 들어 있다. 序文의 마지막 부분에 "宣統元年仲夏了吉補留重誌…錄事軒"이라고 되어 있어 宣統 元年(1909)에 간행된 것을 알 수 있다.[260)]

序文에 의하면 彭公의 일을 80회로 엮어서 ≪彭公淸烈傳≫이라 제목을 짓고 우선 40회를 먼저 간행하니 뒤의 40회는 곧 나올 것이라고 독자들에게 설명하고 있다.[261)] 그러나 後 40회에 관한 판본이 현재까지는 발견되지 않아서 이후에 정말로 간행되었는지 아니면 단지 계획에 머물고 말았는지에 대해서는 계속적인 판본의 발굴 작업과 연구가 필요하다.

---

259) 江蘇省社會科學院 明淸小說硏究中心 文學硏究所 編, ≪中國通俗小說總目提要≫, 中國文聯出版公司, 1990년, 771-782쪽 참조.

260) 梨花女子大學校 所藏本 ≪繡像彭公淸烈傳≫ 참조.

261) 彭公案一書膾笑人口由來久矣, 事跡之發幻情節之雖爲說都書中一所罕有頌彭公一身淸節系但於出仕後用人行法見之卽讀○伏察之時……喜聽各項說部以爲消遣前年緟由東三省見有沈彭公淸烈傳者事迹特校初爲繪有……有色洵之公渚天下流傳後並爲敬愛彭公及黃三太等諸人者添一敓察愛特錄存積年餘漸成卷帙乃○搜羅彭公遺事前後貫串共成八十回卽名爲彭公淸烈傳以公於垂先刊四十回下四十回隨後卽出以慰閱者渚公之望.(梨花女子大學校 所藏本 ≪繡像彭公淸烈傳≫ 참조)

書名	出版事項	版式狀況	一般事項	所藏處/所藏番號
繡像彭公淸烈傳	李遜亝著, 宣統1(1909)	4卷4冊, 中國石印本, 有圖(3張), 17.2×10.2㎝, 四周雙邊, 半郭:14.3×8.9㎝, 無界, 20行47字, 上黑魚尾	表紙書名:繡像三俠劍	梨花女子大學校 [고] 812.3 수61ㅍ

22. 于公案奇聞

≪于公案奇聞≫은 8卷 292回로 되어 있고 淸 中葉에 나온 전형적인 公案小說로 ≪施公案≫과 비슷한 시기에 간행된 것으로 보인다.

현존하는 가장 이른 판본으로 淸 嘉慶 5年(1800) 集錦堂刊本이 있는데 이는 ≪施公案≫의 最初 판본에 비해서 2년 늦은 것이다. 책표지에는 '新刻于公案傳'이라고 제목을 붙였고, 書頭에는 '于公案奇聞序'라고 제목을 붙였다. 卷一 40回, 卷二 38回, 卷三·四 各 32回, 卷五 36回, 卷六 40回, 卷七 46回, 卷八 28回로 되어 있다. 모두 8卷 292回로 되어 있고 著者에 관해서는 기록이 없어 알 수 없다. 한편 儲仁遜의 筆寫本 小說 ≪于公案≫은 두 개의 판본이 있는데 하나는 6回本이고 또 하나는 10回本이다. 두 책의 순서와 계승 관계에 관해서는 정확히 알 수 없으나 모두 于成龍에 관련된 이야기를 서술하고 있다.[262] 儲仁遜(1874-1928)은 字가 拙庵, 號는 臥月子로 天津 사람이다. 彈詞를 고쳐서 6回本과 10回本 筆寫本을 만든 것이라 한다. 6回本은 淸 康熙 年間에 淸官 于成龍이 樂亭縣에서 사건을 처리하는 이야기이고, 10回本은 于成龍이 直隶에 부임하여 紅門寺를 탐방하고 흉사를 처리한 일을 이야기하고 있는데 이는 ≪于公案奇聞≫과는 내용이 다소 다르다.[263]

주인공 于成龍은 康熙 年間에 실존한 인물로 宋代의 包拯처럼 칭송되는 淸官의 상징인물이다. 字는 北溟, 山西 永濟 사람으로 그에 관한 사적이 ≪淸史稿≫에 전한다. 于成龍은 明 崇禎 年間에 貢生으로 추천되었고 順治 18年(1661)에 廣西羅城知縣을 제수 받았다. 合州知州, 武昌知府를 역임하고 福建按察使, 直隶巡撫를 지내고 관직

262) 江蘇省社會科學院明淸小說硏究中心, 文學硏究所編, ≪中國通俗小說總目提要≫, 中國文聯出版公司, 1990년, 578쪽.

263) 侯忠義·李實, 〈關於于公案奇聞〉, ≪明淸小說硏究≫, 1994년 3輯, 183-190쪽 참조.

은 兩江總督에 이르렀다. 清初에 변경을 지키는 總督으로써 여러차례 康熙帝에게 '淸官第一', '天下廉吏第一'이라는 칭송을 받았다.[264)]

≪于公案奇聞≫는 다른 公案 小說들과 마찬가지로 청렴하고 정의로운 于成龍이 여러 公案事件을 해결하는 내용으로 구성되어 있다. 한 사건을 예로 들면 鄒其仁은 知縣으로 부임하러 가는 도중 賈雄에 변을 당했으나 요행히 살아난다. 賈雄는 鄒其仁의 신분으로 위장해서 知縣으로 부임했다. 鄒의 아내는 아들 鄒舒에게 蒲臺縣으로 가서 아버지를 찾아보도록 하였지만 오히려 가짜 知縣 賈雄에게 붙잡혀 감옥에 가게 되었다. 賈雄는 鄒舒를 죽이라고 간수장 孫能에게 명하지만 명령을 듣지 않고 그를 구해준다. 于成龍의 꿈에 神靈이 나타나 이런 사실들을 알려주었고 于成龍이 사악한 무리들을 일망타진한다는 내용이다.

국내 유입 기록은 관련 문헌 자료가 보이지 않으나 대략 朝鮮時代 末期로 생각된다. 국내에는 東亞大에 光緖 32年(1906) 上海書局에서 출판한 ≪新刻于公案≫ 石印本이 소장되어 있다.

書名	出版事項	版式狀況	一般事項	所藏處/所藏番號
新刻于公案	著者未詳, 上海, 上海書局, 光緖32(1906)	4卷2冊(卷1~4), 中國石印本, 14.9×9.1cm, 有圖, 四周雙邊, 半郭:12.3×8.2cm, 無界, 15行36字, 上下向黑魚尾	包匣題:繡像三公寄案鼓詞, 標題:繡像于公案, 表題:繡像于公案, 刊記:光緖丙午(1906) 荷月上海書局石印	東亞大學校 (4):5:5-5
	編者未詳, 上海, 上海書局, (19--)	2卷1冊(缺帙), 中國石印本, 14.5×9cm		高麗大學校 육당C14-B26-2

23. 劉公案

≪劉公案≫은 鼓詞 계열의 通俗小說이라고 할 수 있다. 주요 판본으로는 清代 北京蒙古車王府本으로 筆寫本이다.[265)] 모두 4函 32冊, 每行 25字로 총 32部 107回로

264) 候忠義·李實, 〈關於于公案奇聞〉, ≪明淸小說硏究≫, 1994년 3輯, 183쪽.

265) 이외에 黃河文藝出版社에서 정리한 "聶田盛編述"의 판본이 있다. 또한 北京首都圖書館 소장본인 1941년 新文化書社에서 출판된 石印本은 重刊本이며 表紙에 '繡像繪圖通俗小說'이

되어 있다. 이것은 아마도 民間의 說唱藝人들의 손에 의해 필사되고 전해진 것으로 보인다. 1回에 해당하는 首部에 의하면 "劉大人他老人還健在"라는 글귀가 보이고 책 속에서 乾隆皇帝를 '太上皇爺'라고 칭하는 것을 볼 수 있다. 책 속의 주인공은 1719年에서 1800년대를 살았고 乾隆皇帝는 1796년에 皇帝를 양위했기에 이 版本이 만들어진 시기를 대략 1719년에서 1800년대 사이로 유추할 수 있다. 만일 그렇다면 ≪劉公案≫의 成書年代는 ≪于公案≫·≪施公案≫과 비슷해지며 이는 淸代 初期公案小說에 포함된다.[266)]

주인공 劉墉(1719~1804)은 역사상 실존인물이다. 그러나 기본적으로 역사적 사실에 부합되는 내용이라기보다는 민간에서 전해지는 이이야기를 중심으로 說唱藝人들과 下層 文人들이 정리해서 만들어낸 것으로 추정된다. 백성들에게 횡포를 부리며 악랄하고 포악한 皇親들을 淸官인 劉墉이 처벌하는 내용이다. 劉墉은 명을 받고 사복을 입고 잠입하기도 하고 山童濟南 등을 순시하면서 재난 사태를 파악하기도 하고 皇親의 횡포를 조사하기도 한다는 내용이다.

국내유입에 관한 문헌 기록은 보이지 않고 鮮文大 朴在淵이 1911年 廣益書局에서 출판한 石印本을 소장하고 있다.

書名	出版事項	版式狀況	一般事項	所藏處/所藏番號
劉公案	廣益書局, 1911年	4卷4册88回, 中國石印本		鮮文大 朴在淵

24. 龍圖公案(龍圖神斷公案, 包龍圖判斷奇寃)

≪龍圖公案≫은 작자 미상의 100회로 되어 있는 公案小說에 해당하는 작품이다. ≪龍圖公案≫은 一名 ≪龍圖神斷公案≫ 혹은 ≪包公七十二件無頭奇案≫이라고 하고 판본은 繁本과 簡本으로 나누어져 있는데 전반적으로 생략된 차이만 있을 따름이고

라고 되어 있다. 이 版本은 대부분 鼓詞의 특징을 지닌 7言위주의 자유로운 韻文으로 되어 있다. (孟犁野, 〈我所見的劉公案三種簡說〉, ≪明淸小說硏究≫, 1996年 1輯, 165쪽)

266) 孟犁野, 〈我所見的劉公案三種簡說〉, ≪明淸小說硏究≫, 1996年 1輯, 165-169쪽.

문장에는 차이가 없다.

繁本은 10卷 100篇으로 淸初 간행본 · 四美堂 간행본 · 乾陵 丙申年(1716) 간행본 · 雨余堂 간행본 등이 있다. 첫째, 淸初 간행본은 海篇의 뒤에 聽玉齋評이 덧붙여져 있고, 揷圖가 삽입되어 있다. 둘째, 四美堂 간행본은 版心에는 '種樹堂'이라고 적혀 있고 揷圖가 있으며 李卓吾評이라고 적혀 있으나 評語는 없다. 셋째, 乾陵 丙申年本은 重刊本이고 雨余堂 간행본은 8卷으로 되어 있다.

簡本은 書業堂 간행본 · 嘉慶 7年 간행본 · 上海書局 石印本 · 嘉慶本 · 黎照樓 重刊本 등이 있다. 첫째, 乾陵 乙未年(1775) 書業堂 간행본은 揷圖가 있고 聽玉齋評이 부가되어 있으며, 또한 李卓吾評이라고 적혀 있고, 형식은 四美堂本과 같다. 둘째, 嘉慶 7年 간행본은 揷圖가 10폭이 있으며, 본문의 卷末에는 '新評龍圖神斷公案'이라고 적혀 있다. 셋째, 光緖 庚子年(1900) 上海書局 石印本은 ≪包公七十二件無頭奇案≫으로 改名하였다. 넷째, 嘉慶 年間에 판각한 ≪龍圖剛峰公案合編≫에는 ≪龍圖公案≫ 6卷 89篇이 들어 있다. 이외에, 道光 癸卯年(1843) 黎照樓 重刊本, 道光 已酉年(1849) 三社堂 간행본이 있다.[267)]

≪龍圖公案≫의 국내 유입은 명확하게 알 수는 없으나, 조선중기 宣祖가 정혜옹주에게 보낸 서신과 孝宗妃인 인선황후(1647~1698)가 숙명공주에게 보낸 서신 중에는 ≪包公案≫ · ≪녹의인전≫ · ≪하북이장군전≫ · ≪水滸傳≫ 등의 소설들을 서로 빌려가며 읽었다는 기록[268)]이 나오는 것으로 보아 1600년대 중후기 이전에는 유입된 것으로 보인다. 또 현재 명대에 출판된 萬卷樓本 ≪龍圖公案≫이 규장각에 소장되어 있다.

≪龍圖公案≫의 번역은 작품의 고어와 고문체의 출현빈도로 보아 19세기 초에 이루어진 것으로 추정되고 있다. 그 외 한글 번역필사본 ≪包公演義≫(한국학중앙연구원 소장)는 9권 81편으로 되어 있고 약간 흘림체로 쓰여 있다. 작품 가운데에는 지명과 인명이 많이 나오고 있기 때문에 원문과 대조하지 않으면 정확하게 해석하기가 어려운 편이다.[269)]

≪龍圖公案≫의 내용은 다음과 같다. 德安府 孝感縣의 수재 許獻忠의 이야기부터

---

267) 江蘇省社會科學院 明淸小說硏究中心文學硏究所 編, ≪中國通俗小說總目提要≫, 中國文聯出版公司, 1991. 112쪽 참조.

268) 김일근 편주, ≪親筆諺簡總覽≫(경인문화사. 1974년), 자료번호 21, 56, 57, 102 참조.

269) 박재연 교주, ≪포공연의≫, 선문대학교 중한번역문헌연구소, 1999. 머리말 참조.

시작하여 여러 가지 訟事와 관련된 재판이 다양하게 진행되고 있으며 마지막 회에는 程文煥의 아내 李氏가 정절을 지키려 목매어 죽은 사건에 대해서, 包公이 꿈이라는 장치를 통해 사건을 명쾌하게 해결하는 이야기를 다루고 있다.

그 외 번역 필사본으로 충남대에 零1冊(卷之六)이 확인된다. 그러나 이 책에 대한 筆寫地와 筆寫者 및 筆寫年 등 자세한 상황은 未詳이다.(27×22.5㎝, 無界, 12行字數不一定, 紙質:楮紙).

국내에는 中國木版本이 奎章閣, 高麗大, 漢陽大, 成均館大에 소장되어 있고, 中國石印本은 成均館大에 소장되어 있으며 中國鉛印本으로 된 ≪包閻羅演義≫가 國會圖書館에 소장되어 있고, 한문 필사본은 啓明大에 소장되어 있으며, 한글 필사본은 韓國學中央硏究院과 忠南大 등에 소장되어 있다. 고려대, 성균관대, 계명대 소장본은 8卷 4冊이고 나머지 중국 판본은 각각 달리 출판되어 있다. 한글 필사본도 판식과 출판사항이 모두 달라 필사자와 필사지가 달랐을 것으로 추정된다.

漢陽大 소장본인 大文堂本 木版本 ≪百斷奇觀包公全傳龍圖公案≫의 版本을 살펴보면, 序文이 나오고 끝에 간행 연대가 "嘉慶十四年戊辰春月孝岡李西橋題"라고 적혀 있는데 사실 嘉慶十四年은 己巳年으로 戊辰年은 잘못 표기된 것임을 알 수 있다. 序文에 이어서 目錄이 나오는데 모두 10卷 6冊으로 되어 있고 1冊과 6冊에는 각각 卷1, 卷10이 수록되어 있고, 2, 3, 4, 5冊은 모두 두 권씩 묶여 있다.[270]

한편 成均館大에 소장된 兩餘堂本 木版本 ≪百斷奇觀繡像龍圖公案≫은 8卷 4冊으로 되어 있다. 역시 모두 100篇의 이야기를 싣고 있고, 挿畵는 모두 全圖의 형식으로 序文 다음에 이어서 10幅이 실려 있다. 挿畵를 살펴보면 판각이 奎章閣 소장본인 ≪百家公案≫에 비해서 매우 단순하고 세밀하지 못한 것을 볼 수 있다. 선은 더 굵어졌고 인물의 표정도 섬세하지 못하다.[271] 또 成均館大에 ≪繪圖包龍圖判斷奇寃≫ 4冊이 소장 되어 있는데 袖珍本으로 아주 밝은 황색의 표지에 붉은 색실로 묶었다. 원래 모두 6卷 6冊으로 되어 있던 책인데 지금은 第1卷과 第5卷이 결질된 落帙本으로 4卷 4冊만 남아 있다. 挿畵는 없고 10卷의 내용에서 각 卷의 앞부분에 해당하는 이야기 몇 편이 없다.[272] 남아 있는 4卷의 내용으로 보아 62回 簡本系列로 보이지만 目錄

270) 大文堂本 木版本 ≪百斷奇觀包公全傳龍圖公案≫ 漢陽大學校 所藏本 참조.

271) 兩餘堂本 木版本 ≪百斷奇觀繡像龍圖公案≫ 8卷 4冊, 成均館 大學校 所藏本 참조.

에 나와 있는 第1卷이 없는 落帙本이라 확언할 수는 없다. 이 책은 石印本이며 ≪百斷奇觀繡像龍圖公案≫과 비교해보면 같은 이야기를 제목을 약간 다르게 붙이기도 하였고 전체적인 내용은 같으나 文字에 있어 약간의 차이를 보인다.

刊行年代를 확실히 알 수 있는 漢陽大 所藏本은 成均館大 所藏本에 비해서 誤字가 많고 挿畵도 없다. 앞서 말한 바와 같이 刊行年代를 적긴 했지만 잘못 적혀 있고 군데군데 誤字들이 보인다.273)

書名	出版事項	版式狀況	一般事項	所藏處/所藏番號
百斷奇觀繡像龍圖公案	撰者未詳(明), 刊行年未詳, 淸末敬業堂刊	8卷4册, 中國木版本, 有圖, 12行26字	版心題:龍圖公案, 序:江左陶浪元	高麗大 (六堂本) 육당C14-B23-1-4
龍圖公案	大文堂, 刊寫地未詳, 嘉慶十四年(1808)	1卷1册(全10卷6册, 中國木版本, 17.2×11.7cm, 四周單邊, 半郭:15.2×10.6cm, 無界, 11行26字, 上內向黑魚尾	表紙書名:包案, 版心書名:龍圖公案, 敍:嘉慶十四年 戊辰(1808), (嘉慶十四年 己巳), 李西橋題, 內容:敍, 目錄, 卷1(阿彌陀佛講和等 10項), 卷2(黃菜葉等 10項), 卷3(裁縫選官等 10項), 卷4(三寶殿等 10項), 卷5(窓外黑猿等 10項), 卷6(金鯉等 10項), 卷7(獅兒巷等 10項), 卷8(江岸黑龍等 10項), 卷9(兎戴帽等 10項), 卷10(銅錢揷壁等 10項), 刊記:百斷奇觀包公全傳龍圖公案大文堂藏板	漢陽大學校 812.35-용34-v.1-v.6
	撰者未詳, 兩餘堂, 淸朝後期刊	8卷4册, 中國木版本, 有圖, 27.9×14.9cm, 四周單邊, 半郭:19.9×13cm, 無界, 12行26字, 上黑魚尾, 紙質:竹紙	裏題:繡像龍圖公案, 刊記:兩餘堂藏板	成均館大學校 D7C-84
	著者未詳, 中國, 兩餘堂, 刊寫年未詳	3卷1册, 中國木版本, 挿圖, 四周單邊, 半郭:20×13cm, 無界, 12行26字, 花口, 上下向黑魚尾, 23×15cm		淑明女子大學校 CL320-용도공-용

272) ≪繪圖包龍圖判斷奇寃≫4卷 4册, 成均館大學校 所藏本 참조.

273) 張守連·閔寬東, 〈小說包公案 系列의 國內 流入과 受容〉, ≪中國語文學誌≫ 第39輯, 2012. 6. 337-340쪽 참조.

書名	出版事項	版式狀況	一般事項	所藏處/所藏番號
新評龍圖神斷公案	著者未詳, 年紀未詳	8卷4冊, 筆寫本, 21.1×14.3cm, 四周單邊, 半郭:16.4×11.4cm, 烏絲欄, 9行20字, 無魚尾	序:陶浪元	啓明大學校 이812.3-신평용
	著者未詳, 刊寫地未詳, 刊寫者未詳, 嘉慶14(1809)	10卷6冊, 木版本, 上下單邊, 左右雙邊, 半郭:12.8×9.5cm, 無界, 11行24字, 上下向黑魚尾, 16.5×11.8cm	表題:繡像龍圖公案, 龍圖公案	慶熙大學校 294-신894
繪圖包龍圖判斷奇寃	著者未詳, 中國, 兩餘堂, 刊寫年未詳	3卷1冊, 中國木版本, 挿圖, 四周單邊, 半郭:20.13cm, 無界, 12行26字, 花口, 上下向黑魚尾; 23×15cm		淑明女子大學校 CL320-용도공-용
包閻羅演義	李春芳 編次 (中國), 利文堂, 同治3(1864)	10卷10冊, 中國木版本, 挿圖, 無界, 行字數不定, 無魚尾, 16.2×10.8cm	表紙書名:紅袍傳, 標題紙:同治三年(1864)新刊, 海瑞大紅袍全傳, 佛山舍人後街利文堂藏板	高麗大學校 육당C14-B30- 1-10
	如蓮居士 編次 (中國), 三讓堂, 刊寫年未詳	8冊, 中國木版本, 挿圖, 四周單邊, 半郭:17.5×10.9cm, 有界, 11行25字, 上下向黑魚尾, 22×12.4cm	三讓堂梓, 內容:冊1-10, 說唐前傳. -- 冊11-12, 說唐小英雄傳. -- 冊13-18, 說唐薛家府傳	慶熙大學校 812.3-여64ㅅ
포공연의(包公演義)	著者未詳, 刊寫地未詳, 刊寫者未詳(1736)	10冊, 挿圖, 四周單邊, 11行23字, 下向黑魚尾, 24.8×15.7cm	表題:說唐全傳	中央大學校 중앙도서관 812.36-설당전
	撰者未詳(明), 筆寫者, 筆寫年度未詳	9卷9冊, 朝鮮筆寫本, 29×20.7cm, 11行字數不定, 紙質:楮紙	表題:包公演義	韓國學 中央研究院
	鴛湖 漁搜 編 해금장서국, 19--	1冊:20.0×14cm		大邱가톨릭大學校 중앙도서관

25. 海公大紅袍傳

≪海公大紅袍傳≫은 60回로 되어 있는 公案小說이다. 권두에 "晉人 李春芳 編次"라고 되어 있어 李春芳이 저자임을 밝히고 있다. 그러나 일찍이 海瑞에 관한 작품 중에 明 萬曆 丙午年(1606) 萬卷樓 刻本인 ≪新刻全像海剛峰先生居官公案傳≫이 있다. 이 책은 一名 ≪海忠介公官公案傳≫이라고도 한다. 序에서 "晉人義齋李春芳 編次"라고 되어 있는데 아마도 그 이름을 빌려온 것이며 실제로는 淸代 無名氏의 작품일

가능성이 높다.[274] 두 작품 사이의 시대적 간극으로 보아서 실제로 한 인물이 쓴 것이라고 보기는 어렵다.[275] ≪海公大紅袍傳≫의 가장 이른 판본은 嘉慶 18年(1813) 三經樓 刊行本으로 英國博物館圖書館에 所藏되어 있다. 또 이외에도 道光 2年(1822)의 書業堂 刊行本, 道光 20年(1840)의 聚星堂 刊行本, 經國堂 刊行本, 同治 6年(1867)의 聚盛堂 刊行本 등이 있다.[276]

≪海公大紅袍傳≫은 역사상 실존 인물인 海瑞(1514~1587)라는 淸官이 여러 사건들을 지혜롭게 해결하는 과정을 그린 소설이다. 역사 속에서 海瑞는 宋代의 包拯과 함께 칭송되며 '南包公'이라고도 불린다. 明代 正德, 嘉靖, 隆慶, 萬曆 年間에 거쳐 살았던 海瑞는 嘉慶 45年(1566)에 戶部에서 일하면서 世宗이 道敎를 믿고 政事를 돌보지 않는다고 상소를 올려 비판한 일로 옥고를 치르고 世宗이 죽은 후에야 석방된 인물이다. 隆慶 3年(1569)에 다시 應天巡撫에 임명되었으나 張居正 등에 의해 밀려나서 16년 동안 칩거하였다. 萬曆 13年(1585)에 다시 南京吏部右侍郎과 南京右僉都御史를 역임하고 忠介라는 謚號를 얻었다.[277] 그의 일생에 관해 전하는 이야기들은 전설적 색채가 강한데 청렴한 관료로서 어떠한 권력에도 굴하지 않고 심지어 황제조차 가리지 않고 직언한 점을 부각시켜 소설로 구성하였다.

≪海公大紅袍傳≫의 구체적인 내용은 다음과 같다. 明 正德年間 광동성의 海瑞는 어려서부터 총명하고 학문을 좋아했다. 海瑞는 황제에게 진사급제를 하사받고 청렴한 정치를 하지만, 천자의 총애를 받는 嚴嵩의 미움을 받는다. 한편 간신인 嚴嵩은 권력에 눈이 멀어 皇后와 太子를 음해하고자 하였고, 그의 아들과 一家들도 온갖 만행과 비리를 저질렀다. 결국 새로운 황제의 丞相이 된 嚴嵩을 단죄하는 상소문을 쓰다 병이 든 海瑞는 끝내 숨을 거두고, 황제는 海瑞가 남긴 遺表를 보고 嚴嵩夫子와 일가들을 잡아들였다.

---

274) 陳麟德, 〈大紅袍作者考辨〉, ≪江海學刊≫, 1995년 1輯, 53쪽. 필자는 地方志에서도 李春芳에 관한 기록을 전혀 찾을 수 없다는 점을 들어서 江蘇揚州興化人이라는 설은 근거가 없다고 반박하고 있다.

275) ≪辭海·大紅袍≫에 의하면 "淸無名氏作. 惑題李春芳編, 不可信.(청대 무명씨의 작품이며 혹은 李春芳이 지었다고 하였으나 근거가 없다)"라고 되어 있다. 陳麟德, 〈大紅袍作者考辨〉, ≪江海學刊≫, 1995년 1輯, 53쪽 재인용.

276) 江蘇省社會科學院明淸小說硏究中心, 文學硏究所編, ≪中國通俗小說總目提要≫, 中國文聯出版公司, 1990년, 616쪽.

277) 冷時峻 標點, ≪海公大紅袍全傳≫, 上海古籍出版社, 1993년, 前言 1-3쪽.

국내 유입에 관해 기록한 文獻은 보이지 않아 정확한 流入時期를 알 수 없으나 대략 朝鮮末期로 보인다. 국내 유입판본 중에 가장 이른 것으로 1860년 文德堂刊 木版本 ≪海公大紅袍傳≫이 奎章閣에 소장되어 있다. 이외에도 石印本 ≪原本海公大紅袍傳≫이 延世大와 高麗大에 소장되어 있다.

<table>
<tr><th>書名</th><th>出版事項</th><th>版式狀況</th><th>一般事項</th><th>所藏處/所藏番號</th></tr>
<tr><td rowspan="2">原本海公大紅袍傳</td><td>李春芳編次,
虛舟生鐫</td><td>4卷4册, 中國石印本, 有圖,
21cm, 四周單邊,
18×11.7cm, 25行53字</td><td>外書名:繡像大紅袍全傳,
序:越湖釣徒</td><td>延世大學校
812.36/58</td></tr>
<tr><td>李春芳編次,
虛舟生鐫,
上海大成書局(19--)</td><td>4卷4册, 中國石印本, 有圖,
20×13.3cm</td><td></td><td>高麗大學校
(華山文庫)
C14-B40</td></tr>
<tr><td>原本海公大紅袍全</td><td>李春芳編次,
利文堂,同治
3(1864)</td><td>10卷10册, 中國木版本,
肖像, 無界, 行字數不定,
無魚尾, 16.2×10.8cm</td><td>表紙書名:紅袍傳, 標題紙:同治
三年(1864)新刊, 海瑞大紅袍全傳,
佛山舍人後街利文堂藏板</td><td>高麗大學校
육당C14-B30-
1-10</td></tr>
<tr><td>繡像海公大紅袍全集</td><td>李春芳(淸)編,
文德堂,
咸豊10年(1860)</td><td>60卷11册, 中國木版本,
有圖, 17.4×11.6cm</td><td>版心書名:大紅補全傳,
序:道光壬午(1822)…李春芳,
印:集玉齋, 常室圖書之章</td><td>[奎중]5830</td></tr>
</table>

26. 說唐演義全傳 : (說唐後傳)

26-1. 說唐演義全傳

≪說唐演義全傳≫은 10卷 68回로 되어 있는 歷史演義小說로 著者는 鴛湖漁叟로 알려져 있다. 著者인 鴛湖漁叟의 生平에 대해서는 잘 알려져 있지 않다. 다만 '鴛湖'가 '嘉興' 남쪽의 호수이므로 '漁叟'는 아마도 嘉興 사람일 것이라고 추측하고 있다. 乾隆 48年(1783) 刊本에 "鴛湖漁叟 較訂"이라 되어 있고 卷頭에는 建隆 元年(1736)에 如蓮居士가 쓴 序가 있다. 嘉慶 6年 辛酉(1801)의 會文堂 重刊本에도 "鴛湖漁叟 較訂" 이라 되어 있다.

英國博物館에는 聖德堂 刊本이 소장되어 있는데 책 앞에 '鴛湖漁叟書'가 쓴 序가 있고 如蓮居士의 序는 없다. 善成堂刊本은 原書가 8卷으로 나누어져 있고 ≪說唐前傳≫이라 표제를 바꾸었다.[278]

이 책의 내용은 唐나라의 中興과 滅亡을 그린 小說이다. 秦王 李世民이 唐나라를 실질적 중흥으로 이끌고 高祖가 병색이 짙어지자 자신을 따르는 군사들과 장군들을 이끌고 난을 일으키고 太宗 황제가 되는 내용을 서술하고 있다.

國內 流入에 대한 기록은 없어 자세한 상황을 유추하기는 어렵지만 대략적으로 朝鮮後期에 유입된 것으로 보인다. 國內에는 刊寫年未詳의 ≪重刻繡像說唐演義全傳≫ 20卷 20冊 木版本이 圓光大에 소장되어 있다. 또한 緣愼堂에서 간행한 刊寫年未詳의 ≪重刻繡像說唐演義全傳≫ 零本 18冊이 경북대에 소장되어 있다. 그 외 ≪增異說唐秘本全傳≫ 木版本(光緖 15年[1889]에 江左書林에서 간행한 10卷 10冊)이 高麗大에 소장되어 있다. 이외에도 簡靑齋書局, 天寶書局, 錦章圖書局 등 여러 書局에서 정확한 年代는 알 수 없으나 대략 淸朝末에서 中華初期에 출간된 것으로 보이는 ≪繪圖說唐傳≫·≪繪圖說唐演義全傳≫·≪繡像說唐演義全傳≫ 등이 여러 대학에 산재되어 있다.

書名	出版事項	版式狀況	一般事項	所藏處/所藏番號
繪圖說唐傳	編著者未詳, 上海 簡靑齋書局, 民國2(1913)	3卷2冊, 中國石印本, 有圖, 21×13.5cm	表紙書名:繡像說唐演義全傳, 序:中華民國二年(1913)… 古鹽補	國立中央圖書館 [古]3736-52
說唐演義	如蓮居士 編次(中國), 三讓堂, 刊寫年未詳	18冊, 木版本(中國), 挿圖, 四周單邊, 半郭:17.5×10.9cm, 有界, 11行25字, 上下向黑魚尾; 22×12.4cm	三讓堂梓, 內容:冊1-10, 說唐前傳. - - 冊11-12, 說唐小英雄傳. - - 冊13-18, 說唐薛家府傳	慶熙大學校 812.3-여64ㅅ
		1冊, 中國石印本		大邱 가톨릭 大學校
繪圖說唐演義全傳	著者未詳, 天寶書局, 淸朝末~中華初刊	不分卷6冊, 中國石印本, 20.4×13.4cm, 四周雙邊, 半郭:17.9×11.9cm, 25行26字, 上黑魚尾, 紙質:竹紙	刊記:天寶書局石印	成均館大學校 (曺元錫) D7C-180
繡像說唐演義全傳	編者未詳, 上海, 錦章圖書局, 中華年間刊	6卷6冊, 中國石印本, 20.2×13.2cm, 四周雙邊, 半郭:17.3×11.7cm, 無界, 24行50字, 上內向黑魚尾, 紙質:竹紙		東國大學校 D819.34 설221ㅅ

278) 江蘇省社會科學院 明淸小說硏究中心 文學硏究所 編, ≪中國通俗小說總目提要≫, 中國文聯出版公司, 1990년, 490쪽 참조.

書名	出版事項	版式狀況	一般事項	所藏處/所藏番號
重刻繡像說唐演義全傳	著者未詳, 刊寫地未詳, 刊寫者未詳, 刊寫年未詳	12冊(冊1-12), 25×16.1cm, 有圖, 四周單邊, 半郭:21.1×13.5cm, 無界, 11行25字, 上下向黑魚尾	版心題:說唐全傳, 表題:說唐演義, 序:乾隆元歲(1736)蒲月望日如蓮居士題於北山居中	東亞大學校 (3):12:2-105
		20卷20冊, 中國木版本, 24.3×15.4cm, 四周單邊, 半郭:22.3×13.5cm, 無界, 11行25字, 上黑魚尾, 紙質:竹紙	表題:唐說, 序:乾隆元歲(1736)如蓮居士	圓光大學校 AN823.4-ㅈ818
	著者未詳, 刊寫地未詳, 刊寫者未詳 (1736)	10冊, 挿圖, 四周單邊, 11行23字, 上下向黑魚尾, 24.8×15.7cm	表題:說唐全傳	中央大學校 중앙도서관 812.36-설당전
	刊寫地不明, 綠愼堂, 刊寫年不明	零本18冊(所藏:卷 1-55回), 木版本, 有圖, 24.5×15.7cm, 四周單邊, 半郭:21.7×18.6cm, 無界, 11行25字, 上下向黑魚尾	序:乾陵元(1736)歲蒲月望日如蓮居士題於北山君中, 表題:繡像說唐全傳, 版心題:說唐全傳, 說唐後傳, 刊記:綠愼堂藏板	慶北大學校 〔古〕 812.3 수512
增異說唐秘本全傳	鴛湖漁叟 撰, 江左書林, 光緖15(1889)	10卷10冊, 中國木版本, 有圖, 15.7×11cm		高麗大學校 (華山文庫)C14-B32
	鴛湖漁叟 編, 江左書林, 光緖15(1889) 刻後刷	10卷10冊, 中國木版本, 有圖, 15.9×11.1cm, 四周單邊, 半郭:11.1×9cm, 無界, 12行21字, 上黑魚尾, 紙質:竹紙	裏題:繡像說唐全傳, 版心題:說唐全傳, 序:鴛湖漁叟書, 刊記:光緖己丑(1889)夏月江左書林刊行, 備考:袖珍本	成均館大學校 D7C-98
繡像說唐演義全傳	鴛湖漁搜 編, 해금장서국, 19- -	1冊, 20×14cm		大邱 가톨릭 大學校 동823.5-수51천
繪圖說唐前傳	著者未詳, 上海共和書局, (19--)	前傳2卷, 後傳卷3卷合5冊, 中國石印本, 有圖, 20.3×13.5cm	標題:繪圖說唐前後傳, 內容:卷之一~三前傳(1~3), 卷之一說唐薛家將傳(後傳)4, 卷之二說唐薛家府傳(後傳)5	高麗大學校 (華山文庫) C14-B32A
說唐前傳	著者未詳, 中國, 刊寫者未詳, 刊寫年未詳	3卷3冊(卷1~3), 中國石印本, 有圖, 19.8×13.4cm, 四周雙邊, 半郭:17×11.7cm, 無界, 24行50字, 上下向黑魚尾	標題:繡像說唐演義前傳, 表題:繡像說唐演義全傳, 版心題:繡像說唐前傳, 序:鴛湖漁搜書	全北大學校 812.3-설당전
說唐前後傳	淸光緖15年 (1889)刊	18卷6冊, 中國新鉛活字本, 16.8×10cm, 四周單邊, 半郭:13.9×8.8cm, 無界, 14行34字, 上下向黑魚尾,	題簽:繡像精印說唐前傳, 繡像精印說唐後傳, 版心題:說唐前傳, 說唐後傳, 裏題:繡像說唐前後傳,	江陵市 船橋莊

書 名	出 版 事 項	版 式 狀 況	一 般 事 項	所藏處/所藏番號
		紙質:綿紙	序:乾隆元年(1736)蒲月望日如蓮居士題於似山室前, 刊記:光緖己丑(1889)菊秋珍藝書局校印, 內容:說唐前傳 10卷3册, 說唐小英雄傳卷首·上·下1册, 說唐薛家府傳6卷2册	

26-2. 說唐後傳

≪說唐後傳≫은 55回 로 되어 있는 소설로 一名 ≪說唐演義後傳≫·≪後唐全傳≫이라고도 하며 저자는 鴛湖漁叟로 알려져 있다. 鴛湖가 嘉興에 있는 호수이기 때문에 '漁叟'를 嘉興出身이라 본다.

주요 판본으로는 綠愼堂藏板本이 있는데 乾隆 3年(1738)에 姑蘇(지금의 蘇州) 지역 간행본으로 본문의 한 面이 11行이며 그림 40폭이 있다. 이 책은 현재 遼寧省 圖書館에 소장 되어 있다. 다른 版本으로 乾隆 33年(1768)에 간행된 鴛湖 最樂堂本, 光緖 4年 文和堂에서 간행한 6卷本 등이 있다. 또 尙友齋梓行本과 善成堂本인 ≪說堂後傳≫ 8卷이 있다. 모두 "姑蘇如蓮居士가 다시 엮음"이라 쓰여 있고 '鴛湖漁叟'가 쓴 序文이 있다. 卷頭上·卷頭下는 ≪說唐小英雄傳≫으로 모두 16回이다. 卷一에서 卷六까지는 ≪說唐薛家府傳≫ 42回로 되어 있는데 본래는 55回本의 ≪說唐後傳≫을 둘로 나눈 것이다.[279] 道光 27年(1847)에 金谷園에서 간행한 90回本 ≪三唐征西演義≫는 一名 ≪薛丁山征西≫라고도 하는데 거기에도 "如蓮居士 씀"이라고 되어 있다. ≪三唐征西演義≫는 그 내용으로 보아 ≪說唐後傳≫의 續書로 추정된다.

≪說唐後傳≫의 내용은 李世民이 唐朝를 중흥한 이후의 이야기로서 孫楷第는 이 글이 林瀚의 ≪隋唐兩朝志傳≫ 70回에서 98回까지에 근거하여 "羅通征北, 薛仁貴征東"의 역사적 사건을 부연한 것이라고 하였다.[280] 전반적으로 ≪說唐前傳≫에 비해

279) 江蘇省社會科學院 明淸小說硏究中心 文學硏究所 編, ≪中國通俗小說總目提要≫, 中國文聯出版公司, 1990년, 492쪽 참조.

280) 江蘇省社會科學院 明淸小說硏究中心 文學硏究所 編, ≪中國通俗小說總目提要≫, 中國文聯出版公司, 1990년, 493쪽 참조.

서 더욱 역사적 사실과는 거리가 멀어지고 다소 황당한 내용들도 있다.

國內 流入에 관한 기록은 찾아 볼 수 없어서 유입시기를 정확하게 추정하기는 어렵다. 國內에는 비교적 이른 판본으로 乾隆 1年(1736)에 간행된 ≪新刻增異說唐秘本後傳≫ 木版本 11卷 6冊이 誠庵文庫에 소장되어 있다. 또 道光 12年(1832)에 간행된 ≪繡像說唐後傳≫ 木版本 18卷 8冊이 建國大에 소장되어 있고, 光緖 15(1889)에 江左書林에서 간행한 ≪增異說唐秘本後傳≫ 木版本 11卷 10冊이 成均館大에 소장되어 있다.

書名	出版事項	版式狀況	一般事項	所藏處/所藏番號
新刻增異說唐秘本後傳	如蓮居士(淸)編, 淸乾隆1年(1736)刊	11卷6冊, 中國木版本, 有圖, 16.9×11.1cm, 四周單邊, 半郭:11.7×9cm, 12行21字, 上黑魚尾, 紙質:綿紙	表題:後唐傳, 裏題:繡像後唐全集, 版心題:說唐後傳, 刊記:乾隆元歲(1736)蒲月望日如蓮居士題於似山居中	韓國綜合典籍目錄(誠庵文庫) 趙炳舜 4-1436
增異說唐秘本後傳	撰者未詳, 江左書林, 淸光緖15(1889)刊	11卷10冊, 中國木版本, 有圖, 16×11cm, 四周單邊, 半郭:11.4×9.1cm, 無界, 12行21字, 上黑魚尾, 紙質:綿紙	書名:繡像後唐全傳, 版心題:說唐後傳, 序:乾隆元歲(1736)蒲月望日如蓮居士題於似山居中, 刊記:光緖己丑(1889)夏月江左書林刊行	成均館大學校 D7C-99
繡像說唐後傳	如蓮居士(淸)編次 道光12年(1832)	18卷8冊, 中國木版本, 21×13cm, 四周單邊, 半郭:16.4×10.4cm, 11行25字, 上黑魚尾		建國大學校 [고]923.6

27. 南唐演義

≪南唐演義≫는 一名 ≪反唐演義傳≫·≪武則天改唐演義≫·≪薛家將反唐全傳≫·≪異說南唐演義全傳≫·≪反唐女媧鏡全傳≫이라고도 하며 14卷 140回 혹은 100回로 되어 있는 연의류 소설이다. 著者는 如蓮居士로 알려져 있으나 그의 生平에 관해서는 알려진 바가 없다. 단지 淸朝 乾隆 年間의 사람일 것으로 추측하고 있다.

주요 판본으로는 瑞文堂刊本, 三和堂刊本, 崇德堂 藏板本 등이 있다.

瑞文堂에서 간행한 人字本은 속표지에 가로로 ≪武則天改唐演義≫라고 쓰여 있으며 현재 遼寧省圖書館에 所藏되어 있다. 이 책은 총 14卷 140回本으로 정면의 오른쪽 칸에는 '評點薛剛三察鐵丘墳全集'이라고 되어 있고, 가운데는 '異說反唐演傳'이라고 되어 있으며, 版心에는 '反唐全傳'이라고 되어 있다. 三和堂刊本은 10卷 100回本으로 24幅의 人物圖가 있으며 현재 魯迅故居에 所藏되어 있다. 崇德堂 藏板本은 속표지에 '薛剛三掃鐵丘墳', '綉像南唐演義'라고 되어 있고 첫머리에 反唐演義序가 있고, 序末에 "時乾隆癸酉(1753)仲冬之月如蓮居士題于似山居中"라고 되어 있으며 현재 南京圖書館에 所藏되어 있다. 이 책은 10卷 100回로 12幅의 人物圖가 있다. 그 외 嘉慶 5年 (1800)에 간행된 致和堂本 역시 南京圖書館에 所藏되어 있다.[281)]

≪南唐演義≫는 薛氏 집안 장수들에 관한 이야기로 薛氏 가문이 武則天이 李旦을 大唐天皇으로 받들고 和親하는 과정에서 여러 우여곡절을 겪는 내용을 담고 있다.

國內 流入에 관한 기록은 자세한 문헌 기록이 보이지 않아 정확히 추정하기는 어렵다. 國內에는 ≪繡像反唐全傳≫ 木版本 10卷 5冊이 奎章閣에 소장되어 있다. 卷頭書名은 '新刻異說南唐演義全傳'이고 如蓮居士의 序가 있다. 또 ≪新刻異說南唐演義全傳≫로 되어 있고 版心題는 '南唐演義全傳'인 木版本 10卷 10冊이 成均館大에 소장되어 있다.

書名	出版事項	版式狀況	一般事項	所藏處/所藏番號
繡像反唐全傳	如蓮居士(淸)編, 淸版本	10卷5冊, 中國木版本, 有圖, 22.4×12.2cm	卷頭書名:新刻異說南唐演義全傳, 序:如蓮居士, 印:集玉齋, 帝室圖書之章	奎章閣 [奎중]5343
新刻異說南唐演義全傳	如蓮居士(淸)編次, 淸朝末期刻 後刷	10卷10冊, 中國木版本, 17.9×10cm, 有圖, 四周單邊, 半郭:21.5×14.3cm, 無界, 11行28字, 上黑魚尾, 紙質:綿紙	版心題:南唐演義全傳, 序:如蓮居士題於以菊別墅	成均館大學校 D7C-69

28. 飛龍全傳

≪飛龍全傳≫은 ≪飛龍傳≫이라고도 하며 60회로 되어 있다. 著者는 東隅逸士로

281) 江蘇省社會科學院 明淸小說硏究中心 文學硏究所 編, ≪中國通俗小說總目提要≫, 中國文聯出版公司, 1990년, 517쪽 참조.

알려져 있고 東隅逸士는 吳璇로 吳璇는 字가 衡章이다. 自序에 의하면 吳璇은 대략 雍正 年間에 태어났고 책 중에 吳方言을 많이 쓴 것으로 보아 蘇南 地方 출신으로 추정되나 자세한 生平에 대해서는 알려진 바가 없다.

주요 판본으로는 崇德書院刊本, 世德堂藏板本, 東皐書屋藏板本, 聚隱山房重刻小型本 등이 있다.

崇德書院刊本은 乾隆 33年(1768)에 崇德書院에서 刊行한 大字本으로 北京大學圖書館에 所藏되어 있다. 앞에 乾隆 戊子의 自序가 있고 그림 24幅이 있다. 또 乾隆 33年(1768)에 간행된 世德堂藏板本 역시 自序가 있다. "日月光天德, 山河壯帝居, 太平武以報, 愿上萬年書." 20字로 分卷하였는데 每卷은 3回로 되어 있으며 현재 英國博物館에 所藏되어 있다. 東皐書屋藏板本은 崇德書院本과 編次와 行款이 같다. 아마도 世德堂藏板本과 東皐書屋藏板本은 崇德書院本의 重印 혹은 飜刻本으로 생각된다. 同治 9年(1870)에 간행된 聚隱山房重刻 小型本 20卷에는 嘉慶 丁巳年(1797)에 쓴 杭世駿의 序文과 吳璇의 序文이 있다. 그 외 光緒 壬辰年(1911)에 上海書局에서 간행한 石印本 8卷도 있다.[282]

≪飛龍全傳≫의 내용은 後漢을 배경으로 趙匡胤이 宋朝를 건립하는 과정을 담고 있다. 後漢 乾祐 年間에 殿前都指揮 趙弘殷의 아들 조광윤은 18살로 용모가 출중하고 성격이 활달하여 친구들과 어울리며 말썽을 부리고 다녔다. 광윤은 女樂을 죽이고 關西地方으로 도망다니던 중에 張英結과 결혼하고, 우산 팔던 施榮, 기름장수 鄭恩과 의형제를 맺게 되었다. 木鈴關에서 광윤은 首陽山의 친척을 만나러 떠나고, 시영은 郭威의 수하로 가서 총애를 얻고, 정은은 興隆莊에서 요괴를 물리쳐 사람들이 모두 그를 추종하였다. 광윤은 친척을 만나지 못하고, 산에서 노닐다 노인과 내기 바둑을 하게 되었는데 이 노인이 바로 陣搏老祖였다.

한편 곽위는 史彦超의 도움으로 漢나라에 반기를 들고 後漢을 멸망시키고 後周를 일으켰다. 시영의 추천으로 곽위는 광윤에게 高行周를 토벌케 하여 대승을 거두고, 곽위가 서거하자 시영이 世宗이 되었다. 北漢의 劉崇이 周를 공격하자 世宗이 광윤 등과 함께 親征하여 여러 차례 승리했고, 마침내 광윤은 南宋王으로 정은은 汝南王으로

282) 江蘇省社會科學院 明淸小說硏究中心 文學硏究所 編, ≪中國通俗小說總目提要≫, 中國文聯出版公司, 1990년, 530쪽 참조.

봉해졌다. 西蜀과 南唐이 연합하여 중원을 침략하자 世宗은 광윤에게 南唐의 허점을 파악하게 하고, 世宗은 親征하여 南唐을 물리쳤다. 또 北漢과 거란이 연합하여 공격하자 광윤에게 북벌토록 하였다. 陳橋驛에 이르렀을 때 장수들이 광윤을 옹립하니 宋朝가 세워졌다.

국내 유입에 관한 기록은 찾아볼 수 없어 정확한 연대를 유추할 수는 없지만 대략적으로 朝鮮後期 이후로 추정된다. 국내에는 奎章閣에 清 嘉慶 20年(1815)의 同文堂藏板 木版本이 소장되어 있다. 모두 16卷 16冊으로 되어 있고 杭世駿의 序가 있다. 사실 杭世駿은 1695年에서 1772年까지 생존했던 인물로 杭州出身으로 알려져 있다. 乾隆 元年(1736)에 博學鴻詞科에 급제하였고 翰林院 編修 등을 지냈다. 앞에서도 언급했듯이 同治 9年(1870)에 간행된 聚隱山房重刻 小型本에 嘉慶 丁巳(1797)에 杭世駿가 쓴 序가 있다고 했는데 역시 연도가 잘못된 것으로 보인다.

書名	出版事項	版式狀況	一般事項	所藏處/所藏番號
說閑飛龍全傳	清無名氏編, 清嘉慶20年(1815) 同文堂藏板	16卷16册, 中國木版本, 有圖, 16.2×10.7㎝	序:嘉慶乙亥(1815)…杭世駿, 卷頭書名:飛龍傳	奎章閣 5867

29. 二十四史通俗衍義

≪二十四史通俗衍義≫는 26卷 44回로 되어 있는 歷史演義 小說이다. 서문에 "新昌 呂撫 安世輯, 男維城京周, 維垣輔周, 維基起周同校."라 하여 작가를 밝히고 있다.

작가 呂撫는 浙江 新昌 사람으로 字는 安世이며, 대략 康熙 · 雍正 年間에 생존한 老秀才로 알려져 있다. 呂撫는 어려서부터 유학에 심취하고 특히 史書를 즐겨 읽었다. 康熙 24年(1684)에 ≪三國志通俗演義≫를 빌려서 보고는 크게 감명을 받고 삼국이후의 역사에 관한 이와 같은 歷史書가 없음을 깨닫고는 ≪二十四史≫중에서 역사적 사실들을 고쳐서 通俗演義의 형식으로 만들고자 하였다. 그 후 역사를 소재로 한 歷史演義 小說들을 광범위하게 섭렵하여 ≪二十四史通俗衍義≫ 42回를 완성하였다. 원래 초고는 242卷 652回에 이르는 방대한 편폭이었는데 비용문제로 책으로 찍어 내지 못하고 있다가 자신이 직접 책을 찍어보기도 한다. 그러나 비용이 너무 많이 들자 이는 通俗演義로서의 역할을 할 수 없다고 여겨 대폭 수정을 가해 24回本으로 축소 간행하게 되었다.[283)]

주요 판본으로는 擁正 年間에 간행된 原刊本이 있는데 擁正 5年(1727)에 李之果 桂岩이 쓴 序와 擁正 10年(1732) 呂撫의 自序가 있다. 이외에도 光緖 庚寅年(1890) 上海 廣百宋齋에서 간행한 石印本, 宣統 元年(1909) 上海 章福記書局에서 간행한 石印本 등이 있는데 모두 그림이 들어 있다.[284)]

≪二十四史通俗衍義≫는 제1회에서 제4회까지 盤古의 천지개벽과 三皇五帝에 관한 기록을 적고 있다. 제5회에서 제12회까지는 夏·商·周의 역사를 적고 있으며 제13회에서 제17회까지는 秦始皇의 만리장성에 관한 이야기와 呂后가 漢나라를 찬탈했다는 등의 내용을 서술하고 있다. 제18회에서 제24회까지는 黃巾의 亂, 董卓의 권력 찬탈, 漢의 三分, 赤壁大戰, 三國이 晋나라로 귀합하는 내용 등이 서술되어 있고, 제25회에서 제30회에 이르기까지는 北周가 北齊를 병합하고 楊堅이 北周를 찬탈하여 隋나라를 세우는 내용을 담고 있다. 제31회에서 제35회까지는 宋 太祖가 中原을 통일하고 金과 遼에 항거하는 내용 등을 서술하고 있다. 제36회에서 제40회까지는 朱元璋이 陳友諒·張士誠·方國珍을 평정하고 明을 세우며 燕王이 병사를 일으켜 建文帝를 찬탈하는 내용을 담고 있다. 제41회에서는 각왕조 제왕의 연호를 나열하여 漢 文帝에서부터 시작하여 明 崇禎에까지 이르고 있고 제42회에서는 신과 귀신은 모두 환상이고, 修身 齊家 治國 平天下를 논하고 있다. 제43회에서는 역대 왕조의 각 지역의 기이한 産物과 纊物 등에 대해 적고, 제44회에서는 역대 왕조의 기이한 풍속에 관하여 적고 있다. 다시 말해서 44回本의 내용은 1회부터 40회까지는 창조 신화부터 明朝까지의 중요한 역사적 사건들을 서술하고 있고 41회부터 44회까지는 부록이나 후기의 형식으로 되어 있다.

國內 流入에 관한 기록은 남아 있지 않아서 유입 연대를 정확히 추정하기는 어렵다. 그러나 작품의 창작 연대나 판본으로 보아 대략적으로 朝鮮末期에 유입된 것으로 보인

283) 周鈞韜 主編·王長友 副主編, ≪中國通俗小說家評傳≫, 中州古籍出版社, 1993년, 177쪽 참조.

284) 江蘇省社會科學院明清小說研究中心, 文學研究所編, ≪中國通俗小說總目提要≫, 中國文聯出版公司, 1990년, 471쪽 참조.

다. 국내에는 光緖 21年(1851)에 珍執書院에서 간행된 ≪精訂綱鑑廿四通俗衍義≫ 3冊이 國民大에 소장되어 있고, 光緖 13年(1887)에 鴻寶齊에서 간행한 ≪二十四史通俗衍義≫ 26卷 6冊이 奎章閣에 소장되어 있다. 그 외 光緖 28年(1902)에 上海文寶書局에서 간행된 ≪精訂綱鑑廿四史通俗衍義≫ 6卷 6冊이 延世大에 소장되어 있다.

書名	出版事項	版式狀況	一般事項	所藏處/所藏番號
精訂綱鑑廿四通俗衍義	呂撫(淸)輯, 呂維城·呂維垣·呂維基(淸)等同校, 中國, 珍執書院, 光緖21年(1851)	3冊(缺帙, 所藏:1~3), 中國新鉛活字本, 有圖, 19.7×12.5cm, 四周雙邊, 半郭:15.8×10.5cm, 無界, 行字數不定, 上下向黑魚尾	題簽·標題:廿四史通俗衍義, 版心題:綱鑑通俗衍義, 序:時雍正十(1732)年, 呂撫謹題	國民大學校 [고]823.6 여02
二十四史通俗衍義	呂撫(淸)輯, 呂維垣(淸)等校, 鴻寶齊, 光緖13年(1887)	26卷6冊, 中國石印本, 有圖, 15×10cm	卷頭書名:精訂綱鑑二十四史通俗衍義, 序:光緖十有三年(1887)…張芬, 印:集玉齋	奎章閣 [奎중]6126
精訂綱鑑廿四史通俗衍義	呂撫(淸)輯, 呂維垣(淸)校, 光緖28年(1902), 上海文寶書局	6卷6冊, 中國石印本, 有圖, 20cm, 四周雙邊, 17×11.2cm, 20行40字, 上大黑口, 上黑魚尾	內題:繪圖廿四史衍義 外題:五彩繪圖廿四史演義, 序:李之果題, 壬寅(1902) 季冬 裴錫彬幷識. 光緖二十五年歲次丁亥(1899) 孟春之月 鹿城張芬譔, 印記:黙容室藏書印 外2種	延世大學校 812.36/49

30. 洪秀全演義

≪洪秀全演義≫는 一名 ≪洪楊豪華全集≫이라고도 하며 모두 54回로 되어 있다. 1905年 홍콩 ≪有所謂報≫와 ≪少年報≫에 연재되었던 歷史 英雄 演義小說이라 할 수 있다. 1906年 9月에 章炳麟이 쓴 序가 있고 '番禺黃小配撰'이라고 되어 있다. 또 '黃帝紀元四千六百零六年(1908)'에 著者가 쓴 自序와 '例言'이 있다. 番禺黃小配는 黃世仲을 말한다.

著者 黃世仲(1872~1912)의 字가 小配이다. 號는 棣蓀이고 黃帝嫡裔, 禺山世次郎, 嵎世次郎이라는 필명을 썼다. 廣東 番禺 출신으로 어려서부터 총명하고 학문을 좋아

하여 문장을 잘 지었다. 1902年 홍콩에서 ≪中國日報≫ 기자를 지내면서 당시 중국의 정치적 현실에 직면하게 되었다. 1905年 孫文과 손을 잡고 同盟會에 들어가 활발한 활동을 하였다. 1011년 辛亥革命이 발발하고 民團局長이 되었으나 1912년 안타깝게도 살해되었다.285) 한마디로 黃世仲은 격동의 중국을 몸소 체험하며 비극적으로 생을 마감한 중국의 지식인이었다고 할 수 있다. 黃世仲은 ≪洪秀全演義≫ 이외에도 ≪廿載繁華夢≫·≪宦海潮≫·≪五日風聲≫·≪党人碑≫·≪陳開演義≫ 등의 작품을 남겼다. 上海 廣益書局에서 간행한 ≪洪楊豪華傳≫은 54回를 이어서 86回를 쓴 것으로 주제의식이나 표현방식이 다르다.286)

≪洪秀全演義≫는 역사적 실존 인물인 洪秀全을 중심으로 당시의 사회상을 보여주는 소설로 구체적인 내용은 다음과 같다. 廣東 花縣의 洪秀全과 馮雲山은 뜻을 같이 하여 일을 도모하고자 하던 차에 錢江과 우연히 알게 되어 의기투합하였다. 林則徐가 錢江을 초빙하여 총독 아문에서 일을 처리하도록 하였는데 錢江이 이것을 기회로 富商들과 사귀면서 경비를 조달하고자 노력했으나 별 성과가 없었다. 林則徐는 아편을 금지한 것 때문에 면직당하게 되고 錢江도 伊犁에서 軍役에 종사하게 되었다. 洪秀全과 蕭朝貴는 전도사 郭士立을 알게 되어 세례를 받고 廣西로 들어가 혁명 세력을 조직했다. 전도사, 세력가와 대지주 등도 모두 혁명에 참가했으며, 진일강과 洪秀全은 桂平의 교회당에서 체포되었다. 縣衙의 관리 韋昌輝가 그들을 석방시키려는 은밀한 계책을 세웠다. 韋昌輝의 부인이 간통을 저지르고는 오히려 고발하겠다고 위협하자 韋昌輝는 부인을 죽이고 洪秀全을 석방시켜 주었다. 洪秀全은 金田으로 도망갔고 保良會의 두목인 黃文金의 지휘 하에 각지의 보량회와 연합하였다. 관청에서 洪秀全을 체포하려고 수색하자 洪秀全 등이 金田에서 봉기하여 그 세력을 크게 떨쳤다. 증국번이 파견한 승보가 금릉을 포위하자 태평군의 장수가 투항하게 되고 태평군은 큰 타격을 입었다.

國內 流入에 대한 기록은 찾을 수 없지만 대략 朝鮮末期에 유입된 것으로 추정된다. 國內에 유입된 판본은 廣益書局에서 간행된 ≪繪圖洪秀全演義≫ 8卷 8冊이 梨

285) 陳會明, 〈論 ≪洪秀全演義≫的時代烙印〉, ≪三明師專學報≫, 2000年 3月, 13쪽 참조.

286) 江蘇省社會科學院明淸小說硏究中心, 文學硏究所編, ≪中國通俗小說總目提要≫, 中國文聯出版公司, 1990년, 933쪽 참조. 周鈞韜 主編, 王長友 副主編, ≪中國通俗小說家評傳≫, 中州古籍出版社, 1993. 394-401쪽 참조.

花女大에 소장되어 있다. ≪繡像洪秀全演義≫로는 錦章圖書局에서 간행한 4卷 8冊(卷1~4)이 忠北大에 있고, 江左書林에서 간행한 8冊은 全南大에 소장되어 있다. 東亞大 所藏本은 包匣題에 '大字足本洪楊演義全集'이라고 되어 있어 編者未詳, 刊寫年未詳으로 되어 있는데 아마도 ≪洪楊豪華傳≫의 版本으로 추정된다.

書名	出版事項	版式狀況	一般事項	所藏處/所藏番號
繪圖洪秀全演義	上海, 廣益書局, 刊年未詳	8卷8冊, 中國石印本, 有圖(11張), 17.5×10cm, 四周雙邊, 半郭:14.2×9.2cm, 無界, 19行44字, 上黑魚尾	序:丙子九月…章炳麟	梨花女子大學校 [고] 812.3 홍67
	山禺世次郞撰, 上海:廣益書局, (19--)	8冊, 中國石版本, 揷圖, 無界, 行字數不定, 無魚尾, 17.4×10.1cm	版心題:洪秀全演義, 序:丙午(?)九月章炳麟序, 內容:1~2, 民族小說 洪秀全演義, 卷之1~2, 3~4, 民族小說, 續洪秀全演義 卷之1~2, 5~6. 繡像三續洪秀全演義, 卷1~2, 7~8, 繪圖洪秀全演義 卷1~2	高麗大學校 대학원C14-B15A-1-8
繡像洪秀全演義	編者未詳, 刊寫地未詳, 刊寫者未詳, 刊寫年未詳	8卷8冊(卷1~8), 20.4×13.5cm, 有圖, 四周單邊, 半郭:18×11.4cm, 18行44字, 上下向黑魚尾	包匣題:大字足本洪楊演義全集, 包匣題:洪楊演義集, 內容:繡像洪秀全演義, 民族小說續洪秀全演義, 繡像三續洪秀全演義, 繡像四續洪秀全	東亞大學校 (3):12:2-66
	刊寫地未詳, 錦章圖書局, 刊寫年未詳	4卷8冊(卷1~4), 16cm, 無界, 行字數不定, 無魚尾		忠北大學校 823-ㅅ642-1-4
	山禺世次郞撰, 刊寫地未詳, 江左書林, 刊寫年未詳	8冊, 中國石印本, 有圖, 20×13.2cm, 四周單邊, 半郭:17.2×11.5cm, 無界, 21行43字, 紙質:竹紙	序:丙午(?)九月章炳麟序, 內容:v.1~2, 民族小說洪秀全演義, v.3~4, 民族小說續洪秀全演義, v.5~6, 繡像三續洪秀全演義, v.7~8, 繡像四續洪秀全, 刊記:江左書局校正石印	全南大學校 3Q-수51ㅇ-v.1-8
	山禺世次郞撰, 中國, 江左書林, 刊寫年未詳	8冊(冊1~8), 中國石印本, 有圖, 20×13.2cm, 四周單邊, 21行43字, 半郭:17.2×11.5cm, 無界, 無魚尾, 紙質:竹紙	序:丙午(?)九月章炳麟序, 內容:冊1~2, 民族小說洪秀全演義, 冊3~4, 民族小說續洪秀全演義, 冊5~6, 繡像三續洪秀全演義, 冊7~8, 繡像四續洪秀全, 刊記:江左書局校正石印	全南大學校 3Q-수51ㅇ

31. 昇仙傳演義

≪昇仙傳演義≫은 8卷 56回로 著者는 倚雲으로 알려져 있다. 판본으로는 道光 27年(1847)에 간행된 重刊本이 있다. 또 周貽白 所藏本은 光緒 19年(1893)에 上海書局에서 간행된 石印本이다. 序言에 의하면 본래 濟仙 등의 이야기를 모아 ≪昇仙傳≫이라 하였다.[287)]

≪昇仙傳演義≫의 내용은 濟登科·徼承光·苗慶 등이 신선술을 배워 공동의 적인 엄숭을 물리치고 세상을 濟度하는 것이다. 明 嘉靖때 遼寧 蒲陽 秀才 濟登科는 엄숭의 방해로 계속해서 과거에 급제하지 못하였다. 또한 충신인 楊繼盛이 참수당하는 것을 보고 세상에 미련이 없어져 신선의 도를 배우고자 떠났다. 呂洞賓의 가르침을 받아 五鬼葫蘆를 얻고, 신선술로 세상을 돌아다니면서 善을 행하고 세상 사람들을 구제해주었다. 北京의 徼承光은 본래 부자들을 기만하고 재물을 가벼이 여기는 성품을 지녔다. 神盜 '一枝梅'인 苗慶도 부자의 돈을 털어 가난한 사람들을 구제하기를 좋아하였다. 두 사람 모두 엄숭과는 앙숙으로 제소당의 도움을 받았다. 부자들과 관료들의 횡포에 고통당하는 백성들을 도와주는데 뜻을 같이한 세 사람은 의형제를 맺어 요괴들을 처벌하고 재난에 빠진 백성들을 구하였다. 신선술로 엄숭을 혼란스럽게 만들고 도적들을 소탕하기도 하고 戚繼光을 도와 왜구들을 물리쳤다. 嘉靖皇帝는 결국 엄숭의 만행을 다 알게 되어 재산을 모두 압수하고 귀양을 보내니 엄숭은 유배지에서 죽었다. 濟登科, 徼承光, 苗慶 등은 모두 神仙이 되었다.

國內 流入에 관한 기록은 찾아 볼 수 없어 정확한 시기를 추정하기는 어려우나 대략 朝鮮末期에 유입된 것으로 보인다. 國內에 소장된 판본으로는 光緒 18年(1892)에 간행한 木版本 ≪新刻昇仙傳演義≫ 8卷 8冊이 成均館大에 소장되어 있다. 成文信藏板으로 그림이 있다. 한국학중앙연구원에도 缺本으로 ≪新刻昇仙傳演義≫ 5卷 5冊이 남아 있는데 정확한 刊行年代는 未詳이다. 忠北大에 소장된 ≪繪圖昇仙傳演義≫은 刊寫年 未詳으로 8卷 4冊으로 되어 있고 行字數가 일정하지 않고 無魚尾로 ≪新刻昇仙傳演義≫와는 다른 판본이다.

---

287) 江蘇省社會科學院 明淸小說硏究中心 文學硏究所 編, ≪中國通俗小說總目提要≫, 中國文聯出版公司, 1990년, 688쪽 참조.

書名	出版事項	版式狀況	一般事項	所藏處/所藏番號
繪圖昇仙傳演義	刊寫地未詳, 刊寫者未詳, 刊寫年未詳	8卷4冊(卷1~8), 15cm, 無界, 行字數不定, 無魚尾		忠北大學校 823-ㅎ817-1-8
新刻昇仙傳演義	倚雲著, 成文信, 淸光緖18(1892)刊	8卷8冊, 中國木版本, 有圖, 15.5×11cm, 四周單邊, 半郭:11.5×8.9cm, 有界, 10行24字, 上黑魚尾, 紙質:竹紙	裏題:繡像昇仙傳演義, 題簽:繡像昇仙傳, 版心題:昇仙傳, 序:倚雲氏主人書於寶月堂, 刊記:光緖壬辰年(1892)春刊, 成文信藏板	成均館大學校 D7C-67
新刻繡昇仙傳演義	倚雲著, 刊寫者 光緖7(1881)刊	5卷5冊(卷 1, 4, 5, 7, 8 存), 中國木版本, 21.2×13cm, 四周單邊, 半郭:15.4×8.7cm, 有界, 13行30字, 上黑魚尾, 註雙行, 紙質:竹紙	裏題:繡像昇仙, 版心題:昇仙傳	韓國學中央硏究院 C4-234

32. 永慶昇平前傳

≪永慶昇平前傳≫은 12卷 97回로 되어 있고 著者에 관해서는 알려진 바가 없다. 光緖 辛卯年(1891)에 쓴 序에 의하면 咸豊 年間에 姜振名이라는 설창자에 의해서 전해지고, 郭廣瑞가 哈輔原이 설창한 것을 근거로 해서 네 권으로 기록하고 첨삭 수정해서 100回로 만들어 寶文堂에서 간행한 것이다.[288)]

주요 판본은 光緖 17年(1891) 上海 正誼書局에서 24卷 97回를 石印本으로 간행한 것과 光緖 18年(1892)에 寶文堂에서 간행한 것이 있다. 그 외 光緖 21年(1895)에 上海書局에서 간행된 石印本과 光緖 29年(1903)에 上海 簡靑齋에서 간행한 石印本도 있다.[289)]

≪永慶昇平前傳≫은 康熙 年間을 시대적 배경으로 하고 馬成龍, 馬夢太, 李慶龍, 顧煥章 등이 八卦教를 소탕하는 이야기이다. 강희제는 八卦教가 창궐한다는 상소를 받고 친히 조사에 나섰다. 그 과정에서 위기에 처하게 되는데 馬成龍과 馬夢太 등의 도움으로 모면하게 되었다. 그 후로 그들은 계속해서 八卦教를 소탕하는데 여러가지 공로를 세우게 된다.

288) 江蘇省社會科學院 明淸小說硏究中心 文學硏究所 編, ≪中國通俗小說總目提要≫, 中國文聯出版公司, 1990년, 767쪽 참조.

289) 王淸原·牟仁隆·韓錫鐸 編纂 ≪小說書坊錄≫, 北京圖書館出版社, 2002년, 282쪽 참조.

伊大人은 黃河의 범람이 제방공사만으로는 효과가 없어 고민하던 중에 꿈에서 계시를 받고 八卦教徒들을 붙잡아 용왕에 제사를 지냈고 黃河가 더 이상 범람하지 않게 되었다. 한편 북쪽 다섯 성에 있던 八卦教가 군사를 일으키자 穆詹將軍은 馬成龍, 馬夢太, 李慶龍 등에게 진압을 돕게 하였다. 馬夢太는 剪子峪에서 적의 동정을 염탐하다 사로잡힌다. 여기서 ≪永慶昇平前傳≫의 이야기는 끝난다.

≪永慶昇平後傳≫은 12卷 100回로 著者는 都門貪夢道人으로 알려져 있다. 주요 판본으로는 光緖 20年(1894)에 간행된 北京 本立堂刊本이 魯迅故居에 所藏되어 있다. 이 외에 光緖 20年에 上海 鴻文書居에서 간행한 石印本, 光緖 29年 德林堂刊本이 있다. 또 光緖 29年에 上海 簡靑書居에서 간행한 石印本이 遼寧省圖書館에 所藏되어 있다.[290)]

≪永慶昇平後傳≫은 ≪永慶昇平前傳≫의 이야기를 이어서 시작하고 있고 결국 八卦教가 괴멸되는 것으로 이야기를 끝내고 있다.

張玉峰 등 세 사람은 剪子峪의 八卦教에 강제로 들어가 뒷산을 관할하였다. 馬夢太는 바로 이들 세 사람에게 사로잡혔다. 이들은 馬夢太를 풀어주고 계책을 세워 剪子峪을 격파하였다. 산을 지키던 馬保는 거짓으로 항복을 하고 도망가다가 馬成龍에게 사로 잡혔다. 협객 侯化太와 朱天飛는 蛾眉山에서 거짓으로 항복을 하고 八卦教 吳恩의 陰陽八卦幡을 훔쳐 달아났다. 顧煥章이 묘책을 써서 八卦教의 吳恩을 사로잡고 馬夢太 일행이 압송하던 도중에 八卦教의 白練祖가 나타나서 吳恩을 탈출시켰다. 그러나 馬成龍이 강물을 막고 적군을 익사시키는 계책을 사용하여 결국 白練祖를 사로잡았다. 八卦教의 何瑞, 何道明, 魯化 등이 투항하고 청군을 도와 八卦教徒들의 은거지로 들어 갈 수 있게 해주었다. 마침내 八卦教는 완전히 소탕되었고 康熙皇帝는 穆將軍과 공로자들에게 상을 내리니 태평성대를 맞이했다.

國內 流入에 관한 기록이 없어 정확한 유입시기를 추정하기는 어려우나 대략적으로 朝鮮 末期에 유입된 것으로 보인다. 國內에 소장된 板本으로는 光緖 17年(1891)에 錦章圖書局에서 간행된 ≪繪圖永慶昇平前傳≫이 成均館大에 소장되어 있다. 卷을 나누지 않았고 8冊으로 되어 있는 石印本이다.

290) 江蘇省社會科學院 明淸小說硏究中心 文學硏究所 編, ≪中國通俗小說總目提要≫, 中國文聯出版公司, 1990년, 768쪽 참조.

書名	出版事項	版式狀況	一般事項	所藏處/所藏番號
繪圖永慶昇平前傳	著者未詳, 上海, 錦章圖書局, 淸光緖17(1891)刊	不分卷8冊, 中國石印本, 20.4×13.3cm, 四周雙邊, 半郭:18.4×11.9cm, 30行64字, 上黑魚尾, 紙質:竹紙	序:……是以刊刻成卷以供同好云爾光緖辛卯(1891)孟夏洗心山人識, 刊記:上海錦章圖書局印行	成均館大學校 (曺元錫) D7C-181

33. 前後七國志演義 : (後七國樂田演義)

33-1. 前後七國志演義

≪前後七國志演義≫는 4卷 4冊本으로 歷史와 演義 두 권을 합친 책인데, ≪前後七國志≫ 중에서 ≪前七國孫龐演義≫는 ≪孫龐鬥志演義≫ 또는 ≪孫龐演義≫라고도 한다. 이 작품의 내용은 秦·楚·燕·齊·韓·魏·趙의 일곱 나라가 전국을 할거하여 다툼을 벌였던 戰國時代부터 시작하여 孫臏과 龐涓이 전쟁을 통하여 그들의 전략을 펼치고 승리를 다투는 모습을 서술하고 있는데, 마지막에는 결국 손빈이 방연을 사로잡아 일곱 나라의 왕들 앞에서 처형하는 것으로 결말을 맺고 있다.

≪後七國樂田演義≫는 一名 ≪樂田演義≫라고도 하는데, 이 작품의 내용은 戰國時代 燕나라를 시대 배경으로 삼고 있고 樂毅와 田單의 전쟁에 관련된 이야기를 묘사한 것으로 한글 번역본의 書名은 ≪악의젼단젼≫인데, 현재 하버드 연경도서관에 소장되어 있다.

국내에는 中國石印本이 유일하게 東亞大에 소장되어 있는데, 4卷 4冊이고 宣統 1年(1909)에 上海 茂記書莊에서 출판된 판본으로 삽도가 들어가 있는 것이 특징이다.

書名	出版事項	版式狀況	一般事項	所藏處/所藏番號
繪圖前後七國志演義	吳宗玠(淸)重校, 上海, 茂記書莊, 宣統1(1909)	4卷4冊(卷1~4), 中國石印本, 有圖, 14.8×9cm, 四周單邊, 半郭:12.8×8.2cm, 無界, 19行47字, 上下向黑魚尾	書名:標題임, 前七國孫龐演義序:康熙丙午(1666)桂月梅士鼎公燮氏題於彙花軒, 後七國樂田演義序:遯世老人漫題, 刊記:宣統元年(1909)上海茂記書莊石印	東亞大學校 (3):12:2-52

33-2. 後七國樂田演義

≪樂田演義≫는 작자가 煙水散人이고 一名 ≪後七國誌≫ 혹은 ≪後七國志樂田演義≫라고 하는 清代 歷史小說이다. 이 책의 앞부분에는 古吳 煙水散人이 부연하여 편집하고 茂苑 遊方外客이 교열했다고 되어 있으며 遯世老人의 서문이 있다.

≪樂田演義≫는 20회본과 18회본 두 가지가 있으며 모두 康熙 初年에 창작되었다. 康熙 5年(1666) 嘯花軒 간행본과 乾隆 45年(1780) 璧園藏 판본은 20회본이고, 聚秀堂 ·宏德堂·經國堂本은 18회본이다. 明 崇禎 9年(1636) 吳門嘯客이 편집한 ≪孫龐演義≫(一名 ≪前七國誌≫)의 속작이다. 작자는 ≪樂田演義≫ 제1회 入話 부분에서 손빈과 방연의 지혜 대결을 묘사하고 있는 ≪孫龐演義≫의 속작임을 스스로 밝히고 있다.

작자 煙水散人의 本名은 徐震이며 字가 秋濤로 浙江 秀州(지금의 嘉興) 사람이다. 그는 이외에도 ≪美人書≫(一名 ≪女才子書≫ 12권)·≪賽花鈴≫(16회)·≪桃花影≫(12회)·≪合浦珠傳≫(16회)·≪夢月樓情史≫(16회)·≪鴛鴦媒≫(12회)와 단편소설집 ≪珍珠舶≫(18회)을 썼다. 李漁와 天花藏主人과 더불어 청초의 대표적인 백화소설 작가이다.

이 작품이 언제 국내에 유입되었는지는 알 수는 없으나 대략 조선 후기에는 유입된 것으로 추정된다. 한글 번역본 ≪악의젼단젼≫은 大正 7年(1918)년 李圭瑢이 廣益書館에서 발행한 구활자본이다. 구활자본이 나오기 이전에 필사본이 있었을 것으로 보이는데 현재는 남아 있지 않고 이 구활자본이 유일하게 남아있다. 이 작품은 모두 18회 99면으로 이루어졌으며, 하버드대학교 연경도서관에 소장되어 있다.[291]

구활자본 ≪악의젼단젼≫은 18회본으로 聚秀堂·宏德堂·經國堂本 가운데 하나를 원전으로 번역했을 가능성이 있다. 이 작품의 번역양상을 살펴보면 대체로 중간에 생략된 곳이 많은데, 번역 당시에 생략했다기보다는 필사본을 구활자본으로 간행하면서 일정한 분량으로 짜 맞추기 위해 의도적으로 생략한 것으로 보인다.[292]

≪樂田演義≫의 내용은 戰國時代 燕나라를 배경으로 樂毅와 田單에 대한 이야기

291) 李相澤, 〈燕京圖書館本 韓國古小說에 관한 일연구〉, ≪관악어문연구≫ 제16집, 1991.12. 참조.
292) 박재연 교주, ≪악의젼단젼≫, 선문대학교 중한번역문헌연구소, 2002.

를 서술한 것이다. 燕王 噲가 재상 子之에게 선양했는데, 齊나라 군대가 燕나라를 침략하여 국세가 기울게 되었다. 이후 燕 昭王이 왕위에 올라 樂毅를 재상으로 삼아 제나라를 공격하여 70여개 성을 함락시킨다. 그러나 燕 昭王이 죽고 燕 惠王이 계승하고 나서 제나라 모사 田單의 반간계에 걸려들어 악의의 관직을 거두고 다른 사람으로 대체하자 악의는 趙나라로 망명하게 된다는 내용을 다루고 있다.

국내에는 中國石印本이 高麗大 華山文庫에 소장되어 있는데, 4卷 2冊本으로 插圖가 들어 있는 것이 특징이다. 한글 필사본은 하버드대학교 연경도서관에 소장되어 있으며 李圭瑢이 廣益書館에서 1918년 1월에 출판하였다.

書名	出版事項	版式狀況	一般事項	所藏處/所藏番號
後七國樂田演義	吳宗玠(淸)重校, (19--)	4卷2冊, 中國石印本, 有圖, 20.4×13.7㎝		高麗大學校(華山文庫)C14-B78
악의견단젼(樂田演義)	李圭瑢, 廣益書館, 1918.1.25.			하버드대학교 엔칭도서관

34. 五虎平西珍珠旗演義狄靑前傳

≪五虎平西前傳≫은 一名 ≪五虎平西珍珠旗演義狄靑全傳≫이라 하기도하고 總14卷 112回로 되어 있고 소설이며, 著者에 관해서는 알려진 바가 없다.

주요 판본으로는 刊行年代를 알 수없는 同文堂刊行本이 北京圖書館에 所藏되어 있다. 嘉慶 辛酉年(1801) 판본에는, "新鍥異說五虎平西珍珠旗演義狄靑全傳"이라고 되어 있고 北京大圖書館에 所藏되어 있다. 嘉慶 辛未年(1811)에 聚錦堂에서 간행한 판본은 첫머리에 序文는 있지만 撰人은 적혀 있지 않다. 14卷 120回로 되어 있는 小本으로 14卷 끝에 "嘉慶6年辛酉歲鍥十四卷終"이라고 되어 있고 현재 南京圖書館에 所藏되어 있다. 또한 三讓協藏本은 정확한 刊行年代를 알 수 없는데 聚錦堂刊本과 판식은 조금 다르지만 같은 序文이 실려 있으며 현재 大連圖書館에 所藏되어 있다.[293]

293) 江蘇省社會科學院 明淸小說硏究中心 文學硏究所 編, ≪中國通俗小說總目提要≫, 中國

≪五虎平西珍珠旗演義狄靑全傳≫은 狄靑이 仁宗의 國舅인 龐洪의 음모에도 살아남아 결국 單單國의 공주인 八寶公主와 해로하게 되는 이야기로 구성된 소설이다.

국내 유입에 관한 구체적인 문헌 기록은 찾을 수 없으나 대략적으로 朝鮮 末期에 유입된 것으로 보인다. 국내에는 奎章閣에 ≪繡像五虎平西前傳≫이 소장되어 있는데 木版本이며 14卷 14冊으로 되어 있다. ≪異說五虎平西珍珠旗演義狄靑前傳≫는 章福記書局에서 宣統 1年(1909)에 간행한 石印本이다. 慶北大에 소장되어 있으며 모두 6卷 6冊으로 되어 있다. ≪異說五虎平西珍珠旗演義≫는 光緖 30年(1904)에 上海書局에서 간행한 石印本으로 題簽이 ≪繡像五虎平西南全傳≫으로 되어 있고 前集 6卷 112回와 後集 2卷 42回로 되어 있다. 즉 ≪五虎平西前傳≫112회와 ≪五虎平南後傳≫42회를 합쳐서 만든 것으로 현재 玩樹文庫에 소장되어 있다.

書 名	出 版 事 項	版 式 狀 況	一 般 事 項	所藏處/所藏番號
繡像五虎平西前傳	編者未詳, 大文堂藏板, 淸版本	14卷14冊, 中國木版本, 17×11.6㎝	卷頭書名:異說五虎平西珍珠旗演義狄靑前傳, 印:集玉齋, 帝室圖書之章	奎章閣 [奎중]6328
異說五虎平西珍珠旗演義	著者未詳, 淸光緖30年(1904)刊	8卷8冊, 中國石印本, 15×9.1㎝, 四周單邊, 半郭:12.9×7.8㎝, 20行44字, 上1葉花紋魚尾, 紙質:唐紙	題簽:繡像五虎平西南全傳, 序:春秋之筆莫非褒善貶惡而…此君臣之則小說事不外悲歡離合而娛一時觀鑒之心然必以忠臣報國爲主勸善懲惡爲先…可視於世不無小補專是爲序, 吳興於玆以題, 刊記:光緖甲辰(30, 1904)仲秋上海書局石印, 內容:前集6卷, 112回, 後集2卷 42回에 걸쳐 엮은 小說임	韓國綜合典籍目錄 (玩樹文庫) 李炳麒 4-198
異說五虎平西珍珠旗演義狄靑前傳	刊寫地不明, 章福記書局, 宣統1(1909)	6卷6冊, 石印本, 有圖, 17.2×10.3㎝, 四周雙邊, 半郭:14.9×9㎝, 無界, 20行48字, 上下向黑魚尾	序:泉唐愛月日題, 表題:五虎平西傳, 版心題:繡像五虎平西演義, 刊記:宣統元年(1909) 仲夏章福記書局印	慶北大學校 [古] 812.3 이53

文聯出版公司, 1990. 585쪽 참조.

35. 五虎平南後傳

≪五虎平南後傳≫은 6卷 42回로 著者에 관해서는 알려져 있지 않다. 주요 판본으로는 同文堂刊本, 聚錦堂刊本, 寶華樓刊本, 三讓協藏板本 등이 있다.

同文堂에서 刊行한 판본은 현재 北京圖書館에 所藏되어 있다. 그리고 嘉慶 12年(1807)에 聚錦堂刊本은 南京圖書館에 所藏되어 있다. 이 책은 序文이 있고 끝에는 "消閑主人題"라고 되어 있다. 寶華樓刊本의 卷首序는 ≪平西前傳≫과 같지만 聚錦堂本의 序는 ≪平西前傳≫과 다르다. 大連圖書館에 所藏되어 있는 三讓協藏板本은 序文이 있는 것은 같으나 끝에 "小琅環主人題"라고 되어 있어 聚錦堂本과 다르다. 그 외 松盛堂刊本은 遼寧省圖書館에 所藏되어 있다.[294)]

≪五虎平南後傳≫은 ≪五虎平西前傳≫와 마찬가지로 狄青이 南征을 하는 이야기를 중심으로 전개된다. ≪五虎平西前傳≫은 112회이고 ≪五虎平南後傳≫은 42회로 편폭이 대폭 줄어든 것을 볼 수 있다. 이야기는 ≪五虎平西前傳≫을 이어서 전개되며 ≪五虎平西前傳≫의 續書라고도 할 수 있다.

≪五虎平南後傳≫의 구체적인 내용은 다음과 같다. 南蠻王의 공격에 대노한 太宗은 狄青에게 南征을 명하였다. 남정에 나선 狄青을 몽운각 수장의 딸 紅玉에게 사로잡혀 산 중에 갇히게 되었다.

狄青을 구하러 온 狄龍장수의 외모에 반한 紅玉은 자신과 혼인하면 狄青을 풀어주겠다고 약조하였다. 狄龍은 紅玉과 거짓 혼인을 하고 狄青은 풀려났다. 계속되는 전투에서 위험에 처한 여러 장수들을 紅玉이 구해주었다. 狄青은 남만왕이 보낸 장수에게 부상을 입었으나 목숨은 건졌고 마침내 남만왕이 운남에서 죽음을 맞이하였다.

국내 유입에 관한 기록은 보이지 않아 자세히 알 수 없으나 대략적으로 朝鮮末期로 추정된다. 국내에는 ≪新鐫後續繡像五虎平南狄青演義≫가 慶北大에 소장 되어 있다. 章福記書局에서 宣統 元年(1909)에 간행한 石印本으로 表題에는 ≪五虎平南傳≫이라 적혀있고 版心題에는 ≪繡像五虎平南演義≫로 되어 있다.

---

294) 江蘇省社會科學院 明淸小說硏究中心 文學硏究所 編, ≪中國通俗小說總目提要≫, 中國文聯出版公司, 1990. 588쪽 참조.

書 名	出版事項	版式狀況	一般事項	所藏處/所藏番號
新鐫後續繡像五虎平南狄靑演義	刊寫地不明, 章福記書局, 宣統元年(1909)	4卷2冊, 石印本, 17.2×10.3㎝, 四周雙邊, 半郭:15.3×9㎝, 無界, 行字數不定, 上下向黑魚尾	表題:五虎平南傳, 版心題:繡像五虎平南演義, 刊記:宣統元年(1909) 章福記書局印	慶北大學校 [古] 812.3 신73

36. 好逑傳

≪好逑傳≫은 18회본으로 名敎中人이 지었으며 一名 ≪義俠好逑傳≫ · ≪俠義風月傳≫ · ≪第一才子書≫라고 하는 俠義愛情小說이다. ≪好逑傳≫의 판본은 好德堂本 · 凌雲閣梓本 · 獨處軒本 등이 있다. 好德堂本은 앞에 서문이 있고 뒤에 "宣化里維風老人敬題于好德堂"이라 서명되어 있다. 凌雲閣梓本은 속표지에 '義俠遺本', '凌雲閣梓'라 되어 있고 하단에는 '名敎中人編次', '遊方外客批評'이라 적혀 있다. 獨處軒本은 속표지 황지에 ≪好逑傳≫ 석자가 적혀 있고 우상단에는 '癸亥年花朝月', 좌하단에는 '獨處軒藏板', '名敎中人編次'라 적혀 있다.[295)]

≪好逑傳≫은 언제 조선에 유입되었는지 명확하지 않지만 朝鮮 英祖 38年(1762) 思悼世子가 지은 ≪中國小說繪模本≫의 序文에 작품명이 나타나고 있는 것으로 볼 때 대략 18세기 중반 이전에 유입되었을 것으로 보인다. 국내 소장된 판본은 모두 4卷 4冊本이 대부분이나 18卷 4冊本과 4卷 3冊本이 있는데, 18卷 4冊本과 4卷 4冊本은 동일한 판본이고 韓國學中央硏究院에 소장된 4卷 3冊本은 낙질본이다.

한글 번역본으로는 이화여대 소장의 ≪호구젼≫(18회 4책본)이 유일하게 전해지고 있다. 이 작품의 번역 양상은 縮譯 · 添譯 · 意譯 · 直譯 · 逐字譯 등이 골고루 사용되고 있는데, 예를 들면 詩詞의 내용은 전혀 번역되지 않았고 남녀 주인공의 행적을 돋보이게 하는 부분과 작품의 마지막 부분에는 내용을 부연하는 첨역이 주로 사용되고 있다. 비록 전체 詩詞를 생략하고 번역하지 않았지만 마지막 詩 중에서 일부 내용을 추출하여 의역하는 양상을 보이기도 한다.[296)] 또한 ≪好逑傳≫은 필사본 2종이 전해지고 있

295) 江蘇省社會科學院 明淸小說硏究中心文學硏究所 編, ≪中國通俗小說總目提要≫, 中國文聯出版公司, 1991. 405쪽 참조.

296) 이외에도 작품의 回目은 우리말 독음을 달아서 독자들이 쉽게 읽도록 하여 번역에 근접하고자

는데, 번역자와 번역시기가 분명하지 않으나 문체를 살펴보면 조선 대략 18~19세기에 번역 전사된 것으로 보인다.[297)]

≪好逑傳≫의 내용은 다음과 같다. 義俠 鐵中玉이 유람을 떠났다가 고관대작의 아들 過其祖가 여주인공 水氷心을 억압을 하며 괴롭히는 장면을 보고 구해 주게 됨으로써 두 사람은 인연이 생기게 되고 결국 두 사람이 혼인하게 되는 과정을 서술하고 있다. 특히 철중옥의 의협 행위와 수빙심의 지혜로운 행동이 돋보이는 등의 다양한 사건을 기술하고 있다.[298)]

국내에는 中國木版本이 成均館大, 韓國學中央硏究院, 奎章閣에 소장되어 있고, 中國石印本은 雅丹文庫에 소장되어 있으며 한글 필사본은 梨花女大에 유일하게 소장되어 있다.

書名	出版事項	版式狀況	一般事項	所藏處/所藏番號
好逑傳	著者未詳, 年紀未詳	18卷4冊, 筆寫本(後寫), 28.4×28.7cm, 紙質:楮紙		奎章閣 [奎]6590
義俠好逑傳	名教中人(淸)編, 游方外客(淸)批評, 萃芳樓, 淸同治5(1866)刻後刷	4卷4冊, 中國木版本, 16.8×11.2cm, 四周單邊, 半郭:11.8×9.3cm, 無界, 11行22字, 上黑魚尾, 紙質:竹紙	標題:第二才子好逑傳, 版心題:好逑傳, 刊記:同治五年(1866)秋鐫, 萃芳樓藏板, 備考:袖珍本	成均館大學校 D7C-87
	名教中人(淸)編, 游方外客(淸)批評, 淸朝末期刻後刷	4卷4冊, 中國木版本, 17.8×11.7cm, 四周單邊, 半郭:14.6×10.1cm, 有界, 13行25字, 上黑魚尾, 紙質:竹紙	裏題:好逑傳第二才子書, 刊記:大文堂藏板, 備考:袖珍本	成均館大學校 D7C-87a
	各教中人(淸)編次, 游方外客(淸)批評, 淸朝年間	4卷3冊(卷1冊缺), 中國木版本, 18×11.5cm, 四周單邊, 半郭:14.5×10cm, 12行27字, 上黑魚尾, 紙質:綿紙	裏題:好逑傳, 第二才子書, 版心題:第二才子, 藏板:聚盛堂梓	韓國學中央硏究院 4-240

했고 上疏文과 聖旨 부분은 주로 직역을 사용하여 全文이 거의 완역되어 있으며, 한국어와 중국어의 특성을 감안하지 않고 번역자 임의대로 번역한 축자역도 많이 사용되고 있다. 그럼에도 번역자는 작품의 내용을 훼손시키지 않고 제대로 살리기 위해 각고의 노력을 한 흔적이 보인다. 김명신, 〈好逑傳의 유입과 번역적 특징〉, ≪중국소설논총≫제37집, 2012. 8. 73-94쪽 참조.

297) 박재연·황선엽·김명신, ≪성풍뉴·호구전≫, 선문대학교 중한번역문헌연구소, 2001. 머리말 참조.

298) 水氷心은 한국의 박씨 부인과 마찬가지로 전면에 나서지 않고 남자를 내조한다는 면에서는 공통적이다. 그렇지만 그녀는 박씨 부인과는 달리 변신을 통하여 사람들에게 이름을 날리지 않고 미모를 계속 유지하고 있으며 영웅적 행위를 드러낸다는 것이다. 김명신, 〈好逑傳 主人公의 俠義的 성격에 대한 소고〉, ≪중국소설논총≫ 제15집, 2002. 2. 151-168쪽, 〈好逑傳의 作中人物에 대한 소고〉, ≪중국 명청시대의 문학과 예술≫, 한양대학교출판부, 2003. 235-264쪽 참조.

書名	出版事項	版式狀況	一般事項	所藏處/所藏番號
繪圖俠義風月傳	名教中人(淸)編次, 遊方外客(淸)批評, 錦章書局	4卷4冊, 中國石印本, 有圖, 半郭:13.6×8cm, 22行53字, 上黑魚尾		雅丹文庫 823-명15ㅎ
繪圖二才子義風月傳	編者未詳, 上海 江東書局, 民國2(1913)	4卷4冊(卷1~4), 14.8×8.8cm, 有圖, 四周單邊, 半郭:12.8×8.5cm, 無界, 19行40字, 無魚尾	標題:第二才子風月傳, 藏板記:改良袖珍本, 刊記:民國二年(1913)出版, 印記:上海江東書局印行	東亞大學校 (3):12:2-14
第二才子書	名教中人(淸)編, 游方外客(淸)批評, 煥文堂, 淸版本	4卷4冊, 中國木版本, 18.1×11.8cm	卷頭書名:義俠好逑傳, 印:集玉齋, 帝室圖書之章	奎章閣 [奎중]6119
호구전	著者未詳, 刊年未詳	4冊, 한글筆寫本, 29.5×18.3cm, 無罫, 12行29字, 版心無, 紙質:楮紙		梨花女子大學校 [고] 811.3 호17

37. 平山冷燕

≪平山冷燕≫은 20회본으로 一名 ≪第四才子書≫ 혹은 ≪四才子平山冷燕≫이라고 하며 작자는 天花藏主人 張勻으로 알려져 있는 才子佳人小說이다. ≪平山冷燕≫의 가장 이른 판본은 順治 15年(1685) 序刊本이다. 서적의 전체 명칭은 ≪新編批評繡像平山冷燕≫이고 ≪新刻批評平山冷燕≫이라고도 하는데 작자를 기록하지 않고 있다. 이 책의 앞머리에는 順治 戊戌(1658) '天花藏主人題於素政堂'이라는 서문이 있다. 또 合刻叢書本이 있는데 ≪玉嬌梨≫와 ≪平山冷燕≫을 상하로 나누어 합본한 책으로 順治 15年에서 康熙 初年에 간행된 것이다.[299]

이 작품의 저자는 天花藏主人으로 청대 소설가이자 출판가이다. 그의 號는 荑秋散人, 荻岸散人, 夷狄散人, 素政堂主人이라고도 한다. 그가 張博山, 張勻, 煙水散人, 天花才子와 墨浪子 등일 것이라 주장되고 있으나 정설은 없다. 그의 저서 가운데에 소설작품은 ≪玉嬌梨≫·≪平山冷燕≫·≪人間樂≫·≪濟顛大師醉菩提全傳≫·≪玉支璣小傳≫·≪鴛鴦媒≫ 등이 있다.

299) 江蘇省社會科學院 明淸小說硏究中心文學硏究所 編, ≪中國通俗小說總目提要≫, 中國文聯出版公司, 1991. 332쪽 참조.

≪平山冷燕≫이 언제 우리나라에 들어왔는지 명확한 기록은 나타나지 않는다. 다만 관련된 기록을 살펴보면, 金春澤(1670~1717年)의 ≪北軒雜說≫에 "如平山冷燕, 又何等風致"라는 기록이 있고, ≪正祖實錄≫에 李相璜과 金祖淳 등이 翰院에서 伴直할 때 ≪평산냉연≫을 읽다가 정조에게 들켰다는 기록이 있으며 朝鮮後期 思悼世子의 ≪中國歷史繪模本≫에 ≪第四才子書≫라는 이름이 나타나고 있다. 이러한 내용으로 볼 때 17~18세기에 사대부들이 이미 이 작품을 탐독하고 있음을 알 수 있다.

≪平山冷燕≫은 10권 10책본(한국학중앙연구원 소장)과 3권 3책본(국립 중앙도서관 소장)이 있다. 번역자와 번역시기는 미상이나 문체상으로 보아 상당히 이른 시기인 1800년대 이전에 번역된 것으로 추정된다. 작품의 번역은 開場詩와 散場詩 등과 일반적인 常套語가 생략되었으나 문맥상 필요한 詩句나 속담 등은 빠트리지 않고 번역되었다. 원문에 가깝게 번역하였으며 직역을 피하고 우아한 문장체로 쓰인 意譯本이다.[300] 문장은 대체적으로 문장체를 매끄럽게 가다듬었으며, 回目名과 詩詞 등은 생략되어 있다. 또한 回目名을 전부 기록하고 2회씩 한권으로 묶어 놓고 있다.[301]

≪平山冷燕≫의 내용은 다음과 같다. 山顯人의 딸 山黛와 그의 몸종 冷絳雪은 우연히 平如衡과 燕白頷을 만나서 사랑에 빠지지만 중간에 수많은 우여곡절을 겪게 된다. 결국 이들은 平如衡·燕白頷과 각각 결혼하여 행복한 결말을 이루게 된다는 이야기이다. 작품의 제목은 이 네 사람의 성을 따서 만들었는데, 明代 人情小說의 대표작 ≪金甁梅≫의 작법에 따른 것이다. 이 작품은 才子佳人小說의 전형적인 형식을 지니고 있어 남녀가 주고받는 詩들이 대단히 많은 것이 특징이다.

국내에는 中國木版本이 奎章閣과 成均館大에 소장되어 있는데, 각각 6卷 6冊本과 4卷 4冊으로 다른 판본이다. 中國石印本은 雅丹文庫, 慶北大, 鮮文大 朴在淵 등이 소장하고 있는데 모두 4卷 4冊으로 동일한 판본으로 보인다. 한글 필사본은 國立中央圖書館과 韓國學中央研究院에 소장되어 있는데 각각 3卷 3冊과 10卷 10冊으로 되어 있어 다른 판본을 번역한 것으로 추정된다.

---

300) 민관동, ≪중국고전소설의 전파와 수용≫, 아세아문화사, 2007, 10. 282쪽.

301) 박재연 교주, ≪평산냉연≫, 이회문화사, 2003. 머리말 참조.

書名	出版事項	版式狀況	一般事項	所藏處/所藏番號
新刻批評繡像平山冷燕	荻岸散人(淸)編, 淸版本	6卷6冊, 中國木版本, 23.6×15.4cm	版心書名:平山冷燕, 序:永玉主人, 印:帝室圖書之章	奎章閣 [奎중]4723
新刻天花藏批評平山冷燕	荻岸散人(淸)編, 天花才子評點, 莞爾堂, 淸朝後期刊	4卷4冊, 中國木版本, 18×11.5cm, 四周單邊, 半郭:11.7×9.1cm, 無界, 11行21字, 上黑魚尾, 紙質:竹紙	裏題:第四才子書, 版心題:第四才子, 刊記:莞爾堂藏版	成均館大學校 D7C-104
	萩岸散人(淸)編, 淸朝年間刊	4卷4冊(卷1~4), 中國木版本, 有圖, 17.5×11.9cm, 四周單邊, 半郭:12×6cm, 11行21字, 上黑魚尾, 紙質:竹紙	表題:平山冷燕, 版心題:第四弟子	韓國綜合典籍目錄 (玩樹文庫) 李炳麒 4-197
	荻岸散人(淸)編, 天花居士批點, 玉尺堂, 淸朝後期刊	4卷4冊, 中國木版本, 17.6×10.9cm, 四周單邊, 半郭:12.2×9.1cm, 無界, 11行21字, 上黑魚尾, 紙質:綿紙	裏題:平山冷燕, 版心題:第四才子, 刊記:玉尺堂藏	成均館大學校 D7C-104a
天花藏批評平山冷燕續才子書	荻岸散人(淸)編, 天花藏主人批評, 淸朝年間刊	20卷10冊, 中國木版本, 21.9×12.8cm, 四周單邊, 半郭:17.5×11cm, 無界, 8行20字, 上黑魚尾, 紙質:竹紙	裏題:天花藏第四才子書, 序:天花藏主人題, 刊記:書林藏板	成均館大學校 D7C-105
繪圖平山冷燕四才子書	荻岸山人(淸)編, 編次, 錦章圖書局	4卷4冊, 中國石印本, 有圖, 半郭:13.6×7.9cm, 22行51字, 上黑魚尾		雅丹文庫 823-적62ㅎ
	中國荻岸山人(淸)編, 珍藝書局, 光緖 18(1892)	4卷4冊, 新鉛活字本(中國), 圖像, 無界, 行字數不定, 無魚尾, 11.5×7.8cm	題簽題:全圖四才子書	高麗大學校 대학원小-64-1-4
	荻岸山人(淸)編次, 中國, 廣益書局, 民國1(1912)	4卷4冊(卷1~4), 14.8×8.8cm, 有圖, 四周雙邊, 半郭:12.2×7.8cm, 無界, 行字數不定, 上下向黑魚尾	包匣題:繡像四才子平山冷燕, 標題:繡像平山冷燕, 刊記:中華民國元年(1912) 廣益書局石印	東亞大學校 (3):12:2-15
	荻岸山人(淸)編, 刊寫事項不明	4卷4冊, 石印本, 有圖, 14.8×8.9cm, 四周單邊, 半郭:12.8×8cm, 無界, 20行44字, 上下向黑魚尾	題簽題:繡像四才子平山冷燕, 版心題:平山冷燕四才子	慶北大學校 [古] 812.3 적61ㅎ
第四才子書	荻岸山人(淸)編, 淸版本	4卷4冊, 中國木版本, 18×11.6cm	卷頭書名:新刻天花藏批評平山冷燕, 印:集玉齋, 帝室圖書之章	奎章閣 [奎중]5839
平山冷燕		4卷4冊20回, 石印本		鮮文大 朴在淵
평산닝연	筆寫本	1冊(零本), 紙質:楮紙	刊記:乙亥年(1815年 推定)	鮮文大 朴在淵
평산닝연	著者未詳, 年紀未詳	3卷3冊, 筆寫本, 28.6×22.4cm	平山冷燕	國立中央圖書館 [한]48-16
	著者未詳, 寫年未詳	10卷10冊, 國文筆寫本, 28.6×19.6cm, 無郭, 無絲欄, 9行18字, 紙質:楮紙	表題:平山冷燕, 印:藏書閣印, 35㎜R[Nega], 507f	韓國學中央硏究院 4-9856/R35N-000101-102

38. 濟公全傳 : (濟顚大師醉菩堤全傳)

38-1. 濟公全傳

≪濟公全傳≫은 모두 36回로 되어 있고 著者는 王楚吉로 알려져 있다. 이 책의 序頭에 "西湖香嬰居士重編", "鴛水紫髯道人評閱", "西墅道人參定"이라 題되어 있다. 香嬰居士는 王楚吉로서 字는 長齡이며 杭州 사람이다. 大連圖書館 所藏된 康熙刊本으로 標題는 '鞠頭陀新本濟公全傳'이다. 첫머리에 康熙 戊申(1668)의 自序가 있고 '香嬰居士'라고 署名했으며 揷圖는 20面이다. 한 면이 8行, 1行이 20字로 되어 있다.[302)]

著者인 王楚吉은 字가 長齡이고, 號가 香嬰居士로 杭州出身이다. 대략 順治에서 康熙 年間에 생존하였다고 하나 자세한 生平에 대해서는 알려진 바가 없다.

濟公에 관한 이야기는 南宋 이래로 民間에서 널리 유행하였다. 南宋時期에 禪宗의 高僧으로 法名은 道禪濟宗이였다. 그의 高祖인 李遵勖은 宋 太宗의 駙馬로 鎭國軍節度使를 지냈다. 田汝成 ≪西湖游覽志余≫에 濟顚에 관한 기록이 나온다.

明代 穆宗 隆慶 4年(1570)에 仁和 沈孟柈이 기술했다고 하는 ≪錢塘漁隱濟顚禪師語錄≫一卷이 전하는데 이 책이 바로 ≪濟公全傳≫의 모태가 되었다. 후에 天花藏主人이 ≪醉菩提全傳≫20回를 지었고 郭小亭이 ≪評演濟公傳≫240回를 지었다.

乾隆 9年(1744)에 吳門 仁壽堂에서 ≪濟公全傳≫ 十二卷을 刊刻했는데 내용이 ≪錢塘漁隱濟顚禪師語錄≫과 같다. 또 明末에 張大復이 傳奇 ≪醉菩提≫를 지었는데 清 中葉 이후에 나온 章回小說 ≪濟公傳≫은 이러한 소설과 희곡을 바탕으로 만들어진 것이다.

≪濟公傳≫·≪濟公全傳≫의 판본은 乾隆, 道光, 同治, 光緖에 걸쳐 여러 다양한 판본들이 널리 유행하였다. 20回本 ≪濟公傳≫이 소설계 판본의 선구가 되었다고 할 수 있다.

濟公에 관한 이야기는 크게 두 가지 계통으로 발전했다고 할 수 있다. 하나는 杭州

302) 江蘇省社會科學院 明淸小說硏究中心 文學硏究所 編, ≪中國通俗小說總目提要≫, 中國文聯出版公司, 1990년 , 364쪽 참조.

를 중심으로 한 江蘇, 浙江, 福建 等地의 남방지역에서 발전했는데, 주로 ≪錢塘漁隱濟顚禪師語錄≫·≪醉菩提≫·≪醉菩提≫傳奇 등의 작품들이다. 또 다른 계통은 주로 淸 中葉以後에 北京, 天津 등 북방지역을 중심으로 발전했는데, 郭小亭의 ≪評演濟公傳≫과 그 續書들이다.[303)]

≪濟公全傳≫의 내용은 ≪錢塘漁隱濟顚禪師語錄≫과 완전히 동일하다. 다만 앞부분에 高宗과 孝宗의 일을 기록하고, 뒤에 禪師가 入寂한 후에 佚聞을 첨가했다. 高宗과 孝宗의 일은 ≪西湖二集≫第2卷에서 채록한 것으로 문장이 완전히 동일하다.

≪濟公傳續集≫은 作者未題이며, 宣統 庚戌 2年(1910) 上海 校經山房 石印本이 있다. 4集부터 34集까지 120冊이며, 序跋이 없고 그림이 있다.[304)]

≪濟公全傳≫의 국내 유입에 관한 기록은 남아 있지 않아 정확한 유입시기를 알 수는 없지만 대략 朝鮮末期로 추정된다. 국내에는 연대 미상의 ≪繡像濟公傳後傳≫이 高麗大에 소장 되어 있는데 校經山房에서 간행된 石印本으로 낙질본이다. ≪繡像評演前後濟公傳≫은 不分卷 8冊으로 되어 있고 石印本이다. 정확한 년대를 추정할 수 없으나 대략 淸朝末에서 中華初에 간행된 것으로 보이며 錦章圖書局에서 출판하였는데 현재 成均館大에 소장되어 있다. 그리고 簡靑齋書局에서 光緖 32年(1906)에 간행한 ≪新刊繡像評演濟公傳≫는 東亞大에 소장되어 있다. 8卷 8冊으로 되어 있고 卷1~4까지는 ≪新刊繡像評演濟公傳≫이고 卷5~8까지는 ≪繡像評演接續後部濟公傳≫이라고 적혀 있다. 雅丹文庫에도 ≪新刊繡像評演濟公傳≫이 소장되어 있는데 28卷 14冊으로 되어 있는 石印本이다.

이외에도 속작으로 여러 편이 나왔는데 高麗大에 대략 1900년대 초기에 간행된 ≪再續濟公傳全部≫·≪繡像四續濟公傳≫·≪繡像六續濟公傳≫ 등이 소장되어 있다. ≪再續濟公傳全部≫는 肖像 6장이 있고 1卷은 10회, 2卷은 11~20회, 3卷은 21~31회, 4卷은 32~41회까지 수록하고 있다. ≪繡像四續濟公傳≫은 2명씩 6장 肖像이 있다. 1冊은 1~10회, 2冊은 11~20회, 3冊은 21~30회, 4冊은 31~40회가 실려 있다. ≪繡像六續濟公傳≫은 1冊에 1~10회, 2冊에 11~20회, 3冊에 21~30회, 4冊은 31~40회가

---

303) 呂 堃, 〈兩大濟公故事群的形成及原因〉, ≪學術交流≫, 2011年 4月 4期, 147쪽 참조.

304) 江蘇省社會科學院 明淸小說硏究中心 文學硏究所 編, ≪中國通俗小說總目提要≫, 中國文聯出版公司, 1990년, 1213쪽 참조.

실려 있다. 이처럼 대체로 속작들은 40회 정도의 분량으로 이루어져 있다.

書名	出版事項	版式狀況	一般事項	所藏處/所藏番號
繡像濟公傳後傳	上海, 校經山房(19--)	全12卷6册(零本 5册, 卷之一～六, 九～十二), 中國石印本, 有圖, 17.5×10.3cm		高麗大學校 C14-B63
繪圖評演濟公全傳	郭小亭著, 서울, 刊寫者未詳, 19--	8卷(卷1~8), 20.1×13.5cm		大邱 가톨릭 大學校 동822-곽55ㅎ
像評演前後濟公傳	著者未詳, 錦章圖書局, 清朝末~中華初刊	不分卷8册, 中國石印本, 20.3×13.2cm, 四周雙邊, 半郭:18.2×12.2cm, 28行62字, 上黑魚尾, 紙質:竹紙	書名:裏題에 依함, 刊記:錦章圖書局印行	成均館大學校 (曺元錫) D7C-148
新刊繡像評演濟公傳	著者未詳, 刊寫地未詳, 簡青齋書局, 光緒32(1906)	8卷8册(卷1~8), 中國石印本, 20.3×13.8cm, 有圖, 四周單邊, 半郭:18×12.2cm, 無界, 24行54字, 上下向黑魚尾	序:光緒三十二年(1906)… 印記:光緒丙午(1906)歲夏月簡青齋書局石印, 卷首題는 新刊繡像評講濟公傳, 內容:卷1~4, 新刊繡像評演濟公傳, 卷5~8, 繡像評演接續後部濟公傳	東亞大學校 (3):12:2-104
	上海, 廣益書局	28卷14册(1函), 中國石印本, 半郭:16.8×11.5cm, 20行45字, 上黑魚尾		雅丹文庫 823-신12
再續濟公傳全部	上海, 校經山房(19--)	4卷4册(全四十一回本), 中國石印本, 有圖, 17.8×10.5cm	標題:繡像再續濟公傳	高麗大學校 C14-B64
繡像四續濟公傳	周霽山(淸)著, 上海, 校經山房, 光緒34(1908)	全四十回本(4卷4册), 中國石印本, 有圖, 17.7×10.5cm	標題:繡像眞正四續濟公傳	高麗大學校 C14-B65
繡像六續濟公傳	坑餘生(淸)初稿, 上海, 普新書局, 宣統1(1909), 漢口振餘書莊發行	全四十回本(4卷4册), 中國石印本, 有圖, 17.4×10.7cm	標題:繡像六續濟公傳	高麗大學校 C14-B66

38-2. 濟顚大師醉菩提全傳

≪濟顚大師醉菩提全傳≫은 一名 ≪濟顚大師玩世奇迹≫·≪濟公全傳≫·≪濟

公傳≫ · ≪皆大歡喜≫ · ≪度世金繩≫라고도 하며 20回本이다. 濟公에 관한 이야기는 크게 杭州를 중심으로 한 남방지역 판본과 북경을 중심으로 한 북방지역 판본으로 발전하였다.

특히 ≪醉菩提全傳≫의 판본은 널리 유행하였고 많은 다른 版本들이 간행되었다. 乾隆 53年(1788)에 간행된 金閣古講堂刻本은 天津 圖書館에 소장되어 있다. 또 寶仁堂刻本은 ≪新鐫濟顚大師玩世奇迹≫이라 제목을 바꾸어 간행하였다. 그 외 道光 27年(1847)에 간행한 大文堂刻本은 4卷 20回로 "天花藏主人編次"라 되어 있고 현재 런던 영국박물관에 소장되어 있다. 文聚堂刻本 4卷과 同文堂刻本은 모두 北京圖書館에 소장되어 있다.[305)]

≪濟顚大師醉菩提全傳≫의 내용은 주로 南宋의 節度使 李茂春의 아들인 道濟에 관한 이야기이다. 李茂春은 浙江 출신으로 王氏를 부인으로 맞아 부부금슬이 좋았으나 자식이 없어 늘 고민이었다. 李茂春은 부인을 데리고 天台山 國淸寺에 가서 자식을 얻고자 불공을 드렸다. 마침내 아들을 낳고 李修元이라 이름 지었는데 어려서부터 재주가 남달랐다. 그러나 그는 관료가 될 팔자가 아니고 승려가 될 운명이라 사실을 알고 결국 18세에 출가하여 靈隱寺에서 道濟라는 법명을 얻었는데 모든 이들이 그를 濟顚이라고 불렀다. 그러나 제전은 절에서 돈이나 옷을 훔쳐서 술을 마시고 고기를 사먹는 등 기행을 일삼았다. 靈隱寺 주지와 승려들은 濟顚을 내쫓고자 여러 방법을 동원하지만 통하지 않았고 오히려 신통력을 발휘하여 고관대작들의 신임을 얻게 되었다. 濟顚

---

305) 江蘇省社會科學院 明淸小說硏究中心 文學硏究所 編, ≪中國通俗小說總目提要≫, 中國文聯出版公司, 1990년. 364쪽 참조.
그 외의 판본은 다음과 같다. 同治 10年(1871)에 간행된 務本堂刻本은 北京大學 圖書館에 소장되어 있다. 光緖 4年(1878)에 간행된 京都聚珍堂 木活字排印本은 ≪濟公傳≫이라고 제목을 바꾸었다. 光緖 6年(1880)에 北京老二酉堂重刻本은 ≪濟公全傳≫이라고 제목을 바꾸었다. 이 판본은 "西湖墨浪子偶拈"이라고 되어 있는데 日本 ≪舶載書目≫에서 보이는 판본에도 "西湖墨浪子偶拈" 라고 되어 있고 天花藏主人의 序도 있어 같은 판본으로 생각된다. 光緖 24年(1898)에 金陵城北科巷蔭余善堂重刻本은 또한 ≪醉菩提≫라고 하고 副題를 ≪繪圖度世金繩≫라 하였다. 그림 30幅이 들어 있으며 北京圖書館에 소장되어 있다. 이 판본의 내용은 大連圖書館에 소장된 寶仁堂刻本 ≪新鐫濟顚大師醉菩提全傳≫과 같다. 20回로 卷으로 나누지 않았고 "天花藏主人編次"라고 되어 있다. 卷首에 桃花庵主人의 序가 있는데, 桃花庵主人에 관해서는 자세히 알려진 바가 없다. 光緖 20年(1894)에 간행된 石印本은 ≪皆大歡喜≫이라는 제목으로 간행하였다. 다른 판본인 ≪醉菩提全傳≫은 張大福이 그 전의 ≪醉菩提全傳≫을 부연해서 만든 것으로 道光 以後에 출판되었다.

이 입적하는 날 그를 존경하는 많은 사람들이 모여 그를 추모하였다. 결국 ≪濟顚大師醉菩堤全傳≫은 겉으로는 정상이 아닌 듯이 행동하는 승려 濟顚을 중심으로 벌어지는 여러 이야기들인데, 그의 행동과 말속에는 풍자적인 의미를 담고 있다.

國內 流入에 관한 문헌 기록은 보이지 않는다. 현존하는 판본의 형태나 紙質 등으로 보아 대략적으로 朝鮮末期에 유입되었으리라 추정된다. 국내에 남아 있는 版本으로는 ≪新刊繡顚大師醉菩堤全傳≫이 中央圖書館과 奎章閣에 소장되어 있다. 中央圖書館 소장본은 4卷 4冊으로 中國木版本이며 版心題에 ≪繡顚全傳≫라고 되어 있다. 奎章閣 소장본은 역시 4卷 4冊이나 日本木版本으로 光緖 4年(1878)에 京都隆神社에서 刊行한 것이다. 卷頭書名에 ≪繡顚大師醉菩堤全傳≫이라고 적혀 있다.

書 名	出版事項	版式狀況	一般事項	所藏處/所藏番號
新刊繡顚大師醉菩堤全傳	天下藏主人(淸)編, 淸末刊行	4卷4冊, 中國木版本, 22.3×13.7㎝	版心題:繡顚全傳	國立中央圖書館 BA古5-80-30
	墨浪子(淸)撰, 光緖4年(1878)京都隆神社刊行	4卷4冊, 日本木版本, 22.3×13.7㎝	卷頭書名:繡顚大師醉菩堤全傳	奎章閣 6187

39. 說岳全傳

≪說岳全傳≫은 淸代 英雄小說의 대표작으로 모두 20卷 80回로 되어 있다. 編次者인 仁和 錢彩錦文氏와 增訂者인 永福 金豊大有氏의 生平에 대해서는 거의 알려진 바가 없다. 다만 '仁和'는 淸代 浙江 杭州府에 속한 지역이므로 錢彩는 항주출신으로 추정되고 '永福'은 淸代 福建 福州府에 속한 지역이므로 金豊大有氏는 福建出身일 것으로 추정하고 있다. 또한 余慶堂은 당시 江蘇, 浙江 일대에 위치했던 書房으로 생각된다. 한편 ≪說岳全傳≫의 내용을 살펴보면 著者나 編者의 수준이 높지 않음을 알 수 있다. 당시 說書人이었던 錢彩가 說書內容을 엮어내고 書商인 金豊이 상업적인 의도를 갖고 정리 출판한 것으로 보인다. 乾隆 47年(1782)에 江西 巡撫 郝碩奏가 ≪說岳≫이 내용이 황당하고 만주족을 질책하는 내용이 있어서 10권을 회수해서 태웠다는 기록을 볼 수 있다. 禁書가 된 연유를 설명하는 내용 중에 金豊이 언급되지 않은 것으로 보아 이것이 錢彩가 지은 원본으로 보인다.[306]

≪說岳全傳≫의 版本은 8卷本과 20卷本으로 나눌 수 있는데 두 판본은 다만 편집이 다를 뿐 내용상 차이는 거의 없다.

현존하는 가장 이른 판본은 順治 年間에 나온 宏道堂本으로 서명은 ≪說岳全傳≫이며 현재 吉林大學圖書館에 소장되어 있다.[307] 乾隆時期에 금서가 되기도 하였으나 뒤를 이어 同治, 光緖 年間에는 많은 판본들이 쏟아져 나왔다.

비교적 이른 시기의 주요 판본으로 淸 康熙 年間 金氏 余慶堂刻本이 있는데 현재 大連圖書館에 소장되어 있다. 金豊의 序가 있고 '甲子年(1684) 孟春'이라 적혀 있고 본문의 卷頭에는 ≪增訂精忠演義說岳傳≫이라 되어있다. 또한 目錄題目에는 ≪新鐫精忠演義說本岳王全傳≫이라 되어 있고 "仁和 錢彩錦文氏 編次", "永福 金豊大有氏 增訂"이라고 적혀 있다. 제목에서 보이는 說本이라는 용어를 통해서도 알 수 있듯이 민간에 전해지던 岳飛에 관한 이야기를 책으로 만든 것이다.[308] 淸 大文堂刻本은 題署된 것이 余慶堂刻本 판본과 같고 20卷 80回가 현재 天津圖書館에 所藏되어 있는데 정확한 간행 연도는 알 수 없다.

≪說岳全傳≫는 宋代 실존 인물인 岳飛에 관한 영웅담으로 전반부는 歷史演義的 性格을, 후반부는 神魔小說的 性格을 지닌다.

河南 陽陰縣에 사는 岳和는 아들 岳飛를 얻었는데, 총명하여 어머니가 글을 가르치면 한번 배운 것을 바로 깨우쳤다. 王明은 그의 아들 王貴를 위해 周侗을 초빙하였다. 周侗은 岳飛가 王貴 대신 칼을 잡고 글을 쓰는 것을 보게 되고 周侗에게 사사 받지 못함을 한탄하며 쓴 詩를 보게 되었다. 그래서 周侗은 岳飛의 재주를 아껴서 수양아들로 삼고 무예를 전수해 주었다. 岳飛는 縣試에 참가했는데, 그의 궁술을 보고 縣主가 사위로 삼았다. 東京의 會試에서 간신 張邦昌에게 화를 당할뻔 했다가 宗澤의 도움으로 겨우 화를 면하였다. 宗澤은 반군을 격퇴하러 갔다가 포위당했는데 岳飛가 적진으로 들어가 대승을 거두었다. 그러나 岳飛는 후에 고향으로 돌아와 농사를 지으며 살았다.

張邦昌은 金에 투항하여 자신의 이익을 도모하려 康王을 인질로 잡았다. 康王은 도

306) 鄒賀, 〈說岳全傳辨疑〉-兼論 ≪說岳全傳≫與 ≪大宋中興通俗演義≫的關係, ≪太原理工大學學報≫, 2011年 9月, 36쪽 참조.

307) 鄒賀, 〈說岳全傳之版本流變〉, ≪滄桑≫, 2011年 5月, 72-73쪽 참조.

308) 李琳, 〈說岳全傳"說本"來源和乾隆成書說新證〉, ≪鄭州大學學報≫, 2004年 9月, 151쪽.

강하여 金陵에서 즉위하고 군사를 모집하였다. 岳飛는 總制에 봉해져 張所의 수하에 들어가게 되었다. 岳飛는 계략을 써서 적을 격퇴하였는데, 張邦昌는 岳飛가 황제를 칼로 시해하려 한다고 무고하였다. 李綱은 岳飛의 억울함을 알리고 내막을 파헤쳤으며 高宗은 사실을 알고 張邦昌을 내쫓고 岳飛를 副元帥로 봉하였다. 그 후로 岳飛는 안으로는 강도들을 토벌하고 밖으로는 金과 대적하였다. 金軍은 岳飛의 軍旗만 봐도 벌벌 떨었다. 岳飛는 군사를 정비하여 두 황제를 모셔올 계획을 세웠으나 갑자기 12개의 金牌가 이르러 朱仙鎭으로 회군토록 명령하였다. 朱仙鎭의 백성들은 한 목소리로 岳飛를 만류하였다. 平江을 지날 때 황제의 欽差大臣이 岳飛를 압송하여 옥중에 감금하였다. 岳飛는 의연하게 굴복하지 않았으나 風波亭에서 살해되었다. 岳飛가 죽자 민심이 흉흉하게 되었고, 金軍이 쳐들어와서 高宗은 붕어하게 된다. 孝宗이 즉위하고 岳飛의 자손을 사면하였으며, 岳雷이 부친의 지위를 이어 받자 따르는 자가 무수하였다. 岳雷는 군사를 거느리고 북상하여 金나라를 항복시켰다. 孝宗은 칙지를 내려 岳王廟를 짓도록 명하고 岳氏 집안에 賞을 내렸다.

국내 유입에 관한 자료는 찾을 수 없어 자세한 유입 연대를 알 수 없으나 대략적으로 朝鮮後期로 추정된다. ≪說岳全傳≫은 국내에 비교적 많은 판본들이 현존한다. 그중에서 주요 판본으로 奎章閣에 掃葉山房藏板本 10卷 9冊이 소장되어 있다. 卷5가 실전된 缺本으로 木版本이다. 成均館大에도 英德堂刊本 木版本 20卷 11冊이 소장되어 있다.

書名	出版事項	版式狀況	一般事項	所藏處/所藏番號
說岳全傳	錢彩(淸)編次, 金豊(淸)增訂, 上洋, 掃葉山房藏板, 淸版本	10卷9冊(卷5缺), 中國木版本, 有圖, 15.8×11.2㎝	卷頭書名:精忠演義說本全傳, 序:甲子(?)…金豊, 印:集玉齋, 帝室圖書之章	奎章閣 [奎중]6144
繪圖說岳全傳	著者未詳, 上海大成書局, (19--)	8卷8冊, 中國石印本, 20.4×13.4㎝		高麗大學校 (華山文庫) C14-B57
增訂繪圖精忠說岳全傳	上海, 上海書局, 光緖31年(1905)	1冊(80~84回까지落張), 中國石印本, 有圖, 17.5×10㎝, 四周雙邊, 半郭:14.3×8.5㎝, 無界, 行字數不定, 上下向黑魚尾	標題와 版心題:繪圖精忠說岳全傳, …序:光緖乙巳(1905)…	國民大學校 [고]823 증01
	錢彩(淸)撰, 上海, 天寶書局(19--)	8卷8冊, 中國石印本, 有圖, 20.3×13.3㎝	標題:繪圖精忠說岳全傳	高麗大學校 C14-B57

書名	出版事項	版式狀況	一般事項	所藏處/所藏番號
	錢彩(淸)撰, 上海, 共和書局(19--)	8卷8冊, 中國石印本, 有圖, 20.3×13.2㎝	標題:繪圖精忠說岳全傳	高麗大學校 C14-B57A
	錢彩(淸)編, 金農(中國)訂, 源記書莊(19--)	零本4冊卷(一, 三, 五, 七, (全20卷), 中國鉛印本, 有圖, 17.5×10.1㎝	序:甲子(1866)孟春上浣永福金豊識於…乙未(1895)仲春古歙僊源山人書於…	高麗大學校 (晩松文庫) C14-B84
	錢彩(淸)著, 上海, 錦章圖書局, 刊寫年未詳	8卷8冊(卷1~8), 有圖, 20.4×13.3㎝, 四周雙邊, 半郭:17.3×11.4㎝, 無界, 行字數不定, 上下向黑魚尾	精忠說岳演義	慶熙大學校 812.3-전83ㅈ
	著者未詳, 刊寫地未詳, 刊寫者未詳, 刊寫年未詳	1冊(缺帙, 冊8), 中國石印本, 20.3×13.3㎝, 四周雙邊, 半郭:17.8×11.8㎝, 無界, 32行76字, 上下向黑魚尾		慶熙大學校 812.8-정86
增訂精忠演義說本全傳	錢彩(淸)纂, 金豊增訂, 淸嘉慶3年(1798)刊	10卷10冊(卷1~10), 中國木版本, 24.5×17㎝, 四周單邊, 半郭:17.8×14㎝, 無界, 11行20字, 上下向黑魚尾, 紙質:竹紙	序:甲子(?)孟春上浣永福金豊識於餘慶堂, 刊記:嘉慶戊午(1798)新鐫本衙藏板	江陵市 船橋莊
	錢彩(淸)編次, 金豊(淸)增訂, 淸朝末期	6卷6冊(卷13~17, 20), 中國木版本, 15.8×11.2㎝, 四周單邊, 半郭:11.4×8.9㎝, 無界, 12行21字, 上黑魚尾, 紙質:綿紙	版心題:說岳全傳, 內容:岳飛의 精忠事實을 小說体로 演義한것임, 三國誌類式	韓國學中央硏究院, 4-242
	錢彩(淸)纂, 金豊增訂, 上海, 掃葉山房, 淸末~中華初刊	20卷20冊(卷1~20), 中國木版本, 15.8×11.3㎝, 四周單邊, 半郭:11.5×9.3㎝, 無界, 12行21字, 上下向黑魚尾, 紙質:竹紙	表題:精忠演義, 板心題:說本全傳, 序:甲子(?)孟春上浣永福金豊識於餘慶堂	江陵市 船橋莊
		4冊(零本), 活印本, 29㎝		嶺南大學校 823
增訂繪圖精忠說岳全傳	上海, 芝和書局, 刊寫年不明	8卷8冊, 中國石印本, 有圖, 19.9×13.3㎝, 四周單邊, 半郭:17.6×12.4㎝, 無界, 31行字數不定, 上下向黑魚尾	題簽題:繪圖精忠說岳全傳, 版心題:繪圖精忠 說岳全傳, 刊記:上海芝和書局印行	慶北大學校 [古] 812.3 증736
新增精忠演義說本岳王全傳	錢彩(淸)編次, 金豊(淸)增訂, 英德堂, 淸朝末期刊	20卷11冊, 中國木版本, 18.1×11.5㎝, 四周單邊, 半郭:13.5×10.5㎝, 無界, 14行24字, 上黑魚尾, 紙質:竹紙	序:甲子(?)孟春上澣永福金豊識于餘慶堂, 刊記:英德堂梓	成均館大學校 D7C-73
繡像精忠演義說岳全傳	錢彩(淸)編次, 金豊(淸)增訂, 上海, 錦章書局, 中華1(1912)刊	不分卷8冊, 中國石印本, 20.3×13.4㎝, 四周雙邊, 半郭:18×12.1㎝, 28行62字, 上黑魚尾, 紙質:竹紙	題簽:繪圖精忠說岳全傳, 序:民國元年(1912)仲冬之月, 刊記:上海錦章圖書局石印	成均館大學校 (曺元錫) D7C-146

書 名	出 版 事 項	版 式 狀 況	一 般 事 項	所藏處/所藏番號
	著者未詳, 上海, 上海廣益書局, 民國3(1914)敍	8卷6冊(卷1~8), 20.1×13.2cm, 有圖, 四周單邊, 半郭:17.4×12cm, 無界, 26行55字, 上下向黑魚尾	版心題:繪圖說岳全傳, 包匣題:繪圖精忠說岳全傳, 表題:繪圖精忠說岳全傳, 表題:繪圖精忠說岳全傳, 敍:民國三年歲次甲寅(1914)仲秋之月桐陰居士重法於凉軒, 刊記:上海廣益書局總發行	東亞大學校 (3):12:2-95
	仁和錢彩錦文氏 編次	7卷7冊(零本), 中國板本, 20.5×13.5cm, 四周雙邊, 半郭:17.7×12cm, 無界, 28行60字, 註單行, 白口, 上下向黑魚尾	漢文, 楷書, 表題:繪圖精忠說岳全傳, 刊記:上海錦章圖書局印刊	韓國國學 振興院 受託, 고성이씨 간산문중 KS0574-1-04-00056
繪圖精忠說岳全傳	錢彩(淸)編次, 金豊(淸)增訂,上海 錦章圖書局, 中華元年(1912)刊	8卷1冊, 中國石印本, 20×13.5cm, 有圖, 四周雙邊, 半郭:18×12.5cm, 行字數不定, 上內向黑魚尾	序:民國元年(1912)仲冬之月, 刊記:上海錦章圖書局石印	國史編纂委員會 D7C-3
	錢彩(淸)編, 錦章圖書局, 19--	8卷(卷1~8), 20.2×13.4cm		大邱 가톨릭 大學校, 동822.5-전812ㅎ
精忠說岳全傳	著者未詳, 上海, 廣益書局, 刊寫年未詳	12卷8冊1匣(所藏:1~4), 中國石印本, 有圖, 19.7×13.3cm, 四周單邊, 半郭:16.8×11.9cm, 有界, 20行44字, 花口, 上下向黑魚尾		國民大學校 [고]823 족01

40. 白圭志

≪白圭志≫는 총 4권 16회본으로 一名 ≪第八才子書≫·≪第十才子書≫·≪第一才女傳≫이라고 하는 淸代의 才子佳人小說이다. 博陵 崔象川이 편집하고 何晴川이 評을 달았다고 되어 있지만 崔象川에 대해서는 전혀 알려진 바가 없으며 단지 乾隆과 嘉慶 年間에 생존했던 博陵 사람일 것이라 짐작된다.

≪白圭志≫의 가장 이른 판본은 嘉慶 10年(1805) 補餘軒 간행본이 있는데, ≪第八才子書白圭志≫라고 되어 있다. 이외에 道光 辛丑年(1841) 補餘軒 간행본·咸豊 9

年(1859) 右文堂 간행본 · 同治 元年(1862) 文德堂 간행본 · 光緒 甲午年(1894) 崇文書局 石印本 등이 있다.

咸豊 9年(1859) 右文堂 간행본은 ≪第十才子書白圭志≫라고 되어 있고 속지에는 '咸豊己未新鐫'·'紀曉嵐評第十才子'·'繡像白圭全傳'·'右文堂版' 등이 새겨져 있다. 첫 부분에 晴川居士의 序文이 있고 元·亨·利·貞의 4집으로 나뉘어 있으며 8폭의 초상과 評語가 있다. 同治 元年(1862) 文德堂 간행본은 序文이 없고 8폭의 그림과 評語가 있다. 光緒 甲午(1894) 崇文書局 石印本은 이 작품의 제목을 ≪第一才女傳≫으로 바꾸고 있다.[309)]

≪白圭志≫가 언제 朝鮮에 유입되었는지에 대해서는 명확히 알 수 없다. 그렇지만 현재 국내에 중국 목판본과 석인본이 현존하고 있는 것으로 보아 대략 19세기일 것으로 보인다. 한글 필사본(박재연 소장) ≪빅규지≫의 필사 상태를 보면 각 면마다 글자 크기가 고르지 않고 그 수도 정확하지 않지만 대체적으로 24자 내외가 주를 이루고 있다. 따라서 이 작품의 필사 시기는 대개 19세기 말에서 20세기 초라고 추측할 수 있겠다.[310)]

원전 ≪白圭志≫와는 달리 한글 필사본 ≪빅규지≫는 卷次와 回次가 없고 제1회부터 제10회 중반까지만 번역 필사되어 있으며 뒷부분 제11회부터 제16회까지는 누락되어 있다. 이 작품의 한글 필사본이 존재한다는 문헌 기록이 전혀 남아 있지 않았는데, 2008년 박재연이 발굴하였다.[311)]

≪白圭志≫의 내용은 다음과 같다. 明나라 때 才子 張庭瑞는 佳人 楊菊英과 서로 혼인하기로 약속하지만 양국영의 부친이 강력하게 반대하여 양국영은 고민 끝에 우물에 투신자살하고 만다. 그 사실을 안 장정서는 상심하다가 劉秀英을 만나서 다시 사랑에 빠진다. 우여곡절 끝에 양국영은 다시 살아나 장정서와 재회하고 세 사람이 혼인하게 된다. 아울러 재자 武建章은 가인 張蘭英과 만나 사랑에 빠지게 되는데 이 두 가지 이야기가 엇섞여 가면서 내용이 전개된다. 결국 이들 5명의 재자가인들은 애정과 혼인을

309) 江蘇省社會科學院 明淸小說硏究中心文學硏究所 編, ≪中國通俗小說總目提要≫, 中國文聯出版公司, 1991. 600쪽 참조.

310) 박재연, 〈조선시대 재자가인소설의 전래와 수용-새로 발굴된 ≪빅규지≫를 중심으로〉, ≪中國語文學論集≫ 第51號, 2008. 8, 463-495쪽 참조.

311) 김영·박재연·이상덕 교주, ≪빅규지≫, 선문대학교 중한번역문헌연구소, 2008. 머리말 참조.

완결하여 행복하게 된다는 이야기이다.

국내에는 中國木版本이 延世大, 成均館大에 소장되어 있고 中國石印本은 雅丹文庫, 東亞大, 慶北大 등에 소장되어 있으며, 한글본은 선문대 박재연이 소장하고 있다. 中國木版本은 각각 4卷 4冊, 6卷 4冊으로 되어 있고, 中國石印本은 4卷 4冊으로 되어 있으며 한글본은 낙질본으로 1冊 106張으로 되어 있다.

書名	出版事項	版式狀況	一般事項	所藏處/所藏番號
第十才子書白圭志	崔象川(淸)輯, 江左書林梓行	4卷4冊, 中國木版本, 有圖, 16cm, 左右雙邊, 11×8.1cm, 8行16字, 上下小黑口, 上下單邊	內題:第十才子書繡像白圭志, 外題:白圭志, 序:晴川居士題	延世大學校 812.36/56
第十才子書	吳航野客編次, 水若散人(淸)評閱, 淸嘉慶16(1811)序	6卷4冊, 中國木版本, 14.7×10cm, 四周單邊, 半郭:10.9×7.15cm, 無界, 上黑魚尾, 紙質:竹紙	序:旹嘉慶辛未年(1811)菊月下浣水若散人書乎琬香齋, 註:一名雙美緣	成均館大學校 D7C-95
繪圖第八才子書白圭志	崔象川(淸)輯, 刊寫地未詳, 廣益書局, 民國1(1912)	4卷4冊(卷1~4), 中國石印本, 有圖, 14.6×8.8cm, 四周雙邊, 半郭:12.4×7.7cm, 無界, 16行38字, 上下向黑魚尾	包匣題·標題:繡像白圭志八才子書, 序:光緖戊申(1908)淸和月中浣晴川居士題于湖北之藕香館, 刊記:中華民國元年(1912)廣益書局石印	東亞大學校 (3):12:2-16
		4卷4冊, 中國石印本, 有圖, 14.9×9cm, 四周雙邊, 半郭:12.5×8cm, 無界, 16行38字, 上下向黑魚尾	題簽題:繡像白圭志八才子書, 版心題:繪圖第八才子書, 序:光緖戊申(1908)…北之藕香館, 刊記:中華人民共和國元年(1912)廣益書局石印	慶北大學校 [古] 812.3 최51ㅎ
		1冊(缺帙), 中國石印本, 14.9×9cm	標題:繡像白圭志八才子書, 表題:白圭志, 序:光緖戊申(1908)…晴川居士題于, 刊記:中華民國元年(1912)廣益書局石印	高麗大學校 대학원C14-B51-1
	崔象川(淸)輯, 中國, 刊寫者未詳, 淸朝末-民國初	4卷4冊(卷1~4), 中國石印本, 有圖, 13.1×8.2cm, 四周雙邊, 半郭:11.2×6.8cm, 無界, 14行31字, 花口, 上下向黑魚尾, 紙質:竹紙	表題:繪圖第八才子白圭志, 裏題:繡像白圭志八才子書, 版心題:八才子白圭志, 序:晴川居士題	全南大學校 3Q-수51ㅊ
	崔象川(淸)輯, 刊寫地未詳, 刊寫者未詳, 刊寫年未詳	4卷4冊(卷1~4), 中國石印本, 有圖, 13.1×8.2cm, 四周雙邊, 半郭:11.2×6.8cm, 無界, 14行31字, 上黑魚尾, 紙質:竹紙	裏題:繡像白圭志八才子書, 版心題:八才子白圭志, 表題:繪圖第八才子白圭志, 序:晴川居士題	全南大學校 3Q-수51ㅊ-v.1-4
		4卷4冊, 中國石印本, 半郭:12.3×7.7cm, 16行38字, 上黑魚尾		雅丹文庫 823-최52ㅎ

書 名	出版事項	版式狀況	一般事項	所藏處/所藏番號
第八才子書白圭志	崔象川(淸)輯, 盛德堂, 淸朝後期刊	4卷4冊, 中國木版本, 有圖, 15.9×9.9cm, 四周單邊, 半郭:12×76cm, 無界, 8行16字, 小黑口, 紙質:竹紙	裏題:繡像第八才子書, 版心題:白圭志, 刊記:盛德堂梓	成均館大學校 D7C-93
繡像白圭志八才子書	上海, 廣益書局, 光緖34(1908)	4卷4冊, 中國石印本, 有圖(2張), 15×8.5cm, 四周雙邊, 半郭:12.3×8.1cm, 無界, 16行38字, 上黑魚尾	序:光緖戊申(1908)… 于滬北之藕香館	梨花女子大學校 [고] 812.3 수61백
繡像第八才子書	崔象川(淸)輯, 何晴川(淸)評, 經國堂, 淸版本	4卷4冊, 中國木版本, 16.3×10.4cm	卷頭書名:第八才子書白圭志, 版心書名:白圭志, 序:晴川居士, 印:集玉齋, 帝室圖書之章	奎章閣 [奎중]6137
빅규지(白圭志)		1冊106張, 每面11~15行	4卷16回, 1~10回 중반까지 번역	鮮文大 朴在淵

41. 綠野仙踪

이 작품의 著者는 李百川으로 알려져 있다. 李百川은 대략 康熙 59年(1720)에서 乾隆 36年(1771)까지 생존하였던 인물이다. 抄本 自序에 의하면 李百川의 생애와 ≪綠野仙踪≫의 산생과정에 대해서 비교적 자세히 쓰여 있다. 그 내용은 다음과 같다.

> "代人借四千余金, 累歲破産, 弥縫僅償其半", 因而 "携家存旧物, 遠貨揚州", 不料誤信煉丹成仙之說, 致使古董散失。生活无着, 投奔宦游鹽城之家叔, 又遭疾病纏繞, 延医无效, 逐遵叔命, "著書自娱"。是年冬十一月, 赴揚州就医, 長夜難眠, 草創三十回, 定名≪綠野仙踪≫, 得同寓者贊許。后又到担任遼州牧的堂弟處謀生, 用九个月時間, 有寫了二是一回。在赴梁州的旅途中寫成數回。乾壬年(1762), 到達河南, 方始寫完。
>
> (사천여금을 빌렸는데 날이 갈수록 빈궁해져 아직 그 반도 갚지 못하였다. 그래서 집에 남은 물건을 가지고 揚州로 이사하였으나 煉丹成仙의 말을 믿어 남은 재산마저 다 탕진하게 되었다. 생활이 여의치 않자 鹽城의 숙부에게 의탁하다가 병에 걸려 치료했으나 잘 낫지 않았다. 숙부의 뜻을 따라 책을 쓰는 것을 낙으로 삼았다. 이 해 겨울 11월 揚州에 치료차 갔다가 밤잠을 못 이루던 차에 초고 30회를 쓰고 ≪綠野仙踪≫이라고 이름 붙였다. 같이 있던 사람이 贊을 써주었다. 뒤에 遼州의 州牧에 임명된 사촌에게 가서 9개월 동안 21회를 더 쓰게 되었다. 梁州에 오는 도중에 수회를 더 썼다. 건륭 壬年(1762)에 河南에

이르렀을 때 비로소 완성되었다.)[312]

≪綠野仙踪≫ 판본은 100回 筆寫本 系列과 80回 刻本 系列이 있다. 筆寫本은 繁本系列이고 版刻本은 簡本系列로 筆寫本이 먼저 나오고 版刻本은 筆寫本을 底本으로 해서 내용을 축약해서 版刻한 것이라 할 수 있다.

필사본과 판각본의 차이에 대해서는 여러가지 의견이 있다. 뒤에 나온 판각본이 20回 약 15萬字가 축소되면서 내용상에 변화가 일어났는데 그 차이에 대해서 미약하다고 보는 견해와 編著者가 의도적으로 删去를 해서 人物들의 思想傾向에 있어서도 변화가 일어났다고 보는 견해도 있다. 80回本은 100回本에 비해서 내용이 정리되었다고 볼 수도 있으나 기본적으로 작가의 의도를 살리지 못하였다고 본다.

결론적으로 80回 刻本이 100回 筆寫本에 비해서는 판본상으로 볼 때는 우수하지 못하다고 할 수 있다. 그럼에도 불구하고 100回本은 사라지고 乾隆 以後에 80回本이 주로 유행한 것은 몇 가지 이유가 있다. 첫째는 忠君思想이 강화되고 性에 대한 묘사를 산거해 버림으로써 封建社會의 윤리에 적합하게 내용이 변화된 것이라 할 수 있다. 둘째로 編著者는 비록 문학적 소양은 원저자인 李百川에 미치지 못하지만 단순한 상업적 이익을 위해 원가 절감 차원의 删去가 아니라 原作에 대한 나름대로의 改作을 한 것이라 볼 수 있다.[313]

筆寫本 중에 주요 판본은 北京大 소장본과 미국 오하이오 대학 소장본이 있는데 오하이오 대학 소장본이 더 앞선 것으로 보인다. 刻本은 오하이오 대학 소장본을 底本으로 하고 北京大 소장본을 참고로 하여 版刻한 것으로 보고 있다.[314]

---

312) 江蘇省社會科學院 明淸小說硏究中心 文學硏究所 編, ≪中國通俗小說總目提要≫, 中國文聯出版公司, 1990년, 525쪽 참조.

313) 周 晴, 〈綠野仙踪抄本, 刻本關係及優劣淺議〉, 제91期, 2009년, 301-307쪽 참조. 이런 견해는 ≪中國通俗小說總目提要≫에서도 볼 수 있다. 내용과 줄거리의 순서상에서 版刻本은 부분적으로 합치고, 압축하고, 조정하였다. 筆寫本은 文字가 정확하고, 言語도 완벽하며, 줄거리는 풍부하고 순서가 명확하다. 이에 반해서 版刻本은 筆寫本의 批評語를 본문에 집어넣기도 하고, 回目의 上下가 댓구가 되지 않고, 심지어 回目과 본문이 서로 맞지 않는 경우도 있다고 하였다. 版刻本은 筆寫本과는 文句와 줄거리가 달라져 楊繼盛이 피살당하고, 冷于冰이 재난을 구휼하는 등의 줄거리를 첨가하여 筆寫本의 사상 경향을 더욱 명확히 하였다고 보고 있다. 江蘇省社會科學院 明淸小說硏究中心 文學硏究所 編, ≪中國通俗小說總目提要≫, 中國文聯出版公司, 1990년, 525쪽 참조.

北京大學圖書館 소장본은 먼저 著者의 自序가 있고 또 山陰陶家鶴이 乾隆 29年(1764) 2월에 쓴 序, 洞庭侯定超가 乾隆 36年(1771)에 쓴 序가 있다. 본문 전에 虞大人의 總評이 있고 매 회에 夾評이 있다. 본문은 한 面이 9行 25字로 되어 있고 人物肖像이 42幅 있다. 앞에는 人物肖像이 있고 뒤에 贊이 있는데 그 중 15人은 肖像만 있고 贊이 없다.

刻本系列의 주요 판본으로는 道光 10年(1830) 刻本, 藝林山房 소장본, 道光 20年(1840)의 武昌 聚英堂의 小型 刊本 等이 있다.

道光 10年(1830) 刻本은 中型으로 "道光十年新鐫"라고 刊記가 적혀 있다. 圖贊이 8면인데 매 면마다 人名과 畵像이 하나씩이고, 아울러 題贊이 있다. 제목 뒤에 陶家鶴, 侯定超 등의 序가 있는데 판본은 陶家鶴의 序 5, 6번째 페이지와 侯定超의 序 5, 6번째 페이지가 바뀌어져 있다. 이책은 현재 南京師範大學 圖書館과 英國博物院에 소장되어 있다.

藝林山房 소장본은 안표지의 책 제목이 道光 10年 版刻本과 字體와 排列이 다를 뿐 全書의 書型, 冊數, 면수, 回目, 字體, 題跋, 圖贊 등은 모두 일치한다. 또한 道光 10年 판본의 陶家鶴, 侯定超의 序중 署名이 잘못된 것을 고쳐, 이름을 바로잡고 序言의 순서도 侯定超, 陶家鶴으로 바꾸었다.

道光 20年(1840)의 武昌 聚英堂의 小型 刊本은 著者 自序가 없으며, 80回로 만들고 批評도 빠져 있다. 또 光緖 20年(1894), 民國 13年(1924) 上海書店局의 石印本이 있는데 文字上으로 石印本은 抄本을 근거로 하였기 때문에 속표지 뒤에 책 제목이 있으며 두 번째 면은 두 行으로 나누어 "光緖丙申孟春", "上海書局石印" 등의 글자가 적혀 있다. 道光 10年本의 착오는 石印本에서는 여전히 고치지 않았는데 뜻이 통하지 않을 때는 임의대로 첨삭한 것으로 보인다.[315)]

≪綠野仙踪≫의 내용은 장원급제 하였으나 억울하게 낙방하여 세상을 등지고 입산하여 도를 닦는 冷于冰을 중심으로 전개되며 결국 도를 터득하는 이야기이다.

國內에 유입된 시기에 대해서는 자세한 기록이 보이지 않아 정확히 알 수 없으나 대

314) 翟建波, 〈綠野仙踪板本, 作者再證〉, ≪廣西師範學院學報≫, 2004년 10월, 25卷 4期, 78-81쪽.

315) 江蘇省社會科學院 明淸小說硏究中心 文學硏究所 編, ≪中國通俗小說總目提要≫, 中國文聯出版公司, 1990년, 525쪽 참조.

략적으로 朝鮮後期에 유입되었을 것으로 추정된다. 奎章閣에는 10冊 落帙本이 소장되어 있다. 東亞大에 소장된 ≪繡像綠野仙踪≫과 ≪繡像綠野仙踪全傳≫은 책의 크기도 다르고 각각 11行 25字와 9行 21字로 한 면의 字數도 다른 것으로 보아 다른 판본이 확실하다. ≪繡像綠野仙踪全傳≫은 주요 판본인 道光 10年 판본이다. 成均館大 소장본은 ≪綠野仙踪全傳≫은 20冊으로 裏題는 ≪繡像綠野仙踪全傳≫이고 版心題는 ≪綠野仙踪≫으로 되어 있다. 序에 "乾隆三十六年(1771)洞庭超拜書"라 적혀 있고, 刊記에 "道光 丁未(1847)新鐫, 京都務本堂梓"라고 되어 있어 1847년에 務本堂에서 版刻한 판본임을 알 수 있다.

書名	出版事項	版式狀況	一般事項	所藏處/所藏番號
綠野仙跡	著者未詳, 清版本	10冊(零本, 41~80回), 中國木版本, 18.8×12cm	印:集玉齋, 帝室圖書之章	奎章閣 [奎중]5823, 5824
繡像錄野仙踪	著者未詳, 刊寫地未詳, 刊寫者未詳, 刊寫年未詳	16卷16冊(卷1~16), 16.3×11.1cm, 有圖, 四周單邊, 半郭:12.2×9.7cm, 無界, 11行25字, 上下向黑魚尾	包匣題 및 版心題:錄野仙踪, 刊記:道光乙巳年(1845)新鐫	東亞大學校 (3):12:2-8
綠野仙踪全傳	百門(淸)著, 京都, 務本堂, 道光27 (1847)刻後刷	80回20冊, 中國木版本, 19×12cm, 有圖, 左右雙邊, 半郭:14.4×9.8cm, 有界, 9行21字, 上黑魚尾, 紙質:竹紙	裏題:繡像綠野仙踪全傳, 版心題:綠野仙踪, 序:乾隆三十六年(1771)洞庭超拜書, 刊記:道光丁未(1847)新鐫, 京都務本堂梓	成均館大學校 D7C-15
繡像綠野仙踪全傳	著者未詳, 刊寫地未詳, 刊寫者未詳, 道光10(1830)	16冊(冊1~16), 中國木版本, 18.1×11.9cm, 有圖, 四周單邊, 半郭:13.9×10.1cm, 9行21字, 黑口, 上下向黑魚尾	目錄題:錄野仙踪, 序:乾隆三十六年(1771)洞庭定超拜書, 序:乾隆二十九年(1764)春二月山陰弟家鶴謹識, 刊記:道光十年(1830)新鐫	東亞大學校 (3):12:2-2

42. 希夷夢

≪希夷夢≫은 44回로 되어 있고 一名 ≪海國春秋≫라고도 한다. 著者가 기록되어 있지 않지만 서문에 의거해 汪寄가 작자임을 추정하고 있다. 그는 字가 汪寄이며 號는 蜉蝣라고도 한다. 그는 지금의 安徽 黃山 사람으로 대략 乾隆 年間에 활동하였던 인

물이다.

주요 판본으로는 嘉慶 14年(1809) 本堂刻本, 淸刊本, 光緖 4年 翠筠山房刊本 등이 있다.

현존하는 가장 이른 판본인 嘉慶 14年(1809) 本堂刻本은 自序, 吳雲北의 序, ≪南游兩經蜉蝣墓幷獲〈希夷夢〉稿記≫가 있다. 自序와 吳雲北의 序를 보면 吳雲北이 판각했음을 짐작할 수 있다. ≪南游兩經蜉蝣墓幷獲〈希夷夢〉稿記≫는 비록 누가 쓴 것이라고 명시되어 있지 않으나 아마도 저자인 汪寄가 쓴 것으로 추정된다. 또한 ≪南游兩經蜉蝣墓幷獲〈希夷夢〉稿記≫중에서 "丙午仲春, 西入華兵"이라고 적혀 있는 것으로 보아 적어도 乾隆 51年(1786)이전에는 ≪希夷夢≫이 완성 되었다는 것을 알 수 있고 비록 本堂刻本이 初版이 아니더라도 시간상의 차이가 많이 나지는 않는 것을 알 수 있다.[316] 圖像 12폭이 나오는데 그림과 贊이 각각 반 페이지를 차지하고 있는 中小型 판본이다.

上海 蘇報館校印本은 ≪海國春秋≫로 제목을 바꾸었고 12卷 44회로 되어 있는데 현재 南京圖書館에 소장되어 있다.[317]

≪希夷夢≫은 著者가 순국충신 韓通을 기리기 위해서 썼다고 自序에서 밝히고 있다. 그러나 사실 韓通이 군대를 이끌고 나라를 구한 이야기는 매우 간단하다. 대부분 呂仲卿과 韓通의 동생 韓速이 浮石國과 浮金國에 가서 나라를 건립하고자 했지만 결국 일장춘몽이었음을 서술하고 있다.[318]

國內 유입시기에 대해서는 자세히 알 수 없으나 대략적으로 朝鮮末期로 추정하고 있다. 奎章閣에 光緖 4年(1878) 翠筠山房藏板이 소장되어 있다. 모두 2부로 한 부는 완질본으로 40卷 20冊이고 한 부는 落帙本으로 8冊만 남아 있다. 또한 韓國學中央硏究院 소장본도 落帙本으로 5冊만 남아 있는데 奎章閣 소장본과는 책의 크기 등이 다른 것으로 보아 다른 판본으로 보인다.

---

316) 郭楊, 〈不應被冷落的希夷夢〉, ≪明淸小說硏究≫, 제76期, 2005년, 212-213쪽 참조.

317) 江蘇省社會科學院 明淸小說硏究中心 文學硏究所 編, ≪中國通俗小說總目提要≫, 中國文聯出版公司, 1990년, 555쪽 참조.

318) 李明軍, 〈論18世紀文人小說的文人英雄形象〉, ≪求索≫, 2001년 2월.

書名	出版事項	版式狀況	一般事項	所藏處/所藏番號
希夷夢	編者未詳, 翠筠山房藏板, 光緖4(1878)	40卷20册, 中國木版本, 15.6×10.6㎝	印:集玉齋, 帝室圖書之章	奎章閣 [奎중]6197
		8册(零本, 卷1~22), 中國木版本, 15.6×10.6㎝	印:集玉齋, 帝室圖書之章	奎章閣 [奎중]6198
	編者未詳, 淸朝中期	11卷5册(卷28~38, 5册存), 中國木版本, 16×20.3㎝, 四周單邊, 半郭:12.2×8.2㎝, 有界, 9行20字, 上黑魚尾, 紙質:綿紙		韓國學中央硏究院 4-250

43. 錦香亭記

≪錦香亭記≫는 4권 16회본으로 淸代 ≪錦香亭≫을 다시 개작하여 만든 작품으로 一名 ≪睢陽忠毅錄≫·≪第一美女傳≫·≪錦香亭綾帕記≫라고 하는 才子佳人小說이다. ≪錦香亭≫의 판본은 淸初의 寫刻本·岐園藏 판본·經無堂 간행본·光緖 20年(1894) 上海 石印本 등이 있다.

≪錦香亭記≫가 언제 조선에 유입되었는지에 대해서는 兪晩柱(1755~1788년)의 ≪欽英≫에 드러나고 있다. 이 문헌자료를 통해 ≪錦香亭≫이 18세기 중후반에 16회본 岐園藏 판본이 국내에 전래되었음을 알 수 있다.

≪錦香亭記≫는 1891年(高宗 28年) 한글 필사본이 서울대 奎章閣에 남아 있는데, 총 7권 7책으로 되어 있다. ≪錦香亭≫은 ≪금향졍긔≫·≪금향졍녹≫이란 서명으로 번역되어 현재 필사본을 포함한 방각본·구활자본 등 여러 형태로 존재하고 있다.

이 작품의 번역 양상을 살펴보면 ≪錦香亭記≫는 중국소설 ≪錦香亭≫을 번역했지만 첨역한 부분이 있으며 일부 내용은 변형되어 있다.[319) 이 점은 번역자가 작품의 내용을 선별적으로 수용하고 있음을 드러내는 것이다.[320)]

그 외에 3권 3책본이 한국학중앙연구원에 있으며 잔본 가운데 여러 종류가 각지에 산재되어 있다. 아울러 번역과 번안이 혼재되어 있는 작품들도 상당히 많이 남아 있다.

≪錦香亭記≫의 내용은 다음과 같다. 唐나라 玄宗 때 鍾景期는 고아가 되었다가 과

319) ≪錦香亭≫은 여타의 才子佳人小說과는 달리 널리 전파되었고 수용되었으며 講唱과 공연예술로 변용되었다는 점에서 상당한 가치를 지니고 있다.
최수경, 〈≪錦香亭≫연구〉, ≪중국문화연구≫ 제1집, 2002. 12. 403-430쪽 참조.

320) 강문종·박재연 교주, ≪금향졍긔≫, 이회문화사, 2005. 머리말 참조.

거를 치른 후에 錦香亭에서 미녀 葛明霞를 만나 사랑을 느끼고 미래를 약속한다. 과거에 급제한 종경기는 安祿山을 탄핵했다가 유배 가는 도중에 雷萬春에게 구출되고 그의 조카 雷天然과 결혼한다. 한편 갈명하는 부친이 탄핵당하는 바람에 고난을 겪다가 죽은 것으로 알려졌다가 살아나고 衛碧秋는 葛氏 집안의 양녀가 된다. 종경기는 난을 평정하고 세 명의 미인을 아내로 삼고 은거하다가 죽는다. 또한 남녀의 사랑 이외에도 安祿山의 난, 楊貴妃와 郭子儀에 대한 이야기가 삽입되어 있어 역사성을 구비하고 있다.

국내에는 木版本이 유일하게 成均館大에 소장되어 있는데, 1920년경에 간행된 것으로 보인다. 한글 필사본은 奎章閣, 韓國學中央硏究院, 國立中央圖書館 등에 소장되어 있는데, 각각 판식이 다른 것으로 보아 국내에 광범위하게 전파되었음을 알 수 있다.

書名	出版事項	版式狀況	一般事項	所藏處/所藏番號
금향졍긔(錦香亭記)	著者未詳, 年紀未詳	7卷7册, 筆寫本, 22×17㎝, 紙質:楮紙	卷末:歲在辛卯孟冬日藥峴畢書	奎章閣 [古]3350-59
錦香亭記	刊寫地未詳, 刊寫者未詳, 刊寫年未詳	6册, 한글筆寫本, 26.4×19.8㎝		嶺南大學校 古詔813.6-금향정
금향졍긔	著者未詳, 1910	全3卷3册, 國文筆寫本, 28.5×17.8㎝, 紙質:楮紙	筆寫記:경슐(1910)이월즁현의 빅셕동셔등츌흠, 월즁현의빅셕동셔등출 16㎜R[Nega], 178f	韓國學中央硏究院 D7B-125/R16N-001132-17
금향뎡기		1册, 31.6×20.2㎝		國立中央圖書館 [한]48-168
금향뎡긔(錦香亭記)	作者未詳, 1920頃刊	不分卷1册, 木版本, 27.3×18.5㎝, 四周單邊, 半郭:21×17.3㎝, 15行25字, 上二葉花紋魚尾, 紙質:楮紙		成均館大學校 D7B-53
	刊寫地未詳, 刊寫者未詳, 刊寫年未詳	3册, 筆寫本, 30×20.2㎝, 無界, 10行21字內外, 無魚尾	일반동산문화재 한글本, 寫記:병오(?)삼월초일일종	西江大學校 고서 금92 v.1
금향정기		1册, 國文筆寫本, 25.6×17.5㎝	筆寫記:丁丑二月…謄	高麗大學校 C14-A28
	刊寫地未詳, (由洞, 1847~1856)	京本:2卷2册	이능우/유탁일 서적 근거	東洋語學校(Paris)
	刊寫地未詳, 1860년 前後	3卷3册, 坊刻本	이능우/유탁일 서적 근거	未詳

書名	出版事項	版式狀況	一般事項	所藏處/所藏番號
금향뎡긔	1冊, 國文筆寫本		19세기말(추정)	鮮文大 朴在淵

44. 廻文傳

≪合錦廻文傳≫은 전체 16권으로 一名 ≪合錦廻文傳≫이라고 하며 乾隆과 嘉慶年間의 작품으로 추정되는 才子佳人小說이다. ≪合錦廻文傳≫의 판본은 嘉慶 3年(1798) 寶硯齋 간행본과 道光 6年(1826) 大文堂 간행본이 있다. 寶硯齋 간행본은 한 면이 8행, 1행은 18자이며 10폭의 수상이 있다. 국내에는 서울대 중앙도서관에 本堂藏 판본인 ≪繡像合錦廻文傳≫(16권 8책) 1종이 소장되어 있다. 이 판본의 간행연대는 명확하게 알 수는 없지만 청대 판본으로 추정된다.

이 작품의 저자는 李漁라고 추정되고 있는데, 아직 명확하게 고증되지 않았다. 李漁(1611~1680)는 처음에 仙侶라는 이름을 썼다가 이후 漁라고 개명하였고 字는 謫凡이며 號는 笠翁이다. 漢族으로 浙江省 金華 사람인데, 明末淸初의 文學家이자 戱曲家로 저서에는 ≪凰求鳳≫·≪玉搔頭≫ 등의 희곡과 ≪肉蒲團≫·≪覺世名言十二樓≫·≪無聲戱≫·≪連城壁≫ 등의 소설 등이 있다.[321]

朝鮮 시대에는 수많은 서적들이 유입되었지만 그중에서도 중국 才子佳人小說이 매우 많았다. 특히 思悼世子의 ≪中國小說繪模本≫(1762년)의 서문과 현종(1660~1674년)의 한글로 된 편지 및 문인들의 문집 그리고 尹德熙(1685~1766년)의 ≪字學歲月≫과 ≪小說經覽者≫·兪晩柱의 ≪欽英≫ 등의 기록을 통해서 그 사실을 알 수 있다.

≪合錦廻文傳≫에 대한 최초의 기록은 尹德熙의 ≪小說經覽者≫(1762년)에 廻文傳이라 적혀 있다. 이 기록은 중국에서 현존하는 가장 오래된 판본인 寶硯齋 간행본(1798년)보다 36년이나 앞서고 있다. 따라서 이 작품이 창작된 이후 朝鮮에 유입되었던 기간까지 고려해 보면 ≪合錦廻文傳≫의 창작시기는 이보다 훨씬 더 이전이었을 것이

321) 江蘇省社會科學院 明淸小說硏究中心文學硏究所 編, ≪中國通俗小說總目提要≫, 中國文聯出版公司, 1991. 576쪽 참조.

라 추측된다.

≪合錦廻文傳≫은 18세기에 필사 번역된 것으로 보이며 한글 필사본 두 종이 현재 남아있다. 우선 東國大 중앙도서관 불교학자료실의 소장본을 살펴보면, 이 판본은 한글로 ≪회문뎐≫이라 되어 있고 원전을 충실하게 번역하였다. 전반적으로 탈자와 오자 및 누락된 부분은 붉은 색으로 보충하거나 수정했고, 또 글자체가 대단히 아름다운 편이라 궁중본일 것으로 보인다. 특이하게도 원전 ≪合錦廻文傳≫ 권3의 마지막 부분의 내용과 한글 필사본의 내용이 매우 상이하다. 한글 필사본은 원전에 없는 결말 부분을 첨가하여 번역했는데, 이로 보아 이 필사본의 번역 판본은 현존하는 판본이 아니라 다른 판본이었을 가능성이 있다.[322]

또 다른 판본은 양승민 소장본 ≪회문뎐≫이다. 한 사람이 여러 가지 글자체로 필사한 것으로 보이고 오탈자와 누락된 부분은 수정되어 있다. 동국대 소장본과 번역 형태, 내용, 표기법 등에서 거의 유사하기 때문에 아마도 그와 비슷한 시기인 18세기에 필사되었을 것으로 보인다.[323]

≪合錦廻文傳≫의 내용은 다음과 같다. 唐나라 때 梁孝廉의 아들 梁棟材는 신동으로 이름을 날리다가 桑夢蘭을 만나 서로 그림을 빙물로 삼아 혼인을 약속한다. 그러다가 두 사람이 여러 가지 사정으로 인해 헤어졌다가 우여곡절 끝에 결국 결혼하게 되고 아울러 양동재는 劉夢蕙와도 혼인을 하게 되어 두 명의 미인을 얻게 되는 이야기를 다루고 있다.

국내에는 筆寫本이 國立中央圖書館과 박재연이 소장하고 있는데 각각 35장, 1책으로 되어 있다. 나머지 한글 필사본은 동국대, 선문대, 한국학중앙연구원, 誠庵文庫에 소장되어 있는데, 각각 다른 판본인 것으로 보인다. 동국대 소장본은 5권 5책이고, 양승민 소장본은 4권 4책이며, 한국학중앙연구원 소장본은 1冊 45張이고, 誠庵文庫 소장본은 1冊 41張으로 되어 있다.

322) 김영, 〈신자료 번역필사본 회문뎐 연구〉, ≪中語中文學≫ 第45輯, 2009. 12, 127-169쪽.
323) 김영 교주, ≪회문뎐≫, 학고방, 2009. 머리말 참조.

書名	出版事項	版式狀況	一般事項	所藏處/所藏番號
회무뎐(回文傳)	著者未詳, 刊寫者未詳, 朝鮮朝末期寫	5卷5冊, 筆寫本, 29.5×21.2cm, 無界, 10行15~17字, 紙質:楮紙	表題:回文傳	東國大學校 D813.5 회37
직금회문	著者未詳, 年紀未詳	1冊(45張), 筆寫本, 32.7×28.4cm	附:八道地理誌	韓國學中央研究院 D7B-16
	刊寫地未詳, 刊寫者未詳, 壬申, 著者未詳	線裝1冊(54張), 筆寫本, 無界, 12行字數不定, 29.5×27.5cm	卷首:너에게 붙이는 글 열가지, 合綴:유한당견지이	檀國大學校 율곡기념도서관 고853.5-직454
	刊寫地未詳, 刊寫者未詳, 刊寫年未詳	東裝1冊, 筆寫本, 四周無邊, 無界, 10行13字, 30×21.2cm		啓明大學校 동산도서관 811.8-직금회
딕문회문	著者未詳, 1921年寫	1冊(41張), 한글筆寫本, 30.8×22.4cm, 16行字數不定, 紙質:楮紙	表題識記:辛酉(1921)季春 日粧	誠庵文庫 4-1383
織錦回文		1冊, 筆寫本	閨中破寂軍	鮮文大 朴在淵
蘇娘織錦回封	著者未詳, 年紀未詳	35張, 筆寫本, 34.2×28cm		國立中央圖書館 [貴]674, [승계古]3636-36
蘇氏織錦回文錄	著者未詳, 刊寫地未詳, 刊寫者未詳, 哲宗 5(1854)	1冊(58張), 朝鮮筆寫本, 36.7×23.2cm	卷末:갑인사월초구일	서울大學校 奎章閣, 한국학연구원, 813.5-So73h
쇼야랸 직금회문	著者未詳, 刊寫地未詳, 刊寫者未詳, 刊寫年未詳	1冊(42張), 筆寫本, 挿圖, 無界, 13行20字內外, 無魚尾, 34.3×22.2cm	한글本임, 寫記의(삼), (자), (하)는 한글고어의 번자임, 寫記:신축년(?)지월십팔일필셔, 삽(삼)셰둔필노 초팔일시(자)(하)여 십팔일파(하)다	延世大學校 학술정보원 고서(I) 811.36 소아란
회문뎐(合錦廻文傳)	4卷4冊(권지일, 권지삼 2冊 現存), 刊寫者未詳	14行14~21字, 卷之一:31.1×28.7cm, 卷之三:31.1×30cm		선문대 양승민

45. 銀瓶梅

≪銀瓶梅≫는 一名 ≪第一奇書蓮子瓶≫ 또는 ≪蓮子瓶演義傳≫ 이라고도 하며 4卷 23回로 되어 있고 著者에 대해서는 알려진 바가 없다. 주요 판본으로는 同治 元年(1862) 富經堂藏板本, 同治 13年(1875) 瀛海軒刊本, 光緖 26年(1900) 上海書局 石印本, 光緖 年間의 上海 石印本, 光緖 32年(1906) 上海書局 石印本 등이 있다.[324)]

同治 13年 瀛海軒刊本에는 삽화가 있고 ≪後唐奇書蓮子瓶演義傳≫이라는 제목이 있으며 현재 北京圖書館과 首都圖書館에 소장되어 있다. 光緖 庚子年 上海書局 石印本에는 ≪繪圖第五奇書銀瓶梅≫라고 제목을 고쳤고 그림 6幅이 있으며 현재 南京圖書館에 소장되어 있다. 光緖 年間의 上海 石印本은 제목이 ≪第一奇書蓮子瓶≫으로 4卷 23回이며 天津圖書館에 소장되어 있다. 天津圖書館에는 光緖 丙午年 上海書局 石印本 ≪繪圖銀瓶梅≫도 소장되어 있다. 또한 同治 元年 富經堂藏板本은 5幅의 그림이 있고 현재 日本 東京大學 東洋文化硏究所 雙紅堂藏文庫에 소장되어 있다.[325)]

≪銀瓶梅≫는 劉芳, 陳升, 梁瓊玉 등이 裵彪, 柳知府 등에 의해 여러 어려움을 겪고 결국에는 古霸威가 일으킨 반란을 진압하고 裵彪, 柳知府 등도 처단한다는 내용이다.

國內 流入時期에 대해서는 정확한 기록이 보이지 않고 대략적으로 朝鮮末期에 流入되었을 것으로 본다. 국내에 소장된 판본도 많지 않아서 慶州 東國大에 刊寫年未詳의 ≪繪圖銀瓶梅≫1冊 石印本이 소장되어 있다.

書 名	出版事項	版式狀況	一般事項	所藏處/所藏番號
繪圖銀瓶梅	著者未詳, 刊寫地未詳, 刊寫者未詳, 刊寫年未詳	1冊(50張), 石印本, 有圖, 19.5×13cm, 四周單邊, 半郭:17.5×11.2cm, 無界, 17行38字, 無魚尾	書名:卷首題, 表題:銀瓶梅	慶州 東國大學校 D823.5-회25

324) 王淸原·牟仁隆·韓錫鋒 編纂 ≪小說書坊錄≫, 北京圖書館出版社, 2002년, 97쪽 참조.

325) 江蘇省社會科學院 明淸小說硏究中心 文學硏究所 編, ≪中國通俗小說總目提要≫, 中國文聯出版公司, 1990년, 724쪽 참조.

46. 野叟曝言

≪野叟曝言≫은 20卷 150回에 달하는 장편으로 作者가 적혀 있지 않지만 夏敬渠로 알려져 있다. ≪江陰藝文志≫에도 ≪野叟曝言≫의 저자가 夏二銘임을 밝히고 있는데 二銘은 夏敬渠의 號이다. 廣西 ≪江陰縣志≫에도 저자인 夏敬渠에 관한 기록을 볼 수 있다.[326] 知不足齋主人은 序文에서 책의 근원에 대해서 다음과 같이 쓰고 있다.

> "≪野叟暴言≫一書, 吾鄕夏先生所著也. 先生邑之名宿, 康熙間幕游滇黔, 足跡半天下, 搶奇負異, 鬱鬱不得志, 乃發之於是書." (≪野叟暴言≫은 우리 고향의 夏先生이 지은 것이다. 선생은 향리의 이름난 선비로, 康熙年間에 雲南省과 貴州省을 막료로서 떠돌면서 온 천하에 흔적을 남겼고 비상한 재주를 갖고 있었으나 뜻을 펴지 못하여 그러한 울분을 이 책에서 발설하고 있다)

이처럼 저자인 夏敬渠는 천하를 떠돌면서 많은 사람들과 교류하여 얻어 들은 이야기들을 엮어서 책으로 만든 것으로 보인다. 따라서 처음에는 필사본으로 유행하였다가 간행된 것으로 보이며 ≪野叟曝言≫의 産生年代에 대해서는 대체로 乾隆 年間에 이라고 보고 있다.

주요 판본으로는 光緖 7年(1881) 毗陵滙珍樓 新刊 初版 活字本과 光緖 8年(1882) 申報館 排印本을 들 수 있다.[327] 光緖 7年(1881)에 毗陵滙珍樓 新刊 初版 活字本이 나왔는데 20卷 152回이다. 毗陵은 지금의 常州 지역이다. 책머리에 知不足齋主人의 序가 있고 凡例에는 綉像 16폭이 있으며, 版心에는 '第一奇書'라 題하였다. 각 회의 뒤에는 總評이 있고 본문 가운데에는 두 줄로 夾批가 있다. 본문은 한 면이 10行

---

326) 敬渠의 字는 懋修이고 諸生이다. 영특하고 학식이 깊고, 經史에 두루 통달하였고, 諸子百家·禮樂·兵法·刑罰·天文·算數 등의 다방면에 관심이 미치어 통달하지 않은 것이 없었다.…… 평생 동안 몇 차례에 걸쳐 천하를 주유하며 현인과 호걸들과 교류하였다. 저서로는 ≪綱目擧正≫·≪經史餘論≫·≪全史約編≫·≪學古編≫과 詩文集 등이 있다. 江蘇省社會科學院 明淸小說硏究中心 文學硏究所 編, ≪中國通俗小說總目提要≫, 中國文聯出版公司, 1990년, 501쪽 참조.

327) 王淸原·牟仁隆, 韓錫鋒 編纂 ≪小說書坊錄≫, 北京圖書館出版社, 2002년, 90쪽 참조.

28字로 가운데 부분은 빠진 것이 있는데 현재 南京圖書館에 소장되어 있다.

光緖 8年(1882) 申報館 排印本은 天津圖書館에 소장되어 있고 20卷 154回로 권두에 光緖 8年에 西岷山樵가 쓴 序가 있다. 西岷山樵의 五代 할아버지가 江浙에서 벼슬을 할 때 江陰의 하선생과 교류했는데, 그가 지은 ≪野叟暴言≫을 얻어 評注를 하면서 副本을 필사하여 여러 상자에 보관해 두고 이것을 全本이라 하였다. 이 판본은 光緖 7年本보다 2回가 많고 빠진 부분도 없어 增補本이라고도 한다. 凡例 가운데 후반부 두 조목은 光緖 7年本과 다르다. 또한 光緖 8年 序가 있는 石印本에는 總評은 있으나 夾批는 없고 현재 南京圖書館에 所藏되어 있다.[328)]

≪野叟曝言≫은 文素臣이 佛敎와 道敎로 인해 천하가 어지러워지고 백성들도 생계조차 이을 수 없는 지경에 이른 것을 개탄하며 종교를 없애고 마침내 태평성대를 이룬다는 이야기를 하고 있다.

國內 유입시기에 대해서는 정확히 알 수 없으나 대략적으로 朝鮮 後期로 추정하고 있다. 成均館大에 20卷 20冊 石印本 ≪野叟曝言≫이 소장되어 있고 奎章閣에도 ≪野叟曝言≫이 소장되어 있는데 卷頭書名에 "第一奇書野叟曝言奮字" 라 되어 있고 두 판본 다 光緖 8年(1882)에 쓴 序文이 수록되어 있다. 漢陽大에는 ≪繪圖野叟曝言≫ 1卷 1冊이 소장되어 있다.

書名	出版事項	版式狀況	一般事項	所藏處/所藏番號
野叟曝言	夏敬渠(淸)撰, 光緖8(1882)序	20卷20冊(第1~154回), 中國石印本, 14.2×9.2cm, 四周雙邊, 半郭:12.7×8.7cm, 22行35字, 上黑魚尾, 紙質:竹紙	序:爰出全書以付余友達諸海上之刊是書者…光緖八年歲次壬午(1882)九月西岷山樵識	成均館大學校 D7C-159
	夏敬渠(淸)撰	20卷10冊, 中國活字本, 17×11.2cm	卷頭書名:等一奇書野叟曝言奮字, 序:光緖8年(1882)…山樵, 印:集玉齋, 帝室圖書之章	奎章閣 [奎중]5923
繪圖野叟曝言	夏敬渠(淸)撰, 刊寫地未詳, 刊寫者未詳, 刊寫年未詳	1卷1冊卷12(81~88回), 中國石印本, 20×13.3cm, 四周單邊, 半郭:17.9×11.5cm, 無界, 26行54字, 上大黑口, 上內向黑魚尾		한양대학교 812.85-하236ㅎ- v.11~ v.20

328) 江蘇省社會科學院 明淸小說硏究中心 文學硏究所 編, ≪中國通俗小說總目提要≫, 中國文聯出版公司, 1990년, 501쪽 참조.

47. 民國新漢演義

≪民國新漢演義≫는 40回로 된 一名 ≪繪圖民國新漢演義≫·≪新漢演義≫라고 하는 歷史小說이다. 작품의 가장 이른 판본은 1911년에 출판된 上海書局 石印本이 있다. 이 판본은 4卷 4冊이고 그림이 들어가 있다. 또 民國 元年(1912)에 출판된 上海書局 석인본이 있는데, 모두 40회로 구성되어 있고 1911년에 출판된 석인본은 32회로 되어 있지만 나머지 자세한 서지사항은 알 수 없다.

작품의 작자는 自由生이라고 적혀 있는데, 그의 생애와 본명 등 자세한 이력에 대해서는 명확하게 알려진 바가 없고 다만 이 작품의 작자로만 알려져 있을 따름이다.

작품의 국내 유입 기록은 아직까지 명확하게 드러나지 않고 있는데, 이 작품의 최초 출판이 1911년인 것으로 보아 우리나라 근대 초기에나 국내에 전래되었을 것으로 보인다.

≪民國新漢演義≫의 내용은 18세기 말에 서구세력의 유입으로 혼란에 빠진 중국을 부흥하도록 만든 인물들에 관한 이야기이다. 다시 말하자면 孫汶, 黄克强, 黎元洪, 袁世凱 등 4군자의 혁명운동을 거쳐 中華民國을 건설하기까지의 이야기를 소설적인 내용으로 구성하고 있다. 권1부터 권4까지 20폭 내외의 삽도가 들어가 있어 인물과 작품 내용에 대한 홍미를 유발하고 있으며, 당시 발생했던 역사적인 사실을 간단명료하고 쉬운 白話體의 문장으로 이야기를 서술하고 있다.

국내에는 中國石印本을 漢陽大와 박재연이 소장하고 있는데, 모두 4卷 4冊으로 되어 있으나 박재연 소장본은 32회와 40회본으로 나누어져 있다. 나머지 자세한 서지사항에 대해서는 명확하지 않다.

書名	出版事項	版式狀況	一般事項	所藏處/所藏番號
繪圖民國新漢演義	自由生 著, 上海, 上海書局, 民國元年(1912)	全4卷4册(1册, 卷1, 2, 3, 4), 中國石印本, 有圖, 20.2×13.2cm, 四周雙邊, 半郭:16.7×11.2cm, 無界, 16行36字, 上內向黑魚尾	裏表紙書名:繪圖民國新漢演義, 表紙書名:新漢演義, 版心書名:繪圖民國新漢演義, 序:編者識, 刊記:民國元年仲春上海書局石印	漢陽大學校 812.36-자66ㅎ-v.1-v.4
新漢演義	1911年	4卷4册32回, 石印本	原名共和鏡	鮮文大 朴在淵
	上海書局, 1911年	4卷4册40回, 石印本		鮮文大 朴在淵
增圖民國新漢演義	自由生(?), 著, 上海書局, 刊寫年未詳	3卷2册(全4卷4册), 石印本(中國), 揷圖, 無界, 行字數不定, 無魚尾, 20.4×13.3cm	序:編者識	高麗大學校 만송C14-B85-1-2

48. 爭春園

≪爭春園≫은 48回로 作者 未詳이며 一名 ≪劍俠奇中奇≫라고 하는 俠義愛情小說이다. ≪爭春園≫의 판본은 道光 辛巳年(1821) 三元堂 간행본, 道光 5年 간행본, 道光 8年 소형간행본, 道光 己亥年(1839) 長興堂 간행본, 道光 己酉年(1849) 一也軒 간행본 등이 있다. 三元堂 간행본은 현재 英國博物館에 소장되어 있고, 長興堂 간행본과 一也軒 간행본은 南京圖書館에 소장되어 있다. 장흥당본은 3책인데 권두에 ≪爭春園全傳敍≫이 있고 그 말미에 己卯年 暮春 修禊日에 寄生氏가 塔影樓의 西偏에서 題하고 龍光氏가 敍하였다. 또 여기에 "道光 十八年 戊戌仲春에 刊行함"이라고 밝히고 있다. 一也軒 간행본은 12책인데 권두에 서문이 있고 말미에 "己卯年 暮春 修禊日에 寄生氏가 塔影樓의 西偏에서 題하다"라고 했다. 목록은 제27회, 36회 등이 장흥당본과 약간 다르며 다른 부분은 동일하게 되어 있다.[329)]

≪爭春園≫의 내용은 다음과 같다. 漢代 平帝 때 洛陽에 郝鸞이라는 의협에게 道士 司馬傲가 나타나 寶劍 세 자루를 주면서 영웅 두 사람에게 나눠 주라고 했다. 학란은 開封 爭春園에서 鳳竹과 사위 孫佩 등을 구해주고 나서 재상 米中立의 아들 米斌儀와 원수가 된다. 이때 鮑剛의 도움을 받고 학란은 그에게 보검을 준다. 鳳竹 일가는 湖廣으로 피난을 가다가 孫佩가 감옥에 갇히고 그의 아내 鳳棲霞는 미빈의에게 납치되었다가 기원에 팔렸는데 후에 馬俊에게 구출된다. 학란은 杭州로 갔다가 西湖에서 마준을 만나 의형제를 맺고 보검을 준다. 마준은 미빈의를 죽이고 감옥에 들어가 손패를 구출했으며 학란, 포강, 봉죽 등은 鐵球山에 도착하여 학란을 산채 주인으로 추대한다. 米中立은 황제를 시해하고자 했으나 음모가 탄로 나고 마준 등은 역적을 평정하고 돌아온다. 그리하여 마준 등은 작위과 상금을 받고 사마오는 보검을 회수한다. 이전에 부마부를 도망 나온 유서는 도중에 갖은 고초를 다 겪었지만 미중립이 처형되고 나서 자신을 구해준 김씨 부부를 모시고 공주와 함께 살게 된다.[330)]

---

329) 江蘇省社會科學院 明淸小說研究中心文學研究所 編, ≪中國通俗小說總目提要≫, 中國文聯出版公司, 1991, 631-632쪽 참조.

330) 김명신, 〈≪爭春園≫의 構造와 主題 研究〉, ≪中國小說論叢≫ 제36집, 2012, 4, 131-148쪽 참조.

국내에는 中國木版本이 奎章閣과 成均館大에 소장되어 있고, 石印本도 奎章閣에 소장되어 있다. 중국 목판본은 모두 편자가 없지만 편찬 시기는 1849년과 1889년으로 다르며 6卷本으로 되어 있다. 석인본은 1886년에 간행된 것으로 書名은 ≪梨花雪≫이라 되어 있고 淸代 楊容甫이 교정하고 徐鄂이 詞를 붙인 것으로 되어 있는 판본이다.

이 작품의 국내 유입 기록은 아직까지 보이지 않고 있는데, ≪忠烈俠義傳≫과 같은 俠義小說과 함께 들어왔을 것으로 보이며 朝鮮 後期에는 이미 유입되었을 것으로 추정된다. 또한 현재 우리말로 번역된 기록도 보이지 않는다.

書名	出版事項	版式狀況	一般事項	所藏處/所藏番號
爭春園	編者未詳, 一也軒, 道光9(1849)	6卷, 中國木版本, 有圖, 15.4×11cm	印:集玉齋, 帝室圖書之章	奎章閣 [奎중]6189
爭春園全傳	編者未詳, 光緖15(1889)刊	6卷6冊, 中國木版本, 20×11.7cm, 四周單邊, 半郭:16.8×10cm, 無界, 11行25字, 上黑魚尾, 紙質:竹紙	裏題:繡像爭春園全傳, 序:光緖十五年歲次己丑(1889)仲春月重刊, 舊刊記:道光丙午年(1846)鐫	成均館大學校 D7C-89
梨花雪	楊容甫(淸)鑒定, 徐鄂(淸)塡詞, 大同書局, 光緖12年(1886)	3冊, 中國石印本, 有圖, 17×10cm	(誦荻齋:第一)序:光緖丙戌(1886)…徐鄂, 表題:爭春園	奎章閣 6269 1~3冊

49. 西湖拾遺

≪西湖拾遺≫는 48卷으로 되어 있으며 西湖와 관련 있는 인물들에 대한 擬話本選集이라 할 수 있다. 著者에 대해서는 錢塘의 陳梅溪라고 알려져 있고 字가 梅溪인것 외에는 자세한 기록이 남아 있지 않다.

주요 판본은 乾隆 56年(1791)에 나온 自愧軒刻本, 嘉慶辛未年 復刻本, 道光 27年 書業堂刻本, 光緖 年間 上海 申報館 개정본 등이 있다.[331]

乾隆 56年에 나온 自愧軒刻本은 한 면이 9行으로 되어있고 1行이 20字이고 권두에 乾隆 56年에 쓴 自序가 있다. 嘉慶刊本은 光緖 年間 上海 申報館에서 개판본이 나왔다.

331) 代智敏, 〈選本 ≪西湖拾遺≫與原作比較硏究〉, ≪船山學刊≫, 2008년 제4期, 103쪽 참조.

≪西湖拾遺≫의 내용은 西湖 人物과 관련된 이야기를 話本으로 選集한 것이다. 1卷에서 3卷까지는 그림이고 마지막 卷도 내용이 없어 실제로는 48卷이 아니라 44卷 44篇의 이야기로 되어 있다. 그 중 28篇은 ≪西湖二集≫에서 취한 것이고 15篇은 ≪西湖佳話≫에서 나머지 1篇은 ≪醒世恒言≫에서 취한 것이지만 原文과는 다소 차이가 있다.[332] 編輯者는 단순히 원작을 짜깁기 한 것이 아니라 話本小說의 체제를 세심하게 정비해서 小說로 완성시켰던 것이다. 특히 韻文部分에 대해서 대대적인 수정을 해서 詩, 詞와 小說이 하나가 되게 함으로써 소설 자체의 완성도를 더욱 높였다. 또한 원작 중에 배어 있는 忠孝觀念을 도덕적 설교로 승화시켜 작품의 권선징악적 기능을 강화하였다.[333]

國內 유입시기에 대해서는 대략적으로 朝鮮後期로 보고 있다. 奎章閣에 ≪西湖拾遺≫ 48卷 24冊 木版本이 소장되어 있는데 嘉慶 16年(1811)에 刻한 木衙藏板이다. 檀國大에도 刊年未詳의 鉛活字本이 소장되어 있는데 落帙本이다.

書名	出版事項	版式狀況	一般事項	所藏處/所藏番號
西湖拾遺	陳樹基(清)搜緝, 木衙藏板, 嘉慶 16年(1811)	48卷24冊, 中國木版本, 16.8×10.6cm	序:乾隆辛亥(1791)… 陳樹基, 印:集玉齋, 帝室圖書之章	奎章閣 [奎중]5893
	梅溪氏搜輯, 刊年未詳	10冊3冊(零本), 鉛活字本, 17×11cm, 四周雙邊, 半郭:13.5×9.5cm, 無界, 12行27字, 註雙行, 上下向黑魚尾		檀國大學校 율곡기념도서관(秋汀文庫)古873-서627
	1864年序	16卷 4冊, 中國版本		朴在淵

50. 女才子傳

≪女才子傳≫은 一名 ≪美人書≫·≪情史續書≫·≪閨秀佳話≫라고도 하며 모

332) 江蘇省社會科學院 明清小說研究中心 文學研究所 編, ≪中國通俗小說總目提要≫, 中國文聯出版公司, 1990년, 560쪽 참조.

333) 代智敏, 〈選本 ≪西湖拾遺≫與原作比較研究〉, ≪船山學刊≫, 2008년 제 4期, 103-106쪽 참조.

두 12卷으로 되어 있다. 著者에 대해서는 煙水散人으로 알려져 있다. 혹자는 煙水散人이 곧 秀水의 徐震이라고 하는데 徐震의 字는 秋濤이다. ≪女才子書≫敍尾의 "煙水散人漫題於泖上之蜃閣" 이라 적혀 있고 그 아래에 '徐震'와 '煙水散人'의 인장이 찍혀 있다. 또한 ≪賽花鈴≫題辭 末尾에 또 '徐震'와 '煙水散人'의 인장이 찍혀 있다. 그리고 ≪女才子書≫ 鍾斐의 序文中에서도 책의 저자는 "書子秋濤"라 언급하고 있다. 煙水散人과 관련이 있는 소설로는 ≪樂田演義≫·≪夢月樓情史≫·≪鴛鴦媒≫·≪桃花影≫·≪賽花鈴≫·≪燈月緣≫·≪珍珠舶≫·≪躋雲樓≫ 등이 있다고 알려져 있으나 실제 전부 徐濤의 작품인지에 대해서는 연구와 고증이 더 필요하다.

주요 판본으로는 淸나라 初刻本, 淸나라 順治 年間 刻本, 乾隆 15年과 18年의 大德堂刊本, 道光 27年 味根齋刊本, 申報館 聚珍本 등이 있다.[334]

淸나라 初刻本은 한 면이 8行 19字이고 挿圖가 들어 있는데 현재 北京圖書館과 首都圖書館에 소장되어 있다. 淸나라 順治 年間 刻本은 4卷으로 한 면이 10行 25字로 제목이 ≪美人書≫로 되어 있고 현재 中國 社會科學院 文學硏究所 자료실에 소장되어 있다. 大德堂刊本은 속지에 "乾隆十五年(1750)新鐫", "鴛湖煙水散人著, 繡像女才子書, 大德堂梓"라 적혀 있으며, 처음에 序가 있는데, 그 끝에 "煙水散人漫題於泖上之蜃閣"이라 서명하였다. 그 다음에는 華亭 鍾斐의 序가 나오고 다음에는 범례가 있다. 그리고 8폭의 초상이 있는데 像贊이 각기 한 면을 차지하고 있으며 贊에는 徐渭, 湯顯祖, 董其昌, 馮夢龍 등 이름으로 書名을 하였으나 실제는 위탁한 것으로 보인다. 한 면이 8行 19字로 되어 있고 현재 大圖連書館에 소장되어 있다. 道光 27年 味根齋刊本은 '女才子傳一名情史續書'라 되어 있다. 또 申報館 聚珍本 및 기타 坊刻本이 있고 1983년에 春風文藝出版社에서 排印本을 출판하였다.[335] 이처럼 많은 판본들이 나온 것을 보면 ≪女才子傳≫이 얼마나 많은 대중들의 사랑을 받았는지 짐작할 수 있다.

≪女才子傳≫은 12명의 미녀에 관한 이야기인데 各 卷마다 이야기를 요약해 보면 다음과 같다. 卷一에서는 주인공 小靑이 아름답고 영리했지만 본부인의 미움을 사서 외딴 별장에 기거했다가 병이 나서 화공에게 자신의 초상화를 그리게 하고 죽었다는 이

334) 王淸原·牟仁隆, 韓錫鋒 編纂 ≪小說書坊錄≫, 北京圖書館出版社, 2002년, 32쪽 참조.

335) 江蘇省社會科學院 明淸小說硏究中心 文學硏究所 編, ≪中國通俗小說總目提要≫, 中國文聯出版公司, 1990년, 330-331쪽 참조.

야기다.

卷二는 楊碧秋에 관한 이야기이다. 碧秋는 秋蓮처럼 아름답고, 詩와 음률에도 통달하였으나 남편이 방탕한 생활을 하다가 요절하였다. 그녀는 유복자를 낳고 개가하지 않았는데 蔣雲甫가 첩을 삼으려는 데에 따르지 않았다. 康의 어머니가 그녀를 가엽게 여겨 金壇尼庵으로 보냈는데 20년 후 그녀의 아들이 과거 급제하여 재회했다.

卷三은 張小蓮에 관한 이야기이다. 張小蓮은 용모가 빼어나고 詩詞에도 뛰어났는데 이웃의 朱生과 詩로 애정을 전하며 평생을 약속했다가 우여곡절 끝에 인연을 맺는다.

卷四는 崔淑에 관한 이야기이다. 崔淑은 아름답고 詩詞에도 뛰어났는데 劉子重에게 시집을 갔다. 그녀의 남편은 외도를 하면서 그녀를 의심하여 이혼하고 그녀는 楊汝元에게 개가했고 양여원은 진사에 급제하여 부귀영화를 누리게 되었다.

卷五는 張畹香에 관한 이야기이다. 부잣집 딸 張畹香은 詩詞에 뛰어났고 지혜도 뛰어났다. 가난한 書生에게 시집을 갔다가 기지를 발휘하여 수년 사이에 갑부가 되었고, 천하가 어지러워질 것을 예견하고 다른 곳으로 이사하여 화를 면했다.

卷六은 陳霞如에 관한 이야기이다. 陳氏의 세 딸 중 장녀 霞如는 가장 아름답고 詩詞에 뛰어났다. 외사촌 崔襄을 사랑했으나 정조와 예의를 지켰다. 次女 玉娟과 三女 小鶯 역시 崔襄을 사모하였다. 후에 霞如과 崔襄은 결혼했으나 玉娟과 小鶯은 비명에 죽었다.

卷七은 盧雲卿에 관한 이야기이다. 盧雲卿는 절세미인으로 詩를 좋아하고 音律에 정통하였다. 출가 후 남편이 과도한 음주로 죽어 청상과부가 되었다가 書生 劉新에게 재가했다. 후에 劉新은 進士에 급제하여 山東 布政使에 이르렀다.

卷八은 郝湘娥에 관한 이야기이다. 貴族 竇氏는 郝湘娥라는 하녀를 샀는데, 竇氏 아들 竇鴻이 郝湘娥를 사랑하여 첩으로 들여 총애했다. 崔平仲이 高官에게 湘娥을 바치려고 했으나 竇鴻이 결사적으로 보내지 않아 감옥에 갇히게 되었다. 湘娥과 竇鴻은 목매달아 죽었고, 崔平仲은 귀신의 보복으로 죽었다.

卷九는 蘇敏의 妻 王琰에 관한 이야기로 王琰은 아름답고 온화하며, 부부 琴瑟이 좋았다. 蘇敏이 데려온 첩 沈碧桃도 아름답고 문장에 능해 一家가 화목했다. 그러나 蘇敏이 과거에 낙방하여 울분을 참지 못하고 죽자 王琰과 碧桃는 黃洵에게 희롱당하나 단호히 거부한다.

卷十은 謝彩에 관한 이야기이다. 神人이 옥토끼를 주는 꿈으로 태어난 謝彩는 아름답고 영리한 여자가 되어 丁七郎을 남편으로 택하였고 夫婦는 늘 瑤島의 仙姝와 노래를 주고받았다가 나중에 신선이 되었다.

卷十一은 鄭玉姬에 관한 이야기이다. 鄭玉姬는 어려서 기생집에 팔렸는데, 재능과 미모로 명성을 얻었고, 王百谷의 의로운 도움을 받아 名士 呂雋生과 서로 사랑하여 부부가 되었다.

卷十二는 宋琬에 관한 이야기로 宋琬은 아름답고, 詩와 그림에 뛰어났으며 자유분방했다. 謝騏와 사랑하여 몰래 도망치려 했는데, 盜賊船에 잘못 타서 헤어지게 되었다. 후에 둘은 怡老庵에서 다시 만났고, 謝騏은 공부에 매진하여 과거에 합격하여 進士及第했다.

國內 유입에 관해서는 兪晩柱의 ≪欽英≫(1775~1787)에 그 유입기록이 보인다. 그렇다면 적어도 1787년 이전에는 국내에 유입되었을 것으로 추정할 수 있다. 국내에 소장된 판본으로는 유일한 木版本으로 ≪女才子傳≫이 國立中央圖書館에 소장되어 있는데 刊年 未詳이고 10卷 8冊으로 되어 있다. 이 판본은 원래 12卷에서 10卷 謝彩와 12卷 宋琬이 빠지고 순서에도 다소 변동이 생겼다. 또한 集益書局에서 宣統 2年(1910)에 간행한 石印本이 慶北大에 소장되어 있다. 國民大에는 文宜書局에서 光緒 19年(1893)에 간행한 石印本 ≪閨閣才子奇書≫12卷 4冊이 소장되어 있다.

書名	出版事項	版式狀況	一般事項	所藏處/所藏番號
女才子傳	(?)煙水散人編著, 刊年未詳	10卷8冊, 中國木版本, 20.8×13.2cm	表題紙書名:新鐫女才子傳, 序:煙水散人, 印記:齊青楊氏, 內容:卷1:小青傳, 2:楊碧秋, 3:張小蓮, 4:王琰, 5:張畹香, 6:陳霞如, 7:盧雲卿, 8:崔淑, 9:郝湘娥, 10:鄭玉姬	國立中央圖書館 [古]5-80-29
	煙水散人著, 上海, 集益書局, 宣統2(1910)	1冊, 中國石印本, 有圖, 19.8×13.2cm, 四周單邊, 半郭:16.6×11.2cm, 無界, 14行30字, 上下向黑魚尾	序:煙水散人漫題於泖上之蜃閣, 表題:女子傳, 版心題:女才子傳, 刊記:宣統二年(1910) 六月出版上海集益書局發行	慶北大學校 [古] 812.3 연57ㅇ
閨閣才子奇書	烟水散人, 上海, 文宜書局, 光緒19年(1893)	12卷4冊1匣, 中國石印本, 有圖, 13.3×9cm, 四周雙邊, 半郭:10.7×6.5cm, 無界, 行字數不定, 上下向黑魚尾	標題·題簽:繪圖閨秀英才傳, 標題(記):光緒十九年癸巳夏(1893)	國民大學校 [고]823.6 연01

51. 英雲夢傳

≪英雲夢傳≫은 一名 ≪英雲夢三生因緣≫·≪英雲夢三生夢傳≫이라고도 하며 총 8卷으로 구성된 소설이다. 回次의 표기는 하지 않고 다만 한 권을 2회로 나누었으며 回目이 對句의 형식으로 되어 있다. 著者는 震澤松雲氏[336]로 알려져 있으나 자세한 生平에 대해서는 알 수 없다. 다만 명대에 姚鼐에 의하면 浙江 嘉善 사람으로 字가 延章, 號가 松雲이었다고 한다. 그는 금석화에 능했고 시를 잘 지었으나 은둔하며 출사하지 않으니 사람들이 可閑先生이라 칭하였는데 그가 곧 ≪英雲夢傳≫의 저자와 동일 인물인지는 확실하지 않다.[337]

주요 판본으로는 嘉慶 乙丑年(1805) 書業堂刊本, 道光 元年(1821) 綠蔭堂刊本, 聚錦堂刊本, 南圖藏經元堂刊本, 民國 錦章書局 石印本 등이 있다.[338]

嘉慶 乙丑年(1805) 書業堂刊本은 속표지 상단에 가로로 "嘉慶乙丑年新鐫"이라 새겨져 있고, 중간에 "英雲夢傳"이라 적혀 있으며, 오른쪽에는 "震澤松雲氏撰", 왼쪽에는 "書業堂梓行"이라 새겨져 있다. 앞에 ≪弁言≫이 있고, 끝에 "歲在昭陽單閼(1783)良月同里掃花頭陀剩齋氏拜題"라 적혀 있는데 현재 南京圖書館에 소장되어 있다.

南圖藏經元堂刊本은 題撰, 評, 較, 鐫은 嘉慶 書業堂刊本과 같다. 다만 서문과 끝부분에 "歲在丁卯之九秋惜荏主人書"라 적혀 있는 것이 다른데 이 문장은 위의 책의 ≪弁言≫에 있는 것을 刪節하여 만든 것이다. 또 다른 판본은 ≪繡像英雲夢三生因緣≫이라 제목을 바꾸고 "震澤九容樓主人松雲氏撰"이라 되어 있으며 총 6권 6책으로 되어 있다.

民國 錦章書局의 石印本은 삽화가 네 폭이 있는데 각각 한 면을 차지하고 있다. ≪中

336) "震澤九容樓主人松雲氏撰, 掃花頭陀剩齋氏評, 嵩山樵子梅村較, 松雲弟良才友雲氏鐫"이라 적혀 있다. 江蘇省社會科學院 明淸小說硏究中心 文學硏究所 編, ≪中國通俗小說總目提要≫, 中國文聯出版公司, 1990년, 553쪽 참조.

337) 譚尋·譚正璧, ≪古本稀見小說匯考≫, 浙江文藝出版社, 1984년, 424쪽 참조.

338) 王淸原·牟仁隆·韓錫鐸 編纂 ≪小說書坊錄≫, 北京圖書館出版社, 2002년, 294쪽. 이외에도 ≪古本稀見小說匯考≫에 의하면 首都圖書館에 寶華順刊本이 있고, 聚秀堂刊本과 大文堂刊本이 있다. 또한 第가 16卷16회본을 보았다고 하며 排印本도 있는데 ≪三生因緣≫으로 제목을 바꾸었다. 譚尋·譚正璧, ≪古本稀見小說匯考≫, 浙江文藝出版社, 1984년, 425쪽 참조.

國通俗小說書目≫에 의하면 聚錦堂刊 大字本이 있고 또 "16卷 16回本을 본 적이 있다"라고 하지만 실제 판본이 어디 있는지는 정확히 알 수 없다. 柳存仁의 ≪倫敦所見中國小說書目提要≫에 의하면 런던박물관에 二友堂刊本이 소장되어 있고 이외에도 天津圖書館에 淸 乾隆間本, 淸 寶華順刻本, 淸 光緖 戊子(1888)掃 葉山房仁記重刻本 등이 소장되어 있다고 한다.339)

≪英雲夢傳≫은 才子 王雲과 佳人 夢雲은 서로 사랑하지만 臧新은 끊임없이 그들을 방해하고 산적의 수양딸 英娘과도 얽히는 등 남녀의 離合을 그린 소설이다.

國內 유입에 대해서는 정확한 기록은 남아 있지 않지만 대략적으로 朝鮮末期로 추정할 수 있다. 국내에는 奎章閣에 8卷 8冊으로 된 木版本이 소장되어 있다. 또한 高麗大에도 掃葉山房에서 光緖 14年(1888)에 重刊한 木版本 8卷 8冊이 소장되어 있다.

書名	出版事項	版式狀況	一般事項	所藏處/所藏番號
英雲夢傳	松雲(淸)撰, 掃花頭陀(淸)評, 登郡, 文會成, 淸版本	8卷8冊, 中國木版本, 15.6×11㎝	印:集玉齋, 帝室圖書之章	奎章閣 [奎중]6172
	松雲(淸)撰, 掃葉山房, 光緖14(1888)重刊	8卷8冊, 中國木版本, 24×15㎝	序:歲在昭陽單閼(癸卯?)…剩齋氏拜題, 刊記:光緖戊子(1888)重刊	高麗大學校 C14-B87

52. 大明正德皇遊江南傳

≪大明正德皇遊江南傳≫은 一名 ≪遊龍戱鳳≫·≪遊龍幻志≫·≪梁太師江南訪主≫라고도 하며 7卷 45回로 되어 있는 소설이다. 작가는 河夢梅이고 字는 雪莊이며 道光中葉 廣東 順德人이라고 알려져 있다.

日本 宮內省圖書館에 朝鮮의 筆寫本이 소장 되어 있는데 이는 4卷 45回로 되어 있다. 한편 道光 22年(1842) 寶文堂藏板本은 7卷 45回로 되어 있다. 속표지 중앙에는 '繡像正德遊江南傳'이라 되어 있고 우측 상단에는 "道光壬寅新繡", 좌측 하단에는 '寶文堂藏板' 이라 되어 있다. 권두에는 '遊龍幻志의 字'가 있는데 "道光壬辰仲夏上浣樵

339) 江蘇省社會科學院 明淸小說硏究中心 文學硏究所 編, ≪中國通俗小說總目提要≫, 中國文聯出版公司, 1990년, 553쪽 참조.

西黃逸峯題"라고 적혀있다. 또 坊刻小本은 4卷 24回로 書目이 ≪梁太師江南訪主≫라 되어 있는데, 이 책은 道光 己酉 二十九年(1849)에 판각한 것으로 寶文堂藏板本의 축약본이다.[340)]

이 책의 내용은 당시의 平話에서 그 고사를 가져와 정리한 것으로 보인다. 明나라 홍치 황제가 임종할 때 태자의 나이가 겨우 열다섯이었다. 간신 劉瑾은 어린 황제를 등에 업고 권력을 남용하며 충언을 하는 충신들을 배척했다. 급기야 왕치번이 간신을 제거한다는 기치를 걸고 반란을 일으킨다. 이동양은 주용이 용맹한 것을 보고 대장군으로 삼았다. 주용의 고향은 강남이어서 황제에게 휴가를 청하며 강남에 대해서 이야기하였다. 그러자 황제는 직접 가보고 싶어서 미행을 나섰다. 강남을 순시하면서 황제는 여러 백성들의 억울한 사연과 곤경을 듣고 해결해 준다. 그러던 중에 蘇州에서 송함희의 딸을 貴妃로 맞이하게 된다. 그 소식을 들은 유근은 어가를 탈취하고자 계획했으나 실패하고 오히려 체포된다는 내용이다.

國內의 流入에 관한 문헌 기록은 찾을 수 없으나 대략 朝鮮末期에 유입된 것으로 추정된다. 국내에는 全南大에 道光 22年(1842) ≪繡像正德全傳≫木版本 7卷 6冊이 소장되어 있고, 또 廣益書局에서 宣統 2年(1910)에 간행한 ≪繡像大明正德皇遊江南傳≫ 4卷 4冊이 東亞大에 소장되어 있다. 包匣題에는 "繡像正德遊龍戱鳳"이라고 되어 있고, 속 표지에는 "繡像正德遊龍戱鳳"으로 標題에는 "遊龍戱鳳正德遊江南"으로 되어 있다.

書名	出版事項	版式狀況	一般事項	所藏處/所藏番號
繡像正德全傳	何夢梅(淸)編 中國, 文英閣, 道光22(1842)	7卷6冊(卷1~7), 中國木版本, 有圖, 16.3×11cm, 四周雙邊, 半郭:12.5×9.2cm, 有界, 10行20字, 花口, 上下向黑魚尾, 紙質:北黃紙	卷首題:大明正德遊江南傳, 表題:正德遊江南傳, 版心題:遊江南傳, 序:時道光壬辰(1832)仲夏上澣推西黃幽峰拜題, 刊記:道光壬寅(1842)新鐫, 雙門底文英閣藏板	全南大學校 3Q-유11ㅎ
繡像大明正德皇遊江南傳	編者未詳, 上海, 廣益書局, 宣統2(1910)	4卷4冊(卷1~4), 15.1×9.1cm, 有圖, 四周雙邊, 半郭:12.5×8.1cm, 有界, 20行48字, 上下向黑魚尾	包匣題:繡像正德遊龍戱鳳, 表題:繡像正德遊龍戱鳳, 標題:遊龍戱鳳正德遊江南, 刊記:宣統庚戌(1910)夏月	東亞大學校 (3):12:2-1

340) 江蘇省社會科學院 明淸小說硏究中心 文學硏究所 編, ≪中國通俗小說總目提要≫, 中國文聯出版公司, 1990년, 683쪽 참조.

53. 樵史通俗演義

≪樵史通俗演義≫는 一名 ≪樵史≫ · ≪樵史演義≫라고도 하는데 40回로 구성된 清代 歷史演義小說이다. 著者에 관해서는 卷首에 "江左樵子編輯, 錢江拗生批點"이라 적혀있어 저자가 江左樵子라는 것을 알 수 있다. 또는 江左樵子는 陸應暘으로 松江出身이라고도 한다.[341] 陸應暘은 字가 伯生이고 어려서 이미 벼슬에 뜻을 두지 않았기에 王世貞이 그를 눈여겨보고 불렀으나 응하지 않았다. 시를 지을 때 鴻雁을 즐겨 써서 사람들이 陸鴻雁이라고 부르기도 했다. 저서로 ≪笏溪草堂集≫ · ≪太平山房詩選≫ · ≪唐詩選≫ 등이 있다.[342]

주요 판본으로는 清初 刻本이 있는데 정확한 년대는 알 수 없고 제목은 ≪樵史演義≫라고 되어 있다. 卷頭에는 ≪樵史序≫가 있는데 끝에 "花朝樵子自序"라고 쓰여 있다. 目次에 권차는 표시되어 있지 않고, 본문의 卷尾에 "樵史通俗演義" · "江左樵子編輯" · "錢江拗生批点"이라 되어 있다. 卷次와 回次가 같고 모두 8卷이며 그림은 없다. 回의 끝에는 尾評이 많고 小字夾評이 있으며 上海圖書館과 北京大學圖書館에 소장되어 있다.[343]

≪樵史通俗演義≫의 內容은 明代 天啓 · 崇禎 · 弘光 三朝에 걸친 역사적 사실에 근거하여 小說로 꾸민 것이다. 내용을 살펴보면 다음과 같다. 明나라 天啓 황제는 16세에 즉위한다. 당시 백성들의 생활은 매우 궁핍하였고 국고는 텅텅 비었다. 또 가뭄까지 겹쳐서 兗州 일대에서는 白蓮教가 일어났다. 관병이 백련교를 소탕하러 가자 교주 徐鴻儒는 얼마 버티지 못하고 체포되었다. 天啓가 逝去하고 信王이 뒤를 이어 즉위하니 바로 崇禎皇帝이다. 魏忠賢은 여전히 포악하게 굴었고 魏黨의 崔呈秀는 권력을 마음대로 휘두르며 제멋대로 날뛰었다. 조정의 벼슬아치들은 앞 다투어 서로 죄를 묻고 탄핵했다. 崇禎皇帝는 암암리에 調査를 하여 물증을 잡게 되자 魏忠賢을 鳳陽으로 보

341) 王春瑜이 조사한 바에 의하면 '樵子'는 江左松江府 青浦縣 사람으로 陸應暘 이라고 하고 또 孟森, 栾星의 考證에 의하면 錢江拗生이 바로 陸應暘 이라고도 한다.

342) 江蘇省社會科學院 明清小說研究中心 文學研究所 編, ≪中國通俗小說總目提要≫, 中國文聯出版公司, 1990년, 324쪽 참조.

343) 江蘇省社會科學院 明清小說研究中心 文學研究所 編, ≪中國通俗小說總目提要≫, 中國文聯出版公司, 1990년, 324쪽 참조.

내 皇陵을 지키도록 하였다. 아울러 九卿에게 崔呈秀를 공동 조사하도록 명했다. 한편 李自成은 도적을 소탕한다는 명분으로 세력을 키우고 숭정 황제는 사람을 잘 쓰지 못해 인심을 잃었다. 결국 이자성이 수도로 들어오고 관료들에게 다시 관직을 내렸으나 이자성도 권세가 오래가지 못하고 병들어 죽었다. 弘光 年間에 이르러 천하는 馬士英·阮大鋮 등에 의해 더욱 혼란해지고 明朝는 쇠락하게 되었다.

國內 기록에는 ≪焦史演義≫라고 하였는데 이는 ≪樵史演義≫의 誤記로 보인다. 國內 流入時期는 사도세자의 ≪中國小說繪模本≫(1762)에서 처음 보여 지는 것으로 보아 1762年 이전에는 流入되었음을 알 수 있다.[344] 국내에는 忠南 大田市 燕亭國樂院에 清代 版本으로 보이나 刊行시기를 정확히 알 수 없는 木版本 8卷 5冊이 소장되어 있다.

書名	出版事項	版式狀況	一般事項	所藏處/所藏番號
樵史通俗演義	樵子編輯, 清代刊	8卷5冊, 中國木版本, 22.5×13cm, 四周雙邊, 半郭:20×11.5cm, 無界, 10行22字, 註單行, 紙質:竹紙	表題:樵史	大田市 燕亭國樂院

54. 隔簾花影[古本三世報]

≪隔簾花影≫은 一名 ≪三世報隔簾花影≫·≪花影奇情傳≫이라고도 하며 총 48回로 되어 있고 著者에 대해서는 알려진 바가 거의 없다. 清代에 간행된 本衙藏板은 木版本으로 현재 南京圖書館에 소장되어 있다. 本衙藏板 앞부분에는 四橋居士의 序가 있는데 ≪快心編≫을 評한 것도 '四橋居士'로 되어 있지만 이들이 같은 인물인지는 알 길이 없다. 혹자는 '四橋居士'를 著者라고도 하는데 이 역시 확실하지 않다. 卷首에 "新鐫古本批評繡像三世報隔簾花影"이라 하였으나 批評이나 繡像 등은 찾아볼 수 없다.[345]

344) 閔寬東·金明信 共著, ≪中國古典小說批評資料叢考≫, 學古房, 2003년, 309쪽.

345) 江蘇省社會科學院 明清小說研究中心 文學研究所 編, ≪中國通俗小說總目提要≫, 中國文聯出版公司, 1990년, 413쪽 참조.

주요 판본으로는 湖南刊大字本, 本衙藏板本, 淸初刻大字本 등이 있다. 이 세 판본은 모두 挿畵가 없고 글자의 배열과 행간의 형식은 같다. 글자가 약간 다른 것이 있으나 내용은 비슷하다. 湖南刊大字本, 本衙藏板本이 淸初刻大字本보다는 이른 판본으로 보이는데 이중에서 本衙藏板本이 가장 광범위하게 유행하였다. 이외에도 淸末 石印本과 民國 年間의 排印本도 있다.

丁耀亢의 ≪續金甁梅≫가 금서가 된 후에 나온 것으로 ≪金甁梅≫의 續作 중 하나라고 볼 수 있다. 따라서 이 작품의 내용은 기본적으로 ≪續金甁梅≫를 다시 재구성하여 만들어진 것이다. 비록 ≪續金甁梅≫의 전철을 밟지 않으려고 주인공의 이름과 사건의 순서를 바꾸고 因果應報와 輪回라는 주제로 포장하려 하고 있지만 기본 골격은 ≪續金甁梅≫와 비슷하다고 할 수 있다.[346)]

國內 流入時期에 대해서는 정확한 기록이 남아 있지 않아 확실히 알 수는 없으나 대략적으로 朝鮮後期로 추정된다. 國內에는 서울대 중앙도서관에 비교적 이른 시기의 판본인 ≪新鐫古本批評繡像三世報隔簾花影≫本衙藏板(木版本)이 소장되어 있다. 東亞大에는 ≪繡像古本三世報≫가 延世大에는 ≪古本批評三世報≫가 소장되어 있는데 挿畵가 있는 石印本으로 本衙藏板의 木版本과는 다르다.

書 名	出版事項	版式狀況	一般事項	所藏處/所藏番號
新鐫古本批評繡像三世報隔簾花影	著者未詳, 本衙藏板, 刊寫年未詳	48回10冊2函, 中國木版本, 24.3×15.6cm, 左右邊, 半郭:19.4×13.3cm, 無界, 11行24字, 花口上下向黑魚尾	卷首題:新鐫古本批評繡像三世報隔簾花影, 原序:…四橋居士 謹題, 背面題:古本三世報 隔簾花影 本衙藏板, 書名은 版心題	서울大學校 3477 21 1~10
繡像古本三世報	著者未詳, 刊寫地未詳, 刊寫者未詳, 刊寫年未詳	2卷4冊(卷上,下), 17.9×10.8cm, 有圖, 四周單邊, 半郭:14.6×9.5cm, 無界, 20行42字, 無魚尾	書名:表題임	東亞大學校 (4):5:5-1
古本批評三世報		4卷4冊, 中國石印本, 有圖, 17cm	卷之2, 4의 卷頭題:新鐫古本批評三世報, 內題:繡像隔簾花影, 外題:醒世小說隔簾花影, 序:四槁居士謹題	延世大學校 812.36/1

346) 江蘇省社會科學院 明淸小說硏究中心 文學硏究所 編, ≪中國通俗小說總目提要≫, 中國文聯出版公司, 1990년, 413쪽 참조.

55. 畵圖緣

≪畵圖緣≫은 4권 16회본으로 一名 ≪花天荷傳≫·≪畵圖緣平夷全傳≫·≪花田金玉緣≫·≪畵圖緣小傳≫이라고 하는 才子佳人小說이다. ≪畵圖緣≫은 부부의 인연을 맺어주었던 매개체가 그림이어서 그렇게 지어진 서명이다. ≪畵圖緣≫의 판본은 淸初 寫刻本과 益知堂 판본·本衙藏 판본·積經堂 간행본·正祖會賢堂 간행본·石印本 등이 있다.[347)]

淸初 刻本의 서문에 天花藏主人의 이름이 언급되어 있어 작자가 天花藏主人이라는 설이 제기되고 있다. 아울러 그가 張邵·張勻·烟水散人(徐震)·墨浪主人이라는 설 등이 있지만 명확하게 고증되지 않고 있다. 다만 天花藏主人은 명말청초의 소설작품들과 상당한 연관성을 지니는 사람으로 작자뿐만 아니라 출판도 겸하였던 것으로 보인다.

≪畵圖緣≫이 언제 朝鮮에 유입되었는지에 대한 기록은 다음과 같다. 우선 尹德熙(1685~1766년)의 ≪子學歲月≫(1744년)과 ≪小說經覽者≫(1762년)에서 작품명을 찾아볼 수 있다. 또 兪晩柱(1775~1778년)의 ≪欽英≫을 보면, 1778년 5월 1일자 일기에 "東宅見杏·滸·畵·燈四種小說, 參祖廟朔香"이라고 쓰여 있다. 여기에 언급된 '畵'자는 ≪畵圖緣≫을 가리키는 것이다. 이러한 기록들에 근거하면 ≪畵圖緣≫은 1744년 이전에 이미 유입되어 사람들에게 향유되었음을 알 수 있다.

한글 필사본 ≪畵圖緣≫은 文友書林에 소장되어 있고 3권 3책 가운데 卷之二 1책만 현존하고 있다. 표지 상단에 '花道演'이라는 서명이 쓰여 있고, 그 아래에 '卷之二'라는 冊次를 표시하고 있는데 이 서명은 ≪畵圖緣≫을 잘못 적은 것으로 추정된다. 책을 만드는 과정에서 제목을 옮겨 적다가 書名을 잘못 표기했거나 다른 목적으로 바꾸어 썼을 수도 있다.

≪畵圖緣≫의 卷之二를 현존 중국 판본들과 대조해 보면 체재와 내용에 있어서 다른 부분이 상당히 나타나고 있다. 첫째, 전체 5회의 회목과 중국 판본의 회목이 일치하지 않는다. 둘째, 回가 나누어지는 단락도 일치하지 않는다. 셋째, 대개 내용의 전개와

347) 江蘇省社會科學院 明淸小說硏究中心文學硏究所 編, ≪中國通俗小說總目提要≫, 中國文聯出版公司, 1991, 399쪽 참조.

전반적인 흐름은 비슷하지만 중국 판본에 없는 내용들이 있고, 중국 판본에 있는 내용은 번역본에 생략되어 있다. 따라서 원전 ≪畵圖緣≫의 새로운 판본이 존재했을 가능성이 농후할 것으로 보인다.[348)]

≪畵圖緣≫의 내용은 다음과 같다. 浙江 溫州 秀才 花天荷가 天台山을 지나다가 만난 신선에게 두 폭의 그림을 받게 되는데 한 폭은 園林圖로 花天荷와 柳藍玉의 인연을 암시하는 그림이고, 다른 한 폭은 兩廣地域의 산천지형도이다. 花天荷는 이 그림으로 인해 兩廣地域의 반란을 평정하고 공을 세워 결국에는 행복하게 부부의 인연을 맺는다는 이야기이다.

국내에는 중국 판본이 보이지 않고 있으며 한글 필사본은 文友書林에 유일하게 소장되어 있는데, 완벽한 번역본은 아니고 卷之二 1책만 남아 있는 불완전한 낙질본이다.

書 名	出 版 事 項	版 式 狀 況	一 般 事 項	所藏處/所藏番號
화도연(畵圖緣)	권지이 1冊			文友書林

56. 夢中緣

≪新刻夢中緣≫은 4권 15회로 작자 未詳의 才子佳人小說이다. 작품의 가장 이른 판본은 崇德堂 간행본이 있는데, 서문에 '光緒 11年(1885) 가을 蓮溪氏가 쓰다'라 적혀 있는 것으로 보아 그와 비슷한 시기에 창작되었을 것으로 보인다. 그외에 有益堂 간행본, 三義堂 간행본 등이 있다.

작품의 작자는 적혀 있지 않지만 서문과 ≪陽信縣志≫를 통해 보면 李修行의 작품으로 추정된다. 李修行은 字가 子乾이며 山東 陽信 사람이다. 그는 어릴 때부터 총명했고 약관에 生員試에 일등으로 합격하였으며 康熙 年間의 甲午年(1714)에 鄕試에 합격하였고 이듬해 乙未年(1715)에는 進士試驗에 합격했다. ≪陽信縣志·人物志≫에 따르면 그는 명사들과 교유하면서 이 작품을 창작한 것으로 보인다. 좀 더 명확하게 창

348) 김영, 〈새로 발굴된 조선시대 번역소설 필사본 화도연에 대하여〉, ≪중국어문학지≫제31집, 2009, 125-149쪽 참조.

작 시기를 따져본다면 대략 雍正과 乾隆 年間에 창작한 것으로 추정된다.[349]

이 작품의 국내 유입 기록은 아직까지 명확하게 드러나지 않고 있는데, 1885년에 쓴 서문이 있는 것으로 보아 19세기 후반에는 국내에 들어왔을 것으로 추정된다. 또한 초판본이 유입되지 않고 후대의 有益堂 刊行本이 국내에 전래된 것으로 보아 1885년보다는 늦은 시기에 국내에 들어왔을 것이고 그 이후에나 널리 유통되었을 것으로 보인다.

≪新刻夢中緣≫의 내용은 다음과 같다. 明나라 山東에 살고 있는 吳珏은 노인이 시를 써주는 꿈을 꾸었는데, 그것은 그의 둘째 아들 麟美의 인연에 관한 것이었다. 그의 맏아들은 죽었고 둘째 麟美는 이리저리 유람을 다니다가 우여곡절 끝에 翠娟, 藍英, 舜華와 결혼하고 堆瓊, 素煙을 측실로 두게 된다는 이야기이다.

국내에는 有益堂 간행본이 奎章閣에 소장되어 있는데, 작자는 淸代 李子乾으로 되어 있고 光緖 11年(1885)의 序文이 들어가 있다. 이 판본은 崇德堂 간행본과 거의 유사한 간행본으로 보인다.

書名	出版事項	版式狀況	一般事項	所藏處/所藏番號
新刻夢中緣	李子乾(淸)著, 有益堂, 光緖11年(1885)序	4卷4冊(卷1~4), 中國木版本, 17.6×11㎝	序:光緖十一年(1885)…蓮溪氏	奎章閣 6122

57. 醒世奇文國事悲 : (英雄淚)

≪醒世奇文英雄淚≫[350]와 ≪醒世奇文國事悲≫는 모두 鷄林 冷血生의 저서로 알

349) 江蘇省社會科學院 明淸小說硏究中心文學硏究所 編, ≪中國通俗小說總目提要≫, 中國文聯出版公司, 1991, 480쪽 참조.

350) ≪英雄淚≫는 보는 관점에 따라 鼓詞로 보기도 한다. 반면 柳昌辰의 〈≪繪圖朝鮮亡國演義≫小考〉(≪中國小說論叢≫ 제21집, 2005), 柳昌辰 · 鄭榮豪 · 宋鎭韓의 〈'韓國'題材中國 近代文學 作品 目錄 및 解題〉(≪中國人文科學≫ 제26집, 2003), 文丁珍 · 李騰淵 · 宋鎭漢의 〈淸末의 '韓國' 題材 小說 硏究(近代 國民과 國家의 형성 과정을 중심으로)〉(≪中國小說論叢≫ 제18집, 2003), 文丁珍의 〈淸末民初 韓國 관련 小說 硏究(2)-近代 中國의 國民國家形成과 民族 문제를 중심으로〉 등에서는 ≪英雄淚≫를 소설로 보고 있다. 민관동·유승현 공저, ≪韓國 所藏 中國古典戲曲(彈詞·鼓詞)版本과 解題≫, (學古房, 2012년), 221쪽 참조.

려져 있지만 저자의 자세한 생평에 대해서는 알려진 바가 없다. 혹자는 ≪小說時報≫를 편집했던 陳景韓이 '冷血'을 자주 필명으로 썼다고 하지만 양자의 관계에 대해서 확신할 수는 없다.[351)]

작품의 産生年代에 대해서는 ≪英雄淚≫自序에 다음과 같은 언급이 보인다. "庚戌仲和, 日韓合併 … 遂采韓國滅亡之原因, 編輯成篇, 當卽石印." 따라서 대체로 1910년에서 1911년으로 보는 것이 일반적인 견해이다.

≪醒世奇文英雄淚≫는 26回로 되어 있고 주요 판본으로 上海 校經山房에서 간행한 石印本이 있는데 4冊으로 되어 있다.[352)] 第1冊 앞에는 삽화가 4폭이 있는데 네 폭 모두 가운데 인물을 중심으로 좌우에 인물이 있는 유사한 구성을 하고 있으며 각 인물의 이름을 달아 놓은 인물의 수상이다. 1回 開場詩의 내용을 보면 저자가 조선이 일본에 합병을 당하는 역사를 보면서 중국의 현실에 경종을 울리고자 하는 뜻을 담고 있음을 알 수 있다.[353)]

≪醒世奇文英雄淚≫의 내용은 다음과 같다. 영웅의 눈물이라는 제목에서도 보이듯이 이 책은 비극적인 역사가 만든 영웅의 이야기를 소재로 하고 있는데 흥미롭게도 그 영웅이 바로 안중근이라는 것이다. 안중근의사가 이등 박문을 암살하는 과정을 묘사하면서 일본이 조선을 합병한 후의 비통한 역사가 그려지고 있다. 따라서 책에 등장하는 인물들은 대개 실존인물들로 조선의 독립을 위해 애쓴 애국지사들이 대거 등장한다.

이등 박문은 천황의 신임을 받은 후 유럽과 미주를 두루 다니면서 유신을 준비하고 귀국하여 재상에 임명되었다. 그는 먼저 통상을 하다가 朝鮮을 합병하는 방법을 구상하였다. 麥田春을 파견하여 조선의 재상이었던 金宏集과 손을 잡고 뇌물을 주며 그를 매수했다. 이때 조선의 왕 李熙는 20세로 閔泳德의 누이를 妃로 맞았다. 金宏集의 세력이 약해지자 李熙와 閔妃를 암살하도록 사주하고 중국은 군대를 보내 李熙와 閔妃를 돕고 金宏集을 처단하였다. 이등 박문은 井上馨을 영사로 파견하고 閔妃를 암살하려는

---

351) 薛亮, ≪明淸稀見小說匯考≫, 社會科學文獻出版社, 1999년, 180쪽 참조.

352) 1995년 學古房에서 朴在淵 校點의 책이 출판되었다.

353) "朝鮮覆轍在先, 前車後車之鑒. 圖存首重民權, 不然危亡立觀.(조선이 앞에서 전철을 밟았으니, 전후의 교훈으로 삼아라. 살아남으려면 民權을 우선시해라. 아니면 존망의 위험에 처하게 될 것이다)" 民國 元年(1912)仲春上海書局, ≪繡像英雄淚國事悲全集≫, 국립중앙도서관소장본 참조.

음모를 꾸몄다. 결국 井上馨의 음모로 閔妃는 살해되었고 李熙도 온갖 박해를 당한다.

이등 박문이 朝鮮을 개혁한다는 명분으로 조선의 주권을 위협하자 중국은 군대를 보내 일본과 싸웠으나 패하게 되었다. 결국 조선은 일본에 귀속된다는 '馬關條約'이 체결되었다. 미국에 체류하던 이들은 선진국의 정치와 법률 등을 학습하고, 侯元首는 신문사를 열어 애국사상을 설파하고자 했다. 이등 박문은 중국이 패배한 틈을 타 조선에 총독부를 세우고 總監을 자처하며 조선을 실질적으로 장악했다. 侯元首의 문장에 감동하여 나라를 위해 목숨을 바치고자 결심한 이들이 많았고 유학중이던 애국지사들이 속속 귀국했다. 兵公은 부인과 피붙이가 일본인에게 비참하게 살해당하자 이등 박문을 죽이고자 侯元首와 상의했으나 이등 박문을 암살하는 데 실패하고 목숨을 잃게 된다. 또 侯元首도 도망가다가 맞아죽는다. 이등 박문은 총독부 총리를 사임하고 일본으로 돌아가서 이번에는 中國을 합병할 계획을 세우고 滿洲부터 합병하려고 마음먹는다. 明治 42年 이등 박문이 하얼빈에 도착하고 안중근 의사에 의해 목숨을 잃었지만 다음해 李完用에 의해 조선은 일본에 합병되었다.

≪醒世奇文國事悲≫은 모두 20회로 되어 있고 주요 판본으로는 上海 大成書局 石印本이 있는데 ≪繪圖醒世小說國事悲英雄淚合刊≫이고, 宣統 年間에 上海書局 석인본이 있다.[354]

大成書局 石印本은 4冊으로 되어 있고 第1冊 앞에는 4폭의 그림이 있다. 또한 著者는 第1回와 第18回에서 이 책은 본래는 英文으로 쓰여 진 것을 폴란드인 韓忠賢이 초고를 작성하고 張惠民·李愛國 등이 편집해서 만든 것을 吉峰子가 中文으로 번역한 것이라고 하였다.[355]

작품의 내용은 폴란드가 러시아에 의해서 亡國에 이르는 과정을 묘사하고 있는데 사실은 중국의 상황을 빗대어 이야기하고자 한 것으로 보인다. 또한 저자가 유럽 상황에 대한 이해가 부족한 면이 작품의 곳곳에 보이고 문체에 있어서도 ≪英雄淚≫에 비해서 정교하지 못하다는 느낌을 준다.

≪醒世奇文國事悲≫의 작품 배경은 폴란드이고 주요인물은 폴란드 충의당의 영수

354) 王清原·牟仁隆·韓錫鐸 編纂 ≪小說書坊錄≫, 北京圖書館出版社, 2002년, 161쪽 참조.

355) 江蘇省社會科學院 明淸小說硏究中心 文學硏究所 編, ≪中國通俗小說總目提要≫, 中國文聯出版公司, 1990년, 1216쪽 참조.

인 張養民, 李愛國와 반대파인 卜明禮와 段啓賢 등을 중심으로 이야기가 전개된다. 폴란드 忠義黨의 영수인 張養民과 李愛國 등은 러시아 군대가 상인을 보호한다는 구실로 침략하자 맞서 싸울 것을 주장하였다. 반면에 내각수상 卜明禮와 段啓賢 등 완고파들은 오히려 그들의 주장에 반대하였다. 폴란드 황제는 어이없게도 완고파의 의견을 받아드렸다. 卜明禮와 段啓賢은 뇌물을 받고 폴란드 지도를 러시아 측에 넘겼다.

한편 폴란드 황제는 張養民과 李愛國에게 폴란드를 지키게 하였는데 러시아는 협상조건을 내걸었다. 폴란드 황제는 러시아군이 철수한다는 전제하에 어떤 조건도 들어주겠다고 하였다. 卜明禮의 계략으로 폴란드의 재정은 러시아에 의해 관장되었다. 張養民과 李愛國은 조국이 풍전등화와 같은 위기에 처하자 해결책을 마련하고자 미국으로 간다.

張養民과 李愛國은 미국 유학생과 함께 귀국하여 황제에게 유신개혁의 방법론을 제시하였다. 러시아에서 자금을 빌려 학교를 세우고 군대를 훈련시키고 張養民과 李愛國에게는 자치화의 총감독 직책을 맡게 하였다. 한편 卜明禮와 段啓賢은 유신 반대파들을 모아서 여러 가지로 방해 공작을 하였다. 심지어 張養民과 李愛國이 올린 상주서를 바꾸어 황제가 오해하도록 만들고 황제는 是非를 가려보지도 않고 張養民과 李愛國을 체포하라고 하였다. 결국 張養民과 李愛國은 미국으로 도주하고 유신개혁은 이루지 못하게 되었다.

러시아의 횡포는 나날이 심해졌다. 범법자들을 北冰海로 몰아넣어 목숨을 잃게 하고, 세수조항을 만들어 수많은 탈세자들을 만들어 가두었다. 충의당의 韓忠賢이 張養民과 李愛國에게 비극적인 역사를 알려주고 마침내 이 내용이 소설로 쓰여 지게 되었다. 40여 년 후 이 소설을 중국유학생 吉峰子가 얻게 되고 폴란드의 역사가 당시 청나라가 처한 상황과 비슷하다고 생각해서 2回를 더 지었다고 18회에서 언급되어 있다.

결론적으로 말하면 영웅의 눈물과 비극적인 역사라는 제목들이 암시하듯이 이 두 편의 소설은 淸末이라는 혼란하고 암울했던 시대적 분위기 속에서 다른 나라의 이야기를 서술하면서 당시 중국의 상황에 대한 경종을 울리고자 하는 작가의 의도가 다분히 깔려 있다고 볼 수 있다. 문체나 예술적인 측면에서는 그다지 높은 평가를 받지 못한 것이 사실이지만 시대정신을 고스란히 담고 있는 소설이라는 점에서는 높이 평가할 만하다.

국내 유입시기에 대해서는 정확한 기록을 찾아 볼 수는 없으나 책이 지어진 시기로 미루어 보아서 대체로 아무리 빨라도 朝鮮末期에나 유입되었을 것으로 생각된다. 국내에는 용인대, 이화여대, 동아대 등에 소장되어 있는데 ≪國事悲≫와 ≪英雄淚≫가 합본으로 되어 있는 경우가 있고 ≪英雄淚≫만 따로 있는 경우도 있다.

書名	出版事項	版式狀況	一般事項	所藏處/所藏番號
新刻醒世奇文國事悲·英雄淚小說	冷血生 著	8卷8冊(殘本7冊), 中國石印版, 15.5×9cm, 四周單邊, 半郭:13.3×8.3cm, 無界, 18行45字	缺本:國事悲 卷1, 英雄淚序:冷血生	용인대학교 D7-11
醒世小說 國事悲 英雄淚	冷血生 著, 上海, 校經山房, 刊寫年未詳	7卷7冊, 中國石版本, 挿圖, 四周單邊, 半郭:13×8cm, 無界, 18行44字, 無魚尾, 15.5cm	內容: 冊1~3, 國事悲(3卷). - - 冊4~7, 英雄漏(4卷)	慶熙大學校 812.3-냉94ㄱ
繡像醒世小說英雄淚·繡像醒世小說國事悲	冷血生 著, 上海, 上海書局, 民國1(1912)	8卷8冊, 石版本(中國), 挿圖, 四周單邊, 半郭: 12.5×7.8cm, 無界, 16行36字, 花口, 無魚尾, 14.7×9cm	版心題:醒世英雄淚, 醒世國事悲, 英雄淚序:… 冷血生自序, 刊記:民國元年(1912)正月上海書局石印, 繡像醒世小說國事悲	檀國大學校 퇴계기념도서관, 873.5-냉595ㅅ
繡像英雄淚國事悲全集	著者未詳, 上海, 刊寫者未詳, 民國1(1912)	8冊, 中國石印本, 14.5 ×9cm	內容: 冊1~4, 英雄淚(卷1~4). - 冊5~8, 國事悲(卷1~4)	高麗大學校 육당C14-B17-1-8
醒世小說中華新國事悲英雄血	上海, 江東書局, 民國5(1916)	4卷4冊, 中國石印本, 有圖(圖3張), 15×9cm, 四周單邊, 半郭:13.1×8cm, 無界, 18行44字		梨花女子大學校 [고]812.3 성 63
醒世國事悲	冷血生(中國) 著, 上海, 上海書局, 民國1(1911)	4卷4冊, 中國石印本, 有圖, 14.8 ×8.8cm, 四周雙邊, 半郭:12.4×8cm, 無界, 16行36字, 上下向黑魚尾	目錄題:新刻醒世奇文國事悲小說, 包匣題, 題簽題:繡像英雄淚國事悲全集, 標題:醒世小說國事悲, 刊記:民國元年(1911) 仲春上海書局石印	東亞大學校 (3):12:2-46
繪圖英雄淚國事悲全集	冷血世 著, 上海, 校經山房, 刊寫年 不明	8卷8冊, 中國石印本, 有圖, 15.3×8.8cm, 四周單邊, 半郭:13.5×7.8cm, 無界, 行字數不定, 無魚尾	題簽題:繪圖英雄淚國事悲全集, 版心題:醒世國事悲, 醒世英雄淚, 刊記:上海校經山房印行	慶北大學校 古812.3 냉94ㅎ
繡像英雄淚國事悲全集	冷血生, 上海, 廣益書局, 民國3(1914)	6冊 1匣(缺帙, 所藏本:1~3, 5, 7~8), 中國石印本, 有圖, 15.2×9cm, 四周雙邊, 半郭:12.6×7.9cm, 無界, 行字數不定, 上下向黑魚尾	標題:醒世小說英雄淚, 表題:繡像英雄淚國事悲全集	國民大學校 고823.7 냉 01

書名	出版事項	版式狀況	一般事項	所藏處/所藏番號
	鷄林冷血生 著, 上海書局 編, 民國元年(1912) 仲春上海書局石印	7卷7冊, 中國木版本, 有圖, 14.5×8.8cm	表題紙書名:冊1~4 醒世小說英雄淚, 5~7 醒世小說國事悲, 叙冷血生, 刊記:民國元年(1912) 仲春上海書局石印	國立中央圖書館 古5-80-40
國事悲	1909年	4卷4冊, 中國石印本		鮮文大 朴在淵
繡像英雄淚	冷血生(匿名) 著, 191?年刊	1冊, 中國石印本, 有圖, 14.6×9cm		高麗大學校 (新菴文庫)C14-B 12
	冷血生 著	4卷4冊, 中國石印本, 15cm	叙:冷血生目序	延世大學校 812.36/47
	冷血生 著, 上海, 上海書局, 民國1(1912)	4卷4冊, 14.8×8.8cm, 四周雙邊, 半郭:12.4×8cm, 無界, 16行36字, 上下向黑魚尾	目錄題:新刻醒世奇文英雄淚小說, 題簽題:繡像英雄淚 國事悲全集, 標題:醒世小說英雄淚, 敍:冷血生自序	東亞大學校 (3):12:2-45
英雄淚	鷄林冷血生, 1909年	4卷4冊, 中國石印本		鮮文大 朴在淵
	編著者未詳, 刊年未詳	1冊(缺本), 中國石印本, 15×9.1cm	版心書名:醒世英雄淚	韓國學中央研究院(袖)D7C-24

58. 鬧花叢

≪鬧花叢≫은 4권 12회로 明末淸初에 姑蘇痴情士가 지은 愛情小說이다. 작품의 가장 이른 판본은 康熙 年間의 刊本으로 4쪽의 그림이 있고 현재 日本 東京大學 東洋文化硏究所 雙紅堂文庫에 소장되어 있다.[356] 이외에, 坊刊本과 필사본이 있는데 필사본에는 서문이 없고 목록에는 '新鐫小說鬧花叢'이라 적혀 있으며, 正文 卷端의 제목은 목록과 같다. 回末에는 간간이 總評이 있고 책 마지막에는 ≪情士自跋≫이 있다.[357]

작품의 작자는 姑蘇痴情士라 되어 있는데, 그의 생애에 대해서는 분명하게 알 수 없

356) 大塚秀高의 ≪中國通俗小說書目改訂稿≫에 상세히 기록되어 있다.

357) 江蘇省社會科學院 明淸小說硏究中心文學硏究所 編, ≪中國通俗小說總目提要≫, 中國文聯出版公司, 1991, 417-418쪽 참조.

고 그의 本名에 대해서도 전혀 알려져 있지 않으며 단지 ≪鬧花叢≫의 작자라는 사실이 알려져 있을 따름이다.

작품의 국내 유입 기록은 명확하게 드러나지 않고 있는데, ≪金瓶梅≫와 비슷한 애정류 작품들과 함께 朝鮮 後期에는 국내에 전래되었을 것으로 추정된다.

≪鬧花叢≫의 내용은 다음과 같다. 明代 弘治 年間에 南京 應天府 上元縣 관리의 子弟 龐文英이 5명의 여자와 연애하고 혼인하는 풍류적인 이야기를 서술하고 있는데, 龐大英은 재주가 뛰어나고 학식이 풍부하며 용모가 아름답고 나이가 젊어서 미녀들이 적극적으로 그에게 구애했기 때문에 결국 그는 일처와 사첩을 거느리고 즐거움을 한껏 누리며 재미있게 살았다고 한다. 이 작품은 많은 책을 합쳐서 만든 것으로 기본 골격은 ≪鼓掌絶塵≫의 24·25·26회에서 취한 것이다.

국내에는 木版本을 선문대 박재연이 소장하고 있는데, 1冊으로 第9, 10回로 되어 있으며 나머지 자세한 서지사항에 대해서는 명확하지 않다.

書名	出版事項	版式狀況	一般事項	所藏處/所藏番號
鬧花叢		1冊(第9, 10回), 木版本		鮮文大 朴在淵

59. 呂祖全傳

≪呂祖全傳≫은 1卷으로 되어 있고 著者는 汪象旭으로 알려져 있다. 汪象旭은 이름이 淇, 字가 右子이며 ≪西遊記≫를 평한 적도 있기에 殘夢道人이란 別號도 있다.

표지에는 "唐弘仁善濟寺佑帝君純陽呂仙撰, 奉道弟子憺漪子汪象旭重訂, 同道何應春, 費欽, 鐘山, 吳道隆, 鄭汝承, 查宗起同校"라고 적혀 있다. 이른바 呂純陽이 지었다고 한 것은 후인이 위탁한 것이며 作者는 汪象旭인 듯하다. 汪象旭은 萬曆 32年(1604)에 태어났고 杭州一帶에서 오랫동안 활동한 明末淸初의 小說家이자 小說批評家로 알려져 있다. 그는 일찍이 과거에 뜻을 두기도 하였으나 만년에는 儒敎를 버리고 道家에 심취하였다. 汪象旭은 서적을 刻하는 것을 業으로 삼으며 주로 明末부터 康熙 7年까지 활동하였다. 지금까지 고증된 바에 의하면 汪象旭이 版刻한 것으로 알려진 것으로 '蜩寄'라는 표지가 있는 것이 약 10部 정도가 있고, '還讀齋'에서 版刻하였다고 한 것이 약 10部 정도가 있다. ≪呂祖全傳≫은 일인칭 敍事를 사용한 첫 번째 白話小說이라는 점에서 큰 의미를 찾을 수 있고 ≪西遊記≫의 評點本인 ≪西遊證道書≫는 ≪西遊記≫평점의 새 지평을 열었다고 할 수 있다.[358)]

주요 판본은 康熙 元年本과 咸豊 9年本(1859)이 있다.

咸豊 9年(1859)에 간행된 上洋道前街 寶監堂藏板本은 北京大學圖書館에 소장 되어 있다. 康熙 元年(1662) 刊行本이 있는데 한 면이 9행 24자씩 인쇄되어 있으며 또 光緖 11年(1885) 重刊本이 있다고도 하지만 판본이 실재하는지 정확히 알 수 없다.[359)]

≪呂祖全傳≫은 呂岩이 꿈속에서 富貴功名의 헛됨을 깨닫고 道敎에 심취해서 道를 닦고 純陽眞人이 된다는 이야기로 도교를 선양하고자 하는 작가의 의도가 두드러진 소설이다.

國內 유입시기에 대해서는 정확한 기록이 남아 있지 않은 관계로 알 수 없으나 대략 朝鮮 後期로 추정된다. 奎章閣에 刊年 未詳의 木版本 2冊이 소장되어 있다.

書名	出版事項	版式狀況	一般事項	所藏處/所藏番號
呂祖全傳	呂洞賓(唐)撰, 汪象旭(淸)重訂, 淸板本	2冊, 有圖, 中國木版本, 18.2×12.2㎝	印:集玉齋, 帝室圖書之章	奎章閣 [奎중]5511

60. 二度梅全傳

≪二度梅全傳≫은 6卷 40回로 一名 ≪二度梅奇說≫이라고도 하며 著者에 대해서는 여러 설이 있으나 일반적으로 惜陰堂主人으로 알려져 있다. 판본에 "惜陰堂主人編輯, 繡虎堂主人訂閱", 또 "天花主人編次", "槐蔭堂主人編輯, 嘯虎堂主人評閱"이라는 표식이 있어 저자에 대한 의견이 분분한 것이다. 惜陰堂主人은 ≪金蘭筏≫·≪善惡圖≫를 지었다고 하고, 天花主人은 ≪雲仙笑≫와 ≪驚夢啼≫를 썼다고 한다. 그

358) 伍珉松, 〈淸代小說家汪淇硏究綜述〉, ≪文學界≫, 2011년 5月, 119-120쪽. 陳恩虎, 〈刻書家汪淇生平考, ≪文獻季刊≫, 2005년 7월 3期, 84-91쪽 참조.

359) 江蘇省社會科學院 明淸小說硏究中心 文學硏究所 編, ≪中國通俗小說總目提要≫, 中國文聯出版公司, 1990년, 350쪽 참조.

러나 사실상 ≪雲仙笑≫는 淸 順治 三年(1646)에서 康熙 十二年(1673) 사이에 창작된 것으로 天花主人이 ≪二度梅≫를 지었을 가능성은 희박하다.

≪二度梅全傳≫의 판본은 일반적으로 繁本系統과 簡本系統으로 나눈다. 簡本은 繁本을 줄여서 만든 것으로 文富堂刊本의 序에 의거하면 작품을 刪去한 사람은 靈峰子라고 하나 生平에 대해서는 알려진 바가 없다. 繁本系統 중 回目이 불완전한 판본이 먼저 산생된 것이고 그것을 보안해서 회목이 완전한 판본을 만들었을 것으로 보인다.[360]

繁本系統의 주요 판본은 澹雅堂刊本, 右文堂刊本, 書業德梓刊本 등이 있다. 澹雅堂刊本은 序文이 없고 처음부터 總目次가 나오고 그 다음에 12장의 그림이 나온다. 본문 끝에 "新注二度梅全傳"이라 되어 있으며 한 面은 11行 28字이다. "惜陰堂主人編輯, 繡虎堂主人評閱"이란 서명이 있고, 속표지에 또 "天花主人編次"라 적혀 있는데 현재 廣州 中山圖書館에 소장되어 있다.

右文堂刊本도 序文이 없고 처음부터 目次가 나오며 그 다음에 14장의 그림이 나온다. 본문 끝에 "忠孝節義二度梅全傳"이라 적혀있고, 한 面은 11行 21字로 되어 있으며 현재 中山大學圖書館에 소장되어 있다.

書業德梓刊本도 序文이 없고 처음에 "新刻二度梅奇說全傳目錄"만 있고 그림이 없는 특징이 있다. 본문은 한 面이 12行 28字로 "槐蔭堂主人編, 嘯虎堂主人評閱"이라 적혀있고 현재 首都圖書館에 소장되어 있다. 이외에도 孫楷第의 ≪中國通俗小說書目≫에 수록되어 있는 益秀堂刊本, 五雲堂刊本과 柳存仁의 ≪倫敦所見中國小說書目提要≫에서 언급 된 嘉慶 五年(1800)의 福文堂刊本, 大蓮圖書館 所藏 光緒 辛卯年(1891)의 重鐫京都文城堂梓行本 등이 있다.

또한, 繁本系統은 回目과 내용이 일치하는 판본과 일치하지 않는 판본으로 나눌 수 있다. 澹雅堂刊本과 같이 回目이 40回이기는 하나 완전치 않은 것으로 總 目次 중 27~30회까지 4회를 한 회로 묶고, 31 · 32회를 합쳐 한 회로 하고, 34~36회를 한 회로 하며, 37~39회 까지를 한 회로 묶었다. 본문에서 回次를 모두 밝히고 있기는 하나 어떤 회에서는 目次를 생략하고 있다. 반면에 福文堂刊本과 書業德藏板本처럼 回目이 완

---

360) 江蘇省社會科學院 明淸小說研究中心 文學研究所 編, ≪中國通俗小說總目提要≫, 中國文聯出版公司, 1990년, 543쪽 참조.

전한 것도 있다.

簡本系統의 주요판본은 文富堂刊本과 文玉齋刊本 등이 있다.

文富堂刊本은 첫머리에 序가 있고, 끝부분에 "乾隆壬寅(1782)秋月上浣松林居士題"라 적혀 있는 것을 볼 수 있다. 目錄이 있는 페이지에 "忠孝節義二度梅全傳"이라 되어 있고, 본문 끝에 "新刻增刪二度梅奇說", "惜陰堂主人編輯, 繡虎堂主人評閱"이라 적혀있으며 한 면이 11行 26字로 12장의 그림이 수록되어 있다. 총 目次에는 40回의 回目을 6卷으로 나누고 있는데 각 卷마다 目錄이 있으며 현재 東北師大圖書館에 소장되어 있다.

文玉齋刊本은 題署가 文富堂刊本과 일치한다. 첫 머리에 序가 있고, 끝부분에 "同治 己巳(1869)春仲于深柳書堂, 味余居士題"이라 적혀 있다. 序의 내용은 文富堂刊本과 큰 차이는 없지만 회목 등에서 차이가 보이는데 목록 페이지에는 32回의 回目이 있고, 6卷으로 나누어진 卷에는 卷目이 있다. 본문은 分卷만 하고 卷目만 썼을 뿐이고 한 面은 12行 24字로 되어 있으며 24장의 그림이 수록되어 있으며 현재 遼寧省圖書館에 소장되어 있다.[361]

≪二度梅全傳≫의 내용은 梅魁의 아들인 梅璧과 陳東初의 딸 杏元의 사랑을 중심으로 이야기가 전개되면서 盧杞, 黃嵩 등의 모략으로 여러 우여곡절을 겪지만 결국 대단원의 결말을 이룬다는 것이다.

國內 유입시기에 대해서는 정확한 문헌 자료가 보이지 않아 자세히 알 수는 없으나 대체로 朝鮮 後期로 추정된다. 奎章閣에 木版本 ≪繡像二度梅全傳≫ 6卷 6冊이 소장 되어 있는데 序文에 의하면 光緖 4年(1878)에 老二堂에서 간행된 것이다. 卷頭書名은 ≪新註二度梅奇說全集≫로 되어 있고 版心書名은 ≪二度梅≫로 되어 있다.

書名	出版事項	版式狀況	一般事項	所藏處/所藏番號
繡像二度梅全傳	惜陰堂主人(淸) 編輯, 繡堯堂主人(淸) 計閱, 老二堂, 光緖4年(1878)	6卷6冊, 中國木版本, 15×10.7㎝	卷頭書名:新註二度梅奇說全集, 版心書名:二度梅, 序:光緖戊寅(1878)…卷活道人, 印:集玉齋, 帝室圖書之章	奎章閣 [奎중]6268

361) 江蘇省社會科學院 明淸小說硏究中心 文學硏究所 編, ≪中國通俗小說總目提要≫, 中國文聯出版公司, 1990년, 543쪽 참조.

61. 吳三桂演義

≪吳三桂演義≫는 一名 ≪明淸三國志≫라고도 하며 4卷 40回로 되어 있고 著者는 黃世仲이다. 이전에는 저자에 대해서 잘 알려져 있지 않았으나 2002년 楊國雄[362]에 의해서 著者가 黃世仲임이 밝혀졌다.

주요 판본은 宣統 辛亥年(1911) 홍콩 循環日報 活字本, 宣統 辛亥年(1911) 上海書局에서 간행한 石印本과 上海 華明書局의 石印本이 있다.

홍콩 循環日報 活字本이 原刊本이라 할 수 있는데 영국박물관에 소장되어 있고, 이 책 첫 면에 "歷史小說 吳三桂演義 小配世次郞" 이라고 적혀있어 著者가 黃世仲임을 알 수 있다.[363] 宣統 辛亥年(1911) 上海書局 石印本은 한 面이 20行 40字로 되어 있고 현재 復旦大學圖書館에 소장되어 있다. 上海 華明書局에서 간행한 石印本은 "歷史小說"로 표시되어 있는 소책자로 한 面이 18行 40字로 되어 있다. 自序가 있기는 하지만 구체적으로 著者에 대해서 알 수 있는 단서는 보이지 않고 6폭의 그림도 있는데 中央戲劇學院圖書館에 소장되어 있다.[364]

≪吳三桂演義≫는 明末 淸初를 시대적 배경으로 李自成의 난과 청군과 대립 등을 묘사하고 있다. 그러나 단순한 왕조 교체기의 역사를 서술한 歷史演義 소설이라기보다는 역사속의 인물을 중심으로 그의 일생에 대해서 심도 있게 그린 작품이라는 점에서 그 의미를 찾을 수 있고 영웅이 아닌 악역을 주인공으로 한 점에서 특별한 작품으로 평가받고 있다.[365]

吳三桂의 본관은 산동 高郵로 본래 선조가 말 판매상을 하여 遼東地域을 섭렵했다. 황제는 吳三桂를 總戎으로 승진시켜 寧遠으로 출격시켰다. 황제의 장인 田婉의 첩 陳圓圓은 吳三桂와 오래전에 정인관계였는데 田婉은 陳圓圓를 吳三桂에게 바쳤다. 하

362) 楊國雄은 홍콩대학 도서관에서 일하다가 캐나다로 이민을 가서 캐나다 홍콩 문헌 박물관 관장을 지낸 사람이다.(顔延亮, 〈晩淸最後一部杰出的小說〉, ≪甘肅社會科學≫, 2003년 第2期, 18쪽 참조)

363) 顔延亮, 〈晩淸最後一部杰出的小說〉, ≪甘肅社會科學≫, 2003년 第2期, 18쪽 참조.

364) 江蘇省社會科學院 明淸小說硏究中心 文學硏究所 編, ≪中國通俗小說總目提要≫, 中國文聯出版公司, 1990년, 1254쪽 참조.

365) 顔延亮, 〈晩淸最後一部杰出的小說〉, ≪甘肅社會科學≫, 2003년 第2期, 20쪽 참조.

지만 吳三桂의 부친인 吳襄은 陳圓圓를 北京에 남게 하고 吳三桂를 전투에 내보냈다. 당시 조정은 부패하고 천하는 어지러워 李自成이 난을 일으켜 북경을 함락시키고 陳圓圓을 사로잡았다. 吳三桂는 陳圓圓을 빼앗기 위해 淸의 군사를 빌려 李自成을 무찌르고 吳三桂은 平西王에 봉해졌다.

吳三桂는 淸에 투항하기로 결심하고 雲南으로 진군하였는데 영력제가 미얀마로 도망가자 끝까지 쫓아가 죽였다. 吳三桂는 날로 방자해져 들판에 인공정원을 세우는 등 사치가 극에 달했다. 조정에서는 吳三桂에게 진을 옮길 것을 명했지만 吳三桂는 군사를 이끌고 衡陽에 가서 왕을 신하로 삼은 후 반정을 결심했다. 吳三桂는 康熙 12年 大周를 元年으로 하고 자신을 天子라 칭했다. 康熙帝는 병사를 보내어 吳三桂와 전투를 벌였고 전쟁이 오랫동안 지속되자 吳三桂는 나날이 주색에 빠져 결국 69세에 죽었다. 장수들은 그의 손자 吳世藩을 옹위하여 직위를 계승하게 했으나 康熙 20年 淸軍의 협공으로 周는 멸망했다.

國內 유입시기에 대해서는 정확한 문헌 자료가 보이지 않아 자세히 알 수는 없으나 대략적으로 朝鮮 末期로 추정된다. 高麗大에 ≪吳三桂演義≫ 4卷 2冊 木版本이 소장되어 있고 鮮文大에 錦章圖書局에서 간행한 石印本 ≪明淸三國志≫가 소장되어 있다.

書 名	出 版 事 項	版 式 狀 況	一 般 事 項	所藏處/所藏番號
明淸三國志	錦章圖書局	4卷2冊, 中國石印本	又名吳三桂演義	鮮文大 朴在淵
吳三桂演義	淸無名氏編, 淸末民初刊行	4卷2冊, 中國木版本, 有圖, 19.7×13.2㎝	表題:繡像吳三桂演義	高麗大學校 대학원C14-B47-1-2

62. 西來演義

≪繡像西來演義≫는 40回로 一名 ≪梁武帝西來演義≫·≪梁武帝全傳≫이라고도 하는 歷史小說인데, 天花藏主人이 새로 편집했다고 한다.

작품의 가장 이른 판본은 淸初 餘氏 永慶堂 간행본이 있는데, 앞머리에 天花藏主人이 康熙 癸丑(1673년)에 쓴 序가 있고 揷圖 80幅이 있으며 '天花藏主人新編永慶

堂餘郁生梓'라고 쓰여 있다. 현재 美國會圖書館에 소장되어 있다. 둘째, 일본의 宮內省 圖書寮도 餘氏永慶堂 간행본을 소장하고 있으나, 插圖와 序가 빠져 있다. 셋째, 嘉慶 己卯(1819년)의 抱靑閣 간행본은 小型으로, 속지의 상단에 가로로 '梁武帝全傳'이라고 새겨져 있으며, 가운데의 오른쪽 위에는 '嘉慶己卯年鐫'이라고 되어 있고, 가운데에는 '繡像西來演義'라고 두 줄로 쓰여 있으며, 다음 줄에 '演義' 두 글자가 쓰여 있다. 그리고 그 아래에 '抱靑閣梓'라는 작은 글자가 새겨져 있다. 첫머리에 序가 있으나, 내용은 餘氏永慶堂刊本의 序와 다르며 저자도 밝혀져 있지 않다. 이외에, 梁武帝·郗皇后·昭明太子·柳慶遠·張弘策·寶志公·候景·達摩師라는 8명의 주인공이 그려져 있는 8폭짜리 圖像이 있고, 그림마다 4句의 題詩가 있다. 현재 南京大學圖書館과 首都圖書館에 소장되어 있다.[366)]

작품의 작자 天花藏主人은 청대 소설가이자 출판가이다. 그의 號는 荑秋散人, 荻岸散人, 夷狄散人, 素政堂主人이라고도 한다. 그가 張博山, 張匀, 煙水散人, 天花才子와 墨浪子 등일 것이라 주장되고 있으나 정설은 없다. 그의 저서 가운데에 소설작품은 ≪玉嬌梨≫·≪平山冷燕≫·≪人間樂≫·≪濟顚大師醉菩提全傳≫·≪玉支璣小傳≫·≪鴛鴦媒≫ 등이 있다.

≪繡像西來演義≫의 내용은 다음과 같다. 南齊 때, 皇親 蕭順之는 建康 고을에서 隱居하였다가 세 여자를 구해 주고 그 사실을 알게 된 옥황상제가 아들을 점지해준다. 그리하여 蕭順之의 아내 張夫人은 아들 蕭衍을 낳고 그녀와 똑같이 기이한 꿈을 꾼 郗古愚와 아내 陶氏가 낳은 딸 郗徽은 16세에 혼인하여 금슬이 좋았다. 그런 가운데 魏와 齊가 전쟁을 벌이자 蕭衍은 전쟁에 참가하여 공을 세워 벼슬이 높아지며 齊和帝의 선양을 받아 梁王이 되었다. 이후에도 梁王은 여러 번 전쟁을 겪고 佛事에 빠져들었다가 개심하고 齊和帝이 侯景으로 托生하여 梁을 위협했으나 결국 江陵王 蕭繹이 황제가 된다.

이 작품의 국내 유입에 대한 기록은 그다지 명확하지 않다. 작품의 창작 시기가 17세기 중후반인 것으로 볼 때 그 이후에 조선에 전래되었을 것임은 분명하다. 다만 국내에는 연의류 소설이 많이 유입되었으므로 이 작품의 출판 직후에 들어왔을 가능성도 있는

366) 江蘇省社會科學院 明淸小說研究中心文學研究所 編, ≪中國通俗小說總目提要≫, 中國文聯出版公司, 1991, 403쪽 참조.

데, 그렇다면 가장 빨라도 17세기 중반 정도일 것이다.

국내에는 中國木版本이 유일하게 奎章閣에 소장되어 있는데, 12冊이고 嘉慶 24年(1819)에 抱靑閣에서 출판된 것으로 版心에는 書名이 '梁武帝全傳'이라 되어 있어 주목되는 판본이다.

書名	出版事項	版式狀況	一般事項	所藏處/所藏番號
繡像西來演義	天花藏主人(淸)編, 抱靑閣, 嘉慶24年(1819)	12冊, 中國木版本, 16.4×10.3㎝	卷頭書名:精繡通俗全像梁武帝西來演義, 版心書名:梁武帝全傳, 印:集玉齋, 帝室圖書之章	奎章閣 [奎중]6180

63. 五美緣

≪五美緣≫은 80回로 一名 ≪再生緣全傳≫·≪大明傳≫이라 불리는 작자 未詳의 愛情小說이다. 작품의 가장 이른 판본은 道光 2年(1822) 간본이 있는데, 1~35회와 51~65회가 남아있다. 또 道光 23年(1843) 愼德堂本이 있는데, 권두에 敍가 있고 末尾에 "壬午谷雨前二日寄生氏題于塔影樓之西榭"라고 적혀 있다. 서문에 다음과 같은 내용이 있다. "미인은 하늘의 뛰어난 재능을 한데 모은 것으로 한 명도 힘든데 하물며 몇 배가 될 정도로 많겠는가? 늦은 봄 해당화 아래에 앉아서 손님이 ≪五美緣≫을 듣고 평가하네. 錢月英의 純貞, 趙翠秀의 강직한 성격, 錢落霞의 조신한 몸가짐으로 정조를 지키고 의를 지키며 악을 제거하는데 모두 여장부 중에서도 드물다. 蕙蘭은 꿋꿋하게 가난한 선비를 따랐으며 飛英은 장군감을 사랑하였고 또한 미인의 칭호에도 부끄러움이 없을 정도이다. 馮生이 무슨 복으로 그렇게 많은 미녀들을 얻었는가? 그는 林公처럼 백성들을 잘 다스렸고 서신을 덧붙인 것에서 그의 지모가 뛰어나다는 것을 알 수 있다. 재자는 반드시 가인과 배필을 맞이하게 된다는 것을 믿는다. 훌륭한 인물이기에 하늘이 미인을 맺어준다. 예를 들면 ≪五美緣≫이 그 한 예이다."

孫楷第는 ≪中國通俗小說書目≫의 ≪爭春園≫ 항목의 아래에 "奇生氏는 바로 ≪五美緣≫의 작가이다"라고 했는데, 근거 자료를 찾을 수 없다. 序에서 "錢落霞之……完身仗義除逆"이라는 문장은 실제로 작품 중에서는 보이지 않는다. 翠秀와 蕙蘭을 '完

身仗義除逆'이라고 하는 것이 그래도 명실상부한 편이다. 글자를 잘못 베껴 썼거나 인쇄할 적에 글자가 탈락되었거나 거꾸로 쓴 것으로 보인다. 寄生氏는 ≪五美緣≫의 작가가 아니고 敍만을 쓴 사람이거나 아마도 책방의 주인일 것이다. 塔影樓는 바로 서점의 堂號이다.

樓外樓 道光 4年(1824) 간행본은 ≪綉像大明傳≫이라고 되어 있는데, 현재 英國博物館에 소장되어 있고 道光 8年(1828) 간행본은 日本 大阪府立圖書館과 ≪朝日新聞≫文庫에 소장되어 있다. 이외에, 道光 壬辰(1832) 三余堂刻本과 道光 25年(1845) 聚文堂 간행본 등이 있다. 각 刻本의 序에는 대부분 '壬午'라고 적혀 있는데 道光 4年 樓外樓 간행본에만 序를 지은 연대가 甲申이라고 적혀 있다. 그러나 이 책의 연대는 道光 2年 전후라는 데는 의심할 바가 없다.[367)]

이 작품의 작자는 淸代 寄生氏라고 되어 있지만 이 책의 서문을 썼거나 책방 주인일 것으로 알려져 있고, 진짜 작자는 아직까지 누구인지 명확하게 규명되지 않고 있다.

≪五美緣≫의 내용은 다음과 같다. 明나라 正德 年間에 禮部尙書 馮旭은 대단히 뛰어난 글재주를 가진 사람으로 처음에 錢月英과 혼인하려 했는데, 花文芳이 그를 질투하여 죽이고 월영을 차지하려 음모를 꾸민다. 그리하여 풍욱은 이리저리 쫓겨 다니다가 姚蕙蘭과 혼인했는데, 花有憐이 沈氏의 둘째 아들을 부추겨 혜란을 강간하게 했으나 이루지 못하자 그들 부부를 무고하여 처형될 상황이 되지만 다행히 七省經略이 사실을 알게 되어 풀려난다. 이후 풍욱은 과거에 급제하고 전쟁에 나아가 승리하고 番國의 공주 哈飛英, 月英, 翠秀, 落霞와도 혼인하게 되니 '五美緣'을 이루었다고 한 것이다.

작품의 국내 유입 기록은 아직까지 명확하게 드러나지 않고 있는데, 이 작품의 출판시기가 1822년인 것으로 보아 19세기 초중반에는 국내에 들어왔을 것으로 추정해볼 수 있다. 대개 朝鮮 後期에는 국내에 전래되어 널리 유통되었을 것으로 보인다.

국내에는 中國木版本이 유일하게 奎章閣에 소장되어 있는데, 8卷 8冊으로 道光 28年(1848)에 寄生氏가 九如堂에서 편찬한 것으로 되어 있고 겉표지의 제목은 '繡像五美緣'[368)]이라 되어 있으며 속표지에는 '五美緣全傳'이라 되어 있다. 또한 壬午年(1822)

367) 江蘇省社會科學院 明淸小說硏究中心文學硏究所 編, ≪中國通俗小說總目提要≫, 中國文聯出版公司, 1991, 686쪽 참조.

368) 규장각에서는 본래 '繡像五美錄'이라 잘못 표기되어 있었으나 2012년 11월 22일 필자가 작품

의 序가 들어가 있고 왕실의 인장이 찍혀 있다.

書名	出版事項	版式狀況	一般事項	所藏處/所藏番號
繡像五美緣	寄生氏(清)編, 九如堂, 道光28年(1848)	8卷8冊, 中國木版本, 16×11cm	序:壬午(1822)…寄生氏, 印:集玉齋, 帝室圖書之章	奎章閣 [奎중]6106

64. 西湖佳話

≪西湖佳話≫는 16권으로 一名 ≪西湖佳話古今遺跡≫이라고 하는 清代 白話 短篇小說集이다. 전체 16篇이고 모두 16萬字이며 "古吳墨浪子가 수집했다"라고 적고 있는데, 清 康熙 12年(1673)에 작품이 완성되었다.

작품의 판본은 金陵 王衙精刊本, 抗州 文翰樓發兌本, 上海 文選書局石印本, 日本刻本이 있다. 첫째, 金陵 王衙精刊本은 첫 머리에 康熙年間의 自序, 西湖全圖와 西湖佳景十圖가 있는데 五色으로 板印했으며 매우 精美하다. 목록과 본문의 첫 행에 모두 "西湖佳話古今遺迹"이란 제목이 있는데 현재 北京大學圖書館에 소장되어 있다.

둘째, 乾隆 辛未(1751年) 會敬堂에 소장된 抗州 文翰樓發兌本은 첫머리에 乾隆 庚午(1750年) 東谷老人의 序가 있으며, 현재 大連圖書館에 소장되어 있다.

셋째, 上海 文選書局石印本이 있으나 자세한 서지사항은 미상이다.

넷째, 1804년에 日本刻本이 나왔는데, 제목은 ≪通俗西湖佳話≫이며 총 4卷이다.[369]

작품의 작자 古吳墨浪子는 西湖墨浪子라고도 하는데, 清代에 살았던 사람으로 알려져 있을 뿐 나머지 자세한 생애에 대해서는 전혀 알 수 없다.

≪西湖佳話≫의 내용은 '西湖'라는 명승고적지를 배경으로 하고 있으며 葛洪·白居易·蘇軾·駱賓王·林逋·蘇小小·嶽飛·於謙·濟顛·遠公·文世高·錢鏐·圓澤·馮小青·白娘子·蓮池 등 여러 사람들의 이야기를 서술하고 있다. 대부분 史傳, 雜記와 民間

의 내용을 열람하고 교정해주기를 요청하여 '繡像五美緣'으로 바로잡았다.

369) 江蘇省社會科學院 明清小說研究中心文學研究所 編, ≪中國通俗小說總目提要≫, 中國文聯出版公司, 1991, 362쪽 참조.

傳說을 근거로 하여 이야기를 서술했다. 따라서 "서호에서 사람을 얻어 적은 것이고 사람 또한 서호로 인해 전한 것이다(西湖得人而題, 人亦因西湖而傳)"라는 데에 의미가 있다.

이 작품의 국내 유입에 대한 기록은 그다지 명확하지 않다. 이 작품의 창작 시기가 17세기 중·후반인 것으로 보아 대개 그 이후에나 국내에 들어왔을 것으로 보인다. 조선 왕실의 도서 소장상황으로 볼 때 18세기 후반에는 국내에 이미 유통되었음이 확실하다.

국내에는 中國木版本이 奎章閣에 소장되어 있는데, 16卷 4冊이고 乾隆 51年(1786)에 芥子園에서 출판되었으며 삽도가 있고 왕실 도서의 인장이 찍혀 있다는 점이 특징적이다.

書名	出版事項	版式狀況	一般事項	所藏處/所藏番號
西湖佳話	墨浪子(淸)搜輯, 芥子園, 乾隆 51年(1786)	16卷4冊, 有圖, 中國木版本, 17.3×11.5㎝	序:乾隆丙午(1786)…嘱傲主人, 印:集玉齋, 帝室圖書之章	奎章閣 [奎중]5922
西湖佳話古今遺蹟	墨浪子(淸) 搜輯, 刊寫地未詳, 刊寫者未詳, 淸朝後期刊	線裝16卷4冊, 木版本, 左右雙邊, 半郭:13.1×8.9㎝, 無界, 10行22字, 上黑魚尾, 16.3×11㎝, 紙質:竹紙		成均館大學校 尊經閣 B16FC-0001
	墨浪子(淸) 編輯, 淸, 刊寫者未詳, 乾降 51(1786)	線裝16卷6冊, 木版本, 挿圖, 上下單邊, 半郭:13.9×9.5㎝, 10行22字, 註雙行, 上黑魚尾, 17.2×12㎝, 紙質:綿紙	裏題:西湖佳話, 序:乾隆五十一年(1786) 歲次丙午季春中書, 解題:中國西湖地方古蹟集임	韓國學中央研究院 C2-319
	墨浪子(淸), 翰海樓, 乾隆 16(1751)	16卷4冊1夾板, 中國木版本, 挿圖, 上下單邊, 左右雙邊, 半郭:19.5×13.2㎝, 無界, 10行22字, 註雙行, 花口, 上下向黑魚尾, 25.6×16.6㎝	花口題:西湖佳話 內容:卷1, 葛嶺仙蹟(冊1)-卷2, 白堤政蹟(冊1)-卷3, 六橋才蹟(冊1)-卷4, ○雲詩蹟(冊1)-卷5, 孤山陰蹟(冊2)-卷6, 西冷韻蹟(冊2)-卷7, 兵壙忠蹟(冊2)-卷8, 三台夢蹟(冊3)-卷9, 南屛醉蹟(冊3)-卷10, 虎溪笑蹟(冊3)-卷11, 斷橋情蹟(冊3)-卷12, 錢塘覇蹟(冊4)-卷13, 三生石蹟(冊4)-卷14, 梅嶼恨蹟(冊4)-卷15, 雷峯怪蹟(冊4)-卷16, 放生善蹟(冊4)	서울大學校 中央圖書館 4810-69-1-4
西湖佳話		16卷4冊, 中國木版本	1876年序	朴在淵

65. 雙奇緣全傳[雙鳳奇緣, 쌍주기연]

≪繡像雙奇緣全傳≫은 80회로 작자는 雪樵主人이고 一名 ≪繪圖雙鳳奇緣≫·≪雙鳳奇緣≫·≪昭君傳≫이라는 愛情小說이다.

작품의 주요 판본은 忠恕堂 소장본, 玉茗堂 간행본, 霞漳文瑞堂 간행본, 經文堂 간행본, 崇經堂 간행본, 寶善書局 石印本 등이 있다.

첫째, 가장 이른 판본은 嘉慶 14年(1809) 忠恕堂 소장본이다. 序에는 "嘉慶十四年春月上浣之三日, 雪樵主人梓定"이라 되어 있다. 圖像이 16쪽이 있고 圖贊이 각각 반쪽씩 차지하고 있다. 영국의 박물관에 소장되어 있는 판본은 65회에서 80회까지가 빠져 있다. 이 박물관에 소장되어 있는 또 다른 각본은 8권으로 나뉘어져 있는데, 1권이 빠져 있다. 版心에는 '昭君傳'이라는 세 글자가 새겨져 있다.

둘째, 嘉慶 24年 序가 있는 玉茗堂 간행본은 현재 日本 天理圖書館에 소장되어 있는데, 자세한 서지사항은 분명하지 않다.

셋째, 道光 7年 霞漳文瑞堂 간행본은 현재 北京圖書館에 소장되어 있다.

넷째, 經文堂 간행본은 道光 21年 維揚二酉堂 刊本이 있고 道光 23年 序가 있는 刊本은 20권으로 되어 있으며 현재 首都圖書館에 소장되어 있다.

다섯째, 經元堂 소장본은 현재 遼寧圖書館에 소장되어 있는데, 속표지 오른쪽에 "道光丙午重鐫"이라 새겨져 있고, 書名은 "綉像雙鳳奇緣全傳"이라 題하였으며, 序에는 "道光癸卯歲仲春月中浣之三日, 古涇主人梓定"이라 적혀 있다. 그림 8쪽이 있는데, 1폭이 반쪽이며 道光 23年 序本에 의거하여 翻刻한 것이다.

여섯째, 光緒 11年 崇經堂 간행본, 光緒 20年 上海 寶善書局 石印本 등이 있다.[370)]

작품의 작자 雪樵主人은 淸代 사람으로 그의 생애에 대해서는 거의 알려진 바가 없으며 앞으로 그에 대한 새로운 자료가 발굴되기를 기대한다.

≪繡像雙奇緣全傳≫의 내용은 다음과 같다. 漢 元帝 때 越州 太守였던 王忠의 딸 王昭君에 대한 이야기를 서술한 것이다. 왕소군은 황제를 만나는 꿈을 꾸고 황궁에 들

---

370) 江蘇省社會科學院 明淸小說硏究中心文學硏究所 編, ≪中國通俗小說總目提要≫, 中國文聯出版公司, 1991, 612쪽 참조.

어가게 되나 太師인 毛延壽가 그림 값을 요구하자 거절한다. 화가 난 모연수는 엉터리로 그녀의 얼굴에 점을 그려 황제에게 바친다. 황제는 다른 여자를 西宮에 입궁시키지만 금방 모연수의 모략이 들통 나서 다시 왕소군을 입궁시키려 했다. 그러자 모연수는 오랑캐 땅으로 도망가서 오랑캐 왕에게 그녀를 입궁시키도록 충동질하고 국력이 약한 漢나라 황제는 그녀를 보내고 만다. 그러나 왕소군은 선녀의 도움으로 위기를 모면하고 강물에 빠져 죽고 이후 그녀의 동생 賽昭君이 황제와 혼인하고 나서 선녀에게 술법을 전수받아 언니의 원수를 갚는다. 서명을 '雙鳳奇緣'이라 한 것은 언니 王昭君과 동생 賽昭君이 모두 황제와 혼인을 하고 원수를 갚았기 때문인 것으로 보인다.

이 작품의 국내 유입기록은 아직까지 명확하게 드러나지 않고 있는데, 清代 ≪紅樓夢≫ 등과 같은 애정소설들이 1884년(고종 21年) 전후 李鍾泰 등 문사 수십 명에 의해 번역된 것으로 미루어 볼 때 그와 비슷한 시기에 전래되었을 것으로 추정할 수 있다.

국내에는 中國木版本이 奎章閣에 소장되어 있고[371] 中國石印本이 高麗大에 소장되어 있다. 규장각 소장본은 8卷 4冊으로 嘉慶 24年(1819)에 출판된 것으로 왕실 도서의 인장이 찍혀 있고, 고려대 소장본은 4卷 4冊으로 자세한 서지사항은 未詳이다.

書名	出版事項	版式狀況	一般事項	所藏處/所藏番號
繡像雙奇緣全傳	玉茗堂(清)評點, 嘉慶24年(1819)	8卷4册, 中國木版本, 20.2×12.2cm	序:嘉慶己卯(1819)…玉茗主人, 印:集玉齋, 帝室圖書之章	奎章閣 [奎古]5742
繪圖雙鳳奇緣	19--	4卷4册, 中國石印本, 14.5×8.7cm		高麗大學校 C14-B55
쌍주기연	刊寫地未詳, 刊寫者未詳, 刊寫年未詳	1卷1册(65張), 筆寫本, 29×19.2cm, 無界, 10行不定字		檀國大學校천안율곡기념도서관고853.5-쌍899

66. 繪芳錄

≪繪芳錄≫은 80回로 一名 ≪紅閨春夢≫이라고도 하는 狹邪小說이다. 작품의 가장 이른 판본은 光緒 20年(1894) 가을에 출판된 上海書局 石印本이 있다. 첫머리에

371) 규장각 소장본은 작품의 제목이 '繡像雙奇錄全傳'이라 되어 있다.

浙江 始寧 竹秋氏의 自序가 있고, 그림 32폭이 있다. 이외에 申報館 排印本이 있다.

작품의 작자는 西泠野樵라고 되어 있다. 光緒 4年(1878)에 쓴 작자의 自序에 근거하면, 西泠野樵는 바로 竹秋氏의 別名으로 浙江 上虞 사람이며, "17세에 粤寇의 亂을 만났다"는 구절에서 '粤寇'는 洪秀全의 起義를 가리키는 것이므로 그는 아마도 1844년(道光 24年) 전후에 생존했을 것으로 추측된다.[372]

≪繪芳錄≫의 내용은 다음과 같다. 전반적으로 祝柏青, 陳小儒, 王蘭, 江漢槎 등 金陵 名士들과 名妓들간의 사랑 이야기를 서술하고 있다. 祝柏青과 名妓 聶慧珠는 서로 사랑하는 사이로 그가 探花로 급제했는데도 부친이 반대하여 어쩔 수 없이 그녀를 첩으로 들이자 혜주는 결국 우울증에 걸려 죽고 만다. 나머지 세 사람은 과거에 응시하여 立身揚名한 이후 각각 옛날에 좋아하던 명기를 첩으로 삼는다. 마지막에는 네 사람이 사직하고 금릉에 은거하며 진소유가 낳은 아들 넷이 출세하며 다른 명사들도 부귀영화를 누린다.

이 책은 조정의 重臣들이 기녀와 결혼하는 것을 치욕으로 생각하지 않은 이야기를 쓴 것인데 이러한 이야기는 사실상 드문 테마에 속한다. 또한 작품의 언어가 유창하고 아름다우면서도 음란하지 않은 것이 이 작품의 장점이다.

이 작품의 국내 유입기록은 거의 드러나지 않고 있는데, 작품의 창작 시기가 1894년이고 작품의 내용이 화류계의 애정 고사를 다루고 있으므로 아무리 빨라도 19세기 말에야 국내에 유입되었을 것으로 추정된다.

국내에는 中國活字本이 奎章閣에 유일하게 소장되어 있는데, 16冊으로 光緒 4年(1878)에 申報館에서 출판된 판본으로 왕실 도서의 인장이 찍혀 있다.

書名	出版事項	版式狀況	一般事項	所藏處/所藏番號
繪芳錄	西泠野樵(淸)著, 申報館, 光緒4年(1878)	16冊, 中國活字本, 17×11.4㎝	序:光緒戊寅(1878)…甯竹秋氏, 印:集玉齋, 帝室圖書之章	奎章閣 [奎중]6329

372) 江蘇省社會科學院 明淸小說硏究中心文學硏究所 編, ≪中國通俗小說總目提要≫, 中國文聯出版公司, 1991, 747쪽 참조.

67. 善惡圖全傳

≪新刻善惡圖全傳≫은 40回로 一名 ≪善惡圖全傳≫·≪善惡圖≫라고 하는 작자 未詳의 神魔小說이다. 孫楷第는 ≪中國通俗小說書目≫에서 李斗의 ≪揚州畫舫錄≫권11의 '虹橋錄' 대목에는 당시의 評話 중에 曹天衡의 ≪善惡圖≫가 있다고 했는데 바로 이 작품의 원류일 것으로 보고 있다. 이 책은 評話體로 쓰여진 글이고 내용이 통속적인데다가 江南 建康府(지금의 南京)의 일을 그리고 있으며 건강부는 양주와 가깝기 때문에 그 설이 맞을 가능성이 높다. ≪淸史稿·藝文志補編≫子部小說類에는 惜陰堂主人이 지었다고 하는 ≪善惡圖≫를 저록하고 있는데 이 책은 아닌 것으로 보인다.

작품의 가장 이른 판본에는 頌德軒 간행본이 있다. 또 淸末의 坊刻本이 있는데, 작자의 서문과 발문 서지사항이 없고 版心 書名에 ≪善惡圖≫라고 했으며 권두에 '漢上浮槎使者'의 序가 있다.[373)]

≪新刻善惡圖全傳≫의 내용은 다음과 같다. 李雷 母子는 여기저기 전전하다가 溧水縣에 도착했는데, 굶주림이 극에 달하여 쓰러진다. 그때 이웃 마을 林孔昭가 李雷를 도와주어 南京의 七省 軍門 馮承에게 의탁하게 된다. 李雷는 명을 받들어 七省의 반역도와 탐관오리를 전담하여 색출하게 되었다. 그러나 그가 직책에 임명된 이후 온갖 악행을 자행하고 더욱이 호색하며 나쁜 짓을 저질렀다. 하루는 임공소의 아내 羅氏를 우연히 보고 강제로 첩으로 삼고 임공소를 감옥에 감금했다. 이후에 馮承이 그 자리를 떠나게 되자 李雷는 자신이 저지른 만행으로 인해 결국 극형을 당한다.

작품의 국내 유입 기록은 아직 명확하게 드러나지 않고 있고 작품의 창작 시기도 분명하지 않지만 淸末의 방각본이 존재하는 것으로 보아 당시에 상당히 유행하던 작품임을 알려주고 있으므로 대개 朝鮮 後期에는 전래되었을 것으로 추정된다. 국내에는 中國木版本이 奎章閣에 유일하게 소장되어 있는데, 40卷 6冊으로 著者未詳이고 頌德軒藏板으로 되어 있으며 왕실 도서의 인장이 찍혀 있다.

---

373) 江蘇省社會科學院 明淸小說硏究中心文學硏究所 編, ≪中國通俗小說總目提要≫, 中國文聯出版公司, 1991, 636쪽 참조.

書名	出版事項	版式狀況	一般事項	所藏處/所藏番號
新刻善惡圖全傳	著者未詳, 頌德軒藏板, 淸版本	40卷6册, 中國木版本, 16×10.2㎝	序:浮槎使者, 印:集玉齋, 帝室圖書之章	奎章閣 [奎중]6087

68. 檮杌閒評全傳

≪繡像檮杌閒評全傳≫은 50回로 작자 未詳이며 一名 ≪明珠緣≫·≪檮杌閑評≫이라고 하는 諷刺小說이다.

작품의 판본은 康熙와 擁正 年間에 초간본이 나온 것으로 추정되고 있다. 이 작품은 石印本과 鉛印本이 있는데, 書名은 ≪檮杌閑評明珠錄≫ 혹은 ≪明珠錄≫이라 적혀 있다. 1981년 人民文學出版社에서 간행한 ≪中國小說史料叢書≫本은 淸代 간행본을 근거로 하여 정리한 것이다. 현재 人民文學出版社, 齊魯書社, 人民中國出版社 등 많은 출판사에서 여러 종류의 校點本이 출판되어 있다.

작품의 작자는 明代 李淸이라고 알려져 있는데, 繆荃蓀의 ≪藕香簃別鈔≫와 鄧之誠의 ≪骨董瑣記≫에서도 모두 이 작품의 작자가 李淸이라고 했다. 歐陽健은 時代와 史筆 중에 明末黨爭 宅心仁恕事件에 대해 李淸의 祖父 李思誠을 擁護하는 態度를 취한 것과 蘇北里 下河地域의 地理·風俗習慣 및 言語에 대단히 각박한 점 등 몇 가지를 들면서 ≪繡像檮杌閒評全傳≫의 작자가 李淸일 가능성이 높다고 했다.[374)]

李淸(1602~1683)은 字를 映碧, 또는 字를 心水라고도 하며 晩年에는 號를 天一居士라 하였다. 南直隷 興化(지금의 江蘇 興化)사람으로 天啓 元年(1621)에 擧人이 되었으며, 崇禎 · 弘光 兩代에 걸쳐 出仕하였는데, 刑·吏·工科의 給事中과 大理寺丞을 역임하였다. 그는 분발하여 富國强兵을 해서 外敵의 受侮를 물리치자고 주장하였다. 明朝가 멸망하자 벼슬을 버리고 은거하여 著述에 전념하였고 史學에도 상당한 造詣가 있었다. 주요 저술로는 ≪三坦奏疏≫·≪三壇筆記≫·≪南渡錄≫·≪南北史合注≫·≪澹寧齋史論≫·≪外史摘奇≫·≪女世說≫ 등이 있다. 또한 文言小說에도 조예가 깊어 당시 사람들은 唐·宋代의 稗官野史도 그의 작품에는 미치지는 못할 것이

374) 歐陽健, 〈檮杌閑評的作者是李淸〉, ≪社會科學戰線≫ 1986年 第一期 참조.

라고 찬탄하였다.

또 李保恂의 ≪舊學庵筆記≫에서는 大字刻本이 있다고 하였지만 전해지지 않는다. 그 외 京都藏版本이 있다. 이 책의 전체 제목은 ≪繪圖檮杌閑評全傳≫이며 卷頭에는 순서대로 總論·繡像(16幅, 뒤에 評贊이 있음)·目錄이 실려 있다.[375)]

≪繡像檮杌閒評全傳≫의 내용은 明末의 宦官 魏忠賢을 풍자한 소설이다. 위충현이 궁에 들어간 이후에 권력을 휘두르고 있는 모습을 묘사하고 있는데, 역사적 자료로부터 고증한 것이기 때문에 正史를 보충할 만한 가치가 있다. 전반 20회에서는 위충현의 호기로운 행동, 다정다감함, 부드러운 성격과 더불어 혹독함, 탐욕스러움을 지니고 있으며 결국에는 간악하고 악독한 인물로 변화하고 있음을 생생하게 묘사하고 있다.

작품의 국내 유입 기록은 아직까지 명확하게 드러나고 있지 않은데, 이 작품의 출판시기가 17세기 중반에서 18세기 초반쯤인 것으로 보아 대개 朝鮮 後期에는 국내에 전래되었을 것으로 추정되고 있다. 국내에는 中國木版本이 奎章閣에 유일하게 소장되어 있는데, 50卷 12冊으로 京都藏板으로 되어 있고 淸代 版本으로 보이며 왕실 도서의 인장이 찍혀 있고 삽도가 들어가 있다.

書 名	出版事項	版式狀況	一般事項	所藏處/所藏番號
繡像檮杌閒評全傳	編者未詳, 京都藏板, 清版本	50卷12册, 中國木版本, 有圖, 17.6×11.2㎝	卷頭書名:檮杌閒評, 印:集玉齋, 帝室圖書之章	奎章閣 [奎중]5772

69. 二十載繁華夢

≪二十載繁華夢≫(≪廿載繁華夢≫)은 40回로 一名 ≪粵東繁華夢≫이고 작자는 黃小配이며 ≪時事畵報≫에 연재되었던 人情小說이다.

작품의 가장 이른 판본은 光緒 乙巳年(1905) 홍콩 ≪時事畵報≫에 연재되었다. 둘째, 光緒 33年(1907) 漢口의 東亞印刷局에서 간행한 線裝巾箱本은 4冊이다. 셋째, 光緒 34年(1908) 上海書局의 石印線裝本은 3冊이다. 卷頭에는 '近事小說'이라 적혀

375) 江蘇省社會科學院 明淸小說研究中心文學研究所 編, ≪中國通俗小說總目提要≫, 中國文聯出版公司, 1991, 291-292쪽 참조.

있다. 卷前에는 華亭過客 學呂와 曼殊庵主人의 序文이 있다.

작품의 작자는 禺山 黃小配라 되어 있다. 黃小配(1872~1912)는 이름이 世仲, 號를 棣蓀이라 하고 別號를 禺山世次郎·嵎次郎이라 하였다. 또 다른 號은 黃帝嫡裔·世界一個人 등이 있으며 廣東 番禺 사람이다. 어려서 영특하였고 집안이 가난하였으나 공부하기를 좋아 하였다고 한다. 고향에서 뜻을 얻지 못해 弱冠의 나이에 南洋으로 갔는데 光緒 27年(1901) 尤列이 南洋의 각 부두에서 興中會의 외부조직인 中和堂을 창건하자 黃小配는 바로 활동에 참가하였다. 1903년 초 尤列의 소개로 홍콩에 돌아와 ≪中國日報≫의 記者가 되었다. ≪嶺海報≫의 主筆 胡衍鶚의 혁명을 공격하는 言論과 康有爲가 발표한 保皇立憲을 고취하고 民主革命에 반대하는 언론에 대해 글을 써서 강력하게 반격하였다. ≪中國日報≫에서 물러난 뒤에 鄭貫公이 창간한 ≪世界公益報≫(1903), ≪廣東日報≫(1904), ≪有所謂報≫(1905)를 도와주었고 1905년 10월 同盟會에 참가하여 홍콩 분회의 섭외위원으로 피선되었다. 그 후 1906년 5월 그가 직접 ≪홍콩少年報≫를 창간하였고 같은 해 9월 同盟會 홍콩 지부의 간사부가 개편될 때 서무위원으로 피선되었고 廣東會黨의 연락을 담당했다. 그의 형 黃伯耀와 함께 廣州에서 활동하면서 1907년에서 1908년까지 旬刊 ≪廣東白話報≫와 ≪中外小說林≫ 등을 편집했다. 1911년 武昌에서 봉기가 일어난 이후 廣東에서 독립을 선포하자 黃小配는 民團局長을 역임하였고 1912년 봄에 廣東 군벌인 陳炯明은 군량을 착복했다라고 하면서 그를 살해했다. 그가 지은 소설작품은 ≪二十載繁華夢 ≫ 이외에도 ≪洪秀全演義≫·≪大馬扁≫·≪宦海升沉錄≫·≪黃粱夢≫·≪陳開演義≫·≪岑春煊≫·≪五日風聲≫·≪黨人碑≫ 등이 있다.

작품의 내용은 대부분 청말 사회의 부패현상을 폭로하고 保皇黨 인물을 공격하였으며 民族民主革命을 고취하고 있는데, 예술수법도 족히 이를 뒷받침하고 있어 近代小說史에서 탁월한 작가 중의 한 사람이라 할 만하다.[376]

≪二十載繁華夢≫의 내용은 다음과 같다. 周庸祐는 號를 棟臣이라 하며 조상대대로 浙江에 살다가 南海로 이주하였으며, 본래 도박을 즐기고 낭비벽이 심한 부잣집 자제였다. 조부와 부친이 돌아가신 뒤, 가산을 모두 탕진해 버리니 외삼촌 傅成이 데려다

376) 江蘇省社會科學院 明清小說研究中心文學研究所 編, ≪中國通俗小說總目提要≫, 中國文聯出版公司, 1991, 930-931쪽 참조.

양육하였다. 傅成은 廣東 세관에서 庫書의 직책을 맡고 있었는데 장부를 조작하여 수많은 재산을 빼돌렸고 외조카 周庸祐에게 庫書의 직책을 맡기게 되었다. 周庸祐는 외삼촌과 마찬가지로 온갖 세금을 포탈하고 홍청만청 쓰고 축첩하며 지내다가 총독이 자신을 廣東으로 잡아들일까 두려워 아들들과 가사를 馬氏에게 부탁하고 泰國으로 도망가니, 이십년의 영화가 마치 一場春夢 같았다.

이 작품의 국내 유입은 아직 명확한 기록은 나타나지 않고 있지만 작품의 창작 시기가 淸代 後期인 1905년인 것으로 보아 朝鮮 末期에야 국내에 전래되었을 것으로 보인다. 국내에는 中國石印本이 延世大에 유일하게 소장되어 있는데, 1冊으로 第21-30回卷이 남아 있고 殘帙本이며 나머지 자세한 서지사항을 알 수 없다.

書名	出版事項	版式狀況	一般事項	所藏處/所藏番號
二十載 繁華夢		1冊(第21~30回卷册未詳零本), 中國石印本, 15㎝, 16行36字		延世大學校 812.36/50

70. 三公奇案

≪繪圖三公奇案≫은 20권으로 一名 ≪三公奇案≫이라고 하는 俠義公案小說이다. 작품의 판본은 光緒 辛卯(1891) 上海 正誼書局의 排印本이 있는데, 앞부분에 赤城 珊梅居士의 序가 있으며 다음과 같은 세 권의 책을 수록하고 있다. 一. 包公案 10卷, 二. 施公案 8卷, 三. 鹿州公案 2卷(이는 藍鼎元의 자서전으로 통속소설이 아님).

작품의 작자는 海上鳴松居士가 새로 편집했다고 되어 있지만[377] 그에 대한 자세한 정보는 명확하게 알 수 없는 상황이다. ≪包公案≫의 편찬자 安遙時의 생애와 ≪施公案≫의 저자에 대해서는 정확한 정보를 알 수 없다. ≪鹿州公案≫의 작자는 淸代 藍鼎元(1680~1733)인데, 그는 字가 玉霖이고 號는 鹿洲이며 漳浦縣 赤嶺 사람으로 淸代의 저명한 학자로 알려져 있다.

작품의 내용은 다음과 같다. ≪包公案≫은 10권 95회로 ≪龍圖公案≫·≪京本通

377) 江蘇省社會科學院 明淸小說硏究中心文學硏究所 編, ≪中國通俗小說總目提要≫, 中國文聯出版公司, 1991, 763쪽 참조.

俗演義包龍圖百家公案全傳≫ · ≪龍圖神斷公案≫이라고도 하며 편찬자는 安遙時라 되어 있다. ≪包公案≫은 包公故事에 관한 短篇小說集으로 각각 1편마다 포공이 재판한 사건에 대한 이야기를 담고 있어 이야기마다 긴밀한 연결고리가 있는 것은 아니지만 包公의 형상이 전반적으로 생생하게 담겨 있다.

≪施公案≫은 8권 97회로 ≪施公案傳≫ · ≪施案奇聞≫ · ≪百斷奇觀≫이라고도 하며 작자는 기록되어 있지 않다. 작품의 내용은 施仕綸이 揚州府 江都縣의 令으로 부임하는 것으로부터 시작하여 通州 倉上總督까지 승진하는 시기까지의 이야기를 다루고 있다.

≪鹿州公案≫은 2권 24則으로 短篇 公案小說集인데, 원래 명칭은 ≪藍公案奇案≫이고 一名 ≪公案偶記≫ · ≪藍公案≫ · ≪藍公奇案≫ · ≪藍公案全傳≫이다. 작품의 내용은 地方官府의 판례에 관련된 내용을 정리하여 만든 것으로 주로 작자 자신이 직접 처리한 실제 사건을 기록한 실화라 볼 수 있다.

이 작품의 국내 유입 기록은 명확하지 않지만 俠義公案小說 ≪忠烈俠義傳≫ 등이 19세기에 유입되어 번역된 것으로 보아 朝鮮 後期에나 국내에 전래되었을 것으로 추정되고 있다. 국내에는 中國石印本이 유일하게 高麗大에 소장되어 있는데, 6冊으로 民國 1年(1912)에 출판된 것으로 삽도가 있는 게 특징적이다.

書 名	出版事項	版式狀況	一般事項	所藏處/所藏番號
繪圖三公奇案	藍鼎元著, 敏本評, 曠益書局, 民國1(1912)	6冊, 中國石印本, 有圖, 15×9㎝	內容:1繪圖藍公奇案2卷藍鼎元(淸)著, 2~3繪圖包公案全全2卷, 4-6繪圖施公案全傳3卷	高麗大學校(華山文庫)小83

71. 聖朝鼎盛萬年淸

≪聖朝鼎盛萬年淸≫은 76회로 一名 ≪萬年淸奇才新傳≫ · ≪乾隆巡幸江南記≫ · ≪繡像萬年淸奇才新傳≫라고도 부르며 작자 未詳인 歷史小說이다.

작품의 가장 이른 판본은 光緖 19年(1893) 또는 22年 上海書局 石印本과 光緖 年間 上洋海左書局 石印本이 있다. 총 8冊으로 初集 2冊, 2集 2冊, 3集 1冊, 4集 1冊,

5·6集 1冊, 7·8集 1冊으로 되어 있고, 안쪽에 "繪圖萬年淸×集 廣東雙門底海左書局批發"이라고 적혀 있고 回目이 배열되어 있으며 繪圖(7·8集 앞에는 繪圖가 없음)도 포함되어 있다. 권 끝부분에 '聖朝鼎盛□集'이라고 적혀 있고, 版面 아래에 '上洋海左書局石印'이라 적혀 있다.

둘째, 淸末 坊刻 袖珍本은 5集 38回만이 남아 있다. 각 페이지 마다 '綉像萬年淸奇才新傳'이란 책 이름이 적혀 있고 우측에는 '內附方世玉打擂台'라고 적혀 있으며 二集 우측에는 '內附石蓮寺遇春教駕'라고 적혀 있다.

셋째, 坊刻 石印本에는 '乾隆巡幸江南記'라고 서명이 고쳐져 있다.[378)]

≪聖朝鼎盛萬年淸≫의 내용은 다음과 같다. 淸나라 乾隆 年間 乾隆 皇帝가 평복을 입고 미행을 나갔다가 겪는 여러가지 이야기를 서술하고 있다. 당시 태평성대를 구가하고 있었지만 건륭 황제가 여러 곳을 돌아다니다 보니 많은 문제점들이 노출되어 있었고 그러한 문제들을 하나하나씩 고치고 중간에 여협 柳燕姑을 만나 혼례를 치르고 京都로 돌아오니 신하들이 교외에서 그를 맞이한다. 아울러 건륭 황제는 高進忠 등의 인물이 소림을 격파한 공적이 높다는 말을 듣고 파격적으로 總兵에 임명한다.

작품의 국내 유입 기록은 아직까지 명확한 고증 자료가 나타나지 않고 있는데, 朝鮮人들이 특히 演義小說을 선호한 점과 이 작품이 淸代 後期에 창작된 점을 감안해 보면 대략 이 작품이 출판된 직후인 19세기 후반에는 국내에 전래되었을 것으로 보인다. 국내에는 中國石印本이 雅丹文庫에 소장되어 있는데, 10卷 4冊으로 表題는 ≪大字足本乾遊陵江南全集≫이라 되어 있다. 이 책은 上海의 大一統書局에서 출판되었으며 나머지 자세한 서지사항은 명확하지 않은 판본이다. 또 中國木版本이 成均館大에 소장되어 있는데, 8卷 4冊으로 裏題는 ≪繡像萬年淸奇才新傳≫이라 되어 있고 淸末에 竹紙로 刊行되었다.

書名	出版事項	版式狀況	一般事項	所藏處/所藏番號
繡像萬年淸奇才新傳	撰者未詳, 淸朝末期刊	8卷4冊, 中國木版本, 16.5×11㎝, 四周單邊, 半郭:13×9.1㎝, 無界, 10行21字, 上黑魚尾, 紙質:竹紙	書名:題簽에 依함, 裏題:繡像萬年淸奇才新傳, 備考:袖珍本	成均館大學校 D7C-50

378) 江蘇省社會科學院 明淸小說硏究中心文學硏究所 編, ≪中國通俗小說總目提要≫, 中國文聯出版公司, 1991, 787쪽 참조.

書名	出版事項	版式狀況	一般事項	所藏處/所藏番號
聖朝鼎盛萬年淸	上海大一統書局	10卷4冊(初集卷1·2, 二集卷1·2, 三集卷1, 四集卷1, 五集卷1, 六集卷1, 七集卷1, 八集卷1), 中國石印本, 半郭:18.5×11.1㎝, 19行40字	表題:大字足本乾遊陵江南全集	雅丹文庫 823.6-성75

72. 三合明珠寶劍全傳

≪新刻三合明珠寶劍全傳≫은 42회로 작자는 未詳이며 一名 ≪大漢三合明珠寶劍全傳≫·≪三合劍≫이라고 하는 俠義愛情小說이다. 작품의 주요한 판본은 經綸堂 간행본과 光緖 戊寅年(1878) 간행본이 있다.

첫째, 道光 戊申年(1848) 經綸堂 간행본은 柳存仁의 ≪런던에 소장된 中國小說書目提要≫에서는 '갑술년 여름 간행본'이라 소개하고 있는데, 이 甲戌年은 同治 13年(1874)일 것으로 추정된다. 이 책은 ≪爭春園≫에 의거하여 만들어진 것으로 ≪爭春園≫의 초간본이 嘉慶 24年(1819)이므로 ≪三合劍≫의 저작은 이보다 늦을 것으로 보인다.

둘째, 光緖 戊寅年(1878) 간행본은 속표지에 가로로 '三合劍'이라고 題하고 가운데 좌측에 "繡像第十才子書", 우측에 "光緖戊寅新鐫"이라 밝혔다. 목록의 앞에는 '新刻大漢三合明珠寶劍全傳'이라고 전체 이름을 썼으나 판심에는 '三合劍'이라 약칭으로 되어 있고 12쪽의 挿圖가 있는데 위에는 그림, 아래는 贊文이 있다.[379)]

≪新刻三合明珠寶劍全傳≫의 내용은 淸代 俠義愛情小說 ≪爭春園≫을 모방하여 지은 것으로 두 작품의 주인공들 이름이 매우 유사하고 내용도 거의 비슷하게 구성되어 있다. 다만 ≪爭春園≫과는 달리 주인공 馬俊의 애정 고사를 부연하고 있는 것이 특징이다. 馬俊은 盜俠으로 활약하는 동시에 劉英嬌와 결혼을 하였다. 또 馬俊은 간신 屈忠成을 제거하여 백성의 억울함을 풀어주는 협행을 펼치는 내용이다.

작품의 국내 유입기록은 아직까지 명확하게 드러나지 않고 있는데, 작품의 창작 시기

379) 江蘇省社會科學院 明淸小說硏究中心文學硏究所 編, ≪中國通俗小說總目提要≫, 中國文聯出版公司, 1991, 633쪽 참조.

가 清代 中期이고 이 작품과 비슷한 부류인 ≪忠烈俠義傳≫이 19세기 초에 번역된 것으로 보면 그와 비슷한 시기인 朝鮮 後期에는 이 작품이 전래되었을 것으로 추정된다. 국내에는 中國木版本이 유일하게 成均館大에 소장되어 있는데, 6卷 4冊으로 裏題는 ≪繡像第十才子書≫라 되어 있고 版心題는 三合劍이라 되어 있으며 清 光緒 5年(1879)에 간행된 판본이다.

書 名	出 版 事 項	版 式 狀 況	一 般 事 項	所藏處/所藏番號
新刻三合明珠寶劍全傳	撰者未詳, 三讓堂, 清光緒5(1879)刊	6卷4冊, 中國木版本, 有圖, 17.3×11cm, 四周單邊, 半郭:12.1×9cm, 無界, 10行22字, 上黑魚尾, 紙質:竹紙	裏題:繡像第十才子書, 版心題:三合劍, 刊記:光緒己卯(1879) 新鐫三讓堂梓	成均館大學校 D7C-65

73. 海上繁華夢新書後集

≪海上繁華夢≫은 初集 30회, 二集 30회, 後集 40회로 되어 있는 愛情小說로 작자는 孫家振이다.

작품의 가장 이른 판본으로 光緒 29年 癸卯年(1903)에 나온 상해 笑林館 排印本이 있다. 둘째, 光緒 31年 乙巳年(1905)에 상해 소림관에서 재판하여 출판하였다. 初集 6卷 30回, 二集 6卷 30回는 線裝으로 된 작은 판본이다. 초집의 앞머리에 작자의 自序와 光緒 28年 壬寅 古皖拜顚生의 序가 있다. 또 情天覺夢와 曾經滄海客의 題辭가 있으며, 歙縣周忠鋈病鴛, 古瀫狎鷗子의 題辭가 있다. 초집, 이집의 권수에는 각기 그림 16폭이 있으나 후집에는 그림과 序가 없다. 셋째, 光緒 34年(1908) 상해 商務印書館 平裝鉛印本이 있다.

작품의 작자는 古滬警夢癡仙이라고 적혀 있는데, 本名은 孫家振(1862~1937)으로 字는 玉聲이며, 海上漱石生, 漱石氏, 警夢癡仙, 江南烟雨客, 玉玲瓏館主 등의 필명을 썼다. 上海 사람으로 光緒 末年에 ≪新聞報≫편집을 맡았으며 ≪笑林報≫를 창간하였다.[380]

380) 江蘇省社會科學院 明清小說研究中心文學研究所 編, ≪中國通俗小說總目提要≫, 中國

≪海上繁華夢新書後集≫의 내용은 다음과 같다. 滬上妓院을 배경으로 하여 기루에서 벌어지는 사건들을 묘사하고 있는데, 주관적인 폭로와 권계 작용 외에도 객관적으로 20세기 말 上海를 중심으로 근대 중국의 세속적인 풍경을 잘 드러내고 있다. 자본주의 국가의 침략으로부터 중국 대도시에 만들어진 기형적인 번화함과 발달, 많은 거상과 관료들이 妓院 중에서 하는 문란한 생활을 반영하는 동시에 농촌 경제의 파산, 謝幼安을 비롯한 청년들이 기녀에게 빠져들어 겪는 비극 등을 묘사하고 있다.

작품의 국내 유입기록은 아직까지 명확하지 않은데, 이 작품의 창작시기가 淸代 末期이고 당시 朝鮮과의 교류가 상당히 활발했던 것으로 미루어보아 대개 朝鮮 末期에는 국내에 전래되었을 것으로 보인다. 국내에는 中國新鉛活字本이 유일하게 成均館大에 소장되어 있는데, 8卷 8冊으로 淸 光緒 32年(1906)에 간행된 판본으로 紙質은 竹紙이다.

書 名	出版事項	版式狀況	一般事項	所藏處/所藏番號
海上繁華夢新書後集	笑林報館校刊, 笑林報館, 淸光緖32(1906)刊	8卷8冊, 中國新鉛活字本, 24.6×14.3㎝, 四周單邊, 半郭:19.4×11.5㎝, 有界, 10行40字, 上黑魚尾, 紙質:竹紙	刊記:丙午(1906)仲春刊版發行, 笑林報館刊印	成均館大學校 D7C-109

74. 金臺全傳

≪繡像金臺全傳≫은 6권 60회로 작자 未詳이며 一名 ≪金臺全傳≫이라고 하는 英雄俠義小說이다. ≪金臺全傳≫의 가장 이른 판본은 光緖 乙未年(1895)에 출판된 上海 中西書局의 石印本인데, 첫머리에 光緖 丁丑年(1877)과 乙未年의 두 序가 있다. 둘째, 石印 小字 殘本은 제2책에서 제6책 가운데 제11회에서 제60회까지가 남아 있다. 셋째, 民國 14年 겨울에 출판된 上海 沈鶴記書局의 石印本도 6권 60회인데, 그림 8폭이 있고 각 폭에 2명에서 4명까지 그려져 있으며 版心에는 '繡像金臺全傳'이라 새겨져 있다. 이것은 小字本을 刪節하여 만든 것으로 현재 南京圖書館에 소장되어 있

文聯出版公司, 1991, 900-901쪽 참조.

다.[381]

≪繡像金臺全傳≫의 내용은 다음과 같다. 알에서 태어난 요사스런 蛋僧의 이야기로부터 시작하여 金臺가 불공평한 일을 타도하기 위하여 義俠의 길을 걷게 되면서 500명의 영웅을 모아 나라를 편안하고 안정되게 하며 결국 왕으로 봉해진 이야기들을 나열하여 서술하고 있다. 이 작품은 彈詞 ≪金臺傳≫에서 개작한 것으로 작품의 구성이 긴밀하긴 하지만 풍격이 조금 거친 편이라고 평가된다.

작품의 국내 유입 기록은 명확하게 드러나지 않고 있는데, 이 작품이 神魔小說과 俠義小說的인 요소를 가지고 있고 작품의 창작시기가 淸代 後期인 것으로 미루어보아 대개 朝鮮 後期에서야 국내에 전래되었을 것으로 추측된다. 국내에는 中國石印本이 유일하게 國民大에 소장되어 있는데, 6卷 6冊으로 上海의 石齋書局에서 民國 2年(1913)에 출판된 것으로 插圖가 있다.

書名	出版事項	版式狀況	一般事項	所藏處/所藏番號
繡像金臺全傳	上海, 石齋書局, 民國2年(1913)	6卷6冊1匣, 中國石印本, 有圖, 15×8.8cm	表題:繡像金臺全傳	國民大學校 [고]823.6 수02

75. 第十才子駐春園

≪第十才子駐春園≫은 6권 24회본과 4권 24회본이 있는데, 吳航野客이 編次했고 水箬山人이 校勘했다고 되어 있으며 一名 ≪第十才子書≫·≪第十才子綠雲緣≫·≪第十才子雙美緣≫·≪第十才子書駐春園小史≫·≪繪圖一笑緣≫·≪雙美緣≫이라고도 하는 애정소설이다.

≪第十才子駐春園≫의 주요 판본은 三餘堂 간행본·乾隆 戊申 간행본·惟女堂 板刻本·古香閣 石印本·中華圖書館 石印本 등이 있다.

우선 乾隆 三餘堂 간행본은 가장 이른 판본으로 첫머리에 乾隆 壬寅(1782년) 水箬山人序가 있고 乾隆 戊申 간행본은 ≪第十才子書≫ 또는 ≪綠雲緣≫라고도 한다.

---

381) 江蘇省社會科學院 明淸小說硏究中心文學硏究所 編, ≪中國通俗小說總目提要≫, 中國文聯出版公司, 1991, 744쪽 참조.

嘉慶 辛未(1811년) 간행본은 ≪第十才子雙美緣≫이라 되어 있다.[382] 光緒 丙子 惟女堂 刻本은 ≪第十才子書駐春園小史≫라 적혀 있으며, 6卷 24回이다. 光緒 丙申 古香閣 石印本은 ≪第十才子綠雲緣≫이라 되어 있고 4卷 24回이다. 進步書局 石印本은 ≪繪圖一笑緣≫이라 되어 있고 4卷 24回이다. 光緒 戊申 中華圖書館 石印本은 24회인데 첫머리에 '開宗明義'가 있고 속표지에 '十才子'라 기록되어 있으며 목록 앞에 '繡像第十才子駐春園目錄'이라 되어 있다.[383]

≪第十才子駐春園≫은 언제 朝鮮에 유입되었는지 명확한 기록은 없으나 대략 조선 후기에 전래된 것으로 보인다. ≪第十才子駐春園≫은 한글본 ≪雙美奇逢≫을 가리키는데, ≪雙美奇逢≫은 大正 5年(1916) 滙洞書館에서 발행한 구활자본이 유일본이며 그 외 다른 판본은 발견되지 않고 있다. 이전까지 ≪쌍미기봉≫은 국내 창작소설로서 근대적인 면모를 가진 작품으로 평가되었으나 얼마 전에 이 작품이 중국소설의 번역 내지 번안일 가능성을 주장하는 견해가 제기되었다. 중국을 배경으로 한 치밀한 사건 전개, 章回體 구성, 한시의 다수 삽입, 일부 오탈자의 존재가 그 근거로 제시되었다.[384] 또한 구활자본 ≪쌍미기봉≫은 중국소설 ≪駐春園小史≫의 번역 내지 번안이라 밝혀졌고[385] 이후 두 작품의 번안 양상을 비교하는 연구까지 이루어진 상태이다.

≪第十才子駐春園≫의 번안 양상은 사건 전개의 변개, 시사 및 편지글의 생략 및 축약, 작품명의 변개 등으로 이루어지고 있다. 이러한 번안은 중국소설을 우리의 문학적 관습 안에 용해시키고자 했던 작가의식의 소산으로 원전의 이질적인 요소를 제거하여 독자들에게 거부감 없이 수용할 수 있도록 했다. 또한 이 작품으로 통해서 1910년대 번안 작가의 존재와 그들의 역할과 기능에 대해 확인할 수 있는 단서를 제공받게 되었다고 하겠다.[386]

---

382) 여기에서 '十才子書'란 1) 三國演義, 2) 好逑傳, 3) 玉嬌梨, 4) 平山冷燕, 5) 水滸傳, 6) 西廂記, 7) 琵琶記, 8) 白圭志, 9) 斬鬼傳, 10) 雙美緣을 가리킨다.

383) 江蘇省社會科學院 明淸小說硏究中心文學硏究所 編, ≪中國通俗小說總目提要≫, 中國文聯出版公司, 1991, 460쪽 참조.

384) 신동훈, 〈雙美奇逢과 남녀관계에 대한 인식 변화〉, ≪한국 고전소설과 서사문학(上)≫, 이상택교수환갑기념논총, 1999.

385) 박재연·김장환, 〈연세대 소장 번역 고소설 필사본 옥지긔(玉支璣≫ 연구－고어 자료를 중심으로〉, ≪中國 小說論叢≫第18輯, 2003, 9, 1-30쪽.
박재연 교주, ≪쌍미긔봉≫, 선문대 중한번역문헌연구소, 2001, 머리말.

≪第十才子駐春園≫의 내용은 다음과 같다. 明代 嘉靖 年間에 부모를 여읜 남주인공 黃玠는 정혼했던 吳綠筠과 혼사가 어그러지게 되고 나서 옆집에 살고 있는 曾雲娥와 인연을 맺게 된다. 그런데 증운아가 화를 피하기 위해 嘉興을 떠나자 황개는 그녀를 찾기 위해 고향을 떠나 남의 집 서생으로까지 전전하다가 살인 누명까지 쓰게 된다. 그렇지만 결국 누명을 벗은 황개가 증운아와 인연을 맺을 뿐만 아니라 이전에 정혼했던 오녹균과도 혼인을 완성하게 되는 이야기를 다루고 있다.

국내에는 中國石印本이 雅丹文庫에 소장되어 있고 中國木版本이 成均館大에 소장되어 있으며, 한글본 ≪쌍미긔봉≫은 1책 24회로 현재 동국대에 소장되어 있다.

書 名	出 版 事 項	版 式 狀 況	一 般 事 項	所藏處/所藏番號
繡像第十才子駐春園	上海, 鑄記書局	4卷4册, 中國石印本, 有圖, 半郭:12.7×7.9㎝, 17行37字, 上黑魚尾		雅丹文庫 823-수52
쌍미긔봉(第十才子雙美緣)	24回, 동국대 한국학연구소	一名:第十才子書, 쌍미긔봉	≪활자본고소설전집≫3 (아세아문화사, 1976)	東國大學校 813.5 고73동 v.3

76. 第九才子書捉鬼傳[第九才子書平鬼傳]

≪第九才子書捉鬼傳≫은 1冊 10회로 一名 ≪捉鬼传≫·≪第九才子書斬鬼傳≫·≪說唐平鬼全傳第九才子書≫·≪斬鬼傳≫·≪平鬼傳≫·≪鍾馗捉鬼全傳≫·≪第九才子書平鬼傳≫이라고도 한다. 이 책은 淸나라 초기 樵云山人이 지은 神魔小說이다.

작품의 가장 이른 판본으로 필사본이 있는데, 표지에는 '斬鬼傳'이라 적혀 있고 작자는 적혀 있지 않았으며, 책머리에 序文 두 편이 실려 있는데, 4권 10회로 앞쪽 2회에 評語가 있고 책 뒤에는 尾筆과 兼修堂跋이 있다. 이 판본은 대개 康熙 27年(1688) 이전에 작사 劉璋이 쓴 초고일 것으로 보인다.

둘째, 懷雅堂 필사본인데 '陽直介符劉先生手著 斬鬼傳 懷雅堂錄本'이라 적혀 있

386) 최윤희, 〈雙美奇逢의 번안 양상 연구〉, ≪고소설연구≫제11집, 2001, 265-292쪽.

고, 제1회의 卷頭에는 '烟霞散人手著'·'澹園居士評閱'이라 적혀 있다. 序文 2편이 있는데, 하나는 "康熙 40年 辛巳(1701년) 仲夏의 吉日에 烟霞散人이 淸溪草堂에서 題하다."라고 적혀 있고, 다른 하나는 '烟霞散人再序'라고 적혀 있다. 5권 10회로 5冊으로 묶여 있고 每冊마다 앞에 그림 1쪽이 있고 朱筆로 圈點과 改正·眉評·夾評이 쓰여 있으며 책 뒤에는 '野史氏曰'이란 一段이 있고 끝부분에는 '跋文'이 있는데, 跋文의 끝에는 "乾隆 10年 乙丑(1745년) 桂月 上浣의 吉日에 同邑 後學 獻成氏가 삼가 跋文을 쓰다."라고 되어 있다. 書名의 인장은 '侯執信印'과 '獻成' 2개가 있는데, 乾隆 元年에서 10年 사이에 쓴 작자의 필사본으로 보인다.

셋째, 正心堂 필사본은 표지에 '烟霞散人著 斬鬼傳 正心堂抄'라고 적혀 있고 서문의 뒤쪽에 "戊辰 가을 上旬 七日에 瓮山逸士가 兼修堂에서 題하다."라고 서명되어 있다. 4권 10회로 이 판본은 康熙 27年(1688) 작자의 친구 瓮山逸士의 필사본일 것으로 보인다.

넷째, 乾隆 年刊의 필사본은 序에 "瓮山逸士가 兼修堂에서 題하다"라고 적혀 있고, 그 뒤에 '斬鬼傳自序'가 있는데, "辛巳 仲夏에 烟霞散人이 淸溪草堂에서 題하다"라고 되어 있으며, 책 뒤에 '尾箺'·'兼修堂跋'이 있고, '賦' 한 편이 들어가 있다.

다섯째, 옛날 필사본은 自序가 있는데 "烟霞散人이 淸溪草堂에서 題하다"라고 서명되어 있다.

여섯째, 乾隆 50年의 董顯宗 필사본은 鄭振鐸의 옛날 소장 필사본과 같은 版本에서 나왔는데 현재 吳曉鈴이 소장하고 있다.

일곱째, 莞爾堂刊의 袖珍本으로 속표지에는 '說唐平鬼全傳 第九才子書 陽直樵雲山人編次 莞爾堂藏板'이라 적혀있고, 앞머리에는 '第九才子書斬鬼傳原序'가 있는데, "康熙 庚子年(1720) 仲冬上浣에 上元 黃越際飛氏가 京邸의 大椿堂에서 쓰다"라고 되어 있다. 4卷 10回로 아마도 乾隆 年間의 原刊本으로 보인다. 현재 首都圖書館과 英國博物館에 所藏에 소장되어 있다.

작품의 작자는 '陽直介符劉先生手著', '烟霞散人手著', '澹園居士評閱', '陽直樵雲山人編次'라고 되어 있다. 考證에 따르면 작자는 劉璋이다. 劉璋은 字를 于堂이라 하고 號를 介符라 하며, 別號를 烟霞散人이나 樵雲山人이라 하는데, 山西省 太原 사람으로 대략 康熙 6年(1667)에 태어나 康熙 36年에 擧人이 되었으며, 雍正 元年에 深

澤縣令으로 부임하여 4년 동안 근무하다 解職되었다. 同治 年間의 ≪深澤縣志·名宦傳≫에 傳記가 있다. 그가 지은 소설은 ≪鳳凰池≫·≪巧聯珠≫·≪飛花艷想≫ 등이 있다.[387)]

일설에는 작자가 樵云山人이라 하는데, 山西省 陽直 출신으로 康熙 58年(1720)에 이 작품을 창작했다고 하며 ≪二荷花史≫·≪何典≫(≪鬼話連篇≫)와 함께 第九才子書로 병칭되고 있다.

≪第九才子書捉鬼傳≫의 내용은 다음과 같다. 염라대왕이 鍾馗의 원혼을 '平鬼大元帥'로 봉하고 나서 종규가 여러 귀신들을 소탕하는 이야기로 구성되어 있는데, 작품 중에서 귀신의 세계는 인간 사회를 투영한 것으로 ≪何典≫과 유사한 내용이다. 鍾馗는 傳說의 인물로 道教 가운데 복을 내리고 집의 악귀를 몰아내는 聖君이며 陝西省 終南山 西安 戶縣 사람이다. 다른 학설에는 귀신을 쫓는 법기 '終葵'에서 왔다고 한다.

작품의 국내 유입 기록은 아직 명확하게 드러나지 않고 있는데, 清代 初期인 1688년에 창작되었으므로 이 작품은 17세기 후반 이후에야 국내에 전래되었을 것으로 추정되고 있다. 국내에는 中國石印本이 유일하게 雅丹文庫에 소장되어 있는데, 4卷 4冊으로 上海의 錦章圖書局에서 출판되었으며 나머지 자세한 서지사항은 명확하지 않다. 또한 中國木版本이 유일하게 成均館大에 소장되어 있는데, 4卷 2冊으로 清朝 末期에서 中華初期에 간행된 것으로 보이고 竹紙로 만들어졌다.

書名	出版事項	版式狀況	一般事項	所藏處/所藏番號
第九才子書捉鬼傳	上海, 錦章圖書局	4卷4冊, 中國石印本, 半郭:11.6×7.6cm, 16行37字, 上黑魚尾		雅丹文庫 823-제16
第九才子書平鬼傳	樵雲山人編次, 五雲樓, 清朝末期~中華初期刊	4卷2冊, 中國木版本, 有圖, 17.4×11.2cm, 四周單邊, 半郭:12.4×9cm, 無界, 10行20字, 上黑魚尾, 紙質:竹紙	裏題:第九才子書, 原序:康熙庚子歲(1720)仲冬上浣上元黃越際飛氏書於京邸之大椿堂, 刊記:五雲樓梓, 備考:袖珍本	成均館大學校 D7C-94

387) 江蘇省社會科學院 明清小說研究中心文學研究所 編, ≪中國通俗小說總目提要≫, 中國文聯出版公司, 1991, 420-421쪽 참조.

77. 兩晉演義

≪繡像繪圖兩晉演義≫는 23회로 一名 ≪兩晉演義≫이고 작자는 吳趼人이며 ≪月月小說≫이라는 잡지에 연재했던 미완성의 歷史小說이다.

작품의 판본은 光緖 32年(1906) 9월에서 그 다음해(1907년) 10월까지의 ≪月月小說≫ 제1호에서 제10호까지 실린 것이다. 단지 23回뿐이며 未完成 作品이다. '歷史小說'로 명기되어 있으며, 書名 아래에 '稿本'이라고 작은 글자로 주를 달았으며, 괄호 안에는 '甲部歷史小說第一種'이라고 주를 달았다. 책머리의 〈歷史小說總序〉에는 "光緖 丙午 八月 南海 吳沃堯趼人氏撰"이라고 적혀 있다. 그 다음의 〈兩晉演義序〉에는 "≪通鑑≫으로 근간을 삼고 ≪晉書≫와 ≪十六國春秋≫로 자료로 삼아, 오로지 바른 데로 귀결되도록 하고 그 의미를 윤택하게 하여, 이로부터 하나의 좋은 소설이 나오게끔 하였다"라고 하였다. 眉批가 있고 1·2·3·6回 뒤에는 回評이 있다.

둘째, 宣統 2年(1910) 3월 上海 群學社에서 ≪月月小說≫에 의거하여 조판 인쇄한 후에 단행본으로 펴냈다.[388)]

작품의 작자 吳趼人(1867~1910)은 淸代 4대 譴責小說家 중의 하나로 字는 小允, 茧人, 趼人이고 자칭 我佛山人이다. 廣東 南海(廣州) 사람이고 號는 沃堯이다. 그의 대표작은 ≪二十年目睹之怪現狀≫·≪痛史≫·≪九命奇冤≫ 등이 있다.

≪繡像繪圖兩晉演義≫의 내용은 다음과 같다. 晉 武帝가 吳나라를 평정하고 나서 황음무도하게 행동하다가 병이 들어 서거하고 惠帝가 즉위한다. 惠帝는 성격이 우둔하고 황후 賈后는 추한 용모였지만 머리 회전이 빠른 편이라 楊太后가 권력을 농단하는 것을 보고 殿中中郎 孟觀·李肇에게 명하여 중단하도록 하고 楊太后를 폐위시키고 죽게 만든다. 그러나 賈后도 논공행상을 제대로 행하지 않고 마음대로 권력을 휘두르다가 齊王 冏에 의해 폐위되고 惠帝는 독이 든 떡을 먹고 붕어한다. 이윽고 懷帝가 즉위하고 나서 河間王을 입조하게 했으나 東海王이 그를 죽이고 그 가운데에 반역도들이 전쟁을 일으킨다. 한편 匈奴 左賢王 劉淵은 사람들을 모아 일을 시키게 되는데, 그 이후의 이야기는 완결되지 않은 채로 남아있다.

---

388) 江蘇省社會科學院 明淸小說硏究中心文學硏究所 編, ≪中國通俗小說總目提要≫, 中國文聯出版公司, 1991, 972쪽 참조.

작품의 국내 유입기록은 아직까지 명확하게 드러나 있지는 않지만 작품의 창작시기가 1906년인 것으로 보아 대개 20세기 초반에는 국내에 전래되었을 것으로 추정된다. 국내에는 中國新式石印本이 漢陽大에 유일하게 소장되어 있는데, 2卷 1冊으로 上海의 進步書局에서 출판되었다. 이 판본은 ≪西晉演義≫와 ≪東晉演義≫로 나누어 엮었는데, ≪서진연의≫는 권1에서 권4까지 2책으로 구성되어 있고 ≪동진연의≫는 권1에서 권8까지 4책으로 구성되어 있으며 각각 권1에는 4폭의 揷圖가 포함되어 있다.

書名	出版事項	版式狀況	一般事項	所藏處/所藏番號
繡像繪圖兩晉演義	陳元 評釋, 上海, 進步書局, 刊寫年未詳	2卷1冊(全12卷6冊, 西晉1:卷1~2), 中國新式石印本, 有圖, 20.3×13.4cm, 四周雙邊, 半郭:17.8×11.8cm, 無界, 27行60字, 上內向黑魚尾	刊記:歷史小說繡像繪圖兩晉演義上海進步書局印行, 序:無記名	漢陽大學校 812.3-진6532ㅅ-v.1-v.6

78. 新出情天刼小說

≪繪圖新出情天刼小說≫은 8회로 一名 ≪情天劫≫·≪文明新小說自由結婚≫이라고도 하는 愛情小說이다.

작품의 판본은 宣統 元年(1909) 上海蔣春記書莊에서 출판본 石印本이 있는데, 그림 네 폭이 들어가 있다. 이 작품은 현재 杭州大學 中文系資料室에 所藏되어 있는데, 胡士瑩이 예전에 소장했던 것이다. 작품의 작자는 東亞寄生이며 四明陳小樓가 교열했다고 되어 있다.

≪繪圖新出情天刼小說≫의 내용은 다음과 같다. 蘇州에 사는 余光中은 고아가 되어 숙부 집에서 살게 되었는데, 自由結婚을 동경하여 서신을 통한 교제를 생각해 내어 蘇蘇女學 역사교사 史湘紋을 알게 되었다. 그리하여 두 사람은 애정이 싹트게 되었지만 史湘紋의 계모의 반대로 결혼하지 못하게 되자 史湘紋이 자살하고 余光中이 그 소식을 듣고 무덤에서 오열하다가 죽고 만다. 그러자 사람들은 두 사람을 합장하여 그들의 명복을 빈다.[389)]

389) 江蘇省社會科學院 明淸小說硏究中心文學硏究所 編, ≪中國通俗小說總目提要≫, 中國文聯出版公司, 1991, 1124쪽 참조.

祝英台와 梁山伯의 애정을 묘사한 梁祝故事에서 모티프를 취하여 현대적인 각도로 내용을 구성한 것으로 보이는 작품으로 近代 시기에 自由結婚을 동경했지만 주위상황과 여건의 제약으로 이루기 힘든 현실을 핍진하게 묘사하고 있다.

이 작품은 언제 국내에 유입되었는지 명확하지 않지만, 작품의 판본이 1909년인 것으로 보아 국내에는 아마도 그와 비슷한 시기에 전래되었을 가능성이 있다. 국내에는 中國石印本이 韓國學中央硏究院에 소장되어 있는데, 1冊으로 宣統 2年(1910)에 간행된 것으로 되어 있고 나머지 자세한 서지사항은 명확하지 않은 판본이다.

書名	出版事項	版式狀況	一般事項	所藏處/所藏番號
繪圖新出情天刧小說	東亞寄生(淸)撰, 宣統2(1910)	全1冊, 中國石印本, 有圖, 18.2×12㎝		韓國學中央硏究院 D7C-28

79. 文明小史

≪文明小史≫는 60회로 淸代 李伯元이 지은 譴責小說이다. 작품의 가장 이른 판본은 光緖 癸卯(1903) 5月 初부터 ≪繡像小說≫創刊號에 연재되기 시작하여 第56期에 이르러 끝난 것이다. 自在山民의 評이 있으며, 每回 앞에는 繡像 圖畵 두 폭(어떤 한 回는 그림이 없음)이 안배되어 있는데, 60回 모두 1백 18폭의 그림이 안배되어 있다.

둘째, 丙午年(1906)에 上海 商務印書館에서 단행본으로 간행되었는데, 작자의 성명을 쓰지 않았으며, 원래 ≪繡像小說≫에 있었던 插圖도 없앴다.

셋째, 1955년 北京 通俗文藝出版社에서 출판한 판본이 있는데, 책 앞에는 阿英의 〈敍引〉이 있다. 이 판본도 연재할 때의 ≪文明小史≫와는 상당히 다르다. 우선 118폭의 插圖를 삭제했고, 둘째로 自在山民의 評語를 삭제했으며, 셋째로 義和團과 革命黨을 모욕한 부분을 삭제했기 때문이다.

넷째, 1959년 中華書局은 上海 編輯所에서 北京 通俗文藝出版社의 판본에 근거하여 새로운 개정판을 출판했다.

작품의 작자는 '南亭亭長'이라고 적혀 있는데, 李伯元을 뜻하는 말이다.[390] 李伯元의 호는 寶嘉, 별칭은 南亭亭長으로 江蘇省 常州 사람이다. 1867년에 태어나 1906년

39세의 젊은 나이로 사망했다. 魯迅에 의해 吳趼人, 劉鶚, 曾樸와 더불어 청대 말기 4대 譴責小說 작가로 추앙받은 뛰어난 작가다. 주요 소설 작품으로는 ≪官場現形記≫·≪活地獄≫·≪海上繁華夢≫ 등 10여 편이 있다. 그는 소설 창작뿐만 아니라 上海 언론계에서 활발하게 활동한 언론인이기도 했다. 遊戲報, 世界繁華報 등을 직접 창간했고, 상무인서관에서 간행한 ≪繡像小說≫ 편집장으로도 활동했다.

그는 여섯 살 때 부친을 여의고 山東省에서 현령으로 재직하고 있던 백부 李翼靑의 집에서 성장했다. 백부의 엄격한 교육 아래 八股文, 시문, 사곡, 그리고 서화 등 여러 방면에 관한 소양을 쌓았고 秀才에도 합격했다. 26세 때 관직에서 물러난 백부와 함께 常州로 가서 그 후로 5년간 선교사에게 영어를 배웠다. 백부가 세상을 뜬 뒤, 그는 관리의 부패상에 염증을 느껴 과거 응시를 포기하고 상하이로 옮겨가서 언론·출판 사업에 종사했다. 상하이에서 10년간 소설을 창작하고 언론·문화계에서 눈부신 활약을 펼치다가 과로로 병을 얻어 39세의 짧은 나이로 세상을 떠났다.[391)]

≪文明小史≫의 내용은 다음과 같다. 淸나라는 日本과의 전쟁에서 패하고 경자사변을 겪으면서 커다란 타격을 받아 새로운 정치와 새로운 학문을 내세워 근대화를 추진했다. 이 작품 중에 등장하는 정부 관료들은 모두 부패하고 무능하여 시대의 변화를 읽어내지 못하며 여전히 구습에 얽매여 입으로만 '새로운 정치', '새로운 학문'을 부르짖는 모습을 보이고 있다. 작자는 이들의 모습을 폭로하면서 질책과 비난을 아우르고 있다. 또한 근대로 전환되는 격변기에 소위 말하는 문명인들이 이끄는 '근대화' 과정에서 발생하는 사건과 일화들이 하나하나씩 나열되어 있다.

작품의 국내 유입 기록은 아직 명확하게 드러나지 않고 있는데, 이 작품의 연재 시기가 1903년이고 출판본이 1906년에 나온 것으로 보아 대개 朝鮮 末期에나 국내에 전래되었을 것으로 보인다. 국내에는 中國鉛活字本을 全州市의 宋俊浩가 소장하고 있는데, 1卷 1冊으로 洋紙로 되어 있다.

---

390) 江蘇省社會科學院 明淸小說硏究中心文學硏究所 編, ≪中國通俗小說總目提要≫, 中國文聯出版公司, 1991, 868쪽 참조.

391) 김소정, ≪文明小史≫, 지식을 만드는 지식, 2011, 1-129쪽 참조.

書名	出版事項	版式狀況	一般事項	所藏處/所藏番號
文明小史	李寶嘉(淸)撰, 光緖32年(1906) 商務印書局刊	1卷1冊, 中國鉛活字本, 無界, 12行32子, 紙質:洋紙		宋俊浩(全州市)

80. 취승누[取勝樓]

≪取勝樓≫는 30권 30책으로 작자와 연대가 명확하지 않은 朝鮮 後期의 英雄小說이다. 현재 한글 필사본이 존재하고 있는데 章回 型式으로 구성되어 있다. 이 책은 다양한 고사가 얽혀 있는 작품으로 한국 창작인지 중국 원전의 번역본인지 아직 밝혀지지 않았지만 중국 원전의 번역이나 번안일 가능성이 높다.[392)]

따라서 작품의 국내 유입이나 판본 등에 대해서는 지금까지 명확하게 고증할만한 근거 자료가 나타나지 않아 자세하게 언급할 수 없다.

이 작품은 가문소설의 일반적 특성처럼 가문의 질서에 작품의 중심축을 두고 있으면서도 父子間의 離合, 영웅적 군담, 처처간의 쟁총, 궁중의 음모와 갈등 등 다채로운 삽화가 삽입되어 있다. 특히 志節이 뛰어난 주인공들과 혼암하기 그지없는 천자와 태후, 사악한 곽소옥의 형상을 대비시킴으로써, 봉건시대의 부도덕한 정치권력에 대한 엄혹한 질책의 시각을 담아 反封建의 정치의식을 여실히 드러내주고 있다.[393)]

≪取勝樓≫의 내용은 다음과 같다. 唐나라 大曆 年間 소창의 가문을 중심으로 하여 두 딸 난염과 혜염이 아들 원과 각각 혼인 관계로 맺어지는 설현, 경원량, 이장원의 가문에 얽힌 복잡다단한 사건으로 구성되어 있고 동시에 곽자의 장군의 활약을 핍진하게 묘사하고 있다.

국내에는 한글 필사본이 유일하게 韓國學中央硏究院에 소장되어 있는데, 30卷으로

---

392) 한국학자 조희웅은 이 작품을 중국소설의 번안이나 번역으로 보고 있지만 아직까지 원전 자료를 찾지 못하고 있어 명확하게 단언을 내리기 힘들다. 다만 작품의 시대배경이 唐代 大曆年間이라는 설정과 관직명, 실존인물 郭子儀의 등장 등으로 보아 중국소설일 가능성이 상당히 높다.

393) 장효현, ≪長篇家門小說의 成立과 存在樣態≫, ≪정신문화연구≫ 44호, 한국정신문화연구원, 1991, 取勝樓(張孝鉉, 藏書閣圖書解題, 한국정신문화연구원, 1995, 차충환, 〈〈취승루〉의 문학적 성격 연구 - 구성과 인물형상의 변모를 중심으로〉, ≪어문연구≫ 57권, 221-248쪽 참조.

壯紙로 만들어져 있고 자세한 서지사항은 명확하지 않으며 藏書閣의 인장이 찍혀 있는 판본이다.

書名	出版事項	版式狀況	一般事項	所藏處/所藏番號
취승누	著者未詳, 寫年未詳	30卷30卷, 筆寫本, 31.3×22.1㎝, 無郭, 無絲欄, 10行20~21字, 無版心, 紙質:壯紙	印:藏書閣印	韓國學中央研究院 4-6850

81. 오ᄌᆞ셔젼[伍子胥傳]

≪오ᄌᆞ서전≫은 1冊으로 작자는 未詳이며, 光武 5年(1901)에 한글로 필사된 歷史小說이다.

이 작품은 중국 고전작품을 번역이나 번안한 것으로 추정되고 있는데, 아직까지 명확하게 고증되지 않았지만 ≪伍子胥變文≫이나 ≪列國志≫ 중의 일부 내용을 원전으로 삼아 한글로 개작한 판본일 가능성도 있다.

작품의 판본은 한글 1冊本이 남아 있고, 다른 판본은 아직까지 발견되지 않아 안타깝게도 판본에 대한 자세한 면모를 살펴볼 수 없다. 서울대 소장본 국문 필사본은 ≪오자서전≫으로 되어 있고, 대창·한양 보급서원에서 1918년에 나온 활자본은 ≪오자서실기≫로 되어 있다.

선반부의 축약본으로 金東旭 소장본(현 단국대학교 율곡기념도서관 소장) ≪吳越春秋≫가 있다. 한글 필사본 ≪오자서전≫에는 육십이 된 사대부가의 부인이 자손을 모두 경성에 보내고 적적함을 이기지 못하여 내밀한 심회를 절절하게 풀어 쓴 수필 형식의 긴 필사기가 첨부되어 있다.[394]

작품의 국내 유입 기록은 ≪조선왕조실록≫ 선조 수정실록 20년(1587)에 ≪史記≫ 〈伍子胥傳〉를 언급된 내용이 있는데, 이 작품을 가리키는 것인지 명확하지 않지만 작품의 원전에 가까운 작품임에는 틀림이 없다.

394) 유희준·민관동, 〈吳越春秋의 국내유입과 번역 및 수용양상〉, ≪중국소설논총≫ 제36집, 1-26쪽 참조.

이 작품은 ≪삼국지연의≫가 인기를 얻고 인물의 일대기가 널리 읽힌 데 힘입어 창작된 작품으로 중국소설 ≪列國志≫와도 관계가 있는 듯하다. 필사본의 필사 시기가 辛丑(1901) 칠월로 되어 있고, 그 후 활자본이 세 출판사에서 발행된 점으로 보아 1900년대까지도 널리 읽혔음을 알 수 있다. 필사본과 활자본은 내용이 조금씩 다른데, 필사본은 오왕 구천이 오운의 간언을 듣지 않자 오운이 자취를 감춘 것으로 되어 있다.

≪오즈셔젼≫의 내용은 다음과 같다. 중국의 실존 인물인 伍子胥의 행적을 제재로 삼아 허구화한 작품이다. 楚나라 평왕에게 아버지와 형을 잃은 오자서는 吳나라로 도망하여 공자 광을 왕위에 오르게 한다. 오자서의 주장에 따라 오왕이 초나라를 점령하자 오자서는 평왕의 시신을 잘라 복수한다. 월왕이 죽은 틈을 타 오왕은 越나라를 치다가 구천의 계교로 전사하고, 오왕이 된 부차는 臥薪嘗膽하다가 월나라를 쳐서 구천을 잡는다. 이후 오자서는 구천이 보낸 서시에 빠져 정사를 돌보지 않는 오왕에게 충간하나 받아들여지지 않자 사라진다.

국내에는 한글 筆寫本이 서울대 중앙도서관과 규장각에 소장되어 있는데, 1冊으로 光武 5年(1901)에 출판된 것으로 나머지 자세한 서지사항은 명확하지 않다.

書名	出版事項	版式狀況	一般事項	所藏處/所藏番號
오즈셔젼	光武5(1901)	1冊, 國文筆寫本, 31.6×21.6cm	卷末:신축칠월(1901) 회일 박전중셔하니 앗겨보자	서울대학교 [古]813.56-Oj1

82. 玉支璣[옥지기]

≪玉支璣≫는 6권 20회본으로 一名 ≪玉支機≫·≪玉支磯≫·≪玉支璣小傳≫·≪雙英記≫·≪方正合傳≫이라고 하는 才子佳人小說이다. ≪玉支機≫의 판본은 寫刻本·醉花樓 간행본·華文堂 간행본·咸豊 5年 十二寶藏 판본·咸豊 戊午(1858년) 廈門多文齋 간행본 등이 있다. 그 중에서 十二寶藏板本은 간행 시기가 1855년으로 알려져 있고 ≪雙英記≫라고 서명을 바꾸었는데 一名 ≪方正合傳≫이라고도 했다. 이 판본은 ≪玉支璣≫의 축약본으로 알려져 있다.[395]

작자는 天花藏主人이다. 그와 연관된 소설은 ≪玉支璣≫ 외에도 ≪人間樂≫·≪梁

武帝西來演義≫·≪濟顚大師醉菩提全傳≫·≪錦疑團≫·≪玉嬌梨≫·≪平山冷燕≫·≪兩交婚≫·≪金雲翹傳≫·≪幻中眞≫·≪後水滸傳≫·≪飛花咏≫·≪麟兒報≫·≪畵圖緣≫·≪定情人≫·≪賽紅絲≫ 등 모두 16종이다. 이들 작품들은 대부분 天花藏主人 작으로 되어 있거나 그가 서문을 쓴 것으로 되어 있다. 그의 본명에 대해서 張劭라는 설, 張勻이라는 설, 徐震이라는 설, 天花主人이라는 설, 墨浪主人(墨浪子·浪仙)이라는 설 등 다양하다.

≪玉支璣≫는 언제 朝鮮에 유입되었는지 명확하게 알 수 없는 상황이다. 그렇지만 朝鮮 英祖 38年(1762) 思悼世子가 지은 ≪中國小說繪模本≫의 序文에 이 작품의 서명이 드러나고 있는 것으로 볼 때 늦어도 18세기 중반 이전에 유입되었을 것으로 보인다.

한글 번역본 ≪옥지긔≫는 모두 20回 4冊(연세대본)으로 되어 있고, 비교적 깔끔한 궁체로 필사되어 있다. 권1은 118쪽, 권2는 117쪽, 권3은 109쪽, 권4는 135쪽, 도합 79쪽으로 되어 있으며, 1쪽은 10행 21자 내외이다. 각권마다 표지 뒷면에 5회씩 한글 회목이 실려 있고, 각권이 시작되기 전에 회목을 다시 적었다. 권1은 제1회에서 제5회까지, 권2는 제6회에서 제10회까지, 권3은 제11회에서 제15회까지, 권4는 16회에서 20회까지 작품의 내용을 번역했다.[396)]

연세대 소장본 ≪옥지긔≫는 대체적으로 문체가 평이한 편에 속하지만 우아한 문투로 번역되어 있다. 예를 들어 詩의 번역은 의고적인 표현을 많이 사용하여 일반 문장에 비해 고어 형식의 어휘가 상당히 많다. 한글본 ≪옥지긔≫와 원본 ≪玉支璣≫의 내용을 살펴보면 다음과 같은 번역적 특징이 있다.

우선, 각 회마다 開場을 나타내는 詞와 이야기 중간 중간에 삽입된 挿入詩와 散場을 알리는 구절은 번역되지 않았다. 그러나 전체 53수의 시 가운데 이야기 전개에 있어서 빠지면 내용을 이해하기 힘든 부분, 즉 등장인물들 사이의 주고받는 시 9수는 번역되었다. 시의 번역은 우선 한자를 우리말 독음으로 적고 나서 그 밑에 작은 글씨로 두

---

395) 江蘇省社會科學院 明淸小說硏究中心文學硏究所 編, ≪中國通俗小說總目提要≫, 中國文聯出版公司, 1991. 397쪽 참조.

396) 박재연·김장환, 〈연세대 소장 번역 고소설 필사본 옥지긔(玉支璣) 연구－고어 자료를 중심으로〉, ≪中國小說論叢≫第 18 輯, 2003, 9. 105쪽 참조.

줄의 번역을 덧붙이는 형식을 사용해서 잘 알아보도록 했다. 또한 우리말에서도 사용하는 속담이 가끔 보이고 있고 '回文'을 '드는 글'이라 번역하고 있으며 마지막 회의 경우는 서술문을 대화체로 바꾸고 원전에 없는 내용을 부연하여 번역하고 있다.[397]

≪玉支璣≫의 내용은 다음과 같다. 浙江 處州에 사는 管灰는 管彤秀라는 딸을 낳고 서당 훈장 長孫肖를 딸과 정혼시키려 한다. 그런데 수재 强之良이 卜成仁을 부추겨 여자 집안에 혼사를 넣게 한다. 관동수는 시 짓기로 혼사를 결정하기로 했는데, 장손초가 화답시를 짓자 이후 옥지기를 빙물로 삼아 정혼한다. 화가 난 복성인은 지현에게 옥지기를 장물이라 하여 몰수하도록 요구한다. 이후 장손초가 과거에 급제하자 복성인은 누이동생 卜紅絲와 강제로 혼인을 성사시키려 한다. 결국 장손초는 관동수와 복소저 두 여인을 아내로 맞이한다.

국내에는 중국 판본이 보이지 않고 한글 필사본은 延世大에 유일하게 소장되어 있는데, 이것을 저본으로 하여 2003년 김장환과 박재연이 共編한 ≪옥지긔(玉支璣)≫(이회문화사)가 출판되어 있다.

書名	出版事項	版式狀況	一般事項	所藏處/所藏番號
옥지기 (玉支璣)		4卷4冊, 筆寫本, 27×19.5㎝		延世大學校 811.36옥지기

83. 남계연담[南溪演談]

≪南溪演談≫은 3권 3책으로 작자는 未詳이고 국적 문제가 논란이 되는 歷史小說 작품이다. 그런데 아직까지 원본이 발견되지 않아 한국본인지 중국 번역본인지 명확하지 않다. 다만 작품 중에서 明代 初期의 비극적 영웅 劉基에 대해 묘사하고 있기 때문에 자연히 중국소설을 번역했을 것이라 추정하고 있을 따름이다.

≪南溪演談≫의 국내 유입상황을 살펴보면 우리나라에 언제 유입되었는지 명확하지 않지만 대략 演義小說 작품들이 대거로 전래된 시기에 들어왔을 가능성이 가장 높다.

397) 박재연·김장환, 〈연세대 소장 번역 고소설 필사본 옥지긔(玉支璣) 연구－고어 자료를 중심으로〉, ≪中國小說論叢≫ 第18輯, 2003, 9, 107-110쪽 참조.

≪南溪演談≫은 두 종의 한글 필사본이 낙질본으로 전해지고 있다. 장서각 소장본은 총 3책중(권2, 권3) 2책이 현존하고 있고 김광순 소장본은 상하 2책으로 권1, 권2가 남아 있으며 ≪(김광순 소장 필사본) 한국고소설전집≫(박이정 영인, 1998년)으로 출판되었다. 한국학중앙연구원본 ≪南溪演談≫은 '觀文閣書畵記'라는 所藏印이 찍혀 있으며, 漢字 書名은 '南溪演談(장서각본)'이라고 되어있다. 또 장광순본 ≪南溪聯譚≫과 내용이 동일한 작품으로 판명되었다.[398)]

≪南溪演談≫의 내용은 다음과 같다. 明나라 창업주 洪武帝 朱元璋(1328~1398)이 국가의 제도를 차근차근 정비해가는 가운데 벌어지는 사건들을 흥미진진하게 묘사하고 있다. 개국공신 劉基와 徐達과 간신 胡惟庸은 정치적으로 치열한 대결을 벌이고 홍무제 사후에는 건문제와 영락제가 정권 다툼을 벌이고 있는 이야기가 주된 내용이다.

국내에는 한글 필사본이 韓國學中央研究院과 김광순이 소장하고 있는데, 한국학중앙연구원 소장본은 권1이 빠져 있고 김광순 소장본은 상하 2책으로 권1과 권2가 현존하고 있다.

書名	出版事項	版式狀況	一般事項	所藏處/所藏番號
남계연담(南溪演談)	著者未詳, 寫年未詳	3卷3册中2册存(卷1, 册缺), 筆寫本, 28×20cm, 無郭, 無絲欄, 9行18字, 紙質:楮紙	表題:南溪演談, 印:觀文閣書畵記, 藏書閣印	韓國學中央研究院 4-6788
남계연담	著者未詳, 刊寫地未詳, 刊寫者未詳, 刊寫年未詳	3卷3册, 木版本, 無界, 11行字數不定, 無魚尾, 35.2×24cm	表題:南溪演談, 한글본임. 解題:洪武3年(1370)	서울大學校 中央圖書館 819.5 N152yp-v.1-3
南溪聯譚	上下 2册 卷1, 卷2 現存, 國文筆寫本			김광순 소장

398) 양승민, 〈≪承政院日記≫ 소재 소설 관련 기사 변증〉, ≪고전문학연구≫, 2004, 280-289쪽.
전인초, 〈劉基行狀과 南溪聯譚 · 南溪演談〉, ≪동방학지≫, 2009, 321-341쪽.
지남례 옮김, ≪(역주) 남계연담≫, 다운샘, 2010.
≪(역주) 남계연담≫은 ≪남계연담≫의 원문을 원전 그대로 옮기고 띄어쓰기와 문장부호를 표시하였으며, 한자어는 각 쪽마다 처음 나타난 단어에 한하여 해당 한자를 넣었다. 또한 단어풀이는 각 장에 나타난 주요 단어를 뜻풀이하여 본문 뒤에 가나다순으로 정리했다.

84. 셩풍뉴[醒風流]

≪醒風流≫는 20회본으로 一名 ≪醒風流奇傳≫이라고 하는 애정소설이다. 작품의 서문에 따르면 작자 鶴市主人은 明나라 말기에 태어나 康熙 11年(1672)부터 이 작품을 창작했음을 알 수 있다. ≪醒風流≫의 판본은 현재 大連圖書館 所藏本과 프랑스 파리 국가도서관에 소장되어 있다.

≪隋唐演義≫의 參訂者인 吳鶴市主人과 ≪鳳簫媒≫ 작자 鶴市主人이 어떤 연관이 있는지는 알 수 없다. 그러나 간행본의 속표지 하단에 '繡像'이라는 두 자가 쓰여 있고, 중간에 큰 글씨로 醒風流라 되어 있으며 우측에 "鶴市主人이 새로 편집했고 二集이 이어 나옵니다"라 적혀 있다. 목차에는 醒風流奇傳이라 적었고, 版心에는 醒風流라 적혀 있다. 그 외 插圖는 없고 책 마지막에 총평이 있다.[399)]

≪醒風流≫는 언제 조선에 유입되었는지 명확하게 알 수 없지만 朝鮮 英祖 38年(1762년) 思悼世子가 지은 ≪中國小說繪模本≫의 序文에 이 작품명이 명시되어 있는 것으로 보아 18세기 중반 이전에 유입되었을 것으로 보인다.

이 작품의 번역본은 7권 7책 필사본이 현재 한국학중앙연구원(낙선재본)에 소장되어 있다. 번역자와 번역 시기는 명확히 알 수 없지만 번역 시기는 대략 조선 후기일 것으로 추정된다. 이 작품의 번역양상은 開場詩와 散場詩, 常套語 등은 모두 생략되었고 또 장회의 구별하지 않고 번역되었으며, 원문을 비교적 많이 훼손하지 않은 意譯本이다.

현재 낙선재본 ≪셩풍뉴≫는 박재연·황선엽·김명신 등이 2001년에 띄어쓰기와 주석을 포함하여 교정한 한글 교주본 ≪셩풍뉴·호구전≫으로 출간했다.[400)]

≪醒風流≫의 내용은 다음과 같다. 梅傲雪과 閨英 小姐의 혼인에 얽힌 애정 사건을 그린 이야기이다. 간신의 농락으로 梅氏 집안이 몰락한 뒤에 매오설은 종으로 가장하여 馮家에 들어오게 된다. 풍씨 가문이 갑자기 몰락하게 되지만 규영이 거란 정책을 내놓아 閨閣學士가 되고 매오설은 거란 정벌에서 무공을 세워 우승상이 된다. 그 후 두 사람은 예전에 혼약에 관련된 얘기가 오갔으나 예전의 상전과 종이라 이유로 어그러

399) 江蘇省社會科學院 明清小說研究中心文學研究所 編, ≪中國通俗小說總目提要≫, 中國文聯出版公司, 1991, 388쪽 참조.

400) 박재연·황선엽·김명신, ≪셩풍뉴·호구전≫, 선문대학교 중한번역문헌연구소, 2001, 머리말 참조.

졌다가 천자의 명으로 인해 매오설과 규영이 재결합하게 된다는 줄거리로 되어 있다.

국내에는 중국 판본이 없으며 한글 필사본 7卷 7冊만이 韓國學中央研究院에 유일하게 소장되어 있으나 기타 서지사항에 대해서는 명확하지 않아 앞으로 새로운 자료발굴이 기대된다.

書 名	出 版 事 項	版 式 狀 況	一 般 事 項	所藏處/所藏番號
셩풍뉴 (醒風流)	著者未詳, 寫年未詳	7卷7冊, 筆寫本, 26.2×19.1㎝, 無郭, 無絲欄, 10行17~20字, 註雙行, 無版心, 紙質:楮紙	表題:醒風流, 印:藏書閣印, 35㎜R[Nega], 300f	韓國學中央研究院 4-6821/R35N-000089-2

85. 텬슈셕[泉水石]

≪泉水石≫은 9권 9책으로 작자 미상이며, 한글 서명이 '텬슈셕'이라고 되어 있는 歷史小說이다. 이 작품은 중국소설인지 국내 창작소설인지 아직 명확하게 규명되지 않은 작품이다. 또한 작품의 국내 유입 기록이 명확하게 드러나지 않고 있어 중국소설이라 단언할 수 없는 면이 있지만 작품의 배경과 내용으로 보아 중국 고전소설 중의 일부분을 번역했을 가능성도 있다.

≪泉水石≫의 내용은 다음과 같다. 唐나라 말기 위광미와 이씨 부인 사이에서 태어난 위보형은 뛰어난 능력 때문에 아버지의 첩인 양씨의 미움을 받는다. 그가 설옥영과 혼인하자 양씨는 더욱 시기하여 방탕한 난녀 간옥지와 이초혜를 보형 부부에게 접근시켜 괴롭히게 한다. 천자가 보형을 부마로 택하고 설소저를 죽이려 하나 설소저는 공주의 도움으로 탈출하여 아들 사원을 낳는다. 공주가 죽자 보형 부부는 다시 결합하는데 환란 중에 사원이 납치되고 보형 부부는 화산 노옹의 도움으로 선계에서 화를 피하고 사원은 장수 이극용에게 구출된다. 황소의 난이 일어나자 보형은 난을 진압하고 나서 사라진다. 간신들이 반란을 일으키자 사원은 양아버지인 이극용과 함께 반란을 진압하고, 도적이 된 간옥지와 이초혜도 잡아 벌하며 이후 사원은 後唐의 제2대 황제 명종이 된다.[401]

401) 강은해, 〈泉水石과 連作 華山仙界錄 연구〉, ≪어문학≫ 71, 2000, 10, 129-160쪽, 김재웅,

국내에는 한글 필사본이 韓國學中央硏究院에 소장되어 있는데, 9卷 9冊으로 表題는 泉水石으로 되어 있고 楮紙로 만들어져 있으며 나머지 자세한 서지사항은 명확하지 않고 藏書閣의 인장이 찍혀 있다. 이외에, 국립중앙박물관에 낙질본 〈권디팔〉이 소장되어 있고, 韓國學中央硏究院 소장본에 의거하여 1972년 이화여대 한국문화연구소에서 영인·교주하여 출간되었다.

書 名	出版事項	版式狀況	一般事項	所藏處/所藏番號
텬슈셕 (泉水石)	作者未詳, 寫年未詳	9卷9冊, 筆寫本, 32.5×20.7㎝, 無郭, 無絲欄, 10行19~21字, 無魚尾, 紙質:楮紙	表題:泉水石, 印:藏書閣印	韓國學中央研究院 4-6854
천수석전	刊寫者未詳, 기미사월필서	不分卷1冊(殘本, 卷之八), 筆寫本, 26.9×23.2㎝		국립중앙도서관 BC古朝48-192

86. 공명선싱실긔[孔明先生實記]

≪공명선싱실긔≫는 2卷 1冊으로 작자 미상의 한글로 필사된 歷史小說이다. 작품의 가장 이른 판본은 山氣文庫에 소장되어 있는 2卷 1冊本으로 1900년경에 간행된 것이고 이외에 大正 5年(1916)에 발행된 ≪언삼국지≫에 들어있는 완판 ≪공명선싱실긔≫가 있다. ≪三國志演義≫ 가운데에 諸葛亮과 그의 부인 黃氏의 이야기를 개작한 작품으로 보인다.

작품의 서사구조는 당시 우리나라 ≪박씨전≫ 등 여러 가지 이야기의 話素와 결합되면서 결혼담과 도술담이 결합된 형태의 작품이 되었을 것으로 추정되며, ≪삼국지연의≫에서 파생된 ≪화용도실기≫와는 달리 간략한 문체로 되어 있고 서울과 지방이라는 지역적 특성을 지니고 있다.

작품의 국내 유입 기록은 아직까지 명확하게 드러나지 않고 있는데, 작품의 간행이 1900년에 이루어진 것으로 보아 대개 朝鮮 末期에나 국내에 전래되었을 것으로 추정된

〈泉水石 연구〉, ≪한국학논집≫ 23, 1996, 12, 153-174쪽, 임치균·임정지 옮김, ≪천수석≫, 한국학중앙연구원출판부, 2011, 467-471쪽 참조.

다. 또는 원본이 중국본이 아니라 조선시대에 나온 작품일 가능성도 있다.

≪공명선싱실긔≫의 내용은 다음과 같다. 제갈량이 가난하여 결혼하지 못하고 있었는데, 황승언의 딸 역시 얼굴이 못생겨서 결혼하지 못하고 있었다. 그런데 꿈속에서 노인이 나타나 그 두 사람에게 결혼하는 방법을 가르쳐 주어 둘은 결혼하게 된다. 첫날밤 제갈량은 부인의 용모에 놀라 도망치지만 부인은 네 번의 도술로 그를 붙잡아두고 나중에 못생긴 부인은 환골탈태하여 아름다운 모습으로 변한다. 이후 부인은 제갈량을 위해 도술로 잔칫상을 차려 주고 제갈량에게 팔진도를 가르쳐 주는 등 현모양처의 역할을 한다.[402)]

국내에는 木版本이 유일하게 韓國綜合典籍目錄에 실려 있는데, 2卷 1冊으로 合本 형태로 되어 있고 楮紙로 만들어져 있으며 朝鮮 朝末(1900)頃에 간행된 것으로 보이는 판본이다.

書名	出版事項	版式狀況	一般事項	所藏處/所藏番號
공명선싱실긔	著者未詳, 朝鮮朝末(1900)頃刊	2卷1冊, 木版本, 25.8×18.4cm, 四周單邊, 半郭:18.6×15.5cm, 11行17字, 內向黑魚尾, 紙質:楮紙	內容:中國小說, 備考:卷之上下合本, 首尾若干張落	韓國綜合典籍目錄 (山氣文庫) 李謙魯 4-670

87. 인봉쇼[麟鳳韶]

≪麟鳳韶≫는 16회본으로 楓江半雲友가 편집하고 鶴阜芰俗生이 교열했다고 되어 있으며 중국 原典 ≪引鳳簫≫를 번안한 才子佳人小說이다. 이 작품의 창작시기와 작자는 명확하게 고증되어 있지 않다. ≪引鳳簫≫의 판본은 康熙와 雍正 年間에 간행된 것으로 4권 16회본이 있다. 본문 가운데 '玄'자는 피휘한 경우도 있고 피휘하지 않은 경우도 있는데, '弘'자와 '歷' 두 자를 피휘하지 않은 것으로 미루어 보아 康熙 年間 혹은 그 이전 시기인 順治 年間에 창작된 것으로 보인다. 이외에도 乾隆 9年(1744)에 간행된 小字本이 있다.[403)]

402) 이은봉, 〈완판 공명선생실기의 소설사적 의의〉, ≪동아시아고대학≫ 제16집, 2007, 12, 299-322쪽 참조.

≪引鳳簫≫는 思悼世子의 ≪중국소설회모본≫의 서문과 윤덕희의 ≪小說經覽子≫에 그 서목이 존재하고 있다. 사도세자와 윤덕희의 기록은 1762년에 작성된 문건들이기 때문에 ≪引鳳簫≫는 늦어도 1762년 이전에는 朝鮮에 전래되었음을 알 수 있다. 따라서 한글 필사번역본 ≪인봉쇼≫는 빨라도 18세기 중반 이후에야 필사 번역되었을 것으로 보인다.

한글 필사본 ≪인봉쇼≫는 3권 3책(天/地/人으로 3분)본으로 한국학중앙연구원(장서각)에 소장되어 있다. 이 작품의 번역자와 번역 시기는 명확하게 알 수 없고 제13회와 15회가 번역되어 있지 않지만 그 나머지 부분은 비교적 원문에 충실하게 번역되었다. 이 번역본은 표제와 체제 등에 있어서 원문과 상당히 불일치한 면을 가지고 있기 때문에 궁중에서 필사된 것이 아니라 민간에서 필사되었을 가능성이 있다. 또한 回目과 轉換詩는 생략되어 있고 시문은 일부만 선택하여 번역되어 있으며 주요한 사건을 중심으로 내용을 번역했음을 드러내고 있다. 아울러 사건 진행에 있어서 번역의 생략과 축약이 나타나고 있어 번역자가 사회와 정치에 대한 관심보다는 才子와 佳人의 만남과 결연을 중심으로 번역하고 있음을 알 수 있다.

≪麟鳳韶≫의 내용은 다음과 같다. 宋나라 熙寧 年間에 山東에 사는 白引은 공명에 관심을 두지 않고 있었다. 그러다가 佳人 金鳳娘과 何簫를 만나 사랑에 빠지고 결국은 혼인을 완성하게 되는 이야기를 그리고 있다. 新法黨과 舊法黨 간의 당파 싸움을 배경으로 하고 있으며 남녀 주인공의 이름에서 각각 '引'·'鳳'·'簫' 한 자씩을 따서 작품의 제목을 지었다고 한다.[404)]

국내에는 이 작품의 유입 기록은 있으나 중국 판본이 소장된 곳은 보이지 않으며 한글 필사본이 유일하게 韓國學中央硏究院에 소장되어 있다.

書 名	出版事項	版式狀況	一般事項	所藏處/所藏番號
인봉쇼	著者未詳, 寫年未詳	3卷3冊, 筆寫本, 29.7×19.5㎝, 無郭, 無絲欄, 10行20字, 無版心, 紙質:楮紙	印:藏書閣印	韓國學中央硏究院 4-6839

403) 江蘇省社會科學院 明淸小說硏究中心文學硏究所 編, ≪中國通俗小說總目提要≫, 中國文聯出版公司, 1991, 466쪽 참조.

404) 최윤희, 〈인봉소 국역본의 특징과 의미〉, ≪어문논집≫52, 민족어문학회, 2005, 209-229쪽, 조희웅, 〈인봉소 연구〉, ≪고전문학연구≫, 한국고전문학회, 1974년, 81-104쪽 참조.

88. 十二峯

≪十二峯≫은 20회[405]로 淸代 小說 ≪十二峯≫을 번역한 애정소설이다. ≪十二峯≫은 중국에서 없어진 작품으로 알려져 있는데, 현재 우리나라 국립중앙도서관에 소장되어 있는 4권 4책이 유일본이다.

≪十二峯≫은 淸 無名氏가 지은 것으로 心遠主人이라는 署名이 있고, 첫머리에 戊申 巧夕 西湖寒士의 序에 戊申이라고 적혀 있다. 이 書目은 ≪舶載書目≫의 元祿[406]間目에 처음 보이고 있다. 작자 心遠主人의 생평은 상세하지 않으나 그의 다른 의화본 소설집 ≪二刻醒世恒言≫에서 첫머리에 雍正 丙午 4年(1726) 溟螺 芾齋主人序라 되어 있어 雍正 이전 사람임을 추측할 수 있으므로 戊申은 康熙 7年(1668)으로 보인다. 따라서 ≪十二峯≫은 청초의 작품일 것으로 추정된다.[407]

≪十二峯≫이 언제 조선에 유입되었는지에 대해서는 그다지 명확하지 않다. 이와 관련된 국내 유입 기록은 尹德熙의 ≪字學歲月≫(1744)과 〈小說經覽者〉(1762)에 서명이 나열되어 있는 것으로 볼 때 朝鮮에는 18세기 중엽 이전에 전래되었음을 알 수 있다. 1926년에 작성된 演慶堂 ≪漢文冊目錄≫에도 이 책이 실려 있다. 현재 국립중앙도서관에 소장되어 있는 한글 필사본 ≪十二峰記≫는 內題가 십이봉뎐환긔(十二峯轉換記)이다.

한글본 ≪십이봉뎐환긔≫는 궁체로 필사되어 있는데, 4권 4책 모두 1명이 필사한 것으로 보인다. 表題는 〈十二峯記 一二三四〉, 內題는 〈십이봉젼환기권지일〉에서 〈십이봉젼환기권지ᄉᆞ〉으로 되어 있고, 각 권에는 章回名이 한글로 적혀 있으며 총 20회로 되어 있다. 매면 10-11행, 한 행이 21-24자 내외로 필사되어 있다. 원전이 일실되어 내용을 대조할 수 없어 작품의 번역 상황을 명확하게 논의할 수 없다는 아쉬움이 남지만 이후 고증 자료가 발굴되고 후속 연구가 계속 이어지길 기대한다.

---

405) ≪中國通俗小說總目提要≫에는 12회라고 적고 있으나 원전이 일실된 관계로 명확하게 고증하기 어렵다. 디만 우리나라 국립중앙도서관에 소장되어 있는 작품은 20회로 되어 있어 다른 판본을 번역했거나 작품을 번안했을 가능성이 있다. 江蘇省社會科學院 明淸小說硏究中心 文學硏究所 編, ≪中國通俗小說總目提要≫, 中國文聯出版公司, 1991, 366쪽 참조.

406) 元祿은 일본 東山天皇의 연호로 康熙 27년~42년간(1688~1703)이다.

407) 박재연 교주, ≪十二峯記: 십이봉뎐환긔≫, 선문대학교 중한번역문헌연구소, 2002, 머리말 참조.

≪十二峯≫의 내용은 다음과 같다. 임정옥이 열두 명의 여주인공과 인연을 맺는 과정을 세밀하게 묘사하고 있다. 이 작품은 천상에서 내용이 시작하고 지상을 거쳐 다시 천상으로 돌아오는 구조로 되어 있다. 여타의 적강소설에 비해 천상세계에 대해 자세히 묘사하고 있지만 그래도 지상세계를 중심으로 돌아가고 있고 남녀의 애정을 강조하여 서술하고 있다. 마지막 부분은 남녀 주인공들이 자결하게 되는데, 이러한 결말은 당시 사람들의 배청의식을 적절히 반영한 것으로 본다.

국내에는 중국 판본이 지금까지 나타나지 않고 있으며 한글 필사본만이 유일하게 國立中央圖書館에 소장되어 있다. 한글 필사본은 4卷 4冊으로 18세기 중엽에 번역된 것이라 추정되고 있고 서지사항은 모두 미상으로 되어 있어 이 작품의 전체적인 면모를 완벽하게 알 수는 없지만 서명과 내용으로 보아 중국소설 ≪十二峯≫의 번역이라 추정된다.

書 名	出 版 事 項	版 式 狀 況	一 般 事 項	所藏處/所藏番號
十二峯記 (십이봉뎐 환긔)	刊寫地未詳, 刊寫者未詳, 刊寫年未詳	4卷4冊, 한글筆寫本, 26.9×19.3㎝, 10~11行21~24字內外	飜譯:18世紀 中葉(推定)	國立中央圖書館 古3636-10

89. 豆棚閑話

≪豆棚閒話≫는 12則으로 구성되었고 작자는 聖水艾衲居士라 되어 있는 淸代의 白話短篇小說集이다. 이 작품의 특징은 12개의 고사가 모두 다른 독립적인 형태의 이야기로 되어 있다.[408)]

이 작품의 판본은 原刊本, 康熙 寫刻本, 三德堂 간행본, 寶寧堂 간행본, 嘉慶 戊

408) ≪豆棚閑話≫는 중국 고전소설에서 자주 사용하는 사슬 구조의 형태를 띠고 있는데, 이러한 독특한 형태에 대해서 邵毅平은 '框架結構'라고 하고 있는데, 우리나라의 액자소설의 구조나 서양의 피카레스크식 구조에 가깝다. 이러한 피카레스크식의 구성을 가진 대표작은 조반니 보카치오(Giovanni Boccaccio, 1313~1375)의 ≪데카메론(Decameron)≫이 그러한 형태를 띠고 있다. 邵毅平, 〈≪豆棚閑話≫:中國古典小說中的框架結構〉, ≪中國小說硏究會報≫제32호, 1997, 11, 10-24쪽 참조.

午(1798) 간행본, 致和堂 간행본, 嘉慶 乙丑(1805) 간행본 등이 있다.

原刊本에는 聖水艾衲居士이 편집하고 鴛湖紫髯狂客이 評을 했다고 되어 있고 天空嘯鶴漫이 썼다는 序文과 ≪弁言≫이 있으며 揷圖가 있다. 康熙 寫刻本도 원간본과 구성이 똑같이 되어 있다. 乾隆 46年(1781)의 書業堂 간행본에는 "聖水艾衲居士原本"·"吳門百懶道人重訂"이라고 되어 있고, 評과 제목, 서명 및 권수는 원간본과 같다. 乾隆 乙卯(1795) 三德堂 간행본의 제목과 서명은 原刊本과 같다. 나머지 간행본들도 구성된 형식이 거의 비슷하게 되어 있다. 康熙 寫刻本 이전에 원간본이 있었으므로 이 작품의 창작 시기는 17세기 중반 이전이라고 추정할 수 있다.[409]

작품의 작자는 "聖水艾衲居士編"이라 되어 있는데, 작자의 실명은 아직까지 명확하게 드러나지 않고 있다. 吳門百懶道人은 艾衲居士를 艾衲道人 또는 艾衲老人이라고도 한다고 했고, 趙景深은 ≪中國小說叢稿·豆棚閑話≫에서 清初의 浙江人이라고 했다. 이 작품의 내용 등에 의거하여 살펴보면 다음과 같다. 그는 明代 末葉에 태어났고 불우하여 科擧에 급제하지 못하여 세상에 대해 분개하고 증오하는 마음을 가지고 있었다. 그렇지만 호방한 마음을 지니고 있어 명승지를 두루 다니면서 수많은 글을 썼는데, 말년에 지은 작품이 바로 이 작품이라고 한다.

이 작품의 국내 유입 기록은 아직까지 명확하게 드러나지 않고 있는데, 비록 이 작품이 17세기 중반 이전에 완성되었을 것이라고 추정한다 해도 현재 국내 소장본은 嘉慶 10年(1805)에 출판된 판본이다. 그러므로 이 작품은 19세기 초반에 국내에 들어왔을 것으로 추정되고 그 이후에나 널리 유통되었을 것으로 보인다.

≪豆棚閒話≫의 내용은 다음과 같다. 여인의 질투, 歷代의 女后, 蘇東坡와 孔文擧, 司馬光의 이야기, 환생, 和尙, 伯夷와 叔齊, 관리, 도적 등에 관한 이야기들을 엮고 있는데, 처음 시작하는 부분은 豆棚을 만드는 것부터 시작하여 사람들이 서로 돌아가면서 이야기를 풀어나가는 형식을 사용하고 있어 서양의 ≪千一夜話≫의 형식과도 비슷한 느낌을 주고 있다.

국내에는 中國木版本이 고려대에 소장되어 있는데, 2冊으로 저자는 艾衲居士로 되어 있고 嘉慶 10年(1805)에 致和堂에서 출판된 판본으로 擁正 5年(1757)의 서문이 포

409) 江蘇省社會科學院 明清小說研究中心文學研究所 編, ≪中國通俗小說總目提要≫, 中國文聯出版公司, 1991, 410쪽 참조.

함되어 있는 판본이다.

書名	出版事項	版式狀況	一般事項	所藏處/所藏番號
豆棚閒話	艾衲居士(淸)著, 百懶道人(淸)重訂, 致和堂, 嘉慶10年(1805)	2冊, 中國木版本, 18.7×11.9㎝	序:雍正五年歲次丁未(1727)… 鍾之模式林氏識	高麗大學校 C14-B11

90. 張遠兩友相論*

≪張遠兩友相論≫은 12回 20面으로 윌리엄 밀네(William Milne, 1785-1822년)가 지은 기독교 소설이다. 初版은 1819년 말레이시아의 말래카(Malaca: 중국명 馬六甲)에서 출간되었는데 1면이 8行 20字 13,440字이며 하버드 옌칭도서관과 프랑스 漢學院 IHEC도서관에 소장되어 있다. 1831년에 말래카에서 42면으로, 1836년 싱가포르에서 42면으로, 또 1844년에는 홍콩에서 수정본이 출간되었다. 이후 上海와 寧波 등지에서 수정본이 나왔는데 書名은 ≪張遠兩友相論≫·≪二友相論≫·≪甲乙二友相論≫ 등으로 바뀌었다. 光緖 6年 庚辰年(1880) 上海 美華書館排印本은 十二回이며 回目이 없고 권말에는 "張遠兩友相論"이라 표제되어 있으며, 題答과 版心은 모두 "兩友相論"이라 쓰여있다. 본문은 한 面이 10行이고, 1行은 22字로 되어 있으며 현재 南京博物院圖書館 소장되어 있다. 아울러 한글 번역본은 숭실대 한국기독교 박물관에 소장되어 있다.[410)]

작자 윌리엄 밀네는 스코틀랜드 사람인데 최초의 중국 선교사 로버트 모리슨(Robert Morrison) 목사를 도와 성경 번역작업을 하다가 최초의 중국 기독교소설인 ≪張遠兩友相論≫을 저술한 것으로 보인다.

譯者 사무엘 마펫은 19세기 말부터 기독교의 초기 한국 선교를 위해 기독교와 관련된 다수의 번역문을 출간한 대표적인 선교사 번역가이다. 작품 전체가 순수한 한글로 표기되어 있고 띄어쓰기까지 되어 있어 한글을 읽는 대중을 위한 서적으로써 선구적인 역할을 하고 있다. 작품의 번역양상을 살펴보면 원본에는 장회소설의 흔적이 없으나 "화설 옛적에…"로 시작하는 등 話本體의 특징을 지니고 있고 제1회와 제2회를 합쳐 번

---

410) 오순방, 〈최초의 中國 基督教小說과 韓國基督教博物館 所藏 초기 기독교소설의 韓譯本 연구〉, ≪중국어문논역총간≫ 제16집(특집호), 2005, 8, 85-119쪽 참조.

역본의 1회라 만들었으며 매회의 서두와 끝부분은 1836년의 재판본보다 내용이 증가되어 있다.

≪張遠兩友相論≫의 내용은 다음과 같다. 張氏와 遠氏이라는 친한 친구가 두 명이 등장한다. 張氏는 이미 예수의 도리를 전수받아 믿고 따르고, 遠氏는 아직 잘 이해하지 못해 張에게 해설을 요청하자 張氏가 그에게 예수가 어떤 사람이고, 예수의 성자로서의 행위가 어떠했는지 등에 대해 설명한다. 무릇 두 친구 사이의 왕래와 토론을 통해 예수의 教義를 밝히려는 내용으로 되어 있다.[411]

국내에는 숭실대 한국기독교박물관에 한글로 된 12회본이 소장되어 있는데, 저자는 未詳이고 발행연도는 1898년으로 되어 있다.

書 名	出版事項	版式狀況	一般事項	所藏處/所藏番號
張遠兩友相論	저자 미상, 발행연도 1898년, 기록문자 한글, 12회, 47장	21.4×14.7cm, 12行24字	한글본	숭실대 한국기독교박물관 0078, 동일본 0129
	中國聖教書會 編, 上海, 文華書館, 光緒 23(1897)	1冊(17張), 新鉛活字本(中國), 四周雙邊, 半郭: 15.4×9.5cm, 無界, 11行32字, 花口, 上下向黑魚尾, 19.3×12.4cm	刊記:光緒二十三年歲次丁酉 (1897), 上海文華書館罷印	檀國大學校 퇴계기념도서관, 275.3- 중222ㅈ
	編者未詳, 上海, 美華書館, 1874	1冊(30張), 新式活字, 挿圖, 16.3×11.8cm	卷首:耶蘇降世一千八百七十四年張遠兩友相論 歲次甲戌(1874) 上海美華書館刊	서울大學校 奎章閣, 1900-25

91. 引家當道*

≪引家當道≫는 그리휘트 존(Griffith John, 중국명 楊格非, 1831-1912) 목사가 지은 기독교 소설이다. 이 작품은 1894년 漢口 聖教書局에서 출판되었고 현재 大英圖書館에 한 권이 소장되어 있으며 전통적인 장회체의 어투가 전혀 없는 서술문체로 되어 있다.

---

411) 오순방, 〈최초의 中國 基督敎小說과 韓國基督敎博物館 所藏 초기 기독교소설의 韓譯本 연구〉, ≪중국어문논역총간≫ 제16집(특집호), 2005, 8, 85-119쪽, 〈19세기 동아시아의 최대 베스트셀러 ≪張遠兩友相論≫ 연구〉, ≪중국어문논역총간≫ 제24집, 2009, 1, 269-304쪽 참조.

≪引家當道≫는 한글 書名이 ≪인가귀도≫로 되어 있고 1894년 올링거(F. Ohlinger) 목사가 한글로 번역하여 서울의 정동교회에서 출간한 번역본이 숭실대 한국기독교박물관에 소장되어 있다. ≪引家歸道≫는 16회로 周明卿이 ≪引家當道≫의 내용을 北京 官話體로 바꾼 작품인데 올링거가 한글로 번역할 때 이 서적도 참고했을 가능성이 있다.

한글 번역자 올링거 목사는 감리교 선교사로 1889년부터 三文社를 설립하여 한국에서 기독교 선교를 본격적으로 진행한 인물로 한글로 '무림길'이라 서명되어 있는데, 이는 '武林吉'이란 중국명을 표기한 것이다.[412]

≪引家當道≫의 번역양상을 살펴보면 제1회는 축자 번역으로 되어 있고 일부분에 첨역이 되어 있으며 '問'을 해석할 때에는 상황에 따라 '골ᄋᆞ디'라고 서술하여 내용 변화 없이 반복적인 어휘를 자연스럽게 사용하고 있다.

≪引家當道≫의 내용은 李先生이라는 사람이 도박과 기생에 빠져 방탕하게 생활하다가 회개하고 기독교인이 되어 개과천선한 후에 온가족을 기독교인으로 귀의시킨다는 이야기를 다루고 있다.[413]

국내에는 장로회신학대, 숭실대 한국기독교박물관, 연세대 중앙도서관에 소장되어 있는데, 모두 한글본이다.

書名	出版事項	版式狀況	一般事項	所藏處/所藏番號
引家當道 (인가귀도)	그리휘트 존 著, 16回, 1894年 刊, 정동교회 刊行	79面, 10行18字, 제명:인가귀도	한글본	장로회신학대학교 도서관 248.46 ㄱ181ㅇ
引家當道	周明卿 著, 16回, 1911年刊, 徽文館 刊行	78面, 10行17~18字, 鉛活字本	한글본	숭실대 한국기독교박물관
引家當道	楊格非 著, 上海 中國聖敎書會	鉛活字本, 1冊, 18.5×12.11㎝		고려대 신암C16-B7
인가귀도	John, Griffith 著, Ohlinger, F 譯, 1911年刊, 예수교셔회, 78面	19.5×12.5㎝, 13行32字, 題名:인가귀도	한글본	연세대 중앙도서관 0(CH) 266 J6131

412) 오순방, 〈최초의 中國 基督敎小說과 韓國基督敎博物館 所藏 초기 기독교소설의 韓譯本 연구〉, ≪중국어문논역총간≫ 제16집(특집호), 2005, 8, 85-119쪽 참조.

413) 오순방, 〈플랭클린 올링거의 韓譯本 인가귀도와 의경문답 연구〉, ≪중어중문학≫제47집, 2010, 12, 223-259쪽 참조.

92. 유입 기록만 있는 소설

다음은 淸代 白話通俗小說 가운데 현재 국내 또는 중국에 그 판본이 남아 있지 않지만 현존하는 문헌 기록을 통해 국내 유입을 추정 할 수 있는 작품들이다. 작품으로는 ≪西周演義≫·≪唐宋百家小說≫·≪五色石≫·≪人中畵≫·≪留人眼≫·≪醒世因緣≫·≪肉蒲團≫·≪玉樓春≫·≪艶情快史≫·≪艶史≫·≪杏花天≫·≪戀情人≫·≪燈月緣≫·≪陶情百趣≫·≪巧聯珠≫·≪金雲翹傳≫·≪春柳鶯≫·≪鳳簫媒≫·≪春風眼≫·≪巫夢緣≫·≪定情人≫·≪驚夢啼≫·≪賽花鈴≫·≪五鳳吟≫·≪蝴蝶媒≫·≪飛花艶想≫·≪催曉夢≫·≪吳江雪≫·≪兩交婚傳≫·≪鳳凰池≫·≪歸蓮夢≫·≪情夢柝≫·≪夢月樓≫·≪麟兒報≫·≪破閑談≫·≪八洞天≫·≪跨天虹≫·≪鴛鴦影≫·≪錦疑團≫·≪一片情≫·≪再求鳳≫·≪快士傳≫·≪韓魏小史≫·≪桃花影≫·≪覺夢雷≫·≪春苑記≫·≪玉殿生春≫·≪梅玉傳奇≫·≪定鼎奇聞≫ 등 모두 49편이 있다.

≪西周演義≫는 尹德熙의 ≪小說經覽者≫에 ≪西周演義≫의 書名이 ≪封神記≫ 옆에 나란히 보인다. 다시 말해서 이는 ≪封神演義≫의 異名인 ≪西周演義≫가 아니라 또 다른 작품이라는 의미이다. ≪中國通俗小說總目提要≫에 의하면 16卷으로 된 ≪西周演義≫가 현재 파리 국가 도서관에 소장되어 있다고 한다. 이 책은 嘉慶 元年(1796)의 수진본으로 "繡像春秋列國新增西周演義"라 되어 있고 1권에서 3권까지는 무왕벌주의 이야기를 서술하고 있는데, 내용에 있어 ≪列國志傳≫에서 西周 이야기를 서술한 부분과 매우 유사하다.[414)]

≪唐宋百家小說≫에 관해서는 ≪正祖實錄≫卷36~21, 正祖16年 10月, 己丑(24日) 기사를 보면 다음과 같은 기록이 보인다.

> 丁未年間 相璜與金祖淳 伴直翰苑 取唐宋百家小說及平山冷燕等書以遣閑. 上 偶

---

414) 江蘇省社會科學院 明淸小說硏究中心 文學硏究所 編, ≪中國通俗小說總目提要≫, 中國文聯出版公司, 1990년, 572쪽 참조.

> 使入侍注書 視相璜所事 相璜方閱是書 命取入焚之 戒兩人專力經傳 勿看雜書. 相璜等自是不敢復看稗官小說 至是因南公轍對策 用小品語 遂命發緘以聞. 盖以諸人年少有才 欲其懋實學而視其志趣也.
> (정미년에 이상황과 김조순이 예문관에서 함께 숙직하면서 ≪唐宋百家小說≫과 ≪平山冷燕≫ 등의 서적들을 가져다 보면서 한가히 시간을 보내고 있었다. 그런데 주상께서 우연히 입시해 있던 注書로 하여금 상황이 하고 있는 일이 무엇인가를 물어보게 하였던 바 상황이 마침 그러한 책들을 읽고 있었으므로 그것을 가져다 불태워버리도록 명하고서는 두 사람을 경계하여 경전에 전력하고 잡서들은 보지 말도록 하였었다. 상황 등이 그때부터 감히 다시는 패관 소설을 보지 않았는데 지금 와서 남공철이 對策에 소품의 어투를 인용한 것을 인하여 마침내 공함을 보내 그의 답을 아뢰도록 명하였던 것이다. 그것은 그 사람들이 나이 젊고 재주가 있었으므로 그들로 하여금 실학에 힘쓰도록 하여 그들의 뜻과 취향을 보려 함이었다.)[415]

위에서 "取唐宋百家小說及平山冷燕等書以遣閑"이란 문장을 살펴보면 "唐宋百家小說"이라고 언급된 부분이 있다. 이를 해석하는 데는 여러 이견이 있는데 혹자는 唐·宋時代의 각종 소설을 통칭한 것이라고 보는 견해도 있다. 그러나 淸代에 이와 유사한 ≪宋人百家小說≫이 나온 것을 보면 ≪唐宋百家小說≫이란 소설이 따로 있었다고 보는 것이 타당해 보인다.[416]

≪五色石≫은 淸代 短篇小說集으로 모두 8卷으로 되어 있다. 저자는 筆煉閣으로 되어있는데 徐述夔로 보는 견해가 일반적이다. 고사의 제재와 편집체제가 ≪八仙洞≫과 유사하며 淸代 禁書중 하나이다.[417]

이 책의 유입 시기는 完山李氏(사도세자)作 ≪中國小說繪模本≫序文에 書名에 관한 기록이 있는 것으로 보아 적어도 1762년 이전에는 유입된 것으로 보여진다.

≪人中畵≫는 淸代小說集으로 총 16卷 16回로 되어 있는데, ≪風流配≫ 4卷 4回, ≪自作孽≫ 2卷 2回, ≪狹路逢≫ 3卷 3回, ≪終有報≫ 4卷 4回, ≪寒徹骨≫ 3卷 3回로 되어 있다. 嘯花軒刊本에 "留人眼"이라고 적혀 있어 ≪人中畵≫와 ≪留人眼≫

---

415) ≪正祖實錄≫ 卷36~21, 正祖16年 10月, 己丑(24일) 기사 ≪朝鮮王朝實錄≫DB 참조.
416) 閔寬東·金明信 共著, ≪中國古典小說批評資料叢考≫, 學古房, 2003년, 248-249쪽 참조.
417) 閔寬東·金明信 共著, ≪中國古典小說批評資料叢考≫, 學古房, 2003년, 269쪽 참조.

을 같은 책으로 보기도 한다. 이 책의 저자에 대해서는 알려진 바가 없고, 대략 順治年間에 쓰여 진 것으로 보고 있다.[418]

국내 유입 시기는 完山李氏作 ≪中國小說繪模本≫序文에 그 書名이 있는 것으로 보아 적어도 1762년 이전에 유입된 것으로 보인다.

≪留人眼≫을 ≪人中畵≫의 異名으로 보기도 하지만 完山李氏의 ≪中國小說繪模本≫序文과 윤덕희의 ≪小說經覽者≫(1762년)에 書名이 따로 있는 것으로 보아 분명 다른 작품으로 보인다. 版本이 이미 오래 전에 失傳되어 저자가 누구인지 책의 내용이 무엇인지 알 수 없다.[419]

국내 유입 시기는 完山李氏의 ≪中國小說繪模本≫序文에 그 書名이 언급된 것으로 보아 적어도 1762년 이전에 유입된 것으로 추정된다.

≪醒世因緣≫은 一名 ≪明朝因緣傳≫·≪惡緣傳≫이라고도 하는데 모두 100回로 되어 있고 著者는 西周生으로 알려져 있다. 저자의 자세한 생평에 관해서는 알려진 바가 없으나 胡適과 孫楷第는 포송령이라고 주장하였다. 그러나 여러 다른 학자들이 반박하는 논거를 대고 있어 저자를 포송령이라고 단정짓는 것은 무리이다.[420]

책의 내용은 狄希陳과 薛素姐의 인연에 관한 이야기이다. 전생에 인연이었던 狄希陳과 薛素姐는 혼인했으나, 薛素姐는 악귀에 들려서 狄希陳를 괴롭히고 시부모를 거역한다. 狄希陳이 북경에서 첩을 들였다는 소식에 쫓아가지만, 狄希陳는 계속 도망 다니다 잡혀 온갖 학대를 당한다. 고승이 狄希陳에게 그들의 전생을 알려주고 狄希陳은 부처님 앞에서 회개하자 素姐는 병들어 죽고 狄希陳는 천수를 누리게 된다.

이 책의 유입시기는 書名이 ≪小說經覽者≫(1762년)에 보이는 것으로 보아 그 이전에 유입되었을 것으로 보고 있다.

---

418) 閔寬東·金明信 共著, ≪中國古典小說批評資料叢考≫, 學古房, 2003년, 267쪽 참조.

419) 閔寬東·金明信 共著, ≪中國古典小說批評資料叢考≫, 學古房, 2003년, 276쪽 참조.

420) 江蘇省社會科學院 明淸小說硏究中心 文學硏究所 編, ≪中國通俗小說總目提要≫, 中國文聯出版公司, 1990년, 453쪽 참조.

≪肉蒲團≫은 6卷 20回로 구성되어 있는 ≪肉蒲團≫은 一名 ≪覺後禪≫·≪耶蒲緣≫·≪野叟奇語≫·≪鍾情錄≫·≪循環報≫·≪巧姻緣≫·≪巧奇緣≫ 등으로 불리 운다. 아마도 禁書로 지정되면서 여러 다른 이름으로 출판한 된 것으로 추정된다.

그 내용을 살펴보면 다음과 같다. 元나라 致和 年間 고승 孤峰長老는 未央生이 지혜롭고 총명해 제자로 삼으려 했으나 未央生은 따르지 않았다. 未央生은 玉香과 결혼했다가 장인과 사이가 좋지 않아 아내와 헤어졌다. 이후 가인을 찾아다니던 未央生는 남편이 있는 여자와 간음하고 그 남편이 복수하고자 玉香을 유혹해 임신시켰다. 玉香은 우여곡절 끝에 기생이 되고, 未央生이 기루에 오자 수치심에 자결한다. 이후 未央生은 孤峰長老를 찾아가 수행하고 불교에 귀의하였다.

宣祖(1568~1608년)때 沈錚의 ≪松泉筆談, 卷二≫에 의하면 ≪金瓶梅≫와 ≪肉蒲團≫을 같은 淫書로 보는 시각을 엿볼 수 있다.

> 大明人物 浮浪輕佻 ……[中略]…… 著述文字 如金瓶梅 肉蒲團 無非誨淫之術.
> 大明의 인물은 경박하고 방정맞아 ……[中略]…… 글을 저술하였는데, ≪金瓶梅≫·≪肉蒲團≫과 같은 것은 음란함을 가르치는 기술이 없지 않다.[421]

著者는 "情痴反正道人編次", '情死還魂社友批評'이라 題되어 있는 것도 있고 또 다른 곳에는 "情隱先生編次"라고 되어 있어 누구인지는 명확하지 않다. 혹자는 淸初의 李漁라는 설도 있으나 확실치 않다.

≪玉樓春≫은 청대소설로 一名 ≪覺世因緣玉樓春≫이라 불린다. 저자는 白雲道人이라고 전해지나 그가 누구인지는 未詳이다. 판본으로는 煥文堂刊 4권 20회본, 嘯花軒刊 12회본, 恒謙堂과 二酉堂刊 24회본 등이 전한다.[422]

내용을 살펴보면 다음과 같다. 唐나라 代宗 邵卞嘉는 공명에는 관심이 없지만, 의협심은 매우 강한 인물이다. 어느날 용모가 추한 盧杞는 卞嘉가 자신을 놀렸다고 오해한다. 卞嘉와 그의 아들 十洲는 과거를 보러 갔다가 기인을 만났는데, 화를 피하려면 부

421) 閔寬東·金明信 共著, ≪中國古典小說批評資料叢考≫, 學古房, 2003년, 275쪽 참조.
422) 閔寬東·金明信 共著, ≪中國古典小說批評資料叢考≫, 學古房, 2003년, 269-270쪽 참조.

자가 16년을 떨어져 있어야 한다고 하며, 비단주머니 네 개를 준다. 盧杞의 음모와 어려운 일에 처할 때 마다 비단 주머니의 도움을 받는다. 후에 邵卞嘉는 정사를 돌보지 않고 천하를 주유하고, 十洲는 玉娘, 翠樓, 春暉과 남은 인생을 즐긴다는 내용이다.

이 책의 유입시기도 윤덕희의 ≪子學歲月≫(1744년)에 書名이 보이는 것으로 보아 적어도 1700년대 중기 이전에는 유입된 것으로 추정된다.

≪濃情快史≫는 30회로 구성된 清代 淫詞小說이다. 卷頭에 嘉禾 餐花主人이라고 되어 있는데, 그가 누구인지는 명확하지는 않다.[423] 내용은 실존 인물인 武則天의 일화를 중심으로 전개된다. 이야기는 주로 음사한 내용을 담고 있어 무측천의 부정적 이미지가 더욱 부각되는 작품이다.[424]

이 책의 유입시기도 윤덕희의 ≪子學歲月≫(1744년)에 書名이 보이는 것으로 보아 적어도 1700년대 중기 이전에는 유입된 것으로 추정된다.

≪艶史≫는 完山李氏作 ≪中國小說繪模本≫ 序文에 그 書名이 있는 것으로 보아 1762년 이전에 유입된 것으로 보인다. ≪艶史≫는 염정 소설류로 ≪鍾情艶史≫·≪桃花艶史≫·≪妖狐艶史≫ 등 3종이 있다. 유입 기록에서 정확하게 지칭하지 않고 있어 어떤 책인지 확실하지 않다.[425]

≪杏花天≫은 一名 ≪閨房野談錄≫이라 부르며, 총 4권 14회로 구성된 청대 淫詞小說이다. 이 책의 저자는 古堂 天放道人으로 알려져 있으나 그가 누구인지는 알 수 없다. 卷頭에 "古堂天放道人編次, 曲水白雲山人批評"이라 적혀있다. 주요판본은 嘯花軒刊本이 있다.[426]

내용을 살펴보면 다음과 같다. 隨나라때 洛陽에 藍端生은 부인 封貴娘과 딸이 셋 있었는데, 사위를 잘못 들여 낭패를 보게 된다. 부인 封貴娘은 처조카 封悅生에게 딸

---

423) 閔寬東·金明信 共著, ≪中國古典小說批評資料叢考≫, 學古房, 2003년, 270쪽 참조.

424) 朴桂花, 〈18세기 朝鮮 文人이 본 中國艶精小說-欽英을 중심으로〉, ≪大同文化研究≫제73집, 2011년, 77쪽

425) 完山李氏 序, ≪中國小說繪模本≫, 江原大學校 出版部, 1993년 春川, 179쪽 참조.

426) 閔寬東·金明信 共著, ≪中國古典小說批評資料叢考≫, 學古房, 2003년, 271쪽 참조.

들 중 한명과 혼인을 해 달라고 유언을 하였다. 그러나 封悅生은 본시 성품이 음란하여 의붓딸을 포함하여 딸 넷을 취하고, 또한 다른 부인들을 얻었다. 封悅生은 꿈에서 계속 음란하면 지옥에 떨어질 것이라는 말을 듣고 개과천선하였다.

이 책의 유입시기도 윤덕희의 ≪子學歲月≫(1744년)에 書名이 보이는 것으로 보아 적어도 1700년대 중기 이전에는 유입된 것으로 추정된다.

≪戀情人≫은 一名 ≪迎風取史≫라고 불리는 淸代 淫詞小說이다. 이 책은 총 6권 12회로 구성되어 있으며 지은이는 미상이다. 판본은 嘯花軒 筆寫本이 남아있다.[427]

내용을 살펴보면 다음과 같다. 山東의 王嵩은 신동이었다. 모친의 매부 馮士圭에게 桂姐란 딸이 있었고, 王嵩를 사위로 맞아들이려 했다. 그러나 王嵩은 과부卜氏에게 관심이 있어 수시로 만났다. 劉家 역시 딸 順姑를 王嵩에 시집보내려 하였다. 王嵩은 북경에서 과거를 보아 진사에 합격을 하고 桂姐와 결혼을 하였고, 卜氏, 露花, 順姑를 모두 첩으로 삼았다.

국내 유입 시기는 윤덕희의 ≪子學歲月≫(1744년)에 서명이 보이는 것으로 보아 적어도 1700년대 중기 이전에는 유입된 것으로 추정된다.

≪燈月緣≫은 一名 ≪燈月緣奇遇小說≫이라 불리기도 한다. 총 2권 12회로 청대 淫詞小說이다. 판본은 嘯花軒刊本이 있으며, 卷頭에 "新鐫批評繡像燈月緣小說"이란 제목과 "檇散人戲迷, 東海幻庵居士批評"이라 적혀 있다.[428]

내용을 살펴보면 다음과 같다. 明나라 崇禎 年間에 眞金의 아들 眞生은 총명하였고 공부에만 전념하여 외출도 잘 하지 않았다. 眞生은 절세 미인인 崔蕙娘을 만나 서로 사모하였지만 그녀는 姚子昻의 첩이었다. 姚子昻이 멀리 떠난 사이에 둘은 은밀히 사랑을 즐겼다. 그러나 眞生은 후에 다른 여자들을 만났고 결국 음탕한 생활로 인해 병들어 죽어버렸고, 그의 여인들은 모함에 넘어가 娼妓로 팔리게 되었다.

국내 유입 시기는 完山李氏作 ≪中國小說繪模本≫ 序文에 書名이 있는 것으로 보아 1762년 이전에 유입된 것이 확실하다.

---

427) 閔寬東·金明信 共著, ≪中國古典小說批評資料叢考≫, 學古房, 2003년, 271쪽 참조.
428) 閔寬東·金明信 共著, ≪中國古典小說批評資料叢考≫, 學古房, 2003년, 272쪽 참조.

≪陶情百趣≫의 流入時期는 完山李氏作 ≪中國小說繪模本≫ 序文에 그 書名이 있는 것으로 보아 1762년 이전에 유입된 것이 확실하다.

≪巧聯珠≫는 총 15회로 구성된 청대의 才子佳人小說이다. 저자는 烟霞散人, 烟霞逸士 혹은 五彩堂으로 그가 누구인지는 명확하지 않다. 淸初의 太原 사람 劉璋이라 하는 說도 있다.[429)]

내용을 살펴보면 다음과 같다. 明 正德 年間 聞生은 지혜롭고 글에 능통하였다. 유람을 하면서 聞生이 지은 시를 계기로 方公의 사위가 될뻔 했지만, 음모로 실패하자 聞生은 모욕감에 병을 얻는다. 그러나 우연히 方公의 딸 小姐를 만나 진상이 밝혀지고 구혼을 하게 된다. 그러나 혼사가 엇갈려 聞生은 결국 胡小姐와 혼인하기로 약조하였다. 胡小姐는 궁녀로 끌려갈 뻔하다 聞生의 도움으로 위기에서 벗어나게 되고 결국 聞生은 方公의 허락을 받아 胡·方 두 여인과 결혼한다.

국내 유입 시기는 完山李氏作 ≪中國小說繪模本≫ 序文에 그 書名이 있는 것으로 보아 1762년 이전에 유입된 것으로 보인다.

≪金雲翹傳≫은 一名 ≪王翠翹傳≫·≪雙奇夢≫·≪雙歡合≫이라 한다. 이 책은 총 20회로 구성된 淸代 才子佳人小說이다. 그러나 ≪金雲翹傳≫은 단순한 才子佳人小說이 아니라 역사적 배경을 가지고 있어 약간 다른 형태를 띄고 있다. 작자는 卷頭에 靑心才人이라 되어 있고, 또 天花藏主人의 序文이 있으나 그가 누구인지는 알려진 바가 없다. 산생 년대는 대략 順治 15年에서 康熙 初期로 잡고 있다.[430)]

내용은 다음과 같다. 北京에 사는 王兩松에게는 아들 王觀과 翠翹, 翠雲 두 딸이 있었다. 어느 날 오누이가 산책을 하다 劉淡仙의 묘가 쓸쓸하여 시를 지어 추모하였는데, 秀才 金重이 우연히 이곳을 지나가다 만난 두 자매와 서로 사모하게 된다. 翠翹와 金重은 사랑의 맹세를 하였지만, 일이 엇갈려 翠翹는 기녀가 되었다. 翠翹를 찾지 못해 동생인 翠雲과 결혼한 金重은 우여곡절 끝에 翠翹를 다시 찾게 되고 翠翹는 夫婦

429) 閔寬東·金明信 共著, ≪中國古典小說批評資料叢考≫, 學古房, 2003년, 272-273쪽 참조.

430) 江蘇省社會科學院 明淸小說硏究中心文學硏究所 編, ≪中國通俗小說總目題要≫, 中國文聯出版公司, 1991, 308쪽 참조.

의 禮를 허락하였다.

국내 유입 시기는 윤덕희의 ≪子學歲月≫(1744년)에 서명이 보이는 것으로 보아 적어도 1700년대 중기 이전에는 유입된 것으로 추정된다.

≪春柳鶯≫은 10회로 되어 있는데 원래는 20회본을 후대에 10회본으로 개편하였다고 한다. 주요 판본으로는 康熙 壬寅年(1662)에 간행된 것이 있는데 "南北鶡冠史者編, 石廬拚飮潛夫評"이라 적혀 있는 것으로 보아 저자는 南北鶡冠史者이다.[431)]

내용은 才子佳人小說에 해당한다. 明 嘉靖 年間 河南에 石液이란 총명한 자가 있었는데, 재색을 겸비한 여인을 찾고자 했다. 처음에는 凌春이란 여인의 詩에 반하였는데, 나쁜 친구의 계략으로 畢臨鶯이 凌春인줄 알고 찾아가게 되었다. 畢臨鶯 역시 재색을 겸비한 여자였고, 石液은 오랜 시간동안 凌春으로 여기고 좋아하였다. 후에 畢臨鶯이 凌春이 아님을 알았지만, 사모하는 마음을 거두지 않는다. 후에 凌春의 아버지가 사위를 뽑는다고 하자 畢臨鶯은 石液의 詞로 응시하였고, 남장하여 데릴사위로 들어가 凌春에게 자초지종을 설명하고 둘이 함께 石液과 혼인하였다.

국내 유입시기도 完山李氏의 ≪中國小說繪模本≫에 그 서명이 보이므로 1762년 이전에 유입된 것으로 볼 수 있다.

≪鳳簫媒≫는 才子佳人 通俗小說類로 모두 4권 16회로 되어 있다. 저자에 관해서는 판본에 "鶴市散人編次, 潭水漁仙點閱, 步月主人訂"으로 되어 있으나 鶴市散人이 누구인지는 정확히 알 수 없다.[432)]

국내 유입시기는 完山李氏의 ≪中國小說繪模本≫에 서명이 있는 것으로 보아 1762년 이전에 유입된 것으로 추정된다.

≪春風眼≫은 孫楷第의 ≪中國通俗小說目錄≫에 서명만 보이고 나머지 판본과 작자 및 내용에 대해서는 전해지는 바가 없다. 남아 있는 판본이 없고 관련 자료도 찾을 수 없다.

---

431) 閔寬東·金明信 共著, ≪中國古典小說批評資料叢考≫, 學古房, 2003년, 273쪽 참조.
432) 完山李氏 序, ≪中國小說繪模本≫, 江原大學校 出版部, 1993년 春川, 185쪽 참조.

국내 유입 시기는 사도세자의 ≪中國小說繪模本≫ 서문과 윤덕희의 ≪小說經覽者≫(1762년)에 서명이 있는 것으로 보아 1762년 이전에 유입된 것이 확실하다.

≪巫夢緣≫은 중국에서도 판본이나 관련 자료가 남아 있지 않다. 또한 저자가 누구인지 판본 및 편수에 대해서도 관련 기록을 찾을 수 없다. ≪中國小說繪模本≫에 그 서명을 볼 수 있어 사실 그 내용에 대해서는 확언하기 어렵다.

국내 유입 시기는 完山李氏의 ≪中國小說繪模本≫이 완성된 시기가 1762년이므로 적어도 1762년 이전에는 유입된 것은 확실하다.

≪定情人≫은 一名 ≪新鐫批評繡像秘本定情人≫이라고도 하며, 모두 16회로 되어 있는 清代 才子佳人小說이다. 저자에 대해서는 알려진 바가 없으며 다만 서문에 "素政堂主人題于天花藏"이라 적혀있다.[433] 판본은 청대 초기에 판각된 것으로 추정된다.[434]

내용을 살펴보면 다음과 같다. 四川 成都府 관리의 아들 雙星은 가문보다는 자신이 원하는 여인을 배필로 삼고 싶어 사방으로 배필을 찾아 다녔다. 우연히 만난 부친의 친구인 江章을 만나 양아들이 되었고 그의 딸 蕊珠와 서로 사모하게 되었으나, 명분상 오누이 같은 사이라 禮教를 지켜야 했다. 雙星이 과거를 보러가기 전에 江章은 혼인을 승낙하였다. 그러나 이웃의 계략으로 蕊珠는 왕비로 간택되어 궁에 가는 길에 강에 몸을 던져 목숨을 끊으려 하였으나 실패한다. 후에 雙星은 장원급제하였고, 죽은 줄 알았던 蕊珠를 만나 혼인하였다.

국내 유입 시기는 윤덕희의 ≪子學歲月≫(1744년)에 서명이 보이는 것으로 보아 적어도 1700년대 중기 이전에는 유입된 것으로 추정된다.

≪驚夢啼≫는 一名 ≪新鐫繡像驚夢啼≫라고도 하며, 모두 6회로 되어 있다. 책머리에 "竹溪嘯隱於白堤之草堂"의 서문이 있고, 목차 아래에는 "天花主人編次"라고

433) 江蘇省社會科學院 明清小說研究中心 文學研究所 編, ≪中國通俗小說總目提要≫, 中國文聯出版公司, 1990년, 402쪽 참조.

434) 閔寬東·金明信 共著, ≪中國古典小說批評資料叢考≫, 學古房, 2003년, 283쪽 참조.

되어 있다. 戴不凡은 天花主人이 바로 天花藏主人이라고 보고 있으나 근거가 부족해 확언하기는 어렵다. 또 天花主人은 이 책 외에 ≪雲仙嘯≫라는 소설도 지었다.[435)]

그 내용은 다음과 같다. 明末 부자 任員外는 자식이 없었다. 任氏는 하녀 春桃와 사통하였는데, 부인에게 들켜 春桃는 두부를 만드는 李大郎에게 팔려갔다. 李大郎은 온화하고 성실한 성품으로 둘은 결혼 한지 여섯 달도 안 되어 아들 天寄를 낳았다. 無相이라는 중은 각처를 돌며 재물을 모으고 아내도 얻고자 하던 차에 春桃의 미모에 반해서 유혹을 하고 둘은 도망치기로 하였다. 그러나 春桃는 꿈에서 無相이 자신을 배신하는 꿈을 꾸고는 자신의 잘못을 뉘우쳤고 아들 天寄는 任氏에게 보내졌다.

국내 유입 시기는 윤덕희의 ≪子學歲月≫(1744년)에 서명이 보이는 것으로 보아 적어도 1700년대 중기 이전에는 유입된 것으로 추정된다.

≪賽花鈴≫은 모두 16회로 되어 있는 才子佳人小說이다. 책머리에 "吳興白雲道人編本, 南湖烟水散人校閱"이라 되어 있으나 白雲道人이 누구인지 저자에 대해서는 관련 자료를 찾을 수 없다. 康熙 壬寅年(1722)의 서문이 있는 것으로 보아 대략 이 시기에 발행된 것으로 생각된다. 현존하는 판본은 청대 초기의 本衙藏板本이 있다.[436)]

≪賽花鈴≫의 내용은 紅文畹이 모란꽃신의 도움으로 素雲과 혼인하게 되는 이야기이다. 明朝때 直隷 紅文畹이란 자는 매우 총명한 인물로 집안 대대로 전해지는 보검 한 자루와, 후원에는 모란 꽃 두 그루와, 백년 된 무궁화 한 그루가 있었다. 홍문원은 모란꽃의 花神과 즐기게 되었다. 홍문원은 흑천왕을 피해 숨어 있다가 素雲에게 반하였는데, 素雲의 시녀와 여러 인물들의 방해로 혼인하지 못하였다. 紅文畹과 素雲이 위기에 처할 때 모란 花神이 도와주고 花神의 은혜에 감복하여 花神閣을 세우고 혼인을 빌었고, 마침내 素雲을 포함한 여인들과 혼인을 하게 되었다.

국내 유입 시기는 윤덕희의 ≪子學歲月≫(1744년)에 서명이 보이는 것으로 보아 적어도 1700년대 중기 이전에는 유입된 것으로 추정된다.

≪五鳳吟≫은 一名 ≪鳳吟樓新刻續六才子≫라고도 하며 모두 20회로 되어 있다.

---

435) 閔寬東·金明信 共著, ≪中國古典小說批評資料叢考≫, 學古房, 2003년, 284쪽 참조.
436) 閔寬東·金明信 共著, ≪中國古典小說批評資料叢考≫, 學古房, 2003년, 285-286쪽 참조.

내용은 才子佳人小說에 해당한다. 책 머리에 "署雲陽嗤嗤道人編著, 古越蘇潭道人評定"이라고 되어 있으나 저자에 대한 관련 자료를 찾을 수 없다.[437]

그 내용은 다음과 같다. 明 嘉靖 年間 벼슬아치 祝廷芳의 아들 琪生은 詞賦에 모두 뛰어났다. 琪生가 지은 詩를 보고 현지사의 딸 雪娥가 마음에 들어 했다. 琪生는 雪娥를 사모하여 그녀가 떨어뜨린 금비녀를 간직하다 몸종 素梅의 도움으로 雪娥와 비밀리에 만나 혼인을 약속하였다. 琪生는 婉如라는 여인과도 정을 나누었다. 琪生은 친구의 모략으로 감옥살이를 당하고, 婉如, 素梅, 雪娥 역시 갖은 고초를 당하였다. 후에 琪生은 도적을 토벌하고 자신의 여인들을 만나 혼인하고 제야에 묻혀 학생들을 가르치며 공명을 세웠다.

국내 유입 시기는 윤덕희의 ≪子學歲月≫(1744년)에 서명이 있는 것으로 보아 적어도 1700년대 중기 이전에는 유입된 것으로 추정된다.

≪蝴蝶媒≫는 一名 ≪胡蝶緣≫·≪鴛鴦夢≫·≪鴛鴦胡蝶夢≫이라고도 하며 4권 16회로 되어 있다. 작자는 南嶽道人으로 알려져 있으나 자세한 생애에 대해서는 알 수 없다.[438]

≪蝴蝶媒≫의 내용은 다음과 같다. 隋나라 仁壽 年間 杭州에 세 秀士 蔣青巖, 張澄江, 顧躍仙이 있었는데, 모두 未婚이었다. 한 스님이 남긴 시를 보게 되었는데 시는 鳳凰을 빗대어 세 사람의 前半을 나타내고 있었다. 세 사람은 東浙로 가는 길에 刺史의 絶世佳人인 세 딸과 결혼하고 싶어 하였다. 越國公 楊素는 刺史에게 딸들을 배필로 구하다 거절당하자 모함을 꾸며 주인공들을 위기에 빠뜨리나, 후에 蔣青巖·張澄江·顧躍仙 등은 殿試에서 장원과 2, 3등을 차지하고 刺史의 세 딸과 각각 혼인을 하여 세상이 어지러워지자 세 가족들은 苧蘿山에 숨어 살았다.

이 책의 유입시기도 윤덕희의 ≪小說經覽者≫(1762년)에 書名이 보이는 것으로 보아 적어도 1700년대 중기에는 유입된 것으로 보고 있다.

437) 閔寬東·金明信 共著, ≪中國古典小說批評資料叢考≫, 學古房, 2003년, 285쪽 참조.

438) 江蘇省社會科學院 明淸小說硏究中心 文學硏究所 編, ≪中國通俗小說總目提要≫, 中國文聯出版公司, 1990년, 459쪽 참조.

≪鴛鴦影≫은 一名 ≪飛花艷想≫·≪夢花想≫·≪幻中春≫이라고도 한다. 모두 18회로 구성되어 있고 저자는 樵雲山人 劉璋이라고 한다.[439)]

≪鴛鴦影≫의 내용은 다음과 같다. 秀才 柳友梅는 同學과 유람을 하다가 詩를 제출하게 되는데 이는 사실 태수가 자신의 딸 瑞雲의 남편감을 뽑기 위한 것이었다. 瑞雲과 그녀의 사촌 如玉은 호수를 관람하다가 유생이 읊조리는 詩와 용모에 반했다. 瑞雲의 시녀 朝霞 역시 아름다워 友梅는 태수의 딸로 알고 마음속에 품었다. 다른 이들이 友梅의 시를 자신의 것 인양 제출하자 瑞雲, 如玉의 도움으로 사실이 들통 났고 두 여인은 友梅와 혼인한다. 友梅에게 앙심을 품은 자의 모략으로 瑞雲, 如玉이 궁에 들어갈 위기에 처하자 如玉은 삭발을, 瑞雲은 朝霞가 대신 궁에 들어갔다. 후에 柳生은 성공하고 돌아와 玉如, 瑞雲, 春花, 朝霞疏와 동방화촉을 밝혔다.

국내 유입 시기는 윤덕희의 ≪小說經覽者≫(1762년)에 서명이 보이는 것으로 보아 적어도 1700년대 중기에는 유입된 것으로 추정된다.

≪催曉夢≫는 윤덕희의 ≪小說經覽者≫(1762년), 兪晩柱의 ≪欽英≫(1775~1787)에 모두 그 관련 기록과 서명을 볼 수 있는데 모두 20회로 되어 있다.[440)] 따라서 국내에는 적어도 1700년대 중기에는 유입된 것으로 보인다.

≪吳江雪≫은 24회로 되어 있다. 작자는 "衡香草堂編著" 라고 되어 있는 것으로 보아 衡香草堂으로 알려져 있으나 그가 누구인지 자세한 생평은 알 길이 없다. 주요 판본으로는 파리 도서관 소장본과 북경 도서관 소장본이 있고 刊行年代는 序文으로 보아 대략 康熙 4年(1664)으로 보고 있다.[441)]

그 내용은 다음과 같다. 蘇州의 秀才 江潮와 吳媛이 우연히 만나 사랑에 빠지고 매

---

439) 閔寬東·金明信 共著, ≪中國古典小說批評資料叢考≫, 學古房, 2003년, 278쪽 참조.

440) 북경대학에 소장되어 있는 本衙藏板本에 의하면 저자는 雲陽 嗤嗤道人이고 評者는 白雲老人이라 하였다. 匡荊生이 馬欲로 인해 곤경에 처하고 유시랑의 집에 들어가게 되었다. 유시랑의 딸 조카등과 정을 통하고 발각돼 죽을 고비를 넘기지만 결국 장원 급재하고 원수도 갚았다. 朴桂化, 〈18세기 朝鮮 文人이 본 中國艷精小說-欽英을 중심으로〉, ≪大同文化研究≫ 제73집, 2011년, 77쪽 참조.

441) 江蘇省社會科學院 明淸小說研究中心 文學研究所 編, ≪中國通俗小說總目提要≫, 中國文聯出版公司, 1990년, 357쪽 참조.

파 雪婆가 둘을 소개시켜 준다. 그러나 둘은 여러 우여곡절을 겪게 되는데 吳媛은 여러 차례 청혼이 들어오나 자결을 할 각오로 거절한다. 전쟁이 나고 吳媛을 얻고자 괴롭히던 赫騰 부자가 전사한다. 江潮는 전쟁이 끝나고 수도로 돌아 왔는데 吳媛이 절개를 지키고자 자결하였다는 헛소문을 듣게 되나 雪婆가 사실을 알려준다. 또 우선 과거에 급제하고 혼인을 하고자 하는 吳媛의 의사를 전달한다. 후에 江潮는 과거에 급제를 하고 두 사람은 마침내 혼인을 하게 되었다.

국내 유입 시기는 윤덕희의 ≪小說經覽者≫(1762년)에 서명이 보이는 것으로 보아 적어도 1700년대 중기에는 유입된 것으로 추정된다.

≪兩交婚傳≫은 一名 ≪兩交婚小傳≫·≪兩交婚惡緣傳≫·≪雙飛鳳全傳≫·≪四才子二集兩交婚小傳≫·≪續四才子≫·≪玉覺禪≫·≪巧合情絲緣≫이라고도 한다. 모두 18회로 되어 있고 저자가 天花藏主人이라고 하나 누구인지 정확히 알 수 없다. 주요 판본으로는 판각 연대를 알 수 없는 素位堂刊本, 光緒 戊子年(1888)의 姑蘇紅葉山房刊本이 있다.[442]

그 내용은 다음과 같다. 四川 甘家의 집안에 오빠 甘頤과 누이동생 甘夢이 있었는데 둘 다 용모가 뛰어나고 재주 또한 출중했다. 辛家에도 딸 辛古釵, 아들 辛發이 있었는데, 이들 역시 총명했다. 甘頤는 辛古釵를 사모했고, 중매를 부탁했는데 古釵는 권세가의 자제 暴文에 시집보내질 뻔하다가 하녀를 자신으로 속여 위기를 모면한다. 甘頤와 辛發은 會試에 높은 성적으로 합격을 하였다. 辛·甘가의 누이와 남동생, 오빠와 누이가 서로서로 혼인을 하였다. 暴文이 속은 것을 알고 보복하려 하였으나 끝내 뜻대로 되지는 않았다.

이 책의 유입 시기도 윤덕희의 ≪小說經覽者≫(1762년)에 書名이 보이는 것으로 보아 적어도 1700년대 중기에는 유입된 것으로 보인다.

≪鳳凰池≫는 一名 ≪續四才子書≫라고도 한다. 모두 16회로 되어 있고 저자는 煙霞散人이다. 煙霞散人는 太原의 劉璋이다.[443] 劉璋은 康熙 6年(1667)에 태어났으

442) 江蘇省社會科學院 明淸小說研究中心 文學研究所 編, ≪中國通俗小說總目提要≫, 中國文聯出版公司, 1990년, 400쪽 참조.

나 卒年은 정확히 알 수 없다. 유년기를 농촌에서 보냈고 그의 초기 소설인 ≪斬鬼傳≫에 농촌의 정경이나 생활상에 대해서 자세히 묘사하고 있다. ≪鳳凰池≫는 음란한 내용을 담고 있으면서 작가 자신의 풍격도 드러나는데 또한 ≪玉嬌梨≫의 필법과 구조를 모방하고 있다.[444]

그 내용은 다음과 같다. 明 河南省 才子 雲劍은 滿人雄과 각별한 친구사이였다. 둘은 詩를 짓고 칼춤을 추었는데, 白無門이 亂을 도모한다고 모함을 하였다. 雲劍은 滿人雄에게 검을 주고 떠났다. 文總兵은 雲劍을 데려왔는데 雲劍은 그의 딸에게 반했으나 공명을 추구하라는 文小姐의 편지를 받고 학문에 몰두하였다. 文小姐는 章公의 딸 湘蘭과 자매의 연을 맺는다. 雲劍은 또 다른 秀才 水湄를 만나고 鄕試를 보아 합격하였다. 낙방한 白無門 등의 모함을 받아 위기에 처하지만 잘 극복하고 후에 大學士를 제수 받고 칙령을 받아 文小姐 章湘蘭과 혼인을 하였다.

국내 유입 시기는 윤덕희의 ≪小說經覽者≫(1762년)에 서명이 보이는 것으로 보아 적어도 1700년대 중기에는 유입된 것으로 보인다.

≪歸蓮夢≫은 12회로 되어 있고 작자는 蘇庵主人으로 알려져 있다. 판본은 많지 않아서 上海圖書館에 소장중인 淸初刻本이 있고 康熙 擁正 年間에 刻한 판본이 있다고 하나 현존하지 않는다.[445]

그 내용은 다음과 같다. 오래전부터 神仙資質을 가지고 있었던 白蓮岸은 白猿仙翁에게 天書를 받고 신통력이 무한한 大師가 되었다. 재물로 백성을 돕고, 영험한 부적으로 병자를 치료해주니 善男善女들이 운집하여 백련교를 창립하였다. 白蓮岸은 王昌年을 男寵으로 삼으려 하였으나 그는 오로지 香雪만을 사랑하였다. 白蓮岸은 王昌年을 이모저모로 도와주며 호감을 사려하고, 향설과의 혼인도 방해하였다. 여러 오해로 王昌年이 옥에 갇히자 白蓮岸은 조정에 투항하다 참수되었는데 紅丸을 먹고 시신만 남긴

443) 江蘇省社會科學院 明淸小說硏究中心 文學硏究所 編, ≪中國通俗小說總目提要≫, 中國文聯出版公司, 1990년, 444쪽 참조.

444) 周鈞韜 主編·王長友 副主編, ≪中國通俗小說家評傳≫, 中州古籍出版社, 1993년, 183-187쪽 참조.

445) 江蘇省社會科學院 明淸小說硏究中心 文學硏究所 編, ≪中國通俗小說總目提要≫, 中國文聯出版公司, 1990년, 379쪽 참조.

채 도망하였다. 결국 王昌年과 香雪은 다시 만났고, 白蓮岸은 불문에 귀의했다.

국내 유입 시기는 윤덕희의 ≪小說經覽者≫(1762년)에 서명이 보이는 것으로 보아 적어도 1700년대 중기에는 유입된 것으로 추정된다.

≪情夢柝≫은 一名 ≪三巧緣≫이라고도 한다. 모두 4권 20회로 되어 있고 작자는 惠水安陽酒民이라고 전한다. 판본으로는 康熙 年間의 嘯花軒藏板本, 道光 2年 刻本, 道光 14年 刻本, 咸豊 7年 芥子園 刊本 등 여러 種이 전한다.[446)]

그 내용은 다음과 같다. 崇禎 年間 河南에 瑋楚卿이라는 秀才가 있었다. 우연히 兵部의 딸 沈若素를 만나 사모하게 되었다. 이들은 서로 마음이 통하여 사모하는 정을 나누나 沈부인에게 발각되자 楚卿은 벌을 받을까 두려워 떠난다. 沈公은 탄핵을 받고 沈부인과 若素는 외삼촌 집에 머물렀다. 외숙부는 若素를 庫公子에 시집보내려 하자 若素는 남장을 하고 서울로 올라왔는데 우연히 역시 瑋楚卿의 시에 반해서 그를 찾아온 秦蕙卿을 만나게 되었다. 若素와 秦蕙卿은 서로 자매의 연을 맺고 둘 다 瑋楚卿과 혼인하게 되었다.

국내 유입시기도 윤덕희의 ≪小說經覽者≫(1762년)에 서명이 보이는 것으로 보아 적어도 1700년대 중기에는 유입된 것으로 보인다.

≪夢月樓≫는 ≪夢月樓情事≫로 一名 ≪醒世名言夢月樓≫이라고도 한다. 모두 16회로 되어 있고 저자는 煙水散人으로 알려져 있다. 주요 刊本으로는 정확한 간행 연대를 알 수 없는 대략 康熙 年間의 刊本이 있다.[447)]

그 내용은 다음과 같다. 明 善德 年間 秀才 崔翼이 과거에도 여러 번 낙방하고 장가를 들지 못하고 있었다. 어느 날 꿈에서 道人이 지어준 詩를 王翰林 앞에서 바치는 기회를 얻게 되어 그의 딸인 弄珠와 결혼하게 되고 進士에도 급제하게 되었다는 이야기이다.

446) 江蘇省社會科學院 明淸小說硏究中心 文學硏究所 編, ≪中國通俗小說總目提要≫, 中國文聯出版公司, 1990년, 352쪽 참조.

447) 江蘇省社會科學院 明淸小說硏究中心 文學硏究所 編, ≪中國通俗小說總目提要≫, 中國文聯出版公司, 1990년, 384쪽 참조.

이 책의 유입시기는 윤덕희의 ≪小說經覽者≫(1762년)에 서명이 보이는 것으로 보아 적어도 1700년대 중기에는 유입된 것으로 보인다.

≪麟兒報≫는 一名 ≪葛仙翁全傳≫이라고도 한다. 모두 16회로 되어 있는 애정소설이다. 작가는 天花藏主人이며 庚熙 壬子年(1672)에 쓴 서문을 볼 수 있다.

≪麟兒報≫의 내용은 다음과 같다. 明 湖廣에 廉小村이라는 자는 善行을 좋아하였다. 눈에 쓰러져 있던 葛仙翁 臨凡를 구해주었는데 葛仙翁은 明堂을 가르쳐 주어 그곳에 모친을 安葬시키면 자손대대로 번영한다 하였다. 몇 개월 뒤 廉小村는 아들 廉淸을 낳았는데 과연 총명하였다. 禮部尙書 幸居賢은 廉淸의 학업을 도왔으나 廉淸은 오만하여 학업을 게을리 하였다. 廉淸은 幸居賢의 딸 昭華와 평생을 약속하였으나, 幸夫人이 다른 사위를 택하자 昭華는 남장을 하여 도망쳤다. 廉淸은 연달아 세 번이나 壯元하였고, 昭華와 재회하여 혼인하였다. 廉小村 부부는 천수를 누렸고, 廉淸은 대대손손 부귀가 끊이지 않았다. 이 모두가 善行에서 비롯하여 葛仙翁이 보답한 것이기 때문에 '麟兒報'라 하였다.

국내 유입시기에 대해서는 윤덕희의 ≪小說經覽者≫(1762년)에 서명이 보이는 것으로 보아 1700년대 중기에는 유입된 것으로 추정된다.[448)]

≪破閑談≫은 현존하는 판본이 없고 저자에 대해서도 자세히 알 길이 없다. 국내 유입 시기에 대해서는 完山李氏의 ≪中國小說繪模本≫에 서명이 있는 것으로 보아 1762년 이전에 유입된 것으로 추정된다.

≪八洞天≫은 청대의 소설집으로 모두 8권으로 구성되어 있다. 저자에 대해서는 책머리에 "筆煉閣編述" 이라고 되어 있는 판본이 있다. 또한 저자가 徐述夔이라고도 하나 관련 자료가 없어 확인 할 수 없다. 내용뿐 아니라 구성도 ≪五色石≫과 비슷해서 그 속작으로 보고 있다. 따라서 책이 나온 시기는 ≪五色石≫보다 늦을 것으로 보인다.[449)]

448) 閔寬東·金明信 共著, ≪中國古典小說批評資料叢考≫, 學古房, 2003년, 286쪽 참조.
449) 閔寬東·金明信 共著, ≪中國古典小說批評資料叢考≫, 學古房, 2003년, 277쪽 참조.

국내 유입 시기는 윤덕희의 ≪小說經覽者≫(1762년)에 서명이 보이고 있어 적어도 1700년대 중기에는 유입된 것으로 추정된다.

≪跨天虹≫은 전문이 남아 있지 않고 권3, 4, 5만 볼 수 있어 전체적인 내용을 다 알 수는 없으나 대체적으로 애정류 소설이라 할 수 있다. 책 머리에 "鷲林斗山學者初編, 聖水艾衲老人漫訂"이라 되어 있는데 艾衲老人은 艾衲居士로 ≪豆棚閑話≫의 저자이기도 하다.

국내 유입 시기는 윤덕희의 ≪小說經覽者≫(1762년)에 서명이 보이고 있어 적어도 1700년대 중기에는 유입된 것으로 추정된다.[450]

≪錦疑團≫은 一名 ≪錯錯認錦疑團小傳≫으로 불리며, 총 16회로 구성된 청대소설로 현재는 8회만 남아있어 이야기의 전모를 알 수는 없다. 작가는 天花藏主人이며 康熙 壬子年(1672)의 서문이 있다.[451]

그 내용은 다음과 같다. 東閣大學士 石牧은 사윗감을 찾기 위해 河洲園을 개방하여 公子들에게 詩를 짓게 하였다. 그러나 娘子에게는 마음에 드는 이가 없었다. 陰家에서도 같은 방법으로 사위를 구하였는데, 金柱가 詩를 잘 써서 사위가 되기를 원했으나 딸의 외모가 마음에 들지 않자 金柱는 떠났다. 陰家는 앙심을 품고 보복하려 하지만 金柱는 매번 간신히 모면하였다. 金柱는 河洲園에서 石小姐가 쓴 詩를 보고 반하였고, 石小姐도 그를 좋아하여 그의 詩를 아버지가 보게 하였다. 陰家는 또 계략을 세워 皇帝에게 거짓 상소를 올리지만 石閣老人이 해명해 준다. 金柱가 石閣老人를 따라서 길을 떠나는 것으로 8회가 끝나 뒷이야기에 대해서는 명확히 알 수 없으나 통상적인 이야기의 줄거리처럼 결국은 우여곡절 끝에 대단원의 막을 내리는 결말이 있을 것으로 생각된다.

이 책도 윤덕희의 ≪小說經覽者≫(1762년)에 書名이 보여 1700년대 중기에는 유입된 것으로 보인다.

≪一片情≫은 一名 ≪新鐫繡像小說一片情≫이라고도 한다. 주요 판본으로는 일

450) 閔寬東·金明信 共著, ≪中國古典小說批評資料叢考≫, 學古房, 2003년, 277쪽 참조.
451) 閔寬東·金明信 共著, ≪中國古典小說批評資料叢考≫, 學古房, 2003년, 278-279쪽 참조.

본 동경대 동양문화연구소 소장본인 4권 14회본과 북경 중앙미술학원 소장본인 9회본이 있다. 저자에 관한 자료는 찾을 수 없어 누구인지 확실히 알 수 없다.[452]

≪一片情≫의 내용은 애정에 가까우나 '一片情'이라는 제목처럼 주로 음난한 내용을 담고 있다. 대부분 내용이 호색, 음탕한 부인과 간음한 남편, 부인이 딴 남자와 정분이 나서 남편이 그들을 응징하는 내용이다. 또한 전문적으로 아녀자를 희롱하는 스님이 징벌을 당한다는 내용 등도 있다.

국내 유입 시기는 윤덕희의 ≪小說經覽者≫(1762년)에 서명이 보여 1700년대 중기에는 유입된 것으로 추정된다.[453]

≪再求鳳≫은 一名 ≪意外緣≫이라고도 하며 모두 12회로 되어 있다. 저자에 대해서는 관련 자료를 찾을 수 없다. 내용은 才子佳人類로 애정이야기를 주로 다루고 있다.

이 책도 윤덕희의 ≪小說經覽者≫(1762년)에 서명이 보여 1700년대 중기 이전에는 유입된 것으로 보여 진다.[454]

≪快士傳≫은 모두 16권으로 되어 있다. 저자에 대해서는 확실히 알 수는 없고 책머리에 "五色石主人" 이라고 되어 있는 것으로 보아 ≪五色石≫의 저자 徐述夔로 보는 견해도 있다.[455]

그 내용은 다음과 같다. 明 宣德 年間 河南의 書生 董聞은 성격이 활달했다. 집안이 형편이 기울자 정혼녀 淑姿와 결혼했는데 淑姿의 집은 원래 부유하여 그녀의 집안은 董聞을 가난하다고 홀대한다. 재주와 무예를 겸하고 있던 董聞은 殿試에서 장원급제하고, 그의 盟兄 常奇는 공을 세우려는 뜻이 있어 환관이 되어 華光國에 들어갔다. 董聞과 常奇는 각자 다른 군대에서 서로 대진하였다. 董聞은 華光國 月仙公主의 청혼을 받지만, 자신이 가난할 때 따라준 아내 때문에 혼인을 하지 않았다. 董聞은 兵部尙書로 승진되었고 '快士'라는 美稱을 얻었다.

---

452) 江蘇省社會科學院 明淸小說硏究中心文學硏究所 編, ≪中國通俗小說總目提要≫, 中國文聯出版公司, 1991년, 240쪽 참조.

453) 閔寬東·金明信 共著, ≪中國古典小說批評資料叢考≫, 學古房, 2003년, 279쪽 참조.

454) 閔寬東·金明信 共著, ≪中國古典小說批評資料叢考≫, 學古房, 2003년, 279쪽 참조.

455) 閔寬東·金明信 共著, ≪中國古典小說批評資料叢考≫, 學古房, 2003년, 280쪽 참조.

국내 유입 시기는 윤덕희의 ≪小說經覽者≫(1762년)에 서명이 보이는 것으로 보아 적어도 1700년대 중기 이전에는 유입된 것으로 보인다.

≪韓魏小史≫는 현존하는 판본이 없어 그 내용을 정확히 알 수 없다. 저자에 대해서도 관련 자료를 찾을 수 없어 누구인지 알 길이 없다. 단지 윤덕희의 ≪小說經覽者≫(1762년)에 서명이 언급되어 있을 뿐인데 박재연은 이 책을 역사소설로 분류하고 있다.

국내 유입 시기는 ≪小說經覽者≫(1762년)에 근거하여 대략 1700년대 중기 이전에는 유입된 것으로 추정된다.[456)]

≪桃花影≫은 一名 ≪牧丹奇緣≫이라고 한다. 4권 12회로 되어 있고 작자는 煙水散人이라고 한다. 판본으로는 淸代 寫刻本, 腕香齋刊 小本, 光緖 年間의 石印本이 있다. 腕香齋刊 小本은 ≪新刻桃花影≫이라고 제목을 붙이고, 光緖 年間의 石印本은 ≪牧丹緣≫이라고 하였다.[457)]

그 내용은 다음과 같다. 明 成化 年間 명망 높은 집안의 자제 魏瑢은 별명이 玉卿으로 일찍이 부모를 여의었다. 총명하였으나 어린 나이에 女色을 밝혔다. 玉卿은 이웃집 夏非雲을 비롯해 여러 여인들과 사통하였다가 夏의 당숙이 그의 악명을 퍼뜨려 도망하였다. 과거에 급제하여 錦衣還鄕하였지만, 夏는 이미 강제로 시집을 간 후였다. 玉卿도 어쩔 수 없이 趙知府의 딸과 결혼을 하였는데 신부가 알고 보니 夏非雲였다. 그녀는 시집에서 도망 나와 趙의 양딸이 되었던 것이다. 이후 玉卿은 여섯 부인을 거느리고 太湖로 가서 지상의 神仙이 되었다.

이 책의 국내 유입은 兪晩柱의 ≪欽英≫(1775-1787)에 그 기록이 보이는 것으로 보아 대략 1700년대 중기 이전에는 유입된 것으로 보인다.

≪覺夢雷≫는 중국에서도 판본을 확인 할 수 없지만 이 책의 국내 유입은 兪晩柱의 ≪欽英≫(1775~1787)에 기록이 보인다. ≪欽英≫에 의하면 모두 16회본이며 저자는

---

456) 閔寬東·金明信 共著, ≪中國古典小說批評資料叢考≫, 學古房, 2003년, 178쪽 참조.
457) 江蘇省社會科學院 明淸小說硏究中心 文學硏究所 編, ≪中國通俗小說總目提要≫, 中國文聯出版公司, 1990년, 382쪽 참조.

木鐸道人이라고 하고 嗜臥老人의 序가 있다. 대략 1700년대 중기 이전에는 국내에 유입된 것으로 추정된다.[458]

≪春苑記≫는 중국에서도 판본을 확인할 수 없지만 이 책의 국내 유입은 兪晩柱의 ≪欽英≫(1775~1787)에 의하면 모두 12회라고 한다.[459] ≪欽英≫에 연관 기록이 보이므로 약 1700년대 중기 이전에는 국내에 유입된 것으로 추정된다.

≪玉殿生春≫은 중국에서도 판본을 확인할 수 없지만 兪晩柱의 ≪欽英≫(1775~1787)에 그 기록이 보인다. ≪欽英≫에 의하면 唐나라 태조부터 睿宗까지의 이야기를 서술하고 있다.[460]

이 책 역시 그 관련 기록이 ≪欽英≫에 보이므로 적어도 1700년대 중기 이전에는 국내에 유입되었을 것으로 보인다.

≪梅玉傳奇≫은 판본을 확인 할 수 없지만 이 책의 국내 유입은 兪晩柱의 ≪欽英≫(1775~1787)에 관련 기록이 나온다. ≪欽英≫에 의하면 혹자는 말하기를 淸代 丁耀亢이 ≪第一奇書≫의 속편으로 지은 것이라고 한다. 모두 12권 16회이며, ≪金瓶梅≫의 주인공들이 다시 환생하여 일어나는 여러 사건들이 주요 이야기이다.[461]

국내 유입 시기는 ≪欽英≫에 근거하여 약 1700년대 중기 이전에는 유입된 것으로 추정된다.

≪定鼎奇聞≫은 ≪新世宏勛大明崇禎定鼎奇聞≫으로 모두 22회이며 저자는 蓬蒿子이다. 一名 ≪新世鴻勛≫·≪盛世鴻勛≫·≪新史奇觀≫·≪鐵冠圖全傳≫·≪定

458) 朴桂花, 〈18세기 朝鮮 文人이 본 中國艶情小說-≪欽英≫을 중심으로〉, ≪大同文化研究≫ 제73집, 2011년, 71쪽 참조.
459) 朴桂花, 〈18세기 朝鮮 文人이 본 中國艶情小說-≪欽英≫을 중심으로〉, ≪大同文化研究≫ 제73집, 2011년, 71쪽 참조.
460) 朴桂花, 〈18세기 朝鮮 文人이 본 中國艶情小說-≪欽英≫을 중심으로〉, ≪大同文化研究≫ 제73집, 2011년, 72쪽 참조.
461) 朴桂花, 〈18세기 朝鮮 文人이 본 中國艶情小說-≪欽英≫을 중심으로〉, ≪大同文化研究≫ 제73집, 2011년, 77쪽 참조.

鼎奇文≫ 이라고 한다. 주요 판본으로는 順治 年間의 慶雲樓刻本이 있는데 順治 辛卯年(1651)에 蓬蒿子가 쓴 서문이 있다. 이외에도 嘉慶 癸亥年, 道光 丙申年, 道光 乙酉年 등 여러 판본이 있다.[462)]

이 책의 국내 유입은 兪晩柱의 ≪欽英≫(1775~1787)에 그 기록이 보이는 것으로 보아 대략 1700년대 중기 이전에는 유입된 것으로 보인다.

462) 江蘇省社會科學院 明淸小說硏究中心 文學硏究所 編, ≪中國通俗小說總目提要≫, 中國文聯出版公司, 1990년, 322쪽 참조.

第三部

國內 流入된 中國通俗小說 目錄 및 中國通俗小說 綜合目錄(附錄)

제1장 國內 流入된 中國通俗小說 目錄

白話通俗小說目錄

[밑줄(__)은 현재 국내 판본은 없고 문헌기록만 있는 존재하는 작품]

*. 白話通俗小說 - 238

• 송원대작품 - 3 :

≪大宋宣和遺事≫ · ≪三國志平話≫ · ≪古本西遊記≫

• 명대작품 - 68 :

≪三國志演義≫ · ≪後三國志≫ · ≪水滸傳≫ · ≪後水滸傳≫ · ≪水滸後傳≫ · ≪續水滸傳≫ · ≪結水滸傳≫ · ≪西遊記≫ · ≪後西遊記≫ · ≪金瓶梅≫ · ≪續金瓶梅≫ · ≪醒世恒言≫ · ≪拍案驚奇≫ · ≪型世言≫ · ≪續今古奇觀≫ · ≪五續今古奇觀≫(石點頭) · ≪今古艶情奇觀≫(貪歡報) · ≪今古奇觀≫ · ≪封神演義≫ · ≪春秋列國誌≫ · ≪隋唐演義≫ · ≪南北宋志傳≫ · ≪北宋演義≫ · ≪南宋演義≫ · ≪大唐秦王詞話≫ · ≪薛仁貴征東全傳≫ · ≪異說後唐傳三集薛丁山征西樊梨花全傳≫ · ≪三遂平妖傳≫ · ≪東西漢通俗演義≫ · ≪西漢演義≫ · ≪楚漢演義≫ · ≪東漢演義≫ · ≪殘唐五代史演義≫ · ≪皇明英烈傳≫ · ≪續英烈傳≫ · ≪開闢演義≫ · ≪武穆王貞忠錄≫ · ≪北方眞武祖師玄天上帝出身全傳≫ · ≪新鐫批評出相韓湘子≫ · ≪東南西北四遊記≫ · ≪三寶太監西洋記通俗演義≫ · ≪東遊記≫ · ≪南遊記傳≫ · ≪醉醒石≫ · ≪孫龐演義≫ · ≪隋史遺文≫ · ≪隋煬帝艶史≫ · ≪禪眞逸史≫ · ≪八仙出處東遊記傳≫ · ≪全相新鐫包公孝肅公神斷百家公案演義≫ · ≪于少保萃忠全傳≫ · ≪東度記≫ ≪禪眞後史≫ · ≪盛唐演義≫ · ≪東晋演義≫ · ≪西晉演義≫ · ≪涿鹿演義≫ · ≪齊魏演義≫ · ≪楊六郎傳≫ · ≪警世通言≫ · ≪覺世名言≫ · ≪西湖二集≫ · ≪弁而釵≫ · ≪昭陽趣史≫ ·

≪一枕奇≫·≪浪史≫·≪雙劍雪≫·≪金粉惜≫

● 청대작품 - 167 :

≪後三國石珠演義≫·≪今古奇聞≫·≪東周列國志≫·≪後列國志≫≪大明正德皇遊江南傳≫·≪廻文傳≫·≪石頭記≫·≪紅樓夢≫·≪紅樓夢補≫·≪紅樓復夢≫·≪後紅樓夢≫·≪續紅樓夢≫·≪補紅樓夢≫·≪紅樓夢影≫·≪儒林外史≫·≪鏡花緣≫·≪女仙外史≫·≪瑤華傳≫·≪快心編≫·≪五美緣≫·≪品花寶鑑≫·≪花月痕全書≫·≪青樓夢≫·≪反唐四望亭(绿牡丹)≫·≪玉嬌梨≫·≪萬花樓傳≫·≪粉粧樓≫·≪兒女英雄傳≫·≪七劍十三俠≫·≪七俠五義傳≫·≪忠烈俠義傳≫·≪忠烈小五儀≫·≪忠烈續小五義≫·≪雪月梅傳≫·≪施公案≫(施案奇聞)·≪大字足本繡像施公案全集≫·≪施公案演義≫·≪彭公案全傳≫·≪續彭公案≫·≪于公案奇聞≫·≪劉公案≫·≪原本海公大紅袍傳≫·≪說唐前後傳≫·≪說唐演義全傳≫·≪說唐後傳≫·≪說唐小英雄傳≫·≪二十四史通俗衍義≫·≪離合劍蓮子瓶≫·≪神州光復志演義≫·≪洪秀全演義≫·≪昇仙傳演義≫·≪後七國樂田演義≫·≪五虎平西珍珠旗演義狄青前傳≫·≪好逑傳≫(二才子義風月傳)·≪平山冷燕≫·≪平山冷燕續才子書≫·≪評演濟公傳≫·≪四續濟公傳≫·≪評演前後濟公傳≫·≪再續濟公傳全部≫·≪第十才子書白圭志≫·≪綠野仙跡≫·≪希夷夢≫·≪錦香亭記≫·≪蓮子瓶全傳(銀瓶梅)≫·≪二度梅全傳≫·≪英雲夢傳≫·≪樵史通俗演義≫·≪吳三桂演義≫·≪西來演義≫·≪野叟曝言≫·≪西湖佳話≫·≪西湖拾遺≫·≪爭春園全傳≫·≪繪芳錄≫·≪雙奇緣全傳(雙鳳奇緣)≫·≪善惡圖全傳≫·≪檮杌閒評全傳≫·≪女才子傳≫·≪二十載繁華夢≫·≪三公奇案≫·≪萬年淸奇才新傳≫·≪三合明珠寶劍全傳≫·≪海上繁華夢新書≫·≪第九才子書平鬼傳≫·≪金臺全傳≫·≪伍子胥傳≫·≪玉支磯≫·≪南溪演談≫·≪醒風流≫·≪引鳳簫≫·≪畵圖緣≫·≪第十才子駐春園≫·≪第九才子書捉鬼傳≫·≪新出情天刼小說≫·≪永慶昇平前傳≫·≪前後七國志演義≫·≪呂祖全傳≫·≪龍圖公案≫·≪包龍圖判斷奇寃≫·≪鬧花叢≫·≪兩晉演義≫·≪民國新漢演義≫·≪啖蔗≫·≪彭公淸烈傳≫·≪五虎平南狄靑演義≫·≪文明小史≫·≪隔簾花影≫·≪夢中緣≫·≪說閑飛龍全傳≫·≪續兒女英雄傳≫·≪六續濟公傳≫·≪濟顚大師醉菩提全傳≫·≪醒世奇文國事悲≫·≪英雄淚≫·≪說岳全傳≫·≪豆棚閑話≫·≪十二峯≫·≪西周演義≫·≪唐宋百家小說≫·≪五色石≫·≪人中畵≫·≪留人眼≫·≪醒世因緣≫·≪肉蒲團≫·≪玉樓春≫·≪艷情快史≫·≪艶史≫·≪杏花天≫·≪戀情人≫·≪燈月緣≫·≪陶情百趣≫·≪巧聯珠≫·≪金雲翹傳≫·≪春柳鶯≫·≪鳳簫媒≫·≪春風眼≫·≪巫夢緣≫·

≪定情人≫·≪驚夢啼≫·≪賽花鈴≫·≪五鳳吟≫·≪蝴蝶媒≫·≪飛花艷想≫·≪催曉夢≫·≪吳江雪≫·≪兩交婚傳≫·≪鳳凰池≫·≪歸蓮夢≫·≪情夢柝≫·≪夢月樓≫·≪麟兒報≫·≪破閑談≫·≪八洞天≫·≪跨天虹≫·≪鴛鴦影≫·≪錦疑團≫·≪一片情≫·≪再求鳳≫·≪快士傳≫·≪韓魏小史≫·≪桃花影≫·≪覺夢雷≫·≪春苑記≫·≪玉殿生春≫·≪梅玉傳奇≫·≪定鼎奇聞≫

제2장 中國通俗小說 綜合目錄

廬山遠公話 (敦煌寫本)
韓擒虎話本 (敦煌寫本)
唐太宗入冥記 (敦煌寫本)
葉淨能話 (敦煌寫本)
秋胡話本 (敦煌寫本)
大唐三藏取輕詩詩話 三卷十七節
梁公九諫 一卷九段 (撰述者不詳)
五代史平話 十卷
宣和遺事 二集 (姓名已佚)
武王伐紂書 三卷 (不署撰人)
樂毅圖齊平話 三卷
秦幷六國平話 三卷
前漢書平話 三卷
三國志平話 三卷
三分事略 三卷 (不題撰人)
吳越春秋連像平話
薛仁貴征遼事略 一卷 (撰述者不詳)
京本通俗小說
水滸傳 (施耐庵)
三國志演義 晋平陽候陳壽史傳 (羅貫中)
三遂平妖傳 (羅貫中)
殘唐五代史演義傳 八卷六十回 (羅貫中)
金統殘唐記 (不題撰人)
西遊記 (不題撰人)
如意君傳 (不題撰人)

米拉日巴傳 (乳畢堅金)
雨窓集 十卷
長燈集
隊航集
攲枕集
解閒集
醒夢集
清平山堂話本 十二卷 (洪楩)
英烈傳 八十回
大宋中興通俗演義 (熊大木)
唐書志傳通俗演義 八卷九十回 (熊鐘谷)
隋唐演義 十卷一百一十四節 (不題撰人)
錢塘漁隱濟顚禪師語錄 一卷 (仁和沈孟拌)
全漢志傳 十二卷 (態鍾谷)
全漢志傳 十四卷 (元素)
孔聖宗師出身全傳 四卷十九回 (不題撰人)
南北兩宋志傳 二十卷一百回 (陳繼儒)
熊龍峰四種小說 (明熊龍峰單篇刊行)
天妃濟世出身傳 二卷三十二回 (南州散人 吳還初)
西遊記 一百回 (明刊本未署撰人)
春秋列國志傳 (余邵魚)
金瓶梅 一百回 (不題撰人)
玉嬌梨 二十四回 (荑秋散人)
浪史 四十回 (鳳月軒又玄子)
綉榻野史 四卷 (不題撰人)
閑情別傳 (呂天成)
濃情快史 三十回 (嘉禾餐花主人)
玉妃媚史 二卷 (古杭艷艷生編)
昭陽趣史 二卷 (古杭艷艷生編)
于少保萃忠全傳 十卷四十回 (孫高亮)
于少保萃忠傳 十卷七十回 (沈士儼)
正統傳
萃忠錄

承運傳 四卷三十九回 (不題撰人)
五顯靈官大帝華光天王傳 四卷十八回 (余象斗)
北方眞武祖師玄天上帝出身志傳 四卷二十四回 (余象斗)
八仙出處東遊記 二卷五十六回 (吳元泰)
西遊記傳 四卷四十回 (楊志和)
南海觀音菩薩出身修行傳 四卷二十五回 (朱鼎臣)
綉谷春容 十二卷 (赤心子)
國色天香 十卷 (吳敬所)
包龍圖判百家公案 十卷一百回 (安遇時)
龍圖公案 (不題撰人)
三寶太監西洋記通俗演義 二十卷一百回 (二里南人著)
牛郎織女傳 四卷 (朱名世)
封神演義 一百回 (鐘山逸叟許仲琳)
唐鍾馗全傳 四卷三十五回 (不題撰人)
皇明諸司廉明公案 四卷一百零五則 (余象斗)
皇明諸司公案 六卷五十九則 (余象斗)
萬錦情林 六卷 (余象斗)
忠國傳
兵火傳
征西傳
戚南塘剿平倭寇志傳
征播奏捷通俗演義 六卷一百回 (栖眞齋名道狂客)
燕居筆記 (何大掄)
咒棗記 二卷十四回 (鄧志謨)
飛劍記 二卷十三回 (鄧志謨)
鐵樹記 二卷十五回 (鄧志謨)
二十四尊得道羅漢傳 六卷二十三則 (朱星祚編)
達摩出身傳燈傳 四卷六十四回 (逸士 朱開泰選修)
三教開迷歸正演義 二十卷一百回 (潘鏡若)
郭青螺六省聽訟錄新民公案 四卷四十三則 (不題撰人)
海剛峰先生居官公案傳 四卷七十一回 (李春芳)
古今律條公案 七卷首一卷四十六則 (湯海若)
國朝憲台折獄蘇冤神明公案

楊家府世代忠勇演義志傳 八卷五十八回	(秦淮墨客)
三國志後傳 十卷一百四十回	(酉陽野史)
兩漢開國中興傳志 六卷四十二回	(撫宜黃化宇)
西漢演義 八卷一百零一回	(甄偉)
東西兩晋志傳 十二卷	(雉衡山人)
東西兩晋演義 十二卷五十回	(武林夷白主人)
續英烈傳 五卷三十四回	(空谷老人)
眞英烈傳	
魚服記	
祈禹傳 一百回	(茅鑣)
百緣傳	
東漢十二帝通俗演義	(謝詔)
素娥篇	(鄴華生)
江湖歷覽杜騙新書 四卷八十三則	(張應兪)
古今小說 四十卷	(不題撰人)
韓湘子全傳 八卷三十回	(雉衡山人)
警世通言 四十卷	(不題撰人)
七曜平妖傳 六卷七十二回	(淸隱道士)
遼東傳	
岳武穆精忠傳 六卷六十八回	(鄒元標)
醒世恒言 四十卷	(不題撰人)
喩世明言(別本) 二十四卷	(不題撰人)
禪眞逸史 八卷四十回	(淸溪道人)
警世陰陽夢 十卷四十四	(長安道人國淸)
魏忠賢小說斥奸書 八卷四十回	(吳越草莽臣)
拍案驚奇 四十卷	(卽空觀主人)
禪眞後史 十卷六十回	(淸溪道人)
禪眞後史 (別本) 十集十卷六十回	(淸溪道人)
皇明中興聖烈傳 五卷	(西湖義士)
宜春香質 四集二十回	(醉西湖心月主人)
弁而釵 四集二十回	(醉西湖心月主人)
醋葫蘆 四卷二十回	(西子湖伏雌敎主)
近報叢譚平虜傳 二卷十九回	(不題撰人)

隋煬帝艶史 八卷四十回	(齊東野人)
鼓掌絶塵 四集四十回	(古吳金木散人)
二刻拍案驚奇 三十九卷	
隋史遺文 十二卷六十回	(不題撰人)
天湊巧	(羅浮散客)
貪欣誤 六回	(羅浮散客)
筆獬豸 三卷	(獨醒人)
一片情 四卷十四回	(不題撰人)
肉蒲團 六卷二十回	(情痴反正道人)
僧尼孼海 三十六則	(唐伯虎)
歡喜冤家 二十四回	(西湖漁隱主人)
雙峰記	
掃魅敦倫東度記 二十卷一百回	(滎陽淸溪道人)
開辟衍繹通俗志傳 六卷八十回	(周游)
盤古至唐虞傳 二卷七回	(鐘惺伯敬父)
有夏志傳 四卷十九回	(鐘惺伯敬父)
有商志傳 四卷十二回	(鐘惺伯敬父)
新列國志 一百零八回	(墨憨齋)
孫龐鬪志演義 二十卷	(吳門嘯客)
放鄭小史 四十回	
大英雄傳 四十回	
七十二朝人物演義 四十卷	(爲後世坊刊本所改)
關帝志傳	
英雄譜	
神武傳 四卷	
皇明大儒王陽明先生出身靖難錄 三卷	(墨憨齋)
石點頭 十四卷	(夢覺道人)
幻影 十卷四十回	(不題撰人)
西湖一集	
西湖二集 三十四卷	(武林濟川子淸原)
胡少保平倭記 一卷	(錢塘漁隱叟)
國朝名公神斷詳情公案 八卷首一卷	
國朝名公神斷詳刑公案 八卷四十則	(京南歸正寧靜子)

名公案斷法林灼見 二卷 (湖海山人清虛子)
明鏡公案 七卷 (葛天民吳沛泉)
續西遊記 一百回 (不題撰人)
西遊補 十六回 (靜嘯齋主人)
岳武穆盡忠報國傳 七卷二十八回 (不題撰人)
檮杌閑評 五十回 (不題撰人)
鎭海春秋
遼海丹忠錄 八卷四十回 (平原孤憤生)
剿闖通俗小說 十回 (西吳懶道人)
混唐後傳 八卷三十二回 (鐘惺)
後水滸傳 四十五回 (青蓮室主人)
今古奇觀 四十卷 (姑蘇抱翁老人)
覺世雅言 八卷
鴛鴦針 四卷十六回 (華陽散人)
一枕奇 二卷八回 (華陽散人)
雙劍雪 二卷八回 (華陽散人)
禹會塗山記
采女傳
班定遠平西記
後精忠傳
采石戰記
雪窖永天錄
賈平章外傳
雙忠記
楚材晋用記
大元龍興記
庚申君外傳
奇男子傳
太妃北征錄
豹房秘史
偉人傳
金齒餘生錄
驂鸞錄

青詞宰相傳
東樓穢史
護國錄
陸沈紀事
金雲翹傳 二十回 (青心才人)
燈草和尚 十二回 (雲遊道人)
株林野史 四卷十六回 (不題撰人)
醉醒石 十五回 (東魯古狂生)
清夜鐘 十六回 (薇園主人)
玉樓春 十二回 (龍邱白雲道人)
宮花報
二刻拍案驚奇 (別本)
三十四卷 (卽空觀主人)
壺中天
最娛情
甲申通史
殷殷志
沙溪妖亂志
鯨鯢錄
前後十叛王記
毗舍耶小劫記
平臺記
鴟鴞記
江陰城守記
海角遺篇 三十回 (不題撰人)
七峰遺編 二卷六十回 (不題撰人)
新世宏勛 二十二回 (蓬蒿子)
樵史通俗演義 十回 (江左樵子)
無聲戲合集 (覺世稗官)
十二樓 十二卷 (覺世稗官)
女才子書 十二卷 (鴛湖烟水散人)
牛山冷燕 二十回 (天花藏主人)
玉嬌梨 四卷二十回 (荑秋散人)

載花船 (西泠狂者)
續金甁梅 十二卷六十四回 (紫陽道人)
照世杯 四卷 (酌元亭主人)
人中畫 十六卷 (不題撰人)
都是幻 二集十二回 (瀟湘迷津渡)
梅魂幻 二卷六回 (瀟湘迷津渡)
紙上春臺 (瀟湘迷津渡)
錦繡衣 (瀟湘迷津渡)
筆梨園 (瀟湘迷津渡)
鐘情艶史
醒名花 十六回 (墨憨齋主人)
才美巧相逢宛如約 十六回 (不題撰人)
賽花玲 十六回 (白雲道人)
呂祖全傳 一卷 (汪象旭)
巫山艶史 四卷十六回 (不題撰人)
情夢柝 四卷二十回 (蕙水安陽酒民)
杏花天 四卷十四回 (古堂天放道人)
戀情人 六卷十二回 (不題撰人)
醉春風 八卷八回 (江左誰庵)
春柳鶯 十回 (南北鶡冠史者)
梧桐影 十二回 (不題撰人)
吳江雪 二十四回 (衡香草堂)
水滸後傳 四十回 (古宋遺民)
後七國志樂田演義 四卷二十回 (古吳烟水散人)
跨天虹
西湖佳話古今遺迹 十六卷 (古吳墨浪子)
濟公全傳 三十六回 (西湖香嬰居士)
濟顚大師醉菩提全傳 二十回 (天花藏主人)
十二峰 十二回 (心遠主人)
姑妄言
龍陽逸史
河間傳
樗蒲劫 二卷三十二回

警世奇觀 十八鐵	(古閩龍鍾道人)
警世選言 六回	(李笠翁)
柳下說書	
十二笑 十二卷	(墨憨齋主人)
古今列女傳演義 六卷一百一十則	(東海犹龍子)
百煉眞海烈婦傳 十二回	(三吳浪墨仙主人)
繡屛緣 二十回	(蘇庵主人)
歸蓮夢 十二回	(蘇庵主人)
錦香亭 四卷十六回	(古吳素庵主人)
燈月緣奇遇小說 十二回	(檇李烟水散人)
桃花影 四卷十二回	(檇李烟水散人)
合浦珠傳 四卷十六回	(檇李烟水散人)
夢月樓情史 十六回	(檇李烟水散人)
鴛鴦媒 四卷十二回	(檇李烟水散人)
生綃剪 十九回	(谷口生)
珍珠舶 六卷十八回	(鴛湖烟水散人)
鳳簫媒 四卷十六回	(鶴市散人)
醒風流奇傳 二十四回	(鶴市主人)
飛花咏 十六回	(不題撰人)
錯錯認錦疑團小傳 十六回	(不題撰人)
麟兒報 十六回	(不題撰人)
生花夢 十二回	(古吳娥川主人)
世無匹傳奇 四卷十六回	(古吳娥川主人)
炎涼岸 八回	(古吳娥川主人)
賽紅絲 十六回	(不題撰人)
人間樂 十八回	(天花藏主人)
玉支磯小傳 六卷二十回	(天花藏主人)
畵圖緣小傳 十六回	(不題撰人)
兩交婚小傳 十八回	(不題撰人)
定情人 十六回	(不題撰人)
梁武帝西來演義 四十回	(天花藏主人)
好逑傳 十八回	(名教中人)
雲仙嘯 五冊	(天花主人)

惊夢啼 六回	(天花主人)
後西遊記 四十回	(不題撰人)
姻緣扇 八回	(不題撰人)
豆棚閑話 十二則	(聖水艾衲居士)
快心編 十六卷三十二回	(天花才于)
隔簾花影 四十八回	(不題撰人)
今古傳奇 十四卷	(夢閑子)
孤山再夢 三卷六回	(渭濱笠夫)
空空幻 十六回	(梧崗主人)
春燈迷史 十回	(靑陽野人)
鬧花叢 四卷十二回	(姑蘇痴情士)
說岳全傳 二十卷八十回	(錢彩)
斬鬼傳 十回	(烟霞散人)
隋唐演義 二十卷一百回	(長洲後進沒世農夫)
大隋志傳 四卷四十六回	(鐘惺)
三敎同原錄 二十二卷一百九十四節	(徐道)
三敎同理小說 三卷	
金粉惜	
鳳凰池 十六回	(烟霞散人)
集咏樓 十二回	(不題撰人)
臺灣外紀 三十卷	(江日升)
混元盒五毒全傳 二十回	(不題撰人)
女仙外史 一百回	(古稀逸田呂叟)
劉進忠三春夢 六卷三十三回	(不題撰人)
旋努達美傳	(刀咯夏仲·才仁旺階)
醒世姻緣傳 一百回	(西周生)
東遊記 二十四章	(顧道民)
醒夢駢言 十二回	(蒲崖主人)
幻緣奇遇小說 十二卷十二回	(撮合生)
蝴蝶媒 四卷十六回	(南岳道人)
駐春園小史 六卷二十四回	(吳航野客)
終須夢 四卷十八回	(弥堅堂主人)
五鳳吟 二十回	(雲陽嗤嗤道人)

再團圓	(步月主人)
小野催曉夢 四卷二十回	(雲陽嗤嗤道人)
警悟鐘 四卷十六回	(雲陽嗤嗤道人)
引鳳簫 十六回	(楓江半雲友)
幻中眞 十二回	(烟霞散人)
巧聯珠 十五回	(烟霞逸士)
二刻醒世恒言 二十四回	(心遠主人)
二十四史通俗演義 二十六卷四十四回	(呂撫)
虎邱花案逸史 十二回	(岐山左臣)
飛花艶想 十八回	(樵雲山人)
雨花香 四十種	(石成金)
通天樂 十二種	(石成金)
林蘭香 八卷六十四回	(隨緣下士)
夢中緣 四卷十五回	(不題撰人)
五色石 八卷	(筆煉閣)
遍地金 四卷	(筆煉閣)
補天石 四卷	(筆煉閣)
八洞天 八卷	(筆煉閣)
四巧說 四卷	(吳中梅庵道人)
快士傳 十六卷	(五色石主人)
飛英聲 四卷八篇	(釣鰲逸客)
五更風	(五一居主人)
東周列國志 二十三卷一百零八回	(蔡元放)
說唐演義全傳 十卷六十六回	(鴛湖漁叟)
說唐後傳 五十五回	(鴛湖漁叟)
羅通掃北 四卷十五回	(不題撰人)
說唐小英雄傳 二卷十六回	(姑蘇如蓮居士)
說唐薛家府傳 六卷四十二回	(姑蘇如蓮居士)
後三國石珠演義 三十回	(梅溪遇安氏)
濟公傳 十二卷	
大禹治水小說 六十卷一百二十回	(沈嘉然)
風流悟 八回	(坐花散人)
金石緣 八卷二十四回	(靜恬主人)

野叟曝言 二十卷一百五十四回	(不題撰人)
儒林外史 五十六卷	(吳敬梓)
紅樓夢 一百二十回	(曹雪芹)
反唐演義傳 十四卷一百四十回	(姑蘇如蓮居士)
異說征西演義全傳 六卷四十回	(中都逸叟)
征西說唐三傳 十卷八十八回	(中都逸叟)
東漢演義評 八卷三十二回	(珊城清遠道人)
妝鈿鏟傳 四卷二十四回	(昆侖褦襶道人)
回頭傳 五卷	(不題撰人)
綠野仙踪　一百回	(李百川)
幻中遊 四卷十八回	(步月齋主人)
躋雲樓 十四回	(烟霞主人)
飛龍全傳 六十回	(東隅逸士)
東周列國志輯要 八卷一百九十節	(楊庸)
武皇西巡記	(江南旧史)
桃花艷史 六卷十二回	(不題撰人)
百花魁 十二回	(不題撰人)
妖狐艷史 十二回	(松竹軒)
雙姻緣 四卷十二回	(笑花主人)
了奇緣 十六回	(不題撰人)
采花心 十二回	(向善主人)
宿花心	
兩肉緣 十二回	(不題撰人)
鐵花仙史 二十六回	(雲封山人)
療妬緣 八回	(不題撰人)
山水情傳 二十二回	(不題撰人)
二度梅全傳 四十回	(惜陰堂主人)
金蘭筏 四卷二十回	(惜陰堂主人)
水石緣 六卷三十段	(李春榮)
雪月梅傳 五十回	(鏡湖逸叟)
歧路燈 一百零八回	(李綠園)
說呼全傳 十二卷四十回	(半閑居士)
英雲夢傳 八卷	(震澤九容樓主人松雲氏)

唐鐘馗平鬼傳 八卷十六回 (東山雲中道人)
希夷夢 四十回 (不題撰人)
離合劍蓮子瓶 三十二回 (不題撰人)
海遊記 六卷三十回 (不題撰人)
西湖拾遺 四十八卷 (陳梅溪)
征四寇傳 十卷三十九回
娛目醒心編 十卷 (玉山草亭老人)
北史演義 六十四卷 (玉山杜綱草亭氏)
岭南逸史 二十八回 (花溪逸士)
南史演義 三十二卷 (玉山杜綱草亭氏)
鬼谷四友志 三卷 (楊景淐)
繡戈袍全傳 八卷四十二回 (江南隨園主人)
草木春秋演義 五卷三十二回 (雲間子)
西周樓夢 十六卷
後紅樓夢 三十回 (逍遙子)
粉粧樓全傳 十卷八十回 (竹溪山人)
合錦回文傳 十六卷 (鐵華山人)
續紅樓夢 三十回 (秦子忱)
于公案奇聞 八卷二百九十二回 (不題撰人)
何典 十回 (過路人)
蟫史 二十回 (磊砢山房)
五虎平西前傳 十四卷一百十二回 (不題撰人)
五虎平南後傳 六卷四十二回 (不題撰人)
龐賓傳 (寓情翁)
瑤華傳 四十二回 (丁秉仁)
婆羅岸全傳 二十回
蜃樓志 二十四回 (庾岭勞人)
常言道 四卷十六回 (落魄道人)
續紅樓夢 四十回 (海圃主人)
綺樓重夢 四十八回 (不題撰人)
紅樓復夢 一百回 (小和山樵南陽氏)
痴人福 四卷八回 (不題撰人)
白圭志 四卷十六回 (崔象川)

玉蟾記 六卷五十三回	(通元子黃石)
雷峰塔奇傳	(玉花堂主人)
蕩寇志 七十一回	(兪万春)
萬花樓演義 十四卷六十八回	(西湖居士)
龍圖剛峰公案合編 十二卷	(雲崖主人)
雙鳳奇緣 八十回	(雪樵主人)
警富新書 四十回	(不題撰人)
四遊記	(余象斗、吳元泰等)
听月樓 二十回	(不題撰人)
海公大紅袍全傳 六十回	(李春芳)
大紅袍	
紅樓圓夢 三十回	(夢夢先生)
天豹圖 十二卷四十回	(不題撰人)
補紅樓夢 四十八回	(嫏嬛山樵)
飛跎全傳 四卷三十二回	(鄒必顯)
鏡花緣 一百回	(李汝珍)
西湖小史 四卷十六回	(上谷蓉江氏)
三分夢全傳 十六回	(張士登)
紅樓夢補 四十八回	(歸鋤子)
增補紅樓夢 三十二回	(嫏嬛山樵)
紅樓綺夢	
紅樓演夢	
紅樓重夢	
紅樓後夢	
紅樓再夢	
爭春園 四十八回	(不題撰人)
大漢三合明珠寶劍全傳 四十二回	(不題撰人)
清風閘 四卷	(不題撰人)
善惡圖立傳 四十回	(不題撰人)
後宋慈雲定國全傳 八卷二十五回	(不題撰人)
八段錦 八段	(醒世居士)
霞箋記 四卷十二回	(不題撰人)
怡情陣 十回	(江西野人)

風箏配 八回 (不題撰人)
碧玉樓 十八回 (竹溪修正山人)
蕉葉帕 四卷十六回 (不題撰人)
戲中戲 七回
比目魚 九回 (不題撰人)
奇緣記 十二回
換夫妻 四卷十二回 (雲遊道人)
歡喜浪史 十二回 (不題撰人)
風流和尙 十二回 (不題撰人)
巧緣浪史 (江海主人)
艶婚野史 四卷十二回 (江海主人)
濃情秘史 十六回 (不題撰人)
風月鑑 十六回 (吳貽先)
走馬春秋 四卷十六回 (不題撰人)
劉生覓蓮記 六卷十六 (養純子吳敬所)
施公案 五百二十八回 (不題撰人)
施公案後傳 六卷一百回
三續施公案 四卷五十回
四續施公案 四卷五十回
五續施公案 四卷四十回
六續施公案 四卷四十回
七續施公案 四卷四十回
八續施公案 四卷四十回
九續施公案 四卷四十回
全續施公案 四卷四十回
平閩全傳 八卷五十二回 (不題撰人)
雅觀樓 四卷十六回 (檀園主人)
三續金甁梅 四十回 (訥音居士)
載陽堂意外緣 十八回 (不題撰人)
意外緣 六回 (不題撰人)
意中緣 十二回 (南陵居士戲蝶逸人)
意內緣 八回 (中山灌花野叟)
章臺柳 四卷十六回 (不題撰人)

末明忠烈傳 六卷四十回	(不題撰人)
三王造反 四卷六十三回	(不題撰人)
五虎將掃平海氛記	
忠孝勇烈奇女傳 四卷三十二回	(不題撰人)
綠牡丹 八卷六十四回	(不題撰人)
海公小紅袍全傳 四十二回	(不題撰人)
如意君傳 七十二回	(陳天池)
怡國五種	
鴛鴦影 十八回	(不題撰人)
燕子箋 六卷十八回	(玩花主人)
梅蘭佳話 四卷四十段	(阿閣主人)
白魚亭 八卷六十回	(黃小溪)
大明正德皇游江南傳 七卷四十五回	(何夢梅)
精神降鬼傳 四卷八回	(惺惺居士)
五美緣 八十回	(不題撰人)
紅樓幻夢 二十四回	(花月痴人)
升仙傳演義 八卷五十六回	(倚雲氏)
荔鏡傳 不分回	(不題撰人)
風月夢 三十二回	(邗上蒙人)
陰陽鬪異說奇傳 二卷十六回	(不題撰人)
鬼神傳終須報 四卷十八回	(不題撰人)
陰陽顯報水鬼升城隍全傳 四卷二十回	(不題撰人)
雲中雁三鬧太平庄 五十四回	(不題撰人)
北魏奇史閨孝烈傳 十二卷四十六回	(張紹賢)
犀釵記 五十回	
兒女英雄傳 四十一回	(燕北閑人)
五鼠鬧東京包公收妖傳 二卷	
繡球緣 四卷二十九回	(不題撰人)
雙英記 十二回	(淸河夢庄居士)
西湖遺事 十六卷	(東治青坡居士)
淸風亭	(烟水散人)
明月臺 十二回	(烟水散人)
快心錄 十四回	(山石老人)

紅樓拾夢平話 一百卷
紅樓夢影 二十四回 (雲槎外史)
瓦崗寨演義 五卷二十回 (梁朗川)
群英杰 六卷三十回 (不題撰人)
忠烈全傳 六十回 (不題撰人)
隴防紀略
平妖傳
雪山修行記
鋒劍春秋 / 法興秦傳 (不題撰人)
宋太祖三下南唐 八卷五十三回 (好古主人)
花月痕 五十二回 (眠鶴主人)
龍圖耳彔 一百二十回 (原系石玉昆的說唱本)
繡雲閣 八卷一百四十三回 (魏文中)
俗話傾談 二集四卷十八則 (博陵紀棠氏)
諫果回甘
蓮子瓶演義傳 四卷二十三回 (眠鶴主人)
一層樓 三十二回 (蒙古族 尹湛納希)
泣紅亭 二十回 (蒙古族 尹湛納希)
紅雲淚 (尹湛納希)
青史演義 六十九回 (蒙古族 尹湛納希)
苦喜傳 (蒙文) 六十回 (不題撰人)
全家福 (蒙文) 六十回 (不題撰人)
尙堯傳 九十回 (不題撰人)
契僻傳 (蒙文) 一百二十回 (不題撰人)
羌胡傳 一百九十九回 (不題撰人)
哈密野史 五卷五回 (東岳道人)
武則天外史 二集二十八回 (不奇生)
漁樵話 不分卷 (錫山張夏)
玉閨紅 十回 (東魯落落平生)
呼春野史 十六回
天下第一絶妙奇書 不分回 (莫厘悟色子)
玄空經 八回 (郭友松)
金臺全傳 六卷六十回 (不題撰人)

鐵寇圖 五十回 (松排山人)
繪芳錄 八十回 (西泠野樵)
二奇合傳 十六卷四十回 (不題撰人)
三俠五義 一百二十回 (石玉昆)
狸猫換太子
張遠兩友相論 十二回 (不題撰人)
冤獄緣/原題 八回 (知非子)
今古奇聞 二十二卷 (東壁山房主人)
青樓夢 六十四回 (厘峰慕眞山人)
狐狸緣 五卷二十回 (醉月山人)
天門陣演義十二寡婦征西 四卷十九回 (不題撰人)
武則天四大奇案 六卷六十四回 (不題撰人)
忠烈小五義傳 一百二十四回 (不題撰人)
續小五義 一百二十四回 (不題撰人)
正續小五義全傳 十五卷六十回
三公奇案 二十卷 (鳴松居士)
續俠義傳 十六回 (不題撰人)
前明正德白牡丹傳 四十六回 (武榮翁山柱砥)
永慶升平前傳 十二卷九十七回 (不題撰人)
永慶升平後傳 十二卷一百回 (都門貪夢道人)
彭公案 二十三卷一百回 (貪夢道人)
續彭公案 四卷八十回 (不題撰人)
再續彭公案 八十一回 (不題撰人)
三續彭公案 八十一回 (不題撰人)
四續彭公案 四十回 (不題撰人)
五續彭公案 四十回 (不題撰人)
六續彭公案 四十回
七續彭公案 二十四回 (濁物)
八續彭公案 二十四回 (濁物)
七眞祖師列仙傳 二卷 (不題撰人)
海上花列傳 六十四回 (雲間花也怜儂)
龍鳳配再生緣 十二卷七十四回 (不題撰人)
聖朝鼎盛萬年清 八集七十六回

鼎盛萬年青
續今古奇觀 六卷三十回 (不題撰人)
曇花偶見傳 六十四回 (岭南𥳑晦子少植)
蜃樓外史 四十回 (霅溪八泳樓主)
臺灣巾幗英雄傳初集 十二回 (古鹽官伴佳逸)
臺戰演義 二集十二卷 (不題撰人)
夢平倭奴記 不分回 (高太痴)
熙朝快史 十二回 (飮霞居士)
玉燕姻緣全傳 七十七回 (梅痴生)
玉瓶梅 十回 (吳興于茹川)
金鐘傳 八卷六十四回 (正一子、克明子)
殺子報 四卷二十回 (不題撰人)
案中奇緣 十二回 (不題撰人)
掃蕩粵逆演義 四卷八回 (遭劫余生)
仙卜奇緣 八卷四十回 (吳毓恕)
續兒女英雄傳 四卷三十二回 (不題撰人)
再續兒女英雄傳 四卷四十回 (不題撰人)
四大金剛奇書 一百回 (抽絲主人)
呂純陽三戲白牡丹 三集七十四回
濟公活佛傳 三集二十八卷二百八十回 (郭小亭)
羊石園演義 七回 (笑翁)
林文忠公中西戰紀 二十五回 (不題撰人)
平金川全傳 四卷三十二回 (小山居士)
七星六煞征南傳 八卷八十回 (不題撰人)
三祥報 二十四回 (陶炳南)
才子奇緣 四卷三十二回 (不題撰人)
南朝金粉錄 二十回 (燕山逸叟)
海天鴻雪記 二十回 (二春居士)
躋春臺 四卷四十篇 (凱江省三子)
捉拿康梁二逆演義 四卷四十回 (古潤野道人)
兩緣合記 二卷十六段 (怜香惜玉生華卿吳)
三集一百八十回 (姑蘇桃花館主人藝洲)
仙俠五花劍 四卷四十回 (不題撰人)

火燒上海紅廟演義 十二回 (半痴生)
珍珠衫 二卷 (不題撰人)
揚州夢 十六回 (不題撰人)
螢窗淸玩花柳佳談 四卷 (不題撰人)
鍾情錄 六卷四十回 (不知撰人)
抄本小說 六卷 (不題撰人)
中東大戰演義 四卷三十三回 (興全劉子貳)
淚珠緣 二集三十二回 (天虛我生陳蝶仙)
天女散花 十二回 (不題撰人)
野草閑花臭姻緣 四十回 (月湖漁隱、月湖漁樵)
宜興奇案雙壇記 二卷二十回 (鐵庵)
査潘鬪胜全傳 四卷三十回 (陽美鐵庵隱士)
仙俠五花劍 六卷三十回 (海上劍痴)
波蘭的故事 (獨頭山人)
菲律賓民黨起義記 (宣樊子)
美利堅自立記 (宣樊子)
檀香山華人受虐記 (宣樊子)
俄土戰記 (宣樊子)
李公案奇聞 三十四回 (惜紅居士)
殖民偉績 四回 (不題撰人)
中東和戰本末紀略 九回 (平情客演)
救劫傳 十六回 (艮廬居上)
洪水禍 五回 (雨塵予)
東歐女豪杰 五回 (岭南羽衣女士)
新中國未來記 五回 (梁啓超)
瑞士建國志 十回 (鄭哲)
射雕記 四卷七十回 (壽臣氏)
日中露 三回 (栖溟嘯國)
情天債 四回 (東海覺我)
破裂不全的小說 二回 (不題撰人)
萬國演義 六十卷 (沈惟賢、張茂炯)
猪仔記 (不題撰人)
血淚痕 一回 (不題撰人)

血痕花 一回 (蕊卿)
痛定痛 (不題撰人)
亡國恨 三回 (春心)
洗恥記 六回 (冷情女史)
瓜分慘禍預言記 十回 (軒轅正裔)
英雄國 一回 (不題撰人)
自由結婚 二編二十回 (犹太遺民萬古恨、震旦女士自由花)
燕子窩 一回 (不題撰人)
拳匪之原神出現 不分回 (不題撰人)
官場現形記 六十回 (李宝嘉)
文明小史 六十回 (南亭亭長)
活地獄 四十三回 (南亭亭長)
泰西歷史演義 三十六回 (洗紅盦主)
二十年目睹之怪現狀 一百零八回 (我佛山人)
痛史 二十七回 (我佛山人)
隣女語 十二回 (憂患餘生)
負曝閑談 三十回 (蘧園)
回天綺談 十四回 (玉瑟齋主人)
老殘遊記 二十卷 外編殘稿一卷 二集九卷 (洪都百煉生)
孼海花 三十五回 (東亞病夫)
愛之花 三回 (儂更有情)
女豪杰 不分回 (不題撰人)
女擧人 十六回 (如如女史)
中國女兒英雄史 (小筞伯)
黑奴傳 十九回 (啓夢畵報社)
黃人世界 二回 (不題撰人)
轟天雷 十四回 (藤谷古香)
胡雪岩外傳 十二回 (大橋式羽)
優孟衣冠傳 三十回 (夢游上海人)
電術奇談 二十四回 (我佛山人)
玫瑰花 六回 (白話道人)
娘子軍 三回 (愛國女兒)
海上繁華夢 初集三十回, 二集三十回, 後集四十回 (古滬警夢痴仙)

黃天錄 十四回 (不題撰人)
痴人說夢記 三十回 (旅生)
女獄花 十二回 (王妙如)
月球殖民地小說 三十五回 (荒江釣叟)
痴人說夢 八回 (吳汝澄、守一)
自由花 (非想)
女媧石 二卷十六回 (海天獨嘯子)
雙劍血 三回 (挽瀾)
中國現在記 十二回 (不題撰人)
新儒林外史 一回 (白話道人)
黑天國 四回 (三愛)
新水滸 二回 (寰鏡廬主人)
分割後之吾人 五回 (徐卓呆)
奴隸夢
福求人 三回 (宗敬)
非獵濱外史 五回 (俠民)
新黨現形記 (嗟予)
海上塵天影 六十章 (鄒弢)
九命奇冤 三十六回 (岭南將叟)
遼天鵝唳記 四編十六回 (氣凌霄漢者)
離恨天 二十四回 (薛俠龍)
黃繡球 三十回 (頤瑣)
神州歡夢記
瞎騙奇聞 八回 (茧叟)
未來教育史 四回 (悔學子)
市聲 二卷三十六回 (姬文)
掃迷帚 二十四回 (壯者)
學究新談 二十五回 (吳蒙)
女俠客 四回 (俠)
京華艷史 四回 (中原浪子)
廿載繁華夢 四十回 (黃小配)
鏡中影 四十回 (禺山世次郎)
洪秀全演義 四集五十四回 (黃小配)

五使瀛环略 十八回	(愛東史、愛東氏)
苦社會 四十八回	(不題撰人)
玉佛緣 八回	(嘿生)
花神夢 四回	(血泪餘生)
世界進化史 二十二回	(惺庵)
仇史 二回	(痛哭生第二)
白雲塔 四十九回	(時報館記者)
新石頭記 四十回	(老少年)
上海之維新黨 九回	(浪蕩男兒)
苦學生 十回	(不題撰人)
情天恨	(頑石)
獅子血 十回	(何迥)
獅子吼 八回	(過庭)
官世界 三十二回	(蜀岡蠖叟)
枯樹花 四十四回	(山外山人)
枯樹花續編 四十四回	(山外山人)
蘭花夢 六十八回	(不題撰人)
三國因 不分回	(醉月山人)
想 四回	(安素)
哀音	(遠庸)
新粤鏡 十二回	(南支那老驥氏)
泡影錄 八回	(亞東破佛)
閨中劍 六章	(亞東破佛)
三家村 七回	(亞東破佛)
糊途世界 十二卷十二回	(茧叟)
恨海 十回	(我佛山人)
滔天浪 十回	(沁梅子)
精禽塡海記 十回	(沁梅子)
瞻履奇情傳 四卷二十回	(不題撰人)
太虛幻境 四回	(惜花主人)
鄒談一噱 二十四回	(烏程蟄園氏)
表忠觀 十二回	(烏程蟄園氏)
鑄錯記 七回	(傷心人)

禽海石 十回	(符霖)
學生現形記 八回	(遁廬)
當頭棒 八回	(遁廬)
蘇州新年 不分回	(遁廬)
斯文變相 十回	(遁廬)
玉樓影 六回	(自笑生)
死中求活 十三回	(對鏡狂呼客)
刺客談 六回	(新中國之廢物)
俠女魂	(留)
新黨升官發財記 十六回	(不題撰人)
醫界現形記 四卷二十二回	(郁聞堯)
嬉笑怒罵 十回	(嘯廬)
兩晋演義 二十三回	(我佛山人)
烏托邦遊記 四回	(蕭然郁生)
中國進化小史 二回	(燕市狗屠)
刺國敵 二十二回	(角胜子)
上海之秘密 一回	(訥夫)
錢塘獄 十回	(訥夫)
新封神傳 十五回	(大陸)
新中國之豪杰 十五回	(新中國之廢物)
立憲鏡 十回	(杭州戊公)
永山雪海 十二回	(不題撰人)
夢平鬼奴記 十四節	(仙源蒼園)
黑獄 二十四回	(潄六山房)
九尾龜 十二集一百九十二回	(潄六山房)
瑤瑟夫人 二卷	(竹西沁香閣涵秋氏)
艮岳烽 十六回	(蟄園)
檮杌萃編 十二編二十四回	(誕叟)
七眞因果傳 二卷二十九回	(黃永亮)
海外扶餘 四卷十六回	(陳墨峰)
女英雄獨立傳 二回	(挽瀾女士)
海上魂 四卷十六回	(陳墨峰)
鸎粟花 二十五回	(元和觀秋齋主人)

中外通商始末記演義 不分回 (不題撰人)
萍雪緣 四回 (子羽)
黃金世界 二十回 (碧荷館主人)
雌蝶影 十九章 (江都李涵秋)
上海遊驂錄 十回 (我佛山人、趼)
上海偵探案 (吉)
冷國復仇記 十六回 (守白)
探險小說 十回 (沈伯新)
海外奇緣 十八回 (小隱主人)
熱血痕 四卷四十回 (李亮丞)
新水滸 二十八回 (西冷冬青)
新茶花 二編三十回 (心青)
憲之魂 十八回 (不題撰人)
大小爺回頭看 十六回 (范渭濱)
五更鐘 二卷二十四回 (陳春生)
婦孺鐘 二章 (荔浣新)
黃粱夢 三十一回 (世次郎)
親鑒 十回 (南支那老驥氏)
閨門秘術 四卷五十回 (不題撰人)
碧血幕 四回 (天笑生)
中國新女豪 十六回 (思綺齋藕隱)
女子權 十二回 (思綺齋)
天足引 八回 (程宗啓)
奇遇記 十二回 (夢花居士)
兩歲星 (邱菽園)
美人魂 十二回 (松陵釣叟田籌)
掌中血 (爾梅)
中外三百年之大舞臺 八回 (陳嘯廬)
滑稽旅行 八回 (時報館記者)
殲鯨記 四回 (亞東破佛)
凄風苦雨彔 十八回 (廢物)
家庭現形記 十一節 (仙源蒼園)
新鏡花緣 十二回 (蕭然郁生)

後官場現形記 八回 (白眼)
劫餘灰 十六回 (我佛山人)
未來世界 二十六回 (春帆)
雲南野乘 三回 (吳趼)
發財秘訣 十回 (趼人)
柳非烟 二十章天 (虛我生)
傀儡記 四卷十六回 (蘇同)
無恥奴 十卷四十回 (蘇同)
一字不識之新黨 三十三回 (虎林眞小人)
宦海風波 三編三十回 (葛惠依)
過渡時代 二回 (鐵漢)
剖心記 二回 (吳趼人)
尙父商戰記 一回 (謝亭亭長)
飛艇 二回 (箋騷)
新官場現形記 三集 (杭州老耘)
紹興酒 (山陰醉客)
商界鬼蜮記 八回 (新中國之廢物)
小額 不分回 (友梅松齡)
冷眼觀 三十回 (八寶王郎)
幻夢奇冤 十六章 (松陵釣叟田鑄)
黑心奇案 十二回 (俠厂生主)
彭剛直公奇案 三十二回
新紀元 二十回 (碧荷館主人)
新列國志 四編三十八回 (不題撰人)
盧梭魂 十二回 (怀仁)
世界英雄傳 (俠夫)
水月燈 四回 (馮文獸)
笏山記 三卷六十九回 (東莞冷道人守白氏)
蝸触蛮三國爭地記 十六回 (蟲天逸史氏)
新舞臺鴻雪記 二回 (陶報癖)
新舊社會之怪現狀 五回 (冷眼旁觀人)
金鳳 初集 (鳳史氏)
風琴夢 (望云)

金碧魂 (對鏡狂呼客)
新鏡花緣 十四回 (嘯廬)
宦海潮 二卷三十二回 (黃小配)
大馬扁 十六回 (黃小配)
魍魎世界 二回 (春暉)
姊妹花 十一章 (黃翠凝)
慘女界 二卷三十回 (呂俠人)
五日緣 二十章 (古瀛痴虫)
恩怨緣 (一塵不染)
花柳深情傳 四卷三十二回 (綠意軒主人)
鴛鴦碑 十章 (小白)
藍橋別墅 十五回 (夢花館主江蔭香)
劍花洞 十回 (西湖情俠)
鬼蜜記 (西湖情俠)
孼報緣 十二回 (西湖情俠)
官商現形記
情僧傳
蘇小小
寄情花 (六郎)
錯鴛鴦
嫖賭現形記 二十四回 (治逸)
風流眼前報 上冊不分回 (不題撰人)
新貪歡報 二卷十四回 (潭溪漁隱)
斷腸草 八回 (不題撰人)
弔空心膀子 十四回 (鄒文蘭)
瓮金夢 (湖州現愚)
呆子孫 六回 (浙江愛國愛浙人)
紳董現形記 十回 (白蓮室主人)
滑頭現形記 三卷十二回 (玩時子)
時髦現形記 八卷二十六回 (嘯儂)
三路財神 (葛嘯儂氏)
女學昌明 (葛嘯儂氏)
三續濟公傳 (葛嘯儂氏)

地府志 八卷四十回 (葛嘯儂氏)
上海空心大老官 十六回 (聽雨樓主人)
醫界鏡 二十二回 (儒林医隱)
飛行之怪物 八章 (肝若)
新官場現形記 二卷八回 (不題撰人)
官場風流案 三集 (李韻)
新淚珠緣 八回 (天虛我生)
鬼國史 六回 (陸士諤)
揚州夢 十回 (仙源蒼園)
新中國之偉人 十回 (蒼園)
新乾坤 二回 (西窗山民)
臨鏡粉 四卷八回 (鐵漢)
閭巷采風記 二回 (季仁)
學界鏡 四回 (雁叟)
女學生旅行 二編二十二回 (曼陀)
女學生 十章 (赤夏)
女界寶 二編十篇 (家政改良會)
天國維新 一回 (想非子)
天上大審判 六章 (亞東破佛)
天堂地獄 二十四回 (治逸)
現世之天堂地獄 二十回 (治逸)
青年外史 (滑稽)
地下旅行 不分回 (女奴戲)
情界囚 二編二十章 (女奴)
九尾狐 六十二回 (評花主人)
掌故演義 七回 (不題撰人)
三門街前後傳 八卷一百二十回 (不題撰人)
蜜蜂計 十回 (儲仁遜抄本小說之一、南開大學圖書館藏抄本)
毛公案 六回 (儲仁遜抄本小說之二)
于公案 六回 (儲仁遜抄本小說之三)
于公案 十回 (儲仁遜抄本小說之四)
雙龍傳 五回 (儲仁遜抄本小說之五)
青龍傳 四回 (儲仁遜抄木小說之六)

守宮砂 二卷一百二十回 (儲仁遜抄本小說之七)
陰陽鬪 十六回 (儲仁遜抄本小說之八)
雙燈記 十回 (儲仁遜抄本小說之九)
滿漢鬪 八回 (儲仁遜抄本小說之十)
蝴蝶杯 十回 (儲仁遜抄本小說之十一)
八賢傳 二十回 (儲仁遜抄本小說之十二)
孝感天 七回 (儲仁遜抄本小說之十三)
聚仙亭 十回 (儲仁遜抄本小說之十四)
劉公案 二十回 (儲仁遜抄本小說之十五)
暗雲天 四章 (儲仁遜)
續封神傳 四回 (天悔生)
楊文廣平南全傳 四卷二十二回 (不題撰人)
金蓮仙史 四卷二十四 (潘昶)
護花鈴 七十二回 (青要山人)
天上人間 (胡公藩)
跰人十三種 (吳跰人)
閻婆惜艷史 十二回 (不題撰人)
片帆影 二集十六回 (荔浣)
珠璣巷 (歐博明)
官場笑話 二集 (侶雲)
學界風流案 (天夢)
最新學堂現形記 二十回 (瘦腰生)
學堂笑話 二集二十五章 (老林)
學堂笑話 二集不分回 (虛生)
聰明誤 十二回 (寓滬医隱)
可憐蟲 (虛我生)
合歡夢 (西湖情俠)
湘靈瑟 (胡石庵)
蒲陽公夢 (范韻鸞)
九尾鱉 (顧曲周郎)
新官場現形記 十二回 (咏秋樵子)
眞肉蒲團 八回 (除一切苦齋)
眞杏花天 二編八回 (香夢詞人)

眞桃花夢	(香夢詞人)
新官場笑話	(香夢詞人)
美人計 十六回	(浣花主人)
機器妻 二編十六回	(不知撰人)
特別新官場現形記 十二回	(延陵隱叟)
活財神 八回	(冬青)
新意外緣 十四章	(叔夏)
女豪杰 二十回	
愛國雙女俠 十二回	(聽雨樓主人)
女魔術 四回	(不題撰人)
俠義佳人 四十回	(問漁女史)
中國之女銅像 二十回	(南武靜觀自得齋主人)
革命鬼現形記 五十五章	(睡獅)
新官場風流案 十四回	(天夢)
新官場風流案 二集十回	(瘦腰生)
商界現形記 二集四卷十六回	(雲間天贅生)
情天劫 八回	(東亞寄生)
新兒女英雄 十二回	(楚伧)
新兒女英雄傳 二編八回	(香夢詞人)
惡少年 二編不分回	(惜花生)
新官場現形記 二集不分回	(心冷血熱人)
宦海 四卷二十回	(張春帆)
警察怪現狀	(局外閑人)
黑籍冤魂 三編二十四回	(彭養鷗)
亞東潮 六十回	(古之傷心人)
照膽鏡 三回	(天南僇民)
致富術 三十回	(古之傷心人)
革命之變相	
新三國志 二十四回	(珠溪漁隱)
新三國 五卷三十回	(陸士諤)
女總會 十六回	(富田少藤郎)
女滑頭 二集	(諸夏三郎)
野鴛鴦	(痛史)

秘戲圖	(西湖情俠)
女嫖客 五回	(陸士諤)
河東獅 十二回	
風流大令	(武大一郎)
風流太保 十六回	(不題撰人)
風流太守 三十回	(張恩圃)
風流觀察 十四回	
青樓鏡 十六回	(治世之逸民)
白牡丹 二章	(嘯天生)
魑魅魂 二章	(天夢)
秘密自由 二編八章	(靜觀子)
曾公平逆紀 三集 八回	(馮文獸)
曾公平逆傳 八回	(繼策)
國朝中興紀 六卷四十回	(嚴庭樾)
左文襄公征西演義 四卷三十二回	(不題撰人)
鴛鴦劍 二卷	(息觀)
新水滸 五卷二十四回	(陸士諤)
新野叟曝言 二卷二十回	(陸士諤)
新石頭記 十回	(南武野蠻)
新花月痕 十四回	(婆語)
續海上繁華夢 初集	(不題撰人)
羅師幅	(南風亭長)
白話痛史 四卷	(夷則子)
夜花園之歷史 一章六節	(諸夏三郎)
電世界 十六回	(高陽不才子)
孽緣 二章	(漆室)
紅樓夢逸編 一回	(贋叟)
殘明餘影	(陸士諤)
新孽海花 二卷十二回	(陸士諤)
也是西遊記 二卷二十回	(陸士諤)
風流道臺 六回	(陸士諤)
遊戲結婚	(振落)
中國四千年戰史演義 一回	(鈍公)

軍人魂 二回	(景絨)
最近女界現形記 十一集四十五回	(南浦蕙珠女士)
最新女界鬼域記 二卷十回	(蹉跎子)
迷龍陣 十四回	(八寶王郎)
驢夫慘劇 三十二回	(醉痴)
古錢案	
雙拐奇案 二編三十六章	(古之傷心人)
綠林變相 二編	(不題撰人)
軍界風流案 十章	(夢天)
六命奸殺案	(女奴)
工界偉人 十回	(蒼園)
新七俠五義 二十四回	(治逸)
新西遊記 五回	(冷血)
新西遊記 六卷三十回	(煮夢)
新漢口 八回	(漢上寓公)
新繁華夢 五集四十回	(老上海)
宦海升沉錄 二十二回	(黃帝嫡裔)
中興平捻記 六卷四十回	(嚴庭槭)
閩都別記雙峰夢 二十卷四百回	(里人何求)
文明强盜 七則	(不題撰人)
潯州黑暗 不分回	(項起風)
新痴婆子傳 四卷三十四章	(笑龕居士記、風樓)
自由淚 十九段	(散紅)
蘇空頭 五章	(單鎭)
新蘇州 八回	(天哭)
新上海 六編六十回	(陸士諤)
金錢龜 十回	(冷眼)
烏龜生涯 二卷十六回	(不題撰人)
陳萬言 十章	(不題撰人)
吳三桂 十回	(不題撰人)
剃頭二借妻 九回	(不題撰人)
阿斗官 十回	(不題撰人)
奶媽娥 十回	(馮有爲、南海)

五續七俠五義 四卷四十回	(治逸)
新中國 十二回	(陸士諤)
新金瓶梅 十六回	(慧珠女士)
新西湖佳話 十五回	(天生情种)
新天地 二十章	(書帶子)
新鬼世界 不分回	(不題撰人)
六路財神 十二回	(陸士諤)
痴人夢 不分回	(老談)
搖頭痴官 十六回	(野蛮)
溫柔鄉 十六回	(靜觀子)
還魂草 六回	(靜觀子)
驂遊記 二十回	(仙源蒼園)
情變 八回	(吳趼人)
竟何如 十回	(俗士)
海上風流夢 十四回	(醉餘)
風流太史 十六回	(不題撰人)
官場離婚案 二十章	(天夢)
最近官場秘密史 三十二卷	(天公)
最近社會秘密史 二編二十八回	(陸士諤)
最近上海秘密史	(陸士諤)
最近上海繁華夢 三十二回	
女俠奇傳	(劉順生)
海上風流現形記 十回	(王遊山人)
眞正新西廂	(成燮春)
最近女界秘密史 十九章	(香夢詞人)
牛郎織女傳 十二回	(不題撰人)
濟公傳續集 一百二十卷一千二百回	(不題撰人)
女界爛汚史 十四回	(八寶王郎)
遊學怪史 一卷	(八寶王郎)
開米禁記 一卷	(八寶王郎)
前事鑑 二卷	(八寶王郎)
燃犀錄 二卷	(八寶王郎)
珠江艷史 十回	(不題撰人)

小眼觀世 不分回 (土屋靜觀氏)
醒世奇文國事悲 二十四回 (冷血生)
醒世奇文英雄淚 二十六回 (冷血生)
自治地方 (芻狗)
現身說法演義 二十回 (吳和友)
暗殺奇案報仇恨 六回 (古鹽補留生)
陸公案 二十八回 (天恨生)
誤中誤 二十五回 (苕溪看破紅塵)
大獲梟酋餘孟庭 十二回 (梅溪釣叟)
逐日演義 二十五章 (老談)
魑魅魍魎記 十回 (振落)
酣眠春夢 (獅江戇仙)
菩薩大運動 十回 (信公)
馬屁世界 十回 (睡獅)
秘密女子 二編十回 (睡獅)
眞本隔簾花影 二卷十回 (睡獅)
小學生旅行 八章 (亞東一郎)
七載繁華夢 十五回 (梁紀佩)
蘇州繁華夢 二卷十八回 (天夢)
蘇州老騷 二十回 (井山郎)
後庭花 十二回 (不題撰人)
最近嫖界秘密史 十五回 (嫖界個中人)
美人奇計 十六回 (惜花外史)
東京夢 八回 (履冰)
北京繁華夢 (夏侶蘭)
血淚因緣
血風花雨錄 (胡石庵)
情天劫懺記 (熙麟)
可憐儂 (玉笑珠香樓)
炙蛾燈 十八回 (李恢霜)
春夢留痕 四十回
六月霜 十二回 (靜觀子)
龍華會之怪現狀 六回 (陸士諤)

女界風流史 二卷十二回 (陸士諤)
女子騙術奇談 八回 (陸士諤)
官場怪現狀 十回 (陸士諤)
滑稽偵探
眼前報 不分回 (高新民)
娘子軍 二編十二回 (不題撰人)
迷津筏 十二回 (夢醒樓主)
珠還合浦記 一章 (曇華)
醒遊地獄記 十二回 (不才)
社會現形記 三編二十回 (不題撰人)
多寶龜 二十回 (冷鏡山房)
十尾龜 四十回 (陸士諤)
一紙報 十六回 (息觀)
和尙現形記 十回 (冷眼)
美人關 十回 (不題撰人)
浪子回頭 二卷十回 (虛我生)
富家郎 十二回 (不題撰人)
無底洞 十四回 (不題撰人)
十年夢 十二回 (平坨)
滑頭弔膀子 十四回 (應會棟)
盛杏荪醜歷史 七節 (憂天主人)
盛宣恢 二十回 (冷鏡山房)
混沌國 (朴庵)
小毛子傳 十回 (小鶴)
小毛子傳 五節 (冷史)
未了緣 十回 (冷佛)
血淚黃花 十二回 (陸士諤)
吳淑卿義俠傳 二集十六章 (臥雪生)
滿洲血 十回 (丕夏)
廣州亂事記 十回
忠義奸佞記 七回 (山海生)
金星風土記 (鷺溪漁隱)
雍正劍俠奇案 二十四回 (白下澹秋生)

新兒女英雄 四回	(不題撰人)
吳三桂演義 四卷四十回	(不題撰人)
唐宮春武則天 十八回	(不題撰人)
鴛鴦譜 二卷十二回	(天然痴叟著、墨憨)
趙五娘 十四回	(不題撰人)
竹盧馬 四卷三十回	(不題撰人)
帶印奇冤郭公傳 六卷五十二回	(也是道人)
樂毅圖齊七國春秋平話後集 三卷	(佚名撰)
新編五代史平話 十卷	(佚名撰)
三刻拍案驚奇 十二卷	(陸人龍撰)
型世言 十二卷	(陸人龍撰)
列國志傳 十二卷	(余邵魚撰)
禪眞後史 十卷	(方汝浩撰)
薛剛反唐 十四卷一百四十回	(姑蘇如蓮居士編輯)
七俠五義 一百二十回	(俞樾撰)
續鏡花緣	(華琴珊撰)
紅樓復夢 一百回	(陳少海撰)
綉鞋記 二十回	(烏有先生訂)
老殘遊記 二十回	(劉鶚撰)
品花寶鑒 六十回	(陳森撰)

저자소개

민관동(閔寬東, kdmin@khu.ac.kr)

- 1960年生, 韓國 天安 出生.
- 慶熙大 중국어학과 졸업.
- 대만 文化大學 文學博士.
- 現 慶熙大 중국어학과 敎授.
- 現 韓國中國小說學會 會長.

著作

- ≪中國古典小說在韓國之傳播≫, 中國 上海學林出版社, 1998年.
- ≪中國古典小說史料叢考≫, 亞細亞文化社, 2001年.
- ≪中國古典小說批評資料叢考≫ (共著), 學古房, 2003年.
- ≪中國古典小說의 傳播와 受容≫, 亞細亞文化社, 2007年 10月.
- ≪中國古典小說의 出版과 硏究資料 集成≫, 亞細亞文化社, 2008年 4月.
- ≪中國古典小說在韓國的硏究≫, 中國 上海學林出版社, 2010年 9月.
- ≪韓國所見中國古代小說史料≫ (共著), 中國 武漢大學校出版社, 2011年 6月.
- ≪中國古典小說 및 戲曲硏究資料總集≫ (共著), 학고방, 2011年 12月.
- ≪中國古典小說의 國內出版本 整理 및 解題≫ (共著), 학고방, 2012年 4月.
- ≪韓國所藏 中國古典戲曲(彈詞 · 鼓詞) 版本과 解題≫ (共著), 학고방, 2013年 12月. 외 다수.

翻譯

- ≪中國通俗小說總目提要≫(第4卷~第5卷) [共譯], 蔚山大出版部, 1999年.

論文

- 〈在韓國的中國古典小說翻譯情況硏究〉, ≪明清小說硏究≫(中國) 2009年 4期, 總第94期.
- 〈朝鮮出版本 新序와 說苑 연구〉, ≪中國語文論譯叢刊≫第29輯, 2011.7.
- 〈中國古典小說의 出版文化 硏究〉, ≪中國語文論譯叢刊≫第30輯, 2012.1 외 70여 편.

장수연(張守連, soocho8689@hanmail.net)

- 1969年生, 韓國 出生.
- 成均館大學校 中語中文學科 卒業.
- 南京大學校 文學碩士.
- 復旦大學校 文學博士.
- 現 慶熙大學校 比較文化硏究所 學術硏究敎授.

論文

- 〈明成化刊本說唱詞話硏究〉, 復旦大學校 博士學位論文.
- 〈明成化刊本說唱詞話가 中國 俗 文學史에서 지니는 意味〉, ≪中語中文學≫第39輯, 2006.12.
- 〈中國 說唱과 판소리 辭說의 敍事特徵 比較試論-明代 明成化刊本說唱詞話와 춘향가, 흥보가, 수궁가, 심청가, 적벽가의 敍事特徵을 中心으로〉, ≪中國文學硏究≫第34輯, 2007.6.
- 〈明成化刊本說唱詞話 揷畵의 敍事的 기능에 관한 硏究〉, ≪中國語文學論集≫ 52號, 2008.8.
- 〈薛仁貴 故事의 원천에 관한 一考〉, ≪中國小說論叢≫34輯, 2011.8.
- 〈小說 包公案 系列의 國內 流入과 受容〉, ≪中國語文學誌≫39輯, 2012.6 외 수편.

김명신(金明信, mingsin@daum.net)

- 1969年生, 韓國 서울 出生.
- 漢陽大學校 중문학과 졸업.
- 高麗大學校 文學博士.
- 現 慶熙大學校 比較文化研究所 學術研究教授.

著作

- ≪성풍뉴・호구전≫(共編), 선문대학교 중한번역문헌연구소, 2001.
- ≪中國古典小說批評資料叢考≫(共著), 學古房, 2003.
- ≪무협소설이란 무엇인가≫(共著), 예림기획, 2001.
- ≪홍루부몽≫상/하(共編), 이회출판사, 2004.
- ≪충렬협의전≫(共編), 이회출판사, 2005.
- ≪2000-2002 중국어문학연감≫(共編), 학고방, 2006.
- ≪한자콘서트≫(共著), 차이나하우스, 2007.
- ≪국제이해교육≫제18호(共著), 유네스코 아시아 태평양 국제이해교육원, 2007.
- ≪홍루몽의 전파와 영향≫(共著), 신서원, 2007.
- ≪중국어이야기≫(共著), 차이나하우스, 2010.

翻譯

- ≪中國通俗小說總目提要≫(第3卷), 蔚山大出版部, 1997年(공역).
- ≪아녀영웅전≫, 박영률, 2009 외 다수.

論文

- 〈三俠五義의 한국적 수용 연구-천자의 나라를 중심으로〉, ≪中國小說論叢≫ 제31집, 한국중국소설학회, 2010. 3.
- 〈雪月梅傳의 俠義愛情小說的 特徵-한글본을 중심으로〉, ≪中國小說論叢≫ 제33집, 한국중국소설학회, 2011. 4. 외 20여 편.

경희대학교 비교문화연구소 비교문화총서 08

韓國 所藏 中國通俗小說의 版本目錄과 解題

초판 인쇄 2013년 4월 25일
초판 발행 2013년 4월 30일

공 저 | 민관동 · 장수연 · 김명신
펴 낸 이 | 하운근
펴 낸 곳 | 學古房

주 소 | 서울시 은평구 대조동 213-5 우편번호 122-843
전 화 | (02)353-9907 편집부(02)353-9908
팩 스 | (02)386-8308
전자우편 | hakgobang@naver.com, hakgobang@chol.com
홈페이지 | http://hakgobang.co.kr
등록번호 | 제311-1994-000001호

ISBN 978-89-6071-311-6 93820

값 : 42,000원